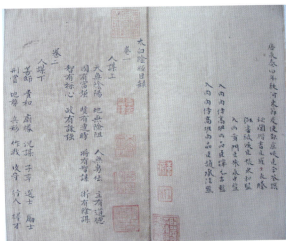

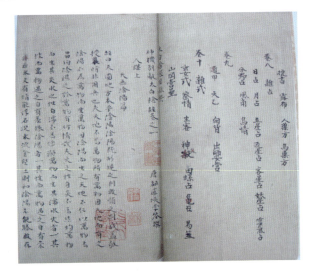

明抄本《太白阴经》，
清乾隆间孙星衍校跋，
李少微 跋（上、中、下图）

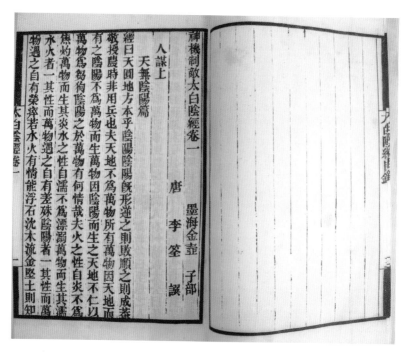

神機制敵太白陰經卷一

墨海金壺　子部

唐　李筌　譔

人謀上

天無陰陽篇

經曰天圓地方本乎陰陽陰陽既形逆之則敗順之則成蓋敬授農時非用兵也夫天地不爲萬物所有萬物因天地而有之陰陽不爲萬物因陰陽而生之天地不仁以萬物爲芻狗陰陽之於萬物有何情哉夫火之性自炎而爲焦灼萬物而生其性自炎不爲漂溺萬物而生其燻水火者一其性而萬物遇之自有差殊陰陽著一其性而萬物遇之自有榮瘁若水火有情能浮石沈木流金堅土則知

清嘉庆间张海鹏刊《墨海金壶》本，民国十年（1921）
上海博古斋据张氏刊本影印（上、下图）

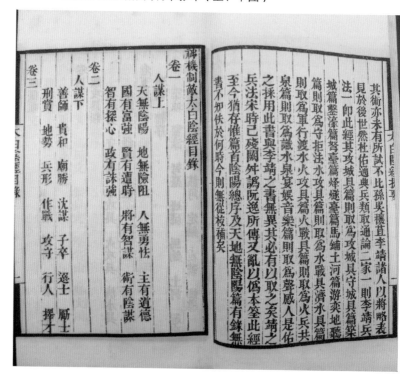

其術亦未有所試不比孫吳穰苴李靖諸人以將略表見於世然杜佑通典兵類取通論二家一則李靖兵法一則此經其攻城具篇則取爲攻城具守城具篇築城篇整濠篇駑臺篇烽燧臺篇馬舖土河篇游奕地聽篇則取爲軍行拒法水攻具篇則取爲水戰具濟水具則取爲軍行渡水火攻具篇則取爲火戰具火兵共泉篇則取爲識水泉宴娛音樂人是佑之採用此書與李靖之書無異其必有以取之矣李靖之兵法宋時已殘闕阮逸所傳叉亂以僞本筌此經至今猶存惟篇首陰陽總序及天地據陰陽篇有錄書不知佚於何時今則無從校補矣

神機制敵太白陰經目錄

清道光间钱熙祚校注《守山阁丛书》本，清光绪十五年（1889）
上海鸿文书局影印本（上、下图）

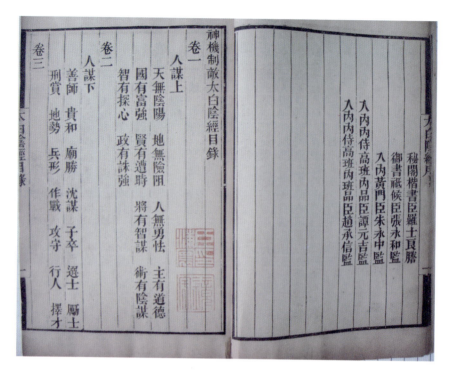

清咸丰四年（1854）庄肈麟刊《长恩书室丛书》本（上、下图）

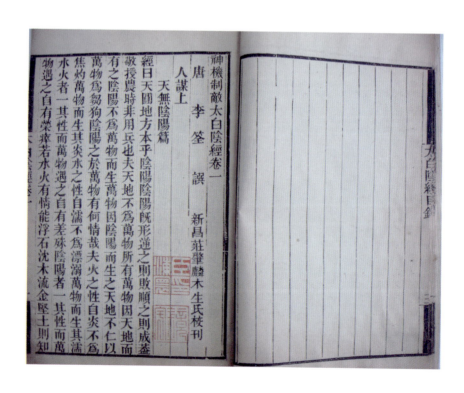

神機制敵太白陰經卷一

唐　李筌　譔

新昌莊肈麟木生氏校刊

人謀上

天無陰陽篇

經曰天圓地方本乎陰陽陰陽既形逆之則敗順之則成蓋
敬授農時非用兵也夫天地不爲萬物所有萬物因天地而
有之陰陽不爲萬物而生萬物因陰陽而生之天地不仁以
萬物爲芻狗陰陽之於萬物有何情哉夫火之性自炎不爲
焦灼萬物而生其炎水之性自濡不爲漂溺萬物而生其濡
水火者一其性而萬物遇之自有差殊陰陽者一其性而萬
物遇之自有榮瘁若水火有情能浮石沈木流金堅土則知

中国古代著名兵书研究

太白陰經 解说

张文才 著

上册

線裝書局

图书在版编目（CIP）数据

太白阴经解说：全2册 / 张文才著 . -- 北京：线装书局，
2017.5

（中国古代著名兵书研究）

ISBN 978-7-5120-2346-8

Ⅰ . ①太… Ⅱ . ①张… Ⅲ . ①兵法 – 中国 – 唐代 – 通
俗读物 Ⅳ . ① E892.42-49

中国版本图书馆 CIP 数据核字（2016）第 170085 号

太白阴经解说（上册）

作　　者：张文才
责任编辑：姚　欣
装帧设计：王文龙
出版发行：线装书局
　　　　　地　　址：北京市西城区鼓楼西大街41号（100009）
　　　　　电　　话：010-64045283（发行部）　64045583（总编室）
　　　　　网　　址：www.zgxzsj.com
经　　销：新华书店
印　　制：北京兴湘印务有限公司
开　　本：787mm × 1092mm　1/16
印　　张：21.5
字　　数：344千字
版　　次：2017年5月第1版第1次印刷
印　　数：0001—3000
定　　价：96.00元（全2册）

线装书局官方微信

序

　　张文才同志是军事科学院从事古代兵法研究的专家，今年 78 岁了。早在 1988 年我们共同主编《中国古代兵法精粹类编》时，他那严谨的治学态度，丰厚的史学知识，扎实的军事素养就已显露出来了。其后，他专攻隋唐军事史，孜孜以求，直到退休。

　　现在，他的大作《太白阴经解说》即将付梓。通观全书，无论是对《太白阴经》真伪的考辨，还是其注释、译文、解说，一言以蔽之，可以用"信达雅"三个字誉之而不为过。

　　在这里，要特别提示给读者的是，撰写《太白阴经解说》非具相当学术功力者不敢为之。因为《太白阴经》明代以前只有抄本传世，传抄者随意删削，衍夺误窜之处甚多，更加之其书内容繁富，卷帙厚重，兵阴阳家星角杂占之类术语颇难懂理，故后世深究其书者乏人，因而可资借鉴之作不多。难能可贵的是，文才同志以耄耋之年，皓首穷"经"（《太白阴经》），为批判继承祖国的兵学遗产做出了有益的贡献，令人钦羡！是为序。

吴如嵩

2015 年 11 月 25 日

专　家　荐　语

兵家术法　灿然毕举

——题《太白阴经解说》

张文才同志《太白阴经解说》书稿已阅，我认为这是一部难得的好书，兹将理由分述如下：

一、作者张文才同志是军事科学院专攻隋唐军事史的资深专家，对《太白阴经》寝馈多年，是国内少有的对此书深有探究的学者。

二、《太白阴经解说》是迄今唯一一部对其书进行注译解说和考辨的书稿，其全面性、系统性、权威性毋庸置疑。

三、尤为可贵的是作者坚持批判继承的方针，吸取精华，去其糟粕，成绩斐然。

关于这个问题，我有着重阐述一下的必要。

《太白阴经》共十卷，在出版史上注译前五卷者有之，而对后五卷均以唯心迷信弃而不用。那么，张文才同志十卷全收，究竟是否正确呢？

我认为是正确的，必要的。

首先必须肯定，文才同志在"总论"与各卷"解说"中清醒地看到《太白阴经》存在的局限性，并加以正确的评述。可贵的是他并不轻易一棍子打死，而是做了唯物辩证的具体分析。

实事求是地讲，后五卷阴阳数术杂占之类并不好注译，更难正确解说，没有相当的数学、物理以及古代兵法中神秘文化的认知，对后五卷的内容也只是雾里看花，不敢触碰的。这既要有兵法素养又要有敢于突破禁区的学术勇气。

《太白阴经》不是一般的军事古籍，而是重要的优秀的古籍，历来受到世人重视。中国军事大百科全书对它有专门的词条介绍，2007 年列入《大中华文库》。

《太白阴经》是一部综合性很强的军事学术著作。它不仅有《汉书·艺文志》所概括的兵权谋、兵形势、兵技巧的内容，而且有兵阴阳的内容。《太白阴经》后五卷恰恰又多是"兵阴阳家"的内容。《汉书》指出："阴阳者，顺时而发，推刑德，随斗击，因五胜，假鬼神而为助者也。"请注意，"假鬼神而为助"不是迷信鬼神！同为唐朝兵家的李靖在《唐太宗李卫公问对》卷中指出："假之以四兽之名，及天、地、风、云之号，又加商金、羽水、徵火、角木之配，此皆兵家自古诡道。"他一针见血地指出，不是迷信，是"兵家诡道"。当时唐太宗听到李靖这一番话后，"良久曰：'卿宜秘之，无泄于外。'"意思是说，这是军事机密，岂可以等闲视之而向外泄露？

我们应该感谢李筌，他的《太白阴经》使我们知道兵阴阳流派的许多知识。我们也应当感谢张文才同志，耄耋之年写出这部书稿，十分难能可贵。

军事科学院战略研究部中国历代军事思想研究室

原主任、研究员、博士生导师 吴如嵩

2015 年 11 月 27 日

《太白阴经解说》
是一部易读、易懂的好书

　　《太白阴经》是中国古代的著名兵书。兵书是对古代军事著作的统称。我国是古代军事学最发达的国家，兵书出现之早、数量之多是其他各国无法相比的。上世纪30年代陆达节编著的《中国历代兵书目录》，所列从上古到明清的兵书有1304部，由于年代久远大多已经失传，仅存288部。上世纪八九十年代一些学者对我国古代兵书的著录和现存情况花费很大力气进行收集和整理，发现我国的兵书大大超过了陆达节所列的数字。刘申宁在其《中国兵书总目》中，所列的从上古到清前期(1840年以前)的兵书共达2331部，现存也有1100余部，而《中国大百科全书》所列的兵书条目只有39部。这39部应该说是学术价值高并具有现实意义的兵书，《太白阴经》就是其中之一。

　　《太白阴经》是一部唐代综合性兵书。该书对人谋筹策、攻城器械、屯田战马、营垒战图、军仪典礼、公文程式、人马医护、祭祀占卜等都有所论述。而从兵学角度来看其最有价值的是关于富国强兵、用兵的目的、战争胜负的决定因素、人的主观能动作用、选贤任能、严明赏罚、掌握战争主动权等的论述。更值得注意的是该书的思想方法和思维方式。该书在思想上兼收并蓄，博采众家之长，融道、儒、兵家之说为一体；对战争、国防、治军、作战等诸多重大军事问题的探讨上，充满着朴素的唯物辩证法思想。

　　对今人来讲，这部成书于一千二三百年前的兵书，虽颇有价值，但多为抄本，有错字，无标点，且为古文，不大好读、好懂。而张文才同志的《太白阴经解说》解决了这些问题。

张文才同志从事中国古代军事史和中国古代兵法的研究三十余年，是一位对中国古代军事史特别是中国古代兵法颇有研究和造诣很高的学者。他是《中国古代战争战例选编》主要作者之一，《隋代军事史》的撰写者，《明代军事史》的合著者，《中国古代兵法精粹类编》的主要作者和副主编，对多部兵书有较深的研究，著有《投笔肤谈》、《百战奇法》、《太白阴经》等兵书的校点、注释、译文、解说。他有较深的文字功底，治学严谨细致，一丝不苟。

《太白阴经》经过张文才同志的校点，原文更加准确，而加以标点和对关键性的字词、专用术语、战争战例、历史人物和地名等准确简明的注释，更便于读者阅读和掌握；"信达雅"的译文和解说，使读者能更好地理解和掌握《太白阴经》的内容和要旨。总之，《太白阴经》经过张文才同志的校点、注释、译文和解说，不仅使古文功底较深的读者能阅读此书，对于不深谙古文的读者也能很好地阅读此书，从而扩大了读者面。这对传承中国古代优秀的兵学，对弘扬中华民族优秀的传统文化都大为有益。

中国人民解放军军事科学院战略研究部

历代战略研究室研究员

2015 年 12 月 1 日

凡　例

　　《太白阴经解说》一书是由总论、原文、注释、译文、解说五部分有机组成。
兹分项逐一说明如下：

一、总论

　　本书之总论，其内容是体现对《太白阴经》全书研究成果的最主要部分。它除
了对该书作者情况、书名演化、版本源流及各卷基本内容等加以介绍之外，更着重
对《太白阴经》兵书所蕴含的军事思想、基本特色及主要价值等诸多问题，进行全面、
系统的探讨，力图从原书整体上把握和揭示其思想精髓和价值意义。

二、原文

　　本书之原文，是以清道光间金山（今属上海）人、学者钱熙祚所刊《守山阁丛
书》校注本《神机制敌太白阴经》为底本，以清康熙间常熟（今属江苏）人、学者
兼藏书家钱曾《述古堂书目》同名抄本为参校本进行校勘的；凡对原文有重要校勘处，
均在注释中加以说明，不另出校记。

　　本书卷八《分野占篇第八十九》至卷十《山冈营垒篇第九十九》等十一篇目，
原文篇题皆脱"篇序数"。为保持全书原体例之前后一致性，自《分野占》始，及
其后各篇一律依次补著篇序数。

　　本书为了恢复《太白阴经》初始书名的历史原貌，而依据唐末五代间道士杜光
庭所撰《神仙感遇传》最早载录的书名复原为《太白阴经》。

三、注释

　　本书之注释，其所注范围，主要包括生僻字词、专用术语、古籍引文、战争战例、
历史人物、历史地名等。为使注释内容具有准确性、知识性，注文力求落笔有据且
具趣味性，以便读者阅读与掌握。

四、译文

本书之译文，在确保忠实于每卷各篇文字原义的前提下，以直译为主、意译为辅，力求译文准确无误，通俗畅达，生动可读。凡因原文成分残缺或过于简略已影响文义连贯而需要补充文字之处，则所补之译文部分皆置于"（ ）"内。

五、解说

本书之解说，是体现作者对《太白阴经》全书各篇研究成果的重要部分。解说着重概括各篇的主要思想观点和相关诸类军事问题，揭示其产生与发展的历史渊源关系，尽量联系历史的或现实的实际，以为佐证并作出适当评价，以便于读者更好地理解和掌握各篇的内容要旨。

目　录

太白阴经解说（上册）

《太白阴经》原文、注释、译文及解说

《太白阴经》总论

　　《太白阴经》一书是唐代李筌撰写的一部内容丰富、影响深远的重要兵书。李筌本是唐代中后期颇有成就的兵学家，但由于新、旧《唐书》都没有为其立传，故长期以来并不广为人知，以致对他个人的事迹及其军事著作等诸多情况，迄今人们都还知之甚少。为了还李筌及其兵学著作《太白阴经》以应有的历史地位，现就其四个方面的问题，作如下探讨和介绍。

一、《太白阴经》作者李筌情况简介

　　李筌，号达观子，约为唐玄宗（李隆基）开元元年至唐代宗（李豫）大历十四年（公元 713—779 年）间人。其生卒年月及里籍情况，虽然已经无从确考，但是，现据有关史料记载，确知李筌早年颇好神仙之道，曾隐居于嵩山之少室山（位于今河南登封市北）。法国巴黎图书馆所藏敦煌本《阃外春秋》残卷卷首之李筌《进书表》，内有“伏惟开元天宝圣文神武皇帝陛下龙德在天之明……臣也书生，喜抱尧日”之句，末署“天宝二年六月十三日少室山布衣李筌进表”（转引自卿希泰《中国道教思想史纲》第二卷，四川人民出版社 1985 年 9 月第 1 版）。这表明，李筌在唐玄宗天宝二年（公元 743 年）时，仍是尚未出仕做官的平民百姓。北宋太宗（赵炅）朝平章事李昉奉敕编纂的《太平广记》卷 63《女仙八·骊山姥》引《集仙传》称李筌曾“仕为荆南节度副使、仙州刺史”；而唐懿宗（李漼）时期自号“五云溪人”的范摅所著《云溪友议》卷上《南阳录》则称：“李筌郎中为荆南节度判官，集《阃外春秋》十卷”，“后为邓州刺史”。可见，晚唐人范摅所叙李筌之官职与北宋初李昉所引据的说法略有差异。对此，我国近代著名学者余嘉锡曾考证指明：“范摅究为唐时人，其叙李筌官爵，应大致不误。岂筌撰《阃外春秋》时尚为布衣，后乃出仕，由节度判官历任州郡，入为郎中，而摅特误记其著书之时欤？要之，筌之初仕荆南，后官刺史，唐人固有记载，不仅见于《集仙传》也。”（见余嘉锡《四库提要辨证》卷 11《太白阴经》，中华书局 1980 年 5 月第 1 版）显而易见，余先生之此一颇有说服力的考论，乃为我们进一步了解和认识李筌其人其事，提供了有益帮助。

经查，五代后晋刘昫的《旧唐书·地理志二》所载之"山南东道荆州江陵府"条称：唐代置荆南节度使是在唐肃宗（李亨）至德间（公元756—757年）之后，而该书之"山南东道邓州"条则称：唐高祖（李渊）武德二年（公元619年）曾改隋朝南阳郡为邓州，唐玄宗天宝元年（公元742年）又改回南阳郡，至肃宗乾元元年（公元758年）乃复为邓州。据此可知，李筌之出仕为官，先为荆南节度副使或荆南节度判官，后为邓州刺史，很可能是在唐肃宗李亨执政时期（公元756—761年）。所以，《集仙传》、《云溪友议》所载之李筌官职和余嘉锡的考证推论，大体上应是符合李筌经历的实际情况。唐末五代初人杜光庭的《神仙感遇传》称李筌"有相业，著《中台志》十卷"（转引自北宋李昉《太平广记》卷14《神仙十四·李筌》）；又据南宋晁公武《郡斋读书志》卷下《职官类》著录李筌所著《中台志》一书时，指明该书"起殷周，迄隋唐，纂辅相邪正之迹，分皇、王、霸、乱、亡五类，以为鉴戒。唐相李林甫、陈希烈附皇道，筌上元中乃自表天宝初迫以缀名云"。我们从"筌上元中乃自表"的字样中可以看出，李筌在唐肃宗上元间（公元760—761年），仍然身居官职。但此后，李筌或仕或隐，已无法确考，或许正如杜光庭之《神仙感遇传》所言，李筌"竟入名山访道，不知所终"。

这里需要特别指出的是，今传本《太白阴经》（即清道光年间钱熙祚校注的《守山阁丛书》本）卷前依次附有所谓李筌的"自序"和"进书表"，"序"末作"唐永泰四年秋河东节度使都虞侯臣李筌撰"，"表"末又称"乾元二年四月二十八日正议大夫持节幽州诸军事、幽州刺史并本州防御使、上柱国臣李筌上表"。我们知道，永泰，系唐代宗李豫（唐肃宗李亨之子）的年号，但永泰并无"四年"，因永泰二年（公元766年）十一月已改元为"大历"，"序"末所称"永泰四年"实际应是"大历三年"（公元768年）；乾元，系唐肃宗李亨的年号，"表"末所谓"乾元二年"，也就是公元759年。观此"序"、"表"之所署时间不难发现，所谓李筌写《进书表》在前，时在公元759年；而写《自序》在后，时在公元768年，这一前一后竟相距9年之遥，这显然是不符合通常情理的。由此可见，此"序"、"表"实系后人之伪托。诚如近代著名考据学家罗振玉所说：此"'序'、'表'文辞鄙拙，当是伪托"（见罗氏敦煌本《〈阃外春秋〉跋》），也如余嘉锡所论："此书自'序'及'表'文，固出后人伪造无疑。"（见余氏《四库提要辨证·太白阴经》）其实，清人钱熙祚在刊刻《守山阁丛书》而收录《太白阴经》时，即曾对所谓的李筌《太白阴经》之"自序"和"进书表"两文的真实性表示怀疑。他校注指出"旧抄无此序，张刻本有之"（按：钱氏这里所说的"张刻本"，是指清嘉庆间进士张海鹏辑刊的《墨海金壶》本《神机制敌太白阴经》），又说"张刻本无此表，今依旧抄本"，并说对"序"、"表"二文"今姑存以俟考"，表明了钱氏对"序"、"表"二文的质疑态度及其"姑存以俟考"的目的性。而上述罗、余二位学者对此问题的考证结论，恰是对钱说的最好注脚和说明。据此，本书既不附录此"序"、"表"之全文，也不引述其二文的内容。

李筌一生著述颇多，而尤以兵学著作为丰。唐末五代杜光庭《神仙感遇传》盛赞"筌有将略，作《太白阴经》十卷"（按："经"字原文误作"符"，《四库全书总目·子部·兵家类·太白阴经》考证确认：此为"传写讹一字也"。笔者今从径改）。李筌现传世的兵学著作除了《太白阴经》之外，还有《阃外春秋》十卷（残本）、《注孙子》三卷、《阴符经疏》三卷。而见于史籍著录的还有：《青囊括》一卷（见《新唐书·艺文志》），《彭门玉帐歌》三卷、《军旅指归》三卷（均见《宋史·艺文志》）等多种兵学著作，但可惜早已散佚失传。所以，我们完全可以认定，李筌堪称是军事造诣颇深、兵学著作颇丰的唐代兵学家。

二、《太白阴经》书名演化、版本源流及各卷基本内容

李筌所撰之《太白阴经》，又名《神机制敌太白阴经》。太白者，星名也，亦称"金星"，我国古代星象家有"太白主军戎杀伐"之说，故李筌取名之为《太白阴经》，以为用兵者所应隐密遵循之韬略经法。李筌《太白阴经》一书，最早是以此书名而见载于唐末五代初道人杜光庭的《神仙感遇传》。其后，北宋欧阳修、宋祁的《新唐书》，元代脱脱等的《宋史》，都分别在其《艺文志·兵书类》中以《太白阴经》一名而加以著录。但是，到了明代万历末年，经藏书家毛晋及其家人以手抄本之《神机制敌太白阴经》而存入其汲古阁之后，李筌之本名为《太白阴经》一书，则多以《神机制敌太白阴经》一名而流行于世。从《太白阴经》四字书名而变为《神机制敌太白阴经》八字书名的演化过程，我们可以清楚地看出，明代以后的学者对唐代李筌《太白阴经》一书的兵学性质及其"神机制敌"作用的认识有了进一步深化。经查，该书现有明毛晋的《汲古阁》抄本、清钱曾的《述古堂书目》抄本、清内府抄本等多种抄本，以及清《文渊阁四库全书》本、清嘉庆年间张海鹏《墨海金壶》本、清道光年间钱熙祚《守山阁丛书》校注本、清咸丰年间庄肇麟《长恩书室丛书》本等

多种清代刊刻本存世。其中，以钱熙祚《守山阁丛书》校注之刊本为最善；1988年10月，解放军出版社和辽沈书社将清钱熙祚《守山阁丛书》校刻本之《神机制敌太白阴经》影印而收入《中国兵书集成》第二册出版发行。

《太白阴经》全书共十卷、99篇，约8万字。综观《太白阴经》可以看出，其内容十分繁富。大凡人谋筹策、攻守作战、营垒阵图、武器装备、屯田战马、军仪典制、公文程式、人马医护、祭祀占卜等涉及古代军事与战争的诸多问题，都有较为详细的记述，堪称唐代唯一存世的一部卷帙厚重、内容丰富的综合性兵学专著。全书按卷帙顺序归类，其基本内容大致如下：

1. 第一、二卷分别为《人谋上》和《人谋下》，共24篇，其中：《人谋上》10篇，《人谋下》14篇。这两卷的内容，主要是作者依据前人论兵理论，特别是取材于《孙子兵法》、《吴子》、《司马法》、《尉缭子》、《六韬》等先秦兵家经典，进一步阐述战争胜负取决于"人谋"的重要观点，是全书主要体现作者的战争观、国防战略、选任将帅及治军用兵思想的部分。

2. 第三卷《杂仪类》，共10篇，多记述古代军制礼仪、军将选拔及其僚属编成等内容。其中，《授钺篇》引述《六韬·龙韬·立将》的内容，着重阐发君主举行命将出师的仪式和论述"兵权专一"的重要性。《部署篇》取材于古兵书《握奇经》，阐述部队的作战编成体制。《将军篇》、《阵将篇》、《队将篇》、《马将篇》四篇，基本上按照唐代军制论述步骑军将及其僚属编成和各类将领选拔标准。《鉴人篇》讲察言观色的"相面术"，实系非科学性的唯心主义糟粕。《相马篇》主要介绍古代选择战马的实践经验，有一定科学性。《誓众军令篇》着重阐述古代兴兵作战举行誓师仪式和发布军法律令的意义与作用。《关塞四夷篇》主要介绍唐代周边少数民族地区的兵要地志情况。

3. 第四卷《战具类》，共8篇，主要记述唐代城邑攻防、水陆战守所常使用的主要兵器、装备和器材。

4. 第五卷《预备》，共20篇，主要记述唐代国防设施、部队后勤保障等方面的问题及其相关的典章制度。

5. 第六卷《阵图》，共10篇，主要依据《握奇经》的阵法图解，附会五行、八卦之说，而推导出多种营阵布列之法。

6. 第七卷，有三类内容共9篇，其中：一是《祭文》类6篇，主要记述古代出师行军的各种祭祀性文告格式，其文字内容虽具有浓重的封建迷信色彩，但在当时的历史条件下，它对激励军队斗志和威慑降服敌人，具有一定客观作用。二是《捷书》类1篇，内容讲古代军情战报书写格式。三是《药方》类2篇，记述古代军队士卒与马匹的常见病及其用药治疗验方，有一定的科学性。

7. 第八卷《杂占》类11篇，主要记述古代占星术问题，即通过观察日月星辰等天象的变化，来占卜人间世事之吉凶福祸。本卷所列诸多占星内容，既带浓厚的迷信色彩，又保存了不少古代天文科学知识，此种融迷信与科学为一体的著述形式，恰是本卷的一个鲜明特点。

8. 第九卷《遁甲篇》，主要记述和介绍古代奇门遁甲术产生的源头、有关术语涵义以及占课推演方法。唐代兵学家李筌是把奇门遁甲术引入兵学范畴的第一人。

9. 第十卷《杂式》类共6篇，主要记述和介绍古代利用式盘、龟甲占卜吉凶方法以及观察地形、环境以测断吉凶休咎的堪舆术（俗称"风水术"）。显而易见，这部分内容也存在浓重的迷信色彩。

三、《太白阴经》主要军事思想

《太白阴经》在充分继承前人论兵成果的基础上，结合唐代军事发展的实际情况，对古代战争、国防、治军、作战等重大军事问题，都进行了较为深刻系统的论述，并对某些问题的阐发作出了创新性的发展。

（一）关于战争问题的思想观点

《太白阴经》关于战争问题的基本思想观点，主要涉及战争的目的、性质和决定战争胜负的因素等方面。

李筌认为，实施战争是以"存亡继绝，救乱除害"，推行"道德仁义"之政为根本目的。他强调政治高于军事，以政治争取达成不战而胜，乃是用兵之最上策。作者以道家与儒家所共同倡导的"兵非道德仁义者，虽伯（此处之"伯"通"霸"）有天下，君子不取。"又说："盖兵者，凶器；战者，危事。阴谋逆德，好用凶器，非道德忠信不能以兵定天下之灾，除兆民之害也。"（以上诸多引文均见《太白阴经》卷二《人谋下·善师篇第十一》）显而易见，该书作者视执"道德仁义"之兵为正义之师，而视行"阴谋逆德"之兵为不义之师。基于对战争之目的和性质的这种立场鲜明的认识，李筌又进一步指出："以道胜者帝，以德胜者王，以谋胜者伯，以力胜者强。强兵灭，伯兵绝，帝王之兵前无敌，人主之道信其然也矣。"（卷一《人谋上·主有道德篇第四》）这就是说，作者认为，以"力"取胜的"强兵"和以"谋"取胜的"伯兵"，虽然都有可能逞强称霸于一时，但最终都将归于失败灭亡，而唯有以"道德仁义"取胜的"帝王之兵"，才能真正无敌于天下，永葆其胜利地位。李筌在其《太白阴经》卷八《杂占·总序》中，再次强调指出："盖天道助顺，所以存而不亡。若将贤士锐，诛暴救弱，以义征不义，以有道伐无道，以直取曲，以智攻愚，何患乎天文哉！"作者认为，只要是正义战争，不必忧虑天文星象如何显现，是一定能够获得胜利的；否则，丧失战争的正义性质，即使是依靠占星望气而"欲幸其胜，未之有也"。毋庸置疑，这是颇有见地的正确思想观点。

在阶级社会中，战争始终是带有鲜明的阶级属性的。因此，对于战争之目的和性质的认识，不同的阶级、不同的政治集团，是有不同的认识标准和对待态度的。尽管《太白阴经》的作者对此问题的认识，是以维护封建统治阶级的根本利益为其出发点，因而这种认识不可避免地带有一定的阶级局限性和历史局限性，但在当时中国封建社会已经进入唐代"开元盛世"的历史时期，作者李筌强调政治高于军事，强调战争的正义性质，在观察和处理战争问题上，主张以推行"道德仁义"之政为目的，以政治争取为主要手段，尽量避免流血的战争发生的理论观点，不仅在当时有利于稳定社会秩序，促进经济发展，而且，在今天对我们努力实现维护世界和平、建设和谐社会的伟大战略目标，仍然有其重要的借鉴意义。

在对决定战争胜负因素的认识上，《太白阴经》的一个重要思想观点，是认为战争的胜负取决于"人事"，即取决于人的主观能动作用的发挥。李筌引述姜太公的话指明："任贤使能，不时日而事利；明法审令，不卜筮而事吉；贵功赏劳，不禳祀而得福。"（卷一《人谋上·天无阴阳篇第一》）这就是说，选拔贤才使用能人，不择良辰吉日事情也会顺利完成；严明法制审行号令，不用占筮卜卦事情也会吉祥如意；尊贵有功优赏勋劳，不必祭祀祈祷也会获得幸福快乐。总之，在李筌看来，只要通过人事努力，充分发挥人的主观能动作用，就能取得战争的胜利。相反，那些"无厚德而占日月之数，不识敌之强而幸于天时，无智无虑而候于风云，小勇小力而望于天福，怯不能击而恃龟筮，士卒不勇而恃鬼神，设伏不巧而任向背"（同上）等诸多放弃人事努力，而专靠迷信占卜以求鬼神保佑的人，只能在战争中遭到失败。由此，李筌得出结论说："凡天道鬼神，视之不见，听之不闻，索之不得，指虚无之状，不可以决胜负，不可以制生死。……夫如是，则天道于兵，有何阴阳哉？"（同上）这就明确告诉我们，战争的胜负决定于人的因素，而非决定于"视之不见，听之不闻，索之不得"的"天道鬼神"。显而易见，李筌关于战争胜负取决于人事而非天道鬼神的观点，乃是对《孙子兵法》唯物主义战争观的继承和发展。

在决定战争胜负因素的认识上，《太白阴经》的另一个重要观点是，认为地理条件对战争胜负固然有影响，但它并不是最终决定战争胜负的因素。作者李筌首先承认，地理条件对作战的重要性，指出"兵因地而强，地因兵而固"（卷二《人谋下·地势篇第十九》），强调在对敌作战中要善于利用各种有利地形以克敌制胜。但是，李筌不是唯地形条件决定论者，他明确认为，决定战争胜负的最终因素是人，是人的政治素质和主观指导的正确与巧妙运用，而不是单纯的地理条件；地理条件在对敌作战中只起一定的辅助作用，不可以完全作为战争胜负的凭恃。所以他说："地理者，兵之助，犹天时不可恃也。"（卷一《人谋上·地无险阻篇第二》）为了进一步说明天时、地利不可完全凭恃的道理，李筌还以历史上许多国家地理条件优越，但因最高统治者昏庸无道，而最终导致战争失败、国家灭亡为例，深入分析和强调指出："天时不能祐无道之主，地利不能济乱亡之国。地之险易，因人而险，因人而易，无险无不险，无易无不易。存亡在于德，战守在于地，惟圣主智将能守之，地奚有险易哉？"（同上）十分明显，这既是作者李筌对人的因素、政治因素在战争中决定性作用的充分肯定，也是对历史上持地理环境决定论者的有力批判。李筌此一思想观点，不但是唯物的，也是辩证的。这对我们今天认识地理条件对作战的影响和作用问题，仍有重要参考价值。

（二）关于国防问题的思想观点

在国防建设问题上，李筌极力倡导"富国强兵"的国防战略思想。他认为，要想把国家搞得富强起来，关键在于发展生产、奖励农战，因而提出了"人主恃农战而尊"（卷五《预备·屯田篇第五十九》）的战略主张。这实际是战国时期著名政治家商鞅提出的"耕战"思想在唐代的进一步运用与发展。李筌认为，要实现"人主恃农战而尊"的国家战略地位，应从两个方面交替做起：一是在"兴兵伐叛"的战争时期，要实行"武爵"制度以奖励军功；一是在"按兵务农"的和平时期，要劝课农桑以发展生产，做到"使士卒出无余力，入有余粮"（同上）。他认为，只有坚持不断地交替做好以上两点，才能使国家保持"兴兵而胜敌，按兵而国富"（同上）的强大国防实力。

《太白阴经》在阐述国防战略思想过程中，以朴素的辩证观点批判了那种认为只有富强的国家才能在战争中取胜，而贫弱的国家只能听任大国摆布的形而上学的宿命论观点，提出了国家的强弱并非不可改变的重要思想。李筌指出，有些泥古守旧的读书人认为"兵强大者必胜，小弱者必亡。是则小国之君无伯王之业，万乘之主无破亡之兆"（卷一《人谋上·术有阴谋篇第八》）。对于这种形而上学的论调，作者李筌以充分的历史事实进行了有力批驳，指出"昔夏广而汤狭，殷大而周小，越弱而吴强"（同上），但是，由于弱小的汤、周、越各自采取了"阴倾之术，夜行之道，文武之教"（同上）等行之有效的政略战略措施，最终分别战胜了强大的夏、殷、吴三国。这不仅有力地驳斥了历史上那种所谓"兵强大者必胜，小弱者必亡"的形而上学的错误观点，而且深刻地揭示了人的主观努力在战争中的决定性作用的正确思想。这是十分难能可贵的。

李筌还以发展变化的辩证观点，进一步分析指明，国家的强与弱、富与贫，并不是固定不变的，只要执政者（即发挥"人"的因素之作用的组织指挥者）实行符合客观实际的方针政策，真正做到"乘天之时，因地之利，用人之力，乃可富强"（卷一《人谋上·国有富强篇第五》）。李筌对此做了进一步解释，指出：所谓"乘天之时"，并非是坐等天道恩赐，而是指不违农时，真正做到"春植谷，秋植麦，夏长成，冬备藏"，尽量发挥劳动者在四季生产中的重要作用。所谓"因地之利"，并非是专靠土地的肥沃和地形的险要，而是指要积极"饬力以长地之财"，调动全国各地的物力，切实做到物尽其用；只要真正做到"地诚任"，充分发挥"地利"的作用，就"不患无财"，并能做好"用资军实"以解决资助军队器用粮饷问题；只要解决"器用不备"的问题，就能消除"人不足于食"的温饱困难；只要发展各地"商旅"事业，就能消除"人不足于财"的贫穷局面；只要发挥"山海之利"以"通四方之珍异"，就能搞好"以有易无"，活跃市场经济。所谓"用人之力"，是指全面发挥"农夫"、"女功"等一切劳动者的主观能动作用，真正做到"人诚用"，充分调动人们的生产积极性，去努力创造和积累社会物质财富，这样，不仅可以防止人们因懒惰和奢侈所造成的贫困落后局面，并且能够使国家富强起来而"不畏强御"，不再害怕抵御外来强敌的进攻。

总之，在李筌看来，只要坚持"恃农战而尊"的国防战略方针，切实做到顺乎天道，不违农时，发展生产；因地之利，物尽其用；任人之力，人尽其智，就可以使国家变贫为富、变弱为强。所以，李筌再次强调指出："故知伯王之业，非智不战，非农不赡，过此以往而致富强者，未之有也。"（卷一《人谋上·国有富强篇第五》）

应当说，李筌的这一辩证认识，是符合历史实际的正确思想观点，对于我们今天治国安邦，实现富国强兵伟大战略目标，仍有重要借鉴意义。

（三）关于治军问题的思想观点

《太白阴经》关于治军方面的思想观点，是比较丰富的，归纳起来，主要有以下三个方面：

1. 知人善任的选才任将思想

《太白阴经》的作者李筌，在其依据《孙子兵法》的有关思想而阐述将帅在国家政治生活中的重要地位时，指出："将者，国之辅，辅周则国强，辅隙则国弱，是为人之司命，国家安危之主，不可不察也。"（卷二《人谋下·鉴才篇第二十四》）既然将帅的作用直接关系着国家的强弱与安危，那么，选拔什么样的人才来担当将帅之职，便成为《太白阴经》一书非常重视并着力探讨的问题。李筌把人才分为两类：一类是全面发展的"通才"，另一类是具有某种专长的"偏才"。他强调要选拔"通才"担当将帅之职，指出："夫聪明秀出之谓英，胆力过人之谓雄。英者，智也；雄者，力也。英不能果敢，雄不能智谋。故英得雄而行，雄得英而成。"（卷二《人谋下·鉴才篇第二十四》）他据此而认为，仅有过人的胆量，或者仅有超人的智谋的人，都不过是一种"偏才"，而"偏才，未足以言大将军"；只有那种"能柔能刚，能翕能张，能英而有勇，能雄而有谋，圆而能转，环而无端，智周乎万物，而道济于天下"的"通才"，方"可以为大将军"（同上），担当将帅之职。应当说，李筌此种高标准严要求的将帅观，不仅符合封建社会的军事与战争发展的实际需要，即使在今天实施富国强军战略中，对于我们培养和选拔高端军事人才来说，仍然具有十分重要的借鉴意义。

李筌在强调选拔智勇双全的"通才"担任将帅的同时，也很注重从治军与作战的实际需要出发，选拔具有某种特长的专门军事人才。作者已经认识到，实际生活中，真正的"通才"毕竟是很少的，一个人的聪明才智往往多是有其所擅长的方面，因而便有各种不尽相同专长的人才。作者李筌在列举了十种不同专长的人才之后，强调"任人之道"就是依据实际需要选拔各种军事人才，并充分发挥他们各自的特点和专长。他说："夫十士（指十种不同专长的人才）之用，必尽其才，任其道。计谋使智能之士；谈说使辩说之士；离亲间疏，使间谍之士；深入诸侯之境，使乡导之士；建造五兵，使技巧之士；摧锋捕虏，守危攻强，使猛毅之士；掩袭侵掠，使蹻捷之士；探报计期，使疾足之士；破坚陷刚，使巨力之士；诳愚惑痴，使技术之士。此谓任才之道，选士之术也。"（卷二《人谋下·选士篇第十六》）也就是说，要根据不同的军事任务和作战需求，来选拔和使用不同专长的军事人才（亦即"偏才"）。应当说，李筌的此种思想观点，是正确而值得肯定的。

李筌强调指出：此"任才之道"是关系国家兴衰存亡的大事，"三王之后，五伯之辟，得其道而兴，失其道而亡。兴亡之道，不在人主聪明文思，在乎选能之当其才也"（卷二《人谋下·选士篇第十六》）。作者还在同书卷一《人谋下·贤有遇时篇第六》中，反复阐述这样的道理：国家的兴废，关键不在于兵强、地广、人多、国富，而在于人主能否识别贤才和任用贤才，只有人主在识贤用贤问题上，有非常清醒的头脑和正确的主见，使贤任能不失其时，才能做到国富兵强而成就王霸之业。他说："明君之心，如明鉴，如澄泉，圆明于中，形物于外，则使贤任能，不失其时；若非心之见，非智之知，因人之视，借人之听，其犹眩耄叟以黼黻，聆聋夫以韶濩，玄黄、宫徵无贯于心，欲求得人而幸其伯，未之有也。故五帝得其道而兴，三王失其道而废，废兴之道，在人主之心，得贤之用，非在兵强、地广、人殷、国富也。"在同卷《人谋上·将有智谋篇第七》中，李筌又列举诸多具体史例论证了"使贤任能"的重要意义和作用。他说："秦任商鞅、李斯之智而并诸侯，汉任张良、陈平之智而灭项籍，光武任寇恂、冯异之智而降樊崇，曹公任许攸、曹仁之智而破袁绍，孙权任周瑜、鲁肃之智而败魏武，刘备任诸葛亮之智而王西蜀，晋任杜预、王濬之智而平吴，苻坚任王猛之智而定八表之众，石勒任张宾之智而生擒王浚，拓拔任崔浩之智而保河朔之师，宇文任李穆之智而挫高欢之锐，梁任王僧辩之智而戮侯景，隋任高颎之智而面缚陈主，太宗任李靖之智而败颉利可汗。"由此，李筌得出结论说："有国家者，未有不任智谋而成王业也。"这是符合历史实际的正确见解，值得后人借鉴。

选才任将问题，既然是关系到国家兴废存亡的大事，那么，实践中掌握什么样的原则，才能更好地贯彻执行"任才之道"呢？李筌认为，选才任将的正确原则，应当是对人才先行考察而后任用，而不能先任用而后考察。因为，"先察而任者昌，先任而察者亡"（卷二《人谋下·鉴才篇第二十四》）。他认为，人主要做到善用将才，首先必须善于知人，善于考察和识别人才。为此，李筌独辟《鉴才篇》对人主如何考察和识别人才的问题做了专门论述。这在唐代以前是不多见的。李筌指出："明主所以择人者，阅其才通而周，鉴其貌厚而贵，察其心真而明，居高而远望，徐视而审听，神其形、聚其精，若山之高不可极，若泉之深不可测。然后，审其贤愚以言辞，择其智勇以任事，乃可任之也。"显而易见，李筌上述之所论，既阐明了人主实施"任才之道"所应遵循的正确原则，也论述了人主选才任将所须采用的方式方法，这是十分难得的。李筌还认为，考察和识别不同的人才，要采用不同的观察方法和测试内容。例如，"择圣以道，择贤以德，择智以谋，择勇以力，择贪以利，择奸以隙，择愚以危。事或同而观其道，或异而观其德，或权变而观其谋，或攻取而观其勇"，等等。李筌强调指出，选才任将是治军的一项经常性的重要工作，因此，必须常抓不懈，切实做到"明主任人不失其能，直士举贤不离于口"。他认为，只有君臣上下齐心协力，经常抓好选才任将这项工作，才能确保国家长盛不衰。

2."振旅理兵"的军事训练思想

搞好和平时期的军事训练工作，既是加强军队建设的根本措施，也是增强国防力量的重要保证。明于此理的李筌在深入总结历史经验的基础上，结合唐代的具体情况和实践需要，明确提出了以"振旅理兵"为中心任务的军事训练方针。他说："国虽大，好战必亡；天下虽安，忘战必危。天下既平，春蒐、夏苗、秋狝、冬狩，振旅理兵，所以不忘战也。"（卷六《阵图·教旗图篇第六十八》）显而易见，作者一方面反对凭借国家强大而随意发动战争，另一方面又主张和平时期不可忘记还有爆发战争的危险性。正是基于此种认识，所以李筌强调要切实搞好以"春蒐、夏苗、秋狝、冬狩"为主要方式，以"识金鼓、别旗帜、知行列、谙部分"（同上）为主要内容的军事训练工作。在李筌看来，唯有抓好军事训练，才能提高部队战斗力，使国防得到巩固。

在军事训练的实际操作中，李筌特别强调要抓好士卒勇敢精神的培养教育。他在批驳了那种认为人的勇怯是由"地势所生，人气所受"（卷一《人谋上·人无勇怯篇第三》）的唯心主义传统观念后，明确指出："勇怯在乎法，成败在乎智，怯人使之以刑则勇，勇人使之以赏则死。能移人之性，变人之心者，在刑赏之间，勇之与怯，于人何有哉？"（同上）作者这里所说的"法"，是指古代以"刑赏"制度为核心内容的军队法令法规。显而易见，作者不但认定人的勇敢精神是通过"法"的实施和教育而后天养成的，而且指明了在正确实行"刑赏"之法的前提条件下，勇与怯二者是可以互相转化的。而此种充满辩证思维的思想观点，恰是李筌强调做好培养部队勇敢精神的理论依据。

3.以实施"刑赏"为核心内容的依法治军思想

李筌认为，实行严格的刑赏制度，乃是依法治国治军的根本性措施。他强调指出：

刑赏制度"是谓军国之法，生杀之柄"，"用得之，而天下治；用失之，而天下乱。治乱之道，在于刑赏，不在于人君"（卷二《人谋下·刑赏篇第十八》）显然，在李筌看来，实行刑赏制度对于治国治军，具有十分重大意义。那么，怎样贯彻刑赏制度才能达到以法治军的目的呢？李筌强调要切实做好以下两条：

第一，要实事求是，刑赏得当。作者明确指出："刑多而赏少，而无刑；赏多而刑少，则无赏。刑过则无善，赏过则多奸。"（同上）为避免执行中刑与赏之不当问题的发生，李筌强调要贯彻实事求是的原则，认真做到"据罪而制刑，按功而设赏"（同上）。

第二，要注重实效，刑赏无私。李筌认为，这是正确执行刑赏制度所必须遵循的第二条重要原则。他说："刑赏之术无私，常公于世以为道。"他强调指出，在执行这项"军国之法"的过程中，只有真正做到"赏无私功，刑无私罪"，才能收到"赏一功而千万人悦，刑一罪而千万人慎"（同上）的实际效果，从而才能不断提高和增强部队战斗力，达到"发号施令，使人乐闻；兴师动众，使人乐战；交兵接刃，使人乐死"（卷二《人谋下·励士篇第十七》）的治军强兵之战略目的。

（四）关于作战指导的思想观点

《太白阴经》关于战争与作战指导方面的论述内容颇为丰富，而其中最具实践价值的思想，可以概括为两大方面：

第一，"非诡谲不战"的以谋胜敌思想

李筌在完全继承孙子关于"兵者，诡道也"（《孙子兵法·计篇》）理论的基础上，进一步提出了"非诡谲不战"（卷二《人谋下·沉谋篇第十四》）的以谋胜敌的作战指导思想。他认为，善于指导战争与作战的人，应当将自己的战争谋略与作战企图隐蔽起来，而不暴露给敌人，因为，"谋藏于心，事见于外。心与迹同者败，心与迹异者胜"（同上）。可见，隐蔽自己的战争谋略与作战企图，对于战胜敌人具有至关重要的意义。为此，李筌一方面主张运用孙子所倡导的"示形"之法，通过运用"能而示之不能，用而示之不用；心谋大，迹示小；心谋取，迹示与"（同上）的隐真示假之法，达到使敌人对我"真诈不决，则强弱不分"，从而使其无法摸清我军力量强弱之实情；另一方面则强调对不同情况的敌人，要采取不同的迷惑方法和手段，例如对"贪者利之，使其难厌；强者卑之，使其骄矜；亲者离之，使其携贰"

（同上），等等，从而达到破坏、消弱和最终战胜敌人的目的。

第二，"道贵制人"的掌握战争主动权的思想

李筌在卷一《人谋上·数有探心篇第九》中提出："夫道贵制人，不贵制于人。制人者，握权；制于人者，遵命也。"这是作者关于掌握战争主动权思想的重要表述。李筌这里所说的"道"，是指用兵的指导原则（或曰指导规律）；"制人"，指控制敌人；"握权"，指掌握战争主动权。全文涵义是，用兵打仗的指导原则，贵在控制敌人而不被敌人所控制；控制敌人的人，才能掌握战争的主动权；被敌人控制的人，只能俯首听命而受敌人摆布。显而易见，李筌"道贵制人，不贵制于人"的重要命题，既是对孙子"致人而不致于人"（《孙子兵法·虚实篇》）思想的完全继承，更是在唐代历史条件下对前人理论的创新发展。在对掌握战争主动权问题的论述上，李筌"道贵制人，不贵制于人"的思想，要比孙子"致人而不致于人"的思想，更加鲜明，更具新意。伟大革命导师毛泽东1938年5月在《论持久战》一文中论述战争作战的"主动性"问题时，曾经精辟地指出："这里说的主动性，说的是军队行动的自由权，是用以区别于被迫处于不自由状态的。行动自由是军队的命脉，失了这种自由，军队就接近于被打败或被消灭。"（见《毛泽东选集》一卷本，人民出版社出版，1964年4月第1版）这为我们如何正确认识战争主动权问题指明了方向。所谓战争主动权，实质就是军队作战行动的自由权。古往今来的战争实践经验证明，军队有了这种自由权，就能打胜仗；失去了这种自由权，就要打败仗或者被消灭。所以，李筌"道贵制人，不贵制于人"的关于战争主动权的论述，对于指导战争具有十分重要的意义。尤为可贵的是，李筌不但阐明了战争主动权的科学内涵，而且论述了实现战争主动权所要运用的指导原则及其方法途径问题。综观《太白阴经》全书可以看出，李筌所论实现战争主动权应当注意把握的作战指导原则及其方法途径，主要有以下五条：

一要善于扬长避短。李筌认为，善于扬长避短，是实现战争主动权最为主要的基本指导原则。他明确指出："制人之术：避人之长，攻人之短；见己之所长，蔽己之所短。故兽之动，必先爪牙；禽之动，必先觜距；蛰虫之动，必以毒；介虫之动，必以甲。夫鸟兽虫豸，尚用所长以制物，况其智者乎？"（卷一《人谋上·数有探心篇第九》）作者以自然界的"鸟兽虫豸"等动物"尚用所长以制物"来作比喻，形象而深刻地揭示了避敌之长而攻敌之短、扬己之长而避己之短，乃是实现战争主动权最为通常有效的原则和方法。所以，李筌进一步强调指明，运用扬长避短之作

战原则来争取战争主动权，是克敌制胜的重要指导原则。他认为，舍此原则而不用者，"虽有先王之道，圣智之术"，也"不足以成伯王之业"（同上）。

二要善于把握战机。李筌认为，善于把握有利战机，是实现战争主动权的又一重要指导原则。他强调指出："见利而起，无利则止，见利乘时，帝王之资。"（卷一《人谋下·作战篇第二十一》）深刻揭示了适时把握有利战机对于实现战争主动权的重要意义。他在阐述如何捕捉有利战机的问题时，进一步指明："时之至，间不容息，先之则太过，后之则不及。见利不失，遭时不疑，失利后时，反受其害。"（同上）作者认为，时机的到来，乃是瞬间之事；唯有当有利时机一到就立即把握住，才能实现战争主动权而赢得对敌作战的胜利。否则，一旦面对有利时机却犹豫不决，必定坐失良机，陷于被动，遭到失败。作者还形象地比喻把握有利战机，如同"疾雷不及掩耳，卒（猝）电不及瞑目"（同上）那样稍纵即逝。因此，他要求战争指导者在把握战机上，必须做到果断迅速，准确无误。

三要善于调动敌人。采用各种有效战法和手段调动敌人，牵着敌人鼻子走，这是李筌所主张的实现战争主动权的又一条重要指导原则。他强调指出：善于用兵打仗的人，能"攻其爱，敌必从；捣其虚，敌必随；多其方，敌必分；疑其事，敌必备。从随不得城守，分备不得并兵；则我佚而敌劳，敌寡而我众。"（卷二《人谋下·沉谋篇第十四》）在李筌看来，只有针对不同的敌情，采取不同的有效战法和手段调动敌人就范，才能实现战争主动权，使自己立于主动进攻态势，使敌人处于被动挨打地位。

四要善于利用有利形势。李筌指出："夫善用兵者，以便胜，以地强，以谋取，此势之战人也。"（卷二《人谋下·作战篇第二十一》）这就是说，一个好的战争指导者，必须善于利用一切有利的形势（包括有利的兵势、战场态势和地理形势等），以此作为充分掌握战争主动权的必备条件。作者认为，只有真正做到这样，才能在对敌作战中，形成"如建瓴水于高宇之上，奋然而无滞雷；又如破竹，数节之后，迎刃自解，无复著手"（同上）的强大进攻之势，从而主动自如地战胜任何敌人。可见，在李筌看来，善于利用一切有利形势，也是实现战争主动权所必须把握的指导原则。

五要善于隐蔽自己和窥察敌人。要善于隐蔽自己的计谋和善于窥察敌人的企图，也是《太白阴经》论述如何实现战争主动权所应把握的又一重要指导原则。李筌在继承孙子关于"形人而我无形"（《孙子兵法·虚实篇》）思想的基础上，进一步阐述说："战阵无常势，因敌以为形。故兵之极至于无形，无形则间谍不能窥，智略不能谋。"（卷二《人谋下·兵形篇第二十》）这里所说的"无形"，是指不把自己的实际情形（特别是战略实情）暴露在敌人面前。为了做到隐蔽自己的谋略企图，李筌主张采取制造假象的"示形"之法来欺骗和迷惑敌人。例如，当自己兵员寡少时，就用"曳柴扬尘"之法来伪装阵地兵员众多以欺骗敌人；当自己兵员众多时，则以"减灶灭火"之法伪装自己兵员寡少以迷惑敌人。总之，李筌主张采取一切行之有效的巧妙办法来隐蔽自己的战略意图和真实情况，而不为敌人所知。他认为，只有这样，才能确保自己在战争中立于主动和不败的有利态势。

李筌在主张要巧妙隐蔽自己的同时，又主张要充分窥探敌人的企图和情况。实际上，隐蔽自己和窥探敌人，是实现战争主动权这一战略问题所不可或缺、紧密相连的两个侧面。他认为，只有在做到既能完全隐蔽自己，又能深入探明敌人情况的前提下，才能使自己获得主动、力避被动。因此，他极力强调要采用各种不同的方法和手段，对不同情况的敌人进行有的放矢的窥探和侦察。例如，"探仁人之心，必以信，勿以财；探勇士之心，必以义，勿以惧；探智士之心，必以忠，勿以欺；探愚人之心，必以蔽，勿以明；探不肖之心，必以惧，勿以常；探好财之心，必以贿，勿以廉"（卷一《人谋上·数有探心篇第九》）。作者这里所讲的被窥探对象，虽然是就不同类型的人员而言，但其所论基本原则和方法，同样适用于窥探不同情况的敌人。李筌认为，对于不同情况的敌人，只要运用不同的方法和手段，加以深入窥察和了解之后，才能使自己在战争中处于"出无间，入无朕，独往而独来，或纵而或横。如偃枯草，使东而东，使西而西；如引停水，决之则流，壅之则止，谋何患乎不从"（同上）的主动自如的有利地位。

四、《太白阴经》主要特色及价值意义

唐代（公元 618—907 年）处于我国封建社会的中期，历时 290 年。在此期间，由于封建的政治、经济、文化、科技的高度发展，从而把中国封建社会推向鼎盛时期，成为当时世界上最为强大的国家之一。与此同时，受国家政治、经济、文化、科技诸多因素制约和决定的封建军事也有极大发展，并以其特有的辉煌而彪炳史册。这不仅表现在唐代各种军事制度和军事法规的日臻完善，军事战略谋划能力和战争指导艺术的进一步提高，而且表现在反映该历史时期军事思想和军事学术发展的兵学理论著作，有如雨后春笋，层出不穷。据刘申宁《中国兵书总目》（国防大学出

版社 1990 年 6 月第 1 版）著录统计，唐代产生的兵书多达近 90 种。但可惜的是，由于年代久远、战争频仍，大多毁于兵燹，完好流传至今者不过三四种，其数量之少可谓凤毛麟角。李筌的《太白阴经》一书，则在唐代少数幸存兵书中，是一部卷帙最为完整、特色最为鲜明、影响最为深远的兵学理论专著。其特色主要有以下四点：

第一，《太白阴经》是一部综合性和实用性极强的兵学论著

明代天启年间著名兵学家茅元仪曾经指出："先秦之言兵者六家，前孙子者，孙子不遗；后孙子者，不能遗孙子。"（茅元仪《武备志》卷一《兵诀评》）可以说，茅氏之所论大体上揭示了中国古代军事思想以《孙子兵法》为中心而承前启后、不断深化发展的基本脉络及其规律性。李筌的《太白阴经》也正是沿着这一客观规律性，在继承以《孙子兵法》为代表的唐代以前诸多兵家思想观点的基础上，深入总结了唐代以前历代军事与战争实践的经验教训所形成的一部综合性兵学论著。该书十卷共 99 篇，内有 45 篇次直接引据《孙子兵法》、《吴子》、《司马法》、《尉缭子》、《六韬》、《黄石公三略》、《握奇经》等 10 余部唐代以前的兵书原文。这充分说明，李筌所撰《太白阴经》一书，是在继承前人论兵成果的基础上，结合唐代军事与战争的实践经验，对古代军事思想加以综合、总结和阐发的一部兵学理论专著，具有鲜明的综合性和总结性特色。尤其需要特别指出的是，从《太白阴经》全书所论内容看，大到国家战略的制定、军事谋略的运筹、将帅人才的选任，小到作战基本队形的布列训练、兵器装备的配备使用、战马的喂养调教、人马的医药救护，乃至军情战报的书写格式，等等，都有具体详备的介绍和阐述，其理论更加面向唐代军事与战争实践的需要，"具有很强的可操作性"（参见杜文玉、于汝波《唐代军事史（下）·唐代后期军事思想与兵学著述》，军事科学出版社 1998 年 10 月首版）。这集中体现了李筌著述《太白阴经》兵书着眼于实践应用的鲜明特色。

第二，《太白阴经》是一部博采众家之长，融道、儒、兵家之说为一体的兵学论著

我国当代已故著名目录版本学家王重民曾经指出：李筌的《太白阴经》是一部"以道家言言兵事"（见王重民《敦煌古籍叙录》卷二《史记·阃外春秋》，中华书局 1979 年 9 月第 1 版）的兵学理论专著。清代永瑢（乾隆皇帝第六子）领衔编纂的《四库全书总目》子部《兵家类》在阐释《太白阴经》一书时，则说："兵家者流，大抵以权谋相尚；儒家者流，又往往持论迂阔，讳言军旅。盖两失

之。筌此书先言'主有道德'，后言'国有富强'，内外兼修，可谓持平之论。"
综上二者所论不难看出，李筌无疑是唐代一位善取众家之长，融道、儒、兵诸家
思想为一体的兵学著述家。这一突出特色，在其《太白阴经》书中有关治国用兵
等重大军事问题的论述上，体现得尤为鲜明。李筌把道家始祖老子的"以正治国，
以奇用兵，以无事理天下"（卷一《人谋上·主有道德篇第四》引据老子《道德经·第
五十七章》。按：但"理"字，老子原作"取"）的思想作为封建国家最高统治者——
人主治国用兵实践的最高原则。认为，唯有"（人）主有道德"，其军队才能成
为无敌于天下的"帝王之兵"。对此，李筌进一步解释说："正者，名法也；奇者，
权术也。以名法理国，则万物不能乱；以权术用兵，则天下不能敌；以无事理天
下，则万物不能挠。"（同上）可见，李筌把老子的《道德经》奉为人主治国用
兵的最高理论原则。但所不同的是，李筌并不像老子那样笼统地反对一切战争，
而仅仅是反对那种"阴谋逆德"（卷二《人谋下·善师篇第十一》）的不义战争，
赞成和支持那些"征无义，伐无道"（卷三《杂仪类·部署篇第二十六》）或为
"诛暴救弱，以义征不义，以有道伐无道，以直取曲"（卷八《杂占·杂占总序》）
的正义战争。这正是他比老子更为可贵之处。然而，李筌虽奉道家思想而极力倡
导"主有道德"说，但他并不排斥儒家的"仁义"论和兵家的"诡谲"论，而是
主张把三者统一起来，融为一体。所以，他说："善用兵者，非仁义不立，非阴
阳不胜，非奇正不列，非诡谲不战。"（卷二《人谋下·沉谋篇第十四》）李筌
还进一步分析指出："古先帝王所以举而胜人，成功出于众者，先文德以怀之，
怀之不服，饰玉帛以啖之；啖之不来，然后命上将，练军马，锐甲兵，攻其无备，
出其不意。所谓叛而必讨，服而必柔，既怀既柔，可以示德。"（卷二《人谋下·贵
和篇第十二》）他认为，只要能够做到这样，"则四夷不足吞，八戎不足庭"（同
上），必然无敌于天下。从以上所引李筌的"非仁义不立，非阴阳不胜，非奇正
不列，非诡谲不战"的"四不"之论，和先以"文德怀服"、后以"兵战攻讨"
的实践操作程序，不难看出，李筌所极力主张的把道家的"道德"、儒家的"仁义"
与兵家的"诡谲"三说有机地统一起来的可贵思想，充分体现了《太白阴经》一
书博取众长而融道、儒、兵家之说为一体的鲜明特色。应当说，这对以《孙子兵
法》为代表的我国古代传统的军事思想，是带有突破性和创新性的一个重要发展，
具有极其深远的意义和影响。

　　第三，《太白阴经》是一部充满朴素唯物辩证法思想的兵学论著

　　综观《太白阴经》全书，则不难看出，作者李筌在对战争、国防、治军、作战等诸多重大军事问题的探讨上，处处闪耀着唯物辩证法的思想光华。李筌继承了两汉以来的唯物主义思想传统，他像许多古代唯物主义哲学家一样，认为宇宙之"万物因天地而有"，"因阴阳而生"（卷一《人谋上·天无阴阳篇第一》）。但他不同于古代一般哲学家的地方，在于他更加明确地认识到，万物虽因阴阳二气而生，但阴阳本身并无意志，它的化生万物是有具体条件的，离开了一定的客观条件，光靠阴阳二气并不能使万物化生。所以，他说："夫春风东来，草木甲坼，而积廪之粟不萌；秋天肃霜，百卉具腓，而蒙蔽之草不伤。"（同上）在李筌看来，同在阳气上升的春天，大地里的草木籽种之所以能够发芽破土而生，而仓廪中的粮谷却不能萌芽生长，是因为二者的生存环境和条件不同；同在阴气下降的秋天，暴露于外的各种花草之所以遇霜而凋零枯萎，而获得遮蔽保护的花草却未受到伤害，也是由于二者所处的环境和条件不同的缘故。李筌以此唯物主义的自然观来探究人类社会的战争问题，明确承认战争的胜负同样是有具体条件的。他认为，阴阳寒暑、天道鬼神不能决定战争的胜负，决定战争胜负的条件（或曰因素）是"人事"，即人的主观努力及其能动作用。所以，他明确指出："凡天道鬼神，视之不见，听之不闻，索之不得，指虚无之状，不可以决胜负，不可以制生死。"（同上）他进一步分析指明，只要战争指导者在实践中做到"任贤使能"、"明法审令"、"贵功赏劳"，那么，就可以获得"不时日而事利"、"不卜筮而事吉"、"不禳祀而得福"的实际效果，从而为打败敌人创造胜利的条件；反之，那些"无厚德而占日月之数，不识敌之强弱而幸于天时，无智无虑而候于风云，小勇小力而望于天福，怯不能击而恃龟筮，士卒不勇而恃鬼神，设伏不巧而任向背"（同上）等种种放弃人事努力，专靠迷信阴阳占卜、企求天道鬼神保佑的人，只能在战争中遭到失败。显而易见，李筌在战争胜负条件问题的认识上，不仅给以唯物主义和无神论的正确阐示，而且对两汉以来世所流行的迷信阴阳占卜、天道鬼神的唯心主义思潮做了有力批判。在国防建设问题上，李筌主张富国强兵的战略。他以唯物辩证的观点，指明国家的贫富、强弱不是固定不变的，而是只要充分发挥人的主观能动作用，切实做到"乘天之时，因地之利，用人之力"（卷一《人谋上·国有富强篇第五》），就能使国家由贫变富、由弱变强；否则，也会使国家由富变贫、由强变弱。在治军问题上，李筌特别强调部队勇敢牺牲精神的养成教育的重要意义和作用。他以唯物辩证的观点，着力批判了那种所谓人的勇怯气质是由"地势所生，人气所受"（卷一《人谋上·人无勇怯篇第三》）的唯心主义传统观念，提出了"勇怯在乎法，成败在乎智"（同上）的重要思想。这不但明确承认士卒的"勇怯"是以"法"培养教育而后天形成的结果，而且深刻揭示了古代治军以"刑赏"为基本内容的法制教育的重要意义，指明了只要真正做到"刑赏"严明得当，就可以取得"怯人使之以刑则勇，勇人使之以赏则死"（同上）的实际效果，从而极大地提高了部队战斗力。在战争与作战指导上，李筌已经认识到军事斗争领域中的矛盾双方是处于既互相对立又互相转化的关系。据此，他主张要用全面的、发展的辩证观点，去观察和处理好这些矛盾关系，以防主观指导上形而上学的片面性和绝对化倾向。通观全书可以看出，李筌对阴阳、险易、勇怯、强弱、战和、攻守、奇正、形神、心迹等诸多古代军事范畴，都有较为深刻的阐述。例如，他认为地形之"险易"在作战中所起的作用，不是绝对不变的，而是因人而异、因人而变的。所以，他说："地之险易，因人而险，因人而易，无险无不险，无易无不易。存亡在于德，战守在于地，惟圣主智将能守之，地奚有险易哉？"（卷一《人谋上·地无险阻篇第二》）深刻揭示了地形之"险易"这对矛盾双方，在作战实践中所起的作用及其相互关系，是处于因人而变、相互转化的辩证关系。又如，他认为"形神"（按：这里的"形"，指"物质"；"神"，指"精神"）这对矛盾是对立统一的关系，指出："兵之兴也，有形有神，旗帜金革依于形，智谋计事依于神，战胜攻取形之事而用在神，虚实变化神之功而用在形。形粗而神细，形无物而不鉴，神无物而不察。"（卷二《人谋下·兵形篇第二十》）生动形象地阐明了"形神"这对范畴二者相反相成、互为作用的辩证关系，显然是对《孙子兵法》关于"形论"思想的新发展。再如，李筌在阐述孙子关于"兵者诡道"（《孙子兵法·计篇》）理论时，对"心与迹"（按：这里的"心"，是指"内在思想"；"迹"，指"外在表象"）这对矛盾关系的分析中，做了超乎前人思想认识的独到见解，指明："谋藏于心，事见于迹；心与迹同者败，心与迹异者胜。"（卷二《人谋下·沉谋篇第十四》）深刻揭示了"心"与"迹"、"谋"与"事"的辩证关系及其表现形式。从以上关于战争、国防、治军、作战四个方面问题所略举的诸例可以看出，李筌《太白阴经》一书所蕴含的唯物辩证法思想，几乎渗透于军事与战争领域的方方面面。因此，当代著名学者任继愈称赞李筌是在中国哲学史上应当占有一席地位的"唐代哲学家"（见任继愈主编《中国哲学史》第三册，人民出版社1964年10月第1版，内部发行本），是十分恰当的。

　　第四，《太白阴经》是一部创新意识颇强的兵学论著

《太白阴经》这一突出特色，除了表现在作者李筌对许多军事问题的探讨具有独到的阐发和创新意识之外，在兵学著述体例上亦有颇多创新的内容和形式。例如，李筌新辟《药方》卷目列于《太白阴经》第七卷中，结合唐代战争的实践经验，详细记述了部队行军作战中士卒与马匹的易发常见病、刀枪创伤以及中草药医治验方，开创了我国古代兵学著述史上"以医入兵"的先例，为我国古代军事医学科学的产生与发展奠定了基础。

再如，李筌首次设置专卷，分别把《祭文》（卷七）、《杂占》（卷八）、《遁甲》（卷九）、《杂式》（卷十）等属于古代方术范畴的星角杂占、阴阳五行内容列入兵书范围，这在唐以前留存后世的大量兵书中是所没有的。东汉著名史学家班固在其所撰《汉书·艺文志》中，把古代兵家及其著述内容归类为"权谋者、形势者、阴阳者、技巧者"四大流派，并在阐述"兵阴阳家"时明确指出："阴阳者，顺时而发，推刑德，随斗击，因五胜（颜师古注曰'五胜，五行相胜也'），假鬼神而为助者也。"作为唐代兵学家的李筌，其难能可贵之处，不仅在于他能把班固所论"四大类"兵法内容全面收入其《太白阴经》而使该书极具"兼容并包"之综合性鲜明特色，更在于他能遵循班固"假鬼神而为助者"之论，把星角杂占、阴阳五行等古代方术内容作为用兵者实施"诡谲"和"诳愚惑痴"（卷二《人谋下·选士篇第十六》）的一种不可缺少的手段。值得特别指出的是，李筌以严肃的态度阐明他之所以对古代流传的方术"亦存而不弃"（卷八《杂占·风角占篇第九十》），其目的是"以备参考耳"（卷九《遁甲篇·总序》）。据此，李筌郑重告诫用兵者，对他所引入《太白阴经》中的古代各种方术内容，只"可博而解，不可执而拘也"（卷八《杂占·杂占总序》）。应当说，李筌对古代方术所持的认识和态度，是唯物主义的。

综上所述，不难看出，《太白阴经》作为唐代流传下来的一部卷帙完整、内容丰富、特色鲜明的兵学论著，无疑应在中国古代军事思想和军事学术发展的历史长河中占有重要的位置。该书主要价值意义有二：一是它的理论价值意义。《太白阴经》在继承以《孙子兵法》为代表的我国古典兵学理论的基础上，结合唐代及其以前历代战争实践经验所总结和提出的富有创新与哲理的军事思想，诸如"人谋定胜负"的战争观，"富国强兵"的国防战略，"以法理兵"的治军思想，"道贵制人"的战争指导，以及贯穿于全书的唯物辩证的思想方法，等等，不仅对唐以后军事思想的应用与发展产生过重要影响，而且对我们今天分析和研究现代战争规律及其指导原则，仍然有其重要借鉴意义。二是它的学术价值意义。《太白阴经》首次把"人马医护"、"武器装备"、"军仪典制"以及"古代方术"等内容系统地纳入兵书范围，从而开创了我国古代兵学著述的新体例。这不仅对后世兵家著述起到了发凡启例的作用，而且其内容也多为后世兵家著述所采编。诚如清《四库全书总目·兵家类·太白阴经》所指出：继李筌之后的唐代"杜佑《通典·兵类》则取通论二家：一则《李靖兵法》，一即此经（按：经，当指《太白阴经》），其攻城具篇，则取为攻城具；守城具篇、筑城篇、凿濠篇、弩台篇、烽燧篇、马铺土河篇、游奕地听篇，则取为守拒法；水攻具篇，则取为水战具；济水具篇，则取为军行渡水；火攻具篇、火战具篇，则取为火兵；井泉篇，则取为识水泉；宴娱（按：娱，当为"设"）音乐篇，则取为声感人，是佑之采用此书"。值得着重指出的是，继李筌《太白阴经》之后，又有北宋曾公亮、丁度的《武经总要》，明代王鸣鹤的《登坛必究》和茅元仪的《武备志》，以及清以后的许多大型军事类书，都存录了《太白阴经》所列的上述内容，特别是存录了"古代方术"的资料。这一事实本身，不仅说明了后世兵家对把"方术"纳入兵书范围的著述体例的认同，而且证明了"方术"作为兵家实施"诡谲"和"诳愚惑痴"的一种手段，在古代军事斗争的实践中，有其存在与运用的价值性。这大概就是"方术"之所以为不少兵家认同，并且成为"上自帝王，下至贩夫走卒，都或主动或被动地接近它，受过它的摆布"，"深觉其对中国传统文化影响甚大，对中国社会发展牵涉甚广；它所产生的正负面作用，都深深地镂刻在中国数千年的历史现实之中"（见《中国方术大辞典》刘逸生所作《序》，中山大学出版社出版发行，1991 年 7 月第 1 版）的重要原因所在！

　　当然，由于时代和阶级的局限性，《太白阴经》同其他许多古代兵学著作一样，也有宣扬"智者之使愚也，聋其耳，瞽其目，迷其心，任其力，然后用其命如驱群羊"（见《太白阴经》卷三《杂仪类·队将篇第二十九》）的愚兵政策（按：此唐代李筌《太白阴经》中的愚兵政策，实际源于春秋末年大军事家孙武的《孙子兵法·九地篇》），以及主张"凡人，观其外……以别其贵贱贫富"（卷三《杂仪类·鉴人篇第三十一》）的相面术（按：此李筌的相面术，实际源于东汉王充的《论衡·骨相篇》）等唯心主义糟粕。然而，微瑕不足以掩瑜。从总体上说，唐代著名兵学家李筌的《太白阴经》一书，以其内容丰富而颇具创新的军事思想和军事辩证法，使其不仅成为中国古代兵学发展史上的一部重要兵书，而且也是中国古代哲学发展史上一部值得充分肯定的哲学性著作。我们今天学习和研究唐代李筌《太白阴经》的时候，努力运用马列主义、毛泽东思想的立场、观点和方法，依据历史实际，对其进行具体分析，"剔除其封建性糟粕，吸收其民主性精华"（毛泽东《新民主主义论》），创新发展军事理论，加强军事战略指导，实现富国强军伟大战略目标，恰是发展无产阶级军事学术事业的一项不可忽视的重要工作。

《太白阴经》
原文、注释、译文及解说

太白阴经卷一

人谋上

天无阴阳篇第一

【原文】

经①曰：天圆地方②，本乎阴阳。阴阳既形，逆之则败，顺之则成。盖敬授农时③，非用兵也。

夫天地不为万物所有，万物因天地而有之；阴阳不为万物所生，万物因阴阳而生之。"天地不仁，以万物为刍狗。"④阴阳之于万物有何情哉？

夫火之性自炎⑤，不为焦灼⑥万物而生其炎；水之性自濡⑦，不为漂荡万物而生其濡。水火者一其性，而万物遇之，自有差殊⑧；阴阳者一其性，而万物遇之，自有荣枯⑨。若水火有情，能浮石沉木，流金坚土⑩，则知阴阳不能胜败存亡、吉凶善恶明矣。

夫春风东来，草木甲坼⑪，而积廪⑫之粟不萌；秋天肃霜⑬，百卉具腓⑭，而蒙蔽之草不伤。阴阳寒暑为人谋所变，人谋成败，岂阴阳所变之哉？

昔王莽⑮征天下善韬钤⑯者六十三家，悉备补军吏。及昆阳之败⑰，会大雷风至，屋瓦皆飞，雨下如注。当此之时，岂三门不发、五将不具耶？⑱亭亭白奸⑲，错太岁⑳、月建㉑，误殆至如此。古有张伯松者，值乱出居营内，为贼所逼，营中豪杰皆遁。伯松曰："今日'反吟'㉒，不可出奔。"俄而㉓，贼至，伯松被杀，妻子被虏，财物被掠。桓谭㉔《新论》曰："至愚之人，解避恶时，不解避恶事。"则阴阳之于人有何情哉？

太公㉕曰："任贤使能，不时日而事利；明法审令，不卜筮㉖而事吉；贵功赏劳，不禳祀㉗而得福。"无厚德而占日月之数，不识敌之强弱而幸于天时，无智无虑而候于风云，小勇小力㉘而望于天福㉙，怯不能击而恃龟筮，士卒不勇而恃鬼神，设伏不巧而任向背。凡天道鬼神，视之不见，听之不闻，索之不得，指虚无之状，不可以决胜负，不可以制生死。故明将弗法㉚，而众将不能已也。

孙武[31]曰："明王圣主，贤臣良将，所以动而胜人，成功出于众者，先知也。先知不可取于鬼神，不可求象于事，不可验之于度，必求于人。"吴子[32]曰："料敌有不卜而战者，先知也。"范蠡[33]曰："天时不作，弗为；人事不作，弗始。"天时，为敌国有水旱灾害、虫蝗、霜雹、荒乱之天时，非孤虚[34]向背之天时也。太公曰："圣人[35]之所生也，欲正后世，故为谲书[36]而奇胜，于天道无益于兵也。"夫如是，则天道于兵有何阴阳哉？

【注释】

① 经：旧时对儒家著作的尊称，后泛指诸家（包括兵家）有代表性意义的典籍。这里可作"经典"解。

② 天圆地方：语出《周髀算经》："方属地，圆属天，天圆地方。"又见《淮南子·天文训》："天道曰圆，地道曰方。"

③ 敬授农时：亦作"敬授人时"或"敬授民时"，语本《尚书·尧典》。句义是，恭敬谨慎地向百姓传授农时而使其掌握春耕夏除秋收冬藏的节气时令。

④ "天地不仁，以万物为刍狗"：语出《老子·第五章》。刍狗，指古代祭祀时用草扎成的狗，用毕则弃而践之。

⑤ 自炎：自然燃烧发热。

⑥ 焦灼：焚毁；灼伤。

⑦ 自濡：自然浸湿滋润。

⑧ 差殊：差异；不同。

⑨ 荣枯：繁荣与枯萎。

⑩ 流金坚土：原文作"坚金流土"。从前句"浮石沉木"句式含义看，此句疑为"流金坚土"之误，故改。

⑪ 甲坼：谓草木发芽时种子外壳裂开。甲，甲壳；坼（chè），裂开。

⑫ 积廪：犹"积仓"。指贮存谷物的粮仓。

⑬ 肃霜：严寒霜冻。

⑭ 百卉具腓：语出《诗·小雅·四月》。百卉，谓各种花草。腓（féi），枯萎。

⑮ 王莽（公元前45—公元23年）：字巨君，魏郡元城（今河北大名东）人。汉元帝刘奭的皇后之侄，以外戚掌握政权，汉成帝刘骜时期封新都侯。汉元始五年（公元5年），他毒死汉平帝刘衎，自称"假皇帝"，次年立仅两岁的刘婴为太子，号为"孺子"。初始元年（公元8年）

篡位称帝，改国号为"新"，年号"始建国"。更始元年（公元23年）新莽政权在赤眉、绿林等农民起义军的打击下崩溃，王莽于长安（今陕西西安）被绿林军所杀。

⑯ 韬钤：原本为古代兵书《六韬》与《玉钤篇》的并称，后因以泛指兵书，或借指用兵谋略。

⑰ 昆阳之败：指王莽军于地皇四年（公元23年）在昆阳（今河南叶县）被绿林起义军刘秀等将领反击而惨遭失败之事，内容详见《汉书·王莽传下》和《后汉书·光武帝纪上》。

⑱ 三门不发、五将不具耶：三门，式卜术语。太乙、遁甲式皆以休、生、伤、杜、景、死、惊、开为八门；八门中以休、生、开三门为吉，余皆为凶。故"三门"指休门、生门、开门。五将，太乙术语。指太乙为"监将"，文昌为"主目将"，始击为"客目将"，主目所生为"主大将"，客目所生为"客大将"。此五将值关、囚、挟、迫、格、对等则不发；若不值，则发；更遇开、休、生三门，则大吉。《后汉书·文苑列传·高彪传》载称："天有太一（即'太乙'），五将三门。"唐李贤注引《太一式》云："凡举事皆欲发三门，顺五将。"

⑲ 亭亭白奸：指奇门遁甲术中的"推亭亭白奸法"，其内容见本书卷九《遁甲篇》和卷十《杂式·推神煞门户篇第九十七》所介绍的《推亭亭白奸法》。

⑳ 太岁：本为我国古代天文学中假设的岁星，又称"岁阴"、"太阴"。但阴阳术数家认为太岁有岁神，其所在的方位及与之相反的方位，均为凶方，忌兴造土木、迁徙、嫁娶等。

㉑ 月建：指旧历每月所建之辰。古代以北斗七星斗柄的运转作为定季节的标准，将十二地支与十二个月份相配，用以纪月，以通常冬至所在的十一月（夏历）配子，称为建子之月，以此类推，逐次称建丑之月、建寅之月，直至建亥之月，如此周而复始。而星相术士则因月建以定吉凶之兆，此属封建迷信。

㉒ 反吟：术数家语。亦作"返吟"。古时术数家以人的生辰八字附会人事，而推算吉凶福祸的一种迷信说法。以木星与太阳相对谓"反吟"日，若木星与太阳相压则称为"伏吟"日，此二者皆被认为是凶象。其内容详见本书卷十《杂式·元女式篇第九十四》所介绍的《推伏吟返吟法》。

㉓ 俄而：亦作"俄尔"。谓不久，不一会儿。

㉔ 桓谭（前？—公元56年）：东汉哲学家、经学家。字君山，沛国相县（位于今安徽淮北市西北）人。官至议郎给事中。博学多通，遍习《五经》，皆训诂大义，不拘于章句。他极力反对谶纬神学，因其"极言谶之非经"（见《后汉书·桓谭列传》）被光武帝刘秀视为"非圣无法"（同上）之人，几遭处斩而幸免。他运用唯物观点，"以烛火喻人的形神"（见《新论·形神篇》），指出精神不能离开人的形体而独立存在，正如烛光不能脱离烛体而存在一样。其学说对后世无神论思想的发展有较大影响。在其稍后的东汉著名唯物主义哲学家王充称赞桓谭的学说是"论世间事，辨照然否，虚妄之言，伪饰之辞，莫不证定。"（见《论衡·超奇篇》）其著作有《新论》二十九篇，

可惜早佚。今传桓谭《新论·形神篇》，乃为南朝齐梁间僧祐《弘明集》卷五所收录。

㉕太公：指姜太公吕尚。李筌这里引录的太公所言"任贤使能"以下六句，见于《尉缭子》之《战威》和《武议》两篇，但皆未明确系太公所言。

㉖卜筮：古时一种占卜预测吉凶的迷信活动。用灼烧龟甲或兽骨所得兆象判断吉凶者称"卜"，用手揲数蓍草所得卦象判断吉凶者称"筮"。卜筮连言，则为"占卜"之通称。

㉗禳祀：古代一种除邪消灾的迷信祭祀活动。

㉘小勇小力：此句二"小"字，在本篇通"少"，谓缺少或缺乏。

㉙天福：谓上天所赐之福。

㉚弗法：谓不可取法。弗，不。法，取法，效法。

㉛孙武：我国春秋末期著名军事理论家、吴国将军。有著作《孙子兵法》十三篇传世。本篇所引孙武曰"明王圣主"诸语，出自《孙子兵法·用间篇》，但与原文略异。

㉜吴子：即吴起（？—前381年）。战国时期著名军事家，与孙武齐名。卫国左氏（今山东定陶西）人。有谋略，善用兵。初为鲁将，继任魏将，因屡建战功，被魏文侯任为西河守。魏文侯死后，遭陷害，逃奔楚国，任令尹，佐楚悼王实行变法，促进了楚国的富强。楚悼王死后，被旧贵族杀害，致使变法失败。据《汉书·艺文志》著录有著作《吴起》四十八篇，亦佚；今传本《吴子》仅存六篇，据郭沫若考证认为，此"大率西汉中叶时人之所依托"（见《青铜器时代·述吴子》）。李筌本篇这里所引吴子之言，出自今传本《吴子·料敌》，但与原文略异。

㉝范蠡：春秋末期军事谋略家、政治家，越国大夫。字少伯，楚国宛县（今河南南阳）人。曾助越王勾践灭亡吴国。其功成名就之后，乃激流勇退而离开越国到齐国陶（今山东定陶西北）地，改名"陶朱公"以经商致富。李筌本篇这里所引范蠡之言，出自《国语·越语下》，但与原文略异。

㉞孤虚：古代方术用语。一种以天干与地支相配而占测日辰吉凶的迷信活动。其法是：以十天干（甲、乙……庚、辛）顺次与十二地支（子、丑、寅……酉、戌、亥）相配为一句，所余二地支（戌、亥）称之为"孤虚"，与"孤"相对应者为"虚"。凡占得"孤虚"日，则认为不吉利，主事不成。据《史记·龟策列传》载称："日辰不全，故有孤虚。"南朝宋裴骃《集解》对"孤虚"做了详细解释："甲乙谓之日，子丑谓之辰。《六甲孤虚法》：甲子旬中无戌亥，戌亥即为'孤'，辰巳即为'虚'；甲戌旬中无申酉，申酉为'孤'，寅卯即为'虚'；甲申旬中无午未，午未为'孤'，子丑即为'虚'；甲午旬中无辰巳，辰巳为'孤'，戌亥即为'虚'；甲辰旬中无寅卯，寅卯即为'孤'，申酉即为'虚'；甲寅旬中无子丑，子丑为'孤'，午未即为'虚'。"

㉟圣人：古时指智慧超凡的伟大人物。

㊱谲书：这里指专讲诡道以奇制胜的兵书。谲（jué），诡诈；权变。

【译文】

经典上说：天是圆的，地是方的，它根源于阴阳二气。阴阳既然已经形成，那么，违背它就要失败，顺应它就会成功。恭敬谨慎地向百姓传授农时，为的是使其掌握农作物种植和收获的节气时令变化，而不是用来兴兵打仗的。

天地不是因为有了万物才存在的，而万物确是因为有了天地才出现的；阴阳不是因为有了万物才存在的，而万物却是因为有了阴阳才产生的。（《老子·第五章》说：）"天地是不讲什么仁慈的，对万物就像对待'刍狗'一样而任其自生自灭。"因此，阴阳对于万物来说，又有什么情感可言呢？

火的性质是自然燃烧发热，但不是为了烧灼万物才产生这种性质；水的性质是自然浸湿滋润，但不是为了漂荡万物才产生这种性质。水与火都有其专一不变的性质，而万物遇到它们却各有不同的情况。阴与阳也有其专一不变的性质，而万物遇到它们却各有荣枯之别。倘若水火有情感的话，那么，就能使石头浮出水面，使木头沉于水底，使金属化为液流，使泥土变成坚石。（但事实并非如此。）可见，阴阳不能决定国家的胜败存亡、事物的吉凶善恶，这是十分明白的事情。

春风从东方吹来，地里的草木籽种就会发芽破土，但储藏在仓库中的粮谷却不能萌芽；秋天的严霜袭来，各种花卉都会遇寒而凋零枯萎，但得到遮蔽保护的草木却未遭到伤害。这说明，阴阳寒暑自然条件的作用，是随着人的谋略的实施而改变的，而人的谋略的成功与失败，哪里是阴阳寒暑所能改变的呢？

从前，王莽征召天下擅长兵法韬略的人有六十三家，全都编配在军中担任军吏，但到昆阳作战失败之际，恰逢巨雷狂风大作，屋瓦全飞，暴雨如注。当此之时，王莽军队的失败难道是其三门不发、五将不具吗？实乃其迷信于推亭亭白奸法，错以太岁、月建占卜时日吉凶之误所造成的严重后果。古代有个叫张伯松的人，正值战乱而离家住在军营中，因为贼寇迫近，营中的豪杰勇士都逃跑了，但张伯松却说："今天是'反吟'日，不利于出奔外逃。"不一会儿，贼寇来到，结果张伯松被杀，其妻子儿女被虏，财物被抢掠一空。桓谭在其所著《新论》一书中说道："最愚笨的人只知道躲避险恶的时日，而不知道躲避险恶的事情。"（张伯松因为禁忌阴阳时日结果被杀，）可见，阴阳对于人又有什么情感呢？

姜太公曾说："选任贤才使用能人，不择吉日良辰而事情也会顺利完成；严明法制审行号令，不用占筮卜卦而事情也会吉祥如意；尊贵有功优赏勋劳，不必祭祀祈祷也会得到幸福快乐。"没有深厚高尚的德行，而仅以占卜日月星辰变化之数；不了解敌人强弱态势，而仅以侥幸心理希图天时有利；既无深谋又无远虑，而仅以观测风云变幻获得启示；既缺乏勇气又缺少力量，而仅以主观愿望企求于上天赐福；临敌畏怯而不敢出击，而仅以占卜龟筮之法求得吉凶之兆；士卒没有勇敢精神，而只想依靠求神拜鬼以期保佑；不会巧妙设置伏兵，而仅能任凭阴阳向背之说摆布，等等。（所有这些都是无助于制胜，因而是不可取法的。）大凡天道鬼神之类，是视而不见其物，听而不闻其声，索而不得其状，指的是一种虚无缥缈的东西；它既不能决定战争的胜负，又不可能制约人们的生死。所以，明智的将帅从来不取法这些东西，而众多的平庸将领却相信不已。

孙武说过："明君圣主，贤臣良将，他们之所以一出兵就能战胜敌人，其功业超出众人之上的，就在于他们能预先了解掌握敌情。而要事先了解敌情，不可用求神拜鬼的方法来获取，不可拿相似的事物作类比推测来得到，不可以凭借日月星辰运行的度数作验证，而必须从那些熟悉敌情的人那里去获取。"吴起说："了解和判断敌情，有不经占卜吉凶而能同敌人进行交战的，那是由于事先了解掌握敌情的缘故。"范蠡说："天时对我不利，不可以兴兵打仗；人事对我不利，不可以兴兵打仗。"这里所说的"天时"，是指敌国发生水旱、虫蝗、霜雹和兵荒马乱等天灾人祸所造成的对我而有利的时机，而不是方术家们所说的什么"孤虚向背之天时"。姜太公说："智慧超凡的伟人之所以产生，是为了治理天下以匡正后世。因此，他们撰写了主张用诡诈之道以出奇制胜为内容的兵书典籍，而天道则对于用兵打仗是没有益处的。"照此看来，天道对于用兵作战又有什么阴阳向背可言呢？

【解说】

《天无阴阳篇》是李筌《太白阴经》第一卷《人谋上》之首篇。它从分析阴阳寒暑的天候气象条件与用兵作战的关系入手，着重阐述了人的谋略在战争中的决定意义和重要作用问题。

"阴阳"一词，是中国古代典籍中经常使用的一个重要概念。最早见于《诗·大雅·公刘》："相其阴阳，观其流泉。"其初始意义，是指阳光的向背，即向日为阳，背日为阴。后来引申为气候的寒暑，星辰的日月，人世的君臣、男女，等等。我国古代思想家由于认识到宇宙间一切事物都有正反两方面，遂用阴阳这个概念来解释自然界中两种既相互对立又相互转化的物质力量，从而使阴阳这个概念成为我国古代哲学社会科学中一对重要范畴。《老子·第四十二章》说道："万物负阴而抱阳。"正确指明了阴阳是事物本身所固有的矛盾对立面。《周易·系辞上》认为："一阴一阳之谓道。"则进一步揭示了阴阳的对立与转化是宇宙万物存在与发展的根本规律。然而，到了战国末期，以齐国人邹衍为代表的阴阳家，"乃深观阴阳消息，而作怪迂之变"（见《史记·孟子荀卿列传》），于是，把阴阳变成了和唯心主义的"天人感应"说相结合的神秘概念。这样，在中国古代哲学思想发展史上，便形成了唯物与唯心两种对立的阴阳观。身处唐代中后期的兵学家李筌，他在完全继承前人唯物的阴阳观的基础上，运用阴阳这对哲学范畴分析和考察了天之阴阳寒暑与用兵作战的关系问题，深刻地阐明了如下重要军事思想观点：

首先，阐明了天之阴阳寒暑不能决定战争的胜负，而人的谋略计策才是决定战争胜负的根本因素。

李筌从天地万物皆"本乎阴阳"而生这一根本规律的认识出发，正确指出，天之阴阳寒暑虽是万物生存与发展不可违背的自然条件（尤其在农业生产上更是如此），但对用兵作战来说却不是这样。他认为，天之阴阳寒暑，固然是用兵作战所无法回避的客观因素，但最终能够决定战争胜负和国家存亡的，是人的主观能动作用，亦即人的谋略计策是否得到正确运用。作者继而以春风可使草木籽种发芽破土而出，但不能使仓库中的粮谷发芽；秋霜可使各种花卉凋败枯萎，但不能使受到保护的草木遭到伤害为例，进一步阐明了阴阳寒暑不但不能决定战争的成败，而且它对战争的客观影响作用，将会随着人的主观谋略的实施而有所改变，但人的谋略的成败却不是阴阳寒暑所能改变的。显而易见，李筌之所以用"天无阴阳"为题而立论，其意义恰在于此。

其次，阐明了破除用兵作战中的占卜祭祀、求神拜鬼等迷信活动对于赢得作战胜利的必要性和重要性。

李筌以汉末王莽因笃信卜筮、鬼神而导致昆阳作战之惨败，以及古代张伯松因禁忌阴阳时日而造成家破人亡之事为例，揭示了迷信占卜祭祀、求神拜鬼对用兵作战的危害性，以及破除此类迷信对用兵作战的必要性和重要意义。接着，作者在引录前人所论"任贤使能，不时日而事利；明法审令，不卜筮而事吉；贵功赏劳，不禳祀而得福"，以及列举指斥了种种不思发挥人的主观谋略作用而专恃龟筮、鬼神等迷信行径之后，以唯物主义观点强调指出："天道鬼神"是一种"视之不见，听之不闻，索之不得"的虚无缥缈的东西，它既"不可以决胜负"，又"不可以制生死"。

因此，"天道鬼神"之类东西，是为明智将帅所不取法，而应坚决破除的。在迷信盛行的封建时代，李筌敢于冲决"天道鬼神"对兵家实施作战指导的束缚，其唯物主义的大无畏精神，是非常难能可贵和值得后人学习的。

再其次，阐明了预先了解敌情和正确选择进攻敌人的战略时机对于赢得战争胜利的重要作用。

了解和掌握敌情，是战胜敌人的前提条件。明于此理的李筌引述孙子的话指出：明君良将，他们之所以一出兵就能战胜敌人，其功业超越众人之上的原因，就在于他们能够预先了解和掌握敌情，而了解和掌握敌情，是"不可取于鬼神，不可求象于事，不可验之于度，必求于人。"（见《孙子兵法·用间篇》）作者指明了解和掌握敌情的正确途径和方法，应是从熟悉敌情的人那里去获取。李筌关于了解和掌握敌情的观点，其可贵之处，不仅在于他完全继承了孙子的理论，更在于他对"天时"概念做了科学的释义。他说：所谓"天时"，是指敌国发生水旱、虫蝗、霜雹和兵荒马乱等天灾人祸所造成的为我所用的击敌有利时机，而不是形形色色的方术家们所说的"孤虚向背之天时"。显而易见，李筌此种"天时观"是唯物主义的，他所揭示的思想内涵，实质是指发动战争的时机选择问题。历史唯物主义认为，战争从其本原来讲，乃是物质的运动在军事领域的特殊表现；战争指导者要驾驭战争并获取胜利，必须从敌对双方的实际情况出发来研究和指导战争。实践经验清楚表明，在已具备实施战争的客观物质条件和对敌情确切掌握的前提下，战略进攻的时机选择是否恰当有利，将直接关系到战争的胜负成败。李筌关于"天时"即进攻敌人的战略时机问题的正确释义，完全摒弃了方术家们在此问题上的唯心主义的玄虚迷信色彩，无疑是应予充分肯定的一种历史进步。历史上大凡有作为的军事家和战争指导者，一般都善于选择战略进攻的有利时机，并指导战争直到胜利。南北朝时期的北周灭亡北齐的战争，就是能够充分体现正确选择战略进攻时机的成功一例。当时，北齐后主高纬十分昏庸腐败，致使奸佞擅权，贤臣良将受诛，天灾人祸，民怨沸腾，国家已呈"土崩之势"（见《北史·齐本纪下》）周武帝宇文邕适时准确把握此种有利时机，遂于建德五年（公元576年）十月，亲率大军东征，以"破竹之势"（见《北史·周本纪下》），迅猛进攻，于次年正月攻占了齐都邺城（位于今河北磁县南），一举灭亡了北齐，为统一我国黄河以北地区，作出了历史性贡献。周武帝宇文邕率军攻灭北齐的战争实践经验，充分印证了李筌关于深入了解敌情动态，准确适时把握战略进攻时机，对于赢得战争胜利至关重要的论述的正确性，值得今人学习借鉴。

地无险阻篇第二

【原文】

经曰：地利者，兵之助①，犹天时不可恃也。

昔三苗氏②，左洞庭③，右彭蠡④，德义不修，禹⑤灭之。夏桀⑥之居，左河济⑦，右太华⑧，伊阙⑨在其南，羊肠⑩在其北，修政不仁，汤⑪放之。殷纣⑫之国，左孟门⑬，右太行⑭，常山⑮在其北，太河⑯经其南，荒淫怠政⑰，武王⑱杀之。秦之地，左崤函⑲，右汧陇⑳，终南㉑、太华居其前，九原㉒、上郡㉓居其后，刑政苛酷，子婴㉔迎降于轵道㉕；姚泓㉖面缚于灞上㉗。吴之居，五岭㉘在其南，三江㉙在其北，左沧浪㉚，右衡山㉛，刑政不修，吴王㉜终于归命；陈主㉝卒于长城。蜀之分，左巫峡㉞，右邛筰㉟，南有泸溪㊱之障，北有剑阁㊲之险，时无英雄，刘禅㊳不能守；李势㊴不能固。

由此言之，天时不能祐㊵无道之主，地利不能济乱亡之国。地之险易，因人而险，因人而易；无险无不险，无易无不易。存亡在于德，战守在于地，惟圣主智将能守之，地奚㊶有险易哉？

【注释】

①地利者，兵之助：语出《孙子兵法·地形篇》，但"利"字，孙子原著作"形"。

②三苗氏：我国上古时期的部族名。地处今河南南部、江西西部和湖南北部地区。

③洞庭：即今湖南的洞庭湖。

④彭蠡：即彭蠡泽，位于今江西鄱阳湖北。一说即今鄱阳湖。

⑤禹：传说中我国古代部落联盟领袖。姒姓。亦称大禹、夏禹、戎禹。一说名文命，鲧之子，原为夏后氏部落首领，奉舜命治理洪水，兴修沟渠，发展农业。在三十年治水过程中，三过家门而不入。后以治水有功，被舜选为继承人，舜死后担任部落联盟领袖。

⑥夏桀：中国奴隶社会夏朝的末代君主。名履癸。因其荒淫暴虐，商汤起兵将其击败于鸣条

（位于今河南封丘东），放逐南方而死于南巢（位于今安徽合肥西南）。

　　⑦河济：河，黄河。济，济水。

　　⑧太华：指太华山，亦称"泰华山"。今称华山，位于今陕西华阳一带，为我国"五岳"（即我国五大名山的总称）之西岳，著名风景名胜区。

　　⑨伊阙：古关名。位于今河南洛阳南之伊阙山上。

　　⑩羊肠：古地名。位于今河南林县一带。

　　⑪汤：我国商朝开国之君。亦称商汤、成汤、武汤等。

　　⑫殷纣：商朝末代君主。又称帝辛。因荒淫残暴，后为周武王率军击败于牧野（今河南淇县西南），自焚而死。

　　⑬孟门：古隘道名。位于今河南辉县西。

　　⑭太行：即太行山。位于今山西平原与河北平原之间。

　　⑮常山：本名恒山，西汉时因避文帝刘恒名讳而改，后世因之。为"五岳"中的北岳，位于今河北曲阳西北。

　　⑯太河：即大河，古指黄河。太，古作"大"。

　　⑰怠政：怠惰朝政；不理朝政。

　　⑱武王：指周武王。西周王朝建立者。姬姓，名发，周文王（昌）之子。

　　⑲崤函：崤，崤山，今陕西秦岭东段之支脉。函，指古函谷关，位于今河南灵宝东北，因其关在谷中深险如函而得名。东自崤山，西抵潼津，通名函关，号称天险。

　　⑳汧陇：汧（qiān），指汧山，位于今陕西陇县西南。陇，指陇山，六盘山南段之别称，位于今陕西陇县西北至陕、甘边境。

　　㉑终南：即终南山。今秦岭主峰之一，位于今陕西西安南。

　　㉒九原：郡名，秦置。唐代时治所在今内蒙古五原南。

　　㉓上郡：郡名，战国魏置。隋代时治所在今陕西富县。

　　㉔子婴：秦始皇之孙，秦二世胡亥兄长扶苏之子。秦相赵高杀死胡亥后，立子婴为秦王，在位仅46天，即投降了刘邦。后为项羽所杀。

　　㉕轵道（zhǐ一）：古亭名。亦作"枳道"。位于今陕西西安东北。

　　㉖姚泓：东晋十六国时期后秦皇帝姚兴之长子。兴死后，他即帝位仅两年，便为东晋将领刘裕率军所灭。

　　㉗灞上：古地名。亦作"霸上"或称"霸头"，位于今陕西西安东。为古代咸阳及长安附近军事要地。

㉘ 五岭：即越城、都庞、萌渚、骑田、大庾五岭之总称。位于今湖南、江西、广东、广西四省交界地区。

㉙ 三江：古代各地众多水道之总称，但因地不同而所指不一。本篇这里指江浙的吴淞江、钱塘江、浦阳江。

㉚ 沧浪：本指水呈青苍色。本篇这里借指东海。

㉛ 衡山：山名。即我国"五岳"之南岳，位于今湖南衡山市西北。

㉜ 吴王：本篇指三国时期吴国末帝孙皓。其统治专横暴虐，奢侈荒淫。晋咸宁六年（公元280年），晋国出兵攻占吴都建业（今江苏南京），孙皓投降称臣，被晋武帝司马炎封为"归命侯"。故"吴王终于归命"句即指此事。

㉝ 陈主：本篇指南北朝时期的南朝陈后主陈叔宝。在其执政七年中，荒淫无度，不理朝政。隋开皇九年（公元589年）隋灭陈后，陈叔宝被俘至洛阳，死后被隋文帝杨坚封为"长城县公"。故本篇所称"陈主卒于长城"即指此事。

㉞ 巫峡：一称"大峡"，我国长江三峡之一，因巫山而得名。西起重庆市巫山县大宁河口，东到湖北省巴东县官渡口，绵延约45公里，长江横切于巫山主脉的石灰岩层上，峡谷特别曲折幽深。高峰海拔1000米以上，著名的巫山十二峰并列于两岸，以"神女峰"（又称"望霞峰"）最为奇特景观。

㉟ 邛僰（qióng bó）：汉代临邛、僰道的并称。辖境约当今四川邛崃、宜宾一带，后亦借指西南边远地区。

㊱ 泸溪：即泸水。指今金沙江在四川宜宾以上、云南与四川交界处一段。

㊲ 剑阁：古县名。位于今四川剑阁东北。剑门关即矗立于剑阁县北，自古以"剑门天下险"而闻名。

㊳ 刘禅（公元207—271年）：三国时期蜀国后主。刘备之子，字公嗣，小字阿斗。公元223—263年在位。蜀国被魏国灭亡后，刘禅被封为"安乐公"。

㊴ 李势：东晋十六国时期成汉国皇帝，建都于成都（今属四川），在位仅三年，被东晋灭亡。

㊵ 祐：义同"佑"，保佑。

㊶ 奚：这里作疑问词。何，什么。

【译文】

经典上说：有利的地形，是用兵打仗的辅助条件；但地利也像天时一样，是不可单纯依赖它的。

从前，三苗氏部族所居地区之大，西起洞庭湖，东到彭蠡泽，但他不修仁义道德，而被大禹所灭。夏桀所在的地方，左有黄河、济水，右有太华山，伊阙在其南，羊肠在其北，但他治国不施仁政，最终被商汤所放逐。商纣王的国家，左有孟门关，右有太行山，常山在其北，黄河经其南，但因他荒淫无道，不理朝政，终于被周武王所迫而自杀。秦国的土地，左有崤山、函谷关，右有汧山、陇山，终南山和太华山居其前，九原和上郡居其后，但因其国施行酷刑暴政，最终导致其王子婴于轵道亭投降了刘邦；十六国时期的后秦据有与秦国相同的地理条件，但因其帝姚泓不善国政，即位后仅两年，就被东晋军俘虏于灞上。三国时期的吴国所在地区，五岭在其南，三江在其北，左临东海，右靠衡山，但因其国严刑酷法，朝政不修，终于被西晋所灭，吴王孙皓投降称臣，被晋武帝司马炎封为归命侯；南北朝时期的南朝陈后主陈叔宝占有与东吴相同的地理条件，但因其昏庸腐败，国势衰微，最终被隋军俘获至洛阳而死后封为长城县公。三国时期蜀国的分界是，左临长江巫峡之险，右靠临邛、僰道之地，南有泸溪做屏障，北有剑阁为险关，但当时由于丞相诸葛亮死后国中无英雄人物辅政，蜀后主刘禅最终没有守住国家而为曹魏所灭；十六国时期的成汉国皇帝李势据有与蜀汉同样的地理条件，但因其骄奢淫逸，不恤国事，也未能守住国家，最终被东晋所灭。

从以上这些历史实例可以说明，天时不能保佑荒淫无道的君主，地利也不能帮助昏乱衰亡的国家。地形的险要或平易，是依据不同人的利用才能发挥其险要或平易的作用的；地形没有绝对的险要与不险要，也没有绝对的平易与不平易。国家的存亡取决于君主的德行之好坏，战争的攻守方式则取决于地形之险易，唯有圣明的君主和智谋的将帅，才能守卫住自己国家的领土。地形条件对用兵作战所起的辅助作用，哪有绝对的险要与平易之分呢？

【解说】

《地无险阻篇》是继《天无阴阳篇》之后，为李筌《太白阴经》卷一《人谋上》之第二篇。如果说，《天无阴阳篇》是从分析"天时"与用兵作战的关系入手，着重论述人的谋略在战争中的意义和作用问题，那么，本篇则是从"地利"对用兵作战影响的角度，着重揭示人的因素在战争中的决定性作用问题。从这个意义上讲，《地无险阻篇》与《天无阴阳篇》是立义相对而主旨同一的姊妹篇。《地无险阻篇》通篇主要阐明了两大重要思想观点：

第一，李筌认为，"地利"是用兵打仗的辅助条件，是可充分利用而不可单纯依赖的客观因素；战争的胜败、国家的存亡，关键不在于地形条件的险易，而在于统治者是否有道，是否实行仁政。

作者李筌在完全继承《孙子兵法·地形篇》关于"夫地形者，兵之助也"之思想观点的基础上，进一步强调指出，"地利"虽是用兵打仗的辅助条件，但它同"天时"一样，都是不可单纯赖以取胜的唯一条件。这无疑是十分正确的观点。战争实践的历史经验表明，任何战争都是在一定的时间和空间进行的，因而无一不受特定的天时、地利条件的制约与影响。所以，历来有作为的军事家无一不重视和研究天时和地利条件对用兵作战的制约与影响作用，把占有好的天时、地利条件视为攻取战胜的一个重要因素。但是，天时、地利等客观条件，对战争的胜负、成败只起辅助性作用，而战争胜负、成败的决定性因素，乃是人的主观能动作用的充分发挥。因此，李筌在充分肯定天时、地利对于用兵作战所起的辅助性作用的前提下，明确指出，战争的胜负、国家的"存亡在于德"，即在于统治者的"君主"是否有道和推行德政。为了进一步说明这一道理，李筌以大量篇幅列举了历史上从夏商周到南北朝时期的许多败军亡国之实例，揭示出这些国家虽然都有"地利"之助，但都因为统治者的"君主"或"德义不修"、"修政不仁"，或"荒淫怠政"、"刑政苛酷"，或"时无英雄"、缺乏贤才，等等，而最终导致了败军亡国的悲惨结局。作者由此而得出正确结论说："天时不能祐无道之主，地利不能济乱亡之国。"这是十分正确的思想观点。此中之道理，着实令今人深省与借鉴啊！

第二，李筌认为，地形险易的作用不是绝对的，它是因人而变的，唯有"圣主智将"才能充分发挥地利条件对战争的辅助性作用。

地有险易，正如天有阴阳，这是不以人们的主观意愿为转移的客观存在。但对地利作用的发挥程度，却是由于人的主观因素的不同而有很大差异。作者正是基于此种认识，因而明确提出："地之险易，因人而险，因人而易；无险无不险，无易无不易。"作者这里为人们如何正确认识和充分发挥地利作用的问题，提供了辩证的思维方式和方法。这是十分难能可贵的。李筌在首先肯定"存亡在于德"，而不在于"地之险易"这样的前提下，又进一步提出了"战守在于地，惟圣主智将能守之"的论断。其要旨是，战争的攻守方式运用得是否恰当有利，是取决于战争指导者是否能够对地形险易之利弊态势的正确取舍和充分利用。就是说，有什么样的地形条件，就采取什么样的作战方式，运用什么样的作战方法。这就告诉我们，如何能够根据地形条件的险易利弊，而采取正确的作战方式和巧妙的作战方法战胜敌人，绝非是"昏君"、"庸将"所能做到的。唯有圣明的君主和智谋的将帅通过主观能动作用，才能充分发挥"地利"条件的客观作用来战胜敌人，从而保卫住自己的国家。李筌的这些思想观点，无疑是十分正确的，值得充分肯定和借鉴。

人无勇怯篇第三

【原文】

经曰：勇怯有性，强弱有地。秦人劲，晋人刚，吴人怯，蜀人懦，楚人轻，齐人多诈，越人浇薄①，海岱②之人壮，崆峒③之人武，燕赵④之人锐，凉陇⑤之人勇，韩魏⑥之人厚。地势所生，人气所受，勇怯然也。

且勇怯在谋，强弱在势。谋能势成，则怯者勇；谋夺势失，则勇者怯。

既言秦人劲，申屠⑦之子败于崤关⑧，杜洪之将北⑨于戏水⑩，则秦人何得而称劲？吴人怯，吴王夫差兵无敌于天下，败齐于艾陵⑪，长晋于黄池⑫，则吴人何得而称怯？蜀人懦，诸葛孔明撮⑬巴蜀之众，窥兵中原，身为僵尸⑭而威加魏将，则蜀人何得而称懦？楚人轻，项羽破秦，虏王离、杀苏角，威加海内，诸侯俯伏⑮，莫敢窥视，则楚人何得而称轻？齐人多诈，田横⑯感五百死士，东奔海岛，及横死，同日而伏剑⑰，则齐人何得而称诈？越人浇薄，越王勾践以残亡之国，恤孤老之众，九年灭吴，以弱攻强，以小取大，则越人何得而称浇薄？燕赵之人锐，蚩尤⑱败于涿鹿，燕丹⑲死于易水⑳，王浚㉑缚于蓟门㉒，公孙㉓戮于上谷，则燕赵之人何得而称锐？凉陇之人勇㉔……

所以，勇怯在乎法，成败在乎智。怯人使之以刑则勇，勇人使之以赏则死；能移人之性、变人之心者，在刑赏之间。勇之与怯于人何有哉？

【注释】

① 浇薄：本篇这里指人情风气轻薄不朴实。

② 海岱：指古青州地区。位于今山东渤海至泰山之间的地带。

③ 崆峒（kōng dòng）：山名。位于今甘肃平凉西。亦泛指甘肃西部。

④ 燕赵：本为战国时期燕国和赵国的并称，本篇这里指其所在地区，即今河北北部及山西西

部一带。

⑤凉陇：凉，指凉州。汉代时期其辖境约当今甘肃、宁夏和青海湟水流域。陇，指陇右地区，亦泛指陇山以西地区，其辖境约当今甘肃六盘山以西、黄河以东一带。

⑥韩魏：本篇这里指战国时期韩、魏二国的辖区，约当今山西东南部和河南中部及北部。

⑦申屠：复姓。周代时期申侯的后代，其支子居安定之屠原（位于今陕西合阳东），因以申屠为姓氏。

⑧峣关：古关名。故址在今陕西蓝田东南，故又名蓝田关。

⑨北：败北，败逃。

⑩戏水：河水名。位于今陕西临潼东，源出骊山，北向流入渭水。

⑪艾陵：地名。位于今山东莱芜东北。

⑫黄池：地名。位于今河南封丘西南。本篇这里所称吴王夫差"长晋于黄池"，即指吴王夫差北上黄池与晋侯争夺霸主而位居晋国之上事，据《左传·哀公十三年》记载，系发生在春秋末周敬王三十八年（公元前482年）。

⑬撮：聚合；集中。

⑭身为僵尸：谓死亡之身。本篇这里指三国时期蜀相诸葛亮第五次率兵北攻曹魏，因操劳过度而病死于五丈原（位于今陕西宝鸡东南）。

⑮俯伏：低头伏地。多表示恐惧屈服或极端崇敬。

⑯田横：原本战国时期齐国贵族，秦末随从兄起兵重建齐国，并在楚汉战争中自立为齐王。汉朝建立后，他不愿意向汉称臣，乃率党徒五百人逃往海岛，后在被刘邦召往洛阳途中自杀身死。

⑰伏剑：谓以剑自杀。

⑱蚩尤：传说中我国上古时代东方九黎族首领，后在与黄帝交战于涿鹿（位于今河北涿鹿东南），失败被杀。

⑲燕丹：战国末期燕国太子丹，燕王喜之子。曾派遣壮士荆轲入秦刺杀秦王嬴政未能成功。后秦军攻破燕国，其父将其斩首献给秦国。

⑳易水：即今河北西部大清河上游支流，因源于易县而得名。

㉑王浚：原文误作"王濬"，今据史改。西晋将领。官至宁北将军、青州刺史。后自领尚书令，"谋将僭号"（见《晋书·王沈传附王浚》）称帝，被后赵石勒执杀。

㉒蓟门：指蓟县（位于今北京城南）城门。

㉓公孙：指公孙渊，字文懿，三国时期魏国的地方割据者，于襄平（今辽宁辽阳）称燕王。后被魏将司马懿率兵攻杀。

㉔ 凉陇之人勇：清钱熙祚于此句后校注指出："文澜阁本无此五字。张刻本（指清嘉庆年间张海鹏《墨海金壶》本）连上句云：'则燕赵汧陇亦未必勇且锐也'。按：旧抄本此下空三十余格，盖原书残缺，传写者遂以意删改之。"钱说甚是。可见，"凉陇之人勇"句后原有缺文。故仍之，今以省略号标示。

【译文】

经典上说：勇敢和怯懦都是由人的天性决定的，刚强和柔弱都是由所居地域决定的。秦地人强劲，晋地人刚烈，吴地人胆怯，蜀地人懦弱，楚地人轻狂，齐地人多狡诈不实，越地人轻薄不厚重，海岱地区的人健壮，崆峒地区的人勇武，燕赵地区的人劲锐，韩魏地区的人忠厚。地理形势所产生的影响，为人的天性气质所接受，通常认为的勇敢与怯懦就是这样生成的。

（但要从军事的角度讲），士兵的勇敢或怯懦是取决于将帅谋略的成败，军队的强大或弱小则取决于整个形势的好坏。谋略高明，有利形势便会形成，在此情况下，怯懦的人也会变得勇敢；谋略笨拙，有利形势就会丧失，在此情况下，勇敢的人也会变得怯懦。

上面既然说秦地人强劲，可是申屠之子失败于崤关，杜洪之将败北于戏水，这又怎能说秦人是强劲有力呢？说吴地人胆怯，可是吴王夫差的军队天下无敌，在艾陵打败了齐国军队，又北上黄池争夺霸主而位居晋国之上，这又怎能说吴人胆怯呢？说蜀地人懦弱，可是诸葛亮集中巴蜀之众，以兵窥视威胁中原地区，在他身死而为僵尸之后，仍然威加于魏将司马懿而使其不敢轻举妄动，这又怎能说蜀人懦弱呢？说楚地人轻狂，可是项羽击败秦军，俘虏了王离，击杀了苏角，威震海内，诸侯俯首听命而不敢违抗，这又怎能说楚人轻狂而不足道呢？说齐地人多有狡诈，可是在田横感召下的五百敢死之士，随他东奔海岛之上，待到田横自杀身死之时，这五百壮士也在同一天以剑自刎而死，这又怎能说齐人狡诈不实呢？说越地人轻薄不厚重，可是越王勾践以残破灭亡之国，爱护体恤孤寡老弱的百姓，励精图强而九年后灭亡吴国，取得了以弱攻强、以小取大的胜利，这又怎能说越人轻薄不厚重呢？说燕赵之人劲锐，可是蚩尤在涿鹿被黄帝打败，燕太子丹死于易水岸边，西晋将领王浚在蓟县城门被后赵石勒俘虏，三国时期称雄于辽东的公孙渊在上谷被魏将司马懿所杀，这又怎能说燕赵之人劲锐呢？说凉陇之人悍勇……

所以，人的勇敢或怯懦的关键在于法令是否严明，成功或失败的关键在于智谋是否优胜。对怯懦的人施以威刑，就可以使他们变得勇敢；对勇敢的人给以奖赏，就会使他们拼死作战。能够改变人的天性，改变人的思想的，就在于正确地实施刑赏律令。人的勇敢和怯懦，哪有什么是天性使然而不可改变的呢？

【解说】

　　李筌本篇以《人无勇怯篇》为题，旨在通过对人性勇怯产生条件的分析和探讨，着重揭示军队的勇敢精神是后天养成的客观真理性。

　　人的勇怯，实际是人的一种内在气质或曰精神力量。军队作为实施战争的根本武装力量，将士的勇怯直接影响到战争的胜负成败。所以，关于军队的勇怯问题，历来是为兵家所十分关注和探讨的重要问题。大军事家孙武把"勇"视为将帅所应具备的五项条件之一。他说："将者，智、信、仁、勇、严也。"（见《孙子兵法·计篇》）三国时期著名军事家、政治家曹操对此作注则称之谓"将宜五德备也。"唐代兵学家李筌更加明确称为："此五者，为将之德，故师有丈人之称也。"（以上曹、李二人之注文，皆见于《十一家注孙子·计篇》，上海古籍出版社，1978年4月第1版）可见，历代兵学家都把孙子所论为"将者"的"智、信、仁、勇、严"五项基本条件之一的"勇"，视为将帅所应具备的"五德"之一。战国著名军事家吴起则写道："凡人论将，常观于勇。勇之于将，乃数分之一尔。"（见《吴子·论将第四》）也承认"勇"是将帅者所应具备的五项条件或曰"五德"之一。李筌在完全继承先秦兵家思想的基础上，专辟篇章对军队的勇怯问题进行探讨，这在唐朝以前是不曾见的。这充分说明作者对此问题的重视程度。

　　在唐代以前，关于人性勇怯形成问题的传统观点，是所谓"地势所生，人性所受"的唯心的先天决定论。李筌在引述历史上所称"秦人劲，晋人刚，吴人怯，蜀人懦，楚人轻，齐人多诈，越人浇薄，海岱之人壮，崆峒之人武，燕赵之人锐，凉陇之人勇，韩魏之人厚"等地理环境决定人性勇怯的传统说法之后，首先正确指出，军队的勇怯，乃与军事谋略的成败、战争态势的好坏有着直接关系。他认为，谋略高明、态势有利，便可以使怯懦者变为勇敢者；反之，谋略笨拙、态势不利，勇敢者也可能变成怯懦者。接着，李筌又列举了大量战争史例，深入分析并批驳了上述种种地理环境决定人性勇怯的唯心传统观点后，得出正确结论说："所以勇怯在乎法，成败在乎智，怯人使之以刑则勇，勇人使之以赏则死，能移人之性、变人之心者，在刑赏之间，勇之与怯，于人何有哉？"从李筌这些论述中，我们可以明显看出作者朴素的唯物辩证的思想观点：认为军队的勇怯，既不是地理环境决定的，也不是天生不变的，而是通过在贯彻刑赏律令过程中实施后天教育而培养出来的，并且承认在正确贯彻刑赏律令的条件下，勇与怯这对矛盾的双方，不但是相互依存于一体，而且又是可以各自向对方转化的。

　　虽然，由于历史的局限，作者李筌并不了解社会制度、阶级关系和战争性质对军队勇敢精神的形成所起决定性作用的这一真谛，但他面对"勇怯有性，强弱有地"的传统唯心观念，敢于进行针锋相对的批判，并且明确揭示军队勇敢精神是在实施"刑赏之间"的后天培养教育而形成的唯物辩证理念，这是值得充分肯定的。李筌本篇之所以专门以"人无勇怯"为题而探讨古代军队勇敢精神形成的原因和条件，其重要理论与实践的价值意义也恰在于此。

主有道德篇第四

【原文】

经曰：古者三皇，得道之统，立于中央，神与化游，以抚四方①，天下无所归其功。五帝②则天法地，有言有令而天下太平，君臣相让其功。

道德废，王者出，而尚仁义；仁义废，伯③者出，而尚智力；智力废，战国出，而尚谲诈④。圣人知道不足以理则用法，法不足以理则用术，术不足以理则用权，权不足以理则用势。⑤势用则大兼小，强吞弱。周建一千八百诸侯，其后并为七国⑥。七国连兵结难⑦，战争方起。七国之君非疏道德而亲权势。权势用，不得不亲；道德废，不得不疏，其理然也。

唯圣人能反始复本⑧，以正理国，以奇用兵，以无事理天下。⑨正者，名法也；奇者，权术也。⑩以名法理国，则万物不能乱；以权术用兵，则天下不能敌⑪；以无事理天下，则万物不能挠，不挠则神清。神清者，智之原；智平者⑫，心之府⑬。神清智平，乃能形物⑭之情。人主⑮知万物之情，裁而用之，则君子、小人⑯不失其位。

夫德厚而位卑者，谓之过；德薄而位尊者，谓之失。宁过于君子，无失于小人。过于君子，则人阙⑰其理；失于小人，则物罹⑱其殃。故曰：人不鉴⑲于流水，而鉴于止水，以其清且平也。人主之道清平，则任人不失其才，六官⑳各守其职。四封㉑之内，百姓之事，任之于相；四封之外，敌国之事，任之于将。语曰："将相明，国无兵㉒。"舜以干戚㉓而服有苗㉔，鲁以頖宫㉕而来淮夷㉖。以道胜者，帝；以德胜者，王；以谋胜者，伯㉗；以力胜者，强。强兵灭，伯兵绝；帝王之兵，前无敌。人主之道，信其然矣！

【注释】

① "古者三皇"至"以抚四方"五句：语出《淮南子·原道训》，但与原文略异。三皇，传

说中的我国远古时代之三位皇王，但不同著作所指不同。大体有六说，其中一说，如汉班固《白虎通·号》称"三皇"为伏羲、神农、燧人。实际上各说都是象征性人物。

② 五帝：传说中的上古五位帝王，但不同著作所指不同。大体有四说，其中一说，如《大戴礼记·五帝德》称"五帝"是：黄帝（轩辕）、颛顼（高阳）、帝喾（高辛）、唐尧、虞舜。

③ ㉗ 伯：本篇这里通"霸"，谓称霸。

④ 谲诈（jué 一）：狡诈；奸诈。

⑤ "圣人知道不足以理则用法"至"权不足以理则用势"四句：语出《尹文子·大道上》，但原著无"圣人知"，而四"理"字，原著皆作"治"。

⑥ 七国：本篇原作"六国"，疑误，今据史改。指战国时期形成的秦、楚、燕、齐、韩、魏、赵七个强国。

⑦ 连兵结难：犹"兵连祸结"。谓接连不断的战争而造成严重灾祸。

⑧ 反始复本：谓返回本初以恢复淳朴的本性。本篇这里指恢复到三皇时代以圣道治国的根本方法。

⑨ "以正理国，以奇用兵，以无事理天下"三句：语出《老子·五十七章》。但前一"理"字，原著作"治"；后一"理"字，原著作"取"。正，谓正规，正确。奇，谓奇谋异策。无事，谓在上者不要人为制造事端烦扰百姓，引申谓以静制动。

⑩ "正者，名法也；奇者，权术也"四句：语出《尹文子·大道下》。但"正"字原著作"政"，"理"字原著作"治"。政，这里通"正"。名法，中国古代名家和法家的合称，名家主张正名辨义，法家主张以法治国。

⑪ "以名法理国"至"则天下不能敌"四句：语出《尹文子·大道下》。但"理"字原著作"治"。

⑫ 智平者：此句原文无"平"，疑脱。清钱熙祚校注指出："文澜阁本'智'下有'平'字。"依下文"神清智平"句式，钱说为确，故补。智平者，指智力正常的人。平，谓高低相等，引申谓正常。

⑬ 心之府：心，古人以为"心"是思维器官，故往往把思想、意识、感情的产生归之于心。府，府库，通常指藏物之所，但本篇这里是指心之官的所在地方。

⑭ 形物：指事物的形态和性质。

⑮ 人主：人君，君主。

⑯ 君子、小人：君子，这里泛指德才出众的人。小人，泛指识见浅狭或品德不端的人。

⑰ 阙：通"缺"。谓缺少，引申谓得不到。

⑱ 罹（lí）：遭遇不幸。

⑲ 鉴：镜子。本篇这里比喻明洁如镜的水面。

⑳ 六官：本指周代六卿之官，即天官冢宰、地官司徒、春官宗伯、夏官司马、秋官司寇、冬官司空。本篇泛指各种官吏。

㉑ 四封：四境之内；四方。

㉒ 国无兵：谓国家没有战争。兵，这里指战争。

㉓ 干戚：亦作"干鏚"。本指古代盾和斧两种兵器，这里借指武力征伐。

㉔ 有苗：即三苗。尧舜时代我国南方较为强大的部族。

㉕ 頖宫（pàn—）：西周时代诸侯国所设的学校名。这里借指教育感化。

㉖ 淮夷：我国古代居于淮河流域的部族。

【译文】

经典上说：远古时代的三皇，确立了圣道德治的传统，他们挺立于天地的中央，其精神与自然的造化融为一体，凭借其圣道德治来安抚四方；可是，天下的人们都不知道把那良好社会风气的形成归功于谁。五帝时候，遵循天地的自然法则，既言传身教，又设置法令约束，因此天下太平安宁，君与臣之间相互谦让功劳。

可是，到了后代，三皇五帝所确立的道德废弛了，出现了"王者"，他们崇尚以仁义治国；仁义废弛后，出现了"霸者"，他们崇尚以智力争霸；智力废弛后，出现了"战国"纷争局面，各国崇尚以诡诈争战。在此情况下，智慧超凡的圣人懂得用道德感化而不足以治理国家时，就采用法令；当法令不足以治理国家时，就采用术略；当术略不足以治理国家时，就采用权谋；当权谋不足以治理国家时，就采用势力。凭借和利用势力，结果就导致了大国兼并小国、强国吞并弱国的混战局面。西周时代所分封的一千八百个诸侯国，后来便兼并成七个国家。这七个国家接连用兵而结仇问难，战争从此兴起不断。七国的君主并非伊始就疏远道德而亲近权势的。因为，权势一经使用，就不得不亲近它；道德一旦废弛了，就不得不疏远它。这是势所必然之理。

唯有圣人才能够运用返其初始复其本原的治国方法，做到以"正"治国，以"奇"用兵，以不烦扰百姓之法而治理天下。所谓"正"，就是指名分和法制；所谓"奇"，就是指权谋和术略。以名分和法制治理国家，万物就会井然有序而不混乱；以权谋和术略用兵打仗，军队就会所向克捷而无敌于天下；以不烦扰百姓之法而治理天下，万物就会处于不被骚扰的状态。万物不被骚扰，神志就会清醒；神志清醒的，就是智力的源泉；智力正常的，就是思想的府库。神志清醒，智力正常，才能考察事物的本来性质，治理国家的君主了解了各种事物的性质，并根据具体情况加以选择利用。这样，君子和小人才能不会失去其各自所处的位次。

凡是道德高尚未被任用而地位低下的，这就叫作君主的过错；道德浅薄却被任用而地位尊贵的，这就叫作君主的失误。宁可因为没有任用君子而犯过错，也不要因为任用小人而致失误。在君子任用问题上犯过错，百姓就会得不到很好治理；在任用小人问题上有失误，事物就会遭到严重祸殃。所以说，人们无法把流水当作镜子，而只能用静止的水面当作镜子，这是因为静止不流的水清澈而平稳的缘故。君主治国之道能像不流动的水那样清澈平稳的话，那么，在用人问题上就不会埋没人才，各种官吏也都会各尽其职。四境之内的百姓之事，委以宰相来处理；四境之外的敌国之事，委以将帅去对付。谚语说得好："将相贤明，国无战争。"大禹凭借武力而征服了地处南方的三苗部族，鲁国用兴办学校施以教育感化而使淮河流域的部族归附。用道来取胜的人，可以称帝；用德来取胜的人，可以称王；用谋略来取胜的人，可以称霸；用势力来取胜的人，可以称强。强者的军队终归要被消灭，霸者的军队终归也要灭绝，唯有帝者和王者的军队，才能所向无敌。作为君主的治国安邦之道，深信其确实是这样的啊！

【解说】

《主有道德篇》是《太白阴经·人谋上》的第四篇。作者李筌通过对上古三皇五帝的道法自然的"得道之统"的形成，到战国时期霸者的废道德而崇尚"谲诈"的历史演化的追述和分析，着重阐释了作为最高统治者的君主以"道德"治国用兵的重要意义。

道德，既是中国哲学的一对范畴，又是社会意识形态之一。作为哲学范畴，道，原指人行的道路，借用指事物运动变化所必须遵循的普遍规律或事物的本体；德，与"得"的意义相近，指具体事物从"道"所得的特殊规律或特殊性质，对于"道"的认识修养而有得于己，亦称之为"德"。道家学说的经典著作《老子》（亦称《道德经》）一书之第五十一章所说："道生之，德畜之，物形之，势成之。是以万物莫不尊道而贵德。道之尊，德之贵，夫莫之命而常自然。"老子这里所言，正是体现"道德"哲学意义上之宏论。而作为社会意识形态的"道德"，则是人们共同生活及其行为的准则和规范，它已从道家的哲学意义而演化为儒家的伦理学意义。唐代著名文学家、哲学家韩愈指出："凡吾所谓道德云者，合仁与义言之也，一人之私言也。"（见《韩昌黎文集校注》第一卷《原道》，上海古籍出版社出版，1986年12月第1版）这虽然是韩愈自谦的一家之说，但却深刻揭示出随着时代的向前发展，道家始祖老子所创立的"不言仁与义"的哲学上的"道德"观，已经进一步演化成儒家"合仁与义言之"的伦理学上的"道德"观。而唐代兵学家李筌在本篇所阐述的"道德"，则是融道、儒之说为一体，既是对道家哲学上的道德观的继承，又是对儒家伦理学上的道德观的弘扬。

通观全篇可以看出，李筌所论"主有道德"问题，主要阐述和强调了如下两个重要思想：

一是强调作为国家最高统治者的君主，只有以"道德"为治国用兵之本，才能确保自己立于天下无敌的地位。作者认为，唯有圣明的君主才能"反始复本"于道法自然的"得道之统"，从而做到"以正理国，以奇用兵，以无事理天下。"可是，何谓"正"？何谓"奇"？作者李筌引述了《尹文子·大道下》所论指出："正者，名法也；奇者，权术也。"这就是说，所谓"正"，是指名分和法制；所谓"奇"，是指权谋和术略。作者进一步分析指明：君主只有做到"以名法理国，则万物不能乱；以权术用兵，则天下不能敌；以无事理天下，则万物不能挠。"作者还认为："以道胜者，帝；以德胜者，王；以谋胜者，伯（通'霸'）；以力胜者，强。"但对此"四胜者"，李筌却强调指出："伯兵"和"强兵"虽然可以称霸逞强于一时，但终归要被"灭绝"，而唯有以"道"以"德"取胜的"帝王之兵，前无敌。"可见，以"道德"作为治国用兵之本，对于执国者们是何等的重要！这一点恰是《主有道德篇》的主旨、立义所在。而这对于我们今天强调以德治国是有极其重要的借鉴意义。

二是强调君主选用人才只有坚持以"道德"为衡量标准，才能确保将相贤明，使国家远离战争之祸。李筌认为，对于"德厚"的"君子"，由于未被任用"而位卑者"，这是君主用人"之过"；对于"德薄"的"小人"，因为被误用"而位尊者"，这是君主用人"之失"。作者强调指出，作为国家最高统治者的君主，在选用人才问题上，宁可由于没有任用"君子"而犯了过错，也不要因为任用"小人"而导致失误（"宁过于君子，无失于小人"）。因为，在任用君子问题上犯过错，百姓虽然得不到治理，但在任用小人问题上有了失误，事物（事业）就会遭到严重祸殃（"过于君子，则人阙其理；失于小人，则物罹其殃"）。作者李筌还进一步阐明，君主要想在选用人才问题上不出现过失，首先在于君主自身必须具有"清平"如镜的思想道德，唯有"人主之道清平，则任人不失其才，六官各守其职。四封之内，百姓之事，任之于相；四封之外，敌国之事，任之于将。"从而才能确保有"将相明，国无兵"的国泰民安的大好局面。显而易见，李筌关于选用人才坚持以"道德"为衡量标准的思想观点，对于我们今天选拔人才，特别是选拔高端人才的事业，具有非常重要的参考借鉴价值。

马克思主义认为，道德，作为上层建筑的社会意识形态之一，从来对经济基础和社会生活具有重大影响作用。2007年9月18日，中共中央总书记、国家主席、中央军委主席胡锦涛在会见全国道德模范时的讲话，深刻地阐明了加强社会主义道德建设在社会经济与政治生活中的现实意义和历史作用。他强调指出："道德力量是国家发展、社会和谐、人民幸福的重要因素。加强社会主义道德建设，倡导爱国、敬业、诚信、友善等道德规范，形成男女平等、尊老爱幼、扶贫济困、礼让宽容的人际关系，培养文明道德风尚，是社会主义精神文明建设的重要任务。"（见2007年9月19日《解放军报》第1版）这既深刻地揭示了"道德力量"的重要意义与作用，又正确地指明了加强"道德建设"的根本方向与任务。显而易见，在我们今天全面建设小康社会、加快推进社会主义现代化进程中，只有始终高度重视和切实加强社会主义道德建设，大力弘扬社会公德、职业道德、家庭美德，才能为我国经济社会发展提供强有力的思想道德保障。从这个意义上讲，今天我们阅读唐代李筌的《主有道德篇》，倍感有其非常重要的现实借鉴意义。

国有富强篇第五

【原文】

经曰：国之所以富强者，审权以操柄，审数以御人。①课农者，术之事，而富在粟。谋战者，权之事，而强在兵。故曰："兴兵而伐叛，则武爵任，武爵任则兵强；按兵而劝农桑，农桑劝则国富。"②国不法地，不足以成其富；兵不法谋，不足以成其强。

古者圣人法天而皇，贤君法地而帝，智主法人而伯③。乘天之时，因地之利，用人之力，乃可富强。乘天之时者，春植谷，秋植麦，夏长成，冬备藏。因地之利者，国有沃野之饶，而人不足于食者，器用④不备也；国有山海之利，而人不足于财者，商旅⑤不备也。通四方之珍异，以有易无，谓之商旅；饬力以长地之财，用资军实，谓之农夫；理丝麻以成衣服，谓之女功。⑥

云梦⑦之毛羽，黔溪之丹砂⑧，荆扬⑨之皮革、角骨，江衡之柟梓⑩，会稽之竹箭⑪，燕齐⑫之鱼盐、旄裘⑬，兖豫⑭之漆、枲⑮、绨⑯、苎⑰；郑之刀⑱，宋之斤⑲，鲁之削⑳，吴之剑，燕之角，荆之幹㉑，妢胡之笴㉒，吴越之金锡，此地之财也。燕之涿鹿㉓，赵之邯郸㉔，魏之温轵㉕，韩之荥阳㉖，齐之临淄㉗，陈之宛邱㉘，郑之阳翟㉙，洛川之二周㉚，越之具区㉛，楚之云梦，齐之钜鹿㉜，宋之孟潴㉝，此地之良也。共居其地㉞，非有灾害、疾病而贫者，非惰则奢；世无奇业，而独富贵者，非俭则力。同列而相臣妾者，贫富使然也；同贵㉟而相兼并者，强弱使然也；同地而或强或弱者，理乱使然也。苟有道理㊱，地足容身，事可致也；苟有市井㊲，交易所通，货财可积也。

夫有容身之地，智者不言弱；有市井之利，智者不言贫。地诚任，不患无财；人诚用，不畏强御㊳。故神农㊴教耕而王天下，汤、武㊵战伐而服诸侯。

国愚则智可以强国，国智则力可以强人。用智者，可以强于内而富于外；用力者，可以富于内而强于外。是以汉武帝㊶南平百粤㊷，以为园囿㊸；却羌胡㊹，以为苑圃㊺，珍怪异物，充于后宫，駃騠㊻、駃騠㊼实于外厩㊽，匹庶乘坚良㊾，人间厌柚橘。此谓智强于内而富于外。秦孝公(50)行垦草之令(51)，使商不得籴(52)，农不得粜(53)，废逆旅(54)，禁山泽，贵酒肉之价，重关市之赋，使农佚而商劳。行之数年而仓庾(55)实，人知礼义；至于始皇(56)，以为之资，东向而并吞诸侯，此为力富于内而强于外也。

故知伯王(57)之业，非智不战，非农不赡(58)，过此以往，而致富强者，未之有也。

【注释】

①“审权以操柄，审数以御人”二句：语出《商君书·算地第六》。原著“审权”前有“圣人”二字；御人，原著作“使民”，义同。审权，谓讲究权谋之道。操柄，谓执掌政权。审数，谓讲究统治方法。

②“兴兵而伐叛，则武爵任”至“农桑劝则国富”五句：语本《商君书·去强第四》，但与原文略异。武爵任，谓依据战功而授以爵位和官职。农桑劝，谓劝勉和奖励农民发展农业生产。

③伯：本篇这里通“霸”，义谓称霸。

④器用：本指器皿用具，这里指用于生产的农具器械。

⑤商旅：即行商，指流动交易的商人。

⑥“通四方之珍异”至“谓之女功”八句：语出《周礼·考工记序》，但与原著略异。珍异，谓珍贵奇异之物。女功，亦作“女工”，《周礼》原作“妇功”，义同，旧谓从事纺织、刺绣、缝纫等工作的妇女。饬力：义犹努力，致力。军实：本篇指军用器械和粮饷。

⑦云梦：古薮泽名，即云梦泽。位于今湖北之江汉平原，大体上东起武汉、西至沙市，北起潜江、南至洪湖。

⑧黔溪之丹砂：黔溪，今名不详。丹砂，矿物名，亦作“朱砂”、“硃砂”等，可制作染料或药剂。

⑨荆扬：即荆州和扬州，分别为我国古代的九州之一。

⑩江衡之柟梓：江衡，今名不详。柟梓，柟，同“楠”，即楠木，一种主要产于云贵川和湖南等地的常绿大乔木；梓，即梓木，主要产于长江流域的落叶乔木。

⑪会稽之竹箭：会稽，地名，今浙江绍兴一带。竹箭，一种细竹。

⑫燕齐：指战国时期的燕国和齐国，其地当今河北和山东。

⑬旃裘：古代北方游牧民族用畜兽毛等制成的衣服。旃，通“毡”。

⑭兖豫：即兖州和豫州，分别为我国古代的九州之一。兖州，辖境当今山东。豫州，辖境当今淮河以北、伏牛山以东的豫东、皖北地区。

⑮枲（xǐ）：大麻的雄株之称，这里泛指麻类。

⑯ 绤（chī）：细葛布。

⑰ 苎（zhù）：亦写作"绽"，即苎麻。

⑱ "郑之刀"至"吴越之金锡"八句：语出《周礼·考工记序》，但与原著略异。

⑲ 斤：斧头。

⑳ 削：一种有柄而微弯的双刃小刀。

㉑ 簳（gǎn）：小竹。可制作箭杆。

㉒ 妢胡之笴：妢胡，原文误作"汾胡"，今据《周礼·考工记序》校改。妢胡，我国古代部族名，居今安徽阜阳一带。笴（gǎn），箭杆或箭。

㉓ 涿鹿：古地名。故址位于今河北涿鹿东南。

㉔ 邯郸：战国时期赵国都城，今属河北。

㉕ 温轵：古地名。故址位于今河南温县西。

㉖ 荥阳：古地名。故址位于今河南荥阳东北。

㉗ 临淄：古地名。故址位于今山东淄博东北。

㉘ 宛邱：古地名，亦作"宛丘"。春秋时期陈国都城。故址位于今河南淮阳东南。

㉙ 阳翟：古地名。今河南禹县。

㉚ 洛川之二周：洛川，亦称"洛水"，即今河南洛河。二周，指战国末期周室分裂为东西两部分：东周位于今河南巩义西南，西周位于今河南洛阳。

㉛ 具区：即具区泽，亦称"震泽"、"五湖"等，今为江苏太湖。

㉜ 钜鹿：古地名。故址位于今河北平乡西南。

㉝ 孟潴（—zhū）：即孟潴泽，位于今河南商丘东北。

㉞ 共居其地：此句原脱，今据钱熙祚校注补。

㉟ 同贵：贵，原作"贯"，钱熙祚校注指出："《文澜阁》本作'贵'。"从前后文义看，钱说为确，故据以校改。

㊱ 道理：事理；亦指事物的规律。

㊲ 市井：古代城邑集中买卖货物的场所，犹今之"市场"。

㊳ 强御：本指有权势的豪强，本篇这里指敌人。

㊴ 神农：传说中远古三皇之一。相传其始教民作末耜、务农业，故称"神农氏"。有相传其曾尝百草，发现药材，教人治病。一说神农氏即炎帝。

㊵ 汤、武：即商汤王和周武王。

㊶ 汉武帝（公元前156—前87年）：即西汉皇帝刘彻，汉景帝刘启之子。公元前140—前87

年在位。他在位期间，采纳董仲舒建议而“独尊儒术”，即以儒术为其统治思想；并采用法术、刑名，以加强其统治地位。同时实行兴修水利以发展生产、移民屯田以开发西北；两次派遣张骞出使西域以发展经济文化交流；派遣卫青、霍去病为将率军反击匈奴贵族南下袭扰以确保国防安全等政策措施，既发展了社会经济，又巩固了国防安全，从而把西汉封建王朝推向鼎盛时期。

㊷ 百粤：亦作“百越”。我国古代长江以南越人的总称。分布于今浙、闽、粤、桂等地，因其部落众多，故总称“百粤”或“百越”。亦指其居住的地方。

㊸ 园囿（—yòu）：古代指周以围墙，布置亭榭石木，间或畜有鸟兽的皇家花园。

㊹ 羌胡：旧指我国古代羌族和匈奴族，亦用以泛指我国古代西北地区的少数民族。

㊺ 苑圃：古代畜养禽兽供帝王玩乐的园林。

㊻ 騊駼（táo tú）：良马名。

㊼ 駃騠（kuài tí）：良马名。

㊽ 外厩：马舍。因设在宫外，故名。

㊾ 匹庶乘坚良：匹庶，指平民百姓。坚良，指坚车和良马。

㊿ 秦孝公（公元前381—前338年）：战国时期秦国国君，名渠梁，公元前361—前338年在位。其执政期间，任用商鞅实行变法，奖励耕战，使秦国日益富强，为其后秦始皇统一全国奠定了基础。

(51) 垦草之令：指商鞅变法中推行的奖励开垦荒地的法令。内容详见《商君书·更法第一》。

(52) “使商不得籴”至“使农佚而商劳”七句：语出《商君书·垦令第二》，但本篇这里是摘要引录。籴（dí），谓买进粮食。佚，义同“逸”，谓安逸。

(53) 粜（tiào）：卖出粮食。

(54) 逆旅：客舍；旅馆。

(55) 仓庾：粮仓。

(56) 始皇：即秦始皇（公元前259—前210年），名嬴政。战国时期秦国国君，秦封建王朝的建立者。公元前246—前210年在位。他派兵先后攻灭韩、燕、魏、赵、楚、齐六国之后，于公元前221年称“始皇帝”，建立了中国历史上第一个统一的中央集权的封建国家。

(57) 伯王：霸王。伯，通“霸”。

(58) 赡（shàn）：充足；富足。亦谓供给；供养。

【译文】

经典上说：国家之所以能够富庶强盛的，在于详细研究权变之道来执掌政权，详细研究具体情势而使用人力。提倡农耕，是发展生产技术的问题，而国家的富庶则在于有充足的粮食；谋划战争，是运用权谋胜敌的问题，而国家的强盛则在于有强大的军队。所以说，出兵讨伐叛乱时，就要选任各级武官授以爵位，武官选任得当了，军队就能强盛；按兵不打仗时，就要大力倡导发展农业生产，农业生产发展了，国家就能富庶。国家不以垦殖土地为原则，就不足以成为富国；军队不以谋划战争为原则，就不足以成为强兵。

古代时候，圣人效法"天道"而成为"皇"，贤君效法"地道"而成为"帝"，智主效法"人道"而成为"霸"。利用天时，依靠地利，使用人力，就可以使国家富强。所谓利用天时，就是指春天按时播种五谷，秋天按时播种冬麦，夏天按时锄禾助长，冬天按时贮藏粮食。所谓依靠地利，是指国家有富饶肥沃的土地，而百姓却没有足够的粮食，是因为农具器物不齐备的缘故；国家有山川湖海的资源，而百姓却没有足够的财物，是因为商旅经贸不齐备的缘故。使四面八方的奇珍异货得到流通，以自己有的换取自己没有的，这就叫作商旅；通过努力耕作以增加土地的物产，从而用以资助军队器用粮饷的男人，叫作"农夫"；纺织丝麻并把它制成衣服的女人，叫作"女功"。

云梦泽地区的毛羽，黔溪地区的朱砂，荆扬地区的皮革、角骨，江衡地区的楠木、梓木，会稽地区的竹箭，燕齐一带的鱼、盐、毡裘，兖州和豫州的漆、麻、细葛布和苎麻，郑国的刀，宋国的斧头，鲁国的削刀，吴国的宝剑，燕地的牛角，荆州的小竹，妢胡的箭杆，吴越的金矿、锡矿。这些都是土地上出产的财富。燕地的涿鹿，赵地的邯郸，魏地的温轵，韩地的荥阳，齐地的临淄，陈地的宛邱，郑地的阳翟，洛水流域的东西二周，越地的具区泽，楚地的云梦泽，齐地的钜鹿，宋地的孟潴泽。这些地区都具有良好的土地条件。共同居住在这些地方，没有遇到灾害和疾病却贫困的人，那他不是因为懒惰就是因为奢侈；世代没有创造奇业而唯独其富贵的人，那他不是因为勤俭持家就是因为努力创业。原先处于同等地位而后来变成臣仆关系的人，这是由于贫富悬殊造成的结果；原先处于同样显贵而后来变为相互兼并的人，这是由于强弱差别造成的结果；同居一地而有的强大有的弱小，这是由于治与乱不同造成的结果。如果有合乎事物规律的治国之策，那么，任何地方都足以容身，其事业都可以成功；如果有了买卖货物的市场进行交易流通，那么，物资财富就可以积累起来。

有了容身之地，富有才智的人不会说自己弱小；有了市场之利，聪明智慧的人不会说自己贫穷。土地果真开发起来，就不用担心没有财富；人才果真任用起来，就不用害怕抵御强敌。因此，神农氏教民农耕而称王于天下，商汤王和周武王攻战讨伐而使诸侯屈服。

国家愚昧落后，但依靠智慧就可以使国家变得强大；国民聪颖先进，而依靠实力就可以使人民变得强大。运用智谋的，可以使国家强大于内而富有于外；使用力量的，可以使国家富有于内而强大于外。所以，汉武帝能够南平百越，把它变成皇家园囿；北退羌胡，把它变成帝王苑圃，各种珍宝奇物充满后宫，各种宝马良驹装满厩舍，平民百姓都乘坐坚车良马，人们都吃腻了柚、橘等水果。这就是所说的运用智谋可使国家强大于内而富有于外的典型。秦孝公推行奖励开垦荒地的法令，使商人不得买进粮食囤积居奇，使农民不得随便卖出粮食，废除各地的旅舍以防奸商到处倒卖货物，封禁各地的山林湖泽以防人们随意捕猎和乱砍滥伐，提高酒肉的价格，增加关市的税收，从而使得农民安居乐业而使商贾疲惫劳顿。这样实行了数年之后，秦国的粮仓充实，百姓知达礼仪。到了秦始皇统治时期，凭借这些积累下来的财富为资本，向东扩张而先后吞并了各个诸侯国。这就是所谓的依靠力量可使国家富有于内而强大于外的典型。

由此可知，霸王功业的建立，其关键就在于不运用智谋就不能对外进行战争，不发展农业就无法使国家富足。除此而外，要想使国家变得富庶强盛，这是从来所没有的事情。

【解说】

本篇以《国有富强篇》为题，顾名思义，其宗旨是从国家战略的高度，着力阐述如何实现富国强兵这一重大国防战略决策的问题。

富国强兵，乃是我国古代传统的重大国防战略决策，也是历来有作为的治国用兵者所积极追求的目标和理想。它作为一个完整的治国用兵之策，最早是由战国时期秦国著名政治家商鞅提出来的。他在其所著《商君书·壹言第八》中写道："故治国者，其抟力也，以富国强兵也。"意思是说："所以，治理国家的人，要集中民众的力量，用它来实现富国强兵。"西汉著名史学家、文学家、思想家司马迁正确指出："当是之时，秦国商君（指商鞅），富国强兵。"（见《史记·孟子荀卿列传》）指明"富国强兵"乃是商鞅最早提出的治国安邦的重大国防战略决策。而唐代兵学家李筌则在完全继承前贤传统思想精华的基础上，结合唐代当时的实际情况，就如何实现富国强兵这一重大战略决策，着重阐明了如下五个重要思想观点：

第一，实现富国强兵，必须切实贯彻"农战"并重的根本方针。

李筌开篇伊始就引经据典地指出："国之所以富强者，审权以操柄，审数以御人。课农者，术之事，而富在粟；谋战者，权之事，而强在兵。"作者这里所提出的"课农"与"谋战"并重理论，实际上，是在对战国时期著名政治家商鞅所倡导的"农战"并重思想（见《商君书·农战第三》："国之所以兴者，农战也。"）的完全继承的基础上，而结合唐代具体情况所作的进一步深化与发展。李筌明确指出，要贯彻"农战"并重的治国用兵方针，必须切实做到"兴兵而伐叛，则武爵任，武爵任则兵强；按兵而劝农桑，农桑劝则国富。"这里所说的"武爵任"，是指加强以武官职爵任用为重点内容的军队建设；所说的"农桑劝"，是指发展以农业为主体的社会经济。李筌认为，军队建设好了，兵力就强大；社会经济发展了，国家就富庶。显而易见，加强军队建设和发展社会经济，是贯彻实施"农战"并重的国家战略方针，从而实现富国强兵战略目标所必须同时进行的两项不可或缺的根本任务与措施。李筌强调指出，国家不发展生产就"不足以成其富"，军队不谋划战争就"不足以成其强"。所以，贯彻好"农战"两项根本任务与措施，乃是建立霸王之业的根本基础和前提条件。他深有感触地说："伯王（霸王）之业，非智不战，非农不赡，过此以往，而致富强者，未之有也。"应当说，李筌此论，乃是其对我国古代国家走富强之路实践经验的高度概括总结。李筌此一"富国强兵"的基本思想观点，对于我们今天实现富国强军伟大战略目标，仍然不失有重要借鉴价值意义。

第二，实现富国强兵，必须坚持法天、法地、法人的"三法"原则。

李筌认为，古代的圣人所以能称"皇"，贤君所以能称"帝"，智主所以能称"霸"，原因就在于他们都能按照"法天"、"法地"、"法人"的"三法"原则，切实做到了"乘天之时，因地之利，用人之力"。因此，他们都能够实现富国强兵的战略目标。按照作者李筌的释义，所谓"法天"，是指"乘天之时"，即顺应农时节气以发展农业生产；所谓"法地"，是指"因地之利"，即充分利用土地和物产资源；所谓"法人"，是指"用人之力"，即充分发挥农夫、织女、商旅等劳动者的作用，调动他们的生产积极性以发展农业、手工业和商业等社会经济。李筌认为，认真遵循此"三法"原则行事，顺应农时节气以努力发展农业生产，使土地果真开发起来，就"不患无财"；使人才果真任用起来，就"不畏强御（强敌）"，从而达成富国强兵的战略目的。应当说，这无论是在当时历史条件下，或是当今现实生活中，都是颇具重要价值意义的正确观点。

第三，实现富国强兵，必须充分发挥人的主观能动作用。

李筌在以大量篇幅详细列举了唐代当时许多地方的土地和物产资源情况之后，又从地理条件与人员状况之间相互关系的角度，辩证分析地指出，富庶之地并不能保证人们自然富有，贫瘠之地也不能决定人们必然贫穷；而富有与贫穷的差别，是由于人们自身的勤劳或懒惰、节俭或奢侈造成的。所以，他说：同居一地的人，"非有灾害、疾病而贫者，非惰则奢；世无奇业，而独富贵者，非俭则力。"又说："同地而或强或弱者，理乱使然也。苟有道理，地足容身，事可致也；苟有市井，交易所通，货财可积也。"显而易见，作者李筌已经意识到人的主观能动作用，乃是直接影响国家贫富强弱的决定性因素。这是非常可贵的思想。

第四，实现富国强兵，必须搞好教育以开发人的智力。

李筌指出："夫有容身之地，智者不言弱；有市井之利，智者不言贫。"可见，作者十分重视人的智力对于实现国家富强的重要作用。他以"神农教耕而王天下，汤、武战伐而服诸侯"为例，大力提倡要通过教育来开发人们的智力。他认为，抓好以"农战"为中心内容的教育工作，就能开发人们的智力，提高国家的文明程度，从而可以使"愚国"依靠智慧来摆脱愚昧落后而变成"强国"，使"智国"的民众依靠实力而变成"强人"。为了进一步说明搞好教育、开发智力的实践意义与重要作用这个问题，李筌又以"用智者，可以强于内而富于外"的汉武帝和"用力者，可以富于内而强于外"的秦始皇为例证，阐明了"国愚则智可以强国，国智则力可以强人"的深刻道理。这是颇具说服力的。

第五，实现富国，既应强调发展农业，又要重视发展商业。

李筌在阐述富国的主要途径时，既意识到农业是社会经济的基础，因而得出"非农不赡"的正确结论，又承认发展商业对促进社会经济发展的重要作用，因而提倡发展以"通四方之珍异，以有易无"为内容的商旅事业。作者虽然曾引述了秦孝公"行垦草之令，使商不得籴，农不得粜"的限制商旅活动的做法，但从其主导思想看，他对商业的重要作用还是持肯定态度的。所以，李筌强调指出：倘若有了商业市场，进行交易流通，那么，社会物资财富就可以积累起来。显而易见，李筌重视发展商业、活跃市场经济的主张，与战国时期的李悝、商鞅、韩非等政治家所主张的"重本抑末"或曰"重农轻商"之策相比较，无疑是值得予以肯定的一大历史进步。

综上所述，可以看出，作者李筌在论述如何实现富国强兵总体战略目标时，提出了所应遵循的一系列方针、原则和基本途径方法，既重视对土地、物产资源等客观物质因素的充分利用，更强调对人的主观能动作用的充分发挥，从而揭示了实现富国强兵战略目标的主客观条件。这对我们今天全面推进经济社会发展进程，实现社会主义现代化富国强军的宏伟目标，仍然具有十分重要的借鉴价值意义。

贤有遇时篇第六

【原文】

经曰：贤人之生于世，无籍地^①，无贵宗^②，无奇状，无智勇，或贤或愚，乍醉乍醒，不可以事迹求，不可以人物得。其得之者，在明君之心。道合而志同^③，信符而言顺^④，如覆水于地，先流其湿，如燎火于原，先就其燥。

故伊尹有莘之耕夫^⑤、夏葵之酒保^⑥，汤得之于鼎饪^⑦之间，升陑而放桀^⑧。太公朝歌之鼓刀^⑨、棘津^⑩之卖浆，周得之于垂纶^⑪之下，杀纣而立武庚^⑫。伍员被发徒跣^⑬，挟弓矢，乞食于吴，阖闾向风^⑭而高其义，下阶迎之，三日与语无复疑者。范蠡生于五户之墟，为童时，内视若盲、反听若聋^⑮，时人谓之至狂^⑯；大夫种^⑰来观而知其贤，扣门请谒，相与归于地户^⑱。管夷吾束缚于鲁^⑲，齐桓^⑳任之以相。百里奚自鬻于秦^㉑，秦穆^㉒任之以政。韩信南郑之亡卒^㉓、淮阴之怯夫^㉔，汉高^㉕归之以谋。

故曰：明君之心^㉖，如明镜，如澄泉，圆明^㉗于中，形物^㉘于外，则使贤任能，不失其时。若非心之觉^㉙，非智之明^㉚，因人之视，借人之听，其犹眩氂叟^㉛以黼黻^㉜，聒聋夫^㉝以韶濩^㉞，玄黄^㉟、宫徵^㊱无贯于心，欲求得人而幸其伯^㊲，未之有也。

故五帝得其道而兴，三王^㊳失其道而废。废兴之道，在人主之心^㊴，得贤之用，非在兵强、地广、人殷、国富也。

【注释】

① 籍地：指官宦门第。地，这里通"第"。

② 贵宗：指显贵宗族，义犹"贵族"。

③ 道合而志同：语出三国魏曹植《陈审举表》："昔伊尹之为媵臣，至贱也；吕尚之处屠钓，至陋也。及其见举于汤武、周文，诚道合志同，玄谟神通。"句义谓彼此的志趣理想一致（或曰事业相同）。

④ 信符而言顺：谓彼此的信念相符合（或曰信念相同）而言谈投机。

⑤ 伊尹有莘之耕夫：典出《孟子·万章上》"伊尹耕于有莘之野"。伊尹，商初著名大臣。名伊（一说名挚），尹是官名。相传其生于伊水，故名。奴隶出身，曾为耕夫（农夫）。随有莘氏（商代部族名）女陪嫁到汤做仆人，后为汤举任为国政，助汤灭夏桀。

⑥ 夏葵之酒保：夏葵，即夏桀，我国奴隶社会夏朝之末代君主，因其名履葵，故又称夏葵。酒保，旧称贩酒之人，或谓酒店伙计。相传伊尹在夏桀时期当过酒保。

⑦ 鼎饪：本指古代烹饪之器，这里借指烹饪的所在厨房。

⑧ 升陑而放桀：典出《尚书·商书·汤誓序》"伊尹相汤伐桀，升自陑"。升，从下往上之谓。陑（ér），古山名，位于今山西永济县境。桀，夏桀。

⑨ 太公朝歌之鼓刀：典出《楚辞·离骚》"吕望之鼓刀兮，遭周文而得举"。太公，即姜太公吕尚。朝歌，古都邑名，位于今河南淇县。商代帝乙、帝辛（纣）时期的别都。鼓刀，宰杀牲畜时敲击其刀使之发声称为"鼓刀"。这里借指屠夫。

⑩ 棘津：古代黄河津渡名。位于今河南延津东北。相传姜太公在此卖过酒。

⑪ 垂纶：垂钓；钓鱼。相传吕尚未出仕之前，曾隐居于渭水之滨垂钓。故后人常以"垂纶"喻隐居或退隐。纶，指粗丝钓鱼线。

⑫ 武庚：商纣王帝辛之子，名禄父。周武王灭商后，封武庚为诸侯。后武庚与管叔、蔡叔作乱，为周成王平定。

⑬ 伍员被发徒跣：伍员，即伍子胥，名员，字子胥。春秋末期著名军事谋略家。楚国大夫伍奢之次子，因父受楚平王迫害而逃到吴国。后助阖闾杀吴王僚而夺得王位，实行整军经武，致吴国日盛。不久攻入楚都，以功封于申，故又称"申胥"。被发，谓披散头发。被，这里通"披"。徒跣（—xiǎn），指光着脚。

⑭ 阖闾向风：阖闾（？—公元前496年），春秋末期吴国国君，军事统帅。一作"阖庐"，名光。他指使专诸杀死吴王僚而自立为君，公元前514—前496年在位。向风，谓仰望其人之品德或学问。

⑮ 内视若盲、反听若聋：内视，自视；反听，自听。内视反听，本谓自我省察的一种道德修养，或谓道家所提倡的眼不观外界之物、耳不听外界之声的养生之道。但在本篇这里借以形容范蠡孩童时期的视力如盲、听力如聋的状态。

⑯ 至狂：谓严重精神病患者；疯子。

⑰ 大夫种：春秋末期越国大夫文种。字少禽，一作"子禽"。曾助越王勾践励志图强，灭亡吴国。

⑱ 地户：古代传说天有门、地有户，天门在西北，地户在东南，因称地之东南为"地户"。本篇这里指春秋时期地处东南的越国。范蠡本楚国人，由楚来越，恰由西北向东南，故以"地户"

代称越国。

⑲ 管夷吾束缚于鲁：典出《国语·齐语》。管夷吾，即管仲（？—公元前 645 年），春秋初期齐国主政之卿，著名政治家、军事谋略家。名夷吾，字仲，一作"敬仲"。辅佐齐桓公实行改革，使齐国力大振，成为春秋五霸之首。

⑳ 齐桓：即齐桓公（？—公元前 643 年），春秋初期齐国君主，军事统帅。姜姓，名小白。

㉑ 百里奚自鬻于秦：典出《孟子·万章上》。秦，原文误作"虞"，今据《孟子》校改。百里奚，春秋时期秦国大夫。原为虞国大夫，虞为晋灭后，晋拟将其作为陪嫁之臣送秦国，百里奚耻之而逃，又为楚人所捉。秦穆公因闻其是贤才，遂以"五羖羊皮"（即五张黑色羊皮；羖，读 gú）将其赎回，用为大夫。故百里奚又有"五羖大夫"之称。后辅佐秦穆公建立霸业。自鬻，自卖其身。

㉒ 秦穆：即秦穆公（？—公元前 621 年）。春秋中期秦国君主，军事统帅。名任好。公元前 659—前 621 年在位。

㉓ 韩信南郑之亡卒：典出《史记·淮阴侯列传》。韩信（？—公元前 196 年），秦末汉初著名军事家。官至大将，封淮阴侯。南郑，地名，今陕西汉中。亡卒，逃亡的士卒，逃兵。

㉔ 淮阴之怯夫：典出《史记·淮阴侯列传》。淮阴，位于今江苏清江西南。怯夫，即懦夫，胆小鬼。据《史记》本传载称，韩信年轻时候，淮阴当地屠户中有一年轻人，当众向韩信挑衅并侮辱他说："你虽然个子高大，喜欢佩带刀剑，但你内心却是胆怯的。你果真不怕死，就用剑刺我；如果怕死，就从我胯下爬过去。"韩信无言而仔细地打量着那个年轻人，然后弯下身子趴在地上，从其胯下爬过去。满街看热闹的人都嘲笑韩信，认为他是个胆小鬼。实际上，韩信所受"胯下之辱"并非胆小怕事，而是以忍辱负重为手段化解危险的高明策略。

㉕ 汉高：即汉高祖刘邦（公元前 256—前 195 年；一说公元前 247—前 195 年）。西汉开国皇帝。字季。公元前 202—前 195 年在位。

㉖ 心：本指人和脊椎动物的心脏，本篇这里指人的思想意识。古人以为人的心脏是思维器官，故往往以"心"代指人脑的思想意识。

㉗ 圆明：指圆镜明亮光洁。

㉘ 形物：指事物的形态和性质。

㉙ 觉：原文作"见"，述古本作"觉"。根据文义，以述古本为确，故改。

㉚ 明：原文作"知"，述古本作"明"。根据文义，以述古本为确，故改。

㉛ 眩耄叟：指眼花昏聩的老头。眩（xuǎn），眼睛昏花。耄（mào），泛指年老；亦指昏乱。叟，老头。

㉜ 黼黻（fǔ fú）：泛指礼服上所绣的华丽花纹。

㉝ 聒聋夫：聒（guō），谓嘈杂声音扰乱了耳朵的听力。聋夫，聋子。

㉞ 韶濩（—hù）：亦作"韶護"、"韶頀"。商汤乐名。一说舜乐名。

㉟ 玄黄：本指天地的颜色，玄（指黑色）为天色，黄为地色。本篇这里泛指各种颜色。说见《周易·坤卦》："夫玄黄者，天地之杂也，天玄而地黄。"

㊱ 宫徵：中国古代五音中的宫音与徵（zhǐ）音的并称。本篇这里泛指各种音调。

㊲ 伯：本篇这里通"霸"，谓称霸。

㊳ 三王：从本篇"三王失其道而废"的句义并结合历史情况来看，"三王"似指夏桀、商纣和周幽王。此三人皆因其统治失道而导致亡国。

㊴ 人主之心：人主，即人君；君主。通常指封建帝王。心，本篇这里指人的思想。

【译文】

经典上说：贤德的人出生于世上，不是靠官宦门第，不是靠显贵宗亲，也没有奇特的外貌，没有表面的智勇；有时显得贤慧聪明，有时表现愚笨迟钝，忽而醉醺醺的样子，忽而又异常清醒。对这种人不能凭借其事迹是否显著来寻求，也不能根据其人物是否有名来获得。而获取贤德之人的关键，在于英明君主有渴望得到贤才的真心实意。君主与贤人所走的道路相同而志向就会相同，彼此的信念相同而言谈就会投顺。求贤如同把清水洒在地上，先流进低洼潮湿的地方；又如同在荒野上点起燎原大火，先从干燥的地方燃烧一样。

所以，像伊尹这样的一个有莘氏的耕夫、夏桀时期的酒保，商汤从烹饪之所得到了他并任之为相，他协助商汤从陑山出兵北上，终于灭夏而放逐了夏王桀。姜太公原本是商都朝歌的一个屠夫、棘津之地卖酒浆的老头，周文王在其垂钓的渭水之滨得到了他，他辅佐周武王出兵伐商，迫使纣王帝辛兵败自杀，而立纣王之子武庚为商朝故地之王。伍子胥本是一个披头散发、光着脚丫、挟持弓箭，在吴国沿街乞讨的叫花子，吴王阖闾仰慕其风骨、钦佩其节义，亲自走下台阶迎接他，与他交谈了三天，毫无疑义地任用了他。楚人范蠡出生在只有五户人家的破落村子里，小时候视力听力极差，看东西如同瞎子，听声音如同聋子，当时人都说他是一个患有严重精神病的疯子，而越国大夫文种来观察时知其是个贤才，于是叩门请求拜见他，并且最后与他一起由楚国来到越国。管仲曾被捆绑在鲁国，齐国使者将其救回后，齐桓公小白委任他为卿相。百里奚自卖其身于秦国，秦穆公委任由他执掌政务。韩信本是在南郑脱离汉军的逃兵、少年时曾于淮阴城受过胯下之辱的"懦夫"，萧何将其追回后，汉高祖刘邦委任其为大将，并在楚汉战争中颇多采用了他的谋略计策。

所以说，英明君主的内心思想，如同明亮的镜子、清澈的泉水，内里圆润而明亮光洁，能把外界物体的形态真实地映照出来。这样，英明君主在使用贤才任用能人时，就能做到不失时机。如果君主不依靠自己清净心灵的感知，不依靠自己非凡智慧的明察，只是依靠他人的观看，借助别人去打听，那就如同让两眼昏花的老头去看礼服上所绣的华丽花纹，让两耳失聪的聋子去听宫廷演奏的优美音乐一样，而礼服的色泽、音乐的旋律都是无法贯通其心的。像这样，如能求得贤才来成就君主的霸业，是从来没有的事情。

因此，五帝获得了求贤之道而兴盛起来，夏桀、商纣、周幽王三人失去了求贤之道而终于废亡。这其中兴废存亡的道理，就在于君主有求贤若渴的思想，得到贤才后能够充分发挥其作用，而不是单纯凭借其军队强大、地域广阔、百姓殷实、国家富庶所能成就帝王之业的。

【解说】

本篇作者李筌以《贤有遇时篇》为题，其宗旨在于从分析贤能之士得遇施展才华的时机入手，着重论述国家最高统治者的君主应当如何求贤用贤这一重大问题。

历史的经验表明，贤才是否获得机遇而为统治者所任用，将是直接关系着国家与军队的兴衰存亡的关键。诚如《黄石公三略·下略》所论："贤人所归，则其国强；圣人所归，则六合同。……贤去，则国微；圣去，则国乖。微者，危之阶；乖者，亡之徵。"所以，求贤用贤之事，历来是为兵家所极为关注和研究的重大问题。唐代兵学家李筌也不例外。他辟专篇通过对历史上君主在任用人才问题上的正反两方面经验的深入分析，一方面阐明了选用贤才的重大意义，指出：五帝之所以兴盛，在于获得求贤用贤之道，而三王（指夏桀、商纣、周幽王）则由于失去求贤用贤之道而最终灭亡。据此，作者李筌得出结论说：国家的兴衰存亡，在于"人主之心，得贤之用，非在兵强、地广、人殷、国富也。"另一方面，他依据历史的经验教训，着重探讨和揭示了君主求贤用贤所应遵循的前提条件与方法途径。通观《贤有遇时篇》可以看出，李筌着重论述了以下三个重要思想观点：

首先，君主自身必须贤明有为，这是实现求贤用贤的根本前提。

李筌认为，贤才是否能够获得施展才华的机遇，关键在于执国柄者的君主是否贤明有为。基于此种认识，他明确提出：贤才"不可以事迹求，不可以人物得。其得之者，在明君之心。道合而志同，信符而言顺。"这一方面揭示出求得贤才的关键在于君主自身贤明有为，并且必须要有求贤若渴的真诚之心，这是贤才获得机遇以施展才华的根本前提条件；一方面阐明了所求贤才的标准，必须是贤才，且与君主"道合而志同，信符而言顺"。应当说，这是符合阶级社会人才选拔与使用的基本规律的。

其次，从社会地位低微的层面中来选拔人才，这是实现求贤用贤的重要途径。

李筌认为，真正有才能的贤人并不都是出身于官宦门第和显贵宗亲，他们既无奇特的外貌，又无突出的事迹和知名度。为了说明这一道理，作者李筌详细列举了商朝的伊尹、周朝的姜太公，春秋时期吴国的伍子胥、越国的范蠡、齐国的管仲，战国时期秦国的百里奚，汉朝的韩信等诸多贤臣良将，指出他们原来都是地位比较低微且无突出事迹的平常人，但当他们为明君所发现并委以辅国重任之后，他们都能竭尽全力辅佐国君，采取诸多改革措施而使国家变得兴旺强盛起来。作者就是这样以历史实例告诉人们，求贤用贤不应单纯局限于出身门第高贵者，而应面向社会特别要从地位较低的层面中选拔人才。只有这样，才能把那些植根于民众之中、最能体察民情的贤达之士选拔上来，成为治国用兵的贤臣良将。李筌敢于冲破封建贵族等级观念的束缚，把求贤用贤的途径面向社会下层的主张和做法，应当承认是有重要历史进步意义的。

再其次，君主亲自考察和了解人才，这是实现求贤用贤的基本方法。

李筌强调指出，得贤之关键"在明君之心"。而明君之心应是什么样子的"心"呢？李筌认为，"明君之心"应当是如同明镜、清泉真实映照出外界事物的原形一样；而明君只有保持这样一颗明镜般的求贤真诚之心，运用智慧亲自去考察和了解人才是贤是愚，才能做到"使贤任能不失其时"，把真正的贤才能人选拔上来。作者又进一步指明，如果君主不以求贤若渴的真诚之心去观察人才，不运用智慧去了解人才的贤愚（即"若非心之觉，非智之明"），而是单纯依靠他人去观察，借助他人去打听（即"因人之视，借人之听"），那么，这样的君主就如同两眼昏花的老头（即"眩髦叟"），看不见礼服绣着的美丽花纹；如同两耳失聪的聋子（即"聒聋夫"），听不到演奏乐曲的优美音调一样，是不可能真正发现贤才和任用贤才的，因而也就不可能成就其帝王之业。

　　综上所述不难看出，李筌以《贤有遇时篇》为题立论，目的虽是为了维护封建统治阶级治国用兵的根本利益服务，但他所提倡的这些求贤用贤应当遵循的基本原则和方法途径，对于今人在考察和任用人才，特别是在选用高端人才的问题上，仍然有其十分重要的借鉴价值。

将有智谋篇第七

【原文】

经曰：太古之初，有柏皇氏①，至于容成氏②，不令而人自化，不罚而人自齐，不赏而人自劝；不知怒，不知喜，俞然若赤子③。庖牺氏④、神农氏教而不诛。轩辕氏⑤、陶唐氏⑥、有虞氏⑦诛而不怨。盖三皇之政以道，五帝之政以德。

夏商衰，汤武废道德，任智谋⑧。秦任商鞅⑨、李斯⑩之智而并诸侯。汉任张良⑪、陈平⑫之智而灭项籍⑬。光武⑭任寇恂⑮、冯异⑯之智而降樊崇⑰。曹公⑱任许攸⑲、曹仁⑳之智而破袁绍㉑。孙权㉒任周瑜㉓、鲁肃㉔之智而败魏武㉕。刘备㉖任诸葛亮㉗之智而王西蜀。晋任杜预㉘、王濬㉙之智而平吴。苻坚㉚任王猛㉛之智而定八表㉜之众。石勒㉝任张宾㉞之智而生擒王浚㉟。拓跋㊱任崔浩㊲之智而保河朔㊳之师。宇文㊴任李穆㊵之智而挫高欢㊶之锐。梁任王僧辩㊷之智而戮侯景㊸。隋任高颎㊹之智而面缚陈主㊺。太宗㊻任李靖㊼之智而败颉利可汗㊽。

有国家者，未有不任智谋而成王业也。故曰：将军之事，以静正理㊾，以神察微㊿，以智役物[51]，见福于重关[52]之内，虑患于杳冥[53]之外者，将之智谋也。

【注释】

①有柏皇氏：有，词头，无义。柏皇，亦作"栢皇"、"栢黄"等，传说中我国上古的帝名。

②容成氏：相传为黄帝时大臣，发明历法。

③俞然若赤子：俞然，安然的样子。赤子，这里指婴儿。

④庖牺氏：亦作"包牺氏"，即伏羲氏。传说中我国远古的三皇之一。风姓。相传其始画八卦，又教民渔猎，取牺牲以供庖厨，因称"庖牺"。

⑤轩辕氏：即黄帝。传说中我国古代五帝之一。姓公孙，名轩辕。

⑥陶唐氏：即唐尧。古帝名。帝喾之子，姓伊祁，名放勋。初封于陶，后徙于唐，故名"陶唐"。

⑦ 有虞氏：即虞舜，古帝名。传说舜受尧禅，都蒲阪（故址在今山西永济西之蒲州镇）。

⑧ "夏商衰，汤武废道德，任智谋"三句：钱熙祚于句末校注称："此处似有脱误。张刻本云：'夏商周室弱，春秋战国废道德，任智谋。'亦以意改。"

⑨ 商鞅（？—公元前 338 年）：战国时期著名政治家、军事家。公孙氏，名鞅。因其出生于卫国，又称"卫鞅"。后入秦为秦孝公重用，主持变法，使秦国富强起来。有著作《商君书》二十九篇，今存二十四篇。

⑩ 李斯（？—公元前 208 年）：秦代著名政治家。战国楚上蔡（今河南上蔡西）人。战国末入秦，被先后任为客卿、廷尉。曾建议对齐、楚、燕、韩、赵、魏六国采取各个击破的战略，对秦统一六国起了重要作用。秦始皇统一六国后，出任丞相。

⑪ 张良（？—公元前 186 年）：秦末汉初谋略家，刘邦的重要谋臣。字子房。祖籍战国时期韩国城父（今河南平顶山西北）。其祖辈及父相继为韩昭侯、宣惠王等五世之相。秦灭韩后，他曾图谋复韩，因以结交刺客于博浪沙（位于今河南中牟西北）狙击秦始皇未果。在秦末反秦战争中，他聚众归附刘邦成为重要谋士。后在楚汉战争中，为刘邦战胜项羽大力献策，因以封留侯。

⑫ 陈平（？—公元前 178 年）：汉初名臣。阳武（今河南原阳东南）人。秦末起兵，先从项羽，后归刘邦，任护军中尉，为刘邦战胜项羽多有贡献。汉朝建立后，封曲逆侯，后官至丞相。

⑬ 项籍（公元前 232—前 202 年）：秦汉之际名将、楚军统帅。名籍，字羽，下相（今江苏宿迁西南）人。秦末，从叔父项梁起兵反秦，梁战死后，继领楚军，成为灭秦的主力军之一。秦亡后，自立为西楚霸王。后在楚汉战争中，被刘邦击灭。

⑭ 光武：即东汉开国皇帝刘秀。著名军事统帅。字文叔，南阳蔡阳（今湖北枣阳西南）人。公元 25—57 年在位。谥号光武，史称"光武帝"。

⑮ 寇恂（？—公元 36 年）：东汉开国名将。字子翼，上谷昌平（今属北京）人。官至太守，行大将军事，封雍奴侯。

⑯ 冯异（？—公元 34 年）：东汉开国名将。字公孙，颍川父城（今河南平顶山市西北）人。官至征西大将军，封阳夏侯。

⑰ 樊崇：新莽末年农民起义军首领之一，后为刘邦所迫降。

⑱ 曹公：即曹操（公元 155—220 年）。汉魏之际杰出军事家、政治家、诗人。字孟德，小名阿瞒，沛国谯县（今安徽亳州）人。东汉末，官至丞相，封魏王，谥号武王。其子曹丕称帝建魏后，追尊其为武皇帝，故史称其"魏武帝"。

⑲ 许攸：字子远，南阳（今属河南）人。东汉末，先从袁绍，官渡之战时投归曹操，并献偷袭火烧袁绍囤粮基地乌巢之策，成为曹操官渡之战打败袁绍的重要战略一着。后恃功自傲，为操

所杀。

⑳ 曹仁（公元 168—223 年）：曹操堂弟。字子孝。官至大将军。

㉑ 袁绍（？—公元 202 年）：字本初，汝南汝阳（今河南周口西南）人。出身于四世三公的世家大族。东汉末，任司隶校尉。后在军阀混战中，成为据有冀、青、幽、并四州的最大的割据势力。官渡之战中，被曹操打败，不久病死。

㉒ 孙权（公元 182—252 年）：三国时期吴国皇帝，军事统帅。孙坚之子，字仲谋，吴郡富春（今浙江富阳）人。229—252 年在位，谥号"大皇帝"。

㉓ 周瑜（公元 175—210 年）：三国时期吴国军事家。字公瑾，庐江舒县（今安徽庐江西南）人。曾任建威中郎将、前部大都督等职。文武兼备，擅长谋略。在魏蜀吴三足鼎立与争战中，他与鲁肃坚决主战，并同刘备联合于赤壁大破曹操军。

㉔ 鲁肃（公元 172—217 年）：三国时期吴国名将。字子敬，临淮东城（今安徽定远东南）人。曾任奋武校尉、横江将军等职。治军严整，以善谋略著称。在吴与曹操抗衡中，他与周瑜坚决主战，并建议联合刘备共拒曹操，后在赤壁作战中，协助周瑜大破曹操军。瑜死后，代领吴军，继续与刘备保持和好关系。

㉕ 魏武：即魏武帝曹操。

㉖ 刘备（公元 161—223 年）：三国时期蜀汉开国皇帝，军事统帅。字玄德，涿郡涿县（今河北涿州）人。汉景帝刘启之子、中山靖王刘胜的后裔。221—223 年在位。谥号"昭烈皇帝"，史称"先主"。

㉗ 诸葛亮（公元 181—234 年）：三国时期杰出军事家、政治家。字孔明，号卧龙，琅玡阳都（今山东沂南南）人。辅佐刘备据有荆益地区而建立蜀汉政权。官至军师将军、丞相，封武乡侯。著作有《诸葛亮集》。

㉘ 杜预（公元 222—284 年）：西晋著名军事统帅兼学者。字元凯，京兆杜陵（今陕西西安东南）人。官至镇南大将军、都督荆州诸军事。曾参与灭吴战争，以功封当阳县侯。因博学多谋，时有"杜武库"之称。有《春秋左氏经传集解》、《春秋释例》等多种著作传世。

㉙ 王濬（公元 206—285 年）：西晋名将。字士治，弘农湖县（今河南灵宝南）人。官至抚军大将军。以多谋善战著称。曾参与制订灭吴战略计划，在灭吴作战中，亲率晋军主力自巴蜀顺江而下，直捣吴都建业，迫使吴主孙皓投降，因功封襄阳县侯。

㉚ 苻坚（公元 338—385 年）：东晋十六国时期前秦皇帝，军事统帅。氐族，字永固，一名文玉。略阳临渭（今甘肃秦安东南）人。初为东海王，后杀苻生自立帝，任用王猛辅政，使国力大增，成为"五胡"中最为强大的政权。东晋太元八年（公元 383 年）十一月，在其亲率大军进攻东晋

的淝水决战中大败而还，不久被羌族首领姚苌执杀。在位二十七年。

㉛ 王猛（公元 325—375 年）：东晋十六国时期前秦名将。字景略，北海剧县（今山东昌乐）人。官至车骑大将军、都督中外诸军事、丞相等职。辅佐苻坚，整顿吏治，抑制豪强，加强中央集权，发展社会经济，使国力日益强盛，为前秦统一北方奠定了基础。

㉜ 八表：谓八方之外。指极远之处。

㉝ 石勒（公元 274—333 年）：东晋十六国时期后赵皇帝，著名军事统帅。羯族，字世龙。上党武乡（今山西榆社）人。319—333 年在位。

㉞ 张宾（？—322 年）：后赵石勒的重要谋臣。字孟孙，赵郡中丘（今河北邢台西北）人。原为中丘王属下都督，后投石勒为谋主，为后赵的建立多所贡献。

㉟ 王浚：西晋将领。字彭祖。官至骠骑大将军、都督幽冀诸军事。后为石勒采用张宾计谋所俘杀。

㊱ 拓拔：亦作"拓跋"、"托跋"。北魏皇族姓。本篇这里指北魏明元帝拓跋嗣。

㊲ 崔浩（？—公元 450 年）：北魏名臣，军事谋略家。字伯渊，清河（今山东临清东北）人。历仕北魏明元帝拓跋嗣、太武帝拓跋焘两朝，官至司徒。长于谋略，在北魏灭赫连昌、击败柔然、夺取北凉统一黄河以北地区的战争中，他都积极参与谋划。

㊳ 河朔：地区名。泛指黄河以北。本篇这里指北魏所辖黄河以北地区。

㊴ 宇文：指宇文泰（公元 507—556 年）。西魏著名军事统帅、丞相。鲜卑族，一名黑獭。代郡武川（今属内蒙古）人。曾参加鲜于修礼起义军，继归葛荣，后降尔朱荣。北魏孝武帝元修被高欢逼走长安后，他拥帝与高欢对抗，任大丞相执掌西魏朝政。死后，其子宇文觉取代西魏称帝，改国号为周，史称"北周"，追尊宇文泰为"太祖文皇帝"。

㊵ 李穆：字显庆，西魏成纪（今甘肃静宁西南）人。宇文泰的心腹将领，官至大将军。在宇文泰率军对抗东魏高欢军的作战中，李穆多所献策，故史家赞其是"受扞城之托，总戎马之权，势力足以勤王，智能足以卫难"的"并兼文武之任"（见《周书·李穆传》）的重要人物。

㊶ 高欢（公元 496—547 年）：东魏军事统帅、丞相。一名贺六浑。渤海蓨县（今河北景县）人。世居怀朔镇（今内蒙古包头东北），为鲜卑化的汉人。初从杜洛周起义军，后降尔朱荣。尔朱荣死后，他依靠鲜卑武力，联络山东士族势力，因拥立北魏孝武帝而自为丞相专擅朝政，后迫孝武帝西奔长安，别立元善见为孝静帝，迁都邺城（今河北磁县南）。从此北魏分裂为东、西魏。高欢执掌东魏朝政十六年。死后，其子高洋取代东魏称帝，改国号为齐，史称"北齐"，追尊高欢为"神武帝"，庙号太祖。北齐后主高纬即帝位后，而改谥"神武皇帝"，庙号高祖。

㊷ 王僧辩（？—公元 555 年）：南北朝时期南朝梁国名将。字君才，太原祁县（今属山西）人。官至太尉、车骑大将军。曾于梁武陵王萧纪时期受命与陈霸先等将平定了侯景叛乱。

㊸　侯景：字万景，怀朔镇（今内蒙古包头东北）人。原为东魏大将，后降梁受封河南王。其后又勾结梁宗室萧正德举兵叛乱，终为梁将陈霸先、王僧辩等将所灭。

㊹　高颎（？—公元607年）：隋代著名宰相、军事谋略家。一名敏，字昭玄。渤海蓨县（今河北景县）人。隋朝建立后，任尚书左仆射兼纳言，积极协助隋文帝杨坚筹划灭陈战争。在其为相十九年中，竭诚尽职，为辅佐隋文帝统一南北，巩固封建政权，发展社会经济，作出了积极贡献。故史称其是文能治国、武能定邦的"有文武大略"的一代"真宰相"（见《隋书·高颎传》）。隋炀帝杨广即帝位后，因其对炀帝奢靡之风有所批评而被人告密，杨广便以"谤讪朝政"之罪名，将其残忍杀害。

㊺　陈主：指南朝陈后主陈叔宝。南朝陈国末帝，字元秀。公元582—589年在位。

㊻　太宗：指唐太宗李世民（公元599—649年）。中国封建社会杰出军事家、政治家。唐高祖李渊的次子。公元626—649年在位。

㊼　李靖（公元571—649年）：唐代著名军事家。本名药师，京兆三原（今陕西三原东北）人。精通兵法，善于谋略。唐太宗时，任兵部尚书、尚书右仆射等职。曾先后指挥唐军南灭萧铣、东平辅公祏、北击东突厥、西定吐谷浑等重大战役作战，因功封卫国公。史载其一生撰著的兵书多达十余种，可惜大都失传了。现在仅有清人汪宗沂根据唐代杜佑《通典》等书存录的部分内容所辑《李卫公兵法》三卷本流传于世。

㊽　颉利可汗：唐初东突厥最高首领。名咄苾，启民可汗之子。其在位期间（公元620—630年），屡犯唐朝北部边境，后为李靖率军击败被俘。

㊾　正理：治理，整治。

㊿　察微：明察细微。

51　役物：役使他物为我所用。

52　重关（chóng—）：重重难关。

53　杳冥：幽暗，深远。

【译文】

经典上说：太古初期，从柏皇氏直到容成氏，这时期不必通过法令而人们自然受到教化，不必通过惩罚而人们自然行动一致，不必通过奖赏而人们自然劝勉努力；人们不知道愤怒，不知道喜乐，安然如同初生的婴儿一样。到了庖牺氏和神农氏时期，他们推行教育感化而不随意诛杀之策；轩辕氏、陶唐氏和有虞氏时期，他们虽然实行诛杀之策，但人们对此并无任何怨言。这都是由于三皇为政以道、五帝为政以德的缘故。

从夏、商开始，用道德治世的局面就衰落了，商汤和周武王开始废弃了道德而运用智谋。春秋战国以后，秦国运用商鞅、李斯的智谋兼并了六国诸侯，汉高祖刘邦运用张良、陈平的智谋消灭了项羽，光武帝刘秀运用寇恂、冯异的智谋收降了樊崇，曹操运用许攸、曹仁的智谋击败了袁绍，孙权运用周瑜、鲁肃的智谋打败了曹操，刘备运用诸葛亮的智谋称帝于西蜀，晋武帝司马炎运用杜预、王濬的智谋平定了东吴，苻坚运用王猛的智谋征服了八方边远的民众，石勒运用张宾的智谋活捉了晋将王浚，北魏明元帝拓跋嗣运用崔浩的智谋保全了河朔的军队，宇文泰运用李穆的智谋挫败了高欢的精锐部队，梁朝武陵王萧纪运用王僧辩的智谋击杀了叛乱分子侯景，隋文帝杨坚运用高颎的智谋灭陈活捉了陈后主陈叔宝，唐太宗李世民运用李靖的智谋打败了东突厥颉利可汗。

凡是拥有国家的人，没有不通过运用智谋而能成就帝王之业的。因此说，将帅的本领，在于以冷静的心态去治理乱世，以神睿的眼光去明察秋毫，以巧妙的智慧去驾驭事物，能于重重难关之中预见幸福光明，能于昏暗幽远之外预料祸患危险。这就是将帅的智谋啊！

【解说】

《将有智谋篇》，顾名思义，其中心题旨是论述将帅具有智略权谋的重要意义和作用问题。

将帅是否具有智略权谋，这历来是为兵家所极为关注和探讨的重要问题。我国古代最伟大的军事理论家孙武，把智略权谋视为将帅所应具备的五种素质（或曰"五德"）的首要素质。他说："将者，智、信、仁、勇、严也。"（见《孙子兵法·计篇》）又说："上兵伐谋。"（见《孙子兵法·谋攻篇》）强调将帅运用智略权谋战胜敌人是用兵打仗的上策。《六韬·文韬·上贤第九》则进一步明确提出：对于"无智略权谋，而以重赏尊爵之故，强勇轻战，侥幸于外，王者慎勿使为将。"可见，是否具有智略权谋，乃是衡量将帅优劣标准的首要条件。唐代兵学家李筌在完全汲取孙子和其他兵家思想的基础上，结合历代用兵和选将的实践经验，追本溯源而较为系统地论述了智略权谋这一古老重要的军事话题。

首先，揭示了智略权谋在战争中的运用，乃是历史发展到一定阶段的产物。李筌在详细考察古代历史发展进程之后，指出：在三皇、五帝时期，是依靠自身的"道"

和"德"来治理天下的，因而那时的社会处于"不令而人自化，不罚而人自齐，不赏而人自劝，不知怒，不知喜，俞然若赤子"的状态。但历史发展到夏、商时期，特别是进入春秋、战国以后，社会便进入了"废道德，任智谋"的战争频繁不断的历史时期。这就告诉人们，智略权谋在战争中的广泛运用，实际是人类社会发展到有了阶级和国家以后的产物。李筌能够把智略权谋的产生，置于阶级和国家的范畴进行考察，从而得出较为符合历史实际的军事理念，这是有一定道理的。

其次，阐明了智略权谋在治国用兵中的重要意义和作用。李筌强调指出："有国家者，未有不任智谋而成王业也。"深刻阐明了运用智略权谋对于治国安邦和战胜攻取的重大意义和历史作用。为了说明这一问题，作者从秦汉到隋唐的一千一百余年历史长河中，列举了商鞅、李斯、张良、陈平、寇恂、冯异、许攸、曹仁、周瑜、鲁肃、诸葛亮、杜预、王濬、王猛、张宾、崔浩、李穆、王僧辩、高颎、李靖等诸多贤臣良将，以其智略权谋为统治者所采用而取得兴国胜敌的事迹为典型史例，充分说明了智略权谋的重要历史作用。应当说，这是很有见地和说服力的论证。

再其次，论述了"将有智谋"的基本内涵。李筌明确指出："将军之事，以静正理，以神察微，以智役物，见福于重关之内，虑患于杳冥之外者，将之智谋也。"就是说，将帅的职责和本领在于以下五点：一能以冷静的心态去处理乱世，二能以神睿的眼光去明察秋毫，三能以巧妙的智慧去驾驭事物，四能在重重难关之中预见幸福光明，五能在昏暗深远之外预料祸患危险。李筌认为，将帅如果做到上述之"五能"，就是具备了智略权谋而为国家所需要的合格将帅。显而易见，作者李筌对"将有智谋"的理论内涵所赋予的五条内容，实质是指为将帅者所应具备的五种本领和能力。应当承认，李筌的"将有智谋"论，不仅是对孙子"智论"理论的完全继承，而且更是在唐代具体历史条件下的一种颇有新意的深化与发展。毋庸置疑，李筌"将有智谋"论提出的将帅所应具备的"五能"条件，对我们今天加强军队干部队伍的建设以提高质量建军的水平，特别是对军队各类高级干部的考核和任用，具有非常重要的借鉴意义。

术有阴谋篇第八

【原文】

经曰：古之善用兵者，必重天下之权而研诸侯之虑。重权不审，不知轻重强弱之称；揣情不审，不知隐匿变化之动静。①重莫难于周知②，揣莫难于悉举③，事莫难于必成。此三者，圣人能任之。

故兵有百战百胜之术，非善之善者也，不如不战而屈人之兵，善之善者也。④夫太上⑤用计谋，其次用人事⑥，其下用战伐。用计谋者，荧惑⑦敌国之主，阴移谄臣以事佐之；惑以巫觋⑧，使其尊鬼事神；重其彩色文绣⑨，使贱其菽粟⑩，令空其仓庾；遗之美好，使荧其志；遗之巧匠，使起宫室高台，以竭其财，役其力，易其性，使化改淫俗⑪，奢暴骄恣，贤臣结舌⑫，莫肯匡助⑬；滥赏淫刑⑭，任其喜怒，政令不行，信卜祠鬼，逆忠进谄⑮，请谒公行⑯，而无圣人之政；爱而与官，无功而爵，未劳而赏，喜则赦罪，怒则肆杀，法居而自顺，令出而不行；信蓍龟卜筮⑰、鬼神祷祠⑱，谗佞奇技⑲乱行于门户，其所谓是者皆非，非者皆是，离君臣之际⑳，塞忠谠㉑之路。然后淫之以色，攻之以利，娱之以乐，养之以味；以信为欺，以欺为信；以忠为叛，以叛为忠，忠谏㉒者死，谄佞者赏；令君子在野、小人在位，急令暴刑，人不堪命。所谓未战以阴谋倾之，其国已破矣！以兵从之，其君可虏，其国可隳㉓，其城可拔，其众可溃。

故汤用此而桀放，周用此而纣杀，越用此而吴国墟，楚用此而陈、蔡举，三家㉔用此而鲁国弱，韩、魏用此而东周分㉕。

儒生㉖之言皆曰：兵强大者必胜，小弱者必亡。是则小国之君无伯王㉗之业，万乘㉘之主无破亡之兆。昔夏广而汤狭，殷大而周小，越弱而吴强，所谓不战而胜者，阴倾㉙之术，夜行㉚之道，文武之教㉛。圣人昭然㉜独见，忻然㉝独乐，其在兹乎！

【注释】

① "古之善用兵者"至"不知隐匿变化之动静"六句：语出《鬼谷子·揣篇》，但与原著略异。重权，注重权谋。审，详究；细察。称，测定轻重。揣情，揣度情势。

② 周知：遍知。

③ 悉举：全面掌握。

④ "故兵有百战百胜之术"至"善之善者也"四句：语出《孙子兵法·谋攻篇》，但与原著略异。

⑤ 太上：最上；最好。

⑥ 人事：本篇这里指人为制造的动乱之事。

⑦ 荧惑：这里谓迷惑。古代本指火星，因其隐现不定，使人迷惑，故名火星为"荧惑"。

⑧ 巫觋（—xí）：泛指以装神弄鬼替人祈祷为职业的巫师。古代称女巫为"巫"，男巫为"觋"，合称"巫觋"。

⑨ 文绣：谓刺绣华美的丝织品或衣服。这里泛指刺绣。

⑩ 菽粟：菽（shū），豆类。粟，小米。菽粟合用，则泛指粮食。本篇这里代指农业生产。

⑪ 淫俗：不正的社会风习。

⑫ 结舌：不敢讲话。

⑬ 匡助：辅助；协助。

⑭ 淫刑：滥用刑罚。

⑮ 逆忠进谄：谓排斥忠良，进用谄佞。

⑯ 请谒公行：请谒，请求拜见。公行，公然进行。句义是，托人情走门路的事公然盛行。

⑰ 蓍龟卜筮：蓍，蓍草；龟，龟甲。古人以蓍草和龟甲占卜吉凶；用龟甲占称"卜"，用蓍草占称"筮"。

⑱ 祷祠：祷告祭祀。

⑲ 谗佞奇技：谗佞，阿谀奉承之徒。奇技，指过于奇巧而无益的技艺制品。

⑳ 际：本篇这里指君与臣之间的关系。

㉑ 忠谠：忠诚正直。

㉒ 忠谏：谓忠心规劝。

㉓ 隳（huī）：毁坏。

㉔ 三家：指春秋时期鲁国大夫孟孙氏、叔孙氏、季孙氏三家，因皆为鲁桓公之后，故又称"三桓"。鲁昭公五年（周景公八年，前537年）正月，三家四分公室，季孙氏择其二，叔孙氏、孟

孙氏各得其一，各自独揽征兵和征税之权，仅以其中一部分贡给鲁昭公。于是三家益强，公室益弱。说见杨伯峻《春秋左传注·昭公五年》。

㉕ 韩、魏用此而东周分：战国时期周显王二年（前367年），周威公去世，其少子根与太子朝争立，韩、魏乘机以武力支持少子根谋立于巩（位于今河南巩义西南），从此周朝分裂为东、西两个小国。

㉖ 儒生：泛指读书人。

㉗ 伯王：霸王。伯，这里通"霸"。

㉘ 万乘：指万辆兵车。乘（shèng），车子，古时一车四马为一乘；春秋时期多指兵车。周制，天子地方千里，能出兵车万乘，因以"万乘"指天子，后亦指帝王或帝位。

㉙ 阴倾：暗中颠覆。

㉚ 夜行：本谓夜间行动，本篇这里引申谓隐秘行动。

㉛ 文武之教：文，这里指政治之术，即前文所谓"以阴谋倾之"之术；武，指军事之法，即前文所谓"以兵从之"之法。教，这里指以文武结合为教化手段。

㉜ 昭然：明白貌。

㉝ 忻然：喜悦貌，愉快貌。

【译文】

经典上说：古代善于用兵的人，必定重视天下的权谋而研究诸侯的思虑企图。重视权谋但研究不够详审周密，就不知道权衡事物的轻重和力量的强弱；估量情势但分析不够详审周密，就不能了解在隐蔽藏匿和瞬息万变中的敌情动态。重视权谋，没有比周密了解敌情更难的了；估量情势，没有比全面掌握敌情变化更难的了；用兵之事，没有比一定要获得成功更难的了。以上这三条，只有智慧超凡的圣人才能做到。

所以，用兵打仗虽能百战百胜，但并非是高明中最高明的，不如未经交战就能使敌人屈服，这才是用兵打仗高明中最高明的。用兵的最好方法是运用计谋战胜敌人，其次是运用外交手段策动敌国内乱，最下等的方法是使用武力攻战征伐。运用计谋的方法，是指以迷惑敌国的君主为目标，暗中移送阿谀奉承的佞臣去伺奉辅佐他；用男女巫师来迷惑他，使之迷信鬼神；让他偏重于刺绣华美的服装，而轻视农业生产，从而导致其仓廪空虚；送给他美女珍玩，来消磨他的意志，腐蚀他的思想；送给他能工巧匠，使他大造宫殿楼台，以此来竭尽其财富，消耗其国力，改变其性情，使其变得荒淫鄙俗、奢侈残暴、骄横放纵，致使贤臣不敢讲话，没人肯于辅佐帮助他；让他滥施奖赏、滥用刑罚，任其喜怒无常，政令不能推行，迷信占卜，祭祀鬼神，排斥忠臣，进用谄佞，托人送礼走门路之风公然盛行，完全丧失圣明君主之政；让他喜爱谁就给谁官职，没有功勋也晋爵，没有辛劳也奖赏，高兴时就赦免罪行，发怒时就肆意杀人，法律束之高阁而凭自己意志行事，命令虽然发出却不能认真执行；让他迷信蓍龟占卜吉凶之术，迷信鬼神祷告祭祀活动，致使阿谀奉承之徒和奇技淫巧之人随意出入其门户；他所说的正确都是错误，而所说的错误都是正确，从而离散其君臣间的关系，阻塞其忠臣进用之路。然后，再用美色使他荒淫无度，用财物使他利欲熏心，用乐舞使他迷恋娱乐，用美味使他养尊处优，从而使他黑白颠倒，把诚信当作欺诈，把欺诈当作诚信，把忠贞当作叛逆，把叛逆当作忠贞，致使忠心直谏的人被处死，谄媚奸佞之人受到奖赏，君子隐居在野，小人当权在朝；严刑酷法盛行，百姓不堪忍受。以上种种情形，就是所说的未经交战而暗中运用计谋使其政权颠覆，他的国家实际上已经破败不堪了。此时，再出兵进攻之，就可以俘虏他的国君，摧毁他的国家，攻克他的城邑，击溃他的军队。

所以，商汤运用了这种计谋而放逐了夏桀，周武王运用了这种计谋而迫使商纣王自杀，越王勾践运用了这种计谋而使吴国灭亡，楚国运用了这种计谋而使陈、蔡两国投降，孟孙、叔孙、季孙三家运用了这种计谋而使鲁国走向衰弱，韩、魏两国运用了这种计谋而使周朝分裂成两个小国。

一般读书人的说法都认为：兵力强大的国家必定胜利，兵力弱小的国家必定灭亡。按照这种说法，小国的君主不可能建立霸王之业，而拥有万乘兵车的大国君主就没有败亡的时候了。（其实，这是不符合历史实际的错误论调。）以往，夏朝的地域广阔而商汤的土地狭小，殷商的兵力强大而周的兵力弱小，越国的力量衰弱而吴国力量强盛。（然而，结果却是国小力弱的商汤、周和越国，最终战胜了国大力强的夏、商和吴国。）这就是通常所说的不经交战而能取胜的原因，乃是运用了暗中颠覆的计谋，秘密行动的途径，文武结合的手段之结果。智慧超凡的圣人对此之所以具有明确的独立见解，并且怡然而独乐于此道，其原因就恰恰在这里！

【解说】

本篇李筌以《术有阴谋》为篇题立义，实质是论述如何运用阴谋之术暗中破坏敌国，从而达成最终战胜敌人的战略目的。本篇所论的"阴谋"，是从战略高度上，阐述如何暗中策划和实施的旨在破坏敌国的一种军政结合的智略权谋。

强调以"伐谋"为手段而不经交战就能取得对敌作战的完全胜利，这是大军事家孙武最早提出的一个重要思想观点。他在《孙子兵法·谋攻篇》中提出："上兵伐谋，其次伐交，其次伐兵，其下攻城。攻城之法，为不得已。"并据此认为："百战百胜，非善之善者也；不战而屈人之兵，善之善者。"唐代李筌在完全继承孙子"上兵伐谋"重要思想的基础上，开辟专篇就如何运用计谋战胜敌人的问题，从三个方面展开较为深入系统地论述：

第一，作者认为周密了解敌情、全面掌握敌情动态，是对敌实施谋攻而达成"不战而屈人之兵"战略目标的首要前提。据此，李筌开篇伊始在首先援引《鬼谷子·揣篇第七》关于"古之善用兵者，必重天下之权而研诸侯之虑。重权不审，不知轻重强弱之称；揣情不审，不知隐匿变化之动静"的论述之后，强调指出："重莫难于周知，揣莫难于悉举，事莫难于必成。"李筌认为，他所强调的为常人很难做到的此一"三难于"，但在智慧超凡的圣人那里却是能够做到的；并且，只有真正做到了周密了解敌情（即所谓"周知"），全面掌握敌情变化（即所谓"悉举"），就能有的放矢地对敌人实施谋攻而最终达成"不战而屈人之兵"的完全胜利（即所谓"必成"）。显而易见，作者李筌以周密了解敌情、全面掌握敌情动态为实施对敌进行谋攻的前提条件的思想观点，应当说是对孙子"上兵伐谋"理论的进一步阐发，值得充分肯定。

第二，作者认为对敌实施谋攻必须以敌国君主为主要对象，强调要采取"以阴谋倾之"的谋攻与"以兵从之"的兵战相结合的战略方针。李筌明确指出：所谓"用计谋者，荧惑敌国之主。"也就是抓住"敌国之主"这一执掌国政的核心人物，暗中采取"荧其志"、"淫其俗"、"乱其政"等各种行之有效的阴谋之术，以"离君臣之际，塞忠说之路"，使敌国君主"以信为欺，以欺为信；以忠为叛，以叛为忠"；从而使敌国陷于"忠谏者死，谄佞者赏；令君子在野、小人在位，急令暴刑，人不堪命"的混乱动荡局面。在经过如此"所谓未战以阴谋倾之，其国已破矣"的形势下，作者主张再及时"以兵从之"。这样，就可以达成"其君可虏，其国可隳，其城可拔，其众可溃"的战略目的。

孙子的"不战而屈人之兵"一语，意思是说，不以兵力直接对敌交战而使敌人屈服。这是孙子对战争所希图达到的理想目标。但是，我们必须看到，实现"不战而屈人之兵"这一理想战略目标，并非简单容易之事，它是由特定条件所决定的。

战争的历史经验证明，通常情况下，唯有在己方的主客观条件对敌方完全构成绝对压倒优势的有利态势下，才有可能以"谋攻"为手段而达成"不战而屈人之兵"的战略目的。有鉴于此，作者李筌才更加明确提出，在实施"以阴谋倾之"的"谋攻"取得成效之后，再行之"以兵从之"的"兵战"，这样，才能确有把握地取得虏其君主、毁其国家、拔其城邑、溃其兵众的完全胜利。应当说，李筌把孙子提倡的"不战而屈人之兵"的"谋攻"与适时"以兵从之"的"兵战"紧密结合起来的用兵谋略，是对孙子军事思想继承中的一种发展，值得充分肯定。

第三，揭示了弱小国家也有可能战胜强大国家的军事辩证道理。作者李筌从驳斥历史上那些所谓"兵强大者必胜，小弱者必亡"的"儒生之言"入手，深刻分析指出：倘若"儒生"的这种说法成立的话，那么，"小国之君无伯（霸）王之业，万乘之主无破亡之兆"了。然而，战争的历史实际并非完全如此。为了进一步说明这一道理，李筌列举了历史上的实例，指出说："昔夏广而汤狭，殷大而周小，越弱而吴强"，但最终的结果，却是国小力弱的商汤、周武王和越王勾践分别灭亡了国大力强的夏桀、商纣和吴王夫差。李筌认为，他们之所以由弱小变为强大，最终战胜敌人而成就了"伯王之业"，都是由于在战争指导上，正确实施了"阴倾之术，夜行之道，文武之教"的结果。换言之，商汤、周武王和越王勾践之所以分别战胜了夏、商、吴三国，都是由于在周密了解敌情、全面掌握敌情动态的前提下，正确实施了"以阴倾之术"为内容的"谋攻"与适时"以兵从之"为武力手段的"兵战"紧密结合的战略方针的结果。作者这里不仅准确地叙述了弱国能够战胜强国的历史事实，同时也深刻地揭示了强弱这对矛盾的双方在一定的条件下，各自向对立面转化的辩证道理。显而易见，蕴含于文中的朴素的唯物辩证思维理念，恰是李筌《术有阴谋篇》最为可贵之处。

数有探心篇第九

【原文】

经曰：古者，邻国烽烟相望，鸡犬相闻，而足迹不接于诸侯之境，车轨不结于千里之外。①以道存生，以德安形，人乐其居。

后世浇风②起而淳朴③散，权智用而谲诈生，邻国往来用间谍，纵横之事用䜣括④之人矣。徐⑤守仁义，社稷邱墟⑥；鲁尊儒墨，宗庙泯灭。非达奥知微⑦，不能御敌；不劳心苦思，不能原事⑧；不悉见情伪，不能成名；材智不明，不能用兵；忠实不真⑨，不能知人。是以鬼谷先生⑩述《捭阖》、《揣摩》、《飞箝》、《抵巇》⑪之篇，以教苏秦⑫、张仪⑬，游说于六国，而探诸侯之心。于是，术行焉。

夫用探心之术者，先以道德、仁义、礼乐⑭、忠信、诗书⑮、经传⑯、子史⑰、谋略、成败，浑而杂说，包而罗之，澄其心，静其志，伺人之情有所爱恶去就，从欲而攻之。阴虑阳发，此虚言而往，彼实心而来，因其心察其容，听其声考其辞，言不合者，反而求之，其应必出。既得其心，反射其意，符应⑱不失，契合无二，胶而漆之，无使反覆，如养由⑲之操弓，逢蒙⑳之挟矢，百发无不中，正犹设置罝㉑以罹㉒鱼兔，张其喙㉓，磔㉔其腰，虚其脇㉕，必冲纲而挂目㉖，亦奚㉗有子遗㉘哉？

夫探仁人㉙之心，必以信，勿以财；探勇士之心，必以义，勿以惧㉚；探智士之心，必以忠，勿以欺；探愚人之心，必以蔽，勿以明；探不肖之心，必以惧，勿以常；探好财之心，必以贿，勿以廉。

夫与智者言，依于博，智有涯㉛而博无涯，则智不可以测博；与博者言，依于辨㉜，博师古㉝而辨应今㉞，则博不可以应辨；与贵者言，依于势，贵位高而势制高，则位不可以禁势；与富者言，依于物，富积财而物可宝，则财不足以易宝；与贫者言，依于利，贫匮乏而利丰赡㉟，则乏不可以赒丰㊱；与贱者言，依于谦，贱人下而谦降下，则贱不可以语谦；与勇者言，依于敢，勇不惧而敢刚毅，则勇不可以懾刚；与愚者言，依于锐，愚质朴[37]而锐聪明，则朴不可以察聪。此八者，皆本同其道，而末异其表。同其道，人所欲听；异其表，听而不晓。如此则不测浅、不测深，吾得出无间[38]、入无朕[39]，独往而独来，或纵而或横，如偃[40]枯草，使东而东，使西而西；如引停水[41]，决之则流，壅[42]之则止，谋何患乎不从哉？

夫道贵制人，不贵制于人。制人者，握权；制于人者，遵命也。[43]制人之术：避人之长，攻人之短；见[44]己之所长，蔽己之所短。故兽之动，必先爪牙；禽之动，必先觜距[45]；螫虫[46]之动，必以毒；介虫[47]之动，必以甲。夫鸟兽虫豸[48]尚用所长以制物，况其智者乎！

夫人好说道德者，必以仁义折之；好言儒墨者，必以纵横御之；好谈法律[49]者，必以权术挫之。必乖[50]其始，合[51]其终，摧其牙，落其角，无使出吾之右[52]。徐以庆吊[53]之言忧喜其心，使其神不得为心之主。长生、安乐、富贵、尊荣、声色、喜悦，庆言也；死亡、忧患、贫贱、苦辱、刑戮、诛罚，吊言也。与贵者谈，言吊则悲；与贱者谈，言庆则悦。将其心，迎其意，或庆或吊，以惑其志。情变于内者，形变于外，常以所见而观其所隐，所谓测隐探心[54]之术也。虽有先王之道，圣智之术，而无此者，不足以成伯王[55]之业也。

【注释】

①"邻国烽烟相望"至"车轨不结于千里之外"四句：语本《老子·八十章》"邻国相望，鸡犬之声相闻，民至死，不相往来"演化而来。烽烟，古代边境烽火台报警之烟，亦借指战争。

②浇风：浮薄的社会风气。

③淳朴：敦厚质朴。

④檃括（yǐn kuò）：亦作"檃栝"。本指用以矫正弯曲竹木等使之平直或成型的工具。亦泛指矫正。但在本篇这里引申谓狡诈善辩。

⑤徐：指西周至春秋时期的徐国。该诸侯国位于今江苏泗洪南。据《后汉书·东夷传》记载：徐国之"偃王仁而无权，不忍斗其人"，后为楚国所灭。

⑥邱墟：废墟；荒地。

⑦达奥知微：通达事物之奥妙，知晓其发展变化的隐微征兆。

⑧原事：指事物的原本面貌。

⑨忠实不真：清钱熙祚校注云："张刻本'真'作'明'。文澜阁本作'忠直不伸'。"句义谓忠厚诚挚的品质不够真切。

⑩ 鬼谷先生：相传战国时楚国人。姓名无考，因其隐于鬼谷（位于今河南登封东）地方，而自号"鬼谷先生"。他长于养性持身和纵横捭阖之术。今传本《鬼谷子》一书，旧题周楚鬼谷子撰。

⑪《捭阖》、《揣摩》、《飞箝》、《抵巇》：皆为《鬼谷子》一书的篇名。捭阖（bǎi hé），义犹开合，专讲分化拉拢的游说之术。揣摩，专讲揣情摩意以使游说投其本旨。飞箝，专讲如何用虚言假语以套取对方实情而挟持其同于我。抵巇（—xī），专讲如何抵御敌人乘我之隙。

⑫ 苏秦：战国时期纵横家。字季子，东周洛阳（位于今河南洛阳东）人。曾任齐相，主张六国联合攻秦。

⑬ 张仪（？—前310年）：战国时期纵横家。《史记》本传称其"始尝与苏秦俱事鬼谷先生，学术"。曾任秦相，游说各国与秦连横，以瓦解齐楚联盟。

⑭ 礼乐：指礼仪和音乐。古代帝王用礼乐为手段以求达到尊卑有序、远近和合的统治目的。

⑮ 诗书：本篇这里指《诗经》和《尚书》。亦泛指书籍。

⑯ 经传（— zhuàn）：儒家典籍的经和传的统称。传，是具体阐释经文的著作。

⑰ 子史：子，指先秦诸子百家的著作，后世图书四部分类法（即经、史、子、集四部）中的第三类。史，则指记述历史的著作，亦即我国古代图书四部分类法中的第二类。

⑱ 符应：本谓上天所显示的与人事相应的征兆。在本篇这里是谓符合适应之义。

⑲ 养由：春秋时期楚国大夫养由基的省称。《左传》称其善射能战。相传其百步射柳，能百发百中。

⑳ 逢蒙（páng—）：夏朝人，善于射箭。《孟子·离娄下》称其曾"学射于羿（羿为夏代东夷族有穷氏部落首领），尽羿之道，思天下惟羿为愈己（超过自己），于是杀羿。"

㉑ 罝罦（jū fú）：泛指捕鸟兽的网。

㉒ 罹（lí）：遭难。这里指鱼兔遭到捕捉。

㉓ 喙（huì）：鸟兽的嘴。原作"会"，于义不通，今从述古堂抄本改。

㉔ 磔（zhé）：截断；割裂。引申谓束缚。

㉕ 虚其胁：原文颠倒作"胁其虚"，今据述古堂抄本校改。虚，虚空，谓虚悬于空中。胁，肋也。

㉖ 冲纲而挂目：纲，本指提网的总绳，这里义同"网"。目，对"纲"而言，谓网目，网眼。

㉗ 奚（xī）：这里作疑问词，犹"何"，什么。

㉘ 孑遗（jié yí）：遗留；残存。

㉙ 仁人：指德行高尚的人。

㉚ 惧：本篇这里谓恐吓；威胁。说见《老子·第七十四章》："民不畏死，奈何以死惧之？"

㉛ 涯：边际。

㉜辨：这里通“辩”。

㉝师古：谓效法古代。

㉞应今：与“师古”相对，谓顺应当今。

㉟丰赡：丰富；充足。

㊱赒丰：赒（zhōu），周济；救济。丰，富足；富有。

㊲质朴：朴实淳厚。

㊳无间：谓没有间隔，或曰没有阻碍。

㊴无朕：谓没有迹象，或曰没有先兆。

㊵偃：倒伏。草倒伏于风中曰“偃”。

㊶停水：指静止不动的水。

㊷壅：堵塞；阻挡。

㊸“夫道贵制人”至“遵命也”六句：语本《鬼谷子·谋篇》“事贵制人”至“制命也”六句。李筌改“事”为“道”、改“制”为“遵”，十分贴切而重要，特别是“道”字改得好，他从军事哲理层面上，深刻揭示了战争主动权这一指导规律问题。

㊹见：同“现”。谓显现，引申发挥。

㊺觜距：觜（zuǐ），禽鸟的嘴。距，禽鸟的爪甲。

㊻螫虫（shì—）：指尾部有毒针可刺人的虫类，如蝎子、各种蜂类。

㊼介虫：指有甲壳的虫类。介，指甲壳。

㊽豸（zhì）：本指无足之虫，后亦泛指虫类。

㊾法律：古代多指刑法、律令。

㊿乖：背离，反常，不一致。

(51)合：乖的反义词，谓相同，或曰相一致。

(52)右：古代以“右”为上、为贵、为高。

(53)庆吊：庆贺与吊问，泛指喜事与丧事。

(54)测隐探心：谓窥测隐秘探求心理。

(55)伯王：霸王。伯，这里通“霸”。

【译文】

经典上说：古代时候，毗邻国家边防报警的烽烟可以相互望见，鸡鸣狗叫之声可以相互听到，然而人们彼此的足迹却不曾踏进别国的境内，车辆行进的轨迹也不曾留在千里之外。各国依靠道义求得生存，依靠德行稳定形势，百姓因此而安居乐业。

到了后代，浮薄的社会风气兴起，敦厚质朴的风气消失了，权术和智谋被运用，而欺骗和狡诈也就随之出现，邻国之间在交往中相互使用间谍，合纵连横的外交事务则用狡诈善辩的人来担任。在此形势下，徐国的偃王仍然固守仁义之道，结果被楚国灭亡，国家变成废墟；鲁国因为仍然尊崇儒家和墨家学说，国家也遭到了灭亡。如果不通晓权术和智谋的深奥精微之理，就不能抵御敌人的进攻；不劳心苦思地研究问题，就不能探究事物的本来面目；不全面考察事情的真伪，就不能成就功名；军事才能和智谋不够精明，就不能用兵打仗；忠厚诚挚的品质不够真切，就不能知人善任。所以，鬼谷先生曾撰述了《捭阖》、《揣摩》、《飞箝》、《抵巇》等篇章，用它来教导苏秦、张仪，让他们游说于六国之间，以探察各诸侯国的内心奥秘。于是，探心之术便从此流行开来。

大凡采用探心之术的人，首先要用道德、仁义、礼乐、忠信、诗书、经传、子史、谋略、成败等各方面内容混杂在一起加以说教，包罗各种问题，用以澄清被探者的思想，平静被探者的心志，从而观察出被探者的内心情况：喜爱什么，厌恶什么，远离什么，接近什么，然后顺应其欲望来攻取其人。暗地里那样考虑而表面上却这样显露出来，你这里用虚言假语去探问他，他那里却是真心实意来回答，这样，便可根据其心理而观察他的容颜表情，倾听其声音而考察他的词义表达；如果被探者所说的话不符合需要时，就反过来发问探求，那么，符合需要的情况一定会表露出来。既然已经掌握了他的心理，再反过来观察他的意向，这样，就能使被探者的回答与所需要的完全符合而无二致，就像用胶和漆把他粘起来一样，不会使其反复变化。如同养由基操弓射箭、逢蒙持箭疾发一样，百发而无不中靶心之理；这正像设置罗网捕捉鱼兔一样，迫使其张开嘴，束住其腰，使其两肋悬空。这样，它们必定死命撞网而被牢牢地套在网眼上，哪里会有一个漏网逃脱的呢？

凡是探察仁德之人的内心，一定要以诚信相待，而不要用财物贿赂的办法；探察勇敢之人的内心，一定要以信义相待，而不要用畏惧威胁的办法；探察智谋之人的内心，一定要以忠诚相待，而不要用诡诈欺骗的办法；探察愚朴之人的内心，一定要以欺哄蒙蔽的手段，而不要用讲明真相的办法；探察不好之人的内心，一定要以畏惧威胁的手段，而不要用通常待人的办法；探察贪财之人的内心，一定要以财物贿赂的手段，而不要用清正廉洁的办法。

凡是同智谋之士交谈，要依靠广博的知识，人的智谋是有限的，而广博的知识是无限的，因此，智谋之士就不可能测究知识广博之人；同知识广博之士交谈，要依靠善辩的能力，广博知识者是师法古人，而能言善辩者却适应现实需要，因此，知识广博之士就不可能应付能言善辩之人；同地位高贵的人交谈，要依靠有力的权势，尊贵的人所处地位虽高，而权势却可以制约高位，因此，地位高贵的人就不可能禁制权势之士；同家财富有的人交谈，要依靠珍奇的宝物，富有者积累的是财富，而珍奇宝物是更为宝贵的，因此，财富就不足以换取珍奇的宝物；同生活贫困的人交谈，要依靠物质利益，贫困的人缺乏的是财物，而物质利益可以使人富裕，因此，贫困的人是不可能周济富有的人；同地位卑贱的人交谈，要依靠谦逊礼让，卑贱人所处地位低下，而谦逊礼让是自降身份，因此，卑贱的人就不可能与谦让之人同日而语；同勇敢凶猛的人交谈，要依靠英勇果敢，勇猛的人只是无所畏惧，而英勇果敢乃是刚强果决，因此，勇猛的人就不可能慑服刚强果决的人；同愚钝笨拙的人交谈，要依靠思维敏锐，愚笨的人本质淳朴，而思维敏锐的人必定聪明，因此，淳朴的人就不可能察觉聪明的人。以上所讲的与八种不同人的交谈方法，从根本上说都是同一个道理，只是末枝细节上的表象各不相同罢了。所谓同一个道理，是说投其所好而让人们喜欢听从；所谓表象各不相同，是说让人们听了不同内容的交谈，并不晓得其真实用意。这样，被探察的人就不能揣测探察者的知识是深是浅，而探察者却能得以出无阻碍、入无征兆，独往而独来，或采取合纵之谋，或采取连横之策，就像狂风吹倒枯草一样，让它向东倒就向东倒，让它向西倒就向西倒；又像疏导静止不动的湖水一样，掘开堤坝水就流淌，堵塞堤坝水就停流。这样，所行之谋略还用担心不能成功吗？

用兵打仗的规律，最重要的在于控制住敌人，而不在于被敌人所控制；控制住了敌人，就掌握了战争的主动权；被敌人所控制了，就只能俯首听命而任敌人所摆布。控制敌人的规则方法，就是避开敌人的长处，而攻击敌人的短处；发挥自己的长处，而隐蔽自己的短处。所以，野兽发动攻击时，必先张牙舞爪；猛禽发动攻击时，必先张口伸爪；螫虫发动攻击时，必然以尾毒刺人；甲虫发动攻击时，必然依靠其甲壳。鸟兽虫豸类动物尚且知道利用其自身的长处来制服他物，更何况是有智谋的人呢！

对于喜欢谈论道德的人，一定要以仁义之理折服他；对于喜欢谈论儒墨学说的人，一定要以合纵连横之策驾驭他；对于喜欢谈论刑法律令的人，一定要以权谋术略挫败他。这种人开始时必然与你的意愿相违背，而最终却能使他与你的意愿相符合，这就如同拔掉野兽的牙齿，砍掉动物的犄角一样，结果使他不能高出于我之上。

然后，再慢慢地用一些喜庆或悲哀的话语使其心情或喜或忧，使其心志不定六神无主。长生、安乐、富贵、尊荣、声色、喜悦，这些都属于喜庆的吉利话，死亡、忧患、贫贱、苦辱、刑戮、诛罚，这些都属于悲哀的不吉利话。同地位尊贵的人谈话，说不吉利的话，就会使他悲哀；同地位卑贱的人谈话，说吉利的话，就会使他喜悦。投合他的心志，逢迎他的意愿，或以喜悦之话，或以悲哀之语，用这种方法以达到惑乱其心志的目的。内心情感发生变化的，外形表现也将随之变化。因此，通常可以根据人的外形表现的变化来观察其内心隐藏着的东西，这就是人们所常说的窥测隐秘、探究内心的方法技巧。虽有先王的道德、圣贤的方术，而没有测隐探心之术的人，也是不足以成就霸王之功业的。

【解说】

本篇李筌以《数有探心》为篇题，旨在论述如何运用各种不同内容的"探心之术"，摸清和掌握不同敌人的真实情况问题。数者，这里表数量，意谓多种多样或曰各种各样。探心，顾名思义，谓探察敌人的内心企图。古人以"心"为思维器官，如《孟子·告子上》所云"心之官则思"，故后世沿用为大脑的代称。本篇所说的"探心"，实质是讲探察和了解敌人的思想意图的问题。通观全篇，作者李筌着重阐述了以下三个问题：

第一，作者首先详细追述了"探心之术"产生的社会历史背景。

李筌本着道家始祖老子的学说，指出：古代时候，邻国之间虽然烽烟相望、鸡犬之声相闻，但彼此之间不相往来（详见《老子·第八十章》），社会处于"以道存生，以德安形，人乐其居"的淳朴自然的封闭状态。但当社会发展到了"浇风起而淳朴散，权智用而谲诈生"的后世，邻国在交往中竟然相互使用间谍，处理外交事务任意使用狡诈善辩之人。作者李筌认为，在此形势下，如果再单纯"以道存生，以德安形"的话，那么，就难免重蹈"徐守仁义，社稷邱墟；鲁尊儒墨，宗庙泯灭"的覆辙。随着社会的发展，人们的知识水平和认识能力亦须相应发展，因为"非达奥知微，不能御敌；不劳心苦思，不能原事；不悉见情伪，不能成名；材智不明，不能用兵；忠实不真，不能知人。"所以，到了战国时期，鬼谷先生为了适应"权智用而谲诈生"这一时代特点的需要，便著书立说，撰写了《鬼谷子》一书，用以教导诸如苏秦、张仪等辈，让他们游说于诸国之间，以探察各国诸侯的内心奥秘和思想意图。于是，"探心之术"便从此广泛流传起来。应当说，李筌所论"探心之术"的产生与形成过程，这大体上是符合历史的实际情况的。显而易见，"探心之术"的产生与形成，乃是社会发展的进步和战争实践的需要的历史产物。

第二，阐明了"探心者"所应具备的条件以及运用"探心之术"应当注意掌握的原则和方法。

李筌认为，要想摸清被探察对象的内心奥秘与思想意图，负有探心任务的人，必须要具备两个重要条件：一要自身具备广博的知识和能言善辩的思辨能力。唯其如此，才能在实施探心过程中，"以道德、仁义、礼乐、忠信、诗书、经传、子史、谋略、成败"等各种内容的知识"浑而杂说，包而罗之"，向被探对象进行说教和探察，从而达到"澄其心，静其志，伺人之情"，摸清被探对象的心志与爱恶之目的。二要善于运用各种内容与技巧的"探心之术"对被探者进行深入探察。作者李筌在本篇所论"探心之术"的原则和方法技巧，主要有以下三点：其一，运用"阴虑阳发"的原则方法，以求得"此虚言而往，彼实心而来"的探心效果。然后，再"因其心，察其容，听其声，考其辞"，以此来判断被探者的外在表象与内心所想是否相合，如有不合，再从反面而求之，从而达成"既得其心，反射其意，符应不失，契合无二"，最终摸清被探对象的真实情况和内心企图。其二，对不同对象要采用不同的探心内容和方法。例如，探"仁人"之心，"必以信，勿以财"；探"勇士"之心，"必以义，勿以惧"；探"智士"之心，"必以忠，勿以欺"，等等。又如，与"智者"交谈，要"依于博"，因为"智有涯而博无涯，则智不可以测博"，而博却可以测得智者的真实情况。与"博者"交谈，要"依于辨"，因为"博师古而辨应今，则博不可以应辨"，而辨却可以应博且能摸清被探者的内心奥秘，等等。李筌认为，探心者只有以广博的知识和恰当的技巧方法，才能探明智者、博者、贵者、富者、贫者、贱者、勇者、愚者八类被探者的内心奥秘和思想意图。作者强调指出："此八者皆本同其道，而末异其表。同其道，人所欲听；异其表，听而不晓。"因此，被探对象就无法测明探心者知识的深浅广狭，而探心者却能得以"出无间，入无朕，独往而独来。或纵而或横，如偃枯草，使东而东，使西而西；如引停水，决之则流，壅之则止。"从而把被探对象的真实情况和内心企图摸得一清二楚。李筌坚定地认为，倘若探心效果达到如此程度的时候，那么，"谋何患乎不从哉？"（意思是说：所行之谋略还担心不能成功吗？）应当说，作者此一结论是正确的。其三，要善于透过人的外在表象探察其内在本质。李筌已经初步认识到，人的内心情感意识与外形表象二者互为表里的统一性的这一特点，提出了"情变于内者，形变于外"的颇具辩证道理的科学命题，并据此主张看人看事都要"常以所见而观其所隐"，即透过外部"所见"现象，去分析认识其"所隐"于内里的本质问题。李筌把这称作是"测隐探心之术"，认为，国君如果缺少此一"测隐探心之术"的话，即便是具"有先王之道，圣智之术"，也是"不足以成伯王（霸王）之业"的。李筌这种透过现象看本质的思维理念，是完全符合辩证唯物论的规律的。这是非常难能可贵和值得学习的。

第三，提出了"道贵制人，不贵制于人"的战争指导原则。这是李筌本篇所论诸多问题中最有价值的问题。

摸清敌人情况，目的在于战胜敌人。因此，李筌在详细论述依据不同对象的具体情况，采取相应的不同探心之术后，明确提出了"道贵制人，不贵制于人；制人者，握权；制于人者，遵命也"的重要论断。可以说，这是唐代李筌对孙子关于谋取战争主动权的"致人而不至于人"（见《孙子兵法·虚实篇》）的科学命题的进一步发展。李筌关于"道贵制人，不贵制于人"的论断，虽系源于《鬼谷子·谋篇第十》的"事贵制人，而不贵见制于人。制人者，握权；见制于人者，制命也。"然而，值得特别注意的是，李筌改"事"为"道"、改"制"为"遵"而删除二"见"字，既简练了文字，又使文义更加精准确切。李筌这里所强调的"道"，与战国中期著名军事家孙膑所著《孙膑兵法·客主人分》中所说的"以决胜败安危者，道也"之"道"，为同一涵义，都是指的战争指导规律问题。这样，李筌"道贵制人，不贵制于人"的论断，便真正得以从军事哲学涵义层面上，富有新义地深刻揭示了战争主动权这一指导规律的战略意义。那么，用兵作战中怎样才能实现"制人"而不"制于人"这种战争主动权呢？李筌则进一步指出说："制人之术：避人之长，攻人之短；见己之所长，蔽己之所短。"这充分说明，李筌不仅正确地揭示了掌握战争主动权这一重要战争指导规律问题，而且还深刻地阐明了如何争取战争主动权的方法途径问题。实际上，争取战争主动权的问题，历来是为兵家指导战争所必须遵循的重要军事法则。例如，东汉初年，汉军大将耿弇率军平定割据今山东的张步之战，就是成功运用这一军事法则而调动敌人就范的一个典型战例。建武五年（公元29 年），建威大将军耿弇奉东汉光武帝刘秀之命率军东进，割据势力张步闻讯后，急令其大将费邑率兵拒守于历下（今山东济南），又分兵屯于祝阿（今山东济南西），并于泰山（今山东泰安东）、钟城（今山东济南南）等地布兵列阵，企图阻击汉军东进。耿弇挥军渡过黄河，首先攻占祝阿，迫使钟城的张步守军不战而逃。此时，坐镇历下的费邑一面凭城固守，一面遣其弟费敢率兵一部进守巨里（故址在今山东章丘西）。耿弇根据当面敌情实际，采取佯攻巨里以调动费邑出战的战法，命令军中赶造攻城器械，扬言"后三日当悉力攻巨里城"（见《后汉书·耿弇列传》），费邑对此信以为真，"至日果自将精兵三万余人来救之"（同上）。针对当面敌情实际，耿弇一面分兵一部向巨里以阻截费敢，一面亲率主力部队利用有利地形条件，挥军"乘高合战"，一举歼灭费邑军于运动之中，而后，又转兵向巨里进攻。费敢慌忙"悉众亡归张步"，巨里不战而克。其后，耿弇乘胜"纵兵攻诸未下者"，连克敌营四十座，迅速攻占历下，为尔后夺取平定张步割据势力的全面胜利，奠定了坚实基础。

在中国抗日战争时期，毛泽东于 1938 年 5 月在论述战争主动权问题时，曾精辟地指出：所谓战争主动权"说的是军队行动的自由权，是用以区别于被迫处于不自由状态的。行动自由是军队的命脉，失了行动自由，军队就接近于被打败或被消灭。一个士兵被缴械，是这个士兵失了行动自由被迫处于被动地位的结果。一个军队的战败，也是一样。为此缘故，战争的双方，都力争主动，力避被动。"（见《毛泽东选集·论持久战》）可见，掌握战争主动权，对于赢得战争的胜利，具有何等的重大意义！由此不难看出，唐代兵学家李筌所十分强调和着力论述的"道贵制人，不贵制于人"、"制人之术：避人之长，攻人之短；见己之所长，蔽己之所短"的关于掌握战争主动权的思想观点，对于今天指导战争的用兵者们仍有非常重要的指导意义。

政有诛强篇第十

【原文】

经曰：夫国有乱军者，士卒怯弱，器械柔钝①，政令不一，赏罚不明，不预②焉。

所谓乱军者，豪家③、权臣④、阉寺⑤、嬖昵⑥为之军吏⑦，权军⑧之势，擅将⑨之威，公政⑩私行，私门公谒⑪，上发谋⑫，下沮议⑬，上申令⑭，下不行。猛如虎，狠如狼，强不可制者，皆谓之乱军，各宜诛之。文宣⑮诛少正卯⑯于两观⑰而鲁国清，田穰苴⑱斩庄贾⑲于表下⑳而军容㉑肃，魏绛㉒戮杨干㉓而诸侯服，项籍斩宋义㉔而天下怖。夫诛豪者，益其威；戮强者，增其权。威权生于豪强之身，而不在于士卒之庸㉕。

豪强有兼才㉖者，则驾而御之，教而导之，如畜鸷鸟㉗，如养猛虎，必节其饥渴，鬋㉘其爪牙，绊其足，揳㉙其舌，呼之而随，嗾㉚之而走，牢笼㉛其心，使驯吾之左右。豪强无兼才者，则长其恶，积其凶，纵其心，横其志，祸盈于三军，怨结于万人，然后诛之，以壮吾气。

故曰：不善人者，善人之资㉜。为将帅者，国之师，不诛豪强，何以成三军之威哉？

【注释】

①柔钝：柔软不锐利。本篇这里指武器装备不精良。

②不预：本谓没有事先预告或说明，这里引申谓不言而喻。

③豪家：豪门大家；豪强者。

④权臣：谓有权势之臣，多指掌权而专横的大臣。

⑤阉寺（hūn—）：本指阉人和寺人，为古代宫中掌管门禁的官，后世借指宦官。

⑥嬖昵（bì nì）：指古代皇帝所宠爱亲近的人。

⑦军吏：古代军中将帅的官佐，亦泛指军中各级官长。

⑧ 权军：谓把持军队。权，秉也，持也。

⑨ 擅将：专擅或独揽将帅威权。

⑩ 公政：谓公务政事。

⑪ 公谒：公开谒见。指不正之风。

⑫ 发谋：谓定谋略；出主意。

⑬ 沮议：非议；异议。

⑭ 申令：发布命令；下达命令。

⑮ 文宣：指孔子。唐玄宗（李隆基）开元二十七年（公元739年）八月，追封孔子为"文宣王"。

⑯ 少正卯（？—前498年）：春秋时期鲁国大夫。姓氏少正，名卯。一说少正乃官名。据汉王充《论衡·讲瑞篇第五十》载称，他曾聚徒讲学而使得"孔子之门三盈三虚"。孔子由大司寇行摄相事后，以少正卯"乱政"为罪名而将其杀之。

⑰ 两观（—guàn）：本指古代宫门前两边的望楼，本篇这里特指春秋时期的鲁阙（指鲁国宫殿门前两边的建筑物），即孔子诛杀少正卯的地方。

⑱ 田穰苴：春秋后期齐国大夫，军事家。姓田，名穰苴。因其官任大司马，故又称"司马穰苴"。深通兵法，善于治军。

⑲ 庄贾：春秋后期齐国大夫，齐景公宠臣。田穰苴受命统军抗击晋燕联军进攻时，庄贾担任监军，因其违令误期，被田穰苴斩首示众。

⑳ 表下：指标杆之下。古代军中测日影时所立的标杆称"表"。

㉑ 军容：指军队礼仪法度、风纪阵威。

㉒ 魏绛：即魏庄子，春秋时期晋国大夫。曾任中军司马、新军之佐、下军之将等职。力主与戎族通好，为晋悼公（名周）所采纳。

㉓ 杨干：春秋时期晋悼公之弟。《史记·魏世家》载称，杨干违规乘车扰乱了军队行列，为主管军法的中军司马魏绛所羞辱。而《左传·襄公三年》则称"魏绛戮其仆"（意思是魏绛杀了杨干的驾车人），晋悼公知道后大怒，欲杀魏绛，但经士鲂等人劝谏后省悟，不但肯定了魏绛维护军纪的正确做法，还升任其为新军之佐（即副帅）。

㉔ 宋义：秦末故楚令尹，曾任楚军上将军。在北上救赵作战中，项羽以其"不恤士卒而徇其私"（见《史记·项羽本纪》），将其诛杀。

㉕ 庸：平庸，平常。

㉖ 兼才：兼具各种才能。

㉗ 鸷鸟：凶猛的鸟，如鹰鹯之类。

㉘ 翦：同"剪"。谓斩断，除掉。

㉙ 揳（xiē）：谓堵塞，引申卡住。原文作"猰"（yà），指传说中一种吃人猛兽，于本篇文义不通，疑为"揳"字形近而误刻，故予订正。

㉚ 嗾（sǒu）：教唆；指使。

㉛ 牢笼：约束；控制。

㉜ "不善人者，善人之资"句：语出《老子·二十七章》。不善人，谓不是善人，指恶人。善人，指好人。资，凭借；借鉴。

【译文】

经典上说：凡是国家发生扰乱军队的事件，都会造成士卒怯懦软弱，武器装备不精良，政策法令不统一，赏罚制度不严明。这是不言而喻的事情。

这里所说的"乱军者"，是指豪强、权臣、宦官和皇帝的宠幸担任军队的官吏。他们操纵军队的形势，专擅将帅的威权，以公务政事谋取私利，将私人家门变成公开谒见的场所；对上发布的谋策，私下散布非议，上面三令五申，下面拒不执行。他们凶猛如同虎豹，凶狠如同豺狼，强横跋扈而不受制约者，都是所谓扰乱军队的人，都属应当诛杀铲除之列。例如，孔子诛杀了乱政的少正卯于宫廷门旁，从而使鲁国得到清静安宁；田穰苴斩杀庄贾于测日影的标杆之下，从而使军队的法纪阵威得到整肃；魏绛羞辱了乘车扰乱军队行列的杨干，从而使各个诸侯慑服；项羽斩杀了不恤士卒而徇私情的上将军宋义，从而使天下都受到震恐。诛杀豪门大族者，能够增强军队的威势；戮杀强横跋扈者，能够加强军队的权力。军队威势、权力的失落，根源于那些横行霸道的豪强者本身，而不在于士卒这些平常人身上。

对于那些既是豪强而又具备其他才能的人，则要驾驭控制他，教育开导他，如同畜养凶鸟，又像喂养猛虎一样，必须节制其饮食饥渴，剪掉其锋爪利牙，捆住其腿脚，卡住其舌头，使其做到呼之而来，斥之则去，紧紧控制其心性，将其驯服成紧随左右的工具。但对于那些没有什么才能的豪强者，就要采取助长他们罪恶、积累他们凶暴、纵容他们野心、骄横他们意志的办法，待他们的祸患遍及三军，怨恨结于万众的时候，再把他们杀掉，借以壮大我们的军心士气。

所以说，不为善行的乱军恶人，乃是行善好人借鉴的反面教员。身为将帅的人，统率着国家的军队，不诛杀铲除豪强邪恶势力，凭借什么来树立三军的威势权力呢？

【解说】

本篇以《政有诛强篇》为题立意，其中心思想是着重论述诛除"乱军"的"豪强"者，对于治理军队，整肃军纪，申明军威的重大意义和作用。

对于严重扰乱和破坏军纪军威的豪强者，要不要坚决予以诛除，实质是要不要治理军队以增强部队战斗力的重大问题。历史上凡有作为的军事家对此问题都是持肯定意见的。《尉缭子·武议第八》讲得好："凡诛者，所以明武也。杀一人而三军震者，杀一人而万人喜者，杀之。杀之贵大，赏之贵小。当杀而虽贵重，必杀之，是刑上究也；赏之牛童马圉者，是赏下流也。夫能刑上究，赏下流，此将之武也。"唐代兵学家李筌正是在完全继承先秦重要兵书《尉缭子》所提出的"杀之贵大"和"刑上究"的正确主张的基础上，阐明了为将帅者要敢于诛除扰乱和破坏军纪军威的上层豪强人物的重要思想观点。这无疑是对千百年来那种所谓"礼不下庶人，刑不上大夫"（见《礼记·曲礼上》）的封建宗法等级制度的大胆否定和有力挑战。这对社会的发展和军队的治理，是有进步意义的。通观全篇可以看出，李筌主要阐述了如下三个问题：

首先，阐明了"乱军者"的内涵及其扰乱和破坏军队稳定的严重恶果。

李筌认为，所谓"乱军者"，是指那些横行霸道的豪强、权臣、宦官以及皇帝的宠幸且在军队中担任官职的人。作者指出，由于这些人"权军之势，擅将之威，公政私行，私门公谒，上发谋，下沮议，上申令，下不行。猛如虎，狠如狼，强不可制"，因而造成军队混乱不治，"士卒怯弱，器械柔钝，政令不一，赏罚不明"等严重恶果。作者又从事物的主要矛盾决定事物的性质的认识出发，正确指出：军队威势的失落，乃是"生于豪强之身，而不在于士卒之庸"。据此，李筌坚决主张，对于这些"乱军者"，必须"各宜诛之"，绝不可以姑息养奸，继续贻害破坏军队。

其次，阐明了诛除"豪强"对治军的重要意义和作用。

李筌以分析历史上孔子诛杀少正卯而使"鲁国清"，田穰苴诛杀监军庄贾而使"军容肃"，魏绛诛杀杨干仆人而使"诸侯服"，项羽诛杀上将军宋义而使"天下怖"等事件为例证，说明诛除"乱军"的豪强者对于治理军队具有重大意义。李筌明确指出："夫诛豪者，益其威；戮强者，增其权。"可见，诛除祸乱军队的"豪强者"，是提高军威、增强军权的重要措施。所以，李筌认为，身"为将帅者"统率着国家的军队，如果不诛除乱军的豪强者，就不能"以成三军之威"，维护军队稳定，保持部队战斗力。

再其次，阐明了诛除"豪强"应当掌握不同情况区别对待的原则。

李筌认为，军队中存在的"豪强"有两种情况：一是"豪强有兼才者"，二是"豪强无兼才者"。对此不同情况的两种豪强者，在具体处理过程中，应当予以区别对待：如对确有才能的豪强者，应当采取"驾而御之，教而导之"的办法，紧紧地控制他们的心性，把他们训练成紧随"吾之左右"的驯服工具。但是，对于那些没有什么才能的豪强者，则采取"长其恶，积其凶"的办法，待其罪恶充分暴露之后，坚决予以诛除，从而"以壮吾气"，使这种为恶不善的人（即"不善人者"），成为行善的好人引以为鉴的反面教材（即"善人之资"）。

战国时期著名军事家吴起曾说过：军队是"以治为胜"（见《吴子·治兵第三》）。古今中外，凡有战斗力的军队，无一不是以严格治军为其攻取战胜的根本前提。不同的时代，不同的阶级，不同的政治集团，他们所提治军的具体内容和要求，虽然不尽相同，但对肆意破坏部队稳定、瓦解军队战斗力的"乱军者"予以严厉惩处，以保持部队有良好的军纪军威，却是一切富有战斗力的军队所共通的。所以，李筌以《政有诛强篇》为题，就诛除"豪强"祸乱军队的问题而展开探讨，即使是在封建社会的条件下，也是有其积极意义的。特别是篇中所蕴含和体现的"杀之贵大，赏之贵小"与"刑上究，赏下流"的思想理念，以及处理问题抓主要矛盾和不同情况区别对待的原则，对于今天治军用兵仍有重要参考借鉴价值。

太白阴经卷二

人谋下

善师篇第十一

【原文】

经曰：兵非道德仁义者，虽伯①有天下，君子不取。

周德既衰，诸侯自作礼乐，专征伐，始于鲁隐公②。齐以技击③强，魏以武卒④奋，秦以锐士⑤胜，说者⑥以孙吴⑦为宗。唯荀卿⑧明于王道⑨而非之，谓齐之技击是亡国之兵，魏之武卒是危国之兵，秦之锐士是干赏蹈利⑩之兵，至于齐桓、晋文⑪之师，可谓入其域而有节制矣。"故齐之技击不可遇魏之武卒，魏之武卒不可敌秦之锐士，秦之锐士不可当桓、文之节制，桓、文之节制不可当汤、武之仁义。"⑫

故曰："善师者不阵，善阵者不战，善战者不败，善败者不亡。"⑬黄帝独立于中央而胜四帝⑭，所谓善师者不阵也。汤、武征伐，陈师誓众⑮放桀擒纣⑯，所谓善阵者不战也。齐桓南服强楚，使贡周室，北伐山戎⑰，为燕开路，所谓善战者不败也。楚昭王⑱遭阖闾之祸，国灭出亡，父兄相与奔秦请救，秦人出兵，楚王反国，所谓善败者不亡也。

凡兵，所以存亡继绝⑲，救乱除害⑳。故伊吕㉑之将，子孙有国，与殷周并下至末代。苟任诈力贪残㉒，孙吴、韩白㉓之徒，皆身被诛戮，子孙不传于嗣㉔。盖兵者，凶器；战者，危事。阴谋逆德，好用凶器，非道德忠信，不能以兵定天下之灾，除兆民㉕之害也。

【注释】

①伯：本篇这里通"霸"，谓称霸。

②鲁隐公：春秋初期鲁国国君，鲁惠公弗湟的长庶子，名息姑。公元前722—前712年在位。谥号隐，史称"鲁隐公"。

③技击：战国时期齐国精兵的名号。说见《荀子·议兵篇》"齐人隆技击"，唐杨倞注云：

"技，材力也。齐人以勇力击敌者，号为'技击'。"

④武卒：战国时期魏国军队按规定标准选拔的精锐步兵的名号。

⑤锐士：战国时期秦国精兵的名号。

⑥说者：谓主张此说的人。本篇这里指持"齐以技击强，魏以武卒奋，秦以锐士胜"之说者。

⑦孙吴：春秋时期军事家孙武与战国时期军事家吴起二人的并称。

⑧荀卿（约公元前313—前238年）：战国后期思想家、教育家。赵国人，名况，时人尊称其名为"卿"。汉代人因讳汉宣帝刘询嫌名（荀，与"询"字虽不同，但以二字音声相同而避讳，称为"嫌名"），而改称其为"孙卿"。曾游学于齐国"三为祭酒"（古代指举行宴会时担任洒酒祭神的长者，汉魏以后为官名），后赴楚国，由春申君用为兰陵县令，此后著书而终老其地。有著作《荀子》传世。

⑨王道：我国古代儒家一种以仁义治理天下的政治主张，与兵家、法家所主张的以武力、刑法、权势进行统治的"霸道"相对。

⑩干赏蹈利：谓追求奖赏和利禄。语出《荀子·议兵篇》。干，求取，追求。蹈，履行，实践，亦即求取之意。

⑪齐桓、晋文：齐桓，指春秋初期的齐国国君齐桓公小白；晋文，指春秋初期晋国国君晋文公重耳。此二君曾先后称霸中原。

⑫"故齐之技击不可遇魏之武卒"至"桓、文之节制不可当汤、武之仁义"四句：语出《荀子·议兵篇》。桓，即齐桓公；文，即晋文公。节制，本谓节度法制，或指严整而有规律，但在本篇这里则指齐桓公、晋文公的纪律严明、训练有素的军队。仁义，指商汤、周武王的仁义之师。

⑬"善师者不阵"以下四句：语出《汉书·刑法志》，又见《将苑·不陈篇》（陈，同"阵"）。善师者，谓善于治军用兵的人；善阵者，谓善于布列营阵的人；善战者，谓善于指挥作战的人；善败者，谓善于处理败局的人。

⑭黄帝独立于中央而胜四帝：语本《孙子兵法·行军篇》："凡此四军之利，黄帝之所以胜四帝也。"曹操注云："黄帝始立，四方诸侯无不称帝，以此四地胜之也。"可见，黄帝所战胜的"四帝"，实指当时四方的部落首领。中央，指中原大地。

⑮陈师誓众：陈师，即"阵师"，谓布列兵阵。陈，同"阵"。誓众，犹誓师，告诫兵众。

⑯放桀擒纣：桀，即夏桀，夏朝末代暴君。纣，即纣王，商朝末代暴君。

⑰山戎：我国古代北方的部族名，又称"北戎"，属匈奴一支。当时其活动地域在今河北省北部。

⑱楚昭王：春秋时期楚国国君。楚平王（名弃疾，后改名熊居）之子，名壬。在其执政期间，楚国曾为吴王阖闾所攻灭，楚昭王及其父兄出奔至秦国求救，秦遂出兵打败吴国，使楚昭王得以

复国执政。在位二十七年（公元前 515—前 489 年）而卒，谥号昭，史称"楚昭王"。

⑲ 存亡继绝：语出《穀梁传·僖公十七年》。句义是使灭亡之国复存，灭绝之嗣得续。亦泛指使濒临灭亡（或已经灭亡）者得以延续存在。

⑳ 救乱除害：谓制止暴乱，消除祸患。救，犹"止"，制止；阻止。

㉑ 伊吕：即商朝初期国相伊尹与周朝初期国相吕尚之并称。伊尹辅佐商汤而灭夏，吕尚（姜子牙）辅佐周武王而灭商，二人皆有大功而受封国，后因并称伊吕而泛指辅国之重臣。

㉒ 任诈力贪残：任，运用。诈力，谓诡诈与暴力。贪残，谓贪婪又凶残。

㉓ 韩白：即汉代名将韩信与秦代名将白起的并称。二人皆以善用兵而著称于世，但都未得善终而遭杀戮。诚如《晋书·刘牢之传》所称："韩白戮于秦汉。"

㉔ 嗣：后嗣，即子孙后代。

㉕ 兆民：古称天子之民为"兆民"。后亦泛指民众、百姓。

【译文】

经典上说：用兵打仗而不讲道德仁义的，纵然可以称霸于天下，也是为仁人君子所不取法的。

周王朝的道德观念衰微以后，各国诸侯擅自制礼作乐，专门从事征战讨伐，这是从春秋鲁隐公在位期间开始的。齐国凭借其拥有精兵"技击"而强大，魏国凭借其拥有精锐步兵"武卒"而奋起，秦国凭借其拥有精兵"锐士"而取胜，主张此说的人都把孙武、吴起的观点奉为宗旨。但是，只有荀卿明白圣王以仁义治国之道，而否定孙吴之说。他认为，齐国的"技击"是灭亡国家的军队，魏国的"武卒"是危害国家的军队，秦国的"锐士"是追求奖赏利禄的军队。至于说到齐桓公、晋文公的军队，才可以称得上是攻入他国境内而行动有所节制的军队。"因此，齐国的'技击'不可以抵御魏国的'武卒'，魏国的'武卒'不可以抵御秦国的'锐士'，秦国的'锐士'不可以抵御齐桓公、晋文公的有节制的军队，齐桓公、晋文公有节制的军队又不可以抵御商汤、周武王的仁义之师。"

所以说："善于治军用兵的人，不用布列营阵就能取得胜利；善于布列营阵的人，不用直接交战就能取得胜利；善于指挥打仗的人，不会被敌人打败；善于处理败局的人，不会被敌人灭亡。"上古黄帝独自占据中原大地而战胜了四周的部落首领，这就是所说的善于用兵打仗的人，不用布列营阵就能取得胜利的史例。商汤、周武王统率军队征伐夏桀、商纣时，仅是布列了营阵、举行了誓师大会，结果就放逐了夏桀、迫死了商纣，这就是所说的善于布列营阵的人，不用直接交战就能取得胜利的史例。齐桓公挥军向南征服了强大的楚国，迫使楚国向周王室纳贡，又向北征伐战胜了山戎部落，为燕国开辟了通路，这就是所说的善于指挥打仗的人，不会被敌人打败的史例。楚昭王当政时期遭到吴王阖闾军队入侵之祸，国破军败，而他自己溃逃，其父兄也一同逃到秦国请求救兵，秦国应请出兵击败了吴国入侵军，使楚昭王得以返回本国继续执政，这就是所说的善于处理败局的人，不会被人灭亡的史例。

大凡军队，都是用来使灭亡之国复存、断绝之嗣得续，制止国家的暴乱、消除民众的祸患的。所以，伊尹、吕尚这样的将帅以仁义辅君，他们的子孙享有封国领地，与殷商、周朝一起下传直至末代子孙。倘若不循仁义而专门运用诡诈与暴力，进行贪婪而残酷的战争，结果将会像孙武、吴起、韩信、白起之辈，都身遭诛杀，子孙不能继位传嗣。可见，军队是执行暴力的凶险工具，战争是带有破坏性的危险之事。崇尚诡诈阴谋、悖逆仁义道德的人，喜好利用军队这个凶险工具为害作乱。所以，不是讲道德仁义的人，就不能利用军队来平定天下灾难，消除百姓的祸患。

【解说】

《善师篇第十一》是《太白阴经》卷二《人谋下》之首篇，它是集中体现作者李筌战争观和治军用兵思想的篇章之一。李筌这里所说的"善师"，内涵有二：一指善于治军，二指善于用兵。通观全篇，作者从分析"周德既衰"到诸侯"专征伐"的春秋战国纷争的历史演进过程入手，着重阐述了建设什么样的军队和进行怎样的战争的问题。其所强调的思想观点，主要有以下两点：

一是强调要把军队建设成为仁义之师。

李筌在完全继承战国末期思想家荀子关于"仁人之兵，王者之志"（见《荀子·议兵篇》）的思想观点的基础上，认为战国时期齐国的"技击"、魏国的"武卒"、秦国的"锐士"等名号精兵，虽然都曾取胜逞强于一时，但都"不可当汤、武之仁义"之师。据此，作者从政治战略的视角强调执国者应当在推行"王道"治国的前提下，必须建立一支为"道德仁义"而奋战的仁义之师。他认为，只有如此，才可以在对敌战争中做到"善师者不阵，善阵者不战，善战者不败，善败者不亡"，从而才能使自己的国家立于不败不亡之地。

李筌这里所倡导的"四善"思想，实际源于《汉书·刑法志》，又见于三国著名军事家诸葛亮《将苑·不陈篇》（陈，同"阵"）。当然，实践中要真正做到此"四善"并非是容易之事。因为，"四善"中的"善师者不阵，善阵者不战"之"二善"，其主旨都是说不经直接布阵交战而迫使敌人屈服。然而，此种始于孙子的"不战而屈人之兵"的战略主张，毕竟是兵家的一种理想的目标，在实践中没有具备特定而优于敌方的主客观条件，将是很难实现的。而要做到"善战者不败，善败者不亡"之"二善"两条，则更非是容易之事了。但是，只要战争指导者付出艰苦的努力，紧紧依据敌我双方的实际情况，进行周密谋划和充分准备的话，那么，又是有可能取得战而不败、败而不亡，乃至转败为胜、转亡为存之局面的。因此，我们可以说李筌本着前人的军事思想而再次提倡的"四善"战略主张，在当今的世界战略格局处于多极化的错综复杂的斗争中，对于那些有作为的战略指挥家，是不无借鉴意义的。

二是强调军队进行战争是以执行"存亡继绝，救乱除害"任务，实施"道德仁义"之政为根本目的。

作者李筌融道、儒之说为一体，主张以"道德仁义"作为衡量和区分用兵打仗的目的、性质的根本尺度。指出："兵非道德仁义者，虽伯（通"霸"）有天下，君子不取。"李筌强调说，倘若用兵打仗竟置"道德仁义"于不顾，而专门从事"阴谋逆德，好用凶器，非道德忠信"者，是"不能以兵定天下之灾，除兆民之害"的。显而易见，作者李筌视"道德仁义"之兵为正义之师，而视"阴谋逆德"之兵为不义之军，其拥护正义之战而反对不义之战的立场是十分鲜明的。

历史的经验表明，阶级社会的战争，无一不带有鲜明的阶级烙印。因此，对战争的目的和性质的认识，不同的阶级、不同的政治集团，是有不同的内容和标准的。尽管《太白阴经》作者李筌对此问题的认识，不超越封建统治阶级的根本利益所允许的范围，但其拥护正义战争而反对非正义战争的鲜明立场和态度，还是值得肯定的。

这里，还应当着重指出的是，李筌《善师篇》所阐明的上述思想观点，主要来源于战国后期著名思想家荀况的《荀子·议兵篇》。而该篇采用问答形式，记述了荀子与临武君在赵孝成王面前讨论什么是"兵要"（即用兵的要旨）问题时所阐述的基本思想观点。临武君认为："用兵之要术"是孙吴（即孙武和吴起）所倡导的"上得天时，下得地利，观敌之变动，后之发，先之至"，其"所贵者，势利也；所行者，变诈也"。但荀子却对临武君的上述观点持完全否定态度，他认为："用兵攻战之本，在乎一民"，"兵要在乎善附民而已"，唯有"善附民者，是乃善用兵者也。"显而易见，荀子与临武君的不同观点，实际源于对"兵要"问题看法的着眼点的不同。

荀子是从政治战略的视角议论"兵要"问题的,而临武君则是从军事战略角度看待"兵要"问题的。辩证唯物主义认为,政治与军事是对立统一关系,二者是密切相关但又有区别的两件事。荀子只看到了政治与军事密切相关的统一性方面,而忽视了二者相互区别的对立性一面,认为只要在政治上做到"善附民众",自然就能打胜仗,完全否定了"权谋势利"在军事上的不可替代的作用,这不能不说是荀子认识上的一种片面性。而临武君只看到了"权谋势利"在用兵打仗上的重要作用,却忽视了政治上团结民众对赢得战争胜利的决定性作用,同样陷入认识问题的片面性。然而,源于荀子《议兵篇》思想观点的李筌的《善师篇》,如果仅就此篇而独立观之,难免也有偏颇之嫌,但从《太白阴经》全书内容来看,李筌既重视政治战略在战争实践中的主导作用,也强调军事战略在战争实践中不可忽略的重要作用,较好地体现了这位唐代兵学家在探讨"兵要"问题上的辩证唯物思维方式之特色。值得今人充分肯定和学习。这是我们阅读李筌《太白阴经·善师篇》应当注意全面把握之点。

贵和篇第十二

【原文】

经曰：先王之道，以和为贵①。贵和重人，不尚战也。

《春秋左氏传》②曰："君若以德绥诸侯③，谁敢不服？君若以力，楚国方城④以为城，汉水以为池，虽军之众，无所用也。"是故晋悼公使魏绛和戎⑤，以正诸华⑥，八年之间，九合诸侯，如乐之和，无所不谐，羌戎⑦亦归。晋惠公⑧内⑨不侵不叛之臣，于是有嶲之师⑩，譬如捕鹿，晋人角之，戎人掎之⑪。

夫有道之主，能以德服人；有仁之主，能以义和人；有智之主，能以谋胜人；有权之主，能以势制人。战胜易，和胜难。⑫《语》⑬曰："先王耀德不观兵。兵戢而时动，动则威；观则玩，玩则无震。"⑭故有衣冠之会，未尝有歃血之盟；有革车之会，未尝有战阵之事。⑮

兵者，不祥之器，不得已而用之。⑯古先帝王所以举而胜人，成功出于众者，先文德⑰以怀之；怀之不服，饰玉帛以啖⑱之；啖之不来，然后命上将，练军马、锐甲兵，攻其无备，出其不意⑲。所谓叛而必讨，服而必柔。既怀既柔，可以示德。《书》⑳曰："戒之用休，董之用威。"㉑夫如是，则四夷㉒不足吞，八戎㉓不足庭㉔也。

【注释】

① 先王之道，以和为贵：语出孔子《论语·学而篇第一》"有子曰：'礼之用，和为贵。先王之道，斯为美。'"有子，孔子学生。和，本谓适中，恰到好处（说见杨树达《论语疏证》云："和，今言适合，言恰当，言恰到好处。"），但在本篇这里，和与"战"相对应，谓和平无战事。

②《春秋左氏传》：书名。简称《左传》，亦称《左氏春秋》，儒家经典之一。旧传为春秋时期鲁国左丘明所撰。

③ "君若以德绥诸侯"至"无所用也"七句：语出《左传·僖公四年》。此为春秋时期周惠王二十一年（公元前656年），齐国进攻楚国时，楚将屈完回答齐桓公问话时所讲内容。绥，安抚。

④ 方城：即方城山，位于今河南叶县南，呈南北走向，绵延数百里，号为"方城"。一说为楚长城。

⑤ 晋悼公使魏绛和戎：事见《史记·魏世家》："（晋悼公）卒任魏绛政，使和戎、翟，戎、翟亲附。"晋悼公，春秋中期晋国国君，晋襄公（名欢）曾孙，名周。公元前572—前557年在位。

⑥ 以正诸华：正，治理。诸华，犹"诸夏"，本指周室分封的中原各个诸侯国，后亦泛指中原地区。

⑦ 羌戎：亦称"西戎"。泛指我国古代西北地区的少数民族。

⑧ 晋惠公：春秋初期晋国国君。晋献公（名诡诸）第三子、晋文公之弟，名夷吾。公元前650—前637年在位。

⑨ 内（nà）："纳"的古字。谓接纳，采纳。

⑩ 有崤之师：指春秋时期晋、秦两国军队的崤山之战。此役发生在公元前627年，结局是晋胜秦败。事见《左传·僖公三十三年》。

⑪ 譬如捕鹿，晋人角之，戎人掎之：语出《左传·襄公十四年》。角之，谓执其角，指正面迎击。掎之，谓拖其后足，指从后面牵制。

⑫ 战胜易，和胜难：原作"见胜易，知胜难"。钱熙祚校注云："文澜阁本作'战胜易，和胜难'。"述古堂抄本同此。依《贵和篇》题旨，似以文澜阁本、述古堂抄本更为切题，故从改。

⑬《语》：本篇这里指《国语》。传为春秋时期左丘明撰。

⑭ "先王耀德不观兵"至"玩则无震"五句：语出《国语·周语上》。耀德，谓显扬德化。观兵，谓炫耀武力。兵戢，犹"戢兵"，谓停止军事行动；停止战争。时动，本谓按一定时节行动，本篇这里指选择有利时机行动。玩，谓轻慢懈怠。

⑮ "故有衣冠之会"至"未尝有战阵之事"四句：语本《穀梁传·庄公二十七年》。衣冠，本指衣服和帽子（冠），因古代唯有士大夫以上才可以戴冠，故"衣冠"代指缙绅、士大夫阶层者。而在本篇借指诸侯国。歃血（shà—），古代举行盟会中的一种仪式：即盟约宣读之后，各参加者用口微吸所杀牲之血（一说以手指蘸血涂于口旁），以示诚意。革车，古代兵车之一种。

⑯ "兵者，不祥之器，不得已而用之"三句：语出《老子·第三十一章》。兵，这里指战争。

⑰ 文德：与"武功"为对语，本谓礼乐教化，这里借指政治。

⑱ 啖（dàn）：利诱。

⑲ "攻其无备，出其不意"二句：语出《孙子兵法·计篇》。

⑳《书》：指《尚书》，亦称《书经》，儒家经典之一。相传由孔子编选而成。

㉑"戒之用休，董之用威"二句：语出《尚书·虞夏书·大禹谟》。休，谓美善，美德。董，谓督察，监督。

㉒四夷：我国古代华夏族对域中四方少数民族的统称。

㉓八戎：谓八方之戎。古代指中原以外周边的少数民族。

㉔不足庭：谓不足以与朝廷相抗衡。庭，通"廷"，指朝廷。

【译文】

经典上说：古代圣明君王治国之道，是使国家得以和平安定为最可贵。大家珍爱和平，重视人的生命，就不再崇尚战争了。

《春秋左氏传》上说："君王如果用仁德来安抚诸侯，那么，诸侯有谁还敢不顺服呢？君王如果动用武力进行征讨，楚国有方城山做城墙、以汉水做护城河进行抵御，那么，君王的军队虽然众多，也没有用得上的地方。"所以，晋悼公派遣魏绛为使与山戎讲和而使之归顺，晋国得以治理诸夏而成为中原霸主，八年之间，九次召集诸侯盟会，如同诸种乐器一起合奏，而没有不和谐之音。从此，地处西北的羌戎等少数民族也都归顺了。晋惠公执政期间，由于实行仁德之政而接纳了那些不侵扰、不反叛的臣属国，于是才有崤山之战而大败秦国军队的胜利。这就像捕捉野鹿一样，晋国人在前抓住了鹿的两角，各部戎人在后拖住了鹿的两腿，晋戎合力协同，终于把野鹿按倒捉住了。

大凡有道德的君主，能够用恩德去征服别人；有仁义的君主，能够用仁义去团结别人；有智谋的君主，能够用谋略去战胜别人；有权势的君主，能够用势力去控制别人。用战争取胜容易，用和平取胜困难。诚如《国语·周语上》所说："古代的圣明君王总是彰明其仁德而不炫耀其武力。军队平时按兵不动，而等待有利时机才出动，一旦出动就要显示出强大威力；如果平时炫耀武力，就会使军队习以为常而懈怠，军队懈怠了就会丧失其威震四方的力量。"所以，有过诸侯和好的聚会，而未必有过诸侯歃血为盟之举；有过带军队兵车的聚会，而未必有过布阵交战之事。

战争，是不吉祥的东西，只有在迫不得已的情况下才使用它。古代的圣明帝王之所以能够一举而战胜敌人，其成功超出于一般人之处，就在于其首先用礼乐教化去怀柔安抚他；如果怀柔安抚而不能使他顺服时，再以玉帛宝物去利诱他；如果运用利诱而不能使他归附时，然后才任命高明的将帅，训练军马、精锐武器，采取"攻其无备，出其不意"的谋略，一举而战胜敌人。这就是通常所说的对反叛者必须进行讨伐，对顺服者必须加以怀柔。既怀柔安抚又能使之归顺，这就充分显示出君王的仁义道德。《尚书》讲得好："要用美好的德政去教诫人们，用强大的威力去督察天下。"如果能做到这样，那么，四面的夷族就不难以兼并归顺，八方的戎族就不敢分庭抗礼了。

【解说】

本章以"贵和"为篇题，旨在阐述君王实施治国安邦和处理对外关系问题时，应当以维护和平安定为根本目的。作者李筌开篇所云"先王之道，以和为贵"之语，乃本《论语·学而篇》孔子的学生有子之言："礼之用，和为贵；先王之道，斯为美。"这里所说的"和为贵"之"和"，本谓适中，恰到好处的意思，但李筌引录在这里，是与"战"相对而言，其义则谓"和平"。作者李筌把"以和为贵"视为君王实施治国安邦和处理对外关系所应遵循的根本宗旨，足见其对营造和维护和平这一重大问题的重视程度是何等之高了。那么，君王怎样才能在实施治国安邦和处理对外关系的实践中落实"以和为贵"这一宗旨呢？纵观全篇可以看出，李筌着重强调要做好如下三点：

首先，强调要真正落实"以和为贵"这一宗旨，就要在治理国家的实践中，大力提倡和贯彻"贵和重人，不尚战"的指导思想。作者李筌认为，唯有在实践中真正做到了珍爱和平与珍重人类生命，才能引导人们不再崇尚战争。应当说，李筌此种"以人为本"的思想观点是完全正确的，值得充分肯定和借鉴。

其次，强调要真正落实"以和为贵"这一宗旨，就要在处理对外关系的实践中，坚持"耀德不观兵"的指导原则，切实做到"以德服人"、"以义服人"。作者李筌引据《左传》的话指出："君若以德绥诸侯，谁敢不服？"反之，"君若以力"征战，那么，即使"虽军之众，无所用也。"可见，在处理对外关系问题时，坚持"耀德不观兵"指导原则的重要性。作者还认为，春秋时期晋悼公执政期间，晋国之所以在八年之中能够"九合诸侯"，并使"羌戎亦归"，是晋悼公派遣魏绛出使"羌戎"推行"和戎"之策的结果；晋惠公执政期间，由于实行和平的外交政策，接纳那些"不侵不叛"的臣属之国，才使晋国后来在崤山之战中，得到"姜戎"（即居于西北的姜姓戎族）的大力帮助，从而取得了大败秦军的重大胜利。

再其次，强调要真正落实"以和为贵"这一宗旨，就要在实践中正确处理好"和"

与"战"的关系。作者李筌以老子的"兵者，不祥之器，不得已而用之"（见《老子·第三十一章》）的思想观点为依据进行深入探讨，一方面，阐明了战争是具有破坏性、杀伤性的不祥之器，据此，作者极力主张要"贵和重人"而不崇尚战争；另一方面，也指明了战争又是在迫不得已之时而非用不可的。但李筌所强调的着眼点，在于告诫国君在处理对外关系时，必须"和"字当先，慎用战争手段，并且要牢牢把握"先和后战"、"能和不战"的指导原则。李筌认为，古代圣明帝王之所以能够一举而战胜敌人，其功业超出一般常人的地方，就在于他们能够做到"先文德以怀之"，只有在"怀之不服"和"啖之不来"的情况下，才命将出兵，"攻其无备，出其不意"，战而胜之。作者强调指出，这就是"所谓叛而必讨，服而必柔。既怀既柔，可以示德。"这就明确告诉人们，只有对那些顽固不化的叛逆者才可以动用战争手段。

李筌作为封建时代的兵学家，他所提出的"以和为贵"的主张，虽然是为封建统治阶级的根本利益服务的，但作为治国安邦和处理对外关系的一条重要指导原则，在"和平与发展"已成为当今世界主流的形势下，在我们党"积极倡导建设和谐世界，推动对外关系全面发展，为维护世界和平、促进共同发展做出了新贡献"（见温家宝《政府工作报告》，人民出版社出版，2007年3月第1版）的今天，仍不失有其重要借鉴价值意义。

爱好和平，不要战争，这既是中华民族悠久历史的光辉传统，更是中国共产党矢志不渝的一贯政治主张。这里，值得特别指出的是，2015年9月3日上午，我们党和国家，为了纪念中国人民抗日战争暨世界反法西斯战争胜利70周年，在北京天安门广场隆重举行大会，以盛大阅兵仪式，同世界人民一道纪念这个伟大日子。中共中央总书记、国家主席、中央军委主席习近平发表了重要讲话并检阅了受阅部队。习近平主席的重要讲话，既深情回顾了中国人民抗日战争的艰辛历程，充分肯定了中国人民为世界反法西斯战争胜利作出的重大贡献，鲜明表达了中国坚持走和平发展道路、维护世界和平发展的坚定决心；又深刻揭示出纪念70年前那场中国人民抗日战争暨世界反法西斯战争伟大胜利的重要意义，表达了中华民族"铭记历史、缅怀先烈、珍爱和平、开创未来"的坚强信念，鼓舞人们为实现中华民族伟大复兴的中国梦奋勇前进。

我们不能忘记，70年前那场由军国主义者和法西斯主义者合谋发动的侵略战争，战火遍及了亚洲、欧洲、非洲、大洋洲，造成被侵略国家的军民伤亡超过1亿人，其中中国伤亡人数超过3500万，占四大洲伤亡人数的35%。在那场惨烈的战争中，中国人民抗日战争开始时间最早、持续时间最长，我国人民以巨大的民族牺牲支撑起了世界反法西斯战争的东方主战场。面对侵略者，中华儿女经过长达14年艰苦卓绝的斗争，彻底打败了日本军国主义侵略者，取得了中国人民抗日战争的伟大胜利，宣告了世界反法西斯战争的完全胜利，捍卫了中华民族5000多年发展的文明史和人类世界的和平事业，铸就了人类战争史上的空前奇观、中华民族的伟大壮举。

习近平主席在其重要讲话中，强调指出："为了和平，中国将始终坚持走和平发展道路，中华民族历来爱好和平。无论发展到哪一步，中国都永远不称霸、永远不搞扩张，永远不会把自身曾经经历过的悲惨遭遇强加给其他民族。中国人民将坚持同世界各国人民友好相处，坚决捍卫中国人民抗日战争和世界反法西斯战争胜利成果，努力为人类做出新的更大的贡献。"他庄严宣布："中国将裁减军队员额30万。"（见《习近平在纪念中国人民抗日战争暨世界反法西斯战争胜利70周年大会上的讲话》，人民出版社出版，2015年9月第1版）这充分表明了我们中国以实际行动维护世界和平发展的坚定决心和必胜信念、充分彰显了我国同世界各国一道共护和平、共谋发展、共享繁荣的真心诚意和美好愿望。

在和平与发展已经成为时代主流的今天，我们要牢记习主席"铭记历史、缅怀先烈、珍爱和平、开创未来"的谆谆告诫，一定要以史为鉴，勿忘国耻，时刻高度警惕军国主义死灰复燃，坚定维护和平的决心与信念！而战争狂人及其帮凶者一旦要把他们悬在人类头上的"达摩克利斯之剑"刺向人民的时候，我们将以抗日战争的先烈们为光辉榜样，以不屈不挠、浴血奋战的大无畏牺牲精神，彻底打败任何来犯的侵略者，为捍卫祖国领土主权完整和社会主义现代化事业顺利进行，为维护和推进世界和平与发展的崇高事业，做出我们应有的贡献！

遵照习近平主席的深切教导："让我们共同铭记历史所启示的伟大真理：正义必胜！和平必胜！人民必胜！"

庙胜篇第十三

【原文】

经曰：天贵持盈^①，不失阴阳、四时之纲纪^②；地贵定倾^③，不失生长、均平之土宜^④；人贵节事^⑤，调和阴阳，布告时令^⑥，事来应之，物来知之，天下尽其忠信、从其政令。

故曰：天道无灾，不可先来；地道无殃，不可先倡；人事无失，不可先伐。四时相乖^⑦，水旱愆和^⑧，冬雷夏霜，飞虫食苗，天灾也；山崩川涸，土不稼穑^⑨，水不润下^⑩，五果不树^⑪，八谷^⑫不成，地殃也；重赋苛政，高台深池，兴役过差^⑬，纵酒荒色^⑭，远忠昵佞^⑮，穷兵黩武，人失也。上见天灾，下睹地殃，傍观人失。

兵不法天不可动，师不则地不可行，征伐不和于人不可成。天赞其时，地资其财，人定其谋；静见其阳，动察其阴，先观其迹，后知其心，所谓"胜兵者，先胜而求战；败兵者，先战而后求胜。"^⑯故曰："未战而庙算胜者，得算多矣。未战而庙算不胜者，得算少矣。多算胜，少算不胜，而况于无算乎？以此观之，胜负见矣。"^⑰

【注释】

① 持盈：谓保守盈满的盛业。语出《国语·越语下》："越王勾践即位三年欲伐吴，范蠡进谏曰：'夫国家之事，有持盈，有定倾，有节事。'"韦昭注云："持，守也；盈，满也。"

② 纲纪：本谓大纲要领或曰法度纲常，在本篇这里可作法则、规律解。

③ 定倾：语出《国语·越语下》。义谓使危险的局势或即将倾覆的国家转危为安。

④ 土宜：谓不同性质的土壤对不同的生物各有所宜。

⑤ 节事：语出《国语·越语下》。义谓行事有节制以使合乎准则。

⑥ 时令：犹"月令"，指我国古代按季节变化而制定的有关农事的政令（说见《礼记·月令》）。

⑦ 相乖：原作"相乘"，于文义不通。疑"乘"字系"乖"字形近而误刻，故改。相乖，相违逆。这里指四时政令与自然变化相违背。

⑧ 愆和（qiān—）：违失和顺。

⑨ 稼穑（jià sè）：耕种和收获。亦泛指农业劳动。

⑩ 润下：谓水性就下以滋润万物。本篇这里可作"灌溉"解。

⑪ 五果不树：五果，通常指桃、李、杏、栗、枣五种果树或水果，亦泛指各种果树或水果。不树，谓不能成树结果。

⑫ 八谷：通常指八种谷物，但不同著作所指谷物不一。如南宋王应麟《小学绀珠·动植·八谷》引《本草》注称：八谷指黍、稷、稻、粱、禾、麻、菽、麦八种谷物；但《续古文苑·隋李播〈天文大象赋〉》苗为注，则指稻、黍、大麦、小麦、大豆、小豆、粟、麻八种谷物。亦泛指各种谷物。

⑬ 过差（—cī）：过分；失度。

⑭ 荒色：谓沉湎于声色。

⑮ 远忠昵佞：谓疏远忠臣，亲近奸邪之人。昵（nì），亲近，亲昵。佞（nìng），奸邪。

⑯ "胜兵者，先胜而后求战；败兵者，先战而后求胜"：语出《孙子兵法·形篇》。胜兵者，指能打胜仗的军队。先胜，谓首先创造取胜的条件。后求战，然后才寻求同敌人决战。败兵者，指打败仗的军队。先战，谓首先同敌人交战。后求战，然后企求侥幸取胜。

⑰ "未战而庙算胜者，得算多矣"至"胜负见矣"诸句：语出《孙子兵法·计篇》。古代君王兴师命将时，先要在宗庙里举行仪式，并召开军事会议研究战争形势，分析利害得失，制定作战方略。兵家便把这一战争谋划程序称作"庙算"。得算多，言取胜的条件充分、众多。算，原本作"筭"，古代计数用的筹码，这里引申谓胜利条件。胜利见矣，言胜败的结局显而易见。

【译文】

经典上说：天道贵在能保持圆满盛业，不打乱阴阳寒暑、四季节气变化的规律；地道贵在能扭转危倾局面，不失掉生长万物、均衡发展的特性；人事贵在能节制政事，调和阴阳，发布时令，做到事情来了能够应付自如，事物产生了知道怎么回事，使天下的人都能竭尽忠诚信义，自觉遵循国家的政令行事。

所以说，对于没有天灾降临的敌国，不可以首先向它发动进攻；对于没有地殃祸及的敌国，不可以首先向它举兵征讨；对于没有人事失误的敌国，不可以首先向它进行讨伐。四季节气变化违背自然规律，水涝、旱灾交替发生，冬季打雷、夏季降霜，蝗虫漫天乱飞而吞食秧苗，这就是"天灾"。高山崩塌，江河干枯，土地不能耕种，庄稼无法灌溉，各种果树不能成树结果，各种谷物不能成熟收获，这就是"地殃"。统治者实行繁重赋税，实施残暴统治；大兴土木，修造楼台城池，过度地役使民力；放纵沉迷于酒色，疏远忠臣而亲近奸佞；穷兵黩武，肆意发动战争，这就是"人失"。这样，天上可以看到苍天降临的灾害，地下可以目睹大地发生的祸殃，近旁可以观见君王的人为失误。（这些无疑都是向敌国发动进攻的有利时机。）

　　但是，用兵不依据天道，是不可以出动军队的；军队不依据地道，是不可以行军作战的；征战不合于民意，是不可能取得成功的。上天提供有利时机，大地资助充足财物，人能制定正确谋略；敌人静止时能窥见其军事企图，敌人行动时能洞察其阴谋诡计，首先观察敌人的行动踪迹，然后就可以了解其用心企图，这就是《孙子兵法·形篇》所说的："胜利的军队，总是首先创造取胜的条件，然后再寻求同敌人进行决战；而失败的军队，却总是首先同敌人决战，然后再企图侥幸取胜。"所以，又是《孙子兵法·计篇》说得好："未同敌人交战前而在庙堂预计取胜条件的，是因为谋划周密而取胜条件充分；未同敌人交战前而在庙堂不能很好预计取胜条件的，是因为谋划不周而取胜条件缺乏。谋划周密而取胜条件充分就能取胜，谋划不周而取胜条件缺乏就不能取胜，更何况不做谋划而毫无胜利条件呢？由此来观察，那么，胜与负的结局也就显而易见了。"

【解说】

　　本章以《庙胜篇》为篇题而立论，其中心思想是阐述对敌战争之前如何进行战略谋划以分析判断战争胜负的条件和实施战争的时机选择问题。本篇所谓的"庙胜"一词，实际是《孙子兵法·计篇》所云"未战而庙算胜者"句中的"庙算胜"之缩语。我国古代，君王兴兵作战之前，通常都要先在宗庙里举行命将授权仪式，并召开军事会议，君臣们一起研究战争形势，分析利害得失，制定作战方略。孙子把这一战前进行的战略谋划程序称之为"庙算"。认为，经过"庙算"而所得之结果，若己方取胜条件充分的，就叫作"得算多"的"庙算胜者"；而"庙算"所得之结果，如己方取胜条件缺乏的，则叫作"得算少"的"庙算不胜者"。而源于大军事家孙武所撰《孙子兵法》的"庙算"一词，后世逐渐演化成为兵家所谓"妙算"这一常用语了。唐代著名史学家刘知几的"妙算申帷幄，神谋出庙庭"（见刘知几《仪坤庙乐章》）名句，是为最好之明证。可见，孙子的"庙算"理论，乃是我国古代兵家从战争的实际出发，来分析研究敌我双方情况，以此预见战争胜负条件的唯物主义传统。这无疑是值得我们今人充分肯定和永远弘扬光大的优良军事传统。

　　唐代兵学家李筌正是在完全继承我国古代唯物主义传统和孙子"庙算胜"思想

理论的基础上，专辟《庙胜篇》，集中阐述未战之前如何进行战略谋划的问题。然而，在实施对敌作战之前的战略谋划（即所谓"庙算"）过程中，应当着重从哪些方面分析比较敌我双方情况的问题，李筌的提法又与孙子有所不同。孙子的提法是，对敌我双方要"经之以五事，校之以计而索其情"（见《孙子兵法·计篇》）。三国时期著名军事家曹操对孙子的这一提法概括称之为"五事七计"（见曹操撰《孙子·计篇》注）。曹操所说的"五事"，是指《孙子兵法·计篇》所讲的"一曰道（指政治），二曰天（指天时），三曰地（指地利），四曰将（指将帅），五曰法（指法制）"；而曹操所讲的"七计"，则指孙子所论的"主孰有道？将孰有能？天地孰得？法令孰行？兵众孰强？士卒孰练？赏罚孰明？"孙子认为，倘若能把敌我双方这"五事七计"分析清楚了，那么，就可以判断出谁胜谁负的问题了。而李筌对此问题的提法，则是本着春秋末期越国军事谋略家范蠡的思想观点，把孙子的"庙算"理论所应分析研究的重点情况与问题，概括为"天道"、"地道"、"人事"三个方面的问题，重点阐明了以下三个思想观点：

一是从分析敌人"天道"、"地道"、"人事"三个方面存在的不利条件入手，阐明了如何选择对敌进攻的战略时机问题。李筌认为，敌人若"天道无灾，不可先来；地道无殃，不可先倡；人事无失，不可先伐。"这就告诉我们，如果敌国并未出现"天灾"、"地殃"、"人失"等对敌不利而对我有利的战略形势的时候，我就不可贸然首先向敌人发动进攻。倘若敌国发生了"上见天灾，下睹地殃，傍观人失"的对敌不利而对我有利的形势之时，才是我对敌发动进攻的有利战略时机。此时，唯有不失时机地出兵攻战，才有把握取得对敌战争的胜利。

二是从分析己方"天道"、"地道"、"人事"三个方面存在的有利条件入手，阐明了如何确定我军实施战争的战略决策问题。李筌把"法天"、"则地"、"和人"三者作为军队实施战争的缺一不可的根本依据。他说："兵不法天不可动，师不则地不可行，征伐不和于人不可成。"认为，只有当我完全具备了"天赞其时，地资其财，人定其谋"等对我有利的条件的时候，才可以实施战争并能赢得战争胜利。此论无疑是十分正确的。

三是深刻揭示了分析研究敌情、制订战略计划所应严格遵循的指导原则。了解敌情实际，摸清敌人企图，是制订战略计划并以此战胜敌人的根本前提。然而，怎样才能了解敌情摸清其企图呢？作者李筌明确指出，对于敌人应当"静见其阳，动察其阴，先观其迹，后知其心"。李筌这里所讲的"先观其迹，后知其心"，是说首先通过观察敌人的行动迹象，然后再对所得到的敌情进行综合分析、缜密判断，从而摸清敌人的用心企图，为制订对敌作战方略计划，提供可靠的敌情依据。显而易见，李筌所提倡的"先观其迹，后知其心"这一分析研究敌情所必须遵循的指导原则，是完全符合辩证唯物论所揭示的透过现象、把握本质这一认识事物的基本规律的。这对我们今天分析研究现代条件下的战争，乃至分析和认识一切事物，都有十分重要的借鉴意义。

当然，尽管李筌在分析研究敌我双方情况的提法，与孙子的论述有所不同，但二者并非矛盾不谐。实际上，李筌在分析研究敌对双方情况的问题上，所倡导的"法天"、"则地"、"和人"三原则，乃是对孙子所提出的"五事七计"理论的进一步深化和高度概括，二者在本质上是完全一致的。这是我们今天阅读李筌《庙胜篇》应当注意把握之点。

沉谋篇第十四

【原文】

经曰：善用兵者，非信义不立，非阴阳不胜，非奇正不列，非诡谲不战。谋藏于心，事见于迹；心与迹同者败，心与迹异者胜。

"兵者，诡道也。能而示之不能，用而示之不用。"①心谋大，迹示小；心谋取，迹示与。惑其真，疑其诈，真诈不决，则强弱不分，湛然②若玄元③之无象④，渊然⑤若沧海⑥之不测。如此，则阴阳不能算，鬼神不能知，术数⑦不能穷，卜筮不能占，而况于将乎？

夫善战者，胜败生于两阵之间，其谋也策不足验，其胜也形不足观。能言而不能行者，国之害；能行而不能言者，国之用。故曰：至谋⑧不说，大兵⑨不言，微乎神乎！故能通天地之理，备万物之情。

是故贪者利之，使其难厌⑩；强者卑之，使其骄矜⑪；亲者离之，使其携贰⑫。难厌则公正阙⑬，骄矜则虞守⑭亏，携贰则谋臣去。周文利殷而商纣杀⑮，勾践卑吴而夫差戮⑯，汉高离楚而项羽亡⑰。是故屈诸侯者以言⑱，役诸侯者以策。

夫善用兵者，攻其爱⑲，敌必从；捣其虚⑳，敌必随；多其方㉑，敌必分；疑其事，敌必备。从随㉒不得城守，分备㉓不得并兵㉔；则我佚㉕而敌劳，敌寡而我众。夫以佚击劳者，武之顺；以劳击佚者，武之逆。以众击寡者，武之胜；以寡击众者，武之败。能以众击寡，以佚击劳，吾所以得全胜矣。

夫竭三军气，夺一将心，疲万人力，断千里粮，不在武夫行阵之势，而在智士权算㉖之中。弱兮柔兮，卷之不盈怀袖㉗；沉兮密兮，舒之可经寰海㉘。五寸之键，能制阖辟㉙；方寸之心㉚，能易成败。智周万物而不殆，曲成万物而不遗㉛，顺天信人，察始知终，则谋何虑乎不从哉？

【注释】

① "兵者"至"用而示之不用"诸句：语出《孙子兵法·计篇》。兵者，本篇这里指战争。诡道，指用兵的诡诈行为原则。

② 湛然（zhàn—）：清澈貌。

③ 玄元：古人认为天地未分时的混沌一体之气。亦泛指天宇，天空。

④ 无象：指军队行动隐蔽而使人们看不到形迹。

⑤ 渊然：深沉貌。

⑥ 沧海：大海。

⑦ 术数：古代方术的重要内容。又称"数术"。术，指方术；数，指气数，数理，即阴阳五行生克制化的数理。古人把对自然界所观察到的各种变化，往往与人事、政治、社会的变化结合起来分析，认为两者有某种内在关系，并将这种关系用术数来归纳、推理。于是，术数便成为用来推测个人，乃至国家命运吉凶的一种手段。

⑧ 至谋：最好的谋略。

⑨ 大兵：本篇这里指大的战争或大的军事行动。

⑩ 难厌：谓难以满足，或曰贪得无厌。

⑪ 骄矜：骄傲自负。

⑫ 携贰：谓离心离德；怀有二心。

⑬ 公正阙：公正，公平正直。阙，通"缺"，缺乏，缺少。

⑭ 虞守：犹"备守"。谓守备；防范。

⑮ 周文利殷而商纣杀：周文，即周文王，商末周族领袖。姬姓，名昌，商纣时期为西伯，故亦称"伯昌"。据《史记·周本纪》记载，周文王曾被商纣王（帝辛）囚禁在羑里（古城名，位于今河南汤阴北），其臣下闳夭等人为营救文王，采用利诱手段，将美女、骏马及其他奇特物品通过商朝宠臣费仲而献给纣王，纣王获利后非常高兴，便将文王释放归国。文王死后，其子武王姬发即位后，经过充分准备，终于在公元前 1027 年灭亡商朝，纣王乃投火自焚而死。

⑯ 勾践卑吴而夫差戮：勾践，即越王勾践，春秋末期越国国君。夫差，即吴王夫差，春秋末期吴国国君。据《史记·越王勾践世家》记载，春秋周敬王三十六年（前 494 年），吴王夫差军队于夫椒（位于今太湖中之西洞庭山，一说在今浙江绍兴北）打败越军后，将越王勾践围困于会稽山上。在此危急存亡关头，勾践采纳了大夫范蠡的建议，一面准备拼死奋战，一面派遣大夫文种通过贿赂吴太宰嚭以向吴王夫差求和，并准备在求和不允之时，将亲自为质于吴，卑事夫差。

夫差拒绝伍子胥乘机灭越之建议，终于准越求和，放归勾践。勾践返国后，卧薪尝胆，励精图强，经过"十年生聚，十年教训"的长期准备，最终于周元王三年（前473年）灭亡吴国，夫差遂自杀身死。

⑰ 汉高离楚而项羽亡：汉高，即汉高祖刘邦，西汉开国皇帝。离楚，谓离间楚军领导集团。据《史记·陈丞相世家》记载，在楚汉战争中，刘邦采纳陈平"纵反间于楚军"之计，以重金收买、离间项羽君臣关系，促使其领导集团分裂，从而为刘邦最后击败楚军、灭亡项羽创造了条件。

⑱ 屈诸侯者以言：句义谓征服诸侯要用离间手段。言，这里谓离间。说见《礼记·缁衣》"毋以远言近"句，清汪远孙《国语考异发正古注》卷八注引《尔雅·释诂》云："'言，间也'。'远言近'，即《左传》'远间亲'也。以此间彼曰间。"

⑲ 攻其爱：进攻敌人所爱重之处。敌人爱重之处，也就是敌人的重要部位。

⑳ 捣其虚：进攻敌人的空虚之处。捣，谓冲击；进攻。

㉑ 多其方：谓多方向进攻敌人。

㉒ 从随：被动地随从于后。亦即被牵着鼻子走的意思。

㉓ 分备：谓分散兵力处处防守。

㉔ 并兵：谓集中兵力。

㉕ 佚：通"逸"。谓安逸。

㉖ 权算：谓谋划运筹。权，权衡；谋划。算，筹算；运筹。

㉗ 怀袖：犹"怀抱"，或"怀藏"。

㉘ 寰海：海内，四海。引申谓天下。

㉙ "五寸之键，能制阖辟"：语本《淮南子·主术训》"五寸之键，制开阖之门"。键，指门的插销。阖辟，谓闭合与开启。

㉚ 方寸之心：指心脏。因心脏处于胸中方寸间，故称。

㉛ 曲成万物而不遗：语出《周易·系辞上》。唐孔颖达疏曰："言圣人随变而应屈曲委细，成就万物。"可见，曲成，指多方设法而使有所成就，或曰委曲成全。句义谓圣人能随机应变以成就万物而不使其遗漏。

【译文】

经典上说：善于用兵打仗的人，不以信义待人就不能树立起威望，不遵循阴阳变化规律就不能取胜，不懂得奇正之术就不会布列战阵，不运用诡诈之道就不能与敌交战。谋略蕴藏于心中，战事表现在外部，如果心中的谋略与外部的表象显露相一致时，作战就要失败；如果心中的谋略与外部的表象显露不一致时，作战就能胜利。

（诚如《孙子兵法·计篇》所讲，）"用兵打仗之事，是以实施诡诈为原则的。因此要做到：能打时却向敌人伪示不能打，要打时却向敌人伪示不想打。"内心谋划大的作战计划，而表面上却显示为小计划；内心谋划着要攻取敌人，而表面上却显示给予敌人。以假乱真使敌人迷惑，实施诡诈使敌人猜疑。由于真伪不辨，敌人就无法分清我军力量的强弱。这样，就可以使我军隐蔽得像清澈的天空一样没有形迹，像深沉的大海一样深不可测。如能做到这样，那么，即使运用阴谋之术也无法推断，求助于鬼神也难以知晓，使用各种方术也不能识破，用卜筮算命也占不出吉凶，更何况对一般将领而言呢！

凡是善于指挥作战的人，其胜与败的结局都是发生在两军对垒的交战之中。然而，他们的谋略计策是隐蔽而不能有征兆的，他们的取胜条件是敌人所不能察看到的。能说会道而不能身体力行的人，是国家的祸害；能够身体力行而不善于辞令的人，是国家的有用之才。所以说，最好的谋略计策是不能随意说出的，重要的军事行动是不能向外暴露的。这是微妙神秘的啊！因此，要能做到通晓天地变化的规律，全面了解万物的情状。

所以，对于贪婪的敌人，要用利益引诱他，使其贪欲难以满足；对于强大的敌人，要用卑词麻痹他，使其更加骄傲自满；对于内部团结的敌人，要用离间手段破坏他，使其内部离心离德。敌人贪心不足就缺少公正廉明，骄傲自满就势必放松守备，离心离德就会使谋臣出走。周文王用利益引诱殷商，武王最终灭商而迫使纣王投火自焚；越王勾践卑事吴国，最后灭吴迫使夫差自杀身亡；汉高祖刘邦离间楚军，最后灭楚迫使项羽乌江自刎。所以，征服诸侯要用离间手段，役使诸侯要用谋略计策。

善于用兵打仗的人，要进攻敌人所爱重的要害之处，这样敌人必然要从之而援；要攻击敌人兵力空虚的重要部位，这样敌人必然要随之而来；要从多方向对敌人展开进攻，这样敌人必然要分散兵力；要用隐真示假之法使敌人产生疑惑，这样敌人必然要处处防备。敌人被动随从就不能固守城池，敌人分兵防备就无法集中兵力，从而就会造成我军安逸而敌人疲劳、敌人兵寡而我军兵众的有利态势。以安逸之兵攻击疲劳之敌，这是用兵打仗的顺利之举；以疲劳之兵攻击安逸之敌，这是用兵打仗的不利之举。以优势兵力攻击寡少之敌，这是用兵打仗的取胜之道；以寡少兵力攻击优势之敌，这是用兵打仗的取败之道。能够做到以优势兵力攻击劣势之敌，以安逸之师攻击疲劳之敌，那么，我军便可以取得完全胜利啦。

能够竭尽敌军之士气，动摇敌将之决心，疲敝敌军万众之体力，切断敌军千里之粮道，都不取决于武勇之将行军布阵的形势，而取决于智谋之士的谋划运筹之中。而谋划运筹如同细弱柔软之物啊，把它卷藏起来的时候而装不满胸怀；又如同深沉神秘之物啊，把它舒展开来的时候则可以经略天下。五寸长短的锁簧可以控制门的开闭；方寸大小的心谋可以改变战争胜败。智谋周全则万物变化不会受到危害，随机应变则万物不会被遗漏，顺应天道而取信于民，观察其始而预料其终。那么，谋略还怕有什么不能实现的吗？

【解说】

本章以《沉谋篇》为题立论，旨在阐述用兵谋略在战争中的作用、特性，以及如何隐蔽自己的谋略企图和探清敌人的谋略企图的问题。沉者，深也；沉谋，本篇乃取深藏谋略不露之义。通观全篇可以看出，作者李筌主要阐明了如下三个思想观点：

第一，阐明了谋略在战争中的重要意义和作用的问题。李筌开宗明义地指出，一个善于用兵打仗的将帅，除了必须懂得"非信义不立，非阴阳不胜，非奇正不列"的道理之外，还必须明了"非诡谲不战"的意义。这就是说，以"诡谲"（亦即孙子所说的"诡道"）为基本特色的谋略在战争中的实际运用，乃是赢得对敌作战胜利所必不可缺的理论武器。在李筌看来，是否明了和懂得运用"非诡谲不战"这一重要谋略思想于对敌作战实践中，乃是衡量战争指导者是否善于用兵打仗的重要标志之一。作者李筌还进一步分析指明："夫竭三军气，夺一将心，疲万人力，断千里粮，不在武夫行阵之势，而在智士权算之中。"李筌这一论断，深刻而明确地揭示了谋略的运用在战争中无可替代的重要作用和意义。

第二，阐明了谋略的基本特性以及如何隐蔽自己的谋略企图和探明敌人的谋略企图的问题。我们从作者李筌所论内容来看，谋略的基本特性有二：一是谋略具有鲜明的隐蔽性。李筌指出："谋藏于心，事见于迹，心与迹同者败，心与迹异者胜。"这就告诉我们，只有当深藏于内心的谋略与表露于外的行动迹象不相同的时候，才能使敌人无法摸清我军的真实企图，从而确保我军对敌作战的胜利；否则，如果我军的谋略外露而与行迹完全相同的时候，则十分容易使敌人摸清我军的真实企图，从而导致我军对敌作战的失败。因此，为了确保自己谋略的隐蔽性，李筌特别强调要切实做到"至谋不说，大兵不言"。并且认为，只有使自己的谋略完全处于"微乎神乎"的隐蔽神秘状态下，才"能通天地之理，备万物之情"，从而确保我军赢得对敌作战的胜利。二是谋略的诡诈性。李筌遵循孙子"兵者，诡道也"（见《孙子兵法·计篇》）的思想观点，进一步论述和揭示了"诡道"既是用兵打仗所应遵循的基本军事原则，又是谋略运用中应当采用的重要作战手段。所以，李筌强调指出，在实施谋略于战争过程中，必须巧妙地运用诡诈之道以惑敌误敌，做到"能而示之不能，用而示之不用"；做到"心谋大，迹示小；心谋取，迹示与。惑其真，疑其诈"，从而使敌人对我"真诈不决，则强弱不分"。这样，就可以使我军隐蔽得像清澈的天宇一样没有迹象，像沉渊的大海一样深不可测。果然做到"如此，则阴阳不能算，鬼神不能知，术数不能穷，卜筮不能占"。谋略与诡道之间的这种不可分割性，由此而可见一斑。而谋略之此一鲜明特点，恰恰又是谋略在战争中具有无可替代的作用的重要原因之一。

第三，阐明了对不同特点、不同情况的敌人，要采用不同的谋略手段而给敌人制造困难，从而调动敌人就范。李筌认为，对于敌人之"贪者利之，使其难厌；强者卑之，使其骄矜；亲者离之，使其携贰。"这样，敌人贪利"难厌则公正阙；骄矜则虞守亏，携贰则谋臣去。"为了充分说明这一论点，李筌列举了诸多史例加以证明之。他指出：西周灭亡商纣，是"周文（周文王姬昌）利殷（利诱殷商）"的结果；春秋时期越国灭亡吴王夫差，是"勾践（越王勾践）卑吴（卑恭事吴）"的结果；刘邦灭亡项羽，是"汉高（汉高祖刘邦）离楚（离间楚军）"的结果。李筌还强调，对于不同情况的敌人，要善于运用不同的作战方略。他说："夫善用兵者，攻其爱，敌必从；捣其虚，敌必随；多其方，敌必分；疑其事，敌必备。从随不得城守；分备不得并兵"，从而造成"我佚（安逸）而敌劳，敌寡而我众"的对敌不利而对我有利的态势。这样，我就可以做到"以众击寡，以佚击劳"，从而确保我军能够取得对敌作战的"全胜"战果。

谋略问题，是历代兵家所着力探讨的古老课题。但是，在唐代以前，能对谋略的意义、作用、特性以及如何将谋略运用于战争之中等诸多问题，给以全面论述者，是不多见的。然而，唐代兵学家李筌不但专辟《沉谋篇》为题立论，而且试图从理论与实践的结合上，给以较为系统、全面的论述，得出较为符合实际的思想观点，这不能不说是对中国古代军事思想发展的一大贡献。李筌所深入探讨的"谋略"问题之诸多重要观点，对于今天的用兵者仍然具有十分重要的参考价值意义。

子卒篇第十五

【原文】

经曰：古者，用人之力，岁不过三日，籍敛不过什一。^①公刘好货^②，居者有积仓^③，行者有裹粮^④；太王好色^⑤，内无怨女^⑥，外无旷夫^⑦。文王作刑^⑧，国无冤狱；武王行师，士乐其死。

古之善率人者，未有不得其心而得其力者也，未有不得其力而得其死者也。故国必有礼信亲爱^⑨之义，然后人以饥易饱；国必有孝慈廉耻^⑩之俗，然后人以死易生。人所以守战，至死不衰者，上之所施者厚也；上施厚则人报之亦厚。且士卒之于将，非有骨肉之亲，使冒锋镝^⑪、突干刃^⑫，死不旋踵^⑬者，以恩信养之，礼恕^⑭导之，小惠渐^⑮之，如慈父育爱子也。故能救其阽危^⑯，拯其涂炭^⑰；卑身下士，齐勉甘苦，亲临疾病；寒不衣裘，暑不操扇，登不乘马，雨不张盖；军幕^⑱未办，将不言坐；军井^⑲未通，将不言渴；妻子补绽^⑳于行间，身自分功^㉑于役作^㉒；箪醪之馈，必投于河^㉓；挟纩之言，必巡于军。^㉔是以人喜金铎^㉕之声、勇鼓鼙^㉖之气者，非恶生而乐死，思欲致命^㉗而报之于将也。

故曰："视卒如婴儿，故可以与之赴深溪；视卒如爱子，故可与之俱死。厚而不能使，爱而不能令，乱而不能理，譬如骄子不可用也。"^㉘"是故令之以文，齐之以武，是谓必取。"^㉙语曰："夫妻谐可以攻齐，小夫怒可以攻鲁。"^㉚王翦^㉛、李牧^㉜、吴起、田穰苴竟如此，而兵强于诸侯也。

【注释】

①"古者，用人之力"至"籍敛不过什一"诸句：语出西汉桓宽《盐铁论·盐铁取下第四十一》。籍敛，谓征收田税。什一，谓十分之一。

②"公刘好货"以下六句：语出《孟子·梁惠王下》。公刘，古代周族祖先后稷的三世孙，

为周代的创业之主。好货，指公刘喜爱和注重财货，借指公刘重视发展生产。

③ 积仓：指以仓廪储存的粮食。

④ 裹粮：指外出所携带的干粮。

⑤ 太王好色：太王，指周代的古公亶父，周文王姬昌的祖父，其尊号为"太王"。好色，通常指贪爱女色，但在本篇这里则指太王古公亶父喜爱其妻太姜。

⑥ 内无怨女：句义谓居内女子没有找不到丈夫的怨恨女。内，与下文"外无旷夫"句中的"外"，皆代指男、女。古代以女子居内持家、男子外出做事，故女子用"内"代，男子用"外"代。

⑦ 外无旷夫：句义谓外出男子没有找不到妻子的单身汉。旷夫，指没有妻子的男子。

⑧ 文王作刑：文王，即周文王姬昌。作刑，谓制定刑律。

⑨ 礼信亲爱：礼信，谓礼仪与信义，也谓礼仪礼节。亲爱，亲近喜爱。

⑩ 孝慈廉耻：孝慈，谓尊长孝敬，对下属（或晚辈）慈爱。廉耻，谓廉洁知耻。

⑪ 锋镝：本指刀刃和箭镞，借指兵器，亦指战争。

⑫ 干刃：指盾与刀，皆是古代常用的兵器，亦代指战争。

⑬ 旋踵：谓旋转脚跟而转身向后，借指畏缩后退。

⑭ 礼恕：谓礼仪法度和忠恕道德。

⑮ 渐：滋润，滋长。

⑯ 阽危（diàn—）：危险。

⑰ 涂炭：蹂躏，摧残。比喻极困难的境遇。

⑱ 军幕：部队行军宿营用的帐幕。

⑲ 军井：军中使用的水井。

⑳ 补绽：谓缝补破衣服。绽，衣服破裂。

㉑ 分功：犹"分工"。

㉒ 役作：力役劳作。

㉓ 箪醪之馈，必投于河：典出《黄石公三略·上略》。箪醪（dān láo），指用容器装的酒。馈，赠送。

㉔ 挟纩之言，必巡于军：典出《左传·宣公十二年》。句义谓要把人们慰问的温暖话语，一定传遍全军。挟纩（xié kuàng），本谓披着棉衣，亦以喻指受人抚慰而感到温暖。

㉕ 金铎：即铎。古代乐器名。大铃之一种。古代宣布政令或遇到战事时候用之。说见《周礼·地官·鼓人》"以金铎通鼓。"郑玄注云："铎，大铃也，振之以通鼓。"

㉖ 鼓鼙（—pí）：指古代军中使用的大鼓和小鼓。

㉗ 致命：犹"捐躯"。谓牺牲生命。

㉘ "视卒如婴儿"以下八句：语出《孙子兵法·行军篇》，但与原著文字顺序及个别字略异。

㉙ "是故令之以文，齐之以武，是谓必取"：此三句出自《孙子兵法·行军篇》。令，教令，亦谓教育。文，指政治，亦指道义。齐，谓整饬，规范。武，指军法军纪。必取，谓必定攻取战胜。

㉚ "夫妻谐可以攻齐"以下二句：出处待查。疑为春秋时期流行的一种俗话谚语。

㉛ 王翦：战国末期秦国名将。为将持重，老谋深算。

㉜ 李牧：战国末期赵国名将。长期驻守赵国北部边防，熟悉边情，甚得军心。

【译文】

经典上说：古代时候，君王使用百姓人力劳作，每年不超过三天时间；征收百姓田税数额，也不超过十分之一。周代始祖公刘喜爱财货，故使留在家里的人能有仓储粮谷，行军打仗的人能有携带干粮。太王古公亶父喜好女色，故使内居者没有找不到丈夫的怨恨女，外出者没有找不到妻子的单身汉。周文王制定刑律，国家无冤案发生；周武王出兵征伐，将士心甘情愿赴死沙场。

古代善于统御军队的人，没有不赢得人们忠心支持而能得到人们效力劳作的，也没有不得到人们效力而能得到人们情愿赴死沙场的。因此，国家必须首先充满礼仪信义和亲情爱心之风，然后人们才能情愿忍饥挨饿以换取温饱的生活；国家必须首先形成尊长爱幼和廉洁知耻之俗，然后人们才能甘愿牺牲自己以换取国家的生存。所以，人们能够坚守攻战而至死斗志不衰的原因，就在于统治者给予他们以丰厚的利益；统治者所给的利益丰厚，那么，人们回报他的也就自然丰厚。况且，士卒对于将帅来说，并没有骨肉之亲，要想使他们临战能冒着枪林弹雨，突破剑戟刀丛，奋勇杀敌而至死不后退，那么，平时就要用恩德信义培养他们，用礼仪忠信训导他们，用实际恩惠抚慰他们，就像慈父养育爱子一样。因此，将帅要切实做到：在士卒遇到危险时能够解救他，在士卒遭到摧残时能够拯救他；要谦恭礼让而礼贤下士，要与众互勉而同甘共苦，要亲自慰问有病的士卒；严寒天气自己不穿皮衣，酷暑天气自己不揎扇子，行军登高时不乘坐马匹，下雨天气也不张伞遮雨；军营帐幕没有搭好，将帅不说坐下休息；军用水井没有凿好，将帅不说口渴喝水；将帅的妻子在军营给士卒缝补衣服，将帅本人也亲自分工从事各种劳作；要把民众赠送的一箪水酒，一定倒入河里，（与士卒同流共饮）；要把人民慰问的温暖话语，一定传遍全军，（与士卒同受鼓舞）。因此，士卒们喜闻临战的金鼓之声，而听到战鼓声响就勇气倍增的原因，不是由于厌恶活着而乐意去死，而是想要用牺牲生命来报答将帅平日给予他们的深恩厚爱。

所以，（诚如《孙子兵法》所说：）"将帅对待士卒就像对待自己的婴儿一样，那么，士卒就可以和将帅共赴危难；将帅对待士卒就像对待自己的爱子一样，那么，士卒就可以与将帅同生共死。如果对士卒只是厚待而不能使用，只是溺爱而不能教育，他们违法而不能惩治，那么，就如同娇惯了的子女一样，是不可以用来对敌作战的。""所以，要用宽厚仁恩之'文'的手段去培养教育他们，用威刑法纪之'武'的手段去管束整饬他们，这样的军队就能成为攻必取、战必胜的军队。"又如俗话所说的："一个国家内的夫妻和睦相处，就可以团结一致地进攻齐国；平民百姓怒恨仇敌，就可以同仇敌忾地进攻鲁国。"战国时期秦国的名将王翦、赵国名将李牧、魏国名将吴起，以及春秋时期齐国名将田穰苴等将领，都是采用文武相兼、恩威并重的治军原则办法，而把本国的军队治理得强大于其他诸侯国的军队。

【解说】

本章以《子卒篇》为题立论，旨在取孙子"视卒如爱子"之义，从治军的战略高度探讨将帅如何爱兵带兵、整军治军及其重要意义与作用的问题。军队建设发展的历史经验表明，士卒是国家武装力量的主体成分，军队战斗力构成的第一要素。战争中没有广大士卒的参加和奋勇杀敌，要想取得战争的胜利是不可能的。所以，从春秋时期的大军事家孙武到历代有作为的兵家，都把将帅整军治军、爱兵带兵的问题，作为军队建设的根本任务加以重视和研究。唐代兵学家李筌也不例外，他在完全继承孙子关于将帅爱兵带兵思想的基础上，着力就将帅怎样爱兵带兵及其重要意义与作用等问题，而展开深入探讨。

李筌认为，将帅统御士卒并欲发挥其强大战斗力的重要作用，关键在于能"得其心"，而"得其心"才能"得其力"，进而才能"得其死"，使广大士卒在对敌作战中拼死杀敌而赢得战争的胜利。那么，怎样才能实现"得其心而得其力"、"得其力而得其死"呢？李筌结合历史的实践经验，着重强调要解决好以下四个问题：

第一，强调国家须有良好的政治环境和道德氛围的深刻影响促进。李筌指出："古之善率人者，未有不得其心而得其力者也，未有不得其力而得其死者也。故国必有礼信亲爱之义，然后人以饥易饱；国必有孝慈廉耻之俗，然后人以死易生。"这就清楚地告诉我们，一个国家的政治环境和道德氛围的好坏，对军队建设的影响作用极大。所以，作者李筌强调指出，只有国家处在"必有礼信亲爱之义"的政治环境之中，才能获得士卒热爱国家之心；只有国家处在"必有孝慈廉耻之俗"的道德氛围之中，才能获得士卒为国捐躯之力，从而使他们在对敌作战中甘愿牺牲自己的生命，来换取国家的生存与发展。显而易见，在李筌看来，搞好国家政治与道德建设，乃是搞好军队建设的重要前提条件。李筌此种认识，无疑是值得今人充分肯定的正确观点。

第二，强调将帅要像慈父关爱子女那样去关心和爱护士卒。国家对军队的使用，是通过各级将领来组织实施的。因此，将领尤其是将帅以什么样的思想和心态去对待士卒，直接关系着军队质量建设问题。明于此理的李筌十分强调为将帅者应当"如慈父育爱子"那样关心和爱护士卒。为此，他一方面要求将帅平时对士卒要"以恩信养之，礼恕导之，小惠渐之"；一方面要求将帅在战时对士卒要做到"能救其阽危，拯其涂炭"于危难之时。李筌认为，将帅只有做到这样，才能使那些与将帅"非有骨肉之亲"的广大士卒，在战争中敢于"冒锋镝、突干刃，死不旋踵"地去拼命奋勇杀敌，以赢得对敌作战的胜利。

第三，强调将帅要以身作则，与士卒同甘共苦，严防生活特殊化。李筌一方面要求将帅在生活上与士卒打成一片，决不搞特殊化，切实做到"寒不衣裘，暑不操扇，登不乘马，雨不张盖；军幕未办，将不言坐；军井未通，将不言渴"，等等；一方面强调将帅要起到表率作用，做到以"妻子补绽于行间，身自分功于役作"，亲自为士卒做好事做实事。作者李筌认为，将帅只有切实做到这样，才能真正使广大士卒在对敌作战中，成为"人喜金铎之声、勇鼓鼙之气者"，从而做到"思欲致命而报之于将"，为赢得战争胜利而拼死奋战。

第四，强调将帅爱护士卒，必须加强部队管理教育，以提高士卒的军政素质为根本目的。李筌引录孙子的论述指出："视卒如婴儿，故可与之赴深溪；视卒如爱子，故可与之俱死。厚而不能使，爱而不能令，乱而不能理（孙子原著'理'作'治'），譬如骄子，不可用也。"（见《孙子兵法·地形篇》）可见，作者李筌真切认识到，将帅对士卒仅仅做到厚待和慈爱是不够的，还必须认真贯彻"恩威"并重、"爱畏"兼行的治军原则，对部队一定要严格管理教育，切实做到"令之以文，齐之以武"，提高士卒的军政素质，增强部队的战斗力。这样，打起仗来，才能战必胜、攻必取。为了进一步说明从严管理部队的重要意义和作用，李筌以史为例，盛赞春秋战国时期秦国的王翦、赵国的李牧、魏国的吴起、齐国的田穰苴等将领，正是由于贯彻了"恩威"并重、"爱畏"兼行的治军原则，对所属部队从严管理教育，从而才使他们成为当时"兵强于诸侯"而流芳千古的著名军事统帅。

古今中外的历史经验表明，军队是国家实施专政的重要工具，从来不是脱离现实而生活在真空之中。因此，国家政治生活的优劣，社会道德习俗的好坏，无不给军队以深刻影响。生活在唐代中后期的兵学家李筌，能够比较清醒地认识到这一点，并且提出国家"必有礼信亲爱之义"和"必有孝慈廉耻之俗"而给军队建设以良好环境和纯正影响，以及将帅如何关心和爱护士卒的诸多思想观点，这在我们党和国家深入开展党风廉政建设与反腐败斗争的今天，对于我们如何搞好军队质量建设，是有极其重要的借鉴意义。

选士篇第十六

【原文】

经曰：统六军①之众，将百万之师，而无选锋，浑②而杂用，则智者无所施其谋，辨者③无所施其说，勇者无所奋其敢，力者④无所著⑤其壮，无异独行中原⑥，亦何所取于胜负哉？故《孙子》曰："兵无选锋，曰北。"⑦

夫选士以赏，赏得其进；用士以刑，刑慎⑧其退。古之善选士者，悬赏于中军⑨之门。有深沉谋虑出人之表者，以上赏而取之，名曰"智能之士"。有辞纵理横⑩、飞箝捭阖⑪，能移人之性、夺人之心者，以上赏而礼之，名曰"辩说之士"。有得敌国君臣问间请谒⑫之情性⑬者，以上赏而礼之，名曰"间谍之士"。有知山川、水草、次舍⑭、道路迂直者，以上赏而礼之，名曰"乡导之士"。有制造五兵⑮、攻守利器，奇变诡谲者，以上赏得而厚之，名曰"技巧之士"。有引五石之弓⑯、矢贯重札⑰，戈矛剑戟便于利用，陆搏犀兕⑱、水攫鼋鼍⑲，佻身⑳捕房、搴旗撅鼓㉑者，以上赏得而抚之，名曰"猛毅㉒之士"。有立乘奔马、左右超忽㉓，逾越城堡、出入庐舍而亡㉔形迹者，上赏得而聚之，名曰"蹻捷㉕之士"。有往返三百里不及夕㉖者，上赏得而聚之，名曰"疾足㉗之士"。有力负六百三十斤、行五十步者，上赏得而聚之；或二百四十斤者，次赏得而聚之，名曰"巨力之士"。有步五行㉘、运三式㉙，多言天道、阴阳、诡谲者，下赏得而存之，名曰"技术㉚之士"。

夫十士之用，必尽其才、任其道。计谋使智能之士，谈说使辩说之士，离亲间疏使间谍之士，深入诸侯之境使乡导之士，建造五兵使技巧之士，摧锋捕房、守危攻强使猛毅之士，掩袭侵掠使蹻捷之士，探报计期使疾足之士，破坚陷刚使巨力之士，诳愚惑痴使技术之士。此谓任才之道，选士之术也。三王㉛之后，五伯之辟㉜，得其道而兴，失其道而亡。兴亡之道，不在人主㉝聪明文思㉞，在乎选能之当其才也。

【注释】

① 六军：亦称"六师"。周制天子所统军队的编制序列，后因以为国家军队的统称。

② 浑：用同"混"。谓混杂，混淆。

③ 辨者：指能言善辩之士。亦即游说（—shuì）之士。辨，通"辩"。

④ 力者：指力气大的人。

⑤ 著：显著；显扬。

⑥ 中原：本谓原野之中，但在本篇这里泛指天下。

⑦ "兵无选锋，曰北"句：语出《孙子兵法·地形篇》。选锋，指经过选拔而组成担负先锋作战任务的精锐部队。北，谓败北、败走。

⑧ 慎：本谓谨慎、慎重，引申谓劝惩、警诫。

⑨ 中军：古代行军作战分左、中、右或上、中、下三军，而三军统由主帅所在的中军发号施令。

⑩ 辞纵理横：谓擅长辞令善于理辩。

⑪ 飞箝捭阖：飞箝，亦作"飞钳"，指辩论的一种方法。捭阖（bǎi hé），犹"开合"。本指战国时期纵横家一种分化拉拢的游说之术，后亦泛指分化拉拢。

⑫ 问间请谒：问间，谓打探间隙、探问矛盾。请谒，请求谒见。均指寻找敌国君臣之间相互关系存在的嫌隙及往来情况。

⑬ 情性：本篇这里指敌国君臣关系的情状及其性质。

⑭ 次舍：指行军宿营之地。

⑮ 五兵：亦作"五戎"，指古代的五种兵器，但不同著作所指不同。如汉郑玄注《礼记·月令》称："五戎谓弓、殳、矛、戈、戟也。"唐颜师古注《汉书·吾丘寿王传》则称："五兵，谓矛、戟、弓、剑、戈。"亦泛指各种兵器。

⑯ 五石之弓：指拉力为五石重量才能拉开的弓箭。石（dàn），计算重量的单位，通常一石为一百二十斤。

⑰ 重札（chóng zhá）：指多层铠甲叶片。重，重复，多层之意。札，指用皮革或金属制成的铠甲叶片。

⑱ 犀兕（xī sì）：即犀牛和兕兽。兕，古代犀牛一类的野兽名。杨伯峻《春秋左传注·宣公二年》则称："兕为犀之雌者。"

⑲ 鼋鼍（yuán tuó）：鼋，大鳖，俗称癞头鼋。鼍，亦称"鼍龙"或"猪婆龙"，今称扬子鳄。

⑳ 佻身（tiáo—）：单独；只身。

㉑ 搴旗摭鼓：搴旗（qiān—），拔取敌方旗帜。摭鼓（zhí—），夺取敌人的战鼓。

㉒ 猛毅：勇猛刚毅。

㉓ 超忽：迅速貌。

㉔ 亡（wú）：义同"无"。没有。

㉕ 蹻捷（jiǎo—）：矫健敏捷。指动作迅速。

㉖ 夕：傍晚，日暮之时。

㉗ 疾足：谓足力矫健，奔跑飞快。引申谓行动迅速。

㉘ 步五行：谓以五行（金、木、水、火、土）推算命运。步，本谓以脚步测量远近，引申为推测，推算。实系迷信活动。

㉙ 运三式：谓运用三式（即六壬、太乙、奇门遁甲三式）来占卜吉凶福祸。实系迷信活动。

㉚ 技术：本篇这里指方术或法术。

㉛ 三王：通常指夏、商、周三代之君王，但不同著作具体所指不同。如晋范宁《春秋榖梁传集解·隐公八年》称"三王"是：夏禹、商汤、周武王；东汉赵岐《孟子章句注》则称夏禹、商汤、周文王为"三王"，等等。

㉜ 五伯之辟：五伯，即"五霸"。通常指春秋时期的五个霸主，但不同著作具体所指不同。如汉高诱《吕氏春秋注》称"春秋五霸"是：齐桓公、晋文公、宋襄公、楚庄公、秦穆公；《荀子·王霸篇》则称：齐桓公、晋文公、楚庄公、吴王阖闾、越王勾践为"春秋五霸"。等等。辟，开辟，开始。

㉝ 人主：即人君，君主。

㉞ 文思：谓才智与道德。古代专用以称颂帝王。

【译文】

经典上说：统御六军之众，率领百万之师，对敌作战而没有精锐先锋部队，仅将各种士兵混杂在一起使用，那么，即使是睿智聪慧的人也无法施展其智谋，能言善辩的人也无法施展其辩才，勇敢无畏的人也无法奋发其英勇，身强力壮的人也无法展现其力量。实际上，这与一个人独自闯荡天下没有两样，他对战争的胜负又有什么可取之处呢？所以《孙子兵法》说得好："用兵打仗，没有精锐部队担任先锋而失败的，这叫作'败北'。"

选拔勇士要靠奖赏，通过奖赏而使其奋勇前进；使用勇士要靠刑罚，通过刑罚而使其警诫后退。古代善于选拔勇士的将帅，都在中军营门张贴悬赏之令。对于那些深沉不露而谋虑超出常人之上的人，以上等奖赏来录用他们，命名他们为"智能之士"。对于那些擅长辩辞、分化拉拢而能改变敌人企图，扰乱敌人心志的人，以上等奖赏来礼待他们，命名他们为"辩说之士"。对于那些能够获得敌国君主与大臣之间嫌隙及其往来情状性质的人，以上等奖赏来礼待他们，命名他们为"间谍之士"。对于那些熟悉山川、水草、宿营之所、道路曲直情况的人，以上等奖赏来礼待他们，命名他们为"乡导之士"。对于那些能够制造各种兵器、攻守器械，以利于神奇变幻、实施诡诈作用的人，以上等奖赏来厚待他们，命名他们为"技巧之士"。对于那些能够拉开六百斤强力的弓箭而能射穿多层铠甲叶片，能够熟练地使用戈、矛、剑、戟，在陆地上敢于搏击犀牛兕兽，在水中能够捕捉大鳖和鳄鱼，或者能够只身捕获俘虏、夺取敌人军旗战鼓的人，以上等奖赏得而抚慰他们，命名他们为"猛毅之士"。对于那些骑术娴熟，乘坐飞马可以左右迅速奔突，跨越城堡、出入营垒而不留形迹的人，以上等奖赏得而集中起来，命名他们为"矫捷之士"。对于那些能够往返三百里路而不到一天时间的人，以上等奖赏得而集中起来，命名他们为"疾足之士"。对于那些力大能背六百三十斤重且能行走五十步的人，以上等奖赏得而集中起来；或者能扛二百四十斤重的人，以次等奖赏得而集中起来，命名他们为"巨力之士"。对于那些能够运用五行、三式之术，善言天道、阴阳之说，用以施行诡诈诳骗惑众的人，以下等奖赏得而保存起来，命名他们为"方术之士"。

对上述这十种各具特长人才的使用，必须尽量发挥其各自的才能，充分利用其特长。例如，进行谋划运筹的时候，使用"智能之士"；实施外交谈判游说的时候，使用"辩说之士"；对敌人实施离间之计的时候，使用"间谍之士"；深入敌国境内作战的时候，使用"乡导之士"；制造各种兵器的时候，使用"技巧之士"；挫败敌人锋芒，捕获敌人俘虏，防守危险地方，进攻强大敌人的时候，使用"猛毅之士"；袭击攻掠敌人的时候，使用"矫捷之士"；约期传递情报的时候，使用"疾足之士"；对敌攻坚作战的时候，使用"巨力之士"；诳骗愚惑敌人的时候，使用"方术之士"。以上这些针对不同敌情而使用不同特长的人才，就是任用人才所应着重掌握的原则，及选拔人才所应注意运用的方法。从夏、商、周三代君王之后，到春秋五霸称雄之始，凡是掌握了选士用人之道的，就会兴盛起来；而没有掌握选士用人之道的，就会走向衰亡。此种国家兴盛与衰亡之道，不在于君王的聪明才智如何，而在于其选拔人才是否能够做到人当其才、才尽其用！

【解说】

本章以《选士篇》为题立论，顾名思义，其中心思想是着重论述如何选拔各类具有专长的人才以为军事斗争服务的问题。综观全篇，作者李筌主要阐明了两个重要思想观点：

首先，阐明了"选士任才"之道的重要意义和作用。李筌开篇伊始便依据孙子"兵无选锋，曰北"（见《孙子兵法·地形篇》）的论断，明确指出，将帅统率百万之师对敌作战，如果没有"选锋"，即没有经过训练选拔而组成担负先锋作战任务的精锐部队，在前面为之冲锋陷阵，那么，自然是"智者无所施其谋，辨者无所施其说，勇者无所施其敢，力者无所著其壮"，其结果便无异于一个人独自闯荡天下，对整个战争的胜负并没有什么可取之处。作者还结合历史实际，进一步分析指出，从夏、商、周三代君王立国之后，到五霸称雄之始，都是沿着"得其道而兴，失其道而亡"的历史轨迹发展变化的，而此种国家"兴亡之道"，关键并不在于君王个人的"聪明文思"怎样，而在于君王是否能够坚持和推行"任才之道，选士之术"，"在乎选能之当其才也"。显而易见，在李筌看来，切实搞好"选士任才"工程，不仅对赢得战争胜利至关重要，而且是直接关系着国家兴衰存亡的重大问题。应当说，李筌的这一思想观点，是符合历史实际的正确观点，应当予以充分肯定和大力弘扬。

其次，阐明了"选士任才"的基本原则和方法。李筌认为，选士任才是以贯彻赏罚制度为指导原则，指明："选士以赏，赏得其进；用士以刑，刑慎其退。"应当说，这是颇有道理的思想观点。

关于怎样"选士"问题。李筌结合历史经验指出，古代善于"选士"的将帅，都是在主帅所在的中军营门张贴悬赏令来进行选拔的，而一旦选中的人才，将帅不仅给以重赏，而且还要根据其各自的特长和才能，授予符合其本人实际情况的名号，以示区别不同类型和专长的人才。作者李筌列举了十类专长人才及其所授名号：对于有深谋远虑而超出常人之上者，授予"智能之士"名号；对于擅长辩辞和分化拉拢而能改变敌人企图者，授予"辩说之士"名号；对于能获取敌国君臣嫌隙、往来情报者，授予"间谍之士"名号；对于熟知山川地理情况者，授予"乡导之士"名号；对于会造各种兵器以利奇变诡谲者，授予"技巧之士"名号；对于能拉开六百斤强力弓箭或只身能捕虏、夺旗者，授予"猛毅之士"名号；对于骑术娴熟而立乘飞马可以左右奔突、跨越城堡、出入敌人营垒而不留形迹者，授予"矫捷之士"名号；对于擅长奔走而往返三百里不到一天者，授予"疾足之士"名号；对于力大能负六百三十斤而行走五十步不倒者，或者能负重二百四十斤可以行走者，授予"巨力之士"名号；对于善于运用五行、三式等方术，以天道、阴阳之说施行诡诈诳骗惑敌者，授予"方术之士"名号。可以明显看出，李筌所论列的十种"应选"人才，几乎涵盖了古代军队建设和实施战争需要的各类特殊军事人才。

关于怎样"用士"问题。李筌认为，选士的目的在于"用士"，而用士则应遵循"必尽其才，任其道"的原则。所谓"尽其才"，是说使用各类人才时要完全发挥其各自的特长和才能；所谓"任其道"，是说要根据不同情况和任务需要，而任用不同特长和才能的人去完成。例如，进行战略谋划运筹的时候，要使用"智能之士"；实施外交谈判游说的时候，要使用"辩说之士"；对敌人实施离间之计的时候，要使用"间谍之士"；深入敌国境内作战的时候，要使用"乡导之士"；制造各种兵器的时候，要使用"技巧之士"；实施摧锋捕虏、守危攻强的时候，要使用"猛毅之士"；对敌实施掩袭攻掠的时候，要使用"矫捷之士"；规定时限传递情报的时候，要使用"疾足之士"；对敌实施攻坚作战的时候，要使用"巨力之士"；对敌实施诓骗愚惑的时候，要使用"方术之士"，等等。

李筌把上述这种根据不同特长和才能而进行的"选士"，又区别不同情况和任务需要而相应"用士"的做法，称之为"任才之道，选士之术"。这是颇有见地的思想观点。关于"选士"问题，早在春秋战国时期就为兵家所重视，其论述屡见于兵书典籍。例如，《孙子兵法·地形篇》提出："兵无选锋，曰北。"《尉缭子·战威篇》认为："武士不选，则众不强。"《吴子·图国篇》在论及作战编队问题的时候，明确提出把不同特长的五种人才各编为一队（每队计六百人，共五队合计三千人）而称之为"练锐"，并认为："有此三千人，内出可以决围，外入可以屠城矣。"《六韬》则专门设置《练士》篇论列了十一种"练士"（练，这里通"拣"，义谓选择。练士，义同"选士"）。从上述四部先秦兵书所论及"选士"的内容，我们一方面可以看出，以孙子为代表的诸多军事家已经较为深刻地认识到"选士"问题对于赢得战争胜利的重要意义和作用；另一方面也明显看到，他们所论及的"选士"内容，无论是《孙子兵法》所讲的"选锋"，还是《尉缭子》所讲的经过选择的"武士"，都仅仅局限于作战部队的编成人员的问题。虽然《吴子》把"选士"的范围扩大到由五种人员组成的"练锐"，《六韬》则扩大到由十一种人员组成的"练士"，但从各种所选人员的命名称号和各自所担负的任务来看，多数是指作战编成的"武士"，即为直接参战的人员。然而，唐代兵学家李筌在其《太白阴经》一书所列《选士篇》，则集中论列了十种各具不同特长和才能的"选士"，几乎涵盖了古代军事活动和战争实践的方方面面所需要的各类特种军事人才。显而易见，李筌对"选士"问题内涵之进一步深化和选拔军事人才范围的扩大，无疑是对以孙子为代表的先秦兵学家们的军事思想的重要发展。他所明确提出的关于选士用士"必尽其才，任其道"的指导原则和选用方法，对于我们今天实施人才强国战略，"加快推进以高层次、高技能人才为重点的各类人才队伍建设"（引自温家宝总理在第十届全国人民代表大会第五次会议上的《政府工作报告》，人民出版社 2007 年 3 月第 1 版），仍然具有十分重要的指导意义和借鉴价值。

励士篇第十七

【原文】

经曰：激人之心，励士之气。发号施令，使人乐闻；兴师动众，使人乐战；交兵接刃，使人乐死。[1]其在以战劝战[2]，以赏劝赏，以士励士。

木石无心，犹可危[3]而动、安而静，况于励士乎？古先帝王[4]伯[5]有天下，战胜于外，班师校功[6]，集众于中军之门。上功[7]赐以金璋紫绶[8]，锡[9]以锦彩[10]，衣以缯帛[11]，坐以重裀[12]，享以太牢[13]，饮以醇酒[14]；父母妻子皆赐纹绫[15]，坐以重席[16]，享以少牢，饮以酎酒[17]。大将军捧赐，偏将军捧觞[18]。大将军令于众曰："战士某乙[19]等，奋不顾身，功超百万，斩元戎[20]之首，搴[21]大将之旗，功高于众，故赏上赏。子孙后嗣[22]，长称卿大夫[23]之家；父母妻子，皆受重赏，牢席[24]有差。众士咸知。"

次功赏以银璋朱绶[25]、纹绫之衣，坐以重席，享以少牢，饮以酎酒；父母妻子，赠以缯帛，坐以单席[26]，享以鸡豚[27]，饮以醨酒[28]。偏将军捧赐，子将军[29]捧觞。大将军令于众曰："战士某乙等，勇冠三军，功经百战，斩骁雄[30]之首，搴虎豹[31]之旗，功出于人，赐以次赏。子孙后嗣，长为勋给之家[32]；父母妻子，皆受荣赏[33]，牢席有差。众士咸知。"

下功赏以布帛之衣，坐以单席，享以鸡豚，饮以醨酒；父母妻子，立而无赏，坐而无席。子将军捧赐，卒捧觞。大将军令于众曰："战士某乙等，戮力行间[34]，劬劳[35]岁月，虽无搴旗斩将，实以跋涉疆场，赐以下赏。子孙后嗣，无所庇诸[36]；父母妻子，不及坐享[37]。众士咸知。"

令毕，命上功起，再拜大将军，让[38]曰："某乙等，忝列王臣[39]，敢不尽节[40]？有愧无功，叨受[41]上赏。"大将军避席[42]曰："某乙等不德，谬居师长，赖尔之功，枭悬[43]凶逆，盛绩美事，某乙等无专善[44]。"退而复坐。命次功再拜上功。上功曰："某乙等无谋无勇，遵师长之命，有进死之荣，无退生之辱。身受殊赏，上光父母，下及妻子，子其勉旃⁴⁵。"退而复坐。命下功再拜次功。次功坐受曰："某乙等少猛寡毅，遵师长之命，决胜负于一时。身受次赏，上光父母，下及妻子，子其勉旃。"下功退而复坐。

夫如是励之，一会⁴⁶则乡勉党⁴⁷，里勉邻，父勉子，妻勉夫；二会则县勉州，师勉友；三会则行路⁴⁸相勉。闻金革⁴⁹之声，相践而出⁵⁰，邻无敌国，邑⁵¹无坚城，何患乎不勉⁵²哉？

【注释】

① "发号施令"至"使人乐死"六句：语出《吴子·励士篇第六》。文中三"使"字，《吴子·励士篇》原著皆作"而"。

② 以战劝战：谓以英勇奋战的精神勉励士卒作战。劝，劝勉；鼓励。

③ 危：高险；高耸。

④ 古先帝王：指古代帝王，或前代已故帝王。

⑤ 伯：这里通"霸"，谓称霸。

⑥ 班师校功：谓军队凯旋，论功行赏。班，还也；校（jiào），考论。

⑦ 上功：指上等功，或曰头等功。

⑧ 金璋紫绶：亦即"紫绶金章"，指有紫色丝带的金印。璋，通"章"；金璋，即"金章"，指金印（一说铜印）。紫绶，即紫色丝带。

⑨ 锡：赐予。

⑩ 锦彩（—cǎi）：指色彩艳丽的丝织品。

⑪ 衣以缯帛：衣，本篇这里作动词，穿；着。缯帛（zēng—），丝绸的统称。

⑫ 重裀（chóng yīn）：指双层的坐卧褥垫。裀，通"茵"，即褥垫、毡子之类。

⑬ 太牢：古代举行祭祀时候，凡具备牛、羊、豕（猪）三牲祭品的称为"太牢"，仅具羊、豕二牲者称"少牢"。

⑭ 醇酒：指味道醇厚的上等美酒。

⑮ 纹绫：一种薄而细、纹如冰凌、光如镜面的丝织品。

⑯ 重席（chóng—）：指有层叠的坐席。古人席地而坐，以坐席的层叠多少表示其身份的高低。

⑰ 酎酒（zhòu—）：指反复多次酿成的好酒。

⑱ 觞（shāng）：盛满酒的杯子。亦泛指酒杯。

⑲ 某乙：称人或自称的代词。

⑳ 元戎：指主将或主帅。

㉑ 搴（qiān）：拔取；夺得。

㉒ 后嗣：后代。

㉓ 卿大夫：即卿和大夫，后借指高级官员。

㉔ 牢席：指所享受的饮宴牲牢食品和坐席等次。

㉕ 银璋朱绶：指配有红色丝带的银印。银璋，即"银章"，指银质的印章。

㉖ 单席：指单层的坐垫。

㉗ 豚（tún）：小猪。亦泛指猪。

㉘ 醨酒（shī—）：滤酒。指过滤去糟的酒。

㉙ 子将军：唐代武官名，亦称"小将"，隶属于大将军之下而掌握布列行阵、金鼓及部署卒伍的副将或偏将。说见元胡三省注《资治通鉴·唐纪二十七·玄宗开元四年》云："子将，小将也，……资其分行阵、辩金鼓及部署。"

㉚ 骁雄：指勇猛雄武之将。

㉛ 虎豹：本篇这里喻指勇猛凶暴之将。

㉜ 勋给之家：指功勋之家。

㉝ 荣赏：犹"重赏"。例见《陈书·宣帝纪》："近岁薄伐，廓清淮泗，摧锋致果，文武毕力……宜班荣赏，用酬厥劳。"

㉞ 行间（háng—）：指行伍军阵之间。亦指战场。

㉟ 劬劳（qú—）：劳累；劳苦。

㊱ 庇诸：庇护之；保护之。诸，本篇这里作代词，相当"之"。

㊲ 坐享：为前文"坐以单席，享以鸡豚"两句的缩语，指享受单席鸡豚的待遇。

㊳ 让：本篇这里指谦让，推辞。

㊴ 忝列王臣：谓愧为君王的臣子。忝（tiǎn），羞愧，有愧于。列，等列，列为。

㊵ 尽节：谓尽心竭力，保全节操。多用于赴义捐生之时。

㊶ 叨受：享受。叨，本谓用嘴衔物，引申谓享受到。

㊷ 避席：古人席地而坐，离席而立以示敬意，乃谓之"避席"。

㊸ 枭悬（xiāo—）：谓斩首悬挂示众。

㊹ 专善：犹"专美"。谓独享美名。专，独享，独占。

㊺ 勉旃（—zhān）：努力。多用于劝勉之时。旃，语助词，系"之焉"的合音字。

㊻ 一会：犹"一次"。本篇这里指一次赏功会。

㊼乡勉党：本篇这里的“乡”和“党”，皆指古代一种地方行政区划名和基层组织。

㊽行路：指过路人，引申谓陌生人。

㊾金革：本指军用器械装备，这里借指战争。

㊿相践而出：义谓相继而出。相践，犹“相踵”，指足踵相继。

(51)邑：古代有时用以称京城、国都，有时用以称封地、采邑。在本篇乃指诸侯国。

(52)勉：清钱熙祚校注称：“张刻本此‘勉’字作‘勇’。”勉，本篇这里指尽力，努力。

【译文】

经典上说：要激发人们的决心，鼓励士卒的勇气。做到发号施令，能使人们乐于听从；兴兵打仗，能使人们乐于参战；冲锋陷阵，能使人们乐于效死。这其中的原因在于，用奋勇杀敌的精神去激发士卒作战，用奖赏军功的办法去鼓励士卒立功，以先进士卒为榜样去激励其他士卒。

木头和石头原本是没有思想意识的，然而将其放在高危之处时尚且能够滚动，置于平坦地方时则又能静止不动，更何况是激励有血有肉有思想的将士呢？古代先帝圣王称霸于天下，在将士外出打了胜仗、班师回朝论功行赏之时，都把部队集中于主帅所在的中军营门之前，举行隆重的授奖仪式。凡是荣立头等功的，赐给他们配有紫色丝带的金印，赏给他们色彩艳丽的丝织品，赐他们穿华美丝绸衣服，让他们坐在铺有双层坐垫的席位上，享用牛羊猪三牲全备的宴席，饮用味道醇美的上等好酒；其父母妻儿都赐给纹如冰凌、光如镜面的丝织品，让他们坐在铺有两层坐垫的席位上，享用备有羊猪二牲的宴席，饮用多次酿造的酎酒。由大将军亲自捧着赏物赐给荣立头等功的士卒，由偏将军亲自举杯为他们一一敬酒。然后，大将军向众人发布号令说：“战士某某等人，在战场上奋不顾身，其战功超过百万之众，他们击斩了敌人主帅的首级，夺取了敌军大将的军旗，功勋高于众人之上，所以给予他们头等奖赏。他们的子孙后代将永久袭称‘卿大夫之家’，其父母妻儿都受到重赏，只是所享用的饮宴和坐席有些差别罢了。请大家都要明了这一点。”

对荣立二等功的士卒，赏给他们配有红色丝带的银印和彩色丝绸衣裳，让他们坐在铺有双层坐垫的席位上，享用备有羊猪二牲的宴席，饮用多次酿造的酎酒；他们的父母妻儿赠给丝绸，让他们坐在铺有单层坐垫的席位上，享用摆有鸡、猪肉食品的宴席，饮用经过滤去糟的酾酒。由偏将军亲自捧着赏物给予荣立二等功的士卒，由子将军亲自举杯为他们分别敬酒。然后，大将军向众人发布号令说：“战士某某等人，他们勇冠三军，身经百战而立功，击斩了敌人骁将的首级，夺得了敌人猛将的军旗，其功勋高出于一般人，所以赐予他们二等奖赏。他们的子孙后代将永久称为'勋给之家'，其父母妻儿都要受到荣耀和赏赐，只是所享用的饮宴和坐席位次有些不同罢了。请大家都要明了这一点。"

对荣立三等功的士卒，赏给他们普通的布帛衣裳，让他们坐在铺有单层坐垫的席位上，享用摆有鸡、猪肉食品的宴席，饮用经过滤去糟的酾酒；其父母妻儿站立一旁而没有赏赐之物和坐席饮宴。由子将军手捧赏物赐予荣立三等功的士卒，由士卒举杯为他们分别敬酒。然后，大将军向众人发布号令说："战士某某等人，他们效力于行伍军阵之间，长年累月不辞劳苦，虽然没有夺旗斩将之功，确有跋涉疆场苦战之劳，所以应当授予三等赏赐。他们的子孙后代没有荫袭庇护，其父母妻儿没有饮宴和坐席。请大家都要明了这一点。"

大将军分别向众人发布号令之后，又命令荣立头等功的士卒起立再次拜谢大将军，并谦让地说："我们某某等人，愧为君王的臣子，怎敢不尽心竭力以保全节操呢？但惭愧没有建立功勋却受到如此头等奖赏。"大将军听后离席而起立说："我某某等人无德无才，愧居统帅之位，全靠你们的功劳，消灭凶顽叛逆，如此盛大战绩和美好事迹，我等不应独占美名。"荣立头等功的士卒退回原位坐下。大将军又命荣立二等功的士卒起立再次拜谢头等功荣立者；头等功荣立者说道："我们某某等人，无勇无谋，遵循大将军的命令，唯有奋勇前进而拼死杀敌之荣，没有畏敌怯战而后退求生之辱。如今身受特殊奖赏，上光耀父母，下荣及妻儿。咱们大家共同努力吧！"荣立二等功的士卒返回原位坐下。大将军又命荣立三等功的士卒起立再次拜谢二等功荣立者；二等功荣立者坐在原位上接受拜谢，并说道："我们某某等人，缺少勇猛刚毅，只是遵循大将军的命令，在决定胜负的战场上一时打了胜仗，如今竟身受二等奖赏，上光耀父母，下荣及妻儿。咱们共同努力吧！"于是，荣立三等功的士卒退回原位坐下。

像这种奖励将士的盛大论功行赏活动，举行一次，就可以使同乡人勉励到同党人，同里人勉励到近邻人，父母勉励儿子，妻子勉励丈夫。举行两次，就可以使同县人勉励到同州人，师长勉励到朋友。举行三次，就可以使过路的陌生人互相勉励。这样，遇到战时，士卒们一听到金鼓之声，就会争先恐后地相继出战杀敌，从而就能确保毗邻没有匹敌的国家，敌国没有坚固的城防，难道还用担心将士不努力奋战吗？

【解说】

本章以《励士篇》为题立论，其中心思想是论述如何激发军心士气，鼓励将士奋勇杀敌，以赢得对敌战争胜利的问题。励者，激励，勉励也，引申谓振奋。士者，这里有广狭二义：狭义指士卒或武士；广义则泛指军人，包括军官和士兵两个阶层的军人。通观全篇可以看出，作者李筌主要阐明了以下两个问题：

一是阐明了实施奖励军功制度的重要意义和作用。李筌认为，在实施军事活动和战争实践中，将帅发号施令之所以能"使人乐闻"，国家兴兵打仗之所以能"使人乐战"，两军交兵接刃之所以能"使人乐死"，其中之重要原因就在于实行了"以战劝战，以赏劝赏，以士励士"这种奖励军功制度的结果。为了进一步说明军心可以激发、士气可以鼓励的道理，作者李筌以"木石"为例作比喻，指出："木石无心，犹可危而动、安而静，况于励士乎？"这就是说，木和石虽然是没有思想意识之物，但加之以一定外力，将其放在高危之处尚能向下滚动，而将其置于平地则能静止不动，更何况是激励有血有肉有思想意识的广大将士呢！这就生动形象而又深入浅出地揭示了奖励军功制度的重要意义和作用，在于它能"激人之心，励士之气"，从而才能确保赢得对敌作战的胜利。

二是阐明了奖励军功的具体实施办法及其目的性。李筌依据《吴子·励士篇》所论述的原则意见，结合历史经验和唐代现实情况，提出了奖励军功的具体实施办法，就是出征部队每战得胜归来之后，要校功"集众于中军之门"，即在主帅所居之中军营门举行论功行赏宴会。与会者除了参战部队将士之外，还邀请立功人员的父母妻儿参加。作者这里所阐释的庆功宴会程式，不但要比战国时期军事家吴起所述内容更为具体详细，而且庆功宴会的气氛更加热烈活跃。授奖仪式开始后，由主帅大将军发布颁奖令，通报立功者的功勋等级、主要事迹和相应的赏赐及饮宴内容，以及他们各自的父母妻儿所得赏赐和饮宴内容。然后，再由各等立功受奖人员与将帅先后讲话，互相勉励，互相支持，充分体现了官兵之间团结友爱的融洽关系和相互促进的可贵精神，从而使庆功宴会气氛达到高潮。使人读后颇受感染，似有身临其境之感。

李筌所提倡的论功行赏宴会，其目的不单是用来激励军心士气以提高部队战斗力，也是为了激发广大群众的爱国热情。所以，他认为，举行一次这样的庆功宴会，即可达到"乡勉党，里勉邻，父勉子，妻勉夫"；举行两次这样的庆功宴会，"则县勉州，师勉友"；举行三次这样的庆功宴会，"则行路相勉"，人人将受到激励和鼓舞。于是，在广大民众高涨的爱国热情的感召之下，一旦发生战争，那么，部队广大将士必将是"闻金革之声，相践而出"，为打败敌人、赢得战争胜利而英勇奋战。从而便可确保自己国家呈现"邻无敌国，邑无坚城"的无与匹敌的强大国势。

李筌本篇所论激励和鼓舞军心士气的问题，实质上是探讨古代治军实践中如何提高官兵思想政治素质的问题。作者所提倡的通过举行以庆功颁奖宴会为形式、以达到"激人之心，励士之气"为根本目的之做法，实际是中华民族代代相继的传统做法，这对我们今天实施治军强国战略仍有重要借鉴意义。我人民解放军自创建之日起，不仅继承了这种历史传统，而且赋予了无产阶级革命军队的新内容，使开展立功创模运动成为中国人民解放军的优良传统。土地革命时期，中国工农红军曾开展过政治上比进步，战斗中比勇敢、比战果的竞赛活动。抗日战争时期，八路军、新四军和各抗日根据地的部队，开展了以战斗、生产和做群众工作为主要内容的评选英雄模范活动。解放战争时期，各解放区部队相继开展了以"为人民立功"、"人人立功，事事立功"为内容的群众性立功创模运动，极大地调动了广大官兵英勇杀敌的积极性，全军涌现出许多英雄集体和大批英雄模范人物。全国解放后，为了表彰全军各条战线上的英模人物，激励全国军民发扬革命英雄主义精神，中央先后于1950年9月、1987年7月在北京召开了全国战斗英雄代表会议、全军英雄模范代表会议，极大地推动了立功创模运动更加广泛深入地开展，有力地促进了全军作战、训练、科研、施工、生产、教学、平叛平暴、抢险救灾、守卫边海防和支援国家经济建设等各项任务的完成。

在2007年8月1日我军创建80周年纪念日的那天，党中央、国务院和中央军委在北京人民大会堂隆重举行庆祝中国人民解放军建军80周年暨全军英雄模范代表大会，胡锦涛总书记代表党中央、国务院、中央军委在会上发表重要讲话，全面回顾了中国人民解放军80年波澜壮阔的辉煌历史，深刻总结了我们党领导人民解放军建设的宝贵经验，高度评价了人民解放军为民族独立、人民解放、国家富强和人民幸福建立的不朽功勋，对在新的历史起点上推进国防和军队现代化建设，提出了明确要求和殷切期望，指明了人民解放军在新的历史时期的前进方向。通过这次全军英模代表大会的成功召开，八年来，我全军广大官兵积极响应党中央、中央军委的号召，掀起了学习英雄思想、走英雄道路、创英雄业绩的热潮；全军上下更加坚持以毛泽东军事思想、邓小平新时期军队建设思想为指导，把科学发展观作为加强国防和军队建设的指导方针，大力弘扬听党指挥、服务人民、英勇善战的优良传统，有效地履行了新世纪新阶段军队历史使命，在更高的起点上推进了国防和军队革命化现代化更好更快地发展，为实现全面建设小康社会的宏伟目标，开创中国特色社会主义事业新局面，为实现中华民族的伟大复兴做出了更新更大的贡献。

这里需要特别指出的是，党的十八大以来，中共中央总书记、国家主席、中央军委主席习近平着眼于实现中华民族伟大复兴的中国梦，鲜明提出党在新形势下的强军目标，引领人民军队开启了强军兴军新的伟大征程。面对社会主义市场经济条件下人们价值取向日益多元多样多变的新特点，面对国家和军队全面深化改革带来的新考验，面对军队现代化建设和使命任务拓展的新要求，如何树立起新一代革命军人的崭新形象，才能担负起强军重任，这是摆在以习近平为总书记的党中央、中央军委面前亟待解决的重大问题。2014 年 10 月 31 日，习主席在古田全军政治工作会议上发出庄严号召：要适应强军目标要求，把握新形势下铸魂育人的特点和规律，着力培养有灵魂、有本事、有血性、有品德的新一代革命军人。显而易见，有灵魂是根本，有本事是核心，有血性是关键，有品德是基础。习主席关于培养"四有"新一代革命军人的重要论述，既是赓续血脉的历史昭示，又是继往开来的时代要求。它从四个维度深刻而清晰地描绘出新一代革命军人的时代风貌，庄严而郑重地赋予了大国军人应有的责任担当。这为全党、全军培养堪当强军重任的新一代革命军人提供了必须遵循的根本法则。所以，习主席的号召一出，立刻激发全军官兵争做"四有"新一代革命军人的热潮。我们深信，在习主席培养"四有"新一代革命军人的庄严号召指引下，我人民解放军不仅能够担当起强军兴军的伟大目标，而且一定能够成为实现中华民族伟大复兴的中国梦的强大正能量（参见新华社、解放军报记者刊发的《培养造就新一代革命军人》，2015 年 8 月 1 日《解放军报》第 2 版）。从而，为实现我们党提出的"全面建成小康社会，全面深化改革，全面依法治国，全面从严治党"的"四个全面"伟大战略规划蓝图，做出人民军队应有的更加辉煌的贡献。

刑赏篇第十八

【原文】

经曰：有虞氏画衣冠、异章服^①，以刑辅缪^②，而奸不犯，其人醇^③。汤武凿五刑^④，伤四肢，以缪辅刑，而奸不止，其人淫^⑤。有虞非仁也，汤武非暴也，其道异者，时也。

古之善治者，不赏仁，赏仁则争为施而国乱；不赏智，赏智则争为谋而政乱；不赏忠，赏忠则争为直而君乱；不赏能，赏能则争为功而事乱；不赏勇，赏勇则争为先而阵乱。夫蔻众^⑥以仁，权谋以智，事君以忠，制物以能，临敌以勇，此五者，士之常。赏其常则致争，致争则政乱，政乱则非刑不治。故赏者，忠信之薄^⑦，而乱之所由生；刑者，忠信之戒，而禁之所由成。刑多而赏少，则无刑；赏多而刑少，则无赏。刑过则无善，赏过则多奸。

王者，以刑禁，以赏劝，求过而不求善，而人自为善。赏，文也；刑，武也。文武者，军之法，国之柄。明主首出，庶物^⑧顺时，以抚四方，执法而操柄^⑨，据罪而制刑，按功而设赏。赏一功而千万人悦，刑一罪而千万人慎；赏无私功，刑无私罪，是为军国之法，生杀之柄。故曰：能生而能杀，国必强；能生而不能杀，国必亡。能生死而能赦杀^⑩者，上也。

刑赏之术，无私常公于世以为道。其道也，非自立于尧舜之时，非自逃于桀纣之朝。用得之而天下治，用失之而天下乱。^⑪治乱之道，在于刑赏，不在于人君。过此以往^⑫，虽弥纶^⑬宇宙，缠络万品^⑭，生杀之外，圣人错^⑮而不言。

【注释】

①　"有虞氏画衣冠、异章服"至"而奸不犯"诸句：语本《史记·孝文本纪》，又见于《慎子·逸文》。有虞氏，传说中的我国远古时代部落名，舜为其部落领袖。相传上古有"象刑"，即以异常的衣着象征五刑以示惩戒。犯人穿着画有特殊图文为标志的不同衣冠代替刑罚，因以称

为"画衣冠、异章服"。章服，古代以日、月、星辰、龙、蟒、鸟、兽等图文作为等级标志的礼服。每图为一章，天子十二章，群臣按品级以九、七、五、三章递降，故名"章服"。

②以刑辅缪：原文作"以州辅牧"。钱熙祚校注云："文澜阁本作'以刑辅缪'，以下文考之，当是。"述古堂抄本同文澜阁本。今从钱说和述古堂抄本改。缪，本篇这里通"勠"。而勠乃系"戮"的异体字（说见《辞海》1999年版缩印本），故"缪"这里借为"戮"，意谓杀戮。

③醇：本篇这里指人的道德风尚淳厚质朴。

④五刑：指秦以前的墨、劓、剕、宫、大辟五种酷刑。墨，即在脸上刺字，且涂以黑色，故名；劓（yì），即割鼻子；剕（féi），断足；宫，指男子割势、女子幽闭，即毁坏男女的生殖器官和生殖机能；大辟，指杀头，即处以死刑。

⑤淫：淫乱邪恶。

⑥莅众：谓治理民众。莅（lì），亦作"莅"，谓监视，治理。

⑦薄：这里通"簿"。指登记，载录。

⑧庶物：众物，万物。

⑨操柄：谓执掌权柄，掌握政权。

⑩赦杀：指赦免将要被杀的人。

⑪"刑赏之术"至"用失之而天下乱"诸句：语出《尹文子·大道下》，但个别文字略异。

⑫"过此以往"句至文末五句：语出《尹文子·大道下》，个别文字略异。

⑬弥纶：谓普遍包络。

⑭缠络万品：缠络，缠绕；包罗。万品，谓万物；万类。

⑮错：本篇这里通"措"。谓舍弃；置而不用。

【译文】

经典上说：上古虞舜时代，只给罪犯穿戴画有特殊图形或颜色标志的衣帽，以此种刑罚来辅助单纯的杀戮，然而民众没有犯法者，那时候的人是淳厚质朴的。商汤和周武王制定了五种刑罚，犯法者遭到肢体伤害，用此种杀戮办法来辅助刑罚，结果作奸犯法者却屡禁不止，那时候的人是淫乱邪恶的。虞舜并非是仁义，商汤和周武王也不是残暴，他们实施统治的原则方法不同，这是其所处的时代不同的结果。

古代善于治理天下的人，不奖赏仁爱者，因为奖赏仁爱者，就会使人们争着去行施舍而导致国家混乱；不奖赏智慧者，因为奖赏智慧者，就会使人们争着出谋划策而导致政治纷乱；不奖赏忠直者，因为奖赏忠直者，就会使人们争着去做忠直而导致君主昏乱；不奖赏才能者，因为奖赏才能者，就会使人们争着建立功名而导致事业紊乱；不奖赏勇猛者，因为奖赏勇猛者，就会使人们争着抢先向前而导致军阵溃乱。治理民众要用仁爱，运用权谋要用智慧，侍奉君主要用忠信，处理事务要用才能，临敌陷阵要靠勇猛。以上这五点，本是将士通常应当做到的事情，奖赏这些本该做到的事情，就会导致争名夺利。争名夺利就会导致政治混乱，政治混乱了就非用刑罚而不能加以治理。所以，奖赏这个东西，既是对忠信的载录，又是混乱由此发生的根源；刑法这个东西，既是忠信者引以为戒的东西，又是禁令得以发生作用的保证。刑罚多了而奖赏少了，刑罚就没有作用；奖赏多了而刑罚少了，奖赏也没有作用。刑罚过滥，就没有善良之辈；奖赏过滥，就会使奸邪增多。

身为国君的人，要用刑罚达到禁止犯罪的目的，通过奖赏起到劝人从善的作用。实施刑赏过程中，宁可要求过严而不求完善，那么，人们也会自觉为善。奖赏，是"文"的办法；刑罚，是"武"的手段。文武二者结合起来，乃是治军的法规，治国的权柄把握。英明的君主首先出现，能使万物都会顺应时代，以此抚治天下四方；他执掌法规而操纵权柄，根据罪行的轻重而制定刑罚，按照功绩的大小而设置奖赏。执行过程中，做到奖赏一个有功之人，能使千万人欢悦欣喜；刑罚一个犯罪分子，能使千万人谨慎警惕。奖赏中没有凭借私人感情而获得的功劳，刑罚中没有因为私人恩怨而遭受到的罪名。这才是所说的统军治国的法规，决定人们生杀的权柄。所以说，既能使人生活又能加以诛杀，这样的国家必定强盛；能够让人生活却不能加以诛杀，这样的国家必定灭亡。能够使将要死亡的人生活下去，又能做到赦免即将被杀的人，这才是最为高明的统军治国之法。

实行刑赏制度，应当公而无私，并且要经常公之于社会，以此作为统军治国的原则和方法。这种原则和方法，不是自然确立于唐尧虞舜的时期，也不是自行离失于夏桀商纣的时代。刑赏制度运用得当，天下就会得到治理；刑赏制度运用失误，天下就会变得混乱。国家治与乱的规律，在于能否正确执行刑赏制度，而不在于君主自身怎样。从古到今，虽然还有许多充满宇宙、包罗万象的事物，但除了掌握和运用好生杀大权以推行刑赏之术外，圣明之人对其他事物都可以置而不论。

【解说】

本章以《刑赏篇》为题立论，其中心思想是探讨古代刑赏制度对于治国治军的重要意义以及如何贯彻实施的原则与方法问题。所谓"刑赏"，就是通常所说的赏罚或曰奖惩，它作为古代治国治军的一项重要制度由来已久，当产生于商周时代。据《周礼·天官·大宰》记载，"刑赏"是西周统治阶级作为国家"以八则治理都鄙"的第七条重要原则。《周礼》所说的"都鄙"，是指周代公卿、大夫、王子弟的采邑或封地。西周最高统治者以"七曰刑赏"作为治理采邑或封地的"八则"之一，可见，刑赏制度对于治国治军具有极其重要的作用和意义。诚如北齐太学博士杜弼所说："天下大务，莫过刑赏二端。赏一人使天下之人喜，罚一人使天下之人服。二事得衷，自然尽美。"（《北史·杜弼传》）唐代兵学家李筌恰是在继承前人思想的基础上，专辟《刑赏篇》着力阐述了如下两个方面的问题：

首先，阐明了建立和贯彻刑赏制度的意义及其重要作用。李筌从分析刑赏这对矛盾双方的辩证关系入手，揭示了刑赏制度乃是以法治国、以法治军的一项"文武"结合的根本性措施，是强国强军之所必需。他说："赏，文也；刑，武也。文武者，军之法，国之柄。明主首出，庶物顺时，以抚四方。"作者李筌认为，建立与实施"文武"结合的刑赏制度，乃是明君圣主赖以维护统治的"军国之法，生杀之柄"。对此项制度掌握和运用得怎样，将直接关系着国家的前途命运。所以，作者李筌指明：刑赏制度运用得好，即"能生而能杀，国必强"；反之，刑赏制度运用得不好，即"能生而不能杀，国必亡"。作者强调指出，通过刑赏制度的贯彻实施，可以起到"以刑禁，以赏劝"的作用，从而能使将死之人生存下去，而让将要被杀的人获得赦免。他认为，这才是最为高明的治国治军之法。李筌还进一步分析指明，能否建立与实施刑赏制度，关系到国家的治与乱。他说：对刑赏制度能够做到"用得之而天下治；用失之而天下乱。治乱之道，在于刑赏，不在于人君。"他甚至这样认为，圣明的君主面对诸多而复杂的国家政务，除了贯彻刑赏制度以牢牢把握"生杀（大权）之外"，其他政务都是可以"错（通'措'，置也，弃也）而不言的"。此论虽然不免偏颇之嫌，但却着实道出了作者李筌对刑赏制度在治国治军中的意义和作用问题的重视程度。从这个意义上讲，也是不无一定道理的。

其次，阐明了贯彻实施刑赏制度应当注意掌握的原则和方法。作者李筌以主要篇幅着重论述了贯彻实施刑赏制度应当注意把握的指导原则和具体方法，归纳起来，主要有三条：一要正确把握奖赏的内容范围，不该奖赏的事情绝不行赏。李筌指出："夫莅众以仁，权谋以智，事君以忠，制物以能，临敌以勇。"他认为，这五者都是"士之常"，换言之，也就是将士通常应当做到的最起码的要求，是不该进行奖赏的。他说"古之善治者"就是这样实行的。李筌之所以把"此五者，士之常"列为不该行赏的内容范围而加以强调，理由是其认为："赏其常则致争，致争则政乱，政乱则非刑不治。"李筌对此论进一步具体分析指出："赏仁则争为施而国乱"、"赏智则争为谋而政乱"、"赏忠则争为直而君乱"、"赏能则争为功而事乱"、"赏勇则争为先而阵乱"。可见，李筌认为"赏其常"，即奖赏将士通常应当做到的仁、智、忠、能、勇，乃是导致国乱、政乱、君乱、事乱、阵乱"五乱"的根源。所以，他极力主张"不赏仁"、"不赏智"、"不赏忠"、"不赏能"、"不赏勇"。李筌此种立论，如果不考察其具体情况而言，难免有偏颇之处。但是，他把奖赏内容范围强调放在特别突出而非一般的事绩上的观点，还是有其可取之道理的。二要实事求是，从严掌握刑赏的标准尺度。李筌指出，在实施刑赏过程中，务必把握好行刑与行赏二者的"度"，切实做到刑赏适度得当，既不可多，也不可少；既不可过，也不可不及。认为："刑多而赏少，则无刑；赏多而刑少，则无赏。"其结果必然是"刑过则无善，赏过则多奸"。显而易见，李筌这一论述是颇有辩证道理的思想观点，值得充分肯定。为了防止贯彻执行中刑赏不当的问题发生，李筌一方面强调要实事求是地"执法而操柄，据罪而制刑，按功而设赏"；一方面主张要从严掌握刑赏的标准，实施中宁肯"求过而不求善，而人自为善"。应当说，这是颇有见地的观点。三要实施刑赏必须公而忘私，注重实效。李筌认为："刑赏之术，无私常公于世以为道。"意思是说，实行刑赏制度要秉公去私，经常公开于世，把它作为治国治军所应遵循的基本原则。他强调指出，贯彻执行中只有真正秉公办事，做到"赏无私功，刑无私罪"，才能收到"赏一功而千万人悦，刑一罪而千万人慎"的实际效果，从而才能起到"以刑禁，以赏劝"的作用，达到不断提高和增强部队战斗力的根本目的。这无疑是值得肯定的正确观点。

刑赏作为古代以法治国治军的一项基本制度，虽然早在唐代以前即为兵家所重视和研究，但像李筌那样设立专篇而进行全面系统论述者并不多见。现存的秦汉前的诸多兵学著作，如《司马法》、《尉缭子》、《吴子》、《黄石公三略》等兵书，虽然都论及到刑赏问题并提出了某些颇有价值的思想观点，但都没有设置专篇和作系统论述。《六韬》虽设有《赏罚篇》，但也只是提出了"赏所以存劝，罚所以示惩"和"赏信罚必"等观点，并没有就刑赏的诸多问题展开全面论述。唐以前唯有三国时期的著名军事家兼政治家诸葛亮堪与李筌媲美，他在所著兵法《便宜十六策》一书中，不仅专设《赏罚》篇，而且结合历史上的正反两方面经验，就实行赏罚的目的、意义、作用以及实施的原则、方法等诸多问题，展开了全面系统的论述，提出了"赏罚之政，谓赏善罚恶也。赏以兴功，罚以禁奸，赏不可不平，罚不可不均"；"赏不可虚施，罚不可妄加，赏虚施则劳臣怨，罚妄加则直士恨"；"赏赐不避怨雠，则齐桓公得管仲之力；诛罚不避亲戚，则周公有杀弟之名"等许多颇有价值的思想观点。如果把李筌对刑赏问题的全面论述与诸葛亮以及前代诸多兵家的论述加以比较，则不难看出，唐代李筌所阐明的诸多思想观点，既是对前人思想的继承，更是一种发展。这里尤应指出的是，李筌从分析刑赏这对矛盾双方的辩证关系入手，既深刻阐述了实行刑赏的目的、意义和作用，又系统提出了贯彻刑赏制度所应注意掌握的指导原则和方法。这不仅是对前人思想的一个重要发展，而且对我们今天强调贯彻落实以法治国、以法治军战略，仍然具有不可忽视的借鉴价值意义。

地势篇第十九

【原文】

经曰：善战者①，以地强，以势胜，如转圆石于千仞之谿②者，地势然也。

千仞者，险之地；圆石者，转之势也。地无千仞，而有圆石，置之窊塘③之中，则不能复转；地有千仞，而无圆石，投之方棱偏匾④，则不能复移。地不因险，不能转圆石；石不因圆，不能赴深谿。故曰：兵因地而强，地因兵而固。

夫善用兵者，高邱勿向，背邱勿迎⑤；负阴抱阳，养生处实，则兵无百病。⑥是故诸侯自战于地⑦，名曰"散地"；入人之境不深，名曰"轻地"；彼此皆利，名曰"争地"；彼我可往，名曰"交地"；三属诸侯之国，名曰"衢地"；深入背人城邑，名曰"重地"；山林、沮泽、险阻，名曰"圮地"；出入迂隘，彼寡可以击吾众，名曰"围地"；疾战则存，不战则亡，名曰"死地"。故散地无战，轻地无留，争地无攻，交地无绝，衢地合交⑧，重地则掠，圮地则行，围地则谋，死地则战。

是故城有所不攻，计不合也；地有所不争，未见利也；君命有所不听⑨，不便事也。

凡地之势，三军之权⑩，良将行之，智将遵之，而旅将⑪非之，欲幸⑫全胜，飞龟舞蛇⑬，未之有也。

【注释】

① "善战者"至"地势然也"诸句：语本《孙子兵法·势篇》，但"以地强，以势胜"二句，是为《孙子兵法》所无。

② 千仞之谿：仞（rèn），古代长度单位，一仞为八尺（一说七尺）。千仞，通常用以形容山峰极高或峡谷极深，而非实数。谿（xī），指深峭的山谷。

③ 窊塘（yǔ—）：指低下的泥塘。

④ 方棱偏匾：方棱，本篇这里指方形而有棱角的石头。偏匾，指扁平不圆的石头。匾，同"扁"。

此两种石头，皆不容易转动。

⑤ "高邱勿向，背邱勿迎"句：语本《孙子兵法·军争篇》。邱，同"丘"，指山地、丘冈。迎，与"逆"义同。

⑥ "负阴抱阳，养生处实，则兵无百病"三句：语出《孙子兵法·行军篇》。但"负阴抱阳"句，《孙子兵法》原作"贵阳而贱阴"，二者义同，此言部队驻地要选择向阳而避阴之地。养生，指部队要依水草而居，使人马得以养息。处实，指军需供应便易而充实。兵无百病，指将士不会发生各种疾病。

⑦ "是故诸侯自战于地"至"死地则战"诸句：语出《孙子兵法·九地篇》。

⑧ 合交：原文误作"无合"，今据《孙子兵法·九地篇》校改。合交，谓结交。

⑨ "城有所不攻"、"地有所不争"、"君命有所不听"三句：语出《孙子兵法·九地篇》。不听，《孙子兵法》原作"不受"，二者义同不改。

⑩ 三军之权：句义谓全军的关键所在。权，在本篇这里指重要或轻重所在，引申谓"关键"。

⑪ 旅将：指众多平庸将领。旅，众，众多。

⑫ 幸：侥幸。

⑬ 飞龟舞蛇：句义谓使龟蛇飞舞起来。这里用以比喻和说明企图侥幸取得全胜，就如同无法让龟蛇飞舞起来一样。

【译文】

经典上说：善于指挥作战的人，依靠有利地形条件以强固自己的力量，依靠有利地理形势以取得作战胜利，就如同圆石从千仞高的山谷之上向下滚动一样势不可挡，这是由于险峻地理条件的有利态势所使的缘故。

千仞的高山，这是峰高谷深的地形条件；圆形的石头，自山顶向下便有滚动的趋势。地面上没有千仞的高山，而把圆石放在低洼泥塘之中，它就不能再滚动起来；虽有千仞高山而无圆石置于其上，而投之以方正有棱或扁平不圆的石头，它也不可能移动起来。地形不险，不能使圆石滚动；石头不圆，不能滚动到山谷。因此说，军队依靠有利地形条件而增强力量，地形依靠军队守卫而成为坚固阵地。

善于用兵打仗的人，敌人占领高山就不要去仰攻，敌人背靠高地就不要正面去迎战；部队扎营要选择向阳而避阴之地，要靠近水草地区，以利人马养息和确保军需供应充实。这样，部队将士就不会发生各种疾病。所以，诸侯在本国境内作战的地区，叫作"散地"；进入别国境内不深的地区，叫作"轻地"；我军得到有利，而敌人得到也有利的地区，叫作"争地"；敌我双方都可以往来的地区，叫作"交地"；处在多国交界而先到达就可以获得诸侯列国援助的地区，叫作"衢地"；深入敌国腹地而背靠众多城邑的地区，叫作"重地"；山林险阻、水网沼泽等难以通行的地区，叫作"圮地"；进军的道路狭窄，退兵的道路迂远，而敌人可用少数兵力攻击我众多兵力的地区，叫作"围地"；迅速奋战就能生存，不迅速奋战就会覆灭的地区，叫作"死地"。因此，处于"散地"就不宜作战，处在"轻地"就不宜停留，遇到为敌人抢先占领的"争地"就不要勉强进攻，遇上"交地"就不要断绝联络，进入"衢地"就要结交诸侯，深入"重地"就应掠取粮草，遇上"圮地"就要迅速通过，陷入"围地"就要设谋脱险，处于"死地"就要奋战求生。

所以，有些城邑之所以不去进攻，是因为不符合预定的战略目标；有些地方之所以不去争夺，是因为争夺这些地方没有什么好处；国君命令有的之所以不去执行，是因为执行了不利于取得作战胜利。

大凡利用地形所造成的态势，是全军胜败的关键所在，能征善战的优秀将帅都实行它，足智多谋的聪明将帅都遵循它；而众多的平庸将领却违背它，企图侥幸赢得战争的完全胜利，这就如同叫龟蛇这种爬行动物飞跃舞动起来一样，这是从来都不可能有的事情。

【解说】

本章以《地势篇》为题立论，其中心思想是从军事地理学的角度，着重论述地理态势对用兵作战的意义和作用，以及如何利用地理态势对敌作战的问题。

历史的经验表明，古今中外的一切战争，无一不是在一定的空间地域中进行的。换言之，空间地域乃是一切战争赖以进行的客观载体。因此，一定的空间地域之地理态势怎样，将直接影响着军队的活动和战争的实施。而冷兵器时代的战争，则对地理态势的依赖性尤为突出。所以，历代军事家都把地理态势对用兵作战的影响和作用问题，作为重要军事课题加以探讨。大约成书于西周时期而早已失传的兵书《军志》就有"失地之利，士卒迷惑，三军困败。饥饱劳逸，地利为宝"（见唐杜佑《通典·兵十二·总论地形》转自《卫公李靖兵法》所引录）的论断，充分认识到"地利"对军事斗争的重要意义。春秋末期，大军事理论家孙武在其《孙子兵法》一书中，以较多篇章一方面从军事地理学的角度阐述了地表形态对军队行动的影响和作用（如《地形篇》、《行军篇》等文），一方面从战略地理学层面论述了不同地域条件下的用兵作战原则（如《九地篇》、《九变篇》等文），从而开启了中国军事地理学和战略地理学的发端。唐代兵学家李筌正是在继承孙子思想的基础上，专设《地势篇》进一步探讨了地理态势在军事斗争中的深刻影响和重要作用问题。

　　李筌开篇伊始，便依据《孙子兵法·势篇》所阐述的"势论"思想观点，从分析"兵"与"地"二者的相互关系入手，深刻揭示了"兵因地而强，地因兵而固"的辩证道理。作者首先指出："善战者，以地强，以势胜，如转圆石于千仞之谿者，地势然也。"在李筌看来，险要的地势如能被部队所充分利用，那么，就可以形成如同从千仞山顶向下推转圆石那样的巨大冲击力量，向着敌人猛烈攻击。为了说明地理态势对用兵作战的这种作用力量，李筌以地势与圆石二者的相互关系作比喻，进一步分析指出："千仞者，险之地；圆石者，转之势也。地无千仞，而有圆石，置之窳塘之中，则不能复转；地有千仞，而无圆石，投之方棱偏匾，则不能复移。地不因险，不能转圆石；石不因圆，不能赴深谿。"显而易见，李筌认为，千仞高的险要地势与易于转动的圆石之间，唯有二者互为条件并发生关联的时候，才能将其内在潜藏的巨大"势能"释放出来而转化成巨大的冲击力量。否则，或地无千仞之险，虽有圆石，但若将其放在低洼的泥塘之中，它也不会转动而形成"势能"力量；或地虽有千仞之险，但无圆石置于其上，而投之以方正有棱或扁平不圆的片石，它也不会转动而把潜藏的"势能"释放出来变成巨大冲击力量。这就明确地告诉人们，险要的地势是客观存在的地表形态，而能否善于利用并发挥险要地势的作用，则是用兵者主观上的指导艺术问题。只有用兵者通过正确的主观指导而充分利用此种险要地形条件，把"兵"与"地"二者紧密联系起来而做出符合实战需要的作战方略并加以实施的时候，才能获得"以地强，以势胜"的最佳战果。所以，作者李筌得出结论说："兵因地而强，地因兵而固。"应当说，李筌此种以"千仞"地势与"圆石"滚动二者之间的相互关系作比喻，深刻地阐明了"兵"与"地"二者互为作用的辩证观点，比孙子的有关论述更加生动形象，更富有哲理性。显而易见，李筌的此一思想观点，无疑是对孙子"势论"思想的一个重要发展。

　　孙武在其《孙子兵法·九地篇》中，从战略地理学的角度，阐述了"散地"、"轻地"、"争地"、"交地"、"衢地"、"重地"、"圮地"、"围地"、"死地"九种战场情况及其相关的作战指导原则。李筌在本篇不但完全继承了孙子的"九地"说，而且重申并进一步论述了《孙子兵法·九变篇》中所提出的某些重要用兵原则。他说："城有所不攻，计不合也；地有所不争，未见利也；君命有所不听，不便事也。"

李筌这里所讲的"不攻"、"不争"、"不听"的"三不"原则，是《孙子兵法·九变篇》所论"途有所不由，军有所不击，城有所不攻，地有所不争，君命有所不受"之"五不"指导原则中的"三不"原则。孙子虽然提出了"五不"指导原则，但并没有作具体阐释，李筌虽只重申了其中的"三不"原则，却逐一阐明了各自的道理和缘由，使人读后十分明了此"三不"概念的内涵与外延，颇有新义之感。应当说，这是李筌对孙子所论用兵原则的进一步深化与发展。

李筌于篇末强调指出："凡地之势，三军之权，良将行之，智将遵之，而旅将非之，欲幸全胜，飞龟舞蛇，未之有也。"作者这里所讲的"三军之权"的"权"，义谓重要或轻重所在的意思，引申谓关键。他认为，充分利用并发挥不可或缺的地理态势对用兵作战的重要作用，是为"良将"所实行、为"智将"所遵循的指导原则；然而却为众多平庸之将领所置而不用，他们违背这一重要指导原则而企图侥幸赢得战争的完全胜利，此种做法，就如同让龟蛇类爬行动物飞舞起来一样，是从来都不可能有的事情。应当说，李筌的这一认识是完全符合孙子"夫地形者，兵之助也"和"知彼知己，胜乃不殆；知天知地，胜乃可全"（见《孙子兵法·地形篇》）的思想观点的。

历史的经验表明，战争总是在一定的空间地域中进行的。因此，任何战争无一不受地理条件的影响和制约。战争的实践经验证明，得"地利"者得胜利，失"地利"者遭失败。这在战争史上是不乏其例的。例如，唐武德四年（公元621年）三月，李世民亲率唐军包围了雄踞洛阳称郑帝的王世充；就在洛阳即将陷入粮尽城危之际，在河北称夏王的窦建德应王世充求援之请，率领十万大军南下进至虎牢之东，严重威胁围攻洛阳的唐军侧后安全。面对此种突如其来的新情况，李世民临危不惧，指挥若定，果断运用"围城打援"的作战方略，一面留兵继续围困洛阳，一面亲率精兵一部迅速东进，抢先占领了虎牢关，并凭据虎牢险要的有利地势，采取避锐击惰、奇兵突袭、内外夹击的巧妙战法，一举歼灭窦军，生俘了窦建德。而后，迅速回攻洛阳，迫降了王世充。从而创造了依据有利地理条件，取得围城打援而一举两克的成功战例。相反，十六国时期的南燕却成为弃险不守而败军亡国的典型实例。东晋义熙五年（公元409年）四月，晋将刘裕率兵十万北攻南燕，仅八个月时间就灭亡了南燕。南燕的灭亡，除了政治上的腐败和内部不团结等原因外，在战略上犯了弃险不守、纵敌深入的错误，是其失败的直接而重要原因。它从反面证明了失去有利地形条件导致军败国亡的严重后果。当时，晋军北进，必经大岘山（位于今山东临朐东南）险要地带。据明人顾祖禹《读史方舆纪要》载称：此山十分险要，山高七十余丈，周围二十里，其上有穆陵关，路狭仅容一辆车通行，向称"齐南天险"。这无疑是南燕抗御东晋军北进而不可弃守的战略要地。倘若燕帝慕容超能够倾听并采纳征虏将军公孙五楼"宜据大岘，使不得入，旷日延时，沮其锐气"（见《晋书·慕容超载记》）的正确建议，在以重兵扼守大岘山险要地势的同时，再伺机派出"精骑二千，循海而南，绝其粮运，别敕段晖率兖州之军，缘山东下"，给晋军以"腹背击之"（同上）。这样，不仅可以阻滞晋军长驱直入，而且通过据险持久疲敌以消耗晋军，还有反攻取胜的可能。但是，刚愎自用的慕容超，拒不采纳正确建议，一意孤行，弃险不守，纵敌深入，最终落得了国破身亡的可悲下场。一个国家的最高统治者竟如此冥顽不化而致国破身亡的结局，此中之惨痛教训，岂不发人深省？！

兵形篇第二十

【原文】

经曰：夫兵①之兴也，有形有神②。旗帜金革③依于形，智谋计事④依于神。

战胜攻取，形之事，而用在神；虚实变化，神之功，而用在形。形粗而神细，形无物而不鉴，神无物而不察。形诳而惑事其外，神密而圆事其内。观其形不见其神，见其神不见其事。

以是参之⑤，曳柴扬尘⑥，形其众也；减灶灭火⑦，形其寡也；勇而无刚，当敌⑧而速去之，形其退也；斥山泽之险，无所不至⑨，形其进也；油幕冠树⑩，形其强也；偃旗息鼓，寂若无人⑪，形其弱也。故曰：兵形⑫象陶人之埏土⑬，㕙氏⑭之冶金，为方为圆，或钟或鼎，金土无常性⑮，因工以立名；战阵无常势⑯，因敌以为形。

故兵之极⑰，至于无形；无形则间谍不能窥，智略不能谋。因形而措胜于众，众不能知；人皆知我所以胜之形，莫知吾所以制胜之形。形不因神，不能为变化；神不因敌，不能为智谋。故水因地而制形，兵因敌而制胜也。

【注释】

① 兵：本谓兵器，兵卒。但本篇这里指战争，作战。

② 有形有神：有形，指战争可为感官能够直接感觉到的外在表现形态。有神，指战争为感官所不能直接觉察到的内在无形的精神智谋。

③ 金革：本篇这里指军械装备。金，戈兵之属；革，甲胄之属。

④ 计事：谓计议大事或谋事划策。

⑤ 参之：参，谓检验；考索验证。之，代词，指下面所列事例。

⑥ 曳柴扬尘：古代战争中一种诈敌的作战方法。即以车曳（读 yè，意谓拖拉）柴起尘，造成众军奔驰的假象以迷惑敌人。例见《左传·僖公二十八年》所载春秋时期周襄王二十年（前632年）

的晋楚城濮之战中，晋下军主将栾枝，为了配合右翼上军主将狐毛伪装后退而引诱当面的楚左军出击之计，也在阵后拖曳树枝而扬起尘土，佯示后面的晋军也在撤退以诱楚右军出击。楚军统帅子玉不察实情，下令楚全军实施追击，结果上了晋军"诱敌深入"之当，致使楚左、右两军在晋军合力夹击下，大部被歼，少数溃退。子玉见此急忙收军，虽然保全了中军，但他本人退至连谷（今河南西华县南）自杀而死（说见《史记·晋世家》，但同书《楚世家》则称"成公怒，诛子玉"）。

⑦ 减灶灭火：亦为古代战争中一种诈敌战法。即以减灶示弱之法诱使敌人上当。例见《史记·孙子吴起列传》所载战国时期齐国著名军事家孙膑，在马陵地区对魏军将领庞涓的作战中采用"减灶灭火"之计，歼灭了追击中的魏军，迫使魏军主将庞涓自杀身死。

⑧ 当敌：谓面对敌人。

⑨ 斥山泽之险，无所不至：此为春秋时期周灵王十七年（前555年）晋齐巫山之战中，晋军所采用的侦察布阵战法。据《左传·襄公十八年》记载："齐侯登巫山以望晋师。晋人使司马斥山泽之险，虽所不至，必旆而疏陈之。"李筌本篇这里将原文"虽所不至"句中的"虽"改为"无"，此乃转意而用。斥，探测，侦察。山泽，谓山林和川泽，亦泛指山野。句义谓探测侦察山林川泽等险要地方，没有不到之处。

⑩ 油幕冠树：油幕，指涂了油彩的帐幕。冠，覆盖。

⑪ 偃旗息鼓，寂若无人：语出《梁书·王僧辩传》。此为南北朝时期的南朝梁将王僧辩在平定侯景叛乱作战中，所采取的隐蔽自己军事行动的一种战法。句义谓放倒军旗，停敲战鼓，寂静得如同无人一样。

⑫ 兵形：指用兵作战的方式方法。据郭化若《孙子今译·虚实篇》注云："兵形，即作战方式，怎么打法的意思。"

⑬ 陶人之埏土：语出《荀子·性恶篇》。陶人，指烧制陶器的匠人。埏（读 shān）土，谓用水和土而制作陶器。

⑭ 凫（fú）氏：为西周时代职掌冶金制钟的官名。

⑮ 常性：通常指事物的本性或曰一定的规律性。本篇这里指固定形态。

⑯ 常势：固定不变的形势或曰固定态势。

⑰ "故兵之极"句以下至篇末诸句：语出《孙子兵法·虚实篇》。个别文字略异。

【译文】

经典上说：战争的兴起运作，有其外在表现状态的"形"，也有其内在深藏不露的"神"。军队的旗帜、武器和装备，是依赖于"形"而存在；将帅运筹帷幄的智谋计事,是依赖于"神"的作用。

战胜敌人攻取城邑,是"形"的事情,但其效用却存在于"神";运用虚实变化之术,是"神"的功能,但其作用却表现在"形"。"形"所表现是粗大有状而容易看见,"神"所反映是细密无形而不易看见;"形"没有什么事物而不可反映,"神"没有什么事物而不能洞察。"形"以诓骗迷惑的方式服务于外,"神"以隐秘周全的方式服务于内。能够看见其外"形"表现的,不能看见其内在"神"的智谋;能够看见其内在"神"的智谋的,不能看见其外在"形"的表现。

用上述这种观点来检验战争的实践情况,可以明显看到:用战车拖曳树枝飞驰而扬起尘埃,是用"示形"之法伪装军队众多之状以迷惑敌人;采用逐日减少锅灶之法,是用以伪装士卒日益减员之状欺骗敌人;交战中虽然勇猛但不坚强持久,面对敌人而迅速撤离,是以示形伪装后退之状以欺骗敌人;探察山林川泽之险,没有不到之处,是示形伪装进攻之状以迷惑敌人;用油彩涂过帐幕覆盖在树丛之上,是示形伪装阵容强大之状以诓骗敌人;放倒军旗,停敲战鼓,寂静得如同无人,是示形伪装兵力弱小之状以迷惑敌人。因此说,用兵作战的方式方法,就像制陶工匠以水和泥、制钟之人冶炼金属一样,可以把陶器做成方的或圆的,可以把金属铸成钟或者鼎。金属和泥土是没有固定形状的,它是依据人工制成的样子来命名的;与敌交战对阵也是没有固定不变的态势的,它是根据敌情的变化决定作战方式方法的。

所以,作战中的"示形"之法运用到极其巧妙的时候,就可以达到不露任何行迹;不露任何行迹时,即使有深藏的间谍也窥察不到我军的企图,再聪明的敌人也想不出对付我军的谋略方法。根据敌情变化而灵活运用战略战术,即便把制敌取胜的办法摆在敌人面前,众人仍然不能看出其中的奥妙;人们只能知道我军用以战胜敌人的作战方式方法,但却不能知道我军是怎样灵活运用这些方式方法取胜的。作战方式方法的"形",如果不依赖于"神"的智谋的灵活运用,就不能产生变化不同的各种战法;"神"的智谋,如果不依据敌情的实际来制定,就不能成为制敌取胜的有效计策。因此,正如水流是随着地势的不同而变化其形态一样,用兵打仗也是根据不同的敌情而制定其相应的取胜方针谋略的。

【解说】

《兵形篇》是《太白阴经》卷二《人谋下》之第十篇。该篇是作者李筌以朴素的唯物辩证观点,从分析"形"与"神"二者的相互关系入手,着重阐述用兵打仗中的军事实力与军事谋略的相互关系及其作用的重要篇章。

形神，是中国古代哲学中的一对重要范畴，专门论述"形体"与"精神"的相互关系与作用问题。在我国哲学史上，给这一对哲学范畴以明确唯物主义回答的，当首推战国时期著名思想家荀子。他说："形具而神生，好恶喜怒哀乐藏焉。"（见《荀子·天论篇》）明确肯定先有形体后有精神，从而揭示了物质（即"形"）第一性、精神（即"神"）第二性的唯物主义客观真理。到了西汉时期，著名史学家司马迁在其论述道家学说时进一步指出："凡人所生者神也，所托者形也。神大用则竭，形大劳则散，形神离则死。死者不可复生，离者不可复反，故圣人重之。由是观之，神者生之本，形者生之具也。"（见《史记·太史公自序》）阐明了有思想意识的人而集于一身的"形神"二者相互依存、密不可分的辩证关系。东汉哲学家桓谭在其《新论·形神》中指明："精神居形体，犹火之然（同'燃'）烛矣。"西汉著名唯物主义哲学家王充则指出："人之精神，藏于形体之内，犹粟米在囊橐之中也。死而形体朽，精气散，犹囊橐穿败，粟米弃出也。"（见《论衡·论死篇》）上述我国古代诸多哲学家这些形象生动的论述观点，实际上都是坚持了物质第一性、精神第二性的唯物主义原则，给东汉时期流行的谶纬神秘主义邪说以有力批驳和打击。到了南朝齐梁时期，唯物主义哲学家和无神论者范缜在其《神灭论》一书中，从"形存则神存，形谢则神灭"的"形神相即"的根本命题出发，论证了形体与精神是"质"与"用"的关系，亦即"形者神之质，神者形之用"。范缜认为，形与神的关系，如同"刀刃"实体与刀刃的"锋利"作用二者的关系一样，人的精神只是人的形体的一种作用，而形体则是精神所以从属的物质实体，精神不能离开形体而独立存在，它是随着形体的存在而存在，随着形体的死亡而散灭。范缜的唯物主义"神灭"论，不仅有力地驳斥了佛教那种认为"人死灵魂不灭"的唯心主义迷信思想，而且对推动后来无神论和反佛斗争的发展起了积极影响作用。

唐代兵学家李筌正是在继承前贤唯物主义思想的前提下，创造性地运用"形神"这对哲学范畴于军事斗争领域，首开兵家直接从哲学高度来观察和研究战争的物质与精神二者关系的先例。综观《兵形篇》全文，不难看出，李筌运用"形神"这对哲学范畴研究古代战争，主要阐明了如下三个重要思想观点：

一是阐明了战争中的"形"和"神"各自的内涵与实质。李筌开篇伊始，即从哲学的高度提出了"夫兵之兴也，有形有神"的重要命题，认为用兵打仗，既离不开"形"，也离不开"神"。那么，何谓军事上的"形"与"神"呢？作者明确指出："旗帜金革依于形，智谋计事依于神。"显而易见，李筌所谓的"形"是指"旗帜金革"之类的有形之物，这实际是指由人和武器装备所构成的军事实力；而其所谓的"神"，则是指"智谋计事"之类无形的精神东西，实质是指由将帅所运筹的"军事谋略"。从哲学唯物论角度来观察，"形"是客观的物质的因素，是具体有形而可以看得见、摸得着的；而"神"则是主观的精神的因素，是无形而看不见、摸不着的。这样，作者便赋予军事上的"形"与"神"以浓厚的哲学色彩，从而形成了《太白阴经》一书论兵的军事哲学特色。李筌坚定地认为，在军事斗争中，唯其做到"有形有神"，形神紧密结合，才可以兴兵打仗，赢得战争的胜利。这无疑是十分正确的思想观点。

二是阐明了战争中的"形"与"神"二者的相互关系及其基本特征与作用。关于"形"与"神"二者的相互关系和作用问题，李筌指出："战胜攻取，形之事，而用在神；虚实变化，神之功，而用在形。"这就是说，作者认为，战胜敌人、攻取城邑，是靠军事实力来实现的（即"形之事"），但军事实力效用的发挥却在于将帅运用谋略以正确组织指挥（即"用在神"）；而巧妙运用虚实变化之术，又是将帅谋略运筹的功能之充分展现（即"神之功"），但将帅谋略运筹功能的展现最终又是通过军事实力来实现的（即"用在形"）。李筌以环环相扣的严密逻辑推理，正确而清楚地揭示了战争中的"形"与"神"二者是一种相互依存、互为作用的辩证关系。唯有真正懂得"形"与"神"这种辩证关系，才能在作战运筹中掌握和运用"虚实变化"之术，从而在军事斗争中达成"战胜攻取"的实战效果。

李筌还对军事领域之"形"与"神"各自的特征及其具体作用问题进行了深入探讨。他说："形粗而神细，形无物而不鉴，神无物而不察。形诳而惑事其外，神密而圆事其内。"这可以说是作者对"形"与"神"各自的基本特征及其作用问题的概括阐述之基本观点。李筌所谓之"形粗"，实质是说军事实力的"形"具有外现的可视性，即"旗帜金革"及其兵员士卒是可以看得见的；所谓"神细"，实质是说军事谋略的"神"具有内伏的隐蔽性，即将帅运筹帷幄的"智谋计事"是不可外露而为敌人所知的。这种"形粗"外现的可视性与"神细"内伏的隐蔽性，是作者李筌所论军事领域"形"与"神"二者的基本特征之一。李筌所谓"形无物而不鉴"，是说"形"者无物而不反映；所谓"神无物而不察"，是说"神"者无物而不洞察，"形"与"神"二者以其密不可分的关系而共处于战争之"物"中。这是作者李筌所论军事领域"形"与"神"的又一基本特征。李筌所谓"形诳而惑事其外，神密而圆事其内"，说的是"形"与"神"各自独特的作用及其表现方式手段：

"形"的作用，是以诳骗迷惑为手段服务于战争而表现在外；"神"的作用，是以严密周全的方式服务于战争而隐蔽在内。李筌认为，"形"与"神"二者在战争中的作用若能得以充分而巧妙地发挥，就会呈现"观其形不见其神，见其神不见其事"的状态，从而达到迷惑敌人、战胜敌人的战略目的。为了进一步论证"形"与"神"在战争中的这种作用，李筌列举了战争史上曾以"示形惑敌"谋略而战胜敌人的事例，诸如春秋时期晋将栾枝运用"曳柴扬尘，形其众"之谋诱敌深入而战胜了楚军，战国时期齐国军师孙膑运用"减灶灭火，形其寡"之谋而消灭了追击中的魏将庞涓，南朝时期梁将王僧辩运用"偃旗息鼓，寂若无人，形其弱"之谋而杀退叛将侯景，等等，有力地验证了"形"与"神"二者在战争中各自独特的作用及其表现方式手段。应当说，李筌此种论证是生动深刻而有说服力的。

三是阐明了"形不因神，不能为变化；神不因敌，不能为智谋"的辩证道理。这里应当指出的是，本篇所讲的"形"，李筌所赋予的涵义，除了前面所述是指军事实力外，还指组织指挥兵力对敌作战时所采用的战阵布势以及作战方式方法等有状可见的行迹。正是在这个意义上，作者李筌又提出了"战阵无常势，因敌以为形"的重要观点。他认为，用兵作战是没有固定不变的方法模式的，正像制陶工匠制作陶器、铸铁工匠制作钟鼎一样，完全是"因工以立名"，即根据实际需要想做什么器物就起什么名字。基于此种认识，李筌进一步指出："兵之极，至于无形。"意思是说，以谋略用兵达到极妙之境界时，可以不露任何军事行迹。他认为，用兵唯有达到此种"无形"的境界，才能使深藏于内部的间谍无法窥探我军的谋略企图，即使再聪明的敌人也想不出对付我军的办法来。为达成此种用兵"至于无形"的极致境界，李筌这里重申《孙子兵法·虚实篇》的思想，强调"因形而措胜于众，众不能知；人皆知我所以胜之形，莫知吾所以制胜之形。"更为可贵的是，李筌再一次从"形"与"神"二者相互关系的角度，阐明了"形不因神，不能为变化；神不因敌，不能为智谋"的辩证道理，从而得出"兵因敌而制胜"的重要用兵指导原则。

从我国现存的浩瀚古代兵书中，我们可以清楚地看到，"形"的这一概念，最早见之于《孙子兵法·形篇》。从该篇所论内容看，大军事家孙武提出的"形"概念，是指人与武器装备结合的军事实力。就是说，孙子充分认识到军事实力对赢得战争胜利的重要作用，没有雄厚的优势军事实力是不可能取得对敌战争胜利的。同时，我们从《孙子兵法》的《计篇》、《谋攻篇》等篇目中，又可看到孙子对军事谋略在战争中无可替代的重要指导意义的精辟论述。但是，孙子并没有把军事谋略升华到主观的精神因素（即"神"）的高度，与军事实力这种客观的物质因素（即"形"）联系起来，从哲学的层面阐明"形"与"神"二者相互依存、互为作用的辩证关系。而唐代兵学家李筌，不但看到了军事实力的"形"与军事谋略的"神"二者各自不同的特征和作用，而且从哲学的高度，巧妙运用"形神"这对范畴，深刻阐明了军事实力与军事谋略二者在战争实践中相互依存、互为作用的辩证关系，这是十分难能可贵的。应当说，这是唐代兵学家李筌对我国古代军事思想的发展所做出的前所未有的贡献。

作战篇第二十一

【原文】

经曰：昔之善战者，如转木石；木石之性，圆则行，方则止。①行者，非能行，而势不得不行；止者，非能止，而势不得不止。

夫战人②者，自斗于其地则散③，投之于死地则战④。散者，非能散，势不得不散；战者，非能战，势不得不战。行止不在于木石，而制在于人；散战不在于人，而制在于势。此因势而战人也。

夫未见利而战，虽众必败；见利而战，虽寡必胜。利者，彼之所短，我之所长也。见利而起，无利则止。见利乘时，帝王之资。故曰：时之至，间不容息⑤，先之则太过，后之则不及。见利不失，遭时不疑，失利后时，反受其害。⑥疾雷不及掩耳⑦，卒电不及瞑目⑧；赴之若惊，用之若狂。此因利之战人也。

夫战者，左川泽，右邱陵，背高向下，处生击死⑨，此平地之战人也。

逼敌无近于水，彼知不免，致死⑩拒我，困兽犹斗⑪，蜂虿有毒⑫，况于人乎？令其半济而击之，前者知免，后者慕之，蔑有斗心。⑬敌逆水而来，迎之于水内。此水上之战人也。

左右山陵，谿谷险狭，与敌相遇，我则金鼓蔽山⑭，旗帜依林⑮，登高远斥⑯，出没人马。此山谷之战人也。

势利者，兵之便；山水平陆者，战之地。夫善用兵者，以便胜，以地强，以谋取，此势之战人也。如建瓴水于高宇之上⑰，砉然⑱而无滞霤⑲；又如破竹，数节之后，迎刃自解，无复著手。⑳

【注释】

①“昔之善战者”至“方则止”诸句：语出《孙子兵法·势篇》，但本篇这里是摘要引录。

木石，即木头和石头。

②战人：语出《孙子兵法·势篇》。此谓统率部众与敌作战。（说见杨炳安《孙子会笺·势篇》）

③自斗于其地则散：语本《孙子兵法·九地篇》"诸侯自战其地为散地"之义。

④投之于死地则战：语本《孙子兵法·九地篇》"死地则战"之义。

⑤间不容息：谓连喘息的时间都没有。通常用以形容时间短暂急促。

⑥"见利不失，遭时不疑"至"反受其害"诸句：语出《六韬·龙韬·军势》。遭时，《六韬》原作"遇时"，义同。其害，《六韬》原作"其殃"，义同。

⑦"疾雷不及掩耳"至"用之若狂"诸句：语出《六韬·龙韬·军势》。疾雷，急遽发出的雷声。通常用以形容事情来得突然。

⑧卒电不及瞑目：卒电（cù—），《六韬》原作"迅电"，义同，谓突然闪电。瞑目（míng—），闭目，合上眼睛。

⑨处生击死：谓据于生地而攻击处于死地之敌。生，指地势高的地方；死，指地势低的地方。说见《淮南子·地形训》："高者为生，下者为死。"

⑩致死：义同"至死"，谓到死不变。致，这里通"至"。

⑪困兽犹斗：语出《左传·定公四年》。句义谓被围困的野兽仍然拼命搏斗。比喻处于绝境之中仍作竭力挣扎。

⑫蜂虿有毒：语出《左传·僖公二十二年》。虿（chài），蝎子一类的毒虫。

⑬"令其半济而击之"至"蔑有斗心"诸句：语本《左传·定公四年》。半济，指渡河渡过一半。蔑，无，没有。斗心，犹"斗志"。

⑭金鼓蔽山：指金鼓之声响彻山野，形容兵阵之盛。金鼓，本指锣和鼓，这里指战鼓。古代作战，击鼓进兵，鸣金（敲锣）收兵。蔽，覆盖，遮掩，这里可作"响彻"解。

⑮旗帜依林：指旗帜遍插林中，形容兵阵之盛。

⑯斥：瞭望，侦察。

⑰建瓴水于高宇之上：语本《史记·高祖本纪》。意思是从高屋脊上倾倒瓶中之水。形容居高临下、难以阻挡之势。瓴（líng），陶制似瓶的容器。

⑱砉然（huā—）：象声词。常用以形容急促的破裂声、折断声、开启声、高呼声等。

⑲滞霤：指雨水停留于屋檐上。霤（liù），指屋檐水，亦指屋檐。

⑳"又如破竹"至"无复著手"诸句：语出《晋书·杜预传》。著手，谓动手，用力。

【译文】

经典上说：从前的时候，善于用兵打仗的人，指挥作战就像用手转动木头和石头一样灵活自如。木头和石头具有的特性是，圆形的就容易滚动，方形的就容易静止。能够滚动的木头和石头，不是因为它们自身会滚动，而是一种态势使其不得不滚动；能够静止的木头和石头，不是因为它们自身会静止，而是一种态势使其不得不静止。

指挥部队对敌作战，当战斗在自己国土上进行时，士卒由于怀乡恋土就容易离散；把部队投置于死地作战时，士卒由于没有退路就会拼命作战。士卒的离散，不是因为他们本能就离散，而是形势迫使其不得不离散；士卒的拼命，不是因为他们愿意拼命作战，而是形势迫使他们不得不拼命。木头和石头的滚动或静止，原因不在木头和石头本身，而在于控制它们滚动或静止的人；士卒的离散或拼命死战，原因不在士卒本身，而在于制约其离散或死战的战场态势。这就是根据形势而指挥部队对敌作战的原则。

没有见到有利条件就同敌人交战，纵然兵力众多也一定要失败；见到有利条件而与敌人交战，即使兵力寡少也一定会胜利。所谓有利，是指捕捉到了敌人的短处，而发扬了我军之长处。见到对我军有利的时机就兴兵作战，而对我军不利时就按兵不动。见到有利条件而适时把握住有利时机，这是帝王事业赖以成功的资本。因此说，有利时机的到来，其时间之短暂急促都不容有喘息机会，先于有利时机而行动就太过头了，后于有利时机而行动就来不及了。见到有利条件不要失去，遇到有利时机不要迟疑；如果失去有利条件，错过有利时机，反而会遭到危险祸害。（只有做到见利不失，遇时不疑，才能使部队行动起来）如同迅雷不及掩耳、闪电不及闭目那样猛烈迅速，开进时如同惊马飞驰，战斗时如同猛兽狂奔。这就是依据有利条件和有利时机而指挥部队对敌作战的原则。

对敌作战的时候，左边依据河流沼泽，右边依据丘陵山地，背靠高地而面向平原，可凭据高地之险而向下攻击处于低地之敌。这就是在平原地区指挥部队对敌作战的原则。

迫敌作战时不要将敌人逼近到水边，（如果逼近到水边，）敌人知道不免于一死，就会拼死命抗拒我军。被围困的野兽仍将拼命搏斗，黄蜂和蝎子尚用毒刺螫人，更何况于人呢？如果让敌人渡河而渡过一半时再攻击他们，这样，前面过了河的敌人感到可以逃脱，后边尚未过河的敌人思慕急于渡过，那么，敌人就会争相逃跑而无斗志了。对于逆水向我而来的敌人，我军要迎战并将其击灭于水中。这就是在水上指挥部队对敌作战的战法。

左右两边都是山岳，沟壑深险狭窄，在这里与敌人遭遇时，我军就大敲金鼓使其声响彻野，遍插旗帜于山林之中，（以示我军兵阵之盛；）要登高远望侦察敌情，使人马不断神出鬼没。这就是在山谷地带指挥部队对敌作战的战法。

所谓形势有利，是指对部队作战的便利；山水平陆，是指部队作战所依据的地形。善于用兵打仗的人，就是依靠有利形势战胜敌人，依靠地形增强自己力量，依靠智谋计策夺取胜利。这就是凭借有利形势指挥部队对敌作战的原则。这如同从高屋脊上倾倒瓶水一样，哗啦一声直泻而下，没有什么可以阻挡的；又像刀劈竹子一样，破开数节之后，整个竹子便迎刃自解，不再需要动手用力了。

【解说】

本章以《作战篇》为题，作者李筌从分析作战中的"势"入手，旨在着重论述将帅指挥部队对敌作战应当注意掌握和运用的重要军事原则。综观全篇可以明显看出，作者主要阐明如下两个重要军事原则：

一是"造势任势"的军事原则。

《孙子兵法·势篇》指出："故善战者，求之于势，不责于人，故能择人而任势。任势者，其战人也，如转木石。木石之性，安则静，危则动，方则止，圆则行。故善战人之势，如转圆石于千仞之山者，势也。"显而易见，孙子所讲的"势"，是指"兵势"，也就是说，将帅在凭借强大军事实力的基础上，依据一定的战略企图，通过巧妙部署兵力和运用作战方式方法所造成的一种客观作战态势。李筌恰是在继承孙子这一"势论"思想的基础上，进一步阐明了"造势任势"这条重要军事原则。作者以木石的"行"与"止"的原因"不在木石，而制在于人"为喻，分析指明了士卒之所以"自斗于其地则散，投之于死地则战"，其原因也不在于士卒自身，"而制在于势"。意思是说，士卒在战斗中之所以会呈现"离散"或者"死战"状态，这是由于将帅通过主观能动作用而创造的那种客观作战态势所制约的结果。从李筌关于"势"既可以使士卒离散，又能够使士卒拼命死战的辩证论述中，我们可以明显看到，作者已经认识到"势"有二重性的特点，亦即"势"有好与不好、有利与不利的两种特性之别。这就深刻地揭示了负有指挥重任的将帅，能否善于创造和运用好的、有利的作战态势，这对军队作战的胜败具有极其重大的影响和作用。那么，怎样才能创造和运用好的、有利的作战态势呢？李筌强调指出："夫善用兵者，以便胜，以地强，以谋取，此势之战人也。"这就告诉我们，一个善于用兵打仗的将帅，一要善于依靠便利形势战胜敌人（即"以便胜"），二要善于依靠有利地形增强力量（即"以地强"），三要善于依靠智谋计策夺取胜利（即"以谋取"）。作者认为，将帅如果切实做到了以上这三个"善于依靠"，那么，也就是真正懂得了如何凭借有利态势组织指挥部队对敌作战（即"此势之战人也"），从而就能确保在对敌战争中达成如同"高屋建瓴"之水向下倾泻而煮然无阻，如同"破竹数节"之后而迎刃自解的辉煌战果了。显而易见，李筌所论之上述思想观点，是正确而值得肯定的。

二是"见利乘时"的军事原则。

李筌在充分论证"造势任势"重要意义与作用的基础上，进一步提出了战争指导者必须掌握和运用的"见利乘时"这条重要军事原则。他说："见利乘时，帝王之资。"可见，作者认为，实施"见利乘时"重要军事原则，乃是帝王事业赖以成功的资本。基于此种认识，李筌对何谓"见利乘时"以及怎样实施的问题，做了深入分析和论述。他首先指出："利者，彼之所短，我之所长也。"可见，李筌所说的"见利"，就是指利用敌人之短、发扬我军之长。他进一步指出："未见利而战，虽众必败；见利而战，虽寡必胜。"这就充分阐明了将帅在组织指挥部队对敌作战的时候，能否真正实施"见利而战"的作战指导原则，直接关系着战争胜败这一重要道理。据此，李筌强调战争指导者在实施对敌作战中，必须做到"见利而起，无利则止。"唯其如此，才能有胜无败。

李筌在详细阐释"见利"问题之后，又对"乘时"问题做了深刻剖析。作者所讲的"乘时"，就是抓住击敌的有利时机的问题。认为，能否抓住此种有利战机而对敌人适时予以打击，这对战争的胜败至关重要。他说："时之至，间不容息，先之则太过，后之则不及。"深刻揭示了战机具有来去急匆、稍纵即逝的特点，先于有利时机而行动就太过头了，后于有利时机而行动就来不及了。据此，李筌要求统兵打仗的将帅在捕捉战机问题上，既不可"太过"，也不可"不及"，而要适时准确地抓住到来的有利战机，迅速予敌以狠狠打击。他强调，将帅指挥对敌作战，只有做到"见利不失，遭时不疑"地进攻敌人，才能使部队行动起来如同"疾雷不及掩耳，卒电不及瞑目；赴之若惊，用之若狂"那样迅猛无敌，从而赢得对敌战争的胜利；反之，"失利后时，反受其害。"这是十分正确的结论。

李筌这里强调的"见利乘时"问题，实质讲的是如何正确选择击敌的战略时机问题。作战时机，特别是决战时机，选择得是否适时有利，将直接关系到战争胜败的结局。在战争史上，因战机选择准确，做到了"见利乘时"，从而赢得战争胜利的比比皆是。魏晋时期的西晋灭吴战争就是最为典型的战例之一。魏元帝（曹奂）咸熙二年（公元265年），司马炎取代曹魏而建立西晋之后，在政治上、经济上、军事上采取了一系列正确措施，经过十余年的持续稳定发展，使西晋变成"国富兵强"（见《资治通鉴·晋纪二·武帝咸宁五年》）的大国，具备了灭吴的雄厚实力。相反，吴国在末帝昏君孙皓的残暴统治下，出现了"吴之将亡，贤愚所知"（《三国志·吴书·三嗣主传第三》裴松之注引《襄阳记》）的衰败局面。晋武帝司马炎正是在这种极为有利的形势下，及时采纳了镇南大将军杜预、中书令张华等人的建议，于晋咸宁五年（公元279年），对吴国发动了猛烈进攻。此役，晋军最高统帅晋武帝司马炎在作战指导上的最大成功之处，在于能从敌我双方情况和地理条件的实际出发，采取其父司马昭十六年前提出的灭吴计划的"因顺流之势，水陆并进"（见《资治通鉴·魏纪十·元帝景元三年》）的正确作战方针，充分利用长江顺流而下的地理态势，以二十余万大军分六路齐进，给吴国造成不可阻挡的"破竹"之势，从出兵到占领吴都建业（今南京），仅用四个月时间，就灭亡了吴国，完成了统一全国的大业。

"造势任势"和"见利乘时"，是用兵作战所必须遵循的两条带规律性的军事原则，因而也是为历代兵家所积极关注和研究的重要课题。然而，能像李筌那样对此两条军事原则给以较为全面系统的论述，既揭示其各自的军事内涵和实质，又阐明其意义、作用以及如何实施等问题者，这在唐代以前并不多见。因此，我们可以毫无疑义地说，唐代兵学家李筌关于"造势任势"和"见利乘时"两条重要军事原则的理论认识，不仅是对我国古代军事思想的丰富和发展，而且对今天在现代条件下的战争，如何创造战胜敌人的强大作战态势，如何正确选择战略时机予敌以有力打击，仍有非常重要的借鉴意义。

攻守篇第二十二

【原文】

经曰：地所以养人①，城所以守地，战所以守城。内得爱焉②，所以守也；外得威焉，所以战也。守不足，攻有余③。力不足者守，力有余者攻。

攻人之法，先绝其援，使无外救，料城中之粟，计人日之费，粮多人少，攻而勿围；粮少人多，围而勿攻。力未屈、粟未尽、城尚固而拔者，攻之至④；力屈、粟殚⑤、城坏而不拔者，守之至也。

夫守城之法，以城中壮男为一军，壮女为一军，男女老弱为一军。三军无使相遇⑥，壮男遇壮女，则费力⑦而奸生；壮女遇老弱，则老使壮悲⑧、弱使强怜；悲怜在心，则使勇人更虑、壮夫不战。

故曰：善攻者⑨，敌不知所守；善守者，敌不知所攻。微乎，微乎！至于无形；神乎，神乎！至于无声，故能为敌之司命。

【注释】

① "地所以养人"以下三句：语出《尉缭子·战威篇》。但《尉缭子》原著每句末均有"也"字。人，原著作"民"，李筌因避唐太宗李世民名讳，而改"民"为"人"。

② "内得爱焉"以下四句：本篇原作"内得爱焉，所以攻"二句。但钱熙祚校注称："《司马法》云：'内得爱焉，所以守也；外得威焉，所以战也。'此下文亦攻守并举，疑'内得爱焉'之下有脱文。"从本篇以"攻守"为篇题以及文中着力阐述"攻守并举"之文字内容来看，钱说为是。故从钱说以《司马法·仁本篇》补足本篇所脱之引文。

③ 守不足，攻有余：语本《孙子兵法·形篇》："守则不足，攻则有余。"

④ 攻之至：意思是进攻作战中最好的。至，达到极点之谓，多用以形容事物尽善尽美。

⑤ 殚（dān）：尽，竭尽。

⑥ 相遇：相逢，相合。本篇指男女混编一起。

⑦ 费力：耗费精力。

⑧ 老使壮悲：谓老年人会使壮年人产生悲哀。

⑨ "故曰：善攻者"至"故能为敌之司命"诸句：语出《孙子兵法·虚实篇》。但"不知所守"、"不知所攻"二句中的"知"字后面原著皆有"其"字。司命，谓主宰命运，亦指关系命运者。

【译文】

经典上说：土地是用来养活百姓的，城池是用来守卫土地的，战斗是用来保护城池的。对内得到民众的爱戴拥护，才可以守土卫国；对外保持强大的威慑力量，才可以战胜敌人。实行防守，是由于兵力不足；采取进攻，是因为兵力有余。换言之，兵力不足的就防守，兵力有余的就进攻。

进攻敌人的方法是，首先要断绝敌人的增援，使其得不到外部的救兵，然后估量敌人城中的存粮数，计算其每人每天的消耗量，如果城中粮多人少，就迅速攻城而不围困；如果城中粮少人多，就采取围困而不进攻。对于兵力尚未屈竭、粮食尚未用尽、城防仍然坚固的敌人，而能把敌城攻克下来的，这是进攻作战中最好的战果；兵力已经屈竭、粮食已经用尽、城池已经毁坏，城池却没有被攻下来的，这是防御作战中最好的战果。

防守城市的方法是，将城中的青壮年男子编组为一军，青壮年女子编组为一军，男女中的老弱者编组为一军。不要使这三军不同类型的人相互掺合混编在一起，因为青壮年男子与青壮年女子相遇一起，就容易耗费精力以至发生奸淫之事；青壮年女子与老弱者相遇一起，老年人就会使青壮年女子产生悲哀，弱小者就会使强壮者产生怜悯，悲哀和怜悯之情存在于人们心中，就会使勇敢的人顾虑重重，强壮的人不愿作战。

所以说，善于进攻作战的军队，能使敌人不知道该怎样防守；善于防御作战的军队，能使敌人不知道该怎样进攻。微妙呀，微妙！以至于没有任何形迹可以看见！神奇啊，神奇！以至于没有丝毫声息可以听到！因此，我军就能成为敌人命运的主宰者。

【解说】

《攻守篇》是李筌《太白阴经》一书中，集中论述古代城市攻防作战问题的专篇。

战争的历史表明，进攻和防御，是自有战争以来就存在的两种最基本的作战样式。所以，也就自然成为兵家所着重研究的军事课题。在唐朝以前的历代兵学著作中，论及"攻守"作战样式的典籍虽然不乏其例，但以"攻守"为题而设置专篇进行探讨的，唯有成书于战国晚期的《尉缭子》一书。该兵书不仅在多篇中论及"攻守"问题，而且还分别以《攻权》和《守权》为篇题，专门论述了城市攻防作战的权谋问题。唐代兵学家李筌正是在继承前人思想的基础上，合"攻守"为一篇，结合唐代新的历史情况，集中论述了我国古代城市攻防作战的有关问题：

一是论述了古代城市攻防作战样式的形成条件问题。

本章开篇伊始，李筌便引录《尉缭子·战威篇》的论述指出："地所以养人，城所以守地，战所以守城。"显而易见，作者这里引据《尉缭子》的论述，旨在一方面辩证地阐述城与地、与战三者的相互关系及其作用，一方面揭示了城市攻防作战形成的条件。城市，特别是大中城市，通常既是一个国家或地区的政治、经济、文化中心，又是该国或地区的交通枢纽和战略要地。因此，攻占或者守住城市，对攻守双方夺取战争胜利，均具有十分重要的意义和作用。城市的攻防作战，虽然是战争的攻防两种基本样式中的两种重要类型，但并非是一有战争以来就存在着的，它是随着城市的兴建发展和战争规模的扩大而逐步形成的。早在我国商周时期，随着城市的兴建，诸侯国之间的争战即已出现攻城与守城之战例。到了春秋战国时期，由于城市建设的进一步发展，以及攻城、守城的设施和技术器械的广泛应用，城市攻防作战的规模日益扩大，攻、防两种作战样式便成为这个历史时期战争的主要作战类型。从而为军事家们著书立说，提供了城市攻防作战实践的新鲜经验，丰富和发展了古代军事思想。《尉缭子·兵谈篇》所论："量土地肥硗而立邑。建城称地，以地称人，以人称粟。三相称，则内可以固守，外可以战胜。"就是对春秋战国时期城市攻守作战的实践经验最好的理论概括，它既论述了城市攻守作战样式形成的条件，又阐明了城市攻守作战的"三相称"原则及其意义。唐代是处于我国封建社会的鼎盛时期，随着社会经济和文化科技的发展，城市建设的规模之大和数量之多，都是春秋战国时期所无法比拟的。因而反映在军事斗争领域的以争夺城市为战略目标的攻守作战，不仅成为战争作战基本样式的主要类型，而且几乎贯穿于每一次战争的始终。恰是在此种新的历史条件下，李筌以"攻守"为论题，不仅就城市攻守作战的实践经验给以理论总结，而且进一步阐明了战争之所以有进攻和防御两种不同样式，乃是由于敌对双方的力量对比不同所决定的道理。所以，他说："力不足者守,力有余者攻。"这实际是对孙子所论"守则不足,攻则有余"(见《孙子兵法·形篇》)思想的继承和进一步阐发。

二是阐明了城市攻防作战的有关原则和方法。

在攻城作战的问题上,李筌主要强调如下指导原则:首先要切断守城之敌的一切外援,从而使其陷于完全孤立无援的绝境(即"先绝其援,使无外救"),然后要摸清守城之敌的存粮数和敌人每天用粮的消费量,再采取不同的攻城之策。作者认为,对"粮多人少"的守城之敌,当采取"攻而勿围"之策,即以速攻而非持久围困的战法,以达成攻占敌城的目的;但对"粮少人多"的守城之敌,则采取"围而勿攻"之策,即以持久围困而非速攻的战法,以达成陷敌于断粮自毙的目的。作者还认为,对"力未屈、粟未尽、城尚固"的敌人如能攻克下来的,就是战绩最佳的攻城作战。这里应当着重指出的是,李筌在攻城作战问题上所提出的对"粮多人少,攻而勿围;粮少人多,围而勿攻"的指导原则和方法,在以冷兵器为主和缺乏先进的攻城技术装备的古代战争中,是不无道理和具有一定可行性的。但是,不可对此视为绝对化,不能把攻与围对立以至割裂开来。在攻城作战的实际操作中,应当依据敌对双方的实际情况,做到攻中有围,围中有攻,攻围结合。这样,才有利于达成破城歼敌的作战目的。

在守城作战问题上,李筌着重论述了动员和组织民众力量投入守城作战的问题。他主张,在面对敌人攻城的形势下,应当把全城的民众都动员起来,分别组成"壮男为一军,壮女为一军,男女老弱为一军"。尤其强调,对此种不同类型的"三军""勿使相遇",不可掺合混编在一起。因为,在李筌看来,若使此三种不同类型的人混编相遇一起,就容易滋生问题而影响部队战斗力。所以,他说:"壮男遇壮女,则费力而奸生;壮女遇老弱,则老使壮悲、弱使强怜,悲怜在心,则使勇人更虑、壮夫不战。"李筌关于三种不同类型的人混编相遇在一起而容易滋生影响部队士气斗志的消极因素的认识观点,是不无一定道理的。李筌还强调指出,当守城者处于"力屈、粟殚、城坏"的危在旦夕的形势下,却能击退敌人进攻而守住城池的,这是最佳战绩的守城作战。李筌在守城作战问题上,所提出的动员和组织民众参战的主张和认识,说明他不但看到了蕴藏于民众之中的伟大力量,而且也注意到如何防止民众中消极因素的不良影响。应当说,李筌这一思想观点,在唐代以前的兵学著作中是没有的。这无疑是对中国古代军事思想一个不可小视的丰富和发展。

值得指出的是,李筌在本篇文末引录《孙子兵法·虚实篇》论述说:"善攻者,敌不知[其]所守；善守者，敌不知[其]所攻。微乎，微乎！至于无形；神乎，神乎！至于无声，故能为敌之司命。"这一方面说明，李筌从对城市攻守的具体作战问题的论述，已经上升到攻防战争样式的一般性问题的再认识；另一方面说明，作者不仅重视对客观的军事实力在城市攻守作战的影响作用的研究，而且更注重对主观的指导艺术在攻防战争中的影响作用的探讨。李筌善于从具体到一般，再由一般到具体的研究探讨军事理论问题的思维理念和方式，是值得人们效法的。

行人篇第二十三

【原文】

经曰：君择日登坛拜大将军①，缮甲兵、具卒乘②；出则破人之国，败人之军，杀人之将，虏人之俘。

赢粮③万里行于敌人之境，而不知敌人之情，将之过也。敌情不可求之于星辰，不可求之于鬼神，不可求之于卜筮，而可求之于人④。

昔商之兴也，伊尹为夏之庖人⑤；周之兴也，吕望为殷之渔父⑥；秦之帝也，李斯为山东之猎夫⑦；汉之王也，韩信为楚之亡卒⑧；魏之伯也⑨，荀彧⑩为袁绍之弃臣；晋之禅也⑪，贾充⑫任魏；魏之起也⑬，崔浩家晋⑭。故七君用之，而帝天下。

夫贤人出奔，必有佞臣持君之衡⑮。是以失度佐有扈⑯，孤功专驩兜⑰，成均权三苗⑱，推移佞桀⑲，崇侯谄纣⑳，优旃惑晋㉑。故曰："三仁去而殷墟㉒，二老归而周炽㉓，子胥死而吴亡㉔，种蠡存而越伯㉕，五羖入而秦喜㉖，乐毅出而燕惧㉗。"

将能收敌国之人而任之，以索其情，战何患乎不克？故曰：罗其英，敌国倾；罗其雄，敌国空。"它山之石，可以攻玉。"㉘

夫行人之用事㉙有二：一曰因敌国之人来观衅㉚于我，我高其爵、重其禄，察其辞、覆其事㉛，实则任之，虚则诛之；任之以乡导㉜。二曰吾使行人观敌国之君臣左右执事㉝，孰贤孰愚？中外近人，孰贪孰廉？舍人谒者㉞，孰君子孰小人？吾得其情，因而随之，可就吾事。

夫三军之重者，莫重于行人；三军之密者，莫密于行人。行人之谋未发，有漏者、与告者㉟，皆死；谋发之日，削其藁㊱、焚其草㊲，金其口、木其舌㊳，无使内谋之泄。若鹰隼㊴之入重林㊵无其踪，若游鱼之赴深潭㊶无其迹，离娄俛首㊷不见其形，师旷倾耳不聆其声㊸。微乎，微乎！与纤尘㊹俱飞，岂饱食醉酒、争力轻合㊺之将，而得见行人之事哉！

【注释】

① 君择日登坛拜大将军：典出《史记·淮阴侯列传》所载汉高祖刘邦设坛拜韩信为大将军故事。后因以"登坛拜将"为典实，指君王任命将帅或委将以重任。

② 缮甲兵、具卒乘：语出《左传·隐公元年》。缮，修补。甲兵，指武器。具，备也，足也。卒乘，指战士；古代步兵曰卒，车兵曰乘。

③ 赢粮：携带粮食。赢，担负，携带。

④ 而可求之于人：人，原作"天"，钱熙祚校注："'天'字似误。"钱说为是。李筌关于了解敌情的途径方法问题，取诸《孙子兵法·用间篇》的有关论述，故据钱说而从孙子所论校改。

⑤ 伊尹为殷之庖人：典出《墨子·尚贤中》。伊尹，又称"伊挚"，名阿衡，商初任相。在夏桀时，曾做过厨师（即"庖人"）。

⑥ 吕望为殷之渔父：典出《史记·齐太公世家》。吕望，即吕尚。周代齐国的始祖，姜姓，吕氏，名望，字子牙（一说字尚父），故又称"姜子牙"。殷，古都邑名（位于今河南安阳小屯村），因商王盘庚从庵（今山东曲阜）迁都至殷，故商又被称作"殷"。渔父，指老年渔夫者，或称老渔翁。据《史记·齐太公世家》唐张守节《正义》注引称："《说苑》云吕望年七十钓于渭渚（指今陕西渭河边）。"

⑦ 李斯为山东之猎夫：李斯，战国时期楚国人，后仕秦为客卿，佐秦始皇定天下后任丞相。山东，战国、秦汉时期指崤山或华山以东地区。猎夫，打猎人。

⑧ 韩信为楚之亡卒：典出《史记·淮阴侯列传》。韩信，汉初军事家。在秦末起兵反秦斗争中，初属楚王项羽，因不被重用而弃离项羽投归刘邦。《太白阴经》所称韩信为"亡卒"，即指此事。韩信投归刘邦后，终为大将而佐刘邦战胜了项羽。

⑨ 魏之伯也：魏，本篇指三国时期的曹魏。伯，通"霸"，谓称霸。本篇这里指曹操称霸。

⑩ 荀彧（公元163—212年）：三国时期曹操重要谋士，字文若，出身士族。初从袁绍，后弃离袁绍而归曹操，官至尚书令。

⑪ 晋之禅也：晋，指西晋。禅（shàn），古代以帝王之位让人称"禅"；亦谓替代。本篇指司马炎取代曹魏而称帝建立西晋，谥号武，故史称晋武帝。

⑫ 贾充（公元217—282年）：西晋大臣，字公闾。曹魏时官至大将军司马、廷尉。晋取代魏后，官至司空、侍中、尚书令。

⑬ 魏之起也：魏，本篇这里指南北朝时期北朝的北魏，为鲜卑族拓跋嗣所建。

⑭ 崔浩家晋：崔浩，北魏大臣，军事谋略家。字伯渊，出身士族，官至司徒。因其出仕北魏

前，家居晋地清河（位于今山东临清东北），故李筌称其"家晋"。

⑮ 必有佞臣持君之衡：佞臣，奸邪诮上之臣。持，把持，操纵。衡，本谓称重的衡器，本篇这里喻指君主的权柄或权力中枢。

⑯ 失度佐有扈：失度，古代佞臣名，说见《韩非子·说疑》。佐，辅佐，引申为左右或控制。有扈，古国名，故址在今陕西户县北。

⑰ 孤功专骓兜：孤功，古代佞臣名。《韩非子·说疑》原作"孤男"。专，专擅，专断。骓兜（huān dōu），《韩非子·说疑》作"谨兜"，相传为尧舜时期的部落首领之一。

⑱ 成均权三苗：成均，古代佞臣名。《韩非子·说疑》原作"成驹"。权，谓掌权；弄权。三苗，古国名，说见《尚书》孔传。

⑲ 推移佞桀：推移，亦称"推哆"、"推侈"、"侯侈"等，夏桀时佞臣。桀，指夏桀，夏朝末代暴君。

⑳ 崇侯诮纣：崇侯，名虎，商纣王时诸侯，佞臣。纣，指商纣王帝辛，商朝末代暴君。

㉑ 优旃惑晋：优旃，春秋时期晋国优人（指古代以乐舞、戏谑为业的艺人），《韩非子·说疑》作"优施"。曾助晋献公夫人骊姬杀害太子申生，固有"优旃惑晋"之说。

㉒ "三仁去而殷墟"以下六句：语出西汉扬雄《解嘲》。三仁，谓三位仁人，指商末的微子（名启，纣王的庶兄）、箕子（纣王诸父）、比干（纣王诸父）三位仁人。说见《论语·微子篇第十八》："微子去之，箕子为之奴，比干谏而死。孔子曰：'殷有三仁焉。'"殷墟，指纣王身死，殷都变成丘墟。

㉓ 二老归而周炽：语出扬雄《解嘲》。二老，尊称同时代或异代齐名的长者二人。本篇这里指周代伯夷、吕望二位长者。周炽，指伯夷、吕望二位长者归附而使周朝兴旺昌盛起来。

㉔ 子胥死而吴亡：子胥，即伍子胥，名员，字子胥。春秋时期吴国大夫，后为吴王迫害而死。

㉕ 种蠡存而越伯：语出扬雄《解嘲》。种蠡，系文种与范蠡二人之合称，此二人皆为春秋时期越国名臣良将，辅佐越王勾践灭亡吴国；李筌原作"范蠡"，不尽扬雄《解嘲》原义，故从《解嘲》原文校改。伯，这里通"霸"，谓称霸。

㉖ 五羖入而秦喜：语出《解嘲》。五羖（—gǔ），指百里奚。春秋时期秦国大夫。原为虞国大夫，虞亡时被晋房去，作为陪嫁之臣送入秦国；后出走，为楚人所执，又被秦穆公以五张黑色羊皮（羖，黑色的公羊）赎回用为大夫，故称"五羖大夫"。与蹇叔、由余等臣辅佐秦穆公建立霸业。

㉗ 乐毅出而燕惧：乐毅，战国时期燕国名将。曾率领燕、秦、魏、韩、赵等多国部队进攻齐国，并攻克齐都临淄。后在围攻即墨的作战中，新即位的燕惠王因轻信齐将田单所散布的离间谣言，而以骑劫取代乐毅为将，乐毅被迫逃往赵国，燕等联军攻齐作战也就遭到了失败。

㉘ 它山之石，可以攻玉：语出《诗·小雅·鹤鸣》。本谓别的山上的石头，可以用来打磨玉

器；本篇这里用以比喻别国（处）的贤才，也可以作为本国君主的辅佐之臣。

㉙ 夫行人之用事：行人，本为古代担负外交任务的使者的通称，本篇这里则指派往他国刺探敌情的间谍。用事，谓执行任务，这里指侦察任务。

㉚ 观衅：窥探敌人的间隙或曰不利因素。

㉛ 覆其事：谓考察其所行之事。覆，审察；查核。

㉜ 乡导：向导。乡，通"向"。

㉝ 执事：谓主管具体事务。执，主持；掌管。

㉞ 舍人谒者：舍人，古代官名。《周礼》中地官司徒的属官，掌理宫中财务收支之事。战国时期，国君或王公贵官的亲近左右者亦称"舍人"。谒者，古代官名。春秋时期始置，秦汉沿置。谒者掌管接待、传达任务。

㉟ 与告者：指被告诉的人。与，被也。

㊱ 削其藁：谓销毁其文稿。削，削除，销毁。藁，同"稿"，这里指文稿。

㊲ 焚其草：谓烧毁其底稿。草，指草稿或原始笔记文字。

㊳ 金其口、木其舌：语出扬雄《法言·学行篇》："莫若使诸儒金口而木舌。"金口木舌，原指木铎，即以木为舌的铜铃。古时施行政教时，振动木铎以警告万民，后借喻为宣扬圣人教导的话。本篇转义谓守口如瓶、严守机密。

㊴ 鹰隼：鹰和雕。亦泛指猛禽。

㊵ 重林：谓重叠的山林，指密林深处。

㊶ 深潭：深水池。亦指河流中水极深而有回流之处。

㊷ 离娄俛首：离娄，《庄子》作"离朱"。相传为黄帝时人，眼力极强，能于百步之外望见秋毫之末。俛首，谓低下头。俛，同"俯"。

㊸ 师旷倾耳不聆其声：师旷，春秋时期晋平公（名彪）的太师（乐官之长），为我国古代著名音乐家。为盲人，其两耳辨音力极强。倾耳，谓侧着耳朵静听。聆，听；闻。

㊹ 纤尘：谓微小的灰尘。

㊺ 争力轻合：争力，谓奋力。轻合，谓轻率交战。

【译文】

经典上说：国君选择良辰吉日，设坛拜授大将军，修缮武器装备，充实步兵车兵，一旦统兵出战，就能攻破敌国，打败敌军，击杀敌将，俘虏敌人。

携带粮食行军万里而深入敌国境内，却不了解敌人的情况，这是身为将帅者的过错。敌人情况的获取，不可以求之于日月星辰，不可以求之于神仙鬼怪，不可以求之于占卜问卦，而可以求之于人（即从熟悉敌情的人那里去获取）。

从前，商代的兴起，是由于成汤有了曾在夏朝为厨师的伊尹的辅佐；周代的兴起，是由于武王有了曾在商朝为渔夫的吕望的辅佐；秦始皇的称帝，是由于有了曾在楚国为猎夫的李斯的辅佐；汉高祖刘邦的称帝，是由于有了曾从楚王项羽而后逃离归附的韩信的辅佐；魏武帝曹操的称霸，是由于有了曾从袁绍而后弃离归顺的荀彧的辅佐；晋武帝司马炎的取代曹魏，是由于有了曾为曹魏重臣的贾充的辅佐；北魏拓跋嗣的称帝，是由于有了家居晋朝的崔浩的辅佐。上述不同时代的这七位君王，都是因为任用了熟悉敌方情况的贤才的辅佐，才得以称帝统治天下的。

大凡贤能之人弃国外逃，一定是由于有了奸臣操纵君王权柄的结果。因此，历史上出现了失度左右有扈国，孤功专擅骥兜氏，成均弄权三苗国，推移佞媚于夏桀，崇侯谄谀于商纣王，优旃惑乱于晋国等奸臣操纵君权而造成贤才受害、国家危亡的事例。所以，（汉代学者扬雄《解嘲》揭示）说："微子、箕子、比干三位仁人受迫害而离去后，导致殷商化为废墟而灭亡；伯夷、吕望二位长老归附后，而使周朝兴旺昌盛起来；伍子胥被吴王夫差害死后，吴国就灭亡了；文种和范蠡身在越国辅政，越王勾践就称霸于中原了；五羖大夫百里奚由楚入秦后，而使秦国人受到欢欣鼓舞；乐毅被迫出逃后，而燕国就惧怕齐国军队了。"

将帅如果能够收揽敌国的人才而加以任用，利用他们获取敌人的情报，哪里还用担心有攻不克的敌人呢？所以说，网罗敌人的英才，就会导致敌人倾覆；收罗敌人的雄才，就会造成敌国空虚。这就是《诗经·小雅·鹤鸣》篇上所讲的："借助于别山上的石头，可以用来打磨玉器。"

利用间谍执行任务，有两种途径办法：一是利用敌国所派间谍前来刺探我国情报的时机，我以高官爵、厚利禄收买他，观察他的言辞，考察他的行事，如果符合实际，就任用他来为我服务；如果虚假有诈，就立即把他杀掉。如能任用他时，就用他作为我军的向导。二是我直接派遣间谍去敌国观察其君臣左右执掌具体事务的人，哪个贤惠，哪个愚钝？朝廷内外为君臣所亲近的人，哪个贪婪，哪个廉洁？执掌宫中财用之政的舍人和掌管君主传达任务的谒者，哪个是君子，哪个是小人？通过间谍侦察使我获得了敌国的有关情报，依据其具体情况而采取相应对策，这样，便可以成就我的事业了。

三军中最重要的事情，没有比利用间谍刺探敌情这件事更重要的了；三军中最机密的事情，莫过于派遣间谍潜入敌国这件事更机密的了。利用间谍的计谋尚未实施，如有泄露秘密的人和被告知秘密的人，都要处死不赦。派遣间谍的计谋付诸实施之日，要销毁其手稿，焚烧其笔记，要责成间谍守口如瓶，不得使内部谋划之事泄露出去。要做到像鹰隼飞入密林深处而无踪影，像游鱼潜入深潭底部而无痕迹。这样，即使有双目视力极强的离娄低头察看，也看不见它的形影；即使有两耳听力特好的师旷侧耳静听，也听不到它的声音。微妙啊，微妙！它将微妙到如同细微的灰尘飞散开去而无任何踪迹一样。这种利用间谍刺探敌情的计谋，哪里是那些酒囊饭袋而只知轻率交战的庸将所能懂得的事情呢！

【解说】

本篇李筌以《行人篇》为篇题，其中心思想是论述古代战争中如何利用间谍刺探敌情而为赢得对敌作战胜利服务的问题。所谓"行人"，原本为古代担任外交使命的使者的通称，但在本篇则借指派往敌国执行侦察任务的间谍。

利用间谍为战争服务的问题，这是兵家指导战争的古老话题。我国现存最早的兵学著作《孙子兵法》专辟《用间篇》，首次集中论述了在战争中使用间谍的重要性以及间谍的种类、特点和用间的有关方法原则等问题。唐代兵学家李筌正是在完全继承孙子"用间"理论的基础上，结合唐代战争的实际需要，就如何利用间谍为战争服务的问题，着重阐明了以下三个思想观点：

第一，阐明了利用间谍侦察和掌握敌情对于赢得战争胜利具有重大意义。

李筌认为，要赢得对敌战争的胜利，固然需要积极做好设坛拜将，"缮甲兵、具卒乘"等组织准备和物质准备工作，但仅此还是不够的。要战胜敌人，必须是在做好组织准备和物质准备的同时，积极利用间谍侦察和掌握敌情。并且，李筌把能否充分利用间谍侦察和掌握敌情的问题，作为衡量将帅优劣、功过的一个重要标志。他明确指出："赢粮万里行于敌人之境，而不知敌人之情，将之过也。"那么，将帅怎样才能做到"知敌人之情"呢？李筌认为："敌情不可求之于星辰，不可求之于鬼神，不可求之于卜筮，而可求之于人。"李筌这里所论观点，实际是对孙子关于侦察敌情"不可取于鬼神，不可象于事，不可验于度，必取于人，知敌之情者也"（见《孙子兵法·用间篇》）的唯物主义思想观点的继承和发挥。为了进一步阐明"知敌人之情""而可求之于人"这一重要命题，李筌从分析和总结历史的经验入手，一方面强调，要敢于任用那些曾在敌国工作或生活过，并且了解敌情的贤才参与军国大事。他认为，商、周、秦、汉、曹魏、西晋、北魏七个朝代的先后取代前朝"而帝天下"的史实，都是由于七国之君王先后任用了曾在敌国工作或生活过的伊尹、吕望、李斯、韩信、荀彧、贾充、崔浩等贤才良将并提供了"敌人之情"的结果。一方面指出，一个国家的"贤人出奔，必有佞臣持君之衡"所造成的。作者在列举了上古到春秋时期的失度、孤功、成均、推移、崇侯、优旆六个祸乱国政的佞臣贼子之后，又引录西汉学者扬雄《解嘲》所述"三仁（指微子、箕子、比干三位仁人）去而殷墟，二老（指伯夷、吕望二位长者）归而周炽，子胥死而吴亡，种蠡（指文种和范蠡）存而越伯，五羖（百里奚）入而秦喜，乐毅出而燕惧"为实例，正反对比地进一步阐明了任用了解敌情的贤才良将或是遭迫害的贤臣良将的出走，都将直接关系着国家的成败存亡的深刻道理。据此，李筌得出如下结论说："将能收敌国之人而任之，以索其情，战何患乎不克？"又说："罗其英，敌国倾；罗其雄，敌国空。'它山之石，可以攻玉。'"应当说，李筌此一提倡网罗敌国人才为己所用的主张，是基本符合历史实际的正确思想观点。但也需要指出的是，李筌这里虽然列举了伊尹、吕望、李斯、韩信、荀彧、贾充、崔浩等人作为《行人篇》用间的事例，但这些贤才良将于其所在国所起到的辅助国君成就帝业的重要历史作用，远非一般的间谍所能比拟的。这是我们阅读本篇时应当明确之点。

第二，阐明了利用间谍的主要方式和谍报工作的战略任务。

李筌认为，"行人之用事"（今称谍报侦察工作），主要有两种方式：一是利用敌人的间谍为我服务。作者指出，对于敌国派来执行侦察任务的间谍，我要采用"高其爵、重其禄"的办法收买之，然后再"察其辞、覆其事"，如果该敌间谍所提供的情况属实，就"任之以乡导"；倘若敌间提供的情况虚假不实，就立即将其杀掉。二是我直接向敌国派遣间谍，主要担负侦察"敌国之君臣左右执事，孰贤孰愚？中外近人，孰贪孰廉？舍人谒者，孰君子孰小人？"等敌国战略情报。李筌认为，通过派遣间谍进行战略侦察，"吾得其情，因而随之，可就吾事"，最终就能战胜敌人了。通观古代战争的历史，李筌这里所述收买敌间和派遣间谍以获取敌国情报，就是古代战争通常用以侦察敌情的两种主要方式手段。

第三，阐明了古代谍报工作必须严格执行保密原则。

李筌强调指出："夫三军之重者，莫重于行人；三军之密者，莫密于行人。"作者基于此种对谍报工作极端重要性的认识，进一步阐明了派遣间谍必须严格执行保密原则，特别强调不得随意泄露"行人之谋"。为此，李筌要求必须严格做到以下两点：一是当"行人之谋未发"的时候，若有泄露此谋的人，一经发现，严惩不贷，立即将泄密者和被告知机密者，一律杀掉。二是当"谋发之日"，一方面要将谋划"行人之事"的一切手稿、笔记统统销毁以防机密失控；一方面严格责成所派间谍要守口如瓶，"无使内谋之泄"，坚决做到既像"鹰隼之入重林无其踪"，又如"游鱼之赴深潭无其迹"。这样，即使有双目视力极强的离娄俯首察看，也"不见其形"；即使有两耳听力特好的师旷侧耳静听，亦"不聆其声"。

利用间谍（包括派遣间谍潜入敌国和收买敌人间谍为我服务两种方式）侦察敌情，这在侦察器材匮乏与侦察技术落后的古代，是为兵家组织指挥战争所通常采用的获取敌人情报的主要有效手段。南北朝时期的北周大将韦孝宽，就是以善用间谍获取敌情而著称于世的。史载在北周与北齐的长期对抗中，韦孝宽采用派遣间谍潜入北齐搜集情报和以重金收买齐人为间谍而提供情报的两种方式并行的办法，不仅随时掌握了北齐的内情和动态，而且离间和破坏了齐后主高纬与贤相斛律光（字明月）的君臣关系，诱使昏君高纬误杀了颇具"战术兵权，暗同韬略，临敌制胜，变化无方"（见《北齐书·斛律光传》）的名将斛律光，为其后北周出兵灭亡北齐扫清了主要障碍。周武帝宇文邕在获知北齐因"其折冲之将斛律明月已毙谗人之口"进而导致"上下离心，道路仄目"（见《隋书·伊娄谦传》），"朝政昏乱，政由群小，百姓嗷然，朝不保夕"（见《周书·武帝纪下》）的严重动荡局势之后，适时于建德五年（公元576年）十月，亲率大军东进，一路破关斩将，节节胜利。仅用三个月时间，便于次年正月攻克北齐京师邺城（位于今河北磁县南），俘获齐后主高纬及太子高恒，灭亡了北齐，为统一黄河以北广大地区，做出了历史性重要贡献。

在现代条件下，随着科学技术日新月异地发展，虽然越来越广泛地采用先进技术器材进行敌情侦察，并使获取和传递情报的手段、方法，更趋于隐蔽而多样化，但是，利用间谍潜入或是收买敌间实施情报侦察活动，迄今仍为许多国家所十分重视的手段之一，而情报侦察中的窃密与反窃密的斗争更加复杂激烈。因此，李筌本篇所论用间的有关问题，对现代条件下的谍报工作，仍不失有借鉴价值。

鉴才篇第二十四

【原文】

经曰：人禀元气①所生，阴阳②所成。淳和平淡，元气也；聪明俊杰，阴阳也。淳和不知权变③，聪明不知至道④。

夫人柔顺安恕⑤，失于断决，可与循节⑥，难与权宜⑦；强悍刚猛，失于猜忌⑧，可与涉难⑨，难与持守⑩；贞良畏慎⑪，失于狐疑⑫，可与乐成⑬，难与谋始⑭；清介⑮廉洁，失于局执⑯，可与立节⑰，难与通变⑱；韬晦⑲沉静，失于迟回⑳，可与深虑，难与应捷㉑。

夫聪明秀出之谓英，胆力过人之谓雄。㉒英者，智也；雄者，力也。英不能果敢，雄不能智谋，故英得雄而行，雄得英而成。

夫人有八性不同：仁、义、忠、信、智、勇、贪、愚。仁者好施，义者好亲，忠者好直，信者好守，智者好谋，勇者好决，贪者好取，愚者好矜㉓。

人君㉔合于仁义，则天下亲；合于忠信，则四海宾㉕；合于智勇，则诸侯臣；合于贪愚，则制于人。

仁义可以谋纵㉖，智勇可以谋横㉗。纵成者王，横成者伯㉘。王伯之道，不在兵强士勇之际，而在仁义智勇之间。此亦偏才㉙，未足以言大将军。若夫㉚能柔能刚，能翕能张㉛；能英而有勇，能雄而有谋；圆而能转，环而无端；智周乎万物，而道济于天下。㉜此曰通才㉝，可以为大将军矣。故曰："将者，国之辅，辅周则国强，辅隙则国弱。"㉞是谓"人之司命，国家安危之主"㉟，不可不察也。

明主所以择人者，阅其才通而周，鉴其貌厚而贵，察其心贞而明，居高而远望，徐视而审听，神其形㊱，聚其精㊲，若山之高不可极，若泉之深不可测，然后审其贤愚以言辞，择其智勇以任事，乃可任之也。

夫择圣以道，择贤以德，择智以谋，择勇以力，择贪以利，择奸以隙，择愚以危。

事或同而观其道，或异而观其德，或权变而观其谋，或攻取而观其勇，或货财而观其利，或捭阖^㊳而观其间，或恐惧而观其安危。故曰：欲求其来，先察其往；欲求其古，先察其今。先察而任者昌，先任而察者亡。昔市偷自鬻于晋^㊴，晋察而用之，胜楚；伊尹自鬻于汤，汤察而用之，放桀。智能之士，不在远近^㊵。仁人不因困阨^㊶，无以广其德；智士不因时弃^㊷，无以举其功；王者不因绝亡，无以立其义；霸者不因强敌，无以遗其患^㊸。

明主任人不失其能，直士^㊹举贤不离于口。无万人之智者，不可据于万人之上。故曰："不知军中之事，而同军中之政者，则军士惑矣；不知三军之权，而同三军之任者，则军士疑矣。三军既惑且疑，则诸侯之难至矣。"^㊺夫如是，则君不虚王，臣不虚贵；所谓君道^㊻知使臣，臣术^㊼知事君者。

【注释】

① 元气：古代指天地未分前的混沌之气。亦指人的精气或精神。

② 阴阳：古代指天地间化生万物的二气。

③ 权变：谓随机应变。

④ 至道：谓最高的原则、准则；亦谓极为精深微妙的道理。

⑤ 安恕：安稳宽恕。

⑥ 循节：循规蹈矩；遵守规矩。节，法度，规则。

⑦ 权宜：谓应付某种变化情况所采取的适宜措施。

⑧ 猜忌：猜疑妒忌。

⑨ 涉难：谓经历危难。

⑩ 持守：守成。指保持前人的成就和业绩。

⑪ 畏慎：戒惕谨慎；谨小慎微。

⑫ 狐疑：谓犹豫不决。

⑬ 乐成：乐于成功；乐于享受成功。

⑭ 谋始：义犹"虑始"，指谋划事情之开始。

⑮ 清介：清正耿直。

⑯ 局执：指狭隘固执。

⑰ 立节：树立名节。

⑱ 通变：通达权变。指适应客观情况的变化，因时制宜，不拘常规。

⑲ 韬晦：本谓收敛光芒，借指不显露锋芒和才能。

⑳ 迟回：迟疑徘徊。

㉑ 应捷：谓应付突然事件。捷，迅速敏捷，引申为突然发生。

㉒ "夫聪明秀出之谓英，胆力过人之谓雄"二句：语出三国魏刘劭《人物志·英雄第八》。两"之谓"，刘劭原著作"谓之"，义同不改。秀出，谓美好出众。

㉓ 矜：自夸自恃；骄傲自夸。

㉔ 人君：君主；帝王。

㉕ 宾：谓服从；归顺。

㉖ 纵："合纵"的节缩语。本指战国时期苏秦所主张的六国联合抗秦之谋策；后亦泛指联合。

㉗ 横："连横"的节缩语，与"纵"相对。本指战国时期张仪所主张的六国共同事秦之谋策；后亦泛指结盟。

㉘ 伯：通"霸"，谓称霸。

㉙ 偏才：指具有某一方面才能的人；或曰具有某种专长的人才。

㉚ 若夫：至于。通常用于句首或段落开始，表示另提一事。

㉛ 能翕能张：指能屈能伸。翕（xī），收缩、收敛，引申屈曲。张，张开、伸张。

㉜ "智周乎万物，而道济于天下"二句：语出《周易·系辞上》。智，原作"知"，通"智"。智周，谓智慧遍及万物。济，成也，利也。

㉝ 通才：指学识广博而兼备多种才能的人；或曰文才武略兼备的全才。

㉞ "将者"至"辅隙则国弱"四句：语出《孙子兵法·谋攻篇》。但与《孙子兵法》原文略异。辅隙，指将帅辅佐君王治国有缺陷或曰做得不好。

㉟ "人之司命，国家安危之主"：语出《孙子兵法·作战篇》。人，《孙子兵法》原作"民"，唐代李筌因避唐太宗李世民名讳而改"民"为"人"。司命，谓掌握命运。主，主宰。

㊱ 神其形：神，神采，指人内在精神的外在表现状态。形，指人的形体外貌。

㊲ 聚其精：聚，聚合；聚集。精，精气；精神，指人的内在精神状态。

㊳ 捭阖（bǎi hé）：犹"开合"。本指战国时期纵横家所主张的分化、拉拢的游说之术。后亦泛指分化、拉拢。

㊴ "昔市偷自鬻于晋"至"胜楚"三句：语出东汉袁康《越绝书·外传记·范伯传》。市偷，谓市中之窃贼，非为专指具体人。自鬻，《越绝书》原作"自衒"（衒，读 xuàn），二者义同，谓自卖其身。晋、楚，指春秋时期的晋国、楚国。

㊵ 远近：本篇这里指人际关系的疏远和亲近。

㊶ 困陑：困窘；困难。

㊷ 时弃：为时人所遗弃。

㊸ 遗其患：谓摆脱其祸患。遗，丢弃；脱离。

㊹ 直士：谓正直人士。

㊺ "不知军中之事"至"则诸侯之难至矣"诸句：语出《孙子兵法·谋攻篇》。文中两"军中"《孙子兵法》原作"三军"。

㊻ 君道：为君之道。道，准则；原则。

㊼ 臣术：为臣之术。术，方法；手段。特指臣下事君的策略、方法或手段。

【译文】

经典上说：人是秉承元气而产生，依赖阴阳所成长的。淳朴温和而浑厚淡泊的性格，来自元气；聪明睿智而俊秀杰出的才华，源于阴阳。淳朴温和的人通常不知道运用权谋机变，聪明睿智的人通常不懂得遵循最高准则。

温柔和顺、安分宽容的人，往往失之于缺乏果断；对这种人，可以同他一起循规蹈矩，却难以和他一起随机应变。凶悍桀骜、刚强勇猛的人，往往失之于猜疑妒忌；对这种人，可以同他一起共赴危难，却难以和他一起保守成业。忠贞善良、戒惕谨慎的人，往往失之于犹豫不决；对这种人，可以同他一起享受成功，却难以和他一起始谋创业。清正耿直、廉洁不贪的人，往往失之于拘泥固执；对这种人，可以同他一起树立名节，却难以和他一起因变制宜。韬光隐晦、沉静不露的人，往往失之于迟疑徘徊；对这种人，可以同他一起深谋远虑，却难以和他一起应对突变。

聪明出众者叫作英才，胆力过人者叫作雄才。英才，体现的是智慧；雄才，展现的是勇力。单有英才不能果敢行事，单有雄才不能运用智谋；所以，英才只有加上雄才方能果敢行事，雄才只有加上英才方能取得成功。

人有八种不同的品性，即仁、义、忠、信、智、勇、贪、愚。仁慈的人喜好施舍济人，讲义气的人喜好亲近人，忠贞的人喜好耿直不阿，诚实不欺的人喜好守信，聪明睿智的人喜好谋略，勇敢的人喜好坚决果断，贪婪的人喜好索取财货，愚钝的人喜好自夸自恃。

君主的所为符合仁义的，天下的人就亲近他；符合忠信的，四海之内就归顺他；具有智勇的，诸侯各国就臣服他；属于贪愚的，就会受到他人控制。

讲仁义者，就可以谋求联合各国；有智勇者，就可以谋求单独结盟。联合各国取得成功的可以称王，单独结盟取得成功的可以称霸。称王称霸的方法途径，不在于兵强士勇这一点，而在于仁义智勇这些方面。这也仅仅指的是具有某一方面专长的"偏才"，还不足以说是大将军所应具备的条件。至于说能刚能柔，能屈能伸，既具备英才又有勇力，既具备雄才又有谋略，如同沿着圆环旋转而没有尽头一样，其智慧遍及万物，而其所行之道则有利于天下，那么，这样的人才堪称是学识广博兼备多能的"通才"，而唯有此种"通才"方可以担任大将军之职。所以（《孙子兵法》）说："将帅者，是国家的辅佐之才。辅助得周密，国家就一定强盛；辅助有缺陷，国家就一定衰弱。"这就是说："（懂得用兵之道的将帅），是民众生死命运的掌握者，国家安危存亡的主宰者。"对此问题，是不可不认真进行考察研究的。

英明的君主选拔人才时，要审阅他的才智（看是否）渊博而周密，鉴别他的容貌（看是否）忠厚而尊贵，考察他的思想（看是否）忠贞而明快。鉴察人才要站得高才能看得远，要稳健地观察而详审地听取。要看其外在形貌（是否）神采焕发，察其内在精神（是否）聚合凝重，其（德高）如同高山那样不可攀及其顶，其（智深）如同深泉那样不可探测其底。然后通过言谈来审察他是贤良还是愚钝，通过办事来择定他是否具有智谋和勇力。这样，才可以最后确定是否任用他。

选择圣人要依据道义，选择贤才要依据德行，选择勇士要依据胆力，考察贪者要使用利诱，识辨奸佞要利用间隙，考察愚者要利用危难。情况相同者要观察他们处世的道义，情况不同者要观察他们处世的德行。有的要用权变机宜去观察他的谋略运用，有的要用攻城取地去观察他的勇敢精神，有的要用货物钱财去观察他对利诱的态度，有的要用合纵连横去观察他使用间谍的效果，有的要用恐怖事件去观察他对安危所持态度。所以说，要探求他的未来情况，首先要考察他的以往所为；要想探求他的过去情况，首先要考察他的现今表现。对人才首先考察清楚而后再任用的国家就昌盛；反之，首先任用而后再进行考察的国家就衰亡。从前，市场中有一窃贼自卖其身于晋国，晋国经过考察后任用了他，结果就战胜了楚国。伊尹自卖其身于商汤，商汤经过考察后任用他为国相，结果就灭掉夏朝而放逐了夏桀。有智慧有才能的人，不在于距离国君之远近。有仁德的人不会因为困厄危难，而无法广布其仁德；有才智的人不会因为被人遗弃，而无法创建其功业；能称王的人不会因为身处绝境，而无法树立其道义；能称霸的人不会因为有强敌相遇，而无法摆脱其祸患。

英明的君主任用人才，不失掉让他充分发挥才能的机会；正直的人臣举荐贤才，能够切实做到始终如一念念不忘。没有高出万人之智慧的人，是不可位居万人之上的。所以（《孙子兵法》这样）说："不了解军队内部的事务，而去干预军队行政管理的，就会使将士产生迷惑；不懂得作战上的权宜机变，却去干涉军队指挥权限的，就会使部队心存疑虑。全军将士既迷惑又心存疑虑，那么诸侯列国就会乘机进犯，灾难也就随之而来了。"倘若按照上述择人方法行事，那么，为君的就不会失去其君主地位，为臣的就不会失去其尊荣富贵。这就是通常所说的，为君的原则在于知道使用臣下的办法，为臣的方法在于懂得侍奉君主的道理。

【解说】

本章以《鉴才篇》为题，顾名思义，就是考察、鉴别人才的意思，而考察、鉴别人才的目的，则是选拔和任用人才。所以，本篇的中心思想是论述如何考核和择用人才的问题。

此篇与本卷前面的《选士篇第十六》虽然同属论述择用人才的问题，但两篇所论择用人才的层次标准有所不同。《选士篇》所论着眼从一般层次上择用具有某种专长的各类军事人才，而本《鉴才篇》所论则是从国家战略的高度，选拔和任用具有治国御军能力、影响全局的高层次组织指挥人才。综观全篇可以看出，作者李筌主要阐明了如下三大思想观点：

第一，作者从分析人才的二重性入手，阐明了鉴别人才必须掌握和运用"一分为二"的辩证思维观点。

唯物辩证法认为，任何事物都是依据"一分为二"这一客观规律而存在与发展的。李筌在对人才问题的认识上，明显地反映了此一辩证思维理念。这是十分可贵的。他认为，人皆具有其长处和短处这样的二重性特点，因此，考察和鉴别人才时，必须以"一分为二"的观点，对人才的情况作具体分析。李筌在分别列举了具有"柔顺安恕"、"强悍刚猛"、"贞良畏慎"、"清介廉洁"、"韬晦沉静"等长处的五种人才时，又同时分别指出其各自存在的"失于断决"、"失于猜忌"、"失于狐疑"、"失于局执"、"失于迟回"等短处。对上述既有长处又有短处的五种人才，李筌进一步指明了在择用他们时，应当扬其所长而避其所短。例如，对于秉性"柔顺安恕"的人才，"可与循节"以避免其"失于断决"之短处；对于秉性"强悍刚猛"的人才，"可与涉难"以避免其"失于猜忌"之短处；对于秉性"贞良畏慎"的人才，"可与乐成"以避免其"失于狐疑"之短处；对于秉性"清介廉洁"的人才，"可与立节"以避免其"失于局执"之短处；对于秉性"韬晦沉静"的人才，"可与深虑"

以避免其"失于迟回"之短处。应当说，李筌以上关于择选和使用五种治国御军高端人才时，应当扬其所长而避其所短的思想观点，基本反映了封建社会人才学的应用规律。

李筌基于对人才二重性的辩证认识，又从军事实践的意义上，把人才区分为"智谋型"和"果敢型"两类。他在引录三国时期曹魏学者刘劭《人物志·英雄》所论"夫聪明秀出之谓英，胆力过人之谓雄"之后，进一步分析指出说："英者，智也；雄者，力也。英不能果敢，雄不能智谋，故英得雄而行，雄得英而成。"作者这里以辩证观点深刻论述了"智谋型"和"果敢型"两类人才各自所具有的长处和存在的短处，指明了只有把"智谋型"的"英才"与"果敢型"的"雄才"结合起来，或者使两者集于一身，这样，才能勇于实践（即所谓"行"），成就事业（即所谓"成"）。李筌此种辩证思维的人才观，无疑是对形而上学人才观的否定。这是历史的一种进步，值得充分肯定。

第二，作者在分析人有八种不同思想品格的基础上，着力阐明了为君、为将者各自所应具备的品格和条件。

李筌认为，人有仁、义、忠、信、智、勇、贪、愚八种不同思想品格，而不同思想品格的人，其实践表现也是不同的。例如，"仁者好施，义者好亲，忠者好直，信者好守，智者好谋，勇者好决，贪者好取，愚者好矜。"据此，李筌明确指出，作为一个国家的最高统治者的人君，唯有具备仁、义、忠、信、智、勇六种好的思想品格，才能成王称霸而得天下；反之，如果仅具贪、愚两种不好的思想品格，那就将会受制于人而失去天下。所以，他说："人君合于仁义，则天下亲；合于忠信，则四海宾；合于智勇，则诸侯臣；合于贪愚，则制于人。仁义可以谋纵，智勇可以谋横。纵成者王，横成者伯（通"霸"）。"

作者在充分论述了有作为的人君应具备的思想品格之后，又依据孙子关于"将者，国之辅，辅周则国强，辅隙则国弱"（见《孙子兵法·谋攻篇》）和"（将者）是谓'人之司命，国家安危之主'。"（见《孙子兵法·作战篇》）的思想观点，深刻阐明了作为军队统帅的大将军所应具备的条件和标准。他认为，作为军队统帅，仅仅具备"仁义智勇"，也不过是具有某些专长的"偏才"而已，还不足以担当大将军之职，只有同时具备"能柔能刚，能翕能张；能英而有勇，能雄而有谋，圆而能转，环而无端；智周乎万物，而道济于天下"的学识广博兼备多种才能的"通才"，方可担当辅国统兵的大将军。

　　显而易见，李筌对为君、为将者所提应当具备的思想品格和条件，是高标准严要求的。这无疑是十分正确的，符合社会发展的需要。因为，唯有具备如此高标准的人君、将帅，才能堪当治国御军的大任，推动社会历史向前发展。

　　第三，作者总结和汲取历史的实践经验，深刻阐明了鉴别和择用高端人才所应掌握的原则和注意事项。

　　这是李筌本篇所论思想观点的重点内容。作者强调指出，鉴才任将的问题，是关系着民众生死命运、国家安危存亡的大事，作为明君对此重大问题"不可不察也"。那么，明君择用人才应当掌握哪些鉴才原则和注意事项呢？归纳全篇所论，可以看出，李筌着重强调以下五大原则和注意事项：

　　一是强调要从"才"、"貌"、"心"等方面，对所择人才进行全方位的深入考察和鉴别的原则。李筌指出："明主所以择人者，阅其才通而周，鉴其貌厚而贵，察其心贞而明。"李筌这里所讲的"才"，是指人的智慧才能；"貌"，是指人的形貌体态；"心"，是指人的思想品格。这就是说，作者主张明主择用人才，必须坚持以所择人才的智慧才能（智）、形貌体态（体）和思想品格（德）等为重点内容，而进行全方位考察的原则。毫无疑问，这是十分正确的观点。

　　二是强调明主择人要坚持"听其言，观其行"的原则。李筌指出，考察和择用人才要"居高而远望，徐视而审听"，要察其外在形貌看是否神采焕发，观其内在精神看是否聚合凝重，倘若其德高"若山之高不可极"，其智深"若泉之深不可测"时，"然后审其贤愚以言辞，择其智勇以任事"，即以"听言观行"的原则办法考察所择人才，如其言行均符合所要求的条件，就可以加以任用了。

　　三是强调择用不同的人才要用不同的考察内容和实施方法。例如，"择圣以道，择贤以德，择智以谋，择勇以力"。意思是说，选择圣人要依据道义，选择贤才要依据德行，选择智者要依据智谋，选择勇士要依据胆力。"或同而观其道，或异而观其德，或权变而观其谋，或攻取而观其勇"。这就是说，对于所择人才，若其情况相同者就要观察他们处世的道义如何，而对情况不同者则要观察他们处世的德行怎样。对于所择人才若要考察其智谋计策时，则要用权变机宜去观察他们的谋略运用能力；若要考察其实战效果时，就要用攻城略地的实战去观察他们的英勇牺牲精神。

　　四是强调择用人才要贯彻"先察后任"的原则。李筌认为，择用人才能否坚持这一原则，直接关系着事业的兴衰。他说："先察而任者昌，先任而察者亡。"他还说：

对于所择人才，"欲求其来，先察其往；欲求其古，先察其今。"可见，作者所强调的"先察"内容，既着眼其以往之所为，更重视其现实表现。显然，这是符合唯物主义实践论的正确观点。

五是强调要把"举贤任能"作为治国御军的一项经常性工作切实抓紧抓好。李筌在阐述"君道臣术"问题时，明确指出："所谓君道知使臣，臣术知事君者。"可见，李筌认为，为君之道在于知道如何使用臣下，为臣之术在于懂得怎样事奉君主。而要实施"君道臣术"，作者认为其重要内容就是要切实抓好"举贤任能"工作。所以，他明确提出："明主任人不失其能，直士举贤不离于口。"只有君臣协力对"举贤任能"之事念念不忘，经常抓紧抓好，才能使国富民强，从而确保"君不虚王，臣不虚贵"的地位。

择才任将问题，是古代治军的重要内容，因而也是为历代兵家所极为关注和研究的重要课题。《孙子兵法·计篇》提出了为将之"五德"（即"将者，智、信、仁、勇、严也。"曹操注称"将宜五德备也"；李筌亦注称："此五者，为将之德"）并深刻论述了将帅在国家和军队中的重要地位和作用。《吴子》专设《论将篇》，《六韬》则置《论将》、《选将》、《立将》等多篇，均就选将任将问题展开论述。唐代兵学家李筌在继承前人"论将"思想的基础上，专置《鉴才篇》，从国家战略的高度着重阐明了如何鉴别和择用治国御军的高层次组织指挥人才的问题。其论述问题的深刻性、系统性、全面性，都是前所未有的。他所阐明的诸多问题，例如，充满辩证观点的人才观，为君为将所应具备的品格和条件，特别是考察和择用人才所应注意掌握的原则和方法等问题，不仅是对前人思想的丰富和发展，而且对我们今天如何培养和选拔以高层次、高技能人才为重点的各类人才队伍建设，加快实施人才强国强军战略，具有十分重要的借鉴意义。

太白阴经卷三

杂仪类

授钺篇第二十五

【原文】

经曰：国有疆埸之役①，则天子②居正殿命将军，诏之曰："朕以不德③，谬承大运④，致寇敌侵扰，攻掠边陲⑤，日旰忘食⑥，忧在寤寐⑦。劳将军之神武⑧，帅师以应之。"将军再拜受诏。乃令太史卜⑨，斋⑩三日，于太庙拂龟⑪，太史择日以授钺；君入太庙，西面立，亲操钺以授将军，曰："从此以往，上至于天，将军制之。"复操斧柄授将军，曰："从此以往，下至于泉，将军制之。"将军既受命，跪而答曰："臣闻国不可从外治，军不可从内御；二心不可以事君，疑志不可以应敌。臣既受命专斧钺⑫之威，臣不愿生还，请君亦垂一言之命于臣！君不许臣⑬，臣不敢将。"君许臣，乃辞而行。

三军之事⑭，不闻君命，皆由于将出，临敌决战，无有二心。若此，无天于上，无地于下，中无君命，傍无敌人。是故智者为之虑，勇者为之斗，气厉青云⑮，疾若驰鹜⑯，兵不接刃⑰，而敌降伏，战胜于外，功立于内。于是，将军乃缟素避舍⑱，请于君，君命捨之⑲。

【注释】

① 疆埸之役：指发生在边境上的外敌入侵战争。疆埸（—yì），边界；边境。役，指战役，战争。

② 天子：指君主，帝王。古以君权为神所授，故称君主或帝王为天子。

③ 朕以不德：朕（zhèn），古代帝王自称之词，义谓"我"。始称于秦始皇，沿用至清代。不德，谓不修德行。

④ 大运：此处谓天命，指上天的旨意。

⑤ 边陲：义犹"边境"。

⑥ 日旰忘食：谓天色已晚仍顾不上吃饭。日旰（—gàn），天色晚；日暮。

⑦ 寤寐（wù mèi）：犹"日夜"。寤，醒时之谓。寐，睡时之谓。日醒夜睡，故以寤寐借指日夜。

⑧ 神武：语出《周易·系辞上》。原义以吉凶祸福威服天下而不用刑杀（说见唐孔颖达疏），后沿用为英明威武之义，多用于称颂帝王将相。

⑨ "乃令太史卜"至"乃辞而行"二十七句：语出《六韬·龙韬·立将》。个别字句与原著略异。太史，古代史官名。商周始置。西周、春秋时期太史职掌记载史事、编写史书、起草文书，兼管国家典籍、天文历法和祭祀占卜等。秦汉称太史令，汉隶属太常，掌天时星历。魏晋以后，修史之职归著作郎，太史专掌历法。隋改太史监，唐称太史局，宋也有太史局，元改称太史院。明清则称钦天监；因修史之事归于翰林院，故翰林亦有"太史"之称。

⑩ 斋：斋戒。古人在祭祀前沐浴更衣、整洁身心，以示虔诚。此过程称之为"斋戒"。

⑪ 于太庙拂龟：太庙，帝王的祖庙。拂龟，即以烧红的铜棍钻刺龟甲（或兽骨），然后根据龟甲呈现的裂纹以预测吉凶。

⑫ 斧钺：即斧和钺，皆为古代兵器。古籍中凡"斧钺"二字连用，通常是作为执法权力的象征，多用于君主任命将帅的仪式。

⑬ 君不许臣：此句钱熙祚校注指出《太白阴经》原文脱漏。今据钱注依《六韬·龙韬·立将》补。

⑭ "三军之事"至"功立于内"十八句：语出《六韬·龙韬·立将》。个别文字略异。

⑮ 气厉青云：形容士气高昂。厉，振奋。青云，本谓高空的云朵，亦借指高空。

⑯ 疾若驰骛：谓行动迅速如同飞马奔腾。疾，快，迅速。驰骛（—wù），疾驰，奔腾如飞。

⑰ 兵不接刃：语出《吕氏春秋·孟秋纪第七·怀宠》。指战争未经交锋或激战而取得胜利。

⑱ 缟素避舍：缟素（gǎo—），指白色丧服。避舍，避开家舍，指不住在家里。

⑲ 捨之：此言离开军营。捨，谓离开。之，代指军营。

【译文】

经典上说：国家遇有外敌入侵边境的战争之事，皇帝就在正殿亲自举行任命将帅仪式，并下诏令说："我以无德之人，错承天意而即皇位，致使敌寇侵扰，攻掠我边境。为此，我废寝忘食，日夜忧虑。今天有劳将军的神明威武，统率军队去迎战入侵之敌。"将军再次叩拜而接受诏书。于是，皇帝命令太史官进行占卜，斋戒三天，然后到祖庙钻刺龟甲，由太史官选择吉日再举行颁授斧钺仪式。到了吉日那天，皇帝进入祖庙后，面向西而站立，亲自拿着钺授给将军，说："从此往后，上至于天，一切军中事务全由将军统制。"接着，又拿起斧柄授给将军，说："从此往后，下至于泉，一切军中事务都归将军辖制。"将军既已接受任命，跪拜而答谢国君说："臣听说，国家事务不可受外部势力干预挟持，作战事宜不可由朝廷内部遥控牵制。

胸怀二心不能侍奉君王，意志不坚不能专心对付敌人。臣既然接受任命而掌握了军事大权，（不获胜利）臣是不愿活着回来的。请求君王下一道将指挥全权授予臣下统辖的命令！君王不答应臣的这一请求，臣不敢担任主帅之职。"国君于是许以军事全权。将军遂辞别国君，率领军队出征了。

自此，军中一切指挥事宜，不再听命于国君，所有命令都由将军发布。面对敌人展开决战，全军上下团结一心。这样，由将军指挥作战，就能上不受天时限制，下不受地形阻碍，中无朝廷君命牵制，旁无敌人敢于抵抗。因此，有智谋的人都愿为他策划，有勇力的人都愿为他战斗，士气昂扬如青云凌空，行动迅速如飞马奔腾，兵未交锋而敌人已经降服。战争获胜于境外，功名显扬于朝内。于是，将军（为了悼念战死的将士）身穿白色丧服而离开自己家舍住在军营，并向君王请命处置。君王于是下令将军脱掉丧服，离开军营回到自己家里。

【解说】

李筌《太白阴经》卷三总题目为《杂仪类》。杂者，繁多之谓，引申各种各样；仪者，礼制也，古代法规、制度之谓。所谓"杂仪"，是指本卷内容主要介绍我国古代各种军事法规、礼仪制度。《授钺篇》是本卷之首篇，作者主要取材于先秦著名兵书《六韬·龙韬·立将篇》之内容，旨在着重阐述古代君王任命将帅的仪式以及实现将帅"兵权专一"的重要意义问题。

古代大将率军征战之前，都要择定吉日，于帝王祖庙举行由国君任命将帅的隆重授钺仪式，以示赋予将帅以军事指挥权。李筌继承古代这一军事传统，不但在本篇详细地介绍了君主命将授钺仪式的全过程，而且更强调了君主命将必须赋予将帅以"兵权专一"的指挥全权的重要思想观点。作者李筌认为，将帅受命出征，唯有身握"兵权专一"的军事指挥大权，真正做到"三军之事，不闻君命，皆由于将出"的时候，才能确保部队"临敌决战，无有二心"，进而达成"智者为之虑，勇者为之斗，气厉青云，疾若驰鹜，兵不接刃，而敌降伏，战胜于外，功立于内"的辉煌战绩。

在战争的历史上，由于将帅握有"兵权专一"的指挥全权，而赢得对敌作战胜利的不乏其例；反之，因为君王干预将帅指挥权，而导致战争失败的亦屡见不鲜。战国后期的秦赵长平之战，赵军的惨败就是古代战争史上"将权君御"所造成的最为严重的恶例之一。周赧王五十五年（公元前260年）四月，赵军与秦军战于长平（位于今山西高平西北），老谋深算的赵军统帅廉颇，鉴于秦强赵弱、赵军数战不利的态势和秦军劳师远征而急于决战的企图，决心改取以守为攻的作战方针，命令赵军依托有利地形，筑垒固守，坚壁不出，以逸待劳，待秦军兵疲意沮之后再进攻之。致使秦军屡战不克，深以廉颇为碍。但此时的赵国孝成王（赵惠文王子，名丹）却误以为廉颇坚壁不战是胆怯的表现，几次派人去责备廉颇，要他转取攻势，廉颇均未听从。这时，秦国为了促使赵孝成王撤换廉颇，采用离间之计，派人携重金贿赂赵孝成王身边的权臣，并散布流言说："秦之所畏，独畏马服君（赵国名将赵奢）之子赵括为将耳！廉颇易与，且降矣！"（见《资治通鉴·周纪五·赧王五十五年》）赵孝成王不辨真伪，听后信以为真，对廉颇更加不满，并且不顾上大夫蔺相如和赵括母亲的谏阻，遂命只"徒能读其父书传，不知合变"（见《史记·廉颇蔺相如列传》）的赵括替换廉颇为将。同年七月，赵括到达长平接替廉颇而为赵军统帅后，为了执行赵王的意图，一改廉颇以前的防御部署，盲目地作进攻准备，企图一举击败秦军。八月，赵括果然率领四十余万赵军向秦军发起大规模进攻；而秦军主帅白起针对赵括没有实战经验、鲁莽轻敌的弱点，采取后退诱敌、包围歼灭的作战方针，将赵军分割包围。九月，处于粮断援绝已四十六天的赵军，其内部极度混乱，以至出现士兵自相杀食的严重情况。在此情势下，赵括组织了四支突击部队，轮番冲击，企图打开一条出路使赵军突出重围，但均未能成功。赵括在极度绝望之下，亲率精锐部队强行突围，结果其本人被秦军射杀。此时，赵军因无主帅指挥而全部投降。四十余万赵军降卒，除幼小的二百四十人被放归赵国外，其余全部被秦军将领白起下令活埋。

从此战赵军惨败的沉痛教训中，我们不难看出，徒具纸上谈兵之名而无实战经验的赵括，其身败名裂是在必然之中，诚如其父、赵国名将赵奢所预言的那样："使赵不将括即已，若必将之，破赵军必括也。"（见《史记·廉颇蔺相如列传》）赵军的惨败，赵括作为赵军的主帅固然负有不可推卸的直接责任，然而，若深究而细思，我们更能清楚地看出，那位"不知三军之事，而同三军之政者"、"不知三军之权，而同三军之任"（见《孙子兵法·谋攻篇》）的赵孝成王，不懂军事而干涉军务，不懂战争竟瞎指挥，轻信秦军离间之计，随意撤换前线主帅，则是把赵括推上断头台和导致赵军最终失败的罪魁祸首。唐代兵学家李筌正是在汲取历史的经验教训的基础上，着重阐明了将帅"兵权专一"的重要意义和作用问题，并借受任将帅之口而明确提出："国不可从外治，军不可从内御；二心不可以事君，疑志不可以应敌"的颇带规谏性的箴言。这不仅是在皇权至上、专制盛行的封建社会的一种进步，而且对于我们在今天现代条件下的治国御军、指导战争，仍然有其重要的借鉴意义。

部署篇第二十六

【原文】

经曰：兵有四正、四奇，总有八阵，或合为一，或离为八；以正合，以奇胜，余奇为握奇。①聚散之势，节制之度也。

一万二千五百人为一军②，一万二千象十有二月，五百象闰余③。穷阴极阳④，备物成功⑤。征无义，伐无道，圣人得以兴，乱人得以废。兴废、存亡、昏明之术，皆由兵⑥也。

司马穰苴⑦曰："五人为伍，十伍为部。"⑧部，队也。一军凡二百五十队，每十队以三为奇。风后⑨曰："余奇握奇。"故一军以三千七百五十人为奇兵⑩，队七十有五；外余八千七百五十人，部队一百七十五，分为八阵，阵有一千九十三人七分五铢⑪，队有二十二火人⑫，为一阵之部署。

今举一军，则千军可知矣。

【注释】

①"兵有四正、四奇"至"余奇为握奇"诸句：语出古兵书《握奇经》（亦称《握机经》或《幄机经》，相传其经文为上古时期黄帝之臣风后所撰），但本篇所引经文与原著文字略异。四正、四奇，指八阵的布列由四正兵和四奇兵构成。八阵的名称，旧注云"四正"为"天、地、风、云"，"四奇"为"龙、虎、鸟、蛇"。握奇（一jī），古代兵家布列方阵谓阵数有九，四方为四正，四隅为四奇，合为八阵；而八阵之中心奇零者，则称为"余奇"，乃由大将军掌握，以应赴八阵之急处。可见，余奇是由中央所居之大将军直接控制的机动兵力。

②一万二千五百人为一军：指我国先秦时期军队编制中军一级单位的兵力员额数。此军队编制始于西周。据《周礼·地官·小司徒》记载："五人为伍，五伍为两，四两为卒，五卒为旅，五旅为师，五师为军，以起军旅。"郑玄注云："伍、两、卒、旅、师、军，皆众之名。两

二十五人，卒百人，旅五百人，师二千五百人，军万二千五百人。此皆先王所因农事而定军令者也。"

③ 一万二千象十有二月，五百象闰余：象，取象，象征。闰余，指农历一年与一回归年相比所多余的时日。周代军队编制及其员额的确定原则是"因农事而定军令"，故军之一万二千象征一年的十二个月，所余之五百象征闰年时多出的一月。

④ 穷阴极阳：句义谓秋冬年末之时，引申谓一年到头。穷阴，指冬尽年终之时。极阳，泛指深秋时节。

⑤ 备物成功：语本《周易·系辞上》："备物致用，立成器以为天下利，莫大乎圣人。"唐孔颖达疏云："谓备天下之物，招致天下所用，建立成就天下之器，以为天下之利。"可见，此句义谓准备充分物质条件，战争就能取得成功。

⑥ 兵：本篇这里指军事，战争。

⑦ 司马穰苴：春秋时期齐国人。本姓田，名穰苴，因其官至大司马，故又称司马穰苴。深通兵法，尤善治军。旧题《司马法》为其所撰。《史记·司马穰苴列传》载称："齐威王使大夫追论古者《司马兵法》，而附穰苴于其中，因号曰《司马穰苴兵法》。"

⑧ "五人为伍，十伍为部"：本篇李筌所引司马穰苴的这两句话，既不见于《司马兵法》，也不见于《史记·司马穰苴列传》，但见于唐代杜佑《通典》卷一四八《兵一》。

⑨ 风后：传说为上古时期黄帝之臣。中国古代记述八阵的兵书《握奇经》，相传其经文三百八十字（一说三百六十字）为风后所撰。本篇所引风后所言"余奇握奇"，出自《握奇经》"余奇为握奇"句。

⑩ "故一军以三千七百五十人为奇兵"至"则千军可知矣"诸句：除"七分五铢，队有二十二火人"外，余皆见于杜佑《通典·兵一》所引司马穰苴语。

⑪ 一千九十三人七分五铢：七分五铢，在本篇代指小数点后的数字，即 0.75。因为，一千九十三人七分五铢，实为一千零九十三点七五人（即 1093.75 人）乘以八（8），恰是前文的八千七百五十人之数（即 8750 人）。

⑫ 火人：指一火之人数。火，在本篇这里指古代军队编制中的基础兵制单位，即一火为十人。据唐代杜佑《通典·兵一》记载："五人为列，二列为火，五火为队。"可见，一火为十人，一队为五十人。

【译文】

经典上说：用兵布阵分为四正、四奇，总名为"八阵"，有时合而为一阵，有时分而为八阵。作战中，使用"正兵"对敌实施正面进攻，而以"奇兵"进行迂回侧击而取胜。八阵之中心的奇零之兵，乃是由大将军直接控制的机动兵力，称之为"握奇"。这种用兵布阵或集中为一阵，或分散为八阵的变换作战态势，是将帅指挥调动兵力时所应遵循的法度规则。

古代兵制以一万二千五百人为一军的编制员额，其中的"一万二千"象征着正常年份的十二个月，"五百"则象征着闰年多出的闰月。这样，积日累月直至秋冬年终岁末，经过长期准备而为成功创造了条件。征讨不讲正义的敌人，讨伐荒淫无道的敌国，使圣明的君主得以兴盛，使作乱的贼人遭到灭亡。国家的兴废存亡，人君的昏庸或英明的方法途径，都将取决于战争的性质和作用。

司马穰苴说："五人组成一伍，十伍组成一部。"这里所讲的"部"，就是"队"。古代一军共有二百五十个队，用兵布阵时，每十个队中以三个队为奇兵。风后说："余奇，就是由大将军居中控制的机动兵力。"因此，一军中以三千七百五十人为奇兵而称之为"握奇"，共合七十五个队；此外所余的八千七百五十人为正兵，共合一百七十五个队，以八阵平分，每阵有兵一千零九十三点七五人，约合二十二个队、一百一十火（每队为五火，一火为十人）。这就是一阵的兵力部署情况。

今举一军的八阵部署为例，就可以了解千军的八阵如何部署了。

【解说】

本文以《部署篇》为篇题，顾名思义，其中心思想是论述古代八阵法及其兵力如何部署的问题。

首先，李筌开篇伊始即依据古兵书《握奇经》所论，阐明了八阵法的用兵布阵特点。他说："兵有四正、四奇，总有八阵，或合为一，或离为八；以正合，以奇胜，余奇为握奇。"那么，何谓"八阵"？它又是怎样起源的呢？《唐太宗李卫公问对》（以下简称《唐李问对》）卷上做了如下说明："黄帝始立丘井之法，因以制兵。故井分四道，八家处之，其形井字，开方九焉。五为阵法，四为闲地，此所谓数起于五也；虚其中，大将居之，环其四面，诸部连绕，此所谓终于八也。及乎变化制敌，则纷纷纭纭，斗乱而法不乱；混混沌沌，形圆而势不散，此所谓散而成八，复而为一者也。"又说："八阵本一也，分为八焉。"这就告诉我们，所谓"八阵"者，原本是一个完整方阵的名称，而不是指八种不同的阵法。由此可知，古代的阵法问题，就其实质来说，乃是对敌交战时的一种战斗队形或曰战役布势，而八阵法又是古代阵法中最具代表性的一种阵法。

　　我国古代之八阵法，是依据井田开方为九之法（即所谓"丘井之法"）而制。其阵法布列是：大将居于中央方块，掌握机动兵力（即所谓"余奇为握奇"）；东、西、南、北方四块阵地各置一队正兵（即"四正"）为担任正面进攻的兵力，而四队正兵之间的东北、西北、西南、东南四隅称为"闲地"，作为执行机动任务的阵地，则由大将随时派出的四队奇兵（即"四奇"）担任对敌迂回侧击任务的兵力。以上就是《唐李问对》所说的"八阵"之名"数起于五"而"终于八"的由来。显而易见，八阵总合乃是一个紧密相连的整体大方阵，而单独执行作战任务时，则散而为八个小方阵。此种八阵布势在作战实践中利于达成"以正合，以奇胜"之战略目的。这就是古代八阵法的基本涵义、特点和作用。

　　至于《唐李问对》假唐初著名军事家李靖之口，称八阵起源于"黄帝始立丘井之法，因以制兵"之说，恐怕是难以稽考的一种后人依托罢了。所谓"丘井之法"，即史称的"井田制"。据文献记载，中国古代的井田制，乃是始于商周时代的一种土地制度（诸如《孟子·滕文公上》及《周礼》、《礼记》、《汉书》等均有记述）。而黄帝则是传说中的上古时代中原各族的共同祖先，那时在中国的大地上并未出现井田制的土地制度，因而也就不可能由黄帝依照"丘井之法"而创造八阵法了。这显然是无可争辩的事实。

　　其次，李筌所讲的八阵法的兵力部署，是以周代一个军的兵力为例而展开论述的。根据《周礼·地官·小司徒》记载：周代军队编制序列是由伍（5人）、两（25人）、卒（100人）、旅（500人）、师（2500人）、军（12500人）六级构成。伍，是基础编制单位；军，为最高编制单位。因为周代军队编制及其员额配置，"此皆先王所因农事而定军令者"（见《周礼·地官·小司徒》郑玄注），所以，李筌据此指明，军一级编制员额一万二千五百人中的"一万二千"象征着正常年份的十二个月，"五百"则象征着闰年时多出的闰月时间。此种军队编制体现着一年之中"穷阴极阳，备物成功"之义。作者还进一步指出，以一军一万二千五百人进行八阵布列，按照司马穰苴所云"五人为伍，十伍为部"（部，即"队"）来折合，一军当为二百五十个队，以其中十分之七为正兵，计有正兵175个队，合8750人，八阵平均使用，那么，每阵正兵员额数为1093.75人；以十分之三为奇兵，计有奇兵70个队，合3750人，此为居于中央实施指挥的大将军所控制的号称"握奇"的机动兵力。李筌认为，八阵布列以一军为例，"则千军（八阵布列）可知矣。"

　　值得特别指出的是，李筌通过论述古代八阵法及其兵力部署的问题，进一步阐明了战争的性质是决定作战胜败、国家存亡的基本因素的思想观点。他说："征无义，伐无道，圣人得以兴，乱人得以废。兴废、存亡、昏明之术，皆由兵也。"深刻地揭示了国家的兴废存亡、人君的昏明贤愚，都取决于所进行的战争是否具有正义性质的道理。这无疑是十分可贵而应予充分肯定的思想观点。

将军篇第二十七

【原文】

经曰：三军之众①，万人之师，张设轻重，在于一人。不可不察也。

一人大将军，智信仁勇、严谨贤明者任。二人副将军，智信仁勇、严毅平直者任，一人主军粮，一人主征马。四人总管②，严识③军容④者任，二人主左右虞候⑤，二人主左右押衙⑥。八人子将⑦，明行阵⑧、辨金革、晓部署者任。八人大将军别奏⑨，十六人大将军傔⑩；一十六人总管傔；八人子将别奏，一十六人子将傔，忠勇、骁果⑪、孝义、有艺能者任。一人判官⑫，沉深谨密，计事精敏者任，濡钝⑬勿用。一人军正⑭，主军令、斩决罪隶⑮及行军、礼仪、祭祀、宾客、进止。四人军典⑯，谨厚、明书算者任。

【注释】

① "三军之众"以下四句：语出《吴子·论将第四》："三军之众，百万之师，张设轻重，在于一人，是谓气机。"但李筌改"百万"为"万人"，且舍"是谓气机"关键句而不录。我们从《吴子》此五句原文本义看，"张设轻重"句义当指将帅掌握部队士气盛衰的关键（即"气机"）。但李筌引入本篇则是转义而用，是指对军中事务的轻重缓急的处置安排。故"张设"于本篇谓部署、安排；"轻重"指军务的轻重缓急。

② 总管：古代地方高级军政长官。北周始置，隋及唐初沿用。亦指出征作战的统军主帅，如隋及唐初有行军总管或行军大总管。

③ 严识：谓甚为通晓。严，甚也，极也。识，通晓，了解。

④ 军容：古代指军队的礼仪法度、风纪阵威及武器装备。

⑤ 虞候：古代军中掌握侦察、巡逻之官。西魏宇文泰始置，隋唐因之。

⑥ 押衙：唐代掌领仪仗侍卫之武官。本为"押牙"，后"牙"讹变为"衙"。

⑦ 子将：唐代武官名。隶属于大将军，为执掌布列行阵、金鼓及部署兵力的副将或偏将。

⑧ 行阵（háng—）：谓指挥军队，布列阵势。

⑨ 别奏：古代主官的助手—类属官。

⑩ 傔（qiàn）：侍从官。

⑪ 骁果（xiāo—）：勇猛果敢。

⑫ 判官：唐代地方军政长官的僚属，佐理军政事宜。

⑬ 濡钝：软弱迟钝。

⑭ 军正：古代军中执法之官。

⑮ 罪隶：古时指罪人家属之男性没入官府为奴者，后亦泛指罪人。

⑯ 军典：古时军中掌典文书历算之官。

【译文】

经典上说：三军的众多将士，万人的雄师劲旅，其军务安排上的轻重缓急，全赖于将帅一人的决断与处置。因此，（出任将帅的人选条件问题）是不可不认真加以考察研究的。

三军部队设主帅大将军一人，要由具备智信仁勇的品格和严谨贤明有才能的人来担任。副将军二人，要由具备智信仁勇、严格刚毅、公平正直的人来担任，其中一人主管粮草供应，一人主管战马征用。总管四人，要由通晓军队礼仪法度、风纪阵威和武器装备的人来担任，其中二人主管左、右虞候执行侦察、巡逻任务，二人主管左、右押衙执行仪仗、侍卫任务。子将八人，要由懂得布列兵阵、明辨军械装备、通晓兵力部署的人来担任。大将军别奏八人，大将军侍从官十六人；总管侍从官十六人；子将侍从官十六人。以上这些别奏、侍从官，都要由具有忠勇果敢、尽孝守义、技艺才能的人来担任。判官一人，要由深沉老练、严谨周密、谋事精细敏捷的人来担任，不用那种软弱迟钝的人。军正一人，主管军令的发布，处斩罪犯以及行军、礼仪、祭祀、宾客往来，部队进止等事项。军典四人，要由谨慎忠厚、通晓军事书算的人来担任。

【解说】

《将军篇》是《太白阴经》卷三《杂仪类》之第三篇，其中心题旨是论述三军将帅在治军与作战中的重要地位、作用及其组织指挥机构人员编成与选任条件问题。

首先，李筌阐明了三军主帅的重要地位及其选任条件。作者开篇伊始即明确指出："三军之众，万人之师，张设轻重，在于一人。"李筌这里所说的"一人"，是指统率三军之众的主帅——大将军。这就告诉我们，作者认为对全军事务轻重缓急的部署安排（即所谓"张设轻重"），完全系于大将军一人之身。正因为三军主帅的大将军在全军中所处地位和作用之如此重要，所以李筌十分重视和强调三军主帅的人选条件问题"不可不察"，主张大将军必须由具备"智信仁勇、严谨贤明者任"。这与本书此前卷二之《鉴才篇》所论大将军要由全面发展的"通才"者来担任，其选任条件是相一致的。

其次，作者阐明了军一级组织指挥机构的人员配备编成问题。李筌除了强调选一名符合将帅条件的大将军统管全军外，还结合唐代军队职官设置的需要，提出了设立一个由84人编成的军一级组织指挥机构，并着重阐述了各类人员的任职条件及其具体业务分工。其具体编配情况如下：

副将军2人，由"智信仁勇、严毅平直者任"。他们在全军主帅大将军的直接统辖下，其中"一人主军粮，一人主征马"。

总管（督军官，北周始置，唐初沿用）4人，由"严识军容者任"。其中：2人主管左右虞候执行侦察巡逻任务，2人主管左右押衙执行仪仗侍卫任务。

子将（唐制，指隶属大将军的副将或偏将）8人，由"明行阵、辨金革、晓部署者任"，分掌行阵、金鼓及部署军伍之事。

别奏（唐制，指助手之类的属官）16人，其中：大将军之别奏8人，子将之别奏8人。

傔（唐制，指侍从武官）48人，其中：大将军之傔16人、总管之傔16人、子将之傔16人。

以上别奏及傔共64人，皆由"忠勇、骁果、孝义、有艺能者任"。

判官（唐制，为节度使之僚属）1人，由"沉深谨密，计事精敏者任。"

军正（军中执法官，始置于春秋战国）1人，执掌"军令、斩决罪隶，及行军、礼仪、祭祀、宾客、进止"等事宜。

军典（唐制）4人，由"谨厚、明书算者任"，执掌军事文书、历算之事。

古代谚语云："千军易得，一将难求。"（见元代著名戏曲家马致远《汉宫秋》）这可以说是古代将帅选任及其重要性的经验之谈。唐代兵学家李筌不仅深刻地论述了选任适宜得力的将帅的重要意义，而且阐明了在将帅统辖下的军级组织指挥机构的人员编配条件及职权范围。从本篇上述所列八类人员编配情况可以明显看出，唐代军一级组织指挥机构具有以下特点：人员选配条件严格精当，机构齐全，分工细致，职权明确。这其中所蕴含的严以治军的思想，对于我们今天现代条件下的军队建设，特别是如何把军队领率机关，按照从严治军的原则，建成一个适合现代战争需要的、具有精干高效职能的组织指挥机构，是不无重要参考价值的。

阵将篇第二十八

【原文】

经曰：古者，君立于阳，大夫立于阴①。是以臣不得窥②君，下不得窥上，则君臣上下之道隔矣。

夫智均不能相使，力均不能相胜③，权均不能相悬④；道同则不能相君⑤，势同则不能相王⑥，情同则不能相顺。情异则理，情同则乱。故大将以智，裨将⑦以勇，以智使勇，则何得而不从哉？

一人偏将军，勇猛果敢、轻命⑧好战者任。

二人副偏将军，无谋于敌，有死于力，守成规而不失者任。

四人子将，目明旌旗，耳察金鼓，心存号令，宣布威德者任。

二人虞候，擒奸摘伏⑨，深觇非常⑩，伺察动静，飞符走檄⑪，安忍⑫好杀，事任惟时⑬者任。

二人承局⑭，差点均平⑮，更漏⑯无失，纠举必中⑰者任。

六人偏将军别奏，一十二人偏将军傔；

六人副偏将军别奏，十二人副偏将军傔；

八人虞候，兼充子虞候⑱，并忠勇、骁果、孝义、艺能者任。

一人判官，主仓粮财帛、出纳军器，刑书⑲公平者任。

二人军典，明书记⑳、谨厚者任。

【注释】

① 君立于阳，大夫立于阴：古代帝王上朝皆面南设座，大臣进见帝王则面北而跪拜；面南则向阳，面北则向阴，故有"君立于阳，大夫立于阴"之说。可见，这里的"阳"与"阴"，借指君与臣所处的政治地位的不同。大夫，这里指为臣者。

②窥：暗中图谋；觊觎。

③相胜：相互战胜、制约。

④相悬：差别极大，相去悬殊。

⑤相君：并立为君。

⑥相王：并立称王。王，这里作动词，义犹"称王"。

⑦裨将：副将。大将的属将，位在列校之上、偏将之下，亦称裨将军。

⑧轻命：犹"轻生"。轻视生命；不怕牺牲。

⑨擒奸摘伏：擒拿奸细，摘除隐伏之敌。

⑩深觇非常：谓探测突发事件。深，深入。觇（chān），窥视；侦察。非常，指突如其来的事变。

⑪飞符走檄：迅速传送兵符和文书。符，兵符，古代调兵遣将的一种凭证。檄，文书。

⑫安忍：安于做残忍的事；残忍。

⑬事任惟时：谓办事能按时完成。惟时，遵守时限。

⑭承局：古代军中承办具体事务的低级军吏。

⑮差点均平：差点（chāi 一），分派；调派。均平，公允平正。

⑯更漏：即漏壶，一种计时器。古代用漏壶滴漏计时，夜间凭漏刻传更报时，故称"更漏"。

⑰纠举必中：督察举发一定要符合实际。

⑱子虞候：子，小也；副也。古人常以"子"名官。子虞候，可释为小虞候或副虞候。

⑲刑书：本谓刑法的条文，但本篇这里指执法。

⑳书记：古时指书牍记录之事。

【译文】

经典上说：古代时候，君主在上处于君位，大夫在下地处臣位。所以，为臣的不得觊觎君位，在下者不得图谋在上的位置，君主与臣子、上级与下级的行为准则是截然不同的。

智慧相当的人不能互相役使，力量相当的人不能互相战胜，权谋相当的人不能相去悬殊。目标相同的人不能并立为君，势力相同的人不能并立称王，情况相同的人不能彼此和顺。情况不同的人在一起就容易得到治理，情况相同的人在一起就容易造成混乱。因此，为大将军者靠的是智谋，为副将军者靠的是勇敢；用智谋去指挥勇敢，勇敢的副将怎么能不听从呢？

军中设偏将军 1 人，要选择勇猛果敢、拼命好战的人来担任。

设副偏将军 2 人，要选择对敌作战虽无谋略，但却能拼力死战、恪守命令而不失误的人来担任。

设子将 4 人，要选择眼明能够识别旌旗徽号、耳聪能够辨察金鼓声响、心里牢记行军作战号令、善于广泛传播军威仁德的人来担任。

设虞候 2 人，要选择善于捕捉奸细、摘除潜藏的敌人，探测察觉突发的事变，侦察敌军的内部动静，迅速传送兵符和文书，非常残忍而好杀成性，承办事务且能按时完成的人来担任。

设承局 2 人，要选择差派军务平允公正，守夜报更不出差错，督察举发必合事实的人来担任。

设偏将军别奏 6 人、偏将军侍从武官（即"傔"）12 人；设副偏将军别奏 6 人、副偏将军侍从武官 12 人；设虞候 8 人，并兼充子虞候。以上所设这些人员，都要选择忠诚果敢、勇猛刚毅、尽孝守义、具有技艺才能的人来担任。

设判官 1 人，主管粮草财帛、收发兵器，要选择执法公平正直的人来担任。

设军典 2 人，要选择通晓书牍记录、谨慎忠厚的人来担任。

【解说】

《阵将篇》的中心思想，是论述阵将及其组织指挥机构的人员选配与编成问题。所谓"阵将"，顾名思义，是指直接组织指挥部队布阵与实施对敌作战的将领，亦即古代"部将"之别称，通常系从"队将"中选拔。据《兵要录·六》载称："诸队长之中，选其人使统主诸队，谓之阵将，或号部将。"（转引自徐连达主编《中国历代官制词典》，安徽教育出版社，1991 年 6 月第 1 版）在本篇，作者李筌则称之为正、副偏将军。从其职略内容来看，相当于五代时期的"排阵使"，实际是指临阵直接统率诸队对敌作战的战将。全篇主要论述了两个问题：

首先，李筌着重阐明了"以智使勇"的选用阵将的实施原则。他认为，选用不同层次的将才，如果他们的智慧、能力、权谋等情况完全相同的话，就无法互相统属、彼此和顺，唯有情况相异才能理顺关系。基于此种认识，李筌提出选任将才应当遵循"大将以智，裨将以勇，以智使勇"的选任原则。作者这里所说的"大将"，是指一军的主帅大将军，"裨将"则指隶属于大将军的副将。在李筌看来，作为一军主帅的大将军，应当是"智谋型"的将才，而隶属于大将军之下的裨将，应当是"勇敢型"的将才。这是有一定道理的。因为，身为一军的主帅大将军，唯有是智谋型的将才，才具有统筹和驾驭战争全局的能力；而作为大将军属下的裨将或曰副将，只有是勇敢型的将才，方能在大将军的指挥下亲自率军冲锋陷阵、奋勇杀敌，去夺取对敌作战的胜利。

其次，作者阐明了阵将及其组织指挥机构的人员编成、主要任务与选任条件。阵将及其组织指挥机构由58人编成。其具体设置情况及各类人员的选任条件如下：

阵将（即偏将军、副偏将军）3人，其中：偏将军1人，为诸队之主将，由"勇猛果敢、轻命好战者任"；副偏将军2人，由"无谋于敌，有死于力，守成规而不失者任"。

阵将下属应设人员是：

子将4人，由"目明旌旗，耳察金鼓，心存号令，宣布威德者任。"

虞候2人，主要任务是"擒奸摘伏，深埙非常，伺察动静，飞符走檄"，由"安忍好杀，事任惟时者任"。

承局2人，由"差点均平，更漏无失，纠举必中者任"。

别奏12人，其中：偏将军之别奏、副偏将军之别奏各6人；侍卫武官（即"傔"）24人，其中：偏将军之侍卫武官、副偏将军之侍卫武官各12人；子虞候8人（由虞候兼）。以上别奏、侍卫武官、子虞候三类人员，皆由"忠勇、骁果、孝义、艺能者任"。

判官1人，主管"仓粮财帛，出纳军器"，由"刑书公平者任"。

军典2人，由"明书记、谨厚者任"。

我们从本篇上述所论内容不难看出，唐代前期"阵将"及其组织指挥机构，同样具有机构设置齐全、人员选配严格、职权范围明确、业务分工细密等特点。

队将篇第二十九

【原文】

经曰：智者之使愚也①，聋其耳，瞽②其目，迷其心，任其力，然后用其命。如驱群羊，驱而往，驱而来，莫知所之。③与之登高，去其梯；入诸侯之境，废其梁④。役之以事，勿告之以谋；语之以利，勿告之以害，则士可以得其心而主其身。如此，则死生聚散听之于我，是谓良将。

一人队将⑤，经军阵、习战斗、识进止者任。

一人队管，一人队头，二人副队头，主文书、酬功赏、知劳苦、明部分⑥行列疏密，并责成于副队头，公直明晓者任。

一人秉旗⑦，二人副旗，并勇壮者任。

一人枹鼓⑧，主昏明⑨发警、进退节制，气勇志锐者任。

一人吹角⑩，主收军退阵、谨守节制，懦怯⑪忠谨者任。

一人司兵⑫，主五兵⑬锐利、支分⑭，器仗⑮明解者任。

一人司仓⑯，主支分财帛、给付军粮，清廉者任。

一人承局，主杂供差料⑰，无人情、恶口舌⑱者任。

五人火长⑲，主厨膳饭食、养病、守火⑳、内衣㉑、资樵采㉒，战阵不预，仁义者任。

【注释】

①智者之使愚也：智者，谓有智慧的人，本篇这里指"良将"。愚，谓愚钝的人，这里指"士卒"。

②瞽（gǔ）：眼瞎。

③"如驱羊群"至"莫知所之"诸句：语出《孙子兵法·九地篇》。所之，指所去的地方。之，

这里作动词，往也，至也。

④ 梁：桥梁。

⑤ 队将：秦汉之际始置的杂号将军，隋唐时期沿用。

⑥ 部分：部署，安排。

⑦ 秉旗：古代执旗之官。

⑧ 枹鼓（fú—）：指负责击鼓的小吏。

⑨ 昏明：昏，指黑夜。明，指白昼。

⑩ 吹角：这里指号角官。

⑪ 懦怯：软弱胆小。

⑫ 司兵：古代掌管军械兵器的武官。

⑬ 五兵：本篇这里指古代的五种兵器，但不同著作具体所指不一。例如，《周礼·夏官·司兵》郑玄注称："郑司农云五兵者，戈、殳、戟、酋矛、夷矛也。……车之五兵，郑司农所云者是也。步卒之五兵，则无'夷矛'而有'弓矢'。"《汉书·吾丘寿王传》颜师古注云："五兵，谓矛、戟、弓、剑、戈。"等等。亦泛指古代各种兵器。

⑭ 支分：处置；安排；分派。

⑮ 器仗：古代武器的总称。

⑯ 司仓：古代指主管仓库收支的小吏。

⑰ 杂供差料：杂供，指杂物供应。差料，指差派工料。

⑱ 恶口舌：本谓恶毒语言，这里指敢于恶言直对而不怕得罪人。

⑲ 火长：唐代府兵中的基层单位（火）的小队长。《新唐书·兵志》："十人为火，火有长。"

⑳ 守火：看护灶火。

㉑ 内衣：谓缝补衣服。内（nà），这里同"纳"，缝补之意。

㉒ 资樵采：资，蓄积；储藏。樵采，本谓打柴，这里指做燃料用的柴草。

【译文】

经典上说：有智慧的人（指良将）使用愚钝的人（指士卒），要让他们的耳朵像聋子啥也听不到，要让他们的眼睛像瞎子啥也看不见，要迷惑他们的思想使其啥也不知道，要发挥他们的体力而使其只知效命。（将帅指挥士卒）要像驱赶羊群一样，任凭赶过去，又赶过来，使他们不知道要到什么地方。又像让他们登上高处而后撤掉梯子，使他们无法下来；让他们深入诸侯之境而后毁坏桥梁，使他们没有退路。

役使他们去做事情，但不告诉他们做事的目的企图；讲给他们有什么利益，但不告诉他们有什么害处。这样，就可以赢得士卒的思想，控制他们的体魄。若能做到这样，那么士卒的生死聚散，就会完全听命于我的调遣了。这才是通常所说的优良将领。

（队将及其组织机构人员编配情况如下）：

队将一人。要挑选经过阵法训练、熟悉对敌作战、识别进止号令的人来担任。

队管一人、队头一人、副队头二人。主管公文书信往来、奖赏酬劳有功人员、了解士卒劳苦情况、明了军务安排部署和布阵队列疏密，并能责成副队头去掌管；要挑选公平正直、明达事理的人来担任。

执旗官一人、副执旗官二人。都要挑选勇敢健壮的人来担任。

击鼓官一人。主管昼夜击鼓报警、指挥部队前进后退。要挑选有勇气、有锐志的人来担任。

号角官一人。主管收兵撤阵，用号角声指挥部队，严格遵循调遣；要挑选软弱胆小但忠诚谨慎的人来担任。

司兵官一人。主管各种兵器的修缮，使之锐利可用，并能按时分发到人；要挑选对各种兵器性能熟悉了解的人来担任。

司仓官一人。主管分派财物、供给军粮；要挑选清正廉洁的人来担任。

承局一人。主管杂物供应和差派工料；要挑选不讲私人感情、敢于恶言直对的人来担任。

火长五人。主管厨房伙食、病人休养、看护灶火、缝补衣服、储备柴草，但不参加战斗；要挑选讲仁爱道义的人来担任。

【解说】

本篇所讲的"队将"，与前一篇所阐释的"阵将"内容相比，显然是低一层次的古代军队的基层武官。有的学者认为"队将"就是"秦汉之际杂号将军"（见徐连达主编《中国历代官制词典》，安徽教育出版社出版，1991年6月第1版）。《队将篇》的中心内容主要是论述"队将"（即"杂号将军"）的选任及其组织指挥机构的人员编配组成的有关问题。

队将及其组织指挥机构的员额，系由18人编成，其设置名号、具体职责及选任条件如下：

队将1人，为队之主官。是由"经军阵，习战斗，识进止者"担任。其下设有：

队管 1 人，队头 1 人，副队头 2 人。主要负责"主文书、酬功赏、知劳苦、明部分行列疏密"等任务。以上人员皆由"公直明晓者任"；

秉旗 1 人，副旗 2 人，为执旗官，皆由"勇壮者任"；

枹鼓 1 人，为击鼓官，"主昏明发警、进退节制"之责，由"气勇志锐者任"；

吹角 1 人，为号角官，"主收军退阵、谨守节制"之责，由"懦怯忠谨者任"；

司兵 1 人，"主五兵锐利、支分"之责，由"器仗明解者任"；

司仓 1 人，"主支分财帛、给付军粮"之责，由"清廉者任"；

承局 1 人，"主杂供差料"之责，由"无人情、恶口舌者任"；

火长 5 人，"主厨膳饭食、养病、守火、内衣、资樵采"之责，但不参加战斗，由"仁义者任"。

从上述"队将"及其组织指挥机构编制员额、主要职责与选任条件来看，大体上反映了唐代军队基层作战单位的基本情况。这为后人研究唐代军队体制编制，提供了依据和资料。

这里需要特别指出的是，李筌开篇伊始即提出了一个以"愚兵"思想为内容的所谓"良将"标准的问题。他说："智者之使愚也，聋其耳，瞽其目，迷其心，任其力，然后用其命"，就像驱赶羊群一样，赶过去赶过来，使士卒不知道要到什么地方去。还说，将帅使用士卒，可以采取"役之以事，勿告之以谋；语之以利，勿告之以害"的愚兵蒙蔽做法。李筌认为，能够做到这样的将领"是谓良将"。作者上述之这种观点，显系源自于《孙子兵法·九地篇》所提倡的"愚士卒之耳目，使之无知"，视士卒为任意驱赶的"群羊"之"愚兵"的思想观点，和"犯之以事，勿告以言；犯之以利，勿告以害"的欺骗蒙蔽之术。毋庸讳言，这是不足取法而应坚决剔除的封建性糟粕。

当然，战争作为具有一定的政治、经济目的的武装对抗之暴力行动，带有鲜明的诡秘性。从这个意义上说，它要求战争指导者在一定的时间里，对己方的战略计划、作战意图乃至实施步骤等项军事机密，必须严格保密，严禁外泄和扩大知情面。唯有如此，才能确保在战争实施中顺利达成"攻其无备，出其不意"的战略目的。然而，这种为赢得战争胜利所采取的保密措施，与李筌所继承和提倡的而源自于《孙子兵法》的"愚兵"政策和欺骗之术，毫无共同之处。事实上，战争一经谋划成熟并予以实施之时，能够向自己的军队讲明所进行战争的性质和目的、作战的意图和目标，这对激发部队奋勇杀敌精神，以赢得对敌作战的胜利，是大有裨益的。例如，公元前 10 世纪 20 年代的周灭商纣的牧野之战，便是以公开把自己战略意图告知广大士卒而赢得灭商战争胜利的一例明证。当时，周武王以不满五万之众（见《史记·周本纪》），于牧野（位于今河南淇县南）一举大败"凡十七万人"（见北宋李昉等辑《太平御览·皇王部八》）的商军，迫使纣王自焚而死，殷商自此灭亡。周原本是商的一个诸侯国，其实力比商要弱小得多，但周武王却在牧野之战中大败商军，取得了"以弱胜强"的重大胜利。究其原因，其重要的一条，就是武王敢于将自己推翻纣王残暴统治的战略目的公开于众，并适时以"吊民伐罪"口号进行战争动员，从而在政治上赢得了民心士气。牧野交战前，周武王为了提高周军士气，在与诸侯会盟于孟津（今河南孟津东北）时，向周军和诸侯之师声讨纣王罪行，讲明自己是"吊民伐罪"的正义之师，这不仅坚定了周军将士的胜利信心，也争取了商地军民的同情和支持。武王率师进至牧野后，适时举行了誓师大会（即《尚书·周书》中所称的"牧誓"），一方面，进一步声讨纣王听信谗言、暴虐百姓的种种罪行，以激发周军及随征诸侯的同仇敌忾之心；一方面，向商民庄严宣告：此次发兵目的是讨伐暴君纣王，而"非敌百姓也"（见《孟子·尽心篇》），告诫他们不要害怕，要保持安宁。深受纣王残暴压榨的商民听到后，纷纷倒向周军方面。所以，在牧野之战中，当周武王挥师发起冲击后，商纣王的十几万军队，于当天"则瓦解而走，遂土崩而下"（见《淮南子·泰族训》）。商纣王见大势已去，仓惶逃回朝歌（位于今河南淇县）登上鹿台，蒙衣自焚而死，周武王率师迅速进占商都朝歌。从此，结束了商朝600年的统治，确立了周王朝在整个中原大地的统治地位。

马将篇第三十

【原文】

经曰：夫戎马，必安其处所①，适其水草，节其饥饱。冬则温厩，夏则凉庑②。刻剔③鬃毛，谨落蹄甲④。狎⑤其耳目，无令惊悚⑥；习其驱驰⑦，闲⑧其进止；人马相亲，然后可使。鞍、勒、辔、衔⑨，必先坚完⑩，断绝必补。

凡马不伤于末，必伤于始；不伤于饥，必伤于饱。日暮道远，必数上下⑪，宁劳于人，慎无劳马，常令有余⑫，备敌覆我。能明此者，可以横行八表。

凡马军⑬，人支⑭两匹，一军征马⑮二万五千匹；其无马者⑯，亦如五支，令以两匹为率⑰。

一人征马副大将，军中择善牧养者任。二人征马总管副偏将，军中择善牧养者任。八人征马子将军，军中择明闲⑱牧养者任。

五十人征马押官⑲，定见军中择善牧养者任。五百人群头，善乘骑者任；一云百人群头，瞖⑳亦群头中择取。

一千人马子，军外差；又云五百人马子，瞖马在内。

【注释】

① "夫戎马，必安其处所"以下至第二自然段文末 "可以横行八表"诸句：语出《吴子·治兵》，但个别字句略异。戎马，军马，战马。八表，《吴子》原作 "天下"；义谓八方之外，指极远的地方，亦泛指天下。

② 庑（yǎ）：本谓廊屋，义同 "庌"。本篇这里指马棚。

③ 刻剔：剔除。引申谓剪刷或曰梳理。

④ 谨落蹄甲：谓细心修理蹄甲更换铁掌。

⑤ 狎（xiá）：熟悉；习惯；驯服。

⑥ 惊悚（-sǒng）：惊慌恐惧。

⑦ 驱驰：追逐奔驰。

⑧ 闲：本篇这里通"娴"。娴熟；熟练。

⑨ 鞍、勒、辔、衔：即马身上常用的马鞍子、马笼头、马缰绳、马嚼子四种装具。

⑩ 坚完：坚固完好。

⑪ 必数上下：谓骑在马背上的人必须经常下马步行，以减轻战马的劳累。数，数次，屡次。义谓经常。上下，指骑马人从马背上下来。

⑫ 有余：指让战马保持体有余力。

⑬ 马军：指骑兵部队。

⑭ 人支：谓按每人分配。支，支给；分配。

⑮ 征马：战马。

⑯ 无马者：这里指骑兵以外的步兵部队。

⑰ 亦如五支，令以两匹为率：句义是说，步兵每五人分配战马两匹。率（lǜ），标准；限度。或曰分配比率。

⑱ 明闲：谓明白而熟悉。明，明白；懂得。闲，通"娴"，熟悉。

⑲ 押官：指押送马匹的小吏。

⑳ 毉：同"医"。本篇这里指治疗马匹的兽医。

【译文】

经典上说：战马，必须有安定的处所，适时给它饮水喂草，节制其饮食的饥饱。冬天要使马厩温暖，夏天要让马棚凉爽。要经常剪刷梳理它的鬃毛，细心地修理其蹄甲更换铁掌。要训练战马的耳目听视感官，不使它受到声色刺激时惊慌恐惧；要让战马经常练习奔驰追逐，使它非常熟悉前进与停止的信号；要做到人与马相互亲近熟悉，然后才可以使用它进行对敌作战。鞍子、笼头、缰绳、嚼子等战马装具，必须预先做到坚固完好，如有断裂缺损一定要修补备齐。

大凡马匹，不是受伤于使用的末尾，就是受伤于使用的开始；不是受损于过度饥渴之际，就是受损于过度饱食之时。遇到天色已晚而路途尚且遥远之时，马上的骑手必须经常下马步行，宁愿使士卒多受些辛苦劳累，也千万不可以让战马劳累受伤。要经常使战马保持足够的体力，以此防备敌人突袭而覆灭我军。能够懂得和熟悉这些道理的人，就可以率军横行八方而无敌于天下了。

凡是骑兵部队，每人配备两匹马，一个军共配备战马二万五千匹；而步兵部队，则是五人以配备两匹马为标准。

驯马机构设征马副大将一人，要从军中挑选擅长饲养管理军马的人来担任；设征马总管副偏将二人，从军中挑选善于军马放牧饲养的人来担任；设征马子将军八人，从军中挑选懂得和熟悉军马放牧饲养的人来担任。

下设征马押官五十人，一定要从军中挑选善于放牧饲养军马的人来担任。设群头五百人，挑选善于骑马的人来担任；另一说法是，设群头一百人，兽医也从群头中选用。设马子五百人，治疗马病的兽医也包括在内。设马子一千人，主要应付军马事务以外的差遣；又有一种说法是，设马子五百人，治疗马病的兽医也包括在内。

【解说】

本章李筌以《马将篇》为题，其中心思想是总结我国古代驯养战马的实践经验和论述马匹饲养管理机构人员的编配问题。何谓"马将"？马将是我国古代负责战马饲养管理的武官。殷周时期称"牧师"，为《周礼》所载"夏官司马"的属官，职掌牧地的政令和有关养牧马匹事务。汉时称"马监"，为黄门养马官。两晋时期则称"马牧师"或称"牧率"（说见《魏书·序纪第一·昭皇帝十三年》和《晋书·石勒载记上》）。

东汉初年，著名将领马援曾论说："马者，甲兵之本，国之大用。安宁则以别尊卑之序，有变则以济远近之难。"（见《后汉书·马援列传》）这深刻揭示了马匹在我国古代国防战略中的重要地位和作用。因此，历代凡有作为的军事家为了加强骑兵部队建设以赢得对敌战争的胜利，都十分重视马匹的饲养和训练问题。据文献记载，我国古代自周至清的历代政府大多都设立马政制度，对官用、军用马匹的饲养、训练、使用和征购等实行统一管理，并且积累了丰富的实践经验。李筌的《马将篇》，就是对唐代以前战马饲养、训练实践经验的继承和总结。

首先，李筌本诸《吴子·治兵篇》有关驯养战马之论，强调驯养和使用战马要注意掌握的四大问题：一是对战马要精心饲养。李筌认为："夫戎马，必安其处所，适其水草，节其饥饱。"使其冬天有温暖的马厩，夏天有凉爽的马棚；要经常剪刷梳理其鬃毛，细心修理其蹄甲和更换铁掌。二是对战马要精心训练。李筌指明，要训练马匹的耳目听视感官，使其在受到外界声色刺激时不会惊慌恐惧；要训练马匹经常奔驰追逐，使其熟悉前进与停止的指挥信号。通过精心训练，做到"人马相亲"，彼此熟悉。这样，驯马才能适应于作战之需要。三是对马具要精心准备。李筌认为，平时要使"鞍（鞍子）、勒（笼头）、辔（缰绳）、衔（嚼子）"等各种战马装具保持"必先坚完"的良好状态，一旦发现有断裂损毁者必须及时修缮补齐。唯有如此，才能使骑兵适应对敌作战需要而赢得战争胜利。四是对战马要精心爱护。李筌根据战马在使用中"不伤于末，必伤于始；不伤于饥，必伤于饱"的实际经验，强调指出，饲养战马不但要有适合的水草，还要节制其饥饱，尤应注意在使用过程中加以精心爱护体贴。特别是在行军作战处于天晚路远的时候，骑手必须经常下马步行，"宁劳于人，慎无劳马"，务使战马保持足够体力，以"备敌覆我"。李筌认为，只有懂得这个道理的，才"可以横行八表"而无敌于天下。

其次，论述了古代驯养战马的组织指挥机构的人员编配员额及选配条件问题。古代驯马组织机构的编制员额，是依据部队对战马的需求量进行编配的。李筌指出，古代是以"军"为单位配备战马的。即骑兵军每人配马二匹，一军一万二千五百人，应配马二万五千匹；步兵军，则按五人配备二匹计算，一军一万二千五百人共配战马五千匹。据此，驯养战马组织机构员额编配实为 1561 人。其具体配置情况如下：

设征马副大将 1 人，为战马驯养组织指挥机构的总负责人，从"军中择善牧养者任"。其下则设有：征马总管副偏将 2 人，亦从"军中择善牧养者任"；征马子将军 8 人，从"军中择明闲（通'娴'）牧养者任"。

设征马押官 50 人，"定见军中择善牧养者任"；群头 500 人（一说 100 人），择选"善乘骑者任"；所设兽医，则从群头中择取，不另配员；马子 1000 人（另说 500 人）主要应付"军外差"。

从以上李筌所述驯马组织指挥机构编制员额及其选配条件来看，大体上反映了我国古代，特别是隋唐时期战马驯养机构组织编制和适应骑兵发展的需求情况。据文献记载，我国古代中原王朝使用骑兵作战，始于战国时期的赵武灵王（赵国君主，名雍。公元前325—前299年在位）所大力倡导推行的"胡服骑射以教百姓"之举（见《史记·赵世家》）。从此，骑兵便成为我国古代（自战国以后直至清代）军队三大兵种（即步、骑、水军）之一。唐代是我国中世纪骑兵建设得到充分发展的时期。唐朝开国皇帝——唐高祖李渊、唐太宗李世民父子，之所以能在隋末唐初群雄纷立的形势下而独得天下，原因固然很多，但其中重要原因之一，乃在于唐王朝组建了一支"速度甚大与威力极猛之骑兵"，"此唐军之所以能竞胜隋末北方群雄者"之关键（说见《汪籛隋唐史论稿·唐初之骑兵》，中国社会科学出版社，1981 年 1 月第 1 版）。

到了近现代，我军在抗日战争时期和解放战争中，仍然使用骑兵担负重要作战任务。20世纪60年代初，随着现代武器装备广泛运用于战场，特别是军队摩托化、机械化的发展，骑兵作为一个独立的兵种，亦从我军正式退役而不再直接参加对敌作战。尽管如此，马匹仍为我国民间，特别是边远落后的山区，用于负载、运输乃至从事农牧业生产的重要工具。因此，李筌根据前人驯养与使用马匹的实践所总结概括的"四个精心"经验之论，对于民间养好和用好马匹，充分发挥马匹在经济社会建设中人所不能完全替代的重要生产力作用，仍然具有重要的借鉴价值意义。

鉴人篇第三十一

【原文】

经曰：凡人，观其外，足知其内。七窍①者，五脏②之门户。九候三停，定一尺之面；智愚勇怯，形一寸之眼；天仓金匮，以别其贵贱贫富。③夫欲任将，先观其貌，后知其心。

神有余法④：

容貌堂堂，精爽清澈，声色不变其志，荣枯不易其操，是谓神有余。

形有余法⑤：

头顶丰停⑥，腹肚浓厚，鼻圆而直，口方而棱，颐额⑦相临，颧⑧耳高耸，肉多而不余⑨，骨粗而不露，眉目明朗，手足红鲜，望下而就高，比大而独小，是谓形有余。

心有余法⑩：

遏恶扬善，后己先人，无疾人⑪以自贤，无危人以自安，好施阴德⑫，常守忠信，豁达大度，不拘小节，是谓心有余。

鉴头、目、鼻、口、舌、齿法：

虎头高视，富贵无比。犀头峷崒⑬，富贵郁郁。象头高广，福禄居长。鹿头侧长，志气雄强。龟头却缩，喉丰酒肉。獭头横阔，志气豁达。驼头鸿蒙⑭，福禄千钟⑮。蛇头平薄，财物寥落⑯。骆⑰头尖锐，贫厄无计。兔头蒇颉⑱，志气下劣。狗头尖圆，泣泪涟涟。

眉直头昂，福贵吉昌。眉薄而晞⑲，少信多欺。发欲细密，须欲粗疏。眼目光彩明净者，贵。眼鼻成就⑳者，魂魄强美。眉目指爪㉑者，好施。眼鼻口小者，多虚少实。眼鼻口大者，有实无虚。眼中赤脉㉒贯瞳子㉓者，兵死㉔。鸡眼卷头，不淫即偷。羊目直视，能杀妻子。猪目应瞪，刑祸相仍㉕，亦主小贵。蜂目豺声，常行安忍。蟪蛄㉖目，心难得。鱼目，多厄。猴目，穷寒。鹰视狼顾㉗，常怀嫉妒。

牛头虎视，富贵无比。

鼻圆隆实，富贵终吉；鼻孔小缩，悭贪[28]不足。蜣螂[29]鼻，少意智[30]。

野狐须，无信期[31]。羖羊[32]须，多狐疑。

口如马喙[33]，心难信制[34]；口如鸟嘴，穷寒客死[35]；口如河海，富贵自在；唇如点朱，才学代无[36]。

舌红且厚，神识[37]自守[38]；吐舌及鼻，有寿复贵。

锯齿食肉，平齿食菜；疏齿猛毅；密齿淳和；细齿长贫，名曰鬼齿。

鉴额[39]、耳、胸、背、手、肚、黑子[40]、面形法：

燕颔[41]封侯。腮尖乏肉，意志不足。耳轮厚大鲜明者，贵而且寿；小薄者，贱而且夭。

虎项圆粗，富贵有余。鹤顶了了[42]，财物乏少。颈麤[43]短者，富贵；长细者，贫贱。

胸背如龟，富贵巍巍。胸长而方，智勇无双。

手足尖浓，指密而厚者，富贵。手如鸡足，智意褊促[44]；手如猪蹄，智意昏迷；手如狙掌[45]，勤劳伎俩[46]。

肚如垂壶，富贵有余；牛腹贪娈；狗腹穷寒；虾蟆[47]腹懒；蜥蜴腹缓。

凡人声，欲深且实，不欲浅而虚。远而不散，近而不亡，浅而非壮，深而不藏，大而不浊，小而不彰，细而不乱，幽而能明，余响澄彻[48]，有若笙簧，宛转流韵，能圆而长。虎声，将军；马声，骁勇。雄声雌视者，虚伪人也；气急而声重者，真实人也。[49]

凡黑子，欲得大而明，生隐处吉，露处凶。

凡人面欲圆，胸欲方，上欲长，下欲短。

凡人胸欲厚，背欲负，五岳[50]成，四渎[51]好。头高足厚，颈短臂长，似虎似龙。所谓行住坐卧，饮食音声，似非一处也。

鉴头骨、玉枕[52]、额文[53]法：

脑头高耸起，将军。🝆，三关玉枕[54]，万户侯[55]，近下将军[56]。◎，车轮枕，封侯。⛬，三星枕，封王。⌣，偃月枕，封三公[57]。▢，四方枕，封侯。✛，十字枕，封二千石[58]。〰，酒樽枕，二千石、三公。凸，上字枕，封侯。◠，圆枕，封侯。

⚵，额上有北字文，将军。∥，额上有两立文，二千石。⫴，眉间有四立文，封侯。八，眉间有八字龙文，将军。≡，眉间有三偃月文，封侯。◠，额上有覆月文，将军。八，眉上有文通发，将军。土，眉间有土字文，封侯。文，眉间有文字文者，兵死。

凡人色欲正，不欲邪，白如凝脂[59]，黑如傅漆[60]，紫如烂椹[61]，黄如蒸粟[62]，赤如炎火，青如浴蓝⁶³，皆三公将相也。

【注释】

① 七窍：指人的眼（2 眼孔）、耳（2 耳孔）、口、鼻（2 鼻孔）七孔。窍，孔也。

② 五脏：指人的心、肝、脾、肺、肾五种内脏器官。

③ "九候三停"至"以别其贵贱贫富"六句：语出西晋傅玄《傅子》一书，但与原文略异。九候，谓各种征候或特征。九，泛指多数，这里可作"各种"解。候，谓征兆，征候，这里可作"特征"解。三停，相士术语。相术家把人体及面部各分三部，称为上、中、下三停，认为三停匀称齐等者，是为佳相或曰福相。天仓，相士术语，即"天庭"，指人的两眉之间处，亦指前额中央处。金匮，亦相士术语，指人的鼻子左右两翼的别称，亦即指左鼻翼"兰台"和右鼻翼"廷尉"两部位。认为此两部位长得丰满明净是为佳相或曰福相。

④ 神有余法：意思是，鉴别人的精神旺盛的方法。神，指人的精神。有余，本谓有剩余，或曰超过足够的程度，本篇这里可作"旺盛"解。法，方法或原则。

⑤ 形有余法：意思是，鉴别人的体魄充沛的方法。形，指人的形体，这里亦可作"体力"解。

⑥ 丰停：谓丰大亭直。丰，高大也。停，这里通"亭"，直也。

⑦ 颐额：指人的下巴和额头。

⑧ 颧（quán）：人的颧骨，指眼睛下边两腮上面的颜面骨。

⑨ 不余：原作"有余"，但钱熙祚校注指出："《文澜阁》本作'不余'。"从文义看，"肉多"本已"超过足够的程度"了，再继之以"有余"，显然与理有悖。故从钱说校改。

⑩ 心有余法：意思是，鉴别人的思想充沛的方法。心，谓人的内心世界，实指人的思想意识。

⑪ 疾人：谓伤害别人。疾，病害；伤害。

⑫ 阴德：谓暗中所做有德于人的事。

⑬ 崒崋（zú lù）：高耸貌。

⑭ 鸿蒙：亦作"鸿濛"。谓弥漫广大之貌。

⑮ 千钟：形容极多。钟，古代容量单位。春秋时期齐国公室的公量，一钟合六斛四斗。后亦有合八斛或十斛之制。

⑯ 寥落：稀少；衰落。

⑰ 骆：这里指骆马。白毛黑鬣之马，称为"骆马"。

⑱ 蔑颉（miè xié）：细小而强直。蔑，细小。颉，人颈强直貌。

⑲ 晞：通"稀"，稀疏。

⑳ 成就：谓肥大凑近，本篇这里指人的眼鼻长得肥大靠近。成，大也；肥壮也。说见《汉语大词典》第五册（汉语大词典出版社，1990 年 12 月第一版）"成"字条之第 6 义项。就，就近；凑近。说见《汉语大词典》第二册"就"字条之第 6 义项。

㉑ 指爪：指人的手与脚。

㉒ 赤脉：指红血管，引申谓红线。

㉓ 瞳子：即瞳仁，亦泛指眼睛。

㉔ 兵死：谓死于兵刃。清王念孙《读书杂志·淮南内篇第十二·说林》："古人所谓兵者，多指五兵而言。兵死，谓死于兵也。"

㉕ 相仍：相继；连续不断。

㉖ 蝼蛄（lóu gū）：俗称"喇喇蛄"或"土狗子"。它生活在泥土中，昼伏夜出，吃农作物的嫩茎。

㉗ 鹰视狼顾：形容目光锐利，为人狠戾。

㉘ 悭贪（qiān—）：吝啬而贪婪。

㉙ 蜣螂（qiāng láng）：一种全身黑色的甲虫，俗称"屎壳郎"。

㉚ 意智：义犹"心计"或谓主见；智慧。

㉛ 信期：义犹"信用"。

㉜ 羖羊：黑色公羊。亦泛指公羊。

㉝ 喙（huì）：鸟兽的嘴。

㉞ 信制：犹言"信服"。

㉟ 客死：谓死于他乡异国。

㊱ 代无：为当代所无。亦即冠绝当代之意。

㊲ 神识：神智意识；精神智慧。

㊳ 自守：自保；自坚其操守。

㊴ 颔（hàn）：指人的下巴。

㊵ 黑子：指人身上的黑痣。

㊶ 燕颔封侯：典出《后汉书·班超列传》。东汉名将班超自幼即有立功异域之志，相士说他长得"燕颔虎劲"，有封"万里侯"之相。后奉命出使西域三十一年，陆续平定各地贵族之叛乱，授官西域都护，爵封定远侯。燕颔，形容相貌威武。

㊷ 了了：谓清楚明白。

㊸ 麁：同"粗"。

㊹ 褊促（biǎn—）：谓气量狭窄，性情急躁。

㊺狙（jū）：指猕猴。

㊻伎俩：这里指技能，本领。

㊼蝦蟆（há má）：亦作“蛤蟆”。青蛙和蟾蜍的统称。

㊽澄彻：亦作“澄澈”。清澈也，水清见底之谓；清亮明洁。

㊾“雄声雌视者”至“真实人也”四句：语出傅玄撰《傅子》一书。雄声，谓雄壮的声音；大的声音。雌视，谓眯缝眼睛看人。

㊿五岳：我国五大名山的总称。五大名山，一说指东岳泰山、南岳衡山、西岳华山、北岳恒山、中岳嵩山；另一说南岳为霍山，其余四座名山同前说。在本篇这里泛指大山。

(51)四渎：为长江、黄河、淮河、济水的合称。本篇这里泛指大河。

(52)玉枕：指玉枕骨，即人脑后的隆起之骨。

(53)额文：指额头上的皱纹。文，同“纹”，纹理。

(54)三关玉枕：以及下文的“车轮枕”、“三星枕”“偃月枕”、“四方枕”等，均指人脑后不同形状的隆骨。

(55)万户侯：指食邑万户之侯。后用以泛指高爵显位。

(56)下将军：指春秋时期上、中、下三军的下军统帅职位。

(57)三公：我国古代中央三种最高官衔的合称。但不同时代，其官职名称及所辖权力有所变化。例如，周代以太师、太傅、太保为三公；一说以司马、司徒、司空为三公。西汉以丞相（大司徒）、太尉（大司马）、御史大夫（大司空）为三公。东汉以太尉、司徒、司空为三公。唐宋虽承东汉之制，以太尉、司徒、司空为三公，但已非实职，其权力减小。明清虽袭周制以太师、太傅、太保为三公，但仅用作大臣的最高荣衔。

(58)二千石：汉代郡守所享受的俸禄为二千石，世因称郡守为“二千石”。

(59)凝脂：凝固的油脂。常用以形容洁白柔润的皮肤或器物。

(60)傅漆：涂漆。傅，涂抹。

(61)烂椹：指熟透的桑椹。

(62)蒸粟：蒸熟的小米饭。

(63)浴蓝：浸染的蓝色。浴，沉浸；浸染。

【译文】

经典上说：大凡一个人，观察他的外貌长相，就足以了解他的内心世界。眼、耳、口、鼻七孔，是人体心、肝、脾、肺、肾五脏的门户。人的面部上、中、下三停及其各种特征，就决定了一个人的一尺面相的好坏；一个人是聪明还是愚钝、是勇敢还是懦怯，都从一寸之眼中表现出来；人的天庭、金匮怎样，可以辨别出一个人的贵贱贫富。要想任用将帅，首先要观察他的外貌长相，然后就可以了解他的内心特性了。

鉴别精神旺盛之人的原则方法：

相貌堂堂，仪表不凡；神清气爽，声音清亮。外界之歌舞声色不能改变其志向，世事之荣枯顺逆不能改变其节操。这就是所说的精神旺盛人的特征。

鉴别体魄健康之人的原则方法：

头顶丰厚宽阔，肚子浑厚庄重，鼻子圆润挺直，嘴巴方正有角，下巴和额头高低相临，颧骨和耳朵高高耸起，全身肉多而不肥胖，骨骼粗壮而不显露，眉目清秀明朗有光，手脚红润细嫩鲜明，与身体矮小的人相比是一高个，与身材高大的人相比则显得矮小。这就是所说的体魄健康人的特征。

鉴别思想充实之人的原则方法：

抑恶而扬善，先人而后己，不伤损别人以显露自己贤德，不危害他人来确保自己安逸，喜好积德施舍，对人恪守忠信，思想豁达大度，行为不拘小节。这就是所说的思想充实之人的特征。

鉴别头颅、眼睛、鼻子、嘴巴、舌头、牙齿的原则方法：

虎头高视，是富贵无比之相。犀头高耸，是富贵茂盛之相。象头高宽，是福禄长享之相。鹿头狭长，是志气雄强之相。龟头却缩，是酒囊饭袋之相。獭头横宽，是志气豁达之相。驼头宽大，是福禄极多之相。蛇头平薄，是财物稀少之相。马头尖锐，是贫困无计之相。兔头细直，是志气劣下之相。狗头尖圆，是泣泪涟涟之相。

眉毛笔直而头颅高昂，是富贵吉昌之相。眉毛淡薄且疏松稀少，是少信多诈之相。头发要细密，胡须要粗疏。眼睛光彩有神明亮清净的人地位高贵。眼睛鼻子长得肥大靠近的人精神强盛。眉毛眼睛手脚长得秀美的人喜好施舍。眼睛鼻子嘴巴小的人多虚伪而少实在；眼睛鼻子嘴巴大的人有实在而无虚伪。眼中有红线贯穿瞳孔的人将死于兵刃。目似鸡眼头发卷曲的人非淫乱即偷盗。双目形似羊眼直视的人能够杀妻灭子。目如猪眼相瞪溜圆的人刑祸接连不断，但有时也能预示着会有小的富贵而来。眼睛像蜂眼而声似狼嗥的人残忍好杀。眼睛长得像蝼蛄眼的人其心难以争取。目似鱼眼的人多遭灾难。目如猴眼的人穷困贫寒。像鹰眼视物、狼眼左顾右盼的人常怀嫉妒心理。脑袋长得像牛头、双眼虎视眈眈的人富贵无比。

鼻子圆滑而隆起厚实的人终生富贵吉祥。鼻孔窄小紧缩的人既吝啬又贪得无厌。鼻子长得像屎壳郎鼻子的人缺少心计主见。

胡须如野狐须的人不守信用；胡须如公羊须的人猜忌多疑。

口如马嘴的人其心难以信服，口如鸟嘴的人贫寒客死他乡，口阔似海的人一生富贵自在，唇如点朱的人才学绝冠当代。

舌头红润而且厚实的人神智自保，伸舌能够舔到鼻子的人长寿且富贵。

牙齿似锯的人常常食肉；牙齿平齐的人往往吃菜；牙齿稀疏的人勇猛刚毅；牙齿紧密的人淳朴平和；牙齿微细的人长期贫困，这种牙齿名叫"鬼齿"。

鉴别下巴、耳朵、胸部、背部、手掌、肚子、黑痣、脸形的原则方法：

下巴如燕颔虎劲的人可以封侯，腮尖少肉的人意志毅力不足。

耳轮厚大鲜明的人富贵且长寿，耳轮微小平薄的人贫贱且短命。

脖子如虎颈一样圆粗的人富贵有余。头顶似鹤顶赤红明显的人缺财少物。脖子粗短的人富贵，脖子细长的人贫贱。

胸背如龟的人福贵崇高，胸长且方的人智勇无双。

手脚尖厚、指头紧密而厚实的人富贵；手指如鸡爪的人气量狭窄而性情急躁；手形似猪蹄的人神志不清且意志昏乱；手掌像猴掌的人勤劳且有生产技能。

肚子形似垂壶的人富贵有余，肚子形似牛腹的人贪得无厌，肚子形似狗腹的人穷困贫寒，肚子形似蛙腹的人懒散怠惰，肚子形似蜥蜴腹的人行动缓慢。

大凡人的声音，要深沉而强实，不要浅显而虚弱。声音远播而不散开，近传而不消亡，浅显而不强壮，深沉而不隐藏，宏大而不混浊，微小而不张扬，细腻而不迷乱，幽暗而能听清，余音清脆有如笙簧奏乐，婉转流韵既圆润又流长。声如虎吼的人是将军，声似马啸的人最骁勇。声音雄壮而眯眼看人的人，是虚伪的人；气息急促而声音厚重的人，是实在的人。

凡是黑痣，要长得大而明显，生在身体隐蔽处的就吉祥，长在身体显露处的不吉祥。

但凡人的脸面要圆，胸部要方，上身要长，下身要短（为最好）。

人的胸部要长得厚实，背部要能负重，这样可以成功地翻越大山，完好地涉过大河。头高脚厚、颈短臂长的人，会如虎似狼般雄猛有力。这就是所说的人的行、住、坐、卧、饮食、音声，似乎不是一样的。

鉴别头骨、玉枕骨、前额皱纹的原则方法：

头颅高高耸起，是将军之相。〰，此为三关形玉枕骨之状，是万户侯之相，职近下将军。◎，此为车轮形枕骨之状，是封侯之相。∴，此为三星形枕骨之状，是封王之相。⌣，此为偃月形枕骨之状，是封三公之相。▢，此为四方形枕骨之状，是封侯之相。✚，此为十字形枕骨之状，是封二千石之相。〜，此为酒樽形枕骨之状，是封二千石、三公之相。凸，此为上字形枕骨之状，是封侯之相。〇，此为圆形枕骨之状，是封侯之相。

⺽，此为前额上的北字形皱纹之状，是将军之相。‖，此为前额上的两竖形皱纹之状，是二千石之相。‖‖，此为两眉之间的四竖形皱纹之状，是封侯之相。八，此为两眉之间的八字形龙纹之状，是将军之相。≡，此为两眉之间的三偃月形皱纹之状，是封侯之相。⌢，此为前额上的覆月形皱纹之状，是将军之相。八，此为眉毛上方的皱纹直通头发之状，是将军之相。土，此为两眉之间的土字形皱纹之状，是封侯之相。文，此为两眉之间的文字形皱纹之状，这种人将死于兵刃之下。

大凡人的面色，最好是呈现正色，而不要邪色，要白色如同凝脂，黑色如同涂漆，紫色如同熟棋，黄色如同蒸粟，红色如同炎火，青色如同浸蓝。这些纯正面色，都是三公和将相之面相。

【解说】

《鉴人篇第三十一》是李筌《太白阴经》卷三《杂仪类》中之第七篇。如果单纯从其本篇前面所论"神有余法"（即鉴别人的精神是否旺盛的原则方法）、"形有余法"（即鉴别人的体魄是否健壮的原则方法）、"心有余法"（即鉴别人的思想是否充沛的原则方法）等观察与鉴别人的精神、体魄、思想状况的原则方法来看，虽说并非没有一定道理，但从全篇整体文字内容来考察，我们又不能不认定，李筌本篇之主旨或曰重心点，则是在讲述我国古代的"相术"。故《鉴人篇》之主体思想，是介绍我国古代相士如何运用"相术"通过观察人的骨骼形体、相貌纹理以判定人的吉凶荣枯、贵贱贫富的问题。所谓"相术"，又称"相人"、"相面"，或曰"骨相"之术。

作者李筌开篇伊始便提出："凡人，观其外，足知其内。七窍者，五脏之门户。九候三停，定一尺之面；智愚勇怯，形一寸之眼；天仓金匮，以别其贵贱贫富。"此数语中的"九候三停"至"以别其贵贱贫富"六句，是引录于西晋初年司隶校尉傅玄所著《傅子》一书中的"相者"所论之言。这可以说是李筌相信和推崇"相术"

的理论来源。据此，李筌还进一步主张说："夫欲任将，先观其貌，后知其心。"直接把"以貌论人"的相面术作为选任将帅的主要手段和方法。这显然与作者在本书卷二《鉴才篇第二十四》中所提倡的通过实践来考察和任用将帅的唯物主义观点相矛盾。毋庸置疑，此种以人的体貌形象来论定人的"贵贱贫富"的社会属性之非科学主张，是不足取法的。

其实，李筌这里所讲的以体貌形象来论定人的"贵贱贫富"的社会属性之相面术，并非是他所始创，而是对唐代以前历代流行的"相术"的因袭。中国古代相面术的出现有文献可征者，则始于春秋时期，而盛行于汉代。据《左传·文公元年》记载，公元前 626 年春，周襄王（名郑）派内史叔服到鲁国参加鲁僖公（名申）葬礼时，鲁卿公孙敖（又名穆伯敖）"闻其能'相人'"，遂请其为两个儿子文伯穀、惠叔难相面。叔服应约相过面后，说道："……穀也下丰，必有后于鲁国。"下丰，指下颌丰满。句义是说："文伯穀的下颌（即下巴）长得丰满，其后嗣必定在鲁国昌大。"又据《史记·赵世家》载称，春秋晋国的赵简子曾让姑布子卿为其"诸子相之"，等等。到了两汉时期，世间不但有以相术供职或为业的"相工"，而且还产生了专门论述相术的著作。东汉著名史学家班固所著《汉书·艺文志》中便著录有"《相人》二十四卷"，并将其归类于"形法"类。他说："形法者，大举九州之势以立城郭室舍形，人及六畜骨法之度数、器物之形容，以求其声气贵贱吉凶。"班固这里所说的"人及六畜骨法"，就是指观察人及牲畜的骨骼形体以判定其贵贱吉凶的"骨相"法。几乎与班固同时期的王充，不但深信"相人之术"，而且还撰著《骨相》一文（见载于《论衡》卷三），来论证骨相术的可信性。他说："案骨节之法，察皮肤之理，以审人之性命，无不应者。"强调什么"富贵之骨不遇贫贱之苦，贫贱之相不遭富贵之乐"，又说什么"非徒富贵贫贱有骨体也，而操行清浊亦有法理。贵贱贫富，命也；操行清浊，性也。非徒命有骨法，性也有骨法"，等等。企图以此说明人的骨骼形体、相貌纹理怎样，就决定人的命运、地位怎样。这显然是其唯心主义社会观的一种表现。王充，字仲任，东汉上虞（今属浙江）人，是为我国当代学术界所公认的东汉著名唯物主义哲学家。然而，当他运用唯物主义的自然观来直接解释社会现象时，却走向了反面，成了唯心主义社会观的宣传者。王充对骨相决定人的贵贱贫富之说的深信不疑，一方面说明他所坚持的唯物主义世界观的不彻底性，一方面说明"相术"在汉代流行之广、影响之深。

这里需要特别指出的是，对于"相术"这种非科学的东西，从其一产生就遭到人们的反对和批驳。战国时期著名思想家、教育家荀况（号卿）所撰《非相篇》（见载于《荀子》卷三），是今人所能看到的古代最早批判"相术"的重要文献。荀况开篇即尖锐指出：世俗所称之"相人之形状颜色而知其吉凶妖祥"的说法，既是古代所没有的，也是为真正有学识的人所不乐道的。他认为："相形不如论心，论心不如择术。形不胜心，心不胜术。术正而心顺之，则形相虽恶而心术善，无害为君子也；形相虽善而心术恶，无害为小人也。君子之谓吉，小人之谓凶。故长短、小大、善恶形相，非吉凶也。"荀子以上所论，不仅揭露了"相术"的伪科学性，也阐明了考察人才的正确途径和方法是"论心"与"择术"，即通过考察人的思想（即"论心"）和行为（即"择术"），来判定所选人才的贤与不肖而后加以取舍。显而易见，这是完全符合唯物主义的人才观所应坚持的正确观念和实施路线。战国末期哲学家韩非在其所撰《显学篇》（见载于《韩非子》卷十九）记述了孔子如何考察人才的故事：孔子的一个弟子澹台子羽（姓澹台，名灭明，字子羽），从其相貌上看，具有"君子之容"，孔子开始时据此对他抱有很大希望，但在与其接触久了以后，通过实践观察，发现他的举动并不符合"君子之容"所应表现的行为。对此，孔子深有感触地说："以容取人乎，失之子羽！"他承认自己在对澹台子羽的认识上，曾经犯过"以容（貌）取人"的失误。韩非所记述的这段故事，恰好说明，在对人才问题上极力倡导"听其言而观其行"（见《论语·公冶长篇第五》）的孔子，也是反对"以貌取人"之相术的。著名哲学家韩非在讲完这段故事后，强调指出："观容服，听辞言，仲尼不能以必士；试之官职，课其功伐，则庸人不疑于愚智。"意思是说，对于人才的鉴别，如果只看其仪容服饰，只听其言谈话语，即使是孔子也不能肯定其是必取之贤才；倘若用官职去测试，用实践效果去检验，那么，即使是平常人也可以断定所取之才是愚钝还是智慧。十分明显，韩非在对人才问题上，也是坚持唯物主义人才观，主张从实践效果上对人才进行考察和取舍，而反对"以貌取人"之相术的。

由上所述可以看出，中国古代之"相术"从其产生之始，即伴随着"是"与"非"的两种不同认识的斗争。李筌作为唐代的唯物主义兵学家，不仅完全承袭了以东汉王充为代表的"骨相"术，而且明确移用于军事领域，把唯心主义的"骨相"术作为考察和任用将帅的主要手段和方法，这不能不说是李筌治军思想中有关人才考察任用问题上的一个缺憾。按照李筌任用将帅"先观其貌，后知其心"的逻辑理论，即使能选出骨骼相貌符合条件的人物，但未必就具有将帅的智慧和才能，未必就能担当统军作战的将帅之任。李筌之所以如此相信和主张"以貌取人"的骨相术，是有其深刻的认识论根源的。首先，作者在认识上抹杀了"外"与"内"二者的区别是其主张骨相术的主要原因之一。前面提到，作者开篇即认为："凡人，观其外，足知其内。"这里所说的"外"，是指人的外表形相，包括骨骼形体、相貌纹理等物质因素；"内"是指人的内心思想，包括意识、品德、情操等精神因素。此"外与内"是对立统一的一对矛盾关系，它正如事物的现象与本质是对立统一的一对矛盾关系一样。李筌企图由外知内，从现象把握本质，其初始动机未必不好，然而，由于其认识上的形而上学之局限，他仅注意到了外与内、现象与本质的统一性一面，而忽视了二者之间的对立性一面，因而把本来就存在质的差别的此二者简单地等同起来。这就是李筌为什么认为"凡人，观其外，足知其内"，进而相信和主张骨相术的根本原因所在。其次，作者在认识上混淆了人的自然属性与社会属性的界限，是其主张骨相术的另一个重要原因。人是世界万物之灵，他不仅具有自然属性的生理学特点，而且具有为其他动物所不具备的社会属性的哲学特点。人的骨骼形体、相貌纹理所构成的物质客体，是属于人的自然属性的范畴，它是先天长成而不以个人意愿为转移的；而人的内在思想意识、道德品质等精神因素，则是属于人的社会属性的范畴，它是后天养成并经过主观努力和外界影响是可以变化的。由于二者这种质的差别，故不可以互相取代，也就是不可能通过观察人的外貌形体而求得人的思想品德和智慧才能。人的思想意识、道德品质等精神因素，是内在的、隐蔽的，只有通过对其言论和行为的缜密观察，再经过大脑抽象思维才能认识它。俗话说"人不可貌相"，正是说的这个道理。李筌企图由"观貌而知心"（即"先观其貌，后知其心"）的理论主张，是他把本来属于生理学方面的外貌形相，与属于哲学社会学的内心精神因素混为一谈的结果。按照此种错误认识，作者自然便把探求人的五官形状与组合方式的外貌特征，与人的吉凶荣枯、贫富贵贱等社会地位联系起来，并且以此作为固定不变的"模式"教人去套求人生之命运。这样，作者李筌在社会历史观上也就从经验主义的错误而跌落于唯心主义的迷信泥潭了。

在阶级社会，人的贫富贵贱，是其所处阶级地位和对财富占有情况所决定的，而不是由人的相貌纹理决定的；人的相貌纹理，充其量只能反映人的自然属性的某些生理特征及体魄健康状况，而绝不能决定人的社会属性的贫富贵贱之命运。所以，李筌所相信和主张的骨相术，是应予否定的非科学东西。这是我们阅读李筌《鉴人篇》需要注意把握之点。

相马篇第三十二

【原文】

经曰：相马之法①，先相头耳。耳如撒竹②，眼如鸟目，獐脊、麟③腹、虎胸，尾如垂帚④。次相头骨，棱角成就，前看后看侧看，但见骨侧狭见皮，薄露鼻衡⑤，柱⑥侧高低，额欲伏⑦。立蹄攒聚⑧，行止循良⑨，走骤轻躁⑩，毛鬣⑪轻润，喘息均细。擎头⑫如鹰，龙头高举而远望，淫视⑬而远听。前看如鸡鸣，后看如蹲虎，立如狮子，辟兵⑭万里。额鼻中欲得受人拳，名曰太仓⑮。太仓宽，易饲。胸臆⑯欲阔，胸前三台骨欲起，分段分明。鬣欲高，头欲方，目欲大而光，脊欲强壮有力，腹胁⑰欲张，四下⑱欲长。耳欲紧小，小即耐劳。目大胆大，胆大则不惊。鼻欲大，鼻大则肺大，肺大则能走。膁⑲欲小，小则易饲。肋欲得密。口欲上尖下方。舌欲薄长，赤色如朱。齿欲腭瓣⑳分明，牙欲去齿二寸。腹下欲广且平方。牙欲白，则长寿。望之大，就之小，筋马㉑也。前视见目，傍㉒视见腹，后视见肉，骏马也。齿欲齐密，上下相当，上唇欲急㉓而方，下唇欲缓而厚，口欲红而有光，如穴中看火，千里马也。臆间欲广一尺以上，能久走。头欲高，如剥兔，龙颅突目㉔，平脊大腹、胜肉㉕多者，行千里。眼中紫缕㉖贯瞳子者，五百里；上下彻者，千里。

凡马不问大小肥瘦，数㉗肋有十二、十三，四百里；十四、十五，五百里。旋毛㉘起腕膝上者，六百里；腹脊上者，五百里。项辕㉙大者，三百里。目中有童人㉚如并立并坐者，千里。羊须中生，距㉛如鸡者，五百里。耳本㉜下角长一二寸者，千里。头如渴乌㉝者，千里。马初生无毛，七日方得行者，千里。尿过前蹄一寸已上㉞者，五百里；尿举一足如犬者㉟，千里。腹下有逆毛者，千里。兰孔㊱中有筋皮㊲及毛者，五百里，眼上孔是也。蹄青黑赤红，白硬如蚌，有陇道㊳成者，软口叉吻㊴头厚者，硬口叉浅者，不能食。眼下无伏虫㊵及骨者，咬人。目小多白，惊。后足如曲腕，耳中欲促。凡马后两足白者，老马驹；前两足白者，小马驹。

　　马有五劳[41]：卸鞍不辗[42]者，筋劳[43]；辗而不起者，骨劳[44]；起而不振者，皮劳；振而不喷者，气劳；喷而不尿者，血劳。筋劳[45]，绊之却行[46]三十步，差[47]。骨劳，令人牵之从后笞之起而已[48]。皮劳，以手摩两鞍下汗出，差。气劳，长缰牵之行得尿者，差。血劳，高系勿令头低而食，差。

　　马口春青[49]色、夏赤色、秋白色、冬黑色，皆死，此名"入口病"也。

【注释】

①　相马之法：此篇主要取材于南北朝时期之北魏著名农学家贾思勰所著《齐民要术·养牛马驴骡篇》。相马，指观察马匹的优劣。

②　撇竹：本指中国画的画竹笔法，即画竹叶时亦如写字之用撇法，故名"撇竹"。本篇这里用以形容马的两耳形状像撇竹叶一样。

③　麟：这里指大鹿。

④　垂帬：指悬挂的苫帬。

⑤　鼻衡：义犹"鼻梁"。

⑥　柱：本篇这里指脊柱。

⑦　额欲伏：此句末原有"台骨分明，分段俱起，视盼欲远，精神体色高爽"四句。但钱熙祚校注指出："张刻本无此四句。按下文云'高举而远望，淫视而远听'，又云'胸前三台骨欲起，分段分明'，并与此文意复。疑张刻本得其真也。"钱说为是，故据此删除"台骨分明"以下四句。

⑧　攒聚：聚集；丛聚。本篇这里指马站立不动时，四蹄呈前后两两整齐并拢之姿。

⑨　循良：指马被训练得善良温驯。

⑩　走骤轻躁：指马疾驰飞奔起来，既轻快又狂躁。

⑪　鬣（liè）：马的鬣毛。

⑫　擎头：举起头；抬起头。

⑬　淫视：流转眼珠斜看。

⑭　辟兵：驱除敌兵。辟，驱除；排除。

⑮　太仓：本指古代京城储谷的大仓。本篇这里借喻宽大。

⑯　臆（yì）：指胸部。

⑰　腹胁：指肚子和肋骨。胁，指身躯两侧自腋下至腰上的部分；亦指肋骨。

⑱　四下：本篇这里指马的四肢。

⑲　膁（qiǎn）：本篇这里指牲畜腰两侧肋与胯之间的虚软处。亦指人的腰部。

⑳ 腭瓣：指上腭和牙瓣。

㉑ 筋马：指筋骨强健而不过于肥壮的马。

㉒ 傍：通"旁"，谓侧旁。

㉓ 急：紧；紧缩。

㉔ 突目：原文误作"穴目"，今据述古堂抄本校改。突目，谓眼睛突出。

㉕ 胜肉（bì—）：指大腿上的肉。

㉖ 紫缕：紫色线。缕，线也。

㉗ 数：这里作动词。谓计算。

㉘ 旋毛：聚生作漩涡状的毛。

㉙ 项辕：指马颈负辕之处。辕，车前驾牲口用的横木。

㉚ 童人：犹"童子"。指未成年的小孩。瞳孔有看他人而成像的功能。本篇认为，眼中呈现有如小孩并起并坐影像的马是千里马。

㉛ 距：雄鸡、山鸡等禽类腿后突出像脚趾的部分称之为"距"。亦泛指脚。

㉜ 耳本：耳根。本，根也。

㉝ 渴乌：本指古代一种汲水用的曲筒，本篇这里用以比喻马头的形状。

㉞ 已上：用同"以上"。

㉟ 尿举一足如犬者：原作"尿举如一足大者"，于义不顺，于理不通。今据述古堂抄本校改。所谓"尿举一足如犬者"，是指马撒尿时抬起一腿，就像狗抬后腿撒尿一样。

㊱ 兰孔：即眼孔。

㊲ 筋皮：指筋骨和皮肉。

㊳ 陇道：义犹"田埂"，即田间稍稍隆起的小路。本篇这里用以比喻马蹄上起伏的沟棱。陇，通"垄"，即田埂。

㊴ 叉吻：义犹"叉嘴"。意思是嘴角交错。叉，交错，交叉。吻，指嘴唇，嘴角。

㊵ 伏虫：指隐伏的虫子。

㊶ 五劳：指马有五种过劳致病的情况。

㊷ 辗（zhàn）：指马卧地打滚。

㊸㊺ 筋劳：本篇原文皆误作"骨劳"。今据贾思勰《齐民要术·养牛马驴骡篇》校正。

㊹ 骨劳：本篇原文误作"筋劳"。今据《齐民要术·养牛马驴骡篇》校正。

㊻ 却行：倒退而行。却，退也。

㊼ 差（chài）：病除；病愈。《方言》第三："差，愈也。南楚病愈者谓之'差'。"

㊽ 令人牵之从后笞之起而已：此句原文遗漏，今据《齐民要术》补入。笞（chī），鞭打。

㊾ 青：作为颜色名，"青"有借指绿、蓝、白、黑四种颜色之称。但在本篇这里，代指绿色。

【译文】

经典上说：观察马匹优劣的方法，首先是，要观察马的头部和耳朵。好马的耳朵像竹叶，眼睛如鸟目，身子似獐背、鹿腹、虎胸，尾巴如悬垂的笤帚。其次，要观察马的头骨。好马的头骨是棱角分明的，无论前看、后看、侧看，只见其骨侧狭窄仅有一层皮，微露鼻梁，脊柱两侧高低有致，前额下伏。马站立时四蹄整齐并拢，行止温顺驯服，飞奔轻盈狂奔；鬃毛轻软柔润，呼吸均匀轻细。抬起头来宛如雄鹰欲飞，又似龙头高举而远望，流眼转动斜视而远听。从前面看，马如雄鸡啼鸣；从后面看，马似猛虎蹲坐；昂首挺立时像狮子一样威风凛凛，大有驱逐敌兵于万里疆场之势。马的下巴至鼻子之间，最好要有一拳之宽，这部分名叫"太仓"；太仓宽就容易饲养。马的胸部要宽阔，胸前的三台骨要突起，分段要清晰分明，马鬃要高长，马头要方正，马眼要大而有光，马背要强壮有力，马腹和马肋要张大，马的四腿要修长，马的耳朵要很小，耳朵小的马就能吃苦耐劳。眼大的马胆子就大，胆大的马就不惊恐。马的鼻子要大，鼻子大则肺叶大，肺叶大的马就能跑路。马的腰部要小，腰小的马就容易饲养。马的肋骨要长得紧密。马嘴要上尖下方。马的舌头要薄而长，颜色要像朱红。马的牙齿要腭瓣分明，槽牙（臼齿）要距离门齿二寸远。马腹下部要宽广平方。马牙要洁白，牙白的马就长寿。远望大而近看小的马，这是"筋马"。从前面看可以看清其眼睛，从旁边看可以看清其腹部，从后面看可以看清其腱肉的马，这是"骏马"。马齿整齐紧密，上下相等对称，上唇紧缩而方正，下唇平缓而厚实，嘴红而有光彩，如同洞中观火一样的马，这是"千里马"。马的胸部要宽广在一尺以上，这样的马能够长时间奔跑。马头要高如同剥兔一样，形似龙颅而双眼突出，脊背平坦，腹部宽大，腿部多肉的马，能行千里。眼中有紫线贯穿瞳仁的马，能行五百里；紫线从眼睛上部完全贯穿到下部的马，乃是"千里马"。

大凡马匹，不论其大小肥瘦，数其肋骨有十二三根的马，能日行四百里；肋骨有十四五根的马，可日行五百里。腕和膝部长着卷曲之毛的马，可日行六百里；卷曲毛长在腹部和背部的马，能日行五百里。脖颈负辕之处宽大的马，能日行三百里。眼珠中呈现有如小孩并起并坐影像的马，能日行千里。须如羊须且中生距如鸡趾的马，能日行五百里。耳根下角长一二寸的马，能日行千里。头如曲筒（即"渴乌"）

形状的马，能日行千里。初生无毛，出生七天后方能行走的马，能日行千里。撒尿时尿过前蹄一寸以上的马，能日行五百里；撒尿时抬起一条后腿像狗撒尿那样动作的马，能日行千里。腹下长有逆毛的马，能日行千里。兰孔中长有筋皮和毛的马，能日行五百里，兰孔就是眼上孔。蹄子黑红，或白硬如蚌壳，上有垅埂的马，软口且嘴角交错而头部厚实的马，或是硬口且嘴角交错浅薄的马，都是不能吃草料的马。眼下没有隐伏的虫物和不露眼骨的马，最爱咬人。眼睛小且眼珠多白的马，容易受惊。马的后腿要弯曲到腕部，马的耳朵要短促。凡是两个后蹄为白色的马，都是老马；两个前蹄为白色的马，则是小马驹。

马匹有五种过劳致病的情形：卸掉马鞍而不卧地打滚的马，是因"筋劳"之故；打滚而不起来的马，是因"骨劳"之故；虽然能够起来而精神不振的马，是因"皮劳"之故；精神虽然振奋而不喷响鼻子的马，是因"气劳"之故；虽能喷响鼻子而不能撒尿的马，是因"血劳"之故。（救治此五种病马的方法是：）对于"筋劳"的马，拉绊它倒行三十步，病状就消除了。对于"骨劳"的马，令人在前面牵着而从后面鞭打使其站立起来，病状就消除了。对于"皮劳"的马，用手按摩马背着鞍的两侧而使其出汗，病状就消除了。对于"气劳"的马，要用长绳拴缚牵着它溜达使其撒出尿来，病状就消除了。对于"血劳"的马，要用缰绳将其拴在高处而不让其低头吃到草料，病状就消除了。

马嘴如果春天呈现绿色、夏天呈现红色、秋天呈现白色、冬天呈现黑色，那么，这样的马都会死掉。此种马的病名，就叫作"入口病"。

【解说】

李筌本章以《相马篇》为篇题，顾名思义，其中心题旨是论述如何观察、鉴别马匹的优劣，介绍民间治疗五种马匹"过劳致病"的土办法。相者，看也，观察也，引申谓鉴别、选择。

马匹，作为六畜的"马、牛、羊、鸡、犬、豕"（见《左传·昭公二十五年》晋杜预注"六畜"）之首，在古代不仅是人们从事生产生活的工具而使其成为农业社会不可或缺的重要生产力，而且在国防建设和军事斗争上具有重大战略作用。诚如东汉名将马援所论："马者，甲兵之本，国之大用。安宁则以别尊卑之序，有变则以济远近之难。"（见《后汉书·马援列传》）显而易见，马匹是构成古代军队中骑兵兵种的重要成员而实施对敌作战。在古代战争史上，骑兵是属于机动速度最快、冲击力最大的兵种，尤其是在平原旷野对敌作战中更显出其无比强大威力。正因为马匹在生产生活、国防建设与军事斗争中具有如此重要作用，所以，关于马匹的选择、饲养、调教、使用，以及对马匹疾病的治疗等问题，便自然成为牲畜饲养家和军事家所关注与研究的重要课题，因而"相马"之术及其著作也就应运而生。

早在春秋秦穆公时期（公元前 659—前 621 年），秦国之伯乐（本名孙阳，因伯乐星主典天马，而孙阳善于相马，故又以"伯乐"为名）、九方皋（见《吕氏春秋·观表》和《淮南子·道应训》作"九方堙"，《庄子·徐无鬼》作"九方歅"）等人，就是当时名噪各国的相马专家。到了汉代，随着骑兵广泛应用于作战，相马之术也有了进一步发展。据《后汉书·马援列传》记载，仅东汉初期先后就有西河（今山西离石）子舆、仪长孺，茂陵（位于今陕西咸阳西）的丁君都，成纪（位于今甘肃庄浪西）的杨子阿等相马专家；他们不但善于相马，而且都撰有相马专著。东汉初年名将马援曾师事杨子阿而"受相马骨法"，之后，他兼采"仪式骑，中帛式口齿，谢式唇鬐，丁式身中，备此数家骨相以为法"，不仅以铜铸造"名马式"（即标准的铜质名马像）献给东汉光武帝刘秀，而且还撰写了相马专著《铜马相法》传世于后代（详见《后汉书·马援列传》唐代李贤注文）。魏晋南北朝以后，特别是到了隋唐时期，世上流传的相马理论与马病治疗著作颇多。据《旧唐书·经籍志下》和《新唐书·艺文志三》记载，就有《伯乐相马经》一卷本、二卷本，徐成等撰《相马经》二卷本，诸葛颖等撰《相马经》六十卷本等多种相马理论专著流传于世。与此同时，治疗马疾的著作也应运而生。仅据《隋书·经籍志三》记载，就有《疗马方》、《伯乐治马杂病经》（一卷）、俞极撰《治马经》（四卷）、《治马经目》（一卷）、《治马经图》（二卷）、《马经孔穴图》（一卷）、《杂撰马经》（一卷）等十数种治疗马病的专著流行于世。

唐代兵学家李筌的《相马篇》所涉猎的内容，既是对唐以前相马实践经验的总结和继承，又是从唐代军事实践的需要出发而首次将相马理论纳入兵学范畴的专篇。应当说，这是李筌对我国古代军事思想理论和骑兵建设的一个重要贡献。

《相马篇》所论思想内容，主要有三：一是论述观察马匹优劣的基本方法，也就是从观察马的形体筋骨性状以判断马的优劣的方法；二是阐明如何依据马的形体筋骨等生理特征以判断马的行程耐力；三是记述马的五种"过劳致病"的症状，即因筋劳、骨劳、皮劳、气劳、血劳所致的一种常见病情及其简易治疗土法。据此不难看出，李筌的《相马篇》所论内容，要比《吴子·治兵篇》单纯记述马匹保养的内容要广泛得多，更具军事斗争的实践价值。

这里需要特别指出的是，李筌本篇所讲的相马术与其前面《鉴人篇》所讲的相人术的不同之点，在于它是人们根据自身生产生活和军事斗争的实际需要，对马匹的观察和判断、选择和饲养、调教和使用的长期实践经验的总结，故具有一定的科学性、实践性。按照辩证逻辑的理论观点，不同质的事物是不可以相类比的。相人之术是企图以观察人的骨骼相貌等本属于生理学范畴的内容，来判定人的哲学社会学范畴的贫富贵贱的命运，实属毫无科学道理的唯心主义的迷信活动；因为，本属于人的生理学范畴的骨骼面貌长相，与属于人的哲学社会学范畴的贫富贵贱的命运，并不存在逻辑可比性。事实上，在阶级社会，人的贫富贵贱，归根结底是由其所处的阶级地位和对社会财富的占有状况所决定的，而非由于其先天所生的骨骼相貌怎样来决定的。人的先天所生的骨骼形体、相貌纹理，充其量只能反映人的生理机能及其健康状况的某些特征，绝对不可能决定人的贫富贵贱的命运。而相马之术，却是通过观察马匹的形体筋骨等外在生理现象，来判断马的内在生理机能的优劣好坏，这是同质事物间的相互比较鉴别，具有完全的逻辑可比性。因此，也就自然符合科学的道理和实用价值。正因为如此，所以迄今民间的牲畜饲养家仍然遵循二千六百年前的秦国相马专家伯乐（实名孙阳）关于"良马，可形容筋骨相也"（见《列子·说符第八》）的相马思想理念，对马匹的优劣进行鉴别和选择，以适应生产生活的实际需要。

誓众军令篇第三十三

【原文】

经曰：陶唐氏以人①戒于国中，欲人强其命也。有虞氏以农教战，渔猎简习②，故人体之。夏后氏③誓众于军中，欲人先其虑也。殷人誓众于军门之外，欲人先意以待事也。周人将交白刃而誓之，以致人意也。夏赏于朝，赏善也。殷戮于市，戮不善也。周赏于朝，戮于市，兼质文④也。夫人以心定言，以言出令，故须振雄略、出劲辞，锐铁石之心，凛风霜之气，发挥号令，申明军法。

誓众文

某将军某乙告尔六军将吏士伍等：圣人弦木为弧，剡木为矢，弧矢之利⑤，以威不庭⑥，兼弱攻昧，取乱侮亡。⑦今戎夷⑧不庭，式干⑨王命，皇帝授我斧钺，肃将天威⑩，有进死之荣，无退生之辱。用命赏于祖⑪，不用命戮于社⑫。军无二令⑬，将无二言⑭。勉尔乃诚⑮，以从王事⑯，无干典刑⑰。

军　令

经曰：师众以顺为武，有死无犯为恭⑱。故穰苴斩庄贾⑲，魏绛戮杨干⑳，而名闻诸侯，威震邻国。令之不行，不可以称兵㉑。三令㉒而不如法㉓者，吏士之罪也；申明㉔而不如法者，将之过也。先甲三日㉕，悬令于军门，付之军正，使执本㉖宣于六军之众。有犯命㉗者，命军正准令按理而后行刑，使六军知禁而不敢违也。

一，漏军事者，斩；漏泄军中阴谋㉘及告事者㉙，皆死。

一，背军走者，斩；在道、及营、临阵同。

一，不战而降敌者，斩；背顺归逆㉚同。

一，不当日时后期者㉛，斩；诈事会战㉜同，阻雨雪水火不坐㉝。

一，与敌人私交通㉞者，斩，籍没㉟其家；言语㊱、书疏㊲同。

一，失主将者，斩；随从则不坐。

一，失旌旗、节钺³⁸者，连队³⁹斩；与敌人所取同。

一，临难不相救者，斩；为敌所急不相救者同。

一，诳惑讹言，妄说阴阳、卜筮者，斩；妄说鬼神灾祥⁴⁰以动众者同。

一，无故惊军者，斩；呼叫奔走，妄言烟尘⁴¹者同。

一，遗弃五兵、军装者，斩；不谨固⁴²检察者同。

一，自相窃盗者，斩，不计多少。

一，将吏守职不平⁴³，藏情相容⁴⁴者，斩；理事曲法⁴⁵者同。

一，以强凌弱，樗蒲⁴⁶忿争，酗酒喧竞⁴⁷，恶骂⁴⁸无礼，于理不顺者，斩；因公宴集⁴⁹醉者不坐。

一，军中奔走军马者，斩；将军已下并步入营乘骑者同。

一，破敌先虏掠者，斩；入敌境亦同。

一，更铺失候⁵⁰，犯夜失号⁵¹，擅宿他火⁵²者，斩；恐奸得计。

一，守围⁵³不固者，斩，罪一火主吏⁵⁴。

一，不伏⁵⁵差遣及主吏役使不平者，斩；有私及强梁⁵⁶者同。

一，侵欺百姓，奸居人⁵⁷子女⁵⁸及将妇人⁵⁹入营者，斩；恐伤人，军中慎子女气。

一，违将军一时一命⁶⁰，皆斩。

【注释】

① 人：本篇这里通"仁"，谓仁爱。

② 简习：指演习；训练。

③ 夏后氏：指禹受舜禅而建立的夏王朝。史称"夏后氏"，亦称"夏氏"或"夏后"。

④ 质文：意思是，其质性具有文德。说据《国语·周语下》："文王质文，故天祚之以天下。"韦昭注云："质文，其质性有文德也。……言文王质性有文德，故能得天下。"

⑤ "弦木为弧"至"弧矢之利"三句：语出《周易·系辞下》。弦木为弧，指加弦于弯木上做成木弓。剡木为矢，谓削尖木头做成箭矢。剡（yǎn），削也。弧矢，弓箭。

⑥ 不庭：谓不朝于王庭者，指与朝廷分庭抗礼的叛逆者。说据《左传·隐公十年》"以王命讨不庭"杨伯峻注云："庭，动词，朝于朝廷也。《诗·大雅·常武》'徐方来庭'，犹言徐国来庭。不庭即不朝。"

⑦ "兼弱攻昧，取乱侮亡"二句：语出《尚书·商书·仲虺之诰》。意思是，兼并弱小的国家，攻击昏昧的诸侯，夺取动乱的政权，轻慢亡国的君主。

⑧ 戎夷：即戎和夷两个古代部族名。亦泛指周边少数民族。

⑨ 式干：犹言"干法"，意思是冒犯王法。式，准则；法度。干，冒犯；违犯。

⑩ 肃将天威：语出《尚书·周书·泰誓上》。谓恭敬地奉行上天的惩罚。肃，恭敬。将（jiāng），奉行。天威，本谓上天的威严，引申谓上天的惩罚。

⑪ 祖：本篇这里指宗庙。说据《周礼·考工记·匠人》"左祖右社"郑玄注云："祖，宗庙。"

⑫ 社：古代谓土地神。说据《国语·鲁语上》韦昭注云："社，后土之神也。"但在本篇这里则指土地庙。

⑬ 二令：义犹"异令"，谓不同指令；亦指虚假之令。

⑭ 二言：义犹"异言"，谓不同看法；亦指虚假之言。

⑮ 乃诚：诚意；忠诚。

⑯ 王事：古代指王命差遣的朝聘、会盟、征伐等大事。说见《礼记·丧大记》孙希旦集解："王事，谓朝聘、会盟、征伐之事。"

⑰ 典刑：古代指常用的墨（刺刻面额，染以黑色）、劓（yì，割鼻子）、刖（fèi，断足）、宫（亦称"腐刑"，即残害男子生殖器，破坏女子生殖机能）、大辟（处以死刑）五种刑罚。亦泛指刑罚。

⑱ "师众以顺为武，有死无犯为恭"二句：语出《左传·襄公三年》。师众，犹"师旅"，指军队。顺，谓服从军法军令。武，武勇。有死，犹"宁死"，指有牺牲精神。恭，对上恭敬。

⑲ 穰苴斩庄贾：穰苴，春秋齐景公（名杵臼，齐庄公光之弟）统治时期的著名军事家。本姓田，官至大司马，故史又称其为司马穰苴，深通兵法，治军有方。庄贾，齐国大夫，景公之宠臣。据《史记·司马穰苴列传》记载，周景王（名贵）元年（公元前544年）冬，司马穰苴奉齐景公之命率军抵抗晋、燕联军侵略的作战中，景公命宠臣庄贾为穰苴的监军。而"素为骄贵，以为将己之军为监"的庄贾，公然违犯军令而逾期不赴军营。司马穰苴为整肃军纪，"遂斩庄贾以徇三军，三军皆震栗。"司马穰苴就是率领这样一支纪律严明、战斗力强的齐军，终于打败了晋、燕联军，收复了沦陷的国土。

⑳ 魏绛戮杨干：语本《史记·魏世家》"魏绛僇辱杨干"。魏绛，春秋时期晋国魏犨（chōu）之子仕为晋卿。杨干（亦作"扬干"），晋悼公（名杵臼）之弟。据《左传·襄公三年》记载：周灵王二年（公元前570年）六月，晋国于鸡泽（位于今河北肥乡西北）与诸侯会盟。是时，魏绛任晋军司马，主管军法；杨干此时亦随军屯于曲梁（位于今河北肥乡东北），仰仗其兄势，乘车扰乱了晋军队伍的行列。魏绛从严执法乃"戮其仆"，即把杨干的驾车仆人杀掉了，以此羞辱而惩戒杨干。杨伯峻先生《春秋左传注》称："杀杨干之御车者，即等于辱杨干，俗所谓'打狗欺主'。故曰'杨干为戮'。为戮，受辱也。"杨说为确。

㉑ 称兵：谓举兵起事。指动用武力发动战争。

㉒ 三令：指再三下令告诫。

㉓ 如法：按照法令行事。亦谓守法。

㉔ 申明：郑重宣明；阐明。

㉕ 先甲三日：语出《周易·蛊卦》。意思是，提前三天公布军令以使官兵知晓。甲，指创制新令之日。

㉖ 执本：谓手持法令文本。

㉗ 犯命：违犯军令。命，指命令。

㉘ 阴谋：这里指暗中策划的计谋。

㉙ 告事者：本指向外泄露军情的人，但在这里按全句文义，当指被告诉而知情的人。

㉚ 背顺归逆：这里的"顺"与"逆"，是指正义与不义。

㉛ 不当日时后期者：指没有按照规定的时限而延期到达的人。

㉜ 诈事会战：谓谎报军情而与敌人交战。

㉝ 不坐：不判罪。坐，犯罪；判罪。

㉞ 私交通：谓暗中勾结串通。

㉟ 籍没：谓登记所有的财产加以没收。

㊱ 言语：言辞话语。这里指口头语言。

㊲ 书疏：书札；书信。

㊳ 节钺：符节和斧钺。古代将帅受命后所持作为加重指挥权力的两种标志物。

㊴ 连队：指整个部队。连，这里作介词，表示包括，连带。

㊵ 灾祥：指吉凶灾变的征兆。

㊶ 烟尘：指边境烽烟和沙场扬起的尘土。这里代指敌情动态。

㊷ 谨固：谓谨慎严格。

㊸ 守职不平：指履行职责时不公正。

㊹ 藏情相容：隐瞒真情，相互包庇。

㊺ 理事曲法：处理事务时候，歪曲破坏法律。

㊻ 樗蒲（chū－）：古代的一种博戏。后世亦以指赌博活动。

㊼ 喧竞：喧闹相争不已。

㊽ 恶骂：恶语相骂。

㊾ 宴集：指宴饮集会。

㊿ 更铺失候：指值更换岗错过时间。

(51)犯夜失号：指违禁夜行，背离号令。

(52)他火：指其他火队。火，古代兵制单位，十人为火，五火为队。

(53)守围：犹“围守”，义谓设围防守。亦泛指守卫营垒。

(54)主吏：指火队的主管官吏。

(55)伏：本篇这里通“服”，谓服从。

(56)强梁：指强横凶暴之徒。亦指强盗。

(57)居人：居民。

(58)子女：这里指女子。

(59)将妇人：将（jiāng），本篇这里作动词，谓带领；携带。妇人，指妇女，为成年女子的通称。在本篇这里当指已婚的他人之妻。

(60)一时一命：指规定的一定时限和一种命令。

【译文】

经典上说：上古的唐尧时期以仁爱告诫于国中，目的是让人们都坚定地为国效命。虞舜时期以农耕为本而教习战阵，训练人们捕鱼打猎，因此众人都身体力行于耕战渔猎。夏禹时期于军中举行誓师大会，目的是让众人于战前先有思虑谋划。商代人于军门外誓师，目的是让众人首先定下决心意志以等待战事。周代人在即将与敌展开白刃格斗之际誓师，是为了调动广大将士的杀敌意志。夏朝在朝廷上赏赐，是奖赏善人。商朝在集市上杀人，是杀戮恶人。周朝既赏善于朝廷，又杀恶于集市，是同时兼有赏善惩恶目的之一种文德。人是以心志来决定言辞的，以言辞来颁布命令的。因此，必须振奋将士们的雄心胆略，发出强劲有力的誓师之辞，强化拼死战斗的铁石心肠，形成风霜凛冽似的肃杀气氛，以达成发号施令、申明军法之目的。

誓师文

某将军某人告诫全军将士知晓：圣人加弦于弯木之上做成木质弓箭，削尖木棒做成箭矢，凭借此种弓箭的锐利，威慑不臣服朝廷的人；兼并弱小的国家和攻击昏昧的诸侯，夺取动乱的政权和轻慢亡国的君主。而今，周边戎夷部族不臣服朝廷，肆意冒犯我帝王的命令；现在皇帝授予我以军权威力，我要恭敬地奉行上天的惩罚，大家唯有进攻而战死的荣耀，绝无后退而偷生的耻辱。卖命效力的人将在祖庙前受到奖赏，不卖命的人将在土地庙前被杀掉。军队没有虚假之令，将帅没有虚假之言。劝勉你们要为国家而竭忠尽诚，努力完成王命差遣的征伐之事，不要违犯国法律令。

军　令

经典上说：军队以服从国法军令为武勇，以宁死不违国法军令为恭敬。因此，春秋时期齐国将领司马穰苴斩了违犯军令逾期不到军营的齐景公之宠臣、监军庄贾，晋将魏绛羞辱了违犯军令而扰乱部队行列的晋悼公之弟杨干，因以名闻诸侯，威震邻国。军令不能正常推行，不可以打仗。再三命令告诫而不遵守军令的，这是官兵的罪过；仅仅宣明军令而不依法办事的，这是将帅的过失。先于打仗前三天，将军令张贴于军门之上，并交给执法官，让他手拿军令文本向全军将士郑重宣读。自此，凡有违犯军令的，都要命令执法官依照军令条文核实情况后而执行刑罚，从而使全军将士都能熟知禁令而不敢随意违犯。

一，泄露军情的人，处斩；泄露军队秘密行动计划的和被告诉而知情的人，都要处以死刑。

一，背叛军队而逃走的人，处斩；此种人无论发生在行军路上，还是发生在到达宿营地或者临阵对敌之时，都以同罪处斩。

一，不战斗就投降敌军的人，处斩；背叛正义而归附邪逆不义的人，以同罪处斩。

一，没有按照规定时限而延期迟到的人，处斩；谎报军情而与敌人交战的人，以同罪处斩；但受阻于雨雪、水火而延期迟到的，不予治罪。

一，与敌人暗中勾结串通的人，处斩，并没收其全部家产；用言语或书信等方式通敌的人，以同罪处斩。

一，作战中失去主将的人，处斩；但随从人员不治罪。

一，丢失军旗、符节、斧钺的人，连同整个卫队，都处斩；给予敌人所需要之物的人，以同罪处斩。

一，对于遇难者而不相救的人，处斩；对于被敌人围攻处于危急状态而不相救的人，以同罪处斩。

一，以假话欺骗和谣言惑众的人，乱言阴阳五行、占卜算卦的人，都处斩；胡说鬼神迷信、吉凶灾变来煽动群众的人，以同罪处斩。

一，无缘无故而惊扰军队的人，处斩；呼叫奔走、妄言敌情的人，以同罪处斩。

一，遗弃各种兵器和装备的人，处斩；对兵器和装备不小心保管、不严格检查的人，以同罪处斩。

一，军中互相偷盗的人，处斩，但不论偷盗的物品多少。

一，将官履行职责不公正，隐瞒实情相互包庇的人，处斩；处理事务时歪曲和破坏军法的人，以同罪处斩。

一，军中凡是发生以强欺弱，赌博争斗，酗酒喧闹，无礼谩骂，违背通常行为准则的人，处斩；但因公参加宴饮集会而醉酒的人，不治罪。

一，放任马匹在军中狂奔乱跑的人，处斩；将军都已下马步行，而那些仍然骑马进入营区的人，以同罪处斩。

一，击破敌人营垒而带头抢掠的人，处斩；深入敌境而带头抢掠的人，以同罪处斩。

一，值更换岗错过时间，违禁夜行背离号令，擅自住宿其他营铺的人，处斩，这是防止奸细乘机混入营垒的措施。

一，防守城垒而没有守住的人，处斩，但仅治罪一火的头目。

一，不服从上级差遣和主官役使士卒不公正的人，处斩；有徇私包庇强横凶暴之徒的人，以同罪处斩。

一，欺压百姓、奸淫民女以及携带妇女进入营地的人，处斩；这是防止伤害百姓和谨防军中笼罩女人气息的措施。

一，公开违抗将帅所规定的一定时限、一种命令的人，都要处斩。

【解说】

本文以《誓众军令篇》为题，其中心思想是论述古代兴兵作战举行"誓众"和发布"军令"，对于赢得对敌战争胜利的重要意义和作用问题。李筌所谓"誓众"，就是誓师以告诫部众，实际亦即进行战争动员。通常是在军队出征前或与敌交战前举行集会，由统军的最高将帅向广大将士宣示作战的目的和意义，以激励部队战斗意志和奋勇杀敌精神。所谓"军令"，是指军中所颁布的法令或军事命令，一般是由军事统帅向部队下达任务或决定的一种法规形式。它要求部队将士不得随意违犯，必须严格执行，一旦违犯必将受到惩处。

首先，李筌开篇伊始即从分析古代"誓众"和"军令"实施的演进历史入手，阐明了不同历史时期的"誓众"和"军令"有不同的内容、要求、目的和实施形式。他认为，上古唐尧时期是"以人（此"人"这里通"仁"，指仁爱）戒于国中，欲人强其命也。"意思是，唐尧举行"誓众"，以"仁爱"告诫国中，为的是激励民众以坚定其为国效命的决心。虞舜时期是"以教农战，渔猎简习，故人体之"，就是说，虞舜"誓众"是以农耕为本而教习战阵，训练人们学会耕战渔猎为目的。但是，到了夏禹时期，产生阶级和国家之后，则出现了"誓众于军中，欲人先其虑也"，也就是说，夏禹时期在军中举行誓师大会，目的是让人们于战前预先搞好战争谋划；商代是"誓众于军门之外，欲人先意以待事也"，即让人们首先定下对敌待战的决心意志，而周代则在"将交白刃而誓之"，目的是为了调动广大将士的杀敌斗志意愿（即"以致人意也"）。作者李筌认为，"军令"的实施亦经历了夏、商、周三个不同历史时期的变化发展。夏代"军令"的实施是"赏于朝，赏善也"，商代"军令"实施是"戮于市，戮不善也"，就是说，夏代实施军令侧重"赏善"于朝廷，商代实施军令则侧重"戮不善"于市坊。这说明，夏、商两代实施军令不仅侧重点不同，就连实施场所和公开度亦不同。而周代所行军令则是把"赏善"与"戮不善"（或曰"戮恶"）二者结合起来，并且做到了"赏于朝，戮于市，兼质文也"。就是说，作者认为周朝既赏善于朝廷，又杀恶于集市，是同时兼有赏善与惩恶目的的一种文德。且不论李筌所述夏、商、周三代所行"誓众"、"军令"的内容是否完全符合历史的实际，但能够从分析其实施演进的历史过程入手，揭示其不同时期的不同变化发展的规律性，是值得肯定的。

其次，深刻揭示了实施"誓众"和"军令"的目的性。作者强调指出，尽管不同时期的"誓众"和"军令"的具体内容与要求有所不同，但其总体目的都是为了激发部队斗志、鼓舞军心士气。所以他指出："夫人以心定言，以言出令，故须振雄略、出劲辞"，通过举行"誓众"和发布"军令"，就可以使部队"锐铁石之心，凛风霜之气，发挥号令，申明军法"，起到坚定部队斗志、提高军心士气的重要作用。这从作者所拟"誓众文"的内容，即可鲜明地看到这一点。该文以言简意赅的文辞，既阐明了战争的目的和意义是"以威不庭，兼弱攻昧，取乱侮亡"，要求部队树立"有进死之荣，无退生之辱"的荣誉观和奋勇杀敌精神；又宣明了"军无二令，将无二言"的执法如山之决心，勉励将士忠诚报国"以从王事"的誓言。可以说，这是一篇颇具感召力的古代誓师范文，值得今人很好地品味欣赏！而一篇好的誓师文，则对激发将士斗志以赢得战争胜利定会起到巨大推动作用。商末武王姬发伐纣的牧野之战，就是最有说服力的典型战例。公元前1046年正月，当周武王率军进至牧野（位于今河南淇县西南至卫辉之间）之地后，他于一月二十日凌晨举行了庄严的誓师大会（此誓师大会具体时间，详见《中国古代经典战争战例》第一卷《商周牧野之战》之考证，解放军出版社出版，2012年11月第1版），发表了讨纣檄文《牧誓》，严词谴责商纣王听信宠姬谗言，不祭祀祖宗，招诱四方的罪人和逃亡奴隶，肆意暴虐残害百姓，以此激发周军和从征各诸侯军队的同仇敌忾之心。周武王还向殷商百姓们宣告说："你们不要害怕，我是来安定你们的，不是同你们为敌的！"（见《孟子·尽心章句下》"武王曰：'无畏，宁尔也，非敌百姓也！'"）深受纣王残酷压榨之苦的殷商百姓听后，都纷纷跪下叩头以示拥护，其额角触地之声如同山陵崩塌一样（见《孟子·尽心章句下》"若崩厥角稽首"句）。战役发起后，周武王指挥全军将士奋勇冲杀，商纣王的十几万军队仅于当天"则瓦解而走，遂土崩而下"（见《淮南子·泰族训》）。纣王自知大势已去，当晚逃回朝歌（纣王帝辛之别都，位于今河南淇县）登上鹿台，蒙衣自焚而死，商朝自此灭亡。显而易见，牧野之战周军之所以能够取得如此迅速而完全的胜利，无疑是与周武王适时举行誓师大会，发布《牧誓》讨纣檄文的有力激发与鼓舞作用，以及深得殷商广大百姓衷心拥护分不开。

再其次，李筌深刻阐明了实行"军令"的重要意义和作用，以及贯彻执行的根本途径方法。军队发展的历史表明，没有严格的军法律令的军队，是没有战斗力、不能打胜仗的。明于此理的李筌，强调指出："令之不行，不可以称兵。"可见，军法律令对维护军队集中统一和赢得对敌作战胜利的重要意义和作用之大。那么，怎样才能使军法律令得以实施和落到实处呢？李筌分析指出说："三令而不如法者，吏士之罪也；申明而不如法者，将之过也。"显而易见，作者认为，军法律令的贯彻执行，是需要由军法律令的执行者的"吏士"和执法者的"将帅"的共同努力实践，才能落到实处，达成实效。这无疑是正确的思想观点。为了确保军法律令的贯彻执行，作者明确提出，要在打仗前三天将军令条文张贴于军门之上，并且将帅要责成军中执法之官（军正）"执本宣于六军之众"，从而做到家喻户晓，人人皆知。他强调指出，对于在贯彻执行中那些敢于违犯者，必须坚决"命军正准令按理而后行刑"，严惩不贷，从而做到"使六军知禁而不敢违"，以保持部队高度稳定而有战斗力。

军法律令，是伴随军队的产生而产生、发展而发展的。历史的经验证明，没有严格的军法律令作保障的军队，是毫无战斗力的乌合之众。所以，历来有作为的军事家都把制定和贯彻军法律令，作为治军用兵的重要内容而加以大力提倡。战国魏惠王时期（公元前370—前319年）的兵学家尉缭所著兵书《尉缭子》的今传本共二十四篇，其中有《重刑令》、《伍制令》、《分塞令》、《束伍令》、《经卒令》、《勒卒令》、《将令》、《踵军令》、《兵令》（上、下）等十余篇，都是论述军法律令的，内容范围涉及部队编组、行军、作战、宿营、训练、赏罚以及使用指挥信号等诸多方面的军令和规定。李筌在继承前人兵学思想的基础上，结合唐代军事和战争实践的需要，在本篇"军令"中开列了各种规定条款共二十一条，其内容都是涉及对各类违犯军法律令而造成严重危害者处以极刑（处斩）的具体规定。它体现了封建统治阶级的意志，是加强封建武装力量和确保战争准备与实践的必要措施手段。

军法律令，是国家赖以维护军队纪律的法规，它作为上层建筑的重要组成部分，从来都是具有鲜明的阶级性的。虽然不同阶级的军法律令，有着不同的阶级本质，但要求以严格的军法律令维护军队自身的高度稳定和集中统一，却是古今中外一切正规军队所必须遵循的共同点。所以，从这个意义上讲，李筌所开列的二十一条军令规定，尽管条条充满了杀气和血腥味，但却为我们今人研究中国古代军队法制，提供了重要历史资料；它所强调和阐明的以严格的军法律令治军用兵的思想观点，在今天仍然不失有借鉴价值。从近现代军队建设与发展的历史经验，可以明显看出，世界上大凡正规有为的军队，无一不是根据本国的社会制度和建军、作战的需要及历史传统，以不同形式制定了维护军队纪律和集中统一的军事法规。例如，美军有《军事统一法典》，英国有《军队法令》等。中国人民解放军是中国共产党领导的人民军队，从其创建之初，就制定了"三大纪律六项注意"，后发展为"三大纪律八项注意"。1930年10月，正式颁布《中国工农红军纪律条令草案》。1990年颁行的《中国人民解放军纪律条令》，乃是我军法规建设史上的第13部纪律条令。我军的纪律条令具有与其他国家军队纪律条令所不同的突出特色，是坚持以马克思主义、毛泽东思想、邓小平理论、党的"三个代表"思想和科学发展观为指导方针，根据新的历史条件下的新情况、新问题、新经验，从维护军队高度稳定和集中统一、巩固和提高部队战斗力的实际需要出发，以四项基本原则和有关法律为依据，从严治军、依法治军，反映人民军队的本质，体现赏罚严明，以教育为主与惩罚为辅相结合，是自觉纪律与铁的纪律的有机统一。恰是这些为其他国家军队所不具备或不完全具备的本质特点，才使中国人民解放军能够更好地履行新世纪新阶段所肩负的神圣历史使命，从而"为党巩固执政地位提供重要力量保证，为维护国家发展的重要战略机遇期提供坚强安全保障，为维护国家利益提供有力战略支撑，为维护世界和平与促进共同发展发挥重要作用。"（引自胡锦涛：《在庆祝中国人民解放军建军80周年暨全军英雄模范代表大会上的讲话》，载于2007年8月2日《解放军报》第2版）

关塞四夷篇第三十四

【原文】

经曰：关塞①者，地之要害也。设险守固，所以乖蛮隔夷②，内诸夏而外夷狄③，尊衣冠礼乐之国④，卑毡裘毳服之长⑤。是以荒要侯甸⑥，从此别矣。

关内道⑦

自西京⑧[北]出塞门镇⑨，经朔方节度⑩，去西京一千三百五十里，去东京⑪二千里。关五原塞⑫，表⑬匈奴⑭之故地，以浑邪部落为皋兰都督府⑮，斛律部落为高关州，浑蜀焦部落为浚稽州⑯，鲁丽塞下置六胡州、党项⑰十四[州]，拓拔、舍利、仆固、野刹、桑乾、节子等部落牧其原野。

黄河北道⑱

安北⑲旧去西京五千二百里、东京六千六百里，今移在永清⑳，去西京二千七百里、东京三千四百里，关大漠㉑以北。回纥㉒部落为瀚海都督府㉓，多览部落为燕然都督府㉔，思结部落为卢山都督府㉕，同罗拔拽古部落为幽陵都督府㉖，同罗部落为龟林都督府㉗，匍利羽为稽田州㉘，奚结部落为鸡鹿州㉙，道历阴山、羊那山、龙门山㉚、牛头山㉛、铁勒山、北庭山、真檀山、木刺山、诺真山，涉黑沙道入十姓部㉜故居地。

河东道㉝

自西京㉞东出蒲津关㉟，经太原㊱，抵河东节度，去西京二千七十五里，去东京一千六百四十五里，关榆林塞㊲北。以颉利左渠㊳故地置定襄都督府㊴，管阿德等四州㊵；以右渠地置云中都督府㊶，管阿史那等五州。道历三川口，入三山母谷道，通室韦㊷大落泊㊸，东入奚㊹，西入默啜㊺故地。

陇右道㊻

自西京出大镇关㊼，经陇西节度，去西京一千一百五十三里，去东京二千一十三里^⑧，南出关。党项杂羌置崌^⑩、丛、麟^⑩、可等四十州，分隶缘边等诸州。西距吐番^⑪，去西京一万二千里；北去凤林关^⑫，度黄河；西南入郁标、柳谷^⑬、彰豪、清海、大非海、乌海、小非海、星海、泊悦海、万海、白海、鱼海，入吐番。

河西道^⑭

自西京^⑮西北出萧关^⑯、金城关^⑰，自河西节度，去西京二千一十里，去东京二千八百十一里。北海抵^⑱、白亭海^⑲、弥娥山^⑳、独洛河^㉑，道入九姓^㉒、十箭^㉓、三屈故居地。

北庭道^㉔

自西京^㉕西出，经河西节度，出玉门关^㉖，涉河，关蒲菖海^㉗。东出高昌^㉘故地，置西州^㉙。以突厥处密部落为瑶池都督府^㉚，以杂种故胡地部落为庭州，为北庭都护[府]，去西京五千^㉛七百五十六里，去东京六千八百七十六里。北抵播塞、厥海、长海，关海曲地。以突结骨^㉜部落置坚昆都督府^㉝，管拘勃都督府^㉞，为烛龙州。北抵瀚海^㉟，去西京二万余里。

安西道^㊱

自西京出，涉交河^㊲，出铁门关^㊳，至安西节度，去西京八千五十里，去东京八千八百五十里。路入疏勒^㊴、鄯耆^㊵、碎叶^㊶、于阗^㊷、黑海^㊸、雪海、大宛^㊹、月支^㊺、康居^㊻、大夏^㊼、奄蔡^㊽、黎轩^㊾、条支^㊿、乌孙⁹¹等国。

剑南道⁹²

自西京⁹³西南出大散关⁹⁴，经甘亭关、百牢关⁹⁵，越剑门关⁹⁶、松岭关⁹⁷，至剑南节度。去西京二千三百七十里，去东京三千二百十六里。出蚕涯关⁹⁸，过筰道⁹⁹，杂羌六十四州，分列山谷，路入吐番。南出邛僰¹⁰⁰，开通越巂¹⁰¹，度泸河¹⁰²、云南关¹⁰³，西南徼外¹⁰⁴杂蛮，置冉¹⁰⁵、蒙¹⁰⁶、弄¹⁰⁷、览¹⁰⁸六十州，路入甘河、夜郎¹⁰⁹、滇池¹¹⁰、身毒五天竺国¹¹¹，去西京三万五千里。

范阳道¹¹²

自西京出潼关¹¹³，至范阳节度。去西京二千五百二十里，去东京一千六百八十六里。北去居庸关¹¹⁴、卢龙关¹¹⁵，塞外东胡¹¹⁶故地，以契丹¹¹⁷蕃长¹¹⁸置饶乐都督府¹¹⁹，回纥五部落分为五州，以白霫¹²⁰部落为居延州、黑霫部落为真颜州¹²²。北至乌罗浑¹²³，去西京一万五千里。

平卢道¹²⁴

自西京经范阳节度，东至榆关¹²⁵，至平卢节度。去西京三千五百八十九里¹²⁶，去东京三千里，抵安东⑫，渡辽水⑫，路接奚、契丹、室韦、勃海⑫、靺鞨⑬、高丽⑬、黑水⑬。

岭南道⑬

自西京南出蓝田关⑬，涉汉江⑬，越大庾岭⑬，经南海节度⑬，去西京五千六百里，去东京四千二百七十里。路入铜柱⑬、林邑⑬、九真⑭、日南⑭、真腊⑭、铜勒、交趾⑭等国。

河南道⑭

自西京出潼关，经东莱节度⑭，去西京二千七百六十里，去东京一千八百五十三里。东涉沧海⑭，距熊津都督府⑭、北济⑭国，又东抵鸡林都督府⑭、新罗⑯国，又东南经利磨国属罗⑮。涉海，达倭国（一名日本），其海行不计里数⑮。

【注释】

① 关塞：边关要塞。

② 乖蛮隔夷：意思是把周边少数民族与中原地区分割开来。这实际是古代封建统治阶级实行民族歧视政策的一种表现。乖，义同"隔"，隔绝，分离。蛮与夷，皆为古代对周边地区少数民族的泛称。

③ 内诸夏而外夷狄：语出《公羊传·成公十五年》。诸夏，指周代分封的中原各个诸侯国；亦泛指中原地区。夷狄，古称东方部族为夷，北方部族为狄；亦泛称除华夏族以外的各族。

④ 衣冠礼乐之国：古代特指我国中原诸侯之国。衣冠，本指衣和冠，但在古代唯士以上阶层有权戴冠，因以指士以上阶层的服装而代称缙绅、士大夫阶层。本篇这里则借指文明礼仪之国。礼乐，指礼仪和音乐，古代帝王常用兴礼作乐为手段以求达到尊卑有序、远近亲和的统治目的。

⑤ 毡裘氀服之长：指古代我国北方游牧民族的首领。毡裘和氀服，皆指古代北方游牧部族所穿戴的以皮毛制成的衣服。氀（cuì），鸟兽的细毛，引申丝绒。

⑥ 荒要侯甸：我国古代王畿（京师）以外地区，以五百里为一区划，由近及远而分为侯服、甸服、绥服、要服、荒服五个等级。这里的"荒要"，即是"要服"和"荒服"的合称，指京师以外二千里至二千五百里的少数民族边远地区。"侯甸"，即"侯服"和"甸服"，指京师外围五百里至千里的中原地区。

⑦ 关内道：唐太宗贞观元年（公元627年）将全国划分为十道，唐玄宗开元二十一年（公元733年）增至为十五道。关内道，即唐贞观十道、开元十五道之一，唐朝京师长安即在此道内。该道辖境当今陕西秦岭以北、甘肃祖厉河流域、宁夏贺兰山以东和内蒙古呼和浩特以西、阴山狼

山以南的河套等地。

⑧ ㉞ �555 西京：原文皆互乙作"京西"，今据史改。西京，即唐都长安（今陕西西安）。隋炀帝杨广建洛阳为东都，因称长安为西京，唐代因之。

⑨ 塞门镇：唐代边关。位于西京长安之北，故址在今陕西靖边东南。

⑩ 朔方节度：即朔方节度使。唐玄宗（李隆基）开元二十一年于边境所置十节度使（内含一经略使）之一。治所灵州，位于今宁夏灵武西南。

⑪ 东京：即唐代陪都洛阳，位于今河南洛阳东南。

⑫ 五原塞：唐代关内道的边关要塞，位于今陕西定边。

⑬ 表：外。指边关五原塞外地方。

⑭ 匈奴：中国古族名。亦称"胡"，西羌的一支。战国时期，活动于燕、赵、秦以北地区。秦汉之际，冒顿（mò dú）单于统一各部，势力强盛，统治了大漠南北广大地区。西汉初，因其南下屡扰西汉北部边境，汉武帝多次派兵反击，致匈奴势力渐衰。东汉初期，匈奴分裂为二部，南下附汉者称南匈奴，而留居漠北者称北匈奴。东汉末，北匈奴被东汉和南匈奴所击败，部分西迁至欧洲。

⑮ 皋兰都督府：唐代羁縻府之一。故址在今蒙古乌兰巴托西之土拉河流域。

⑯ 浚稽州：唐代羁縻州之一。位于今蒙古中南部之拜达里格河东南。

⑰ 党项：中国古族名。西羌的一支。南北朝时期，分布在今青海、甘肃、四川边缘地带，从事畜牧业。唐代时迁居今甘肃、宁夏、陕北一带。北宋时其族人李元昊称帝，建立以党项族为主体的地方政权，史称"西夏"。

⑱ 黄河北道：实为唐代关内道的北部地区。

⑲ 安北：即安北都护府，治所在今内蒙古包头西南。

⑳ 永清：汉置益昌县，唐天宝初改名永清，位于今河北廊坊西南。

㉑ 大漠：指我国北部及西北部一带的广大沙漠地区，东起兴安岭西麓，西至天山东端。

㉒ 回纥（—hé）：中国古代部族名兼国名。唐代天宝初年，其辖境东起兴安岭，西至阿尔泰山，最盛时期其势力曾达中亚费尔干纳盆地。唐德宗（李适）贞元四年（公元788年）自请改称"回鹘"。

㉓ 瀚海都督府：唐代羁縻府之一。治所在今蒙古之哈尔和林西北。

㉔ 燕然都督府：唐代羁縻府之一。故址在今蒙古之乌兰巴托北。

㉕ 卢山都督府：唐代羁縻府之一。故址在今蒙古之拜达里格河东。

㉖ 幽陵都督府：唐代羁縻府之一。故址在今蒙古乌勒吉河之南北地区。

㉗ 龟林都督府：唐代羁縻府之一。故址在今蒙古之乌兰巴托东北。

㉘ 稽田州：唐代羁縻州之一。亦称"鸡田州"。位于今蒙古之乌兰巴托西北。

㉙ 鸡鹿州：唐代羁縻州之一。位于今俄罗斯之希洛克河以南地区。

㉚ 龙门山：位于今山西河津西北。

㉛ 牛头山：即牛头朝那山，位于今内蒙古固阳东。

㉜㉝ 十姓部、十箭：据《新唐书·突厥传下》载称，唐朝时期西突厥分其国为十部，称"十姓部落"；又因每部命一人统辖，赐箭一枚，故又号为"十箭"。

㉝ 河东道：唐代所设行政区划之一。辖区相当今山西全境及河北西北部内外长城之间地区。

㉟ 蒲津关：位于今陕西大荔东之黄河西岸。

㊱ 太原：唐朝河东节度使治所，故址在今山西太原西南。

㊲ 榆林塞：位于今内蒙古托克托西南。

㊳ 颉利左渠：颉利，唐代时期东突厥可汗号，姓阿史那氏，名咄苾。左渠，即左部首领。

㊴ 定襄都督府：唐代羁縻府之一。位于今内蒙古二连浩特东北。

㊵ 阿德等四州："阿德"二字原空；"四州"误作"六州"。今据《旧唐书·地理志一》补正。

㊶ 云中都督府：位于今内蒙古乌拉特中后联合旗北。

㊷ 室韦：中国古族名。北魏时期有五部，分布于今嫩江及黑龙江南北岸地区。唐代时扩大为二十部，其中，居于额尔古纳河一带的蒙兀室韦，是蒙古部族的祖先。

㊸ 大落泊：即今内蒙古达来诺尔湖。

㊹ 奚：中国古族名。南北朝时期称"库莫奚"，隋唐时期称"奚"，分布于今内蒙古西拉木伦河流域。以游牧为生，后渐与契丹人同化。

㊺ 默啜：唐朝时期东突厥后期首领。即阿波干可汗，名环。

㊻ 陇右道：唐代所设行政区划之一。于鄯州（今青海乐都）设陇西节度使。该道辖境相当今甘肃六盘山以西，青海之青海湖以东及新疆东部。

㊼ 大镇关：位于今甘肃清水东北。

㊽ 去西京一千一百五十三里，去东京二千一十三里：原文误作"去西京一千四百里，去东京一千二百七十五里"，今据唐杜佑《通典·州郡四·陇西郡》校正。

㊾ 崌：为唐招抚党项所设羁縻州，故址在今四川茂县境。

㊿ 麟：唐代羁縻州之一，故址在今四川松潘西北。

51 吐番：即吐蕃（— bō）。中国古代藏族政权名。公元7世纪建于青藏高原。唐初，赞普松赞干布统一各部，定都拉萨，建立官制，使吐蕃形成了以赞普（君长）为中心的奴隶主贵族统治政权。9世纪趋于瓦解，计传位九代，历时二百余年。

㉒凤林关：位于今甘肃东乡族自治县西北。

㉓柳谷：即柳谷水，位于今新疆哈密东南。

㉔河西道：实即唐代陇右道之东部地区。于凉州（今甘肃武威）设河西节度使。

㉖萧关：位于今甘肃兰州西北。

㉗金城关：位于今甘肃兰州西北。

㉘北海抵：疑为"抵北海"之互乙。北海，指今西伯利亚之贝加尔湖。

㉙白亭海：故址在今甘肃民勤东北与内蒙古交界处。

㉚弥娥山：位于今内蒙古杭锦后旗西北。

㉛独洛河：即独洛水。今蒙古乌兰巴托西南之土拉河。

㉜九姓：指唐代铁勒族分出的回纥、仆固、浑部、拔野古、同罗、思结、契苾、阿布思、古荟屋古九个部族，史称"九姓铁勒"，简称"九姓"（说见《旧唐书·铁勒传》）。一说指唐时回纥分出的药罗格、胡咄葛、咄罗勿、貊歌息讫、阿勿嘀、葛萨、斛嗢素、药勿葛、奚耶勿九个部族，称为"九姓回纥"，简称"九姓"（说见《旧唐书·回纥传》）。

㉞北庭道：实际是唐代陇右道之西部地区。于庭州（今新疆吉木萨尔）设北庭都护府，统辖伊、西、庭三州及辖境之诸军镇、守捉。

㉟西京：原文误作"北京"，今据史改。

㊱玉门关：位于今甘肃安西东之布隆吉。

㊲蒲菖海：原文作"菖蒲海"，菖蒲互乙，今据史订正。今名罗布泊。位于今新疆维吾尔自治区之塔里木盆地东部、若羌县东北部。

㊳高昌：本篇这里指南北朝时期的南朝宋孝武帝（刘骏）大明四年（公元460年），阚伯周为王时的高昌国，都高昌城，故址在今新疆吐鲁番东南。

㊴西州：唐代羁縻州之一。治所高昌城（今新疆吐鲁番）。

㊵瑶池都督府：唐代羁縻府之一。治所金满，位于今新疆吉木萨尔北护堡子。

㊶五千：原文误作"一千"。今据《旧唐书·地理志三·北庭都护府》而依述古堂抄本校正。

㊷突结骨：即黠戛斯。古族名。汉代称"坚昆"，魏晋时期称"结骨"，唐代改称"黠戛斯"。主要分布于今俄罗斯叶尼塞河上游地区，从事畜牧，兼营农业和狩猎。唐太宗（李世民）贞观二十二年（公元648年）内附，唐以其地置坚昆都督府，隶燕然都护府。

㊸坚昆都督府：唐代羁縻府之一。位于今俄罗斯叶尼塞河以东地区。

㊹拘勃都督府：唐代羁縻府之一。位于今俄罗斯赤塔东北。

㊺瀚海：本篇这里指今俄罗斯贝加尔湖。

⑦ 安西道：实即陇右道之西部地区。唐代于龟兹（今新疆库车）置安西都护府和安西节度使。

⑦ 交河：故址在今新疆吐鲁番西北。

⑦ 铁门关：位于今新疆库尔勒东北。

⑦ 疏勒：古西域国名。又作竭石、竭叉、可失哈尔、哈实哈儿等。都于今新疆喀什。

⑧ 鄢耆：应为"焉耆"。古西域诸国之一。都于员渠城，故址在今新疆焉耆西南。

⑧ 碎叶：古城名。因北临碎叶水（今名楚河）而得名。故址在今吉尔吉斯斯坦的托克马克。

⑧ 于阗：古西域国名。在今新疆和田一带。

⑧ 黑海：似指欧洲东南部和小亚细亚之间的内海。

⑧ 大宛：古国名。汉代西域三十六国之一，约在今乌兹别克斯坦的费尔干纳盆地。

⑧ 月支：本作"月氏"（—zhī）。古族名，曾于西域建月氏国。其部族先游牧于敦煌、祁连山之间，汉文帝（刘恒）时期遭匈奴攻击，大部分人西迁至今新疆伊犁河流域，称"大月氏"；少数人留今祁连山，与羌人杂居，称"小月氏"。本篇指西迁的大月氏。

⑧ 康居：古西域国名。约在今巴尔喀什湖与咸海之间。

⑧ 大夏：古国名。位于今阿富汗北部的兴都库什山与阿姆河上游之间。

⑧ 奄蔡：古族名。约分布于今咸海至里海一带。

⑧ 黎轩：汉代西域国名。即"大秦"之别名，为古代中国史书对罗马帝国的称谓。

⑨ 条支：汉代西域国名。约在今伊拉克境内。

⑨ 乌孙：汉代西域国名。地处今新疆伊犁河及伊塞克湖一带。

⑨ 剑南道：唐代所设行政区划之一。于益州（今四川成都）设剑南节度使。

⑨ 西京：原文误作"东京"，今据史校改。

⑨ 大散关：即"散关"，因置关于大散岭上而得名。位于今陕西宝鸡西南。

⑨ 百牢关：位于今陕西勉县西。

⑨ 剑门关：位于今四川剑阁东北。此关与剑阁县，皆因大剑山、小剑山峰峦连绵，下有隘路如门而得名。以其关隘险要，利于戍守，自古即有"一夫当关，万夫莫开"之称。

⑨ 松岭关：位于今四川北川西南。

⑨ 蚕涯关：位于今四川都江堰市西北。

⑨ 筰道（zuó—）：即"筰关"。位于今四川汉源东北的大关山上。

⑩ 邛僰：邛（qióng），即"邛崃关"，位于今四川荥经南。僰（bó），即"僰道"，位于今四川宜宾。

⑩ 越巂（—xī）：今名四川之西昌。

⑩ 泸河：亦作"绳水"、"泸水"。今名金沙江，指长江上游自青海省玉树县巴塘河口至四川省宜宾市的一段，以产金沙而得名。

⑩ 云南关：亦称"云南驿"。位于今云南祥云东南四十五里，为通楚雄之孔道。

⑩ 徼（jiào）：边界。

⑩ 冉：冉州。位于今四川茂县。

⑩ 蒙：蒙州。位于今广西昭平西南。

⑩ 弄：弄州。位于今云南姚安。

⑩ 览：览州。位于今云南牟定东北。

⑩ 夜郎：汉代我国西南地区古国名。位于今贵州西北部及云南东北、四川南部与广西北部部分地区。据《汉书·西南夷传》载称："滇王与汉使言：'汉孰与我大？'及夜郎侯亦然。各自以一州王，不知汉广大。"夜郎原本为汉时西南"以一州王"的小国，其侯王竟亦"不知汉广大"而自视老大。后因以"夜郎自大"这一典故比喻妄自尊大的人和事。

⑩ 滇池：又称"昆明池"、"昆明湖"、"滇南泽"等，位于今云南昆明市西南。面积298平方公里，为云南省第一大湖。不仅盛产鱼类，具供水、防洪、航运、养殖之利，而且风景秀美怡人，为全国旅游重点风景名胜区。

⑪ 身毒五天竺国：即今印度国。身毒，印度的古译名之一，又称"天竺"。古代的印度区域划分为东、南、西、北、中五大部分，故又称古印度为"五天竺国"。

⑫ 范阳道：实即唐代河北道的幽州地域。于幽州（位于今北京西南）置范阳节度使。

⑬ 潼关：位于今陕西潼关县东北。

⑭ 居庸关：位于今北京昌平西北。

⑮ 卢龙关：亦称"卢龙塞"。位于今河北遵化东北之长城一线。

⑯ 东胡：我国古代少数民族，因其居于匈奴之东，故名"东胡"。

⑰ 契丹：中国古族名。源于东胡。居于今辽河上游西拉木伦河一带。北魏时自称"契丹"；唐末，迭剌部首领阿保机统一各部，称帝建辽国。北宋末，为金所灭。

⑱ 蕃长（fān zhǎng）：唐代于周边外商入口贸易处设蕃坊以供居住，其管理公务者名曰"蕃长"。亦泛称少数民族首领为"蕃长"。

⑲ 饶乐都督府：原文误作"饶察都督府"，今据史改。唐代羁縻府之一。治所在今内蒙古宁城西。

⑳ 白霫（—xí）：我国古代少数民族名。本篇下文的"黑霫"，亦属同一族的不同部落。

㉑ 居延州：位于今内蒙古巴林左旗至乌兰浩特之间地区。

㉒ 真颜州：位于今蒙古塔察格布拉克以南地区。

⑫ 乌罗浑：位于今内蒙古东北境内。

⑭ 平卢道：实即唐代河北道之东北部地区，于营州（今辽宁朝阳）设平卢节度使。

⑮ 榆关：原文误作"榆林关"，今据史改。亦作"渝关"，即今山海关。

⑯ 去西京三千五百八十九里：原文误作"去西京二千七百里"，今据《旧唐书·地理志二·河北道》校正。

⑰ 安东：指安东都督府，治所平州（今河北卢龙）。

⑱ 辽水：今辽宁的辽河。

⑲ 勃海：唐代时期以粟末靺鞨族为主体所建立的政权。辖境当今黑龙江的哈尔滨、鸡西以南，吉林的四平以北、桦甸以东至日本海的广大地区。

⑬ 靺鞨（mò hé）：我国古族名。北魏时期称"勿吉"，隋唐时期称"靺鞨"。源于肃慎（即女真族），分布于今东北松花江、牡丹江流域及黑龙江中下游，东至日本海。

⑬ 高丽：古国名。亦称"高句丽"。位于今朝鲜半岛北部。

⑬ 黑水：即靺鞨的七部落之一，唐初设置黑水都督府，治所在勃利州（今俄罗斯伯力）。辖境当今黑龙江中下游流域。

⑬ 岭南道：唐代所设行政区划之一，以其地处五岭以南而得名。治所广州（今属广东）。辖境当今广东、广西大部和越南北部地区。

⑬ 蓝田关：位于今陕西蓝田东南。

⑬ 汉江：汉，指今汉水；江，指今长江。

⑬ 大庾岭：五岭之一。位于今江西南部的大余南至广东北部的南雄以北之间。

⑬ 南海节度：实即岭南经略使，治所在今广州。

⑬ 铜柱：即东汉名将马援南征交趾时所立之铜柱，其地当今越南的会安之南。

⑬ 林邑：南海古国名。故地当今越南中南部。

⑭ 九真：汉代郡名。辖境当今越南清化、河静二省及义安省东部地区。

⑭ 日南：汉代郡名。辖境当今越南中部北起横山、南抵大岭的地区。

⑭ 真腊：即今柬埔寨。

⑭ 交趾：汉代郡名。治所在今越南河内。

⑭ 河南道：唐代所设行政区划之一。辖境约当今山东、河南二省黄河故道以南，江苏、安徽二省淮河以北地区。

⑭ 东莱节度：据《旧唐书·地理志一》记载，当为"东莱守捉"。守捉，唐制小于军的戍边屯防兵。

⑭ 沧海：泛指大海。本篇这里指渤海。

⑭ 熊津都督府：唐代羁縻府之一。治所在百济熊津城（今韩国公州）。

⑭ 北济：即"百济"。朝鲜古国之一。位于今朝鲜半岛南端，属今韩国地。

⑭ 鸡林都督府：唐代羁縻府之一。治所在新罗金城（今韩国庆州）。

⑮ 新罗：朝鲜古国之一。位于今朝鲜半岛南部，属今韩国地。

⑮ 属罗：似言利磨国属于新罗。

⑮ 不计里数：谓没有计算里程数。

【译文】

经典上说：关塞之义，是指地理形势上的要害之处。设置险隘以牢固防守，是为了隔离蛮夷，使关塞以内为华夏各族所居住，关塞以外则为夷狄少数部族所居住，从而使华夏文明礼仪之国得以尊贵，使周边游牧民族君长自以卑下。所以，荒僻边远地区与以王畿为中心的中原地区，就是以关塞为限而加以区别的。

关内道

自西京长安北出塞门镇，经朔方节度使驻地灵武（位于今宁夏灵武西北），距西京长安有一千三百五十里，距东京洛阳有二千里。其边关为五原塞，关外是匈奴的故地。唐初，以浑邪部落置为皋兰都督府，以斛律部落为高阙州，以浑葡焦部落为浚稽州，在鲁丽塞下设置六胡州、党项十四州，让拓跋、舍利、仆固、野刹、桑乾、节子等部落游牧其原野之上。

黄河北道

安北塞以往距西京长安五千二百里，距东京洛阳六千六百里，今天安北塞移到永清，则距西京长安二千七百里，距东京洛阳三千四百里。其边关在大漠以北。唐初以回纥部落置为瀚海都督府，多览部落为燕然都督府，思结部落为卢山都督府，同罗拔拽古部落为幽陵都督府，同罗部落为龟林都督府，匐利羽为稽田州，奚结部落为鸡鹿州。路经阴山、羊那山、龙门山、牛头山、铁勒山、北庭山、真檀山、木刺山、诺真山，渡过黑沙道，便进入突厥十姓部落故居地。

河东道

自西京长安东出蒲津关，经太原而抵达河东节度使驻地晋阳（位于今山西太原西南），距西京长安有二千一百七十五里，距东京洛阳有一千六百四十五里。其边关在榆林塞北。唐初，以东突厥颉利可汗所辖左部首领故地置为定襄都督府，管辖阿德等四州；以其右部首领故地置为云中都督府，管辖阿史那等五州。路经三川口进入三山母故地，其道路可通往室韦大落泊，向东进入奚族故地，向西则进入默啜故地。

陇右道

自西京长安西出大镇关，经陇西节度使驻地鄯州（今青海乐都），距西京长安有一千一百五十三里，距东京洛阳有二千零一十三里。南出边关，其外为党项杂羌居住区，以其地设置岷、丛、麟、可等四十州，分别隶属于沿边各州。西行可到吐蕃，此地距西京长安有一万二千里。北去凤林关，渡过黄河，向西南入经郁标、柳谷、彰豪、清海、大非海、鸟海、小非海、星海、泊悦海、万海、白海，而进入吐蕃境内。

河西道

自西京长安向西北出萧关、金城关，自河西节度使驻地凉州（今甘肃武威），距西京长安有二千零一十里，距东京洛阳有二千八百十一里。抵北海、白亭海、弥娥山、独洛河，其路可进入铁勒九姓、十箭、三屈等部族故居地。

北庭道

自西京长安西出，经河西节度使驻地凉州（今甘肃武威），西出玉门关，渡过河，其边关在蒲菖海。自此东出为高昌国故地，唐初，以此地置为西州。以突厥处密部落为瑶池都督府，以杂种胡人故地为庭州，设立北庭都护府，此距西京长安有五千七百五十六里，距东京洛阳有六千八百七十六里。自此向北可抵达播塞、厥海、长海，边关为海曲地。唐以突结骨部落置为坚昆都督府，管辖拘勃都督府，置为烛龙州，自此向北可抵达瀚海，距西京长安有二万余里。

安西道

自西京长安出发向西，过交河，出铁门关，到达安西节度使驻地龟兹（今新疆库车），此距西京长安有八千零五十里，距东京洛阳有八千八百五十里。其路通入疏勒、焉耆、碎叶、于阗、黑海、雪海、大宛、月氏、康居、大夏、奄蔡、黎轩、条支、乌孙等国故地。

剑南道

自西京长安向西南出大散关，经甘亭关、百牢关，越过剑门关、松岭关，到达剑南节度使驻地益州（今四川成都）。此距西京长安二千三百七十里，距东京洛阳三千二百十六里。再出蚕涯关，过筰关，其地有杂羌六十四州，分布于山谷之中，其路通入吐蕃。南出邛崃关隘，开通越巂，渡过泸河、云南关，西南界外为杂蛮居住地，唐代在此设置蒙、弄、览等六十州。其路可通入甘河、夜郎、滇池、身毒五天竺国（今印度）。此距西京长安有三万五千里。

范阳道

自西京长安东出潼关，到达范阳节度使驻地幽州（位于今北京城西南）。此距西京长安有二千五百二十里，距东京洛阳有一千六百八十六里。向北出居庸关、卢龙关，塞外为东胡故地。唐以契丹蕃长领地置为饶乐都督府，将回纥五部落分置为五州，又以白霫部落为居延州，以黑霫部落为寘颜州。向北可到乌罗浑，距西京长安有一万五千里。

平卢道

自西京长安出发经范阳节度使驻地幽州，向东到榆关（即今山海关），到平卢节度使驻地营州（今辽宁朝阳），此距西京长安有三千五百八十九里，距东京洛阳有三千里。抵达安东都督府，渡过辽河后，其路就连接上了奚、契丹、室韦、勃海、靺鞨、高丽、黑水诸地。

岭南道

自西京长安南出蓝田关，渡过汉水和长江，跨越大庾岭，经过岭南经略使驻地南海（今广东广州）。此距西京长安有五千六百里，距东京洛阳四千二百七十里。其路通入铜柱、林邑、九真、日南、真腊、铜勒、交趾等国故地。

河南道

自西京长安东出潼关，经东莱守捉驻地莱州（今属山东），此距西京长安有二千七百六十里，距东京洛阳有一千八百五十三里。再东渡渤海，就到熊津都督府、百济国了；又东进可抵达鸡林都督府、新罗国；又东南经利磨国（属新罗），而后再涉海，就到达了倭国（又名日本）。但其海上航行没有计算出里程数。

【解说】

《关塞四夷篇第三十四》是李筌《太白阴经》卷三《杂仪类》十篇中的最后一篇。该篇之中心思想内容，是在论述古代设置"关塞"的目的性之基础上，着重记述和介绍唐代周边少数民族地区的兵要地志概况。

作者首先论述了于周边设置"关塞"的目的和作用。李筌认为，所谓"关塞"，是指在地理形势的险隘要害之处置关设险，而"设险守固"的基本目的性，是为了"乖蛮隔夷"，即把中原地区与边疆地区分隔开来，以便"内诸夏而外夷狄，尊衣冠礼乐之国，卑毡裘毳服之长。"显而易见，此种以文明程度来区分内外、定夺尊卑的做法，反映了封建统治阶级对边远地区少数民族（即本篇所称之"蛮夷"或"夷狄"）实行歧视和压迫的阶级本质。毫无疑义，这是不足取法的。

我国幅员辽阔，自古以来就是一个多民族共同居住的国家。然而，由于各个地区所处的自然条件的差异和生产力发展水平的不同等诸多因素的制约与影响，致使以汉族为主体的中原地区，与以少数民族为主要成分的边远地区的文明程度形成较大差异。自魏晋南北朝以来，虽然各民族之间的交往和融合有了进一步发展，但由于各族上层统治者之间的矛盾而引起民族冲突乃至爆发战争时有发生。历代中原王朝的统治者为了自身利益的需要，包括政治的、军事的、经济的、文化的利益需要等，乃于周边险要之处置设"关塞"而派兵驻守，以防边疆四方少数民族上层统治集团的军事袭扰，其主观上虽有"乖蛮隔夷"的民族歧视倾向，但在客观上却起到了防御外敌入侵、维护国家完整统一的历史作用。所以，李筌关于设置"关塞"进行防守的战略主张，不仅对唐代的国防建设具有一定的积极意义，而且，对我们国家在现代条件下实施国防建设仍有重要借鉴价值。

其次，李筌以大量篇幅着力介绍了唐代周边少数民族地区的兵要地志基本情况。大唐王朝自唐太宗李世民即帝位之后，为了便于对全国的统制管理，于贞观元年（公元627年），将全国划分为关内道、河南道、河东道、河北道、山南道、淮南道、江南道、陇右道、剑南道、岭南道十个行政区划，史称"贞观十道"。到了唐玄宗李隆基执政时期，于开元二十一年（公元733年），在贞观十道的基础上，又增设了京畿道、都畿道、黔中道，并分山南道为山南东道和山南西道，分江南道为江南东道和江南西道，合为十五道，史称"开元十五道"。李筌在本篇所述之关内道、黄河北道、河东道、陇右道、河西道、北庭道、安西道、剑南道、范阳道、平卢道、岭南道、河南道十二道，既体现了唐代基本行政区划的地理学意义，又蕴含了唐代"边防之制"的军事学意义。如果从大唐帝国版图周边四方的角度加以考察归类的话，那么，河南道、范阳道、平卢道的关塞，位于东及东北方向；岭南道、剑南道的关塞，位于南及西南方向；陇右道、河西道、北庭道、安西道的关塞，位于西及西北方向；关内道、河东道、黄河北道的关塞，则位于正北方向。显而易见，李筌所述各道关塞之地理方位，是以唐朝主都西京长安和陪都东京洛阳为政治中心，向东、南、西、北四方展开而呈辐射控制态势。这集中体现了唐朝统治者所确立的"居重驭轻"的国防战略思想。作者李筌于本篇中既估算了各个方向的关塞边远地区相距东、西两京的里程数，又详述了各道所经地名、民族区划的历史沿革变化；既介绍了各道所设的都督府等行政机构所在地，又说明了各道所置节度使的方镇军制。这诚如宋代史学家欧阳修所论：唐代的"所谓方镇者，节度使之兵也。"欧氏此论，真实地反映了唐朝"自武德至天宝以前边防之制"（见《新唐书·兵志》）的基本轨迹和概况。这无疑为今人研究唐代边境地区的兵要地志和边防军事布局，提供了重要参考资料。

太白阴经卷四

战具类

攻城具篇第三十五

【原文】

经曰：善守者，藏于九地之下；善攻者，动于九天之上。①人所不见，谓之九地；见所不及，谓之九天。是故墨翟②萦带为垣③，公输④造飞云之梯⑤无所施其巧。所谓"善守者，敌不知其所攻；善攻者，敌不知其所守。守而必固者，守其所不攻；攻而必取者，攻其所不守。"⑥孙武子曰："具器械，三月而后成；拒城闉，三月而后已。"⑦其攻守之具，古今不同，今约便事⑧而用之。

辒辌车⑨：四轮车上以绳为脊，犀皮蒙之，下藏十人；填隍⑩推之，直抵城下，可以攻掘，金木火石⑪所不能及。

飞云梯：以大木为床⑫，下置六轮，上立双牙，有栝⑬。梯节⑭长一丈二尺，有四桄⑮，相去三尺；势微曲，递互相栝，飞于云间，以窥城中。其上城梯⑯，首冠双辘轳⑰，枕城而上。

砲车⑱：以大木为床，下安四轮，上建双胜⑲，胜间横栝，中立独竿，首如桔槔⑳状，其竿高下、长短、大小，以城为准。竿首以窠㉑盛石，大小、多少随竿力所制，人挽其端而投之。其车推转，逐便而用之。亦可埋脚㉒着地而用。其旋风㉓四脚，亦随事用之。

车弩㉔：为轴转车。车上定十二石弩弓㉕，以铁钩连轴，车行轴转，引弩持满弦挂牙上。弩为七衢㉖，中衢大箭一，簇㉗长七寸、围五寸，箭笴㉘长三尺、围五寸，以铁叶为羽；左右各三箭，次差㉙小于中箭。其牙一发，诸箭皆起，及七百步。所中城垒，无不崩溃，楼橹㉚亦颠坠㉛。

尖头木驴㉜：以木为脊，长一丈，径一尺五寸，下安六脚，下阔而上尖，高七尺，可容六人。以湿牛皮蒙之，人避其下，共舁㉝直抵城下。木石金火不能及，用攻其城。

土山：于城外堆土为山，乘城㉞而上。

地道：凿地为道，行于城下，因攻其城。每一丈建柱，以防崩陷。复积薪于柱间而烧之，柱折城崩。

板屋：以八轮车，车上树高竿，上安辘轳，以绳挽板屋止[35]竿首，以窥城中。板屋高五尺、方四尺，有十二孔，四面列布。车可进退，围城而行。于城中远望，谓之巢车[36]，状若鸟巢。

木幔[37]：以板为幔，立桔槔于四轮车上，悬逼城堞[38]，使趫卒[39]蔽之蚁附[40]而上，矢石所不能及。

火箭[41]：以小瓢盛油贯矢端，射城楼橹板上，瓢败油散，后以火箭射油散处，火立焚。复以油瓢续之，则楼橹尽焚。

雀杏[42]：磨杏核中空，以艾内火[43]实之，系雀足，薄暮[44]群放之，飞入城中栖宿[45]，积聚庐舍，须臾火发。

蜀镢[46]、铁鐴[47]：蜀镢，短柄镢也；铁鐴，凿井鐴城也。

【注释】

① "善守者"以下四句：语出《孙子兵法·形篇》。引文中的"九地"、"九天"之"九"，乃虚数，泛指多数。"藏于九地之下"，此言善于防守的人隐藏自己兵力如同深藏于地下，令敌人莫测其虚实。"动于九天之上"，则言善于进攻的人展开自己兵力好似自九霄而降，令敌人猝不及防。

② 墨翟（约公元前468—前376年）：春秋战国之际思想家、政治家，墨家学说创始人。相传为宋国人，后长期住在鲁国。主张"非命"和"兼爱"，反对儒家的"天命"和"爱有差等"说；又主张"非攻"，体现了当时人民反对掠夺战争的意向。这些主张具有时代进步性。

③ 萦带为垣：典出东汉陈琳《为曹洪与魏太子书》。句义是，以革带环绕作城垣。亦用以形容城垣有池水环抱而险要坚固。

④ 公输：即我国古代著名建筑工匠鲁班。姓公输，名般（亦作"班"或"盘"）。春秋鲁国人，因"般"与"班"同音，故俗称其鲁班。

⑤ 飞云之梯：简称"云梯"。古代攻城作战时用以攀登城墙的长梯。据《墨子·公输第十》载称，此攻城云梯系鲁班所造。

⑥ "善守者"至"攻其所不守"八句：语出《孙子兵法·虚实篇》，但与原著文字顺序有所不同。

⑦ "具器械"至"三月而后已"四句：语出《孙子兵法·谋攻篇》。引文中"拒城闉"，《孙子兵法》原文作"距闉"，二者义同。距，通"拒"，义犹堵截、拒守，但在本篇这里可作"堆筑"

解。闉（yīn），通"堙"，指土丘或土山。句义谓堆筑靠近敌城的土丘。

⑧ 今约便事：约，简约；简要。便事，谓便于行事，本篇这里指利于作战事宜。

⑨ 轒辒车（fén wēn —）：古代用于攻城的四轮战车。

⑩ 隍：指无水的护城壕。

⑪ 金木火石：金，指金属箭矢。木，指滚木。火，指火把。石，指擂石。

⑫ 床：本指供人睡卧的家具，但这里指物件（飞云梯）的底座或底盘。

⑬ 栝（kuò）：本篇这里指"机栝"，即弩的发箭机关。

⑭ 梯节：原文无"节"，疑漏刻。今据唐杜佑《通典·兵十三·攻城战具》补。

⑮ 桄（guāng）：原文误作"桄"，今据《通典·兵十三·攻城战具》校改。桄，本篇这里指梯上的横木。

⑯ 上城梯：原文漏刻"梯"，今据《通典·兵十三·攻城战具》补。

⑰ 辘轳（lù lú）：本篇这里指用于云梯上的绞盘。

⑱ 砲车：古代在火炮尚未出现之前的一种车载抛石机，故亦称"抛车"。说见《通典·兵十三·攻城战具》。

⑲ 髀（bì）：原文误作"陛"，今据《通典·兵十三·攻城战具》校改。髀，本谓大腿，本篇这里借指立柱。

⑳ 桔槔（jié gāo）：俗称"吊杆"。一种古老的汲水工具。即在井旁所立木架上悬置一根吊杆，一端系着汲器，一端绑缚石块等重物，利用杠杆原理稍加力气，便可将井中灌满水的汲水器提上来。

㉑ 窠（kē）：巢穴。

㉒ 埋脚：原文作"理脚"，疑"理"系"埋"字形近而误刻。今据《通典·兵十三·攻城战具》校改。

㉓ 旋风：犹言"旋转"。

㉔ 车弩：古代一种车载床弩而利用绞动轮轴引发弓箭的大型弩机。

㉕ 十二石弩弓：指拉力为一千四百四十斤的弓。石，本篇这里作量词，今读dàn。古代一石合一百二十斤。

㉖ 七衢：本篇这里指七个箭槽。衢，本谓道路、途径，这里借指箭槽。

㉗ 镞（cù）：同"镞"（zū），指箭头。

㉘ 箭笴（—gǎn）：箭杆。

㉙ 次差：义犹"次等"。

㉚ 楼橹：古代军中用以瞭望敌人和实施攻守作战的木制无顶盖的高台。

㉛ 颠坠：坠落；倒塌；毁坏。

㉜ 尖头木驴：原文误作"尖头轳"，今据述古堂抄本和《武经总要前集》卷十《攻城法》（见上海古籍出版社《四库兵家类丛书》（一）第371页，1990年10月第1版）校正。

㉝ 舁（yú）：扛；抬。本篇这里亦可作"推"解。

㉞ 乘城：登城。

㉟ 止：原文误作"上"，显系形近误刻。今据《通典·兵十三·攻城战具》校改。

㊱ 巢车：古代一种兵车，用以瞭望敌军。车上有用辘轳升降的木板制成的瞭望台，人在台中如鸟在巢，故名"巢车"。唐代称为"板屋"。

㊲ 木幔：古代一种装有木板作掩护的攻城车。幔，帷幕。

㊳ 城堞：城墙上的矮墙。亦泛指城墙。

㊴ 趫卒（qiáo—）：指动作矫健敏捷的士卒。

㊵ 蚁附：指让士卒像蚂蚁一样爬梯攻城。

㊶ 火箭：本篇这里指古代用引火物附在箭头上射到敌阵或敌城引起焚烧的一种箭矢。

㊷ 雀杏：指把杏核掏空后内装引火物，夜间再将腿上绑有点燃杏核引火物的麻雀群放入敌营，用以烧毁敌人营房，故《通典·兵十三·攻城战具》又称之为"火杏"。

㊸ 以艾内火：艾，即艾蒿，系多年生草本植物，其叶晒干后制成艾绒，可作引火物。内，"纳"的古字，意思是，使进入；放入。内火，谓放入火种。

㊹ 薄暮：指傍晚。

㊺ 栖宿：寄居；止息。

㊻ 镢（jué）：即镢头，一种类似镐头的掘土农具。

㊼ 錾（zàn）：即铁凿子。

【译文】

经典上说：善于防守的人，隐蔽自己的兵力如同深藏于地下，令敌人无法察觉；善于进攻的人，展开自己的兵力好似从天而骤降，使敌人猝不及防。人们所看不到的地方，称之为"九地"；虽能看到却达不到的地方，称之为"九天"。因此，墨翟用革带围绕作城垣以模拟守城战术，竟使公输般所造的攻城云梯无法施展其机巧。（《孙子兵法·虚实篇》）所谓"善于防守的人，能使敌人不知道该怎样进攻；善于进攻的人，能使敌人不知道该怎样防守。防守而必定牢固不动的，是因为扼守的是敌人所无法攻取的地方；进攻而必能取得胜利的，是因为进攻的是敌人所不曾防守的地方。"孙武还说过："准备攻城作战用的器械，要三个月才能完成，而堆筑用于攻城的土丘，又要三个月才能竣工。"用于进攻和防守的器械，古今是有所不同的，现在简要介绍如下，以便于在作战中加以运用。

辐辒车：就是在四轮车的顶端上用绳索作脊背，用犀牛皮蒙起来，其下可藏十人，用以运土填平护城壕，而后推车直抵敌人城下，可以用来攻打和挖掘城墙，敌人即使用金属箭矢、滚木、火烧、擂石，都不能穿透损毁它。

飞云梯：是用粗大木头做成底座，下面安装六个车轮，上面竖立两根粗壮不高的木桩，木桩上装有转轴机关。梯子每节长一丈二尺，又有四根横木，横木之间相距三尺；各节梯子呈微曲折叠状态，节与节之间有转轴递相连接，伸展开来可以直立于空中，用以观察敌人城中情况。也可以作为登城梯，即在梯子的最顶端装置两个绞索转轮，将梯子搭在城墙上便能登上城墙。

砲车：是用粗大木头做成底盘，下面安装四个车轮，上面竖立两根木柱，两根木柱之间架一根横木转轴，横木转轴中间再架一根长杆，杆形如桔槔（俗称"吊杆"）状，其杆的高低、长短、大小，以城墙的高矮情况为准。杆头做成巢状用以装载石块，石块的大小和多少，依据长杆所能承受的力量装填。人拉长杆的另一端而向敌人抛出石块。这种车可以随意推动转弯，听便人们使用。也可以将车的四轮埋在地下固定使用。该车可以旋转四轮，亦可以依据情况需要而转动方向使用。

车弩：这是一种车轴与车轮同时转动的兵器车。车上安装一具拉力为十二石（合一千四百四十斤）的弩弓，用铁索钩将其连接在车轴上，车行轴转时即可牵动弩弓拉满弓弦而挂在弩牙上呈待发之势。弩弓上设有七个箭槽：中槽为一支大箭，箭头长七寸、宽五寸，箭杆长三尺、周长五寸，用铁叶做箭羽；左右两边的箭槽各置三支箭，略微小于中槽的大箭。弩弓一启动，七箭同时发射，射程远及七百步。为该箭所射中的城垒，没有不崩溃的，被射中的用于瞭望的木制楼橹高台也会倒塌毁坏。

尖头木驴：此战具是用木料制成屋脊，木长一丈，直径一尺五寸，下面安装六只轮脚。屋形呈下宽上尖，屋高七尺，里面可容纳六人。用湿牛皮蒙在外面，人员藏在下面，共同推之直抵敌人城下，敌人即使用滚木、擂石、铁箭、火把都不能损毁它，而我军则可用它来攻城。

土山：在敌人城外靠墙堆土为山，借以登上敌人城墙。

地道：挖掘地道，通到敌人城墙之下，借以攻陷敌城。地道掘通后，每隔一丈就立木桩支撑，以防地道塌陷，并在木桩周围堆积柴草，然后点燃柴草，待木桩烧断，城墙就会崩塌。

板屋：以八轮车制成。车上竖立（两根）高竿，高竿顶端横木上安装一个辘轳，用绳索吊装板屋升到高竿顶端，侦查人员凭借它来观察敌人城中情况。板屋高五尺，方四尺，有十二个瞭望孔平均分置于板屋四面。此车可进可退，绕城而行实施观察，也可以在营垒中用以向远处瞭望。此车称为"巢车"，以其形如鸟巢而得名，（也就是今天所说的"板屋"）。

木幔：是以木板做成的帷幕，在四轮车上立起吊杆，然后悬吊起木幔使之靠近敌人城上的矮墙，让动作矫健敏捷的士卒躲避在木幔后边，像蚂蚁附壁一样攀登城墙而上。这样，敌人的箭矢、擂石都不能伤及他们。

火箭：用小葫芦瓢盛油穿在箭头上，射到敌人城墙木板瞭望台上，葫芦瓢破碎而油喷洒到木板上，然后再用燃烧着的火箭射向油散之处，就会立即着火，接着再以贯穿油瓢的箭继续射向着火之处，就会将敌人的木制瞭望楼全部烧毁。

雀杏：将杏核磨制掏空，内装艾绒引火物，绑在麻雀腿上，到了傍晚时候，再把腿上绑有燃着艾绒的杏核之麻雀群放出，让它们飞往敌人城中栖息，聚集于敌人屋顶之上，房屋不一会就将着火燃烧起来。

蜀钁、铁鍪：蜀钁，一种短把钁头（或称"镐头"）；铁鍪，即铁凿子。此两种器具可用来凿井或凿城墙。

【解说】

本篇以《攻城具篇》为题，顾名思义，其主旨是记述唐代和唐以前攻城作战中常用的器械和设施。

李筌开篇伊始，即援引《孙子兵法·形篇》所论："善守者，藏于九地之下；善攻者，动于九天之上"。接着，又引据同书《虚实篇》的"所谓善守者，敌不知其所攻；善攻者，敌不知其所守。守而必固者，守其所不攻；攻而必取者，攻其所不守。"（李筌此引文虽与《孙子兵法》原文无异，但文字顺序有所不同——笔者）用以着重阐述孙子所揭示的进攻与防御两种基本作战方式所应注意掌握的指导原则。这可以说是作者李筌论述本篇《攻城具篇》和下篇《守城具篇》的理论根据。

据文献记载，我国古代早在夏朝（约公元前二十一世纪至前十六世纪左右）就有了城郭，而以夺取或防守城邑为目标的攻防作战，则始于商周。到了春秋战国时期，随着城市的发展和作战的需要，诸侯国之间以夺取或防守城邑为目标的战争相当普遍，而城邑攻防的作战手段也逐渐增多。这在春秋战国之际的思想家、政治家墨翟的《墨子》一书中已有较为详细地记述。李筌本篇所引"墨翟蒙带为垣，公输造飞云之梯无所施其巧"的事例，即见诸《墨子·公输第五十》。李筌正确指出："攻守之具，古今不同。"随着生产力的不断发展和战争实践的需要，用于城邑攻防作战的器械和手段也会有所发展变化，这是必然趋势。但也不能不看到，不同时期的兵器装备的性能和作用，却具有很强的稳定性，此一特点在冷兵器时代尤为明显。作者李筌本篇所记述的在唐代仍"便事而用之"的十三种攻城器械和手段，恰好证明了此一特点。例如：

辒辌车，此为古代战争中用以掩护攻城士卒抵近敌人城池的重要攻城器械装备。它产生于春秋时期，文献记载最早见于春秋末叶成书的《孙子兵法·谋攻篇》："攻城之法为不得已，修橹辒辌，具器械，三月而后成。"大军事家孙武所说的"辒辌"，就是春秋时期用于攻城作战的"辒辌车"。此种攻城器械装备，直至清代仍然沿用，这在清道光间著名思想家兼史学家魏源所著《城守篇·守备上》就有明确记载。

飞云梯，亦称"云梯"。是为古代战争中普遍用以攀登城墙的重要工程器械。此"云梯，攻城具，高长上与云齐，故曰'云梯'。"（见《淮南子·修务训》高诱注）它是我国春秋时期鲁国著名建筑工匠公输般（又称"鲁班"）所发明。据《墨子·公输第五十》载称："公输盘（盘，亦作'般'）为楚造云梯之械，成，将以攻宋。"后为历代攻城作战所沿用。据《旧唐书·浑瑊传》记载，唐德宗（李适）建中四年（公元783年）左金吾卫大将军浑瑊在守卫奉天（今陕西乾县）的作战中，攻城的朱泚叛军曾造"阔数十丈，以巨轮为脚"的大型云梯，并"施湿毡生牛革，多悬水囊以为障……两旁构木为庐，冒以生革"。这说明，至迟在唐代中期对云梯制作已经加以改进，开始在云梯底部采用了防护设施。清嘉庆间礼亲王昭梿在其所著《啸亭杂录·云梯》一书记载，清太宗皇太极时期，清军对明军作战而"攻取明人城堡，多以云梯制胜。"据已故我国现代小说家柳青所著反映解放战争时期群众斗争生活的长篇小说《铜墙铁壁》描述，人民群众在支前斗争中广泛提供云梯支援部队攻城作战。我国现在武警消防部队用以攀登高层建筑物实施抢险救灾的长梯也叫"云梯"。上述诸多事实充分说明，春秋时期鲁班所发明的"云梯"，不仅被长期应用于攻城作战，而且被广泛用于日常生产生活。

砲车（砲，古代亦写作"礮"），亦称"抛车"、"抛石机"、"云旝"、"擂石车"、"霹雳车"，等等。为古代作战中利用杠杆原理抛射石块击敌的大型战具。

史载我国春秋时期已在攻城作战中开始使用。据唐代著名考据训诂学家颜师古在其为《汉书·甘延寿传》作注时引据三国张晏称："《范蠡兵法》：'飞石重十二斤，为机发，行二百步。'"我们知道，范蠡是春秋时期越国越王勾践的上将军，他在所著《范蠡兵法》中讲到的"机发飞石"，实际就是李筌本篇所述的"砲车"（亦即"抛石机"）抛射石块。可见，至迟春秋时期已经发明"砲车"并应用于攻防作战之中。汉代以后，砲车已经成为军队城邑攻防作战普遍使用的重要兵械战具。东汉献帝（刘协）建安五年（公元200年），曹操攻打袁绍时所使用的"霹雳车"，实际就是李筌所说的"砲车"。南北朝时期的南朝梁武帝萧衍之长子萧统主编的《文选》收录的西晋文学家潘岳（字安仁）所著《闲居赋》中的"礛石雷骇"句，就是描述砲车抛射石块的震天动地之剧烈情景；唐高宗（李治）显庆年间（公元656—661年）宗贤馆直学士李善为其作注时正确指出：此"礛石，今之抛石也。"砲车，在隋代又叫"云旝"。据《隋书·李密传》载称，隋炀帝（杨广）大业十三年（公元617年），瓦岗农民起义军在对隋军作战中，义军领袖李密曾"命护军将军田茂广造云旝（kuài）三百具，以机发石，为攻城械，号'将军礛'。"瓦岗农民军所使用的这种"将军礛"，就是李善所注称为唐代用于作战的"抛石机"。砲车，在唐代亦有称为"擂石车"的。据《新唐书·李光弼传》记载，唐肃宗（李亨）至德二年（公元757年），大将李光弼率军在抗击安史叛军进攻的太原保卫战中，曾制造了用二百人挽索发射石块的巨型"擂石车"，每发"石所及辄数十人死，贼伤十二。"可见，此擂石车威力之大。宋元以后，由于战争频繁，运用砲车作战更加广泛。北宋钦宗（赵桓）靖康元年（1126年），金兵围攻宋都汴梁（今河南开封），曾"一夜安砲五千余座"。南宋理宗（赵昀）端平元年（1234年），蒙古军进攻汴梁，架砲车数百具，昼夜发射巨石，落下的石块几乎与内城平了；其中最大的"十三梢砲"，能发射百余斤的石块，需要数百人挽索发射。砲车作为城邑攻守作战的重要兵械战具，在中国古代战争中长期为军队所沿用，直至明末清初管形火炮广泛用于作战，才逐渐被淘汰。

车弩，我国古代一种车载以绞动轮轴引弓发箭的大型床弩，是城邑攻守作战威力最大的远射兵器。《六韬·虎韬·军用第三十七》称之为"绞车连弩"。据文献记载，汉代已经用于作战，南北朝至隋唐时期，使用车弩作战比较常见。李筌记述的唐代车弩，其弩力为"十二石"（按：古时每石合120斤，十二石合1440斤），"以铁钩连轴，车行轴转，引弩持满弦挂牙上"，同时可发七箭，射程达七百步远，"所中城垒，无不崩溃，楼橹亦颠坠"，堪称古代作战威力强大的远射兵器装备。

守城具篇第三十六

【原文】

经曰：善守者，藏于九地之下；善攻者，动于九天之上。①人所不见，谓之九地；见所不及，谓之九天。禽滑釐问墨翟守城之具，墨翟答以六十六事，②皆繁冗③不便于用。其后，韦孝宽守晋州④，羊侃守台城⑤，皆约⑥《封胡子》⑦技巧之术。古法非不妙，然非今之用也。今述便于用者如左方⑧：

浚隍⑨：深开濠堑⑩也。

增城：增修楼橹也。

悬门：悬木板以为重门⑪。

突门：于城中对敌营自凿城内为暗门，多少临时⑫，令厚五六寸勿穿。或于中夜⑬，或于敌初来，营列未定，精骑从突门跃出，击其无备，袭其不意。

涂门：以泥涂门扇，厚五寸，备火。又云"涂栈"，以泥门上木栈棚也。

积石：积砲石，大小随事。

转关桥：一梁为桥，梁端著横栝。拔去栝，桥转关，人马不得渡，皆倾水中，秦用此桥，以杀燕丹。

凿门：为敌所逼，先自凿门，为数十孔，出强弩射之，长矛刺之。

积木：备垒木⑭，长五尺，径一尺，小或六七寸。抛下打贼。

积石：备垒石⑮于城上，不计大小，以多为妙，充抛石。

楼橹：城上建堞楼⑯，以板为之，跳出⑰为楼橹。

笆篱战格⑱：于女墙⑲上挑出，去墙三尺，内着横栝，前端安辖⑳。以荆柳㉑编之，长一丈，阔五尺，悬于椽㉒端，用遮矢石㉓。

布幔：以复布㉔为幔，以弱竿㉕横挂于女墙外，去墙七八尺，折抛石之势㉖，则矢不复及墙。

木弩：以杨、柘[27]、桑为弩，可长一丈二尺，中径[28]七寸，两稍[29]三寸，以绞车[30]张之，发如雷吼，以败队卒。

燕尾炬：缚苇草为炬，尾分为两歧[31]，如燕尾状。以油蜡灌之，加火从城上堕下，使骑[32]木驴而烧之。

松明炬：以松木烧之，铁索坠下，巡城点照，恐敌人乘城而上。

脂油烛炬：然[33]灯秉烛[34]于城中四冲要路、门户，晨夜[35]不得绝明，以备非常。

行炉[36]：常镕铁汁炉。昇于城上，以洒敌人。土瓶[37]盛汁抛之，敌攻城不觉。

游火[38]：铁筐盛火，加脂蜡，铁索悬坠城下，烧孔穴掘城之人。

灰杂糠粃[39]：因风于城上掷之，以眯敌人之目，因以铁汁洒之。又云"眯目"[40]，因风以粃糠灰掷之，使不得视。

连梃[41]：如打禾枷[42]状，打女墙上城敌人。

叉竿：如枪刃，布两歧，用叉飞云梯上人。

钩竿：如枪[43]，两边有曲钩，可以钩物。

天井：敌攻城为地道来反[44]，自于地道上直下穿井邀之。积薪井中，加火熏[45]之，自然焦灼[46]。

油囊：盛水于城上，掷出火车[47]中，囊败火灭。

地听[48]：于城中八方穿井，各深二丈，令人头覆戴新瓮[49]，于井中坐听，则城外五百步之内有掘城道者并闻，于瓮中辨方所[50]远近。

铁菱：状如蒺藜[51]，要路、水中着之，以刺人马之足。

陷马坑：坑长五尺、阔一尺、深三尺，坑中埋鹿角[52]、竹簽，其坑十字[53]相连，状如钩锁[54]。复以葧草苇木[55]加土种草实[56]，令生苗蒙覆其上，军城、营垒、要路设之。

拒马枪[57]：以木径二尺，长短随事，十字凿孔，纵横安栝，长一丈，锐其端，可以塞城门、要道，人马不得奔前。

木栅：为敌所逼，不及筑城堡，或山河险隘，多石少土，不任版筑[58]，且建木为栅。方圆高下随事，深埋木根[59]，重复弥缝，其阙内重加短木为阁道[60]；立外柱，外重长出四尺为女墙，皆泥涂之。内七尺[61]，又立阁道。内柱上布板为栈，立阑干竹[62]于栅上。悬门[63]、拥墙[64]、濠堑、拒马防守[65]，一如城垒法[66]。

【注释】

① "善守者"至"动于九天之上"四句：语出《孙子兵法·形篇》。内容详见前《攻城具篇

第三十五》注释①。

② 禽滑釐问墨翟守城之具，墨翟答以六十六事：此见于《墨子》卷十四、十五所载文字。禽滑釐（滑，读 gǔ），战国初人，受业于墨翟，尽传其学，尤为精研城池攻防战术。

③ 繁冗：繁琐冗长。

④ 韦孝宽守晋州：事见《周书·韦孝宽传》。韦孝宽，南北朝时期北周名将。名叔裕，字孝宽。官至大司空、上柱国。史载西魏（北周前身）文帝元宝炬大统十二年（公元546年），东魏（北齐前身）大将高欢率军西向进攻西魏，时任晋州刺史的韦孝宽驻守玉壁（位于今山西临汾西南），他采取"多积战具以御之"（见《周书·韦孝宽传》）战略，终于打败高欢进攻，守卫住了玉壁重镇。所以，李筌所举"韦孝宽守晋州"之战，实际是守卫玉壁之战。

⑤ 羊侃守台城：事见《梁书》和《南史》。羊侃，本篇误作"王侃"，今据《梁书·羊侃传》校改。羊侃，南朝梁将，累官都官尚书。史载南朝梁武帝（萧衍）太清二年（公元548年），叛臣侯景起兵攻打台城（位于今江苏南京鸡鸣山南），时任都官尚书的羊侃率兵坚守，为了打破侯景"为尖顶木驴攻城"战法，羊侃采取"作雉尾炬，施铁镞，以油灌之，掷驴上焚之"（见《梁书·羊侃传》），不一会儿，就将侯景的"尖顶木驴"烧毁殆尽。李筌所举"羊侃守台城"而取用"《封胡子》技巧之术"，即指此事。

⑥ 约：求取；取用。

⑦《封胡子》：书名。据《汉书·艺文志》载称："《封胡》五篇"。封胡，相传为上古黄帝之将。

⑧ 如左方：古代文章典籍一般为自右向左的竖刻版印刷，故"如左方"，实为"如下"之意。

⑨ 浚隍（jùn huáng）：指深挖的护城壕。

⑩ 濠堑：指护城河和堑壕。

⑪ 重门（chóng—）：指双重城门。

⑫ 临时：谓依据临时情况。

⑬ 中夜：指半夜时候。

⑭ 垒木：犹"滚木"，指用以滚击敌人的大木头。

⑮ 垒石：指用以投击敌人的巨石。

⑯ 堠楼：指瞭望敌情的哨楼。堠，瞭望；侦察。

⑰ 跳出：超越；突出。

⑱ 笓篱战格：指古代城墙上用以遮蔽敌人矢石击打的防御设施，一般由竹子或荆柳枝条编织而成。笓（bì），同"篦"。笓篱，即竹篱。

⑲ 女墙：指城墙上呈凹凸形状的小墙，亦称"城垛"。

⑳ 安辖：谓安装金属键以防横栝脱落。

㉑ 荆柳：即荆条和柳条。皆因其柔软细长而可编织笆篱。

㉒ 椽（chuán）：即椽子。指放在檩子上用以支撑房顶而托住灰瓦的条木。

㉓ 矢石：即箭头和垒石。

㉔ 复布：指多层的布。

㉕ 弱竿：指细小的竹竿。

㉖ 折抛石之势：谓挫折敌人抛石击打的攻势。

㉗ 柘（zhè）：木名。桑科，木质密致坚韧，为贵重木材。

㉘ 中径：指弓中间至弦之最大距离部位。

㉙ 两稍：指弓的两端末梢部位。稍，同"梢"，末梢也。

㉚ 绞车：古代一种起重装置，通常作牵引用。

㉛ 两歧：指两个分岔。

㉜ 骑：谓跨坐；跨落。

㉝ 然："燃"的古字。点燃；燃烧。

㉞ 秉烛：谓持烛以照明。

㉟ 晨夜：清晨与黑夜。意思是，从清晨到黑夜，日以继夜。

㊱ 行炉：指可以移动的小火炉。

㊲ 土瓶：指用陶土制作的瓶子。

㊳ 游火：指可以移动的火。

㊴ 灰杂糠粃：指灰土掺杂着谷皮和瘪谷。

㊵ 眯目：指杂物入目而致视线不清。

㊶ 连梃（—tǐng）：古代一种用以守城的器械。

㊷ 打禾枷：即打谷用的连枷。由一个长柄和一组并排的竹条或其他坚韧树条构成的器具，用来拍打成熟的谷物使其脱粒。本篇这里作为守城作战时，士卒用以击打登城敌人的一种器械。

㊸ 如枪：原文误作"有枪"，今据《通典·兵五·守拒法附》校改。

㊹ 来反：往返；来回。

㊺ 熏：亦作"燻"。烧灼；火烫。

㊻ 焦灼：烧毁；灼伤。

㊼ 火车：古代一种装载燃烧物的战车。既用以进攻焚毁敌人，亦可用以防御敌人进攻。

㊽ 地听：我国古代战争中一种用于判断有声源目标方位之敌的井下侦测设施。春秋战国之际，

已用于守城作战，最早见于《墨子·备城穴第六十二》所载。因井下人员利用罂器侦听敌人动静，故又称“罂听”；唐代始称“地听”，亦叫“瓮听”。

㊾瓮（wèng）：一种小口大腹的陶制盛器。

㊿方所：指方位处所。

(51)蒺藜（jí lí）：一种外壳带刺的草本植物果实。

(52)鹿角：本篇这里指古代一种军营防御物，即用带枝的树木削尖插埋在营区周围，用以阻滞敌人进攻。因此物形似鹿角状，故名。

(53)十字：《通典·兵五·守拒法附》作“亞”字（即“亚”的繁体字）。因“亞”字中空部分刚好呈“十字”形，故《通典》作“亞”，亦对。

(54)钩锁：指弯曲的锁链。

(55)蒭草苇木：蒭草，饲草；蒭，同“刍”，喂牲口的草。苇木，指芦苇和树木。

(56)草实：草的果实，亦即草籽。

(57)拒马枪：古代一种用以抵御和阻滞敌人骑兵、马队进攻、前进的防御器械，故名。

(58)版筑：指造土墙。

(59)深埋木根：原文“深”后衍一“浅”字，钱熙祚校注称：“《通典》无‘浅’字。”钱说为是。故据《通典·兵五》删。

(60)其阙内重加短木为阁道：阙，同“缺”，缺口，本篇这里指空隙处。重（chóng），原文误作“量”，今据《通典·兵五·守拒法附》校改，在本篇这里作副词，相当于“再”、“又”。阁道，即栈道。

(61)七尺：原文误作“七寸”，今据《通典·兵五·守拒法附》校改。

(62)阑干竹：即“竹阑干”之倒。阑干，即“栏杆”。

(63)悬门：古代城门所设的门闸。平时挂起来，有警时放下来，以便加固防守御敌能力。

(64)拥墙：即“阻挡墙”。拥，通“壅”，堵塞；阻挡。

(65)防守：原文脱漏，今据《通典·兵五·守拒法附》补。

(66)城垒法：指城池营垒防御设施的方法。

【译文】

经典上说：善于防守的人，隐蔽自己的兵力如同深藏于地下，令敌人无法察觉；善于进攻的人，展开自己的兵力好似从天而骤降，使敌人猝不及防。人们所看不到的地方，叫作“九地”；虽能看到却达不到的地方，叫作“九天”。禽滑釐向墨翟请教防守城邑的器械问题，墨翟以六十六件回答他，这些都是繁琐冗长，不便于采用的。其后，北周的韦孝宽防守晋州玉壁之战，南朝梁羊侃防守台城之战，都是取用于《封胡子》一书中所讲的防守技巧的方法。古代方法不是不巧妙，然而不是今天都能适用的。现在只介绍便于使用的器械和方法如下：

浚隍：就是深挖开掘的护城河和堑壕。

增城：就是增修用来瞭望敌情和实施攻守而建立于城墙上的无顶盖高台。

悬门：就是悬吊用木板做成的双层城门。

突门：就是在己方城内正对敌营方向从内自凿城墙做成暗门，凿多少个暗门则根据临战需要而定；使暗门在城墙内留五六寸厚的墙壁不要凿穿。或者在半夜时分，或者在敌人初来立营布阵未稳之时，用精锐骑兵从临时凿开的暗门突然跃出，攻其无备、出其不意地给敌人以突然打击。

涂门：就是将泥涂抹在城门扇上，泥厚要五寸，以此用于防备敌人实施火攻。这又叫作"涂栈"，即用泥涂抹在安装于城门上的木栈棚上。

积石：就是堆积供抛石机用来抛射敌人的石头。石头的大小要依据具体情况和实际需要而定。

转关桥：就是在护城河上架设一座桥梁，桥端安装一个能够横向控制的机关。拔掉此机关，桥就随同机关而翻转，行进到桥上的人马无法通过，都要倾落于水中。战国时期，秦兵就是运用这种桥梁，杀死了燕太子丹。

凿门：就是为了抵御敌人逼近城池，预先在城门上自凿数十个洞孔，从洞孔中出强弩射击敌人，出长矛刺杀敌人。

积木：就是准备好垒木（亦称"滚木"）。垒木要长五尺，直径一尺，或者小一点的直径也得六七寸。垒木用以从城上抛下滚击敌人。

积石：就是准备好垒石（亦称"滚石"）堆放在城墙上。垒石不论大小，以多为好，用以充当抛石滚击敌人。

楼橹：就是在城墙上建造的用以瞭望敌情的墩楼（亦即"哨楼"）。它是用木板建造且突出于城墙的，故叫作楼橹。

笆篱战格：它置于城墙上的女墙（即呈凹凸形状的小墙）之上而挑出墙外，距城墙三尺，里边装有横向控制的机关，前端安装金属键以防脱落回滑。这种笆篱战格，是用荆树条和柳树条编织而成，长一丈，宽五尺，悬挂在椽子一端，用以遮避敌人的箭矢和抛石。

布幔：就是用多层布做成布幔，以细竹竿横挑挂在城墙上的矮墙外面，距离城墙有七八尺，用以挫折减杀敌人抛石撞击之势，使敌箭不能射到城墙上。

木弩：就是用杨木或柘木、桑木做成弓弩。其长可为一丈二尺，弓弩的中央距弦之间为七寸，弓弩的两端末梢距弦各为三寸，用绞车拉开弓弩，发射时声响如同雷鸣，用它可以击败成队的敌兵。

燕尾炬：就是把芦苇和干草捆扎起来做成的火炬，火炬尾端分为两岔，如同燕子尾巴的形状。用油脂和蜂蜡浇灌后，点火从城上扔下去，可使火炬跨落在敌人用以攻城的尖头木驴上而令之燃烧起来。

松明炬：就是将点燃后的松明，用铁索系着坠落到城下，以便部队巡视城墙时得到照明，目的是防备敌人摸黑爬上城来。

脂油烛炬：就是将点燃的油灯、蜡烛放在城中四冲要道和各家门户，使其从黑夜到清晨彻夜不得熄灭，用以防备突然事变的发生。

行炉：就是经常用来熔化铁水的炉子，抬着它在城墙上行走，随时用铁水淋洒攻城的敌人。用陶瓶装上铁水抛下去，敌人攻城时不易发现。

游火：用铁筐装上火，再加油脂和蜂蜡，然后以铁索悬坠到城下，焚烧躲在洞穴中挖掘城墙的敌人。

灰杂糠粃：用灰土掺杂着糠粃之物，于城上顺风抛撒，用来封迷敌人的眼睛，接着再以铁水洒向敌人。这种方法又叫作"眯目"，就是顺风将粃糠灰土抛向敌人，可使敌人迷目而致其视线不清。

连梃：此器械如同打谷连枷形状，可用来击打爬上矮墙的敌人。

叉竿：此器械如同长枪尖刃，分为两岔，可用来叉挑云梯上的敌人。

钩竿：此器械如同长枪，枪头两边有弯钩，可以用来钩物。

天井：就是当敌人挖地道往来攻城时，我于敌人地道的正上方，垂直向下挖井以截断它。然后再在所挖井中堆积柴草，点燃熏灼敌人。这样，敌人自然会被烧焦。

油囊：利用此物装水，于城上投掷到敌人装载燃烧物的"火车"上，油囊破碎，水出火灭。

地听：就是在城内四面八方凿井，井深各两丈，让士卒头戴新制的瓮器，坐在井中静听，那么，即使城外五百步以内有挖城墙、地道的敌人，都能从瓮中听到其动作声音，辨别其方向处所和距离远近。

铁菱：此器物形状像刺蒺藜，将其放在交通要道和水中，可用来刺伤敌军的人脚马足。

陷马坑：此坑长五尺、宽一尺、深三尺，坑中埋设形似鹿角的带枝尖木和锋利的竹籤。各坑呈"十"字形相互连接，状如带钩的锁链一样。再用饲草、芦苇、树木加上泥土后，种上草籽使其长出草苗，蒙盖在陷马坑上，在军阵营垒周围和交通要道，都要布设此种陷马坑。

拒马枪：此器械是用直径二尺的大木一根，其长短则根据具体情况和实际需要而定，在大木上凿成十字交叉的洞孔，然后纵横交叉安装木棍，此木棍长一丈，两端削尖。可用来堵塞城门、要道，使敌军人马不能顺利奔驰前进。

木栅：就是在被敌人所逼迫，而来不及构筑城垒的时候，或者处于山河险隘而多石少土的地段，无法垒土筑墙时，要栽立木桩建成木栅。木栅或方或圆、或高或低，要根据具体情况和需要来确定。要深埋木桩的根部，用双层木桩交错弥缝，其空隙内里之处要再加置短木而架成栈道。竖立于外层的木柱，要比里层的木柱高出四尺而作为女墙（即城垛）。木栅都用泥涂抹。在外柱内距七尺的地方再立内柱铺以木板成为栈道，并竖立竹栏杆于木栅之上。其悬门、瓮墙、堑壕、拒马枪等防御器械，都如同城池营垒的防御布设方法。

【解说】

此《守城具篇》与前《攻城具篇》是为相反相成的姊妹篇。《攻城具篇》是记述唐代和唐以前攻城作战常用的进攻性器械、设施和使用方法，而本《守城具篇》则着重记述唐代和唐以前守城作战所常用的防御性器械、设施及其使用方法。

李筌首先以孙子关于攻守作战的指导原则为理论根据，结合守城作战的历史事例，分析指出：墨翟回答其弟子禽滑釐所问"守城之具"的"六十六事"（详见《墨子》卷十四、十五。按：文澜阁本《太白阴经》作"五十六事"，因《墨子》此十四、十五两卷有九篇缺文，故无从质证此二说孰确），"皆繁冗不便于用"。到了南北朝时期，西魏（北周前身）名将韦孝宽率军守卫晋州玉壁城（位于今山西临汾西南），采用"多积战具以御之"（见《周书·韦孝宽传》）战略，尽破东魏（北齐前身）大将高欢之"攻击之术"（见《北史·韦孝宽传》），保卫住了玉壁城。南朝梁将羊侃守卫台城（位于今江苏南京鸡鸣山南）之战，采取"作雉尾炬，施铁镞，以油灌之掷驴（指敌人所'为尖顶木驴'）上焚之"（见《梁书·羊侃传》）的战法，而大破叛将侯景进攻台城的阴谋。李筌认为，韦孝宽守玉壁和羊侃守台城，都是因为"皆约《封胡子》技巧之术"而获得守城作战胜利的。作者由此正确指出："古法非不妙，然非今之用也。"这就是说，李筌认为在对敌作战中，不可拘泥于古代成法，而应从现实情况出发，寻求适应当前作战需要的战法战术和有效器械、设施。显而易见，此种作战指导思想是值得今人重视和效法的。

基于上述认识，李筌本篇着重记述了古代守城作战"便于用者"的器械和设施有三十项之多。作者所列举的这些器械（物）和设施，如果按照其作战性能和作用来区分，大体上可以归为如下六类：

一是增强城守防护能力类。如，浚隍、悬门、涂门、饰篱战格、布幔、木栅等设施、器材。

二是用于击打攻城之敌类。如砲石、垒石、垒木、木弩、连梃、叉竿、灰杂糠粃、凿门、天井等器械（物）和设施。

三是用于夜间巡城照明类。如松明炬、脂油烛炬等器物。

四是用于火烧或者灭火类。如燕尾炬、行炉、游火、油囊等器物。

五是阻敌进攻的障碍物类。如铁菱、转关桥、拒马枪、陷马坑等器材和设施。

六是用于侦听瞭望敌情类。如地听、楼橹等设施。

从本篇李筌记述的古代守城作战中所使用的六类三十种器材（物）和设施，不难看出，颇具种类繁多、取材广泛、使用便利等特点。凡是有利于守城作战的手段和方法都加以采用，做到了用物不遗其小，取法不遗其微；能用者尽用之，应有者尽有之。毋庸置疑，李筌此种提倡依据现有条件和作战实际需要，采取一切有效手段和方法，对敌实施有效打击的指导思想，即使对于现代条件下的反侵略战争，亦不无借鉴意义。

水攻具篇第三十七

【原文】

经曰：以水佐攻者强。[1]水因地而成势，为源高于城[2]，本大于末[3]，可以遏而止，可以决而流。故晋水可以灌晋阳[4]，汾水可以浸平阳[5]。先设水平[6]，测其高下，可以漂城灌军，浸营败将也。

水平槽：长二尺四寸，两头、中间凿为三池，池横阔一寸八分，纵阔一寸，深一寸三分。池间相去一尺五分[7]，中间有通水渠，阔三分，深一寸三分。池各置浮木，木阔狭微小于池匡[8]，厚三分[9]，上建立齿，高八分，阔一寸七分，厚一分。槽下为转关脚[10]，高下与眼等。以水注之，三池浮木齐起，眇目视之[11]，三齿齐平，以为天下准[12]。或十步，或一里，乃至十数里，目力所及，随置照板、度竿[13]，亦以白绳计其尺寸，则高下丈尺分寸可知也。

照板：形如方扇[14]，长四尺，下二尺黑，上二尺白，阔三尺，柄长一尺，大可握。

度竿：长二丈，刻作二百寸、二千分。每寸内刻小分，其分随向远近高下立竿，以照板映之，眇目视之三浮木齿及照板黑映齐平，则召主板人[15]以度竿上分寸为高下，递相往来[16]，尺寸相乘[17]，则山冈、沟涧[18]、水源高下可以分寸度[19]也。

【注释】

① 以水佐攻者强：语出《孙子兵法·火攻篇》。句义是，用水流来辅助部队进攻，其攻势就能加强。

② 源高于城：指水流源头高过城墙。

③ 本大于末：谓水的干流大于支流。本，指水的干流；末，指水的支流。

④ 晋水可以灌晋阳：语出北魏郦道元《水经注》。晋阳，原文误作"安邑"，今据《水经注》校改。晋水，源于晋阳（位于今山西太原西南）西南之悬瓮山，东流经晋阳而入汾水。

⑤ 汾水可以浸平阳：平阳，故址位于今山西临汾西南。因汾水自晋北向南流经平阳东南，则完全可以形成"以浸平阳"之势。

⑥ 水平：本篇这里指"水平槽"。它是古代测量水位、地势高低的一种仪器，今称"水准仪"。

⑦ 池间相去一尺五分：一尺五分，原文作"一尺四寸"，然三池两距之和为二尺八寸，大于槽长二尺四寸，显然错误。故从《通典·兵十三·水平及水战具附》校正。

⑧ 池匡：原文误作"池空"，今据《通典·兵十三·水平及水战具附》校改。匡，"框"的古字。池匡，指水平槽中之水池的内框。

⑨ 厚三分：原文脱"厚"，今据《通典·兵十三·水平及水战具附》补。此句指浮木的厚度为三分。

⑩ 转关脚：指带有转动机关的支架。脚，本篇这里指支撑水平槽的支架。

⑪ 眇目视之：谓闭上一只眼睛看去。眇（miǎo），本谓一目失明，引申谓闭上一只眼睛。

⑫ 天下准：意思是天下唯一的标准。

⑬ 照板、度竿：皆为测量时标示目标的一种工具。

⑭ 方扇：方形之扇，本篇这里指照板的形状是方形。

⑮ 召主板人：意思是指挥手持照板的人。召，招呼；告诉，引申谓指挥。主，主持；手持之意。

⑯ 递相往来：意思是将照板沿度竿分划上下移动。

⑰ 相乘：本篇这里指相加，引申谓计算。

⑱ 山冈、沟涧：原文脱漏。今据《通典·兵十三·水平及水战具附》补。

⑲ 度（duó）：丈量；计算。

【译文】

经典上说：用水流辅助部队进攻，其攻势就能加强。水流随着地形的高低而形成一定的态势，水流的源头高过城墙，干流大于支流，就可以堵塞河道使水流停滞而增高水位，然后便可以决堤而让大水奔流下泻。因此，堵塞晋水可以冲灌晋阳城，决放汾水可以浸淹平阳城。首先安设水平槽，测量要冲淹地区的高低，然后便可以利用水流漂没城邑、冲灌敌军，浸淹敌营、打败敌将了。

水平槽：此仪器长二尺四寸，槽的两头和中间，要凿成三个水池，每个水池横宽为一寸八分，纵宽一寸，深一寸三分。水池之间相距一尺五分，中间凿有通水渠，渠宽三分，深一寸三分。每池各放置一块浮木，浮木的宽窄略小于水池的内框，其厚度为三分，在浮木上面安放一个齿形立柱，高八分，宽一寸七分，厚一分。水平槽的下面装置带有转动机关的脚架，脚架的高低，要与人直立时的眼睛高度等齐。将水注入水槽，三个水池中的浮木便同时漂起来，闭一只眼睛看过去，三块浮木的齿形立柱成一水平线，这便成为测量目标高低的唯一标准。或者十步远，或者一里远，乃至十数里远，只要视力所能达到的地方，便可随意安置照板、度竿，也可以用白色绳子依据度竿分划计算所测目标的高低尺寸。那么，该地区的高低丈尺分寸就可以知道了。

照板：其形状如同一面方形扇，长四尺，下二尺部分涂成黑色，上二尺部分涂成白色，板宽三尺，手柄长一尺，粗细大小适于手握。

度竿：长二丈，刻划为二百寸、二千分；每寸内刻上较短的以分为单位的分划。这种带有分划刻度的度竿，随便在所确定的方向和远近高低的地方树立起来，再用照板映衬在度竿后面，测量人员用一只眼睛观看三个浮木齿柱和照板上黑白分齐线成为一线时，就指挥手持照板的人以度竿上的分划为高低而上下移动照板，所得尺寸相加。那么，山冈、沟涧、水源的高低，就可以用度竿的寸分刻度准确地测算出来了。

【解说】

李筌《水攻具篇》主要论述古代如何制造和运用水平槽（今称水准仪）测量水位、地势，以创造"以水佐攻"而战胜敌人的有利态势。

作者开篇便以《孙子兵法·火攻篇》的"以水佐攻者强"的观点为理论根据，进一步阐明了利用水流辅助部队进攻对于赢得作战胜利的重要作用。他认为，水流的特性是"因地而成势"，如果水流之源头处高于城墙、干流大于支流的话，那么，堵塞其上游河道使水流停滞以增高其水位，然后再决壅而让大水自高向下奔泻，就可以形成冲毁城邑、淹没敌营、战胜敌军的强大攻势。

基于上述认识，李筌进一步指明，要充分利用水势在作战中的此种重要辅助性作用，必须事先使用水平槽（今称水准仪）对交战地区的河流水位、地势的高低进行实地勘测，然后才可以在作战中利用水流之势"漂城灌军，浸营败将"而战胜敌人。为此，李筌详细地介绍了古代水平槽及其照板、度竿等配套测量器材的构造尺寸、外观形制以及制作与使用方法。这说明，我国古代至迟在唐朝，兵家在指导和实施战争的过程中，已经注意到如何运用水平槽这种科学仪器测量水位、地势，以达成"以水佐攻"而战胜敌人的作战目的。这是非常值得今人重视的可喜现象。

利用水流佐助部队进攻，这在中国古代战争中是为兵家所常采用的指导原则。西汉初年，韩信击败楚将龙且的潍水之战，就是体现这一指导原则的成功战例。汉高祖（刘邦）四年（公元前203年），大将韩信奉命率军攻齐而进至潍水（今称"潍河"，位于今山东省东部），与北上救齐的楚将龙且所部隔水而阵。韩信依据当面敌情和地形条件，于交战前秘密派人乘夜用大批沙袋将潍水上游堵住；接战后又采取佯败诱敌渡河的战法，待敌渡河一半时，突然决壅放水，奔泻而下的大水立刻将正在渡河而猝不及防的楚军冲成两段。韩信乘敌混乱之际，立即挥军迅猛反击，一举歼灭已渡河的楚军，并击斩楚将龙且，未及渡河的楚军则不战自溃。韩信乘胜渡河追歼了溃逃中的楚军，并俘获了齐王田广，取得了平齐作战的完全胜利，创造了"以水佐攻"的成功战例。

火攻具篇第三十八

【原文】

经曰：以火佐攻者明。①因天时燥旱，营舍茅竹，积刍穗②军粮于枯草、宿莽③之中，月在箕、壁、翼、轸④之夕，设五火⑤之具，因南风而焚之。

推月宿法⑥：

周天⑦三百六十五度四分度之一，二十八宿⑧四方分之。月二十八日夜一周天，行二十八宿，一日一夜行一十三度少强，皆以月中气⑨，日月合为宿首。

角十二度，亢九度，氐十五度，房五度，心五度，尾十八度，箕十一度，东方七宿共七十五度。

斗二十六度，牛八度，女十二度，虚十度，危十七度，营室⑩十六度，东壁⑪九度，北方七宿共九十八度。

奎十六度，娄十二度，胃十四度，昴十一度，毕十六度，觜二度，参九度，西方七宿共八十度。

东井⑫三十三度，舆鬼⑬四度，柳十五度，星七度，张十八度，翼十八度，轸十七度，南方七宿共一百一十二度。

雨水⑭：正月中，日月合宿营室八度，于辰在亥⑮，为娵訾⑯，于野卫⑰，分并州⑱，于将登明⑲。

春分⑳：二月中，日月合宿奎十四度，于辰在戌，为降娄，于野鲁，分徐州，于将河魁。

谷雨㉑：三月中，日月合宿昴三度，于辰在酉，为大梁，于野赵，分冀州，于将为从魁。

小满㉒：四月中，日月合宿参四度，于辰在申，为实沈，于野魏，分益州，于将为传送。

夏至^㉓：五月中，日月合宿东井二十五度，于辰在未，为鹑首，于野秦，分雍州，于将为小吉。

大暑^㉔：六月中，日月合宿星四度，于辰在午，为鹑火，于野周，分三河，于将为胜光。

处暑^㉕：七月中，日月合宿翼九度，于辰在巳，为鹑尾，于野楚，分荆州，于将为太乙。

秋分^㉖：八月中，日月合宿角四度，于辰在辰，为寿星，于野郑，分兖州，于将为天罡。

霜降^㉗：九月中，日月合宿氐十四度，于辰在卯，为大火，于野宋，分豫州，于将为太冲。

小雪^㉘：十月中，日月合宿箕二度，于辰在寅，为析木，于野燕，分幽州，于将为功曹。

冬至^㉙：十一月中，日月合宿斗二十一度，于辰在丑，为星纪，于野吴越，分扬州，于将为大吉。

大寒^㉚：十二月中，日月合宿虚五度，于辰在子，为玄枵，于野齐，分青州，于将为神后。

假如正月雨水，一日夜半，月在营室八度，至后二日夜半，行十三度少强，即至东壁五度；至后三日夜半，行十三度少强，即至奎九度。顺行二十八宿，每日夜行十三度少强，二十八日一周天，其晦朔^㉛二日，月不见，他皆做此。《玉门经》^㉜曰："倍月加日，从营室顺数，即知月宿所在。"假令正月五日，倍月成二，加五成七，从营室顺数七宿至毕。他皆做此。然东井三十三度，觜二度，恐将不定，故为通算^㉝以决之，而用五火之具：

火兵：以骁骑^㉞夜衔枚^㉟，缚马口，人负束薪^㊱、藁草^㊲，藏火，直抵贼营，一时举火^㊳，营中惊乱，急而乘之；彼静不乱，弃而勿攻。

火兽：以艾蕴火^㊴置瓢中，开四孔，系野猪、獐鹿项下，爇^㊵其尾端，望敌营而纵之，使奔彼草中，器败火发。

火禽：以胡桃^㊶剖令空，开两孔，实艾以火，系野鸡足，针其尾而纵之，飞入草中，器败火发。

火盗：选一人勇捷，语言、服饰与敌同者，窃号逐便^㊷，怀火偷入营中，焚其积聚。火发，乘乱而出。

火矢：以臂张弩射及三百步者，以瓢盛火冠矢端，以数百端候中夜^⑬齐射入敌营中，焚其积聚。火发军乱，乘便急攻。

【注释】

① 以火佐攻者明：语出《孙子兵法·火攻篇》。句义是，用火辅助部队进攻，效果明显。

② 刍穗：刍，饲草，即喂牲畜的草。穗，本谓稻麦等禾本科植物的花或果实聚生在茎上顶端部分，但在本篇这里指喂牲畜的饲料。

③ 宿莽：指经冬不死的草。据东汉王逸《楚辞·离骚》注称："草冬生不死者，楚人名曰'宿莽'。"

④ 箕（jī）、壁、翼、轸（zhěn）：皆为中国古代星宿名。《孙子兵法·火攻篇》载称："日者，月在箕、壁、翼、轸也；凡此四宿者，风起之日也。"

⑤ 五火：指本篇后面所介绍的火兵、火兽、火禽、火盗、火矢。

⑥ 推月宿法：指推测月亮在星宿中运行位置的方法。

⑦ 周天：即观测者所看到的天球的大圆一周谓之"周天"。我国古代天文学家把周天分为365点25度，太阳每天移动一度；现代天文学则把周天分为360度。《礼记·月令》（唐）孔颖达疏云："诸星之转，从东而西，必三百六十五日四分日之一，星复旧处。星既左转，日则右行，亦三百六十五日四分日之一，至旧星之处。即以一日之行而为一度计，二十八宿一周天，凡三百六十五度四分度之一，是天之一周之数也。"

⑧ 二十八宿（宿，这里读 xiù）：指我国古代天文学家把周天黄道（黄道，指太阳和月亮所经天区）的恒星，按东、北、西、南四方之序，分成二十八个星座（即星宿）：角、亢、氐、房、心、尾、箕为东方七宿；斗、牛、女、虚、危、室、壁为北方七宿；奎、娄、胃、昴（mǎo）、毕、觜（zī）、参（shēn）为西方七宿；井、鬼、柳、星、张、翼、轸为南方七宿。

⑨ 中气：我国古代历法以太阳历二十四气配阴历十二月，阴历每月有二气，即在每月初的叫"节气"，在月中以后的叫"中气"。例如，立春，是正月的"节气"，雨水，则为正月的"中气"。又如，惊蛰，是阴历二月的"节气"，春分，则是二月的"中气"，等等。

⑩ 营室：即北方七宿的"室宿"，以其形状像营室，故称。

⑪ 东壁：即北方七宿中的"壁宿"，因其位于天门之东，故称"东壁"。

⑫ 东井：即南方七宿中的"井宿"，以其位于玉井之东，故又称"东井"。

⑬ 舆鬼：即南方七宿中的"鬼宿"之别称。

⑭ 雨水：我国农历二十四节气之一，亦即正月的"中气"，时在阳历二月十九日前后。

⑮ 于辰在亥：句义是，其时辰在亥时。我国古代以十二地支（子、丑、寅、卯、辰、巳、午、未、申、酉、戌、亥）代表十二个时辰，每个时辰相当现代计时的二个小时。子时，为二十三点至次日凌晨一点，以此类推，那么，亥时当为次日二十一点至二十三点。

⑯ 娵訾（jū zī）：此为十二分星位次名称之一。我国古代天文学家为了观测日、月、五星的位置和运行，把黄赤道带自西向东划分为十二个部分，称为"十二次"，其名称顺次是：星纪、玄枵、娵訾、降娄、大梁、实沈、鹑首、鹑火、鹑尾、寿星、大火、析木。

⑰ 于野卫：意思是，在地上的分野区域是卫国。我国古代星占学的迷信观点认为，人间的祸福与天上的星象有关系，并因此根据天上星辰的十二位次（后亦根据二十八宿）将地上的州、国分为十二个区域，使二者相对应，且根据某一天区星象的变异现象来预测、附会相对应地区的吉凶。此种划分，在天者称为"十二分星"，在地者称为"十二分野"。此二者相互对应情况是：星纪—扬州、吴越，玄枵—青州、齐，娵訾—并州、卫，降娄—徐州、鲁，大梁—冀州、赵，实沈—益州、魏，鹑首—雍州、秦，鹑火—三河、周，鹑尾—荆州、楚，寿星—兖州、郑，大火—豫州、宋，析木—幽州、燕。（参见《周礼·春官·保章氏》郑玄注）

⑱ 分并州：意思是，其地分布在（处于）并州地区。

⑲ 于将登明：意思是，月将神名是为"登明"。旧时星命家的六壬术（即运用阴阳五行进行占卜吉凶的方法之一），称日月相会的十二处有十二月将神名，即正月日月会于亥，月将神名为"登明"；二月日月会于戌，月将神名为"天魁"（亦称"河魁"）；三月日月会于酉，月将神名为"从魁"；四月日月会于申，月将神名为"传送"；五月日月会于未，月将神名为"胜光"；六月日月会于午，月将神名为"小吉"；七月日月会于巳，月将神名为"太乙"；八月日月会于辰，月将神名为"天罡"；九月日月会于卯，月将神名为"太冲"；十月日月会于寅，月将神名为"功曹"；十一月日月会于丑，月将神名为"大吉"；十二月日月会于子，月将神名为"神后"。以上所叙十二月将神名之顺序，采自北宋沈括《梦溪笔谈》卷七《象数一》之说，与唐代李筌《太白阴经》卷四《火攻具篇第三十八》所述顺序不尽相同。

⑳ 春分：我国农历二十四节气之一，亦即二月的中气。其时在阳历三月二十或二十一日。这一天，太阳直射赤道，南北半球昼夜长短平分，故称"春分"。

㉑ 谷雨：二十四节气之一，亦即三月的中气，其时在阳历四月十九或二十、二十一。

㉒ 小满：二十四节气之一，亦即四月的中气，其时在阳历五月二十或二十一、二十二。

㉓ 夏至：二十四节气之一，亦即五月的中气，其时在阳历六月二十一或二十二日。这一天，北半球昼最长、夜最短，南半球则相反。

㉔ 大暑：二十四节气之一，亦即六月的中气，其时在阳历七月二十三或二十四日。

㉕ 处暑：二十四节气之一，亦即七月的中气，其时在阳历八月二十三日左右。

㉖ 秋分：二十四节气之一，亦即八月的中气，其时在阳历九月二十三或二十四日。这一天，南北半球昼夜等长，故称"秋分"。

㉗ 霜降：二十四节气之一，亦即九月的中气，其时在阳历十月二十三或二十四日。

㉘ 小雪：二十四节气之一，亦即十月的中气，其时在阳历十一月二十二或二十三日。

㉙ 冬至：二十四节气之一，亦即十一月的中气，其时在阳历十二月二十二日前后。这一天，太阳经过冬至点，北半球昼最短、夜最长，南半球则相反。

㉚ 大寒：二十四节气之一，亦即十二月的中气，其时在阳历一月二十或二十一日。

㉛ 晦朔：晦，指农历每月之月末一日；朔，为农历每月初一。

㉜《玉门经》：书名。未见著录和原著，不得其详。

㉝ 通算：谓总体推算。

㉞ 骁骑：勇敢的骑兵。

㉟ 衔枚：横衔枚于口中，以防喧哗或叫喊。衔，谓含在嘴里。枚，形如筷子，两端有带，可系于颈上的一种装具。

㊱ 束薪：捆扎好的柴木；亦指一捆薪柴。

㊲ 藁草（gǎo—）：指稻草或麦草。

㊳ 举火：点火。

㊴ 蕴火：包藏着火。

㊵ 爇（ruò）：点燃；焚烧。

㊶ 胡桃：即核桃。

㊷ 逐便：乘便；顺便。

㊸ 中夜：半夜。

【译文】

经典上说：用火辅助部队进攻，其攻势效果特别明显。在天气燥热干旱之时，依据敌军营房多用茅草竹木搭盖而成，或者敌军囤积草料和粮食于枯草野莽之中等情况，我军要在月亮运行到箕、壁、翼、轸四星宿之夜，备好五种火攻的用具，乘着南风刮起之势，向敌人实施火攻而焚毁它。

推测月亮在星宿中运行位置的方法是：

一周天为三百六十五度零四分之一度，二十八宿分列于四方。月亮经二十八个昼夜运行一周天，行经二十八宿，平均每个昼夜行十三度多一点，都以月中气，也就是以日月交合所在的星宿为宿首（即在一周天的三百六十五度零四分之一度中）。

角宿占十二度、亢宿占九度、氐宿占十五度、房宿占五度、心宿占五度、尾宿占十八度、箕宿占十一度，以上为东方的七个星宿，共占七十五度。

斗宿占二十六度、牛宿占八度、女宿占十二度、虚宿占十度、危宿占十七度、营宿占十六度、壁宿占九度，以上为北方的七个星宿，共占九十八度。

奎宿占十六度、娄宿占十二度、胃宿占十四度、昴宿占十一度、毕宿占十六度、觜宿占二度、参宿占九度，以上为西方的七个星宿，共占八十度。

井宿占三十三度、鬼宿占四度、柳宿占十五度、星宿占七度、张宿占十八度、翼宿占十八度、轸宿占十七度，以上为南方的七个星宿，共占一百一十二度。

雨水：为正月的中气，日月合宿在营宿八度，其时辰在亥时，在天上的分星方位名为"娵訾"，在地上的分野区域是卫国，其地处于并州地区，月将神名为"登明"。

春分：为二月的中气，日月合宿在奎宿十四度，其时辰在戌时，在天上的分星方位名为"降娄"，在地上的分野区域是鲁国，其地处于徐州地区，月将神名为"河魁"（亦称"天魁"）。

谷雨：为三月的中气，日月合宿在昴宿三度，其时辰在酉时，在天上的分星方位名为"大梁"，在地上的分野区域是赵国，其地处于冀州地区，月将神名为"从魁"。

小满：为四月的中气，日月合宿在参宿四度，其时辰在申时，在天上的分星方位名为"实沈"，在地上的分野区域是魏国，其地处于益州地区，月将神名为"传送"。

夏至：为五月的中气，日月合宿在井宿二十五度，其时辰在未时，在天上的分星方位名为"鹑首"，在地上的分野区域是秦国，其地处于雍州地区，月将神名为"小吉"。

大暑：为六月的中气，日月合宿在星宿四度，其时辰在午时，在天上的分星方位名为"鹑火"，在地上的分野区域是周国，其地处于三河地区，月将神名为"胜光"。

处暑：为七月的中气，日月合宿在翼宿九度，其时辰在巳时，在天上的分星方位名为"鹑尾"，在地上的分野区域是楚国，其地处于荆州地区，月将神名为"太乙"。

秋分：为八月的中气，日月合宿在角宿四度，其时辰在辰时，在天上的分星方位名为"寿星"，在地上的分野区域是郑国，其地处于兖州地区，月将神名为"天罡"。

霜降：为九月的中气，日月合宿在氐宿十四度，其时辰在寅时，在天上的分方位名为"大火"，在地上的分野区域是宋国，其地处于豫州地区，月将神名为"太冲"。

小雪：为十月的中气，日月合宿在箕宿二度，其时辰在寅时，在天上的分星方位名为"析木"，在地上的分野区域是燕国，其地处于幽州地区，月将神名为"功曹"。

冬至：为十一月的中气，日月合宿在斗宿二十一度，其时辰在丑时，在天上的分星方位名为"星纪"，在地上的分野区域是吴越，其地处于扬州地区，月将神名为"大吉"。

大寒：为十二月的中气，日月合宿在虚宿五度，其时辰在子时，在天上的分星方位名为"玄枵"，在地上的分野区域是齐国，其地处于青州地区，月将神名为"神后"。

假如是正月的中气雨水，那么，这一天的夜半，月亮是在营宿八度，到第二天夜半，月亮运行十三度多一点，就到了壁宿五度；到第三天夜半，月亮又运行十三度多一点，就到了奎宿九度。如此一次顺行二十八宿，平均每昼夜运行十三度多一点，二十八天就运行了一周天。每月之月末和月初两天，月亮将隐没不现。其他各天的运行都依此类推。《玉门经》上说："月份数加倍后再加日期数，从营宿依次顺数，（即从北到西到南到东之顺序）就知道月亮在星宿的方位了。"假如是正月初五，月数加倍成为二，再加日数五而成为七，从营宿开始依次顺数七个星宿而到毕宿，这就是月亮所在星宿的方位了。其他都仿照这样推算。然而，井宿三十三度、觜宿二度，恐怕不好确定，所以要通过总体推算来决定它，而且要据此运用五种火攻器具和方法于作战之中：

火兵：就是以勇猛的骑兵于夜间令其口衔枚以防出声，马口缚罩以防嘶鸣，骑手背负一捆柴草。身藏火种，直抵敌营，一齐点火烧营。敌营如果惊惧慌乱，立即乘势猛攻；敌营如果平静不乱，就要弃而不攻。

火兽：就是用艾草包着火种放在葫芦瓢中，瓢开四个孔，系在野猪或獐鹿脖子下面，用火点着它们的尾巴，对着敌营方向驱赶它们，使其奔入敌人粮草存放处，瓢破火就点燃起来。

火禽：就是用剖空的核桃，挖开两个孔，把包着火种的艾叶填充到里面，然后再将其系在野鸡爪上，用针扎野鸡尾部而驱纵它，使其飞入敌人存放军粮的枯草丛中，核桃破裂火就点燃起来。

火盗：就是挑选一名勇敢敏捷的人，其语言、服饰都与敌人相同，以其盗用敌人的暗号，乘便怀揣火种而潜入敌营中，烧毁敌人囤积的粮草，乘敌混乱而逃出。

火矢：就是挑选那些以臂拉开强弓、射箭可达三百步远的士兵，用瓢装火穿在箭头上，以数百支这样的箭，等到半夜时候一齐射入敌营中，焚毁敌人的粮草物资，火烧起来敌军混乱不堪时，我军就乘机向敌人发起迅猛攻击。

【解说】

《火攻具篇》着重论述古代战争中以火辅助部队进攻的条件，以及五种火攻器具的制作与使用方法。

作者李筌开篇伊始便依据孙子"以火佐攻者明"（见《孙子兵法·火攻篇》）的思想，首先阐明了实施"以火佐攻"，必须具备天气干燥、风向适宜的气象条件。作者认为，对敌实施火攻，只有"因天时燥旱"，"因南风而焚之"，才能达成烧毁敌军营舍和粮草积蓄之战略目的。这里值得特别指出的是，李筌在继承孙子关于"日者，月在箕、壁、翼、轸也，凡此四宿者，风起之日也"（同上）的论述的基础上，进一步详细介绍了中国古代的"推月宿法"（即推测月亮在星宿中运行位置的方法）和农历"二十四节气"（即表明气候变化和农事季节的历法）对军队作战行动的影响与作用问题，从而把天文学、气象学与军事学联系起来，使天文气象条件成为制约战争运作不可忽视的客观因素。这不能不说是对我国古代军事思想和军事学术的一个发展。

《孙子兵法·火攻篇》所论之五种"火攻"，是指实施火攻所要达成的五种火烧对象（或曰目标），即"一曰火人"，指火烧敌军人马；"二曰火积"，指火烧敌军粮草；"三曰火辎"，指火烧敌军辎重；"四曰火库"，指火烧敌军仓库；"五曰火队"，指火烧敌军粮道（按：队，这里通"隧"，即隧道，指运粮道路）。而李筌本篇所讲的是"五火之具"，乃指实施火攻所使用的五种器具及其制作与使用方法。这显然与孙子所论之五种"火攻"的内涵是不相同的。李筌所述"五火之具"的编成、制作与实施方法如下：

一用"火兵"。是指以骑兵背负柴草，身藏火种，利用夜暗直抵敌营，一齐点火烧营，令敌人"营中惊乱，急而乘之"，猛攻敌人。

二用"火兽"。是指以活体野兽颈系内装火种而开两孔的葫芦瓢，点燃兽尾驱其向敌营方向狂奔，以致"器败火发"，焚烧敌营。

三用"火禽"。是指以活体野鸡足系内装火种而开两孔的中空胡桃，以针刺鸡尾而纵之，使其飞入居于草莽之处的敌营，以致"器败火发"，焚毁敌营；

四用"火盗"。是指挑选勇敢敏捷且懂敌人语言的人，穿戴敌人的服饰，盗用敌人的暗号，携带火种潜入敌营，"焚其积聚。火发，乘乱而出"。

五用"火矢"。是指以数百善射之兵，将内装火种的瓢穿在箭矢上，待夜半人静之时，一齐射入敌营，"焚其积聚。火发军乱，乘便急攻"。

从以上内容不难看出，李筌所述"五火之具"，与孙子所论五种"火攻"内容的侧重点虽然不同，但二者的战略意图却是完全相同的，即一是皆以焚毁敌营屋舍和粮草物资为作战之直接目的；二是皆以"火发军乱"为手段，为主力部队乘隙进攻、歼灭敌人有生力量，而创造有利条件。可见，李筌《火攻具篇》所论观点，是在唐代新的历史条件下，对孙子"火攻"思想的继承和阐发。当然，孙子乃至李筌所论之"火攻"，实质是"以火佐攻"，即以火焚之法佐助部队进击敌人的意思，它与宋代火器的出现并逐渐大量用于战争以后所讲的"火攻"，非同一义。这是必须加以明确的。

"火攻"之用于战争，由来已久。据宋代兵学家何延锡《何氏注孙子·火攻篇》注称："鲁桓公世，焚邾娄之咸丘，始以火攻也。后世兵家者流，故有五火之攻，以佐取胜之道也。"（转引自《十一家注孙子·火攻篇》，上海古籍出版社，1978年4月第1版）鲁桓公，系春秋时期鲁国第三代君王，公元前711—前694年在位。可见，"火攻"之用于战争，不但其历史悠久，至迟始于春秋初期，而且其一经产生，便成为冷兵器时代兵家用以指导战争所常采用的重要作战手段。在中国古代战争史上，运用"火攻"之术"以佐取胜"的成功战例是不胜枚举的。例如，东汉明帝（刘庄）永平十六年（公元73年），汉将班超奉命出使西域抵达鄯善（位于今新疆若羌一带），为挫败先期到达鄯善的匈奴使团企图联鄯反汉的阴谋，他率领将士乘夜潜伏于匈奴使团驻地，并利用大风骤起之机，"乃顺风纵火，前后鼓噪"（见《后汉书·班超列传》），遂将匈奴使团百余人全部烧死，促使鄯善顺利归汉。又如，东汉献帝（刘协）建安五年（公元200年），在著名的袁曹官渡之战中，曹操采纳降将许攸的献策，亲率五千步骑兵，冒用袁绍军旗号，人衔枚、马缚口，每人携带一束柴草，乘黑夜抄小路，偷袭袁绍囤粮基地乌巢（位于今河南延津东南），不但大破袁绍护卫乌巢的部队，击杀其守将淳于琼，而且一把火烧毁了袁绍囤聚该处的全部辎重粮草。火烧乌巢之役，成为曹操官渡之战获胜和最后完全战胜袁绍的重要战略一着。再如，隋朝初年，隋文帝杨坚采用宰相高颎所献"取陈之策"（见《隋书·高颎传》），不断密遣大批间谍潜入陈朝后方，运用"火攻"之术"因风纵火"，不但焚毁其大量的粮草积蓄，而且扰乱了陈朝民心士气，收到了致"陈人益散"的明显效果，为而后隋军南下灭陈而实现南北统一大业，奠定了坚实的基础。从以上所举运用火攻"以佐取胜"的成功数例，不仅说明"火攻"之术在古代战争中运用的广泛性和实效性，而且进一步印证了孙子关于"以火佐攻者明"理论的重要性和正确性。

济水具篇第三十九

【原文】

经曰：军行，遇大水、河渠、沟涧，无津梁舟楫①，难以济渡。太公以天艎大船②，皆质朴③而不便于用。今随事应变，以济百川④。

浮罂⑤：以木缚罂⑥为筏⑦，罂受二石⑧，力胜一人。罂阔五寸⑨，以绳钩联，编枪于其上，令形长而方；前置板头，后置稍⑩，左右置棹⑪。

枪筏⑫：枪十根为一束，力胜一人。四千一百六十六根四分枪⑬为一筏，皆去锋刃，束为鱼鳞，以横栝⑭而缚之，可渡四百一十六人半⑮。为三筏，计用枪一万二千五百根，率⑯渡一千二百五十人，十渡则一军毕济⑰。

蒲筏⑱：以蒲九尺围，颠倒为束，以十道缚之，似束枪为筏。量长短多少，随蒲之丰俭⑲载人。无蒲，用芦草，法亦如蒲筏。

挟绹⑳：以善游者㉑系小绳，先挟浮渡水，次引大绹于两岸立一大橛㉒，急张定绹，使人挟绹浮渡。大军可为数十道，豫㉓多备。

浮囊㉔：以浑脱羊皮㉕，吹气令满，紧缚其孔，缚于胁㉖下，可以渡也。

【注释】

①"军行"至"无津梁舟楫"诸句：语出《通典·兵十三·军行渡水附》所引《李卫公兵法》。津梁，桥梁。舟楫，本指船和桨，亦泛指船只。

②太公以天艎大船：事见《六韬·虎韬·军用》（又见同书《军略》）。天艎（—huáng），《六韬》作"天潢"，又称"天舡（—xiāng，又读—chuán）"。为古代作战渡河用的一种木制大船。

③质朴：本指朴实淳厚，本篇这里指船体硕大厚实。

④百川：这里指江河湖泽的总称。

⑤浮罂（—yīng）：古代作战时用于渡水的漂浮工具。一种陶制或木制的小口大腹容器，在

江河湖泊作战缺少渡船的情况下，可用来做渡水的漂浮工具。

⑥瓮（wèng）：即小口大腹的陶制盛器。

⑦筏（fá）：即渡水用的竹排或木排。

⑧石（今读 dàn）：本篇这里指旧时计算重量的单位，通常一石为一百二十斤。

⑨五寸：原文误作"五尺"，今据《通典·兵十三·军行渡水附》校改。

⑩稍：义同"梢"，本指船舵尾部，本篇这里指船舵。

⑪棹（zhào）：船桨。

⑫枪筏：指用枪杆扎成的排筏。

⑬四千一百六十六根四分枪：四分枪，指⅖根枪，亦即 0.4 根枪。句义是，用 4166.4 根枪扎成一筏，扎成三筏则需要 12499.2 根枪；如将小数点后的 0.2 进到个位，那么，刚好是一军（周制 12500 人）人手一枪的 12500 根枪。

⑭横栝（—kuò）：指横木。栝，木名。

⑮四百一十六人半：此"半"字，指零点五人（即 0.5 人）。句义是四百一十六点五人（即为 416.5 人）。一筏可渡四百一十六点五人，三筏共渡一千二百四十九点五人（即 1249.5 人）；如将小数点后数字采取"四舍五入"制而进到个位，那么，刚好是一千二百五十人（即 1250 人）。而三筏载渡十次，"则一军（12500 人）毕济"了。

⑯率（shuài）：大概；一般。

⑰毕济：谓全部渡过水。

⑱蒲筏：指用蒲草扎成的排筏。

⑲丰俭：指数量的多少。丰，盛多；俭，薄少。

⑳挟绠（xié gēng）：指渡水所挟持的粗绳索。

㉑善游者：原文误作"木"，今据《通典·兵十三·军行渡水附》校改。

㉒大橛（—jué）：指大木桩。

㉓豫：预先；事先。

㉔浮囊：指渡水用的充气革囊。

㉕浑脱羊皮：指剥下的整张羊皮。用它缝制成皮囊，吹气后可作渡水的浮囊。

㉖胁：指人的身躯两侧自腋下至腰上的部位。亦指腋下。

【译文】

经典上说：部队行军中，遇上大水、河渠、沟涧，没有桥梁和船只，是难以渡过的。

姜太公使用的天艎大船，都是质地厚重而不便于使用。现在所介绍的，则是能够随机应变而用以渡过江河湖泽的便利工具：

浮罌：指用木棒绑在罌上作为筏子，一个能装二石粮米的罌，其浮力可载渡一人。每个罌与罌间相距五寸，用绳索连接起来，将编联一起的枪杆放在联结一块的罌上，使其成为长方形，前面装置木板船头，后面安上舵，左右两侧安上桨，（浮罌就做成了）。

枪筏：将每十根枪杆捆成一束，一束之浮力可载承一人。用四千一百六十六根枪杆扎成一个大排筏，每根枪都去掉锋刃枪头，一束束编扎成鱼鳞状，再用横木将其捆扎牢固。这样，一只排筏一次可载渡四百一十六人。扎成三只这样的排筏，共需枪杆一万二千五百根，一次可载渡一千二百五十人，以此载渡十次，那么，一军一万二千五百人，就全部渡过去了。

蒲筏：用许多一根根长约九尺的蒲草，呈颠倒状态捆成一束，再把捆好的十束蒲草捆用绳索绑在一起，其捆扎方法就像捆扎枪杆排筏的方法一样。一般要根据蒲草的长短多少和捆扎的蒲筏大小，而确定所载的人数。没有蒲草时，也可以用芦苇代替，其捆扎方法也如同捆扎蒲草排筏的方法。

挟𦈏：选派善于游泳的人，让他身系小绳先游过河去，再用小绳将粗大绳索牵引过去，接着在河的两岸相对各立一根大木桩，快速将粗绳索拉紧而固定在两根大木桩上，然后让众人依次挟持大绳索滑动而浮水渡河。如果军队人数众多，可以设置数十道挟𦈏，这需要事先多做准备。

浮囊：用剥下的整张羊皮缝制成皮囊，充气使其鼓起，再扎紧充气孔，绑在人身两侧的腋下部位，就可以用它来浮水渡河了。

【解说】

本篇以《济水具篇》为题，顾名思义，旨在着重记述和介绍古代军队渡水作战所常采用的数种渡河器具的制作与使用方法。

作者李筌开宗明义，首先引据唐初著名军事家李靖所撰《李卫公兵法》的论述认为，部队行军遇到大水、河渠、沟涧的时候，如果没有桥梁和船只，就难以渡水遂行作战任务了。继而又据《六韬·虎韬·军用篇》的有关论述，指出，周代姜太公所使用的巨型"天艎"大船，却因船体太大、质地厚重而不便于使用。有鉴于此，李筌着重介绍了古代战争史上，军队渡水作战所常使用的五种简便适用的摆渡器械装具的制作材料及其制作与使用方法：

一是"浮罂"的制作与使用。将木棒绑在容量二石米的小口大腹的空罂上作为筏子，其浮力可载一人；再用绳索将绑好的诸多单个罂以五寸间距而连接起来，然后再将编联一起的枪杆置于连缀好的罂上做成长方形排筏，其前后分别装上木板船头和舵，左右两侧安上桨，就可以用它摆渡士卒过河了。

二是"枪筏"的制作与使用。将每十根去掉锋刃枪头的枪杆扎成一束，其浮力可承载一人。用四千一百六十六根去掉枪头的枪杆捆扎成四百一十六束，一束束再编联成鱼鳞状，然后再用横木将其捆扎牢固。这样，即可制成一次能载四百一十六人的巨型排筏了。制作三只这样的排筏，共需枪杆一万二千五百根，一次可以载渡一千二百五十人，以此载渡十次，那么，一军一万二千五百人，就都渡过河了。

三是"蒲筏"的制作与使用。将长约九尺的蒲草（亦可用芦苇）呈颠倒状态捆成一束，再把捆好的十束蒲草捆用绳索绑在一起，即可制成小型排筏。制作排筏，一般要依据蒲草的长短多少和捆成的蒲筏大小而确定每只蒲筏所能载渡人数。

四是"挟絙"的制作与使用。将粗大绳索横河而拉紧后固定在两岸的大木桩上，让士卒挟持粗大绳索滑动浮水渡河，就可以由此岸过到彼岸了。所设"挟絙"的数量，一定要根据军队人数的多少而确定，且预先做好充分准备。

五是"浮囊"的制作与使用。以整张完好的羊皮缝制成革囊，然后将其充满气再扎紧吹气口，绑在士卒的腋下，即可成为单兵浮游过河的工具了。

从李筌所详细介绍的以上五种渡河器具所用材料和制作过程来看，皆具有取材容易、制作简单、使用方便等特点。部队行军用以过河，完全可以起到作者所强调的"随事应变，以济百川"的作用。事实上，如此就地取材，迅速制作渡水工具，以遂行部队作战任务，这在古代战争史上，是不乏成功之例的。西汉高帝二年（公元前205年）八月，大将韩信奉刘邦之命率兵进击割据势力魏王豹，就是"以木罂瓿渡军"（见《史记·淮阴侯列传》）而赢得胜利的。当时，魏王豹率众拒守于安邑（位于今山西夏县西北），韩信为了吸引敌人注意力，采用孙子"远而示之近"（见《孙子兵法·计篇》）的佯动误敌战法，于临晋（位于今陕西大荔东）之黄河西岸陈放大批船只，伪装成要从此处渡河的样子，然后亲率主力偷偷迂回北上，从夏阳（故址在今陕西韩城西南之黄河西岸）方向，利用"木罂瓿"（也就是李筌所说的"浮罂"渡水工具），承载汉军东渡黄河，出敌不意地一举袭占安邑，歼灭了魏军，俘获了魏王豹，创造了"以木罂瓿渡军"，实施佯动奇袭取胜的成功战例。又如，三国时期，魏齐王（曹芳）嘉平二年（公元 250 年）十二月，魏将王昶率军进攻东吴江陵（今属湖北），吴军守将施绩决放沮漳河水浸淹江陵以北地区，企图以此阻截魏军南下。魏将王昶针对此情，果断采取于沮漳河"两岸引竹纟亘为桥"（见《三国志·魏志·王昶传》），即以竹子制作"挟纟亘"的办法，使魏军得以渡过沮漳河而顺利南进，并用"积弩（即连弩）同时俱发"（同上），追歼吴军数百人。吴将施绩无力抵抗，连夜逃入江陵城。之后，王昶又采用"先遣五军按大道发还"（同上）的退兵诱敌出战之计，结果大败吴军，击斩吴将钟离茂、许旻等人，施绩仓皇逃跑。魏将王昶就是这样创造了"引竹纟亘为桥渡水"而打败吴军的成功战例。

水战具篇第四十

【原文】

经曰：水战之具，始自伍员①以舟为车、以楫为马。汉武帝平百粤，凿昆明之池，置楼船将军。②其后，马援③、王濬④各造战船，以习江海之利。其船阔狭长短，随用大小，胜人多少⑤，皆以米为率⑥。一人重米二石，则人数率可知。其楫棹⑦、篙橹⑧、楼席⑨、绲索⑩、沉石⑪、调度⑫，与常船不殊。

楼船：船上建楼三重⑬，列女墙、战格⑭，树旗帜，开弩窗、矛穴，置抛车、垒石、铁汁，状如城垒。晋龙骧将军王濬伐吴，造大船，长百二十步⑮，上置飞箸⑯、阁道，可奔车驰马。忽遇暴风，人力不能制，不便于事。然为水军，不可不设，以张形势。

蒙冲：以犀革蒙覆其背，两厢⑰开掣棹孔⑱，前后左右开弩窗、矛穴，敌不得近，矢石不能败。此不用大船，务于速进，以乘人之不备，非战船也。

战舰：船舷⑲上设中墙半身，墙下开掣棹孔。舷五尺，又建棚，与女墙齐，棚上又建女墙，重列战格，人无覆背，前后左右树牙旗⑳、幡帜㉑、金鼓㉒，战船也。

走舸：亦如战船。舷上安重墙㉓，棹夫㉔多，战卒少，皆选勇士精锐者充。往返如飞，乘人之不及，兼备非常救急之用。

游艇：小艇，以备探候㉕。无女墙，舷上置桨床㉖，左右随艇大小长短，四尺一床。计会㉗进止，回军转阵，其疾如飞。虞候㉘居之，非战舶㉙也。

海鹘：头低尾高，前大后小，如鹘㉚之状。舷下左右置浮板，形如鹘翅。其船虽风浪涨天，无有倾侧㉛。背上、左右张生牛皮为城，牙旗、金鼓，如战船之制。

【注释】

①伍员：即伍子胥。名员，字子胥。春秋时期吴国大夫，著名军事谋略家。

②汉武帝平百粤，凿昆明之池，置楼船将军：事见《汉书·武帝纪》和《汉书·食货志下》。

百粤，亦作"百越"，我国古代长江以南越人的总称。楼船将军，西汉杂号将军，因统率楼船征南越而得名。

③马援（公元前14—公元49年）：东汉初期著名将领。字文渊，官至伏波将军，封新息侯。

④王濬（公元206—286年）：西晋名将。字士治，官至抚军大将军。

⑤胜人多少：原文漏刻，今据《通典·兵十三·水平及水战具附》补。句义指船只所能承载人数的多少。胜，义犹"盛"（chéng），谓能够承受；承载。

⑥率（lǜ）：指一定的标准和比率。

⑦楫棹：指船桨。短桨称楫（jí），长桨称棹（zhào）。

⑧篙橹：指撑船的竹竿或木杆。

⑨楼席：指船帆。

⑩绁索：粗绳索。

⑪沉石：俗称"压船石"。

⑫调度：安排；调遣。亦指做调度工作的人员。

⑬三重（一chóng）：三层。

⑭战格：即战栅。指防御性障碍物。

⑮百二十步：原文误作"二百步"，今据《资治通鉴·晋纪一·武帝泰始八年》校改。句义指船长一百二十步。

⑯飞簷：亦作"飞檐"。我国传统楼、台、亭、阁等建筑的檐部形式之一，即屋檐上翘若飞举之势。

⑰两厢：原文误作"两相"，今据《通典·兵十三·水平及水战具附》校改。两厢，两边；两旁。

⑱掣棹孔：意思是指划桨孔口。掣（chè），控制，举，拿。引申谓划动。棹，船桨。

⑲船舷：船的两侧。从船尾向船首看时，其左侧叫左舷，右侧称右舷。

⑳牙旗：即旗杆饰有象牙的大旗。多为主将、主帅所建。亦用作出行时的仪仗。

㉑幡帜：即旗帜。

㉒金鼓：本篇这里指作为指挥部队进退的工具。古代作战，通常是击鼓前进，鸣金收兵。

㉓重墙（chóng—）：指两层墙。

㉔棹夫：即船夫。

㉕探候：即侦察。

㉖置桨床：置，原文脱漏，今据《通典·兵十三·水平及水战具附》校补。置，安放。桨床，指放置船桨的座架。

㉗ 计会：谓计虑时机，引申谓随机。

㉘ 虞候：我国隋唐时期军中职掌侦察、巡逻之官。

㉙ 战舶：指作战用的大船。

㉚ 鹘：此字读音有二：一是作为鸟名时读 hú，指一种翅膀窄而尖，嘴短而宽，上嘴弯曲并有齿状突起，飞速快而善于袭击其他鸟类的猛禽，亦称"隼"（sǔn）；二是作为船名（如本篇之"海鹘"）时读 gǔ。

㉛ 倾侧：偏斜；倾倒。

【译文】

经典上说：水上作战的器械装备，始于春秋时期伍子胥以舟船作车、以船桨当马。汉武帝平定百越，开凿昆明池训练水军，设置楼船将军统率水军作战。其后，又有东汉将领马援、西晋将领王濬各自制造大批战船，用来训练水军掌握在江河湖海行驶作战的有利条件。这种战船的宽窄长短，依据实际需要而确定它的大小。船上载人数量多少，都是依照其载米数量的多少为计算标准。船上载乘一人要占二石米的吨位。这样，一船能载乘的人数就可以知道了。这种战船的船桨、撑竿、船帆、绳索、沉石、调度，与通常的船只没有什么区别。

楼船：这种船上面建有三层楼，修列有墙垛、战栅，竖立旗帜；在墙上开有弩弓射箭窗口和长矛击刺的孔洞；在楼上安设有抛石车、垒石、铁水，类似陆地上的城池堡垒。西晋龙骧将军王濬征伐东吴时，所造的大船，船长一百二十步，船上修造的飞檐、阁道，可容车马奔驰。这种大楼船于水上一旦突然遇上暴风，靠人力无法控制其航向。所以，这种船不便于操作使用。然而，建立一支水军队伍，不可不造此种大船，以便用来张显军事威势。

蒙冲：此船是用犀牛皮蒙覆在船背上，船体两侧开凿划桨孔，其前后左右都开有弩窗和矛孔。这样，敌人既不能接近它，矢石也不能伤及人。这种船不需用大型的，务求其进袭速度要快，以便乘敌人疏忽无备之隙，而不是用以向敌人展开正面攻击的战船。

战舰：这种船的船身两侧设有半身高的矮墙，墙的下面开有划桨孔。在船内距船帮五尺的地方，又建置木栅，与矮墙一样高；在木栅上又建矮墙，且设置多层木栅，墙内人员头顶上面没有覆盖物；船的前后左右都竖有主帅牙旗和其他旗帜，设有金鼓等指挥工具。这就是对敌实施正面进攻的战船。

走舸：这种船也如战船的设置一样。船体两侧设有多层墙，但内载船夫多，战士少，都是挑选勇敢之士和精锐士卒充当。此船往来于水上快如飞鸥，能乘敌人措手不及而实施打击，同时具有应付突然事变的救急作用。

游艇：这是一种轻便的小船，以备侦察敌情之用。船上不建矮墙，船体两侧设有安装船桨的座架；左右两侧的船桨座架数量则依船的大小长短而定，通常是每隔四尺一座。此艇随机进退行止，回军转阵时，其行动迅疾如飞。这是主管侦察、巡逻的虞候所乘坐的船，而不是对敌实施正面攻击的战船。

海鹘：此船的船头低，船尾高，前面大，后面小，其形如同鹘鸟的状态。船帮左右两侧下面各置浮板，形似鹘鸟的翅膀。这种船即使遇上滔天风浪，也不会偏斜倾覆。船顶和左右两侧都张挂生牛皮作为防御掩蔽物，船上设置的主帅牙旗和金鼓等指挥工具，如前面所介绍的战舰之制。

【解说】

《水战具篇》系作者从追述中国古代战船的产生与发展的历史入手，旨在着重介绍古代五种类型战船的形制及其作战性能。

李筌认为，我国古代"水战之具"即战船的产生与使用于作战，是"始于伍员以舟为车，以楫为马"。但是，深入考察古代文献却发现，李筌的这一结论是值得进一步商榷的。伍员，即伍子胥，名员，字子胥。春秋末期吴国大夫，著名军事谋略家。他在辅佐吴王阖闾期间，虽曾于周敬王十四年（公元前506年）与将军孙武统率吴国水师乘船沿淮河西进（见《左传·定公四年》晋杜预注），而击败楚军于柏举（位于今湖北麻城东北。一说今汉川北），但是，使用舟船于水上作战，却并非始自伍子胥。据《周易·系辞下》载称，我国早在黄帝、尧、舜的上古时代，就已经"刳木为舟，剡木为楫"，利用舟船开展水上活动了。在商代的甲骨文中，已有水上活动的明确记载；商末周初，已将舟船用来济渡军马。据《史记·齐太公世家》载称，周武王（姬昌）灭纣前夕，为了"东伐以观诸侯集否"，曾组织周军乘坐舟船顺渭水东下入黄河而进抵盟津（位于今河南孟津东），"诸侯不期而会者八百诸侯"。到了春秋时期，舟船已经成为水上作战的重要装备了。据《左传·襄公二十四年》记载，周灵王二十三年（公元前549年）夏，"楚子（即楚康王）为舟师以伐吴"，但却"无功而还"；又，周景王二十年（公元前525年），吴楚长岸（位于今安徽当涂西南）之战，楚军"大败吴师，获其乘舟'馀皇'。"（见《左传·昭公十七年》）其后，吴军打败楚军而夺回"馀皇"大船。以上所引史实，一方面说明，春秋时期位于江淮水域地区的南方诸侯国乘船作战已很普遍频繁；一方面说明，早于伍子胥指挥吴军乘船沿淮水西进，并于柏举击败楚军之前近半个世纪，舟船已经成为楚军水师伐吴的"水战之具"了。不过，作为战船建造业比较发达的吴、越两国，当时也确实拥有种类颇多的大批战船。据东汉袁康《越绝书》记载，当吴王阖闾向伍子胥请教"船运之备"的问题时，子胥回答吴国已拥有"船名大翼、小翼、突冒、楼舡、桥舡"五种战船。又据东汉赵晔《吴越春秋·勾践伐吴外传》记载，越王勾践曾为此自豪而感慨地说："越性脆而愚，水行山处，以船为车，以楫为马，往若飘然，去则难从，悦兵敢死，越之常也。"这大概就是李筌本篇开头所论"水战之具，始自伍员以舟为车，以楫为马"的依据吧。不过，李筌此论似乎安错了人物。

汉代以后，水军之制渐趋完备，战船规模更加扩大。诚如李筌所述：西汉元狩三年（公元前120年），汉武帝刘彻为了南平百粤，下令于京师长安西南开凿昆明池（该池位于今西安西南的斗门镇），并设楼船将军统领汉军"以习水战"（见《汉书·武帝纪》唐颜师古注文）。东汉建武十八年（公元42年），伏波将军马援奉光武帝刘秀之命，率军南征交趾作战时，仅水军就有"楼船大小二千余艘，战士二万余人"（见《后汉书·马援列传》）。西晋初年，晋武帝司马炎策划"伐吴"而"诏（王）濬修舟舰"（见《晋书·王濬列传》）。龙骧将军王濬奉命造船于蜀地（今四川境内），所"作大船连舫，方百二十步，受二千余人。以木为城，起楼橹，开四出门，其上皆得驰马来往。又画鹢首怪兽于船首，以惧江神。舟楫之盛，自古未有。"（同上）从咸宁五年（公元279年）十二月末到泰康元年（公元280年）三月中旬，晋武帝司马炎以20万水陆大军分六路沿长江两岸自西向东而下，在不到四个月的时间，就一举灭亡吴国，结束了三国长期分裂的局面。

隋唐时期是我国古代舰船建造业的一个新的发展高峰历史阶段。这个时期，不仅在内陆沿江地区设立很多大型造船厂，而且在今山东等临海地区设立造船基地。例如，隋炀帝杨广执政时期，于东莱（今山东掖县）造战船三百艘，以为进攻高丽渡海作战之用（见《隋书·元弘嗣传》）。据文献记载粗略统计，有隋一代制造的不同种类、不同型号的舰船多达二十余种，而其中直接用于攻击作战的即有五牙、黄龙、青龙、平乘、舴艋、艨艟、艚舟、八棹、艇舸九种不同类型的战船（参见拙著《隋代军事史》第三章《隋朝的军制、国防与武器装备》，军事科学出版社，1998年10月第1版）。唐朝建立后，设立水部郎中和舟楫署令等职官，专掌造船、漕运和水上防务之事，并在洪州（今江西南昌）、饶州（今江西波阳）、江州（今江西九江）等地设立造船厂，于贞观十八年（公元644年）建造了"浮海大船五百艘"（见《新唐书·阎立德传》），为渡海东征高丽之用。李筌本篇虽未直接论及隋唐两朝造船建造业的发展情况，但所着重介绍的六种舰船，都是隋唐时期水上作战曾使用过的舰船装备。

楼船　此为古代大型指挥战舰，通常为水军统帅所乘坐指挥作战。楼船建造始于春秋末期，以其"船上施楼，故号曰'楼船'也。"（见《史记·南越列传》裴骃集解引应劭语）汉武帝时为征讨百粤所造楼船"高十余丈"（见《史记·平准书》）；东汉初，割据于南郑（今陕西汉中）的公孙述曾"造十层赤楼帛兰船"（见《后汉书·公孙述列传》）。可见，两汉时期楼船规制之大。在隋初之灭陈战争中，大将杨素奉命于永州（今四川奉节）所造名为"五牙"大舰，实际也是楼船之一种，其"上起楼五层，高百余尺，左右前后置六拍竿，并高五十尺，容战士八百人，旗帜加于上"（见《隋书·杨素传》）。到了唐代，对楼船的形制构造做了改革，不以船高层多为标准，而以是否适应作战需要进行规制。诚如李筌所述："其船阔狭长短，随用大小"，皆以实际需要为准。作者李筌本篇所记述的唐代楼船，"船上建楼三重，列女墙、战格，树旗帜，开弩窗、矛穴，置抛车、垒石、铁汁，状如城垒。"可见，唐代楼船从其装备条件来看，是颇具实用而攻击能力强的大型战舰，是为水军"不可不设，以张形势"的指挥战舰。但是，此船终因船体巨大而存在"忽遇暴风，人力不能制，不便于事"的明显弱点。

蒙冲　亦作"艨艟"、"艨冲"。我国古代一种船身狭长、颇具冲击能力的轻型快速战船。始见于东汉刘熙《释名》："外狭而长曰'蒙冲'，以冲突敌船也。"李筌揭示该船具有"不用大船，务于速进，以乘人之不备"的性能特点。蒙冲用于水军作战，见于西晋陈寿《三国志·吴书·董袭传》：东汉献帝（刘协）建安十三年（公元208年），荆州牧刘表部将黄祖曾用蒙冲对孙权兵作战，但为孙权部将董袭用"大舸船"所冲败。

战舰　亦称"战舟"或"斗舰"。此为我国古代水上作战的一种大型主力战舰。始见于春秋战国之际，初名"战舟"。宋代高承《事物纪原·战阵攻守·战舟》载称："《墨子》曰：'公输般自鲁之楚，为舟战之具，谓之'钩拒'。此战舟之始也。"秦汉以后，则称"斗舰"或"战舰"。《三国志·吴书·周瑜传》记载，在赤壁之战中，吴将黄盖以大批"斗舰"载火种冲入曹操水军营，焚毁了曹操串联的战舰，给曹军以极大打击，致其"人马烧溺死者甚众，军遂败退"。从本篇李筌所记述的唐代所用"战舰"的形制和装备条件看，此舰是仅次于楼船的大型攻击性战船。

　　走舸　此为古代一种船体较小、冲击力较强的轻型快速战船。据《三国志·吴书·周瑜传》载称，在赤壁之战中，吴军"又豫备走舸，各系大船后，因引次俱前"，并在击败曹操军的作战中，发挥了重要作用。李筌认为，走舸具有"往返如飞，乘人之不及，兼备非常救急之用"的攻击性能特点。

　　游艇　此为古代一种小型快艇，供水军侦察、巡逻、传令、通信之用。李筌认为，此游艇体小灵活，具有"计会进止，回军转阵，其疾如飞"的性能特点。

　　海鹘　此为一种模拟海鸟之形而创制的攻击性战船。以其船形呈"头低尾高，前大后小，如鹘之状"而得名。此船两侧因置有形如鹘翅的浮板，而具有良好的稳定性。诚如李筌所述："虽风浪涨天，无有倾侧"之虞，比较适应在海上风浪条件下对敌作战之用。

器械篇第四十一

【原文】

经曰：工欲善其事，必先利其器。^①器之于事，如影之随形，响之应声，其相须^②如左右手。故曰：器械不精，不可言兵^③；五兵^④不利，不可举事^⑤。上古庖牺氏^⑥之时，剡木为兵^⑦；神农氏之时，以石为兵，《尚书》"砮石中矢镞"^⑧。黄帝之时，以玉为兵；蚩尤之时，铄金^⑨为兵，割革为甲，始制五兵，建旗帜，树鼗鼓^⑩，以佐军威。

纛^⑪：六面，大将军中营建，出引六军。古者天子^⑫六军，诸侯^⑬三军；今天子一十二卫^⑭，诸侯六军。故有六纛以主之。

门旗^⑮：二面，色红，八幅^⑯，大将军牙门^⑰之旗，出引将军前列。

门枪^⑱：二根，以豹尾为刃楯^⑲，出居红旗之后，止居帐前，左右建。

五方旗^⑳：五面，各具方色。大将军中营建，出随六纛后，在营亦于六纛后建。

严警鼓^㉑：一十二面，大将军营前，左右行列各六面，在六纛后。

角^㉒：一十二枚，于鼓左右列，各六枚，以代金^㉓。

队旗^㉔：二百五十面，尚色图禽^㉕与本阵同，五幅。

认旗^㉖：二百五十面，尚色图禽与诸队不同，各自为识认；出居队后，恐士卒交杂^㉗。

阵将^㉘门旗：各任所色，不得以红，恐纷乱大将军。

阵将鼓：一百二十面，临时惊敌所用。

甲^㉙：六分^㉚，七千五百领^㉛。

战袍^㉜：四分，五千领。

枪：十分，一万二千五百条，恐扬兵缚筏。^㉝

牛皮牌^㉞：二分，二千五百面。马军以团牌^㉟代，四分支^㊱。

弩^㊲：二分；弦，六分^㊳；副箭^㊴，一百分。二千五百张弩，七千五百条弦，二十五万只箭。

弓⁴⁰：十分；弦，三十分⁴¹；副箭，一百五十分。弓，一万二千五百张；弦，三万七千五百条；箭，三十七万五千只。

射甲箭⁴²：五万只。

生鈚箭⁴³：二万五千只。

长垛箭⁴⁴、弓袋、胡鹿⁴⁵、长弓袋：并十分，一万二千五百副。

佩刀⁴⁶：八分，一万口。

陌刀⁴⁷：二分，二千五百口。

棓⁴⁸：二分，二千五百张。

马军及陌刀，并以啄锤⁴⁹、斧钺代，各四分支。

搭索⁵⁰：二分，二千五百条，马军用。

【注释】

① 工欲善其事，必先利其器：语出《论语·卫灵公篇第十五》。句义是，工匠要想搞好他的工作，必须首先要打磨好他的工具。

② 相须：亦作"相需"。义谓相互依存；相互配合。

③ 言兵：谈论打仗。兵，本篇这里指用兵打仗；亦指战争。

④ 五兵：本指五种兵器。在本篇这里泛指各种兵器。

⑤ 举事：本谓行事或办事，但在本篇这里则指倡议起兵之事。

⑥ 庖牺氏：即伏羲氏，亦称牺皇、皇羲（一说，伏羲即太皞）。我国古代神话传说中人类的始祖。相传人类由他和女娲氏兄妹相婚而产生。传说他教民结网而从事渔猎畜牧，这反映出我国原始时代已开始渔猎畜牧的情况。又传"八卦"也出于他的制作。

⑦ 剡木为兵：语本《周易·系辞下》"剡木为矢"句。剡（yǎn），削。兵，本篇这里指兵器。矢，箭头，亦即兵器。

⑧ "《尚书》'砮石中矢镞'"句：钱熙祚校注指出："此伪孔氏《禹贡》传文也。"据此可知，本篇所称之《尚书》当指《孔传古文尚书》。砮石（nǔ—），指可做箭矢的石头。矢镞，指一种轻疾锋利的箭矢。

⑨ 铄金：指熔化金属。

⑩ 夔鼓：指用夔兽皮制作的鼓。夔（kuí），传说中的兽名。据《山海经·大东荒经》载称："东海中有流波山，入海七千里，其上有兽，状如牛，苍身而无角，一足，出入水则必风雨，其光如日月，

其声如雷，其名曰夔。黄帝得之，以其皮为鼓，橛以雷兽之骨声闻五百里，以威天下。"后因以"夔鼓"作为战鼓的美称。

⑪ 纛（dào，又读 dú）：古代军队或仪仗队所用的大旗

⑫ 古者天子：古者，本篇这里指周代；天子，指周天子。

⑬ 诸侯：指周天子所分封的各诸侯国。下文"诸侯六军"句中的"诸侯"乃指唐代地方的各节度使。

⑭ 今天子一十二卫：今天子，本篇这里指唐代皇帝。一十二卫，指唐代前期隶属于皇帝的中央军事组织机构，即左、右卫，左、右骁卫，左、右武卫，左、右威卫，左、右领军卫，左、右金吾卫十二卫。此十二卫统领全国的府兵。

⑮ 门旗：指军阵、军营门前所建的旗帜。

⑯ 八幅：指门旗的宽度。古制一幅为二尺二寸。

⑰ 牙门：古时驻军，主帅或主将帐前竖牙旗（即旗竿上饰有象牙的大旗）以为军门，称为"牙门"。

⑱ 门枪：古时高级官员出行时的仪仗之一。

⑲ 刃椻（一kē）：本谓刀鞘，本篇这里指枪刃的装饰物。

⑳ 五方旗：古代指用青、赤、白、黑、黄五种颜色分别代表东、南、西、北、中五个方向的旗帜，通常用于军队中。相传为黄帝时所设。

㉑ 严警鼓：指用于严密警戒的鼓，遇有敌情，击鼓传递警情。

㉒ 角：指军用的号角。

㉓ 代金：指代替金属制器。

㉔ 队旗：古代军中用以标志某支部队名目或数量的旗帜。

㉕ 尚色图禽：谓崇尚的颜色和禽兽图形。

㉖ 认旗：古代行军作战时，主将所用作为表识的旗帜称为"认旗"。其旗上皆有不同的标记加以区别，以便于士卒辨认自己所在的单位。

㉗ 交杂：指相互混杂不清。

㉘ 阵将：部将的别称，或谓领兵作战的部将。

㉙ 甲：指铠甲。古代士卒作战时所穿戴的护身服装，一般是用金属片或皮革制成。

㉚ 六分：本篇这里指铠甲数应为一军（周制一军一万二千五百人）的十分之六。下文所提到的"四分"、"十分"、"二分"等，皆以此类推而得出其实数。

㉛ 领：古代用于计算衣服、铠甲的量词，犹言"件"、"张"等量词。

㉜ 战袍：古代战士穿的长外衣，后亦泛指军衣。

㉝ 扬兵缚筏：扬兵，本篇这里指兴兵打仗。缚栿，指捆绑渡水的排筏。

㉞ 牛皮牌：指用牛皮制作的盾牌，士兵作战时用以防护身体。

㉟ 团牌：即圆形的盾牌。团，圆也。

㊱ 四分支：指以十分之四支给。

㊲ 弩：古代一种机械发射箭矢的弓箭，亦称"弩机"。

㊳ 弦，六分：六分，原作"三分"，钱熙祚校注指出："按下文当作'六分'。"钱说为确，故据以校改。

㊴ 副箭：副，本篇这里作量词。多用于表器物的成对或成双。副箭，为一对箭（即两支箭）；故"一百分"比率的"副箭"，其实际箭数当为下文的"二十五万只箭"。

㊵ 弓：指靠人臂力拉弦射箭的弓。

㊶ 弦，三十分：三十分，原文误作"三"，今据钱熙祚校注改正。

㊷ 射甲箭：指一种可以射穿铠甲的箭。

㊸ 生铍箭：指一种箭头较薄而阔、箭杆较长的箭。铍（pī），即箭。说见清康熙进士、史部右侍郎仇兆鳌《杜诗详注》卷之十五杜甫《七月三日戏呈元二十一曹长》诗"长铍逐狡兔，突羽当月"注称："《广韵》：铍，箭也。"

㊹ 长垜箭：指一种远射箭。

㊺ 胡鹿：亦作"胡禄"、"胡簏"等。指一种装盛箭矢的袋囊。

㊻ 佩刀：指佩带于腰间的刀。古代男子服饰之一，佩之以示威武，同时亦有防身作用。

㊼ 陌刀：指长刀。为古代步兵所持兵器，亦称"斩马剑"。

㊽ 棓（bàng）：通"棒"。棍棒，或称"大杖"。

㊾ 啄锤：古代兵器中一种形似啄木鸟嘴的铁锤。

㊿ 搭索：这里指古代骑兵部队使用的一种拴缚马匹的粗绳索。

【译文】

经典上说：工匠要想做好他的工作，必须首先要有锋利的器具。器具对于工作而言，如同影子跟随形体、音响回应发声一样，它们二者相互依存配合就像人的左右手。因此，武器装备不精良，不可以谈论用兵打仗；各种兵器不锋利，不可以倡议起兵举事。上古的庖牺氏时期，削尖木棒作为兵器；神农氏时期，使用石块作为兵器，就是《孔传古文尚书》中所说的"用砮石做箭镞"；黄帝时期，用玉石做兵器；

蚩尤时期，熔化金属做成兵器，裁割皮革做成铠甲，开始制造各种兵器，建立旗帜，设置战鼓，用以增强军威。

纛：有六面。于大将军所在中营竖立的大旗，部队出发行军时则以此大旗在前面引导六军。在西周时代，天子辖有六军，诸侯辖有三军；今天，皇帝有十二卫，节度使则有六军。因此，建置六纛（即六面大旗），用以指挥六军。

门旗：有二面。为红颜色，旗宽八幅。此为大将军帐前所竖的牙旗，部队出发行军时则用以在将军前列引导。

门枪：有二根。用豹尾做枪刃下的装饰物。部队出发行军时，以此门枪排列在红色门旗之后，停止而宿营时，则将其立于大将军帐前，左右两边各竖一根。

五方旗：有五面。各代表东、南、西、北、中五个方位的青、赤、白、黑、黄五种颜色。五方旗是在大将军所在的中营竖立；部队出发行军时，五方旗随在六纛之后，宿营时也是竖立在六纛之后。

严警鼓：有十二面。它是置于大将军营前，左右两边各排列六面，但位于六纛之后。

角：有十二枚。是在严警鼓的左右两边各置六枚，用以代替金属制器发号施令。

队旗：有二百五十面。旗的颜色和所画禽兽图形，与本阵阵旗相同。这种旗宽五幅。

认旗：有二百五十面。旗的颜色和所画禽兽图形，队与队都不相同，各自为识别本队的标记。部队出发行军时，认旗排在各队之后，以防各队士卒相互混杂不清。

阵将门旗：这种旗可以各任所选颜色，但不得用红色，怕它纷扰混乱大将军的红色门旗。

阵将鼓：有一百二十面。此鼓临战时敲击用以惊扰敌人。

甲：按十分之六配备，一军（一万二千五百人）应配备铠甲七千五百领。

战袍：按十分之四配备，一军应配备战袍五千领。

枪：按十分配备，一军应配备枪一万二千五百条，以备兴兵打仗时捆绑渡水排筏之用。

牛皮牌：按十分之二配备，一军应配备牛皮牌二千五百面；骑兵用圆牌代替，按十分之四支取。

弩：按十分之二配备；弦：按十分之六配备；副箭：按一百分配备。这样，一军计配备弩二千五百张、弦七千五百条、箭二十五万支。

弓：按十分配备；弦，按三十分配备；副箭，按一百五十分配备。这样，一军计配备弓一万二千五百张、弦三万七千五百条、箭三十七万五千支。

射甲箭：一军配备五万支。

生鈚箭：一军配备二万五千支。

长垛箭：此箭所需要的弓袋、胡鹿、长弓袋等袋囊，一并按十分配备。这样，一军此三种袋囊，计各配备一万二千五百支。

佩刀：按十分之八配备，一军计配备佩刀一万口。

陌刀：按十分之二配备，一军计配备陌刀二千五百口。

棓：按十分之二配备，一军计配备棍棒二千五百条。

骑兵所用的陌刀和棍棒，都用啄锤、斧钺代替，各按十分之四支取。

搭索：按十分之二配备，一军计配备拴马绳索二千五百条，由骑兵部队使用。

【解说】

本《器械篇》主要论述兵器装备在古代战争中的重要意义和作用，介绍唐代军队常用的诸种兵器装备的配备情况。

李筌开篇伊始便援引孔子所言"工欲善其事，必先利其器"（见《论语·卫灵公篇第十五》）为理论根据，从分析"器"与"事"的相互依存、密不可分的辩证关系入手，进一步指明，工具（即"器"）之对于工作（即"事"）的作用而言，如同"影之随形，响之应声，其相须如左右手"之相互依存配合、紧密不可分离。基于此种辩证认识观，作者阐明了"器械不精，不可言兵（这里的'兵'指'战争'）；五兵（这里的'兵'指'兵器'）不利，不可举事"的深刻道理，从而论证了古代兵器装备，对于军队赢得作战胜利的重要意义和作用。

作者李筌还进一步论述了中国上古时代兵器和装备的变革与发展的历史进程。他认为，我国古代冷兵器的变革，经历了庖牺氏"刬木为兵"、神农氏"以石为兵"、黄帝"以玉为兵"，到蚩尤"铄金为兵，割革为甲，始制五兵"的发展变化过程。这里需要明确指出的是，李筌所述上古时代兵器发展变化的情况及其代表人物，无论是否完全符合我国冷兵器发展阶段的历史实际，单就其所论兵器材质由最初的木、石、玉（玉，亦是石）制器，到"铄金为兵"的金属制器的发展变化进程，应当说，大体上反映了我国古代冷兵器的发展变化情况。

人类社会发展的历史表明，古代兵器起源于原始的生产工具。恩格斯明确指出：

"劳动是从制造工具开始的。我们所发现的最古老的工具是些什么东西呢？根据所发现的史前时期的人的遗物来判断，根据最早历史时期的人和现在最不开化的野蛮人的生活方式来判断，最古老的工具是些什么东西呢？是打猎的工具和捕鱼的工具，而前者同时又是武器。"（见《马克思恩格斯选集》第三卷《自然辩证法·劳动在从猿到人转变过程中的作用》，人民出版社1972年5月第1版）可见，原始人类的狩猎工具是首先演化为专门用于作战的主要兵器。兵器的产生与发展，是和生产力的水平、科学技术的进步以及战争实践的需要相适应的。根据考古发掘的文物和古代文献的记载，我国古代冷兵器的发展经历了三个历史阶段：一是石器时代的兵器。原始社会末期，亦即新石器时代中晚期，是我国冷兵器的萌发阶段。与当时生产力水平相适应的最好工艺是磨制石器和削制木器。随着生产力的发展和私有制的产生，氏族部落之间为了争夺生存空间，而经常发生争斗。于是，原本用于狩猎的磨制石器和削制木器，便演化成为用于械斗的原始兵器了。二是青铜时代的兵器。大约是在夏代，中国进入青铜时代，经殷商、西周、春秋到战国，延续了2000余年。青铜时代是我国冷兵器的发展阶段，它以青铜质料铸造的进攻性兵器和防护性装具为其代表。商代是我国青铜文化发展的一个高峰时期。当时，青铜冶炼工艺已由矿石混合冶铸的低级阶段，发展到由铜、锡和铅按一定配比冶铸的较高水平。商王朝为了适应不断扩大的军事力量的需要，铸造了大批铜矛、铜戈、铜镞、铜胄等兵器装备军队。到了春秋战国时期，随着战争规模的不断扩大，对青铜兵器的需求量日益增加。因此，这时期的青铜冶铸业较商周时代有了更大发展，青铜兵器的性能和种类都有新变化，创制出许多新型兵器，如弩机、刺（矛）体（戈）联装的戟和剑等进攻性兵器，而镞、戈、矛等传统兵器的形制都有改进，大大提高了杀伤性能。这表明青铜兵器的制造工艺已经达到成熟时期。三是铁器时代的兵器。据郭沫若先生考证，我国古代"大抵在春秋初年已经就有铁的使用了"（见《青铜时代》，科学出版社1957年9月第1版），秦代以后则进入铁器时代。而铁器时代是我国冷兵器的成熟阶段。此时期最先进的工艺是钢铁的冶炼，于是钢铁兵器取代了青铜兵器，就连防护装具也以钢铁制造为主。直到北宋初期火药兵器的出现，自此宣告冷兵器时代的结束，开启了冷兵器与火器并用的新阶段。

隋唐时代，是我国古代钢铁兵器发达的时期，钢铁兵器的生产更加规模化。步骑兵每人必备的弓箭和横刀（亦称"佩刀"）按照"弓一、矢三十，胡禄、横刀……皆一"（见《新唐书·兵志》）的标准配发，其他兵器和装备，也以一定人数比例进行配发。李筌本篇所着重记述的兵器与装备，集中反映了唐代军队武器装备按一定比例配备的概况。从作者所介绍的诸多器械，可以归纳为以下三类：

一是指挥信号类。其中有：旗（包括纛、门旗、五方旗、队旗、认旗、阵将门旗六种旗帜）、鼓（包括严警鼓、阵将鼓二种）、角（号角）。

二是作战兵器类。其中有：远射兵器弩、弓及箭矢（包括射甲箭、生铊箭、长垛箭以及弓袋、胡鹿、长弓袋等配套装具）；格斗兵器枪、佩刀、陌刀（马军以啄锤、斧钺代）、棍棒等。

三是防护装具类。其中有：甲（铠甲）、战袍、牛皮牌等。

对以上三类器械、装具名称、形制及其用途，作者李筌不仅做了详细介绍，而且着重说明了各类器械、装具的配备比例以及指挥信号工具在驻营、行军过程中的配置方位与用途。为我们今人研究唐代军队兵器、装具的形制、性能、用途以及配备情况，提供了十分难得的宝贵资料。

军装篇第四十二

【原文】

经曰：军无辎重①，则举动皆阙②。士卒以军中为家，至于锥刀③，不可有缺。

驴：六分，七千五百头，鞍络自副④。

幕⑤：一万二千五百口，竿、梁、钉、橛、锤自副。

锅：一分，一千二百五十口。

干粮：十分，一人一斗二升，一军一千五百石。

麸袋⑥：十分，一万二千五百口，韦皮⑦缝可绕腰，受一斗五升。

马盂⑧：十分，一万二千五百口，皆坚木为之，或熟铜，受三升。冬月可以暖食。

刀子、锉子、钳子、钻子、药袋、火石袋、盐袋、解结锥、砺石⑨：各十分，一十一万二千五百事⑩。

麻鞋⑪：三十分，三万七千五百纲⑫；摊子⑬、鞦鞴⑭、涴子⑮：各十分，三万七千五百事。

挎帑⑯、抹额⑰、六带⑱、帽子、毡帽子：各十分，六万二千五百事。

毡床⑲：十分，一万二千五百领。

皮裘、皮袴⑳：各三分，七千五百领，或诈为蕃兵㉑用。

柳罐㉒、栲栳㉓：各二分㉔，五千口。

皮囊：十分，一万二千五百事。㉕

锹、锤、斧、锯、凿：各二分，一万二千五百事。

镰㉖：四分，五千张。

切草刀：二分，二千五百张。

布行槽㉗：一分，一千二百五十具。

大小胡瓢㉘：二分，二千五百枚。

马军鞍、鞯^㉙、革带：各十分^㉚，三万七千五百具。

人药^㉛：一分，三黄丸、水解散、疟痢药、金枪刀箭药等五十贴。

马药^㉜：二分。

披毡、披马毡、引马索：各十分，计三万七千五百事。马军无幕，故以披毡代。

插楔^㉝：十分，一万二千五百具。

绊索^㉞：二十分，二万五千条。

皮毛皮条^㉟：三十分，三万七千五百条，备收贼杂使用。

右各队备办公廨^㊱军装^㊲，并须赍行^㊳贮备使用，勿令临时有缺。

【注释】

① 军无辎重：语出《孙子兵法·军争篇》。辎重，指随军车载的军用器械、粮秣、被装等物资。

② 阙：通"缺"，谓缺少。

③ 锥刀：锥子和刀子。本篇这里指细小物件。

④ 鞍络自副：鞍络，指马鞍子和马笼头。自副，谓自行配套齐备。副，本篇这里作量词，指用于成对成套之物。

⑤ 幕：帐幕；帐篷。

⑥ 麸袋：指装粮袋。麸，本谓麸皮，这里代指粮食。

⑦ 韦皮：指去毛熟治的皮革，俗称"熟皮"。

⑧ 马盂：指大型的圆形盛物器具。

⑨ 砺石：即磨刀石。

⑩ 事：本篇这里作量词，义同"件"，指一件。

⑪ 麻鞋：指用麻编织的鞋。

⑫ 緉（liǎng）：古代计算鞋数的量词，犹"双"。

⑬ 摊子：不详其物。

⑭ 鞻鞡：经查各种字典、辞书，均未见此二字，故既不知其读音，也不详其为何物。

⑮ 浻子：不详其为何物。浻，据《中华大字典》载称："水旁齿，色入切，音涩，缉韵。"但此字现已不流行。

⑯ 挎帑（kuà tǎng）：即挎囊，犹"挎包"。

⑰ 抹额：亦称"抹头"，指束在额上的布巾。《新唐书·娄师德传》："戴红抹额。"

⑱ 六带：不详其为何物。

⑲ 毡床：犹"毡席"，指毡制的铺垫用具。

⑳ 皮裘、皮袴：皮裘，即毛皮上衣。皮袴，即毛皮裤子。袴，亦作"裤"。

㉑ 蕃兵：指周边少数民族士兵。

㉒ 柳鑵：亦作"柳罐"，或曰"柳条罐"，指用柳条编成的汲水器。

㉓ 栲栳（kǎo lǎo）：指用柳条编制的盛物器具，或曰"柳条筐（笼）"。

㉔ 二分：原文误作"三分"，今从钱熙祚校注改。

㉕ "皮囊"条：原文作"皮囊袋亦得，锹、锤、斧、锯、凿各二分，一万二千五百事"。钱熙祚在"各二分"句后校注指出："已上张刻本但有'皮囊十分'四字。按：'皮囊袋亦得'句当属上条。"钱说为是。且，又从原条前后文义看，末句"一万二千五百事"，实为一语双关，它既是"皮囊十分"的实际数，又是"锹、锤、斧、锯、凿各二分"条的实际数。故据钱说校改并将"皮囊，十分，一万二千五百事"作为单独一条置前。

㉖ 鎌：同"镰"。即镰刀。

㉗ 布行槽：指用于行军作战时盛放饲料的布制槽子。

㉘ 胡瓢：以成熟的葫芦制作的瓢。

㉙ 辔：即驾驭马匹的缰绳。

㉚ 各十分：原文漏刻"各"，今据钱熙祚校注补。

㉛ 人药：钱熙祚于本条原文末句校注指出："此条张刻本但云：'人药一分，金枪药一分。'又另提行云：'马药二分。'"

㉜ 马药：此条原文脱。今据钱熙祚前条"人药"校注补，并提行单列一条置于"人药"条后。

㉝ 插楗（— jiàn）：犹"插销"。楗，通常指门闩（shuān），亦即插销，通常有木制和金属制两种。

㉞ 绊索：俗称"绊马索"。指用于拴缚马足的绳索，或作战中为绊倒敌方人马而暗设的绳索。

㉟ 皮毛皮条：指用羊毛搓成的绳和皮革条。此条原作"皮毛及连枝中半中皮条"，句意费解，疑"及连枝中半中"系衍文。钱熙祚校注指明：此条"张刻本但有'皮毛皮条'四字。"查述古堂抄本亦同张刻本，故据以校改，删除"及连枝中半中"六字。

㊱ 公廨：古时指官署。

㊲ 军装：本篇这里指各种军事装备。

㊳ 赍行（jī xíng）：犹"赍送"，义谓拿到……，或送到……。

【译文】

经典上说：军队没有军需物资装备，进行军事行动就什么都缺乏。士卒以军队为家，以至于锥刀等细小物件，也都不可缺少。

驴：按十分之六配备，一军（一万二千五百人）计有七千五百头驴，鞍子和笼头由士卒自行配备。

幕：一军计有幕帐一万二千五百顶。用以支撑幕帐的竿、梁、钉、橛、锤，由士卒自行配备。

锅：按十分之一配备，一军计有一千二百五十口锅。

干粮：按十分配备，每人为一斗二升，一军共有一千五百石干粮。

麸袋：按十分配备，一军计有一万二千五百条盛粮袋。此盛粮袋是用熟皮缝制而可以缠绕于腰间，每条袋可盛粮食一斗五升。

马盂：按十分配备，一军计有一万二千五百个马盂。都是用硬木或熟铜制作的，每个容量为三升。冬天可以用来保暖食物。

刀子、锉子、钳子、钻子、药袋、火石袋、盐袋、解结锥、磨刀石：各按十分配备，一军共有十一万二千五百件。

麻鞋：按三十分配备，一军计有三万七千五百双麻鞋；摊子、鞦鞴、澌子，各按十分配备，一军共有三种装具三万七千五百件。

挎包、抹额、六带、帽子、毡帽子：各按十分配备，一军共有五种装具六万二千五百件。

毡席：按十分配备，一军计有一万二千五百张毡席。

皮裘、皮裤：各按十分之三配备，一军计有皮裘、皮裤七千五百套，有时用以假扮蕃兵。

柳条罐、柳条筐：各按十分之二配备，一军共有五千个柳条罐和柳条筐。

皮囊：按十分配备，一军计有一万二千五百个皮囊。

锹、锤、斧、锯、凿：各按十分之二配备，一军共有此五种装具一万二千五百件。

镰刀：按十分之四配备，一军计有五千把镰刀。

切草刀：按十分之二配备，一军计有二千五百把切草刀。

布行槽：按十分之一配备，一军计有一千二百五十具布行槽。

大小葫芦瓢：按十分之二配备，一军计有二千五百个葫芦瓢。

骑兵马鞍、缰绳、革带：各按十分配备，一军共有骑兵的三种装具三万七千五百件。

人药：按十分之一配备，（一军计有人药一千二百五十剂）其中：三黄丸、水解散、疟痢药、金枪刀箭药等各为五十帖。

马药：按十分之二配备，（一军计有二千五百剂）。

披毡、披马毡、引马索：各按十分配备，一军计有三万七千五百件。骑兵没有幕帐，因此用披毡代替。

插销：按十分配备，一军计有一万二千五百件插销。

绊马索：按二十分配备，一军计有二万五千条绊马索。

皮毛皮条：按三十分配备，一军计有三万七千五百条皮毛皮条，以备捆绑所接收的贼寇等杂用。

以上诸项装备物资，为各队备办官署所要求筹备的军用装备物资的配备比率，以及实际配备的数量，都必须持送储备于军中以供征戍时使用，不得在临到用时有所缺少。

【解说】

本篇以《军装篇》为题，主要论述军队日用器物对军事行动的影响作用，介绍唐代军队所需器用、物资的筹措与配备情况。"军装"一词，有广狭二义：狭义特指军服，即军人穿的制服；广义则指军队日常生活与对敌作战所用的器械器物和军事装备。从李筌本篇所述诸多内容来看，这里的"军装"则涵盖广狭二义。

作者李筌首先依据孙子所论"军无辎重则亡"（见《孙子兵法·军争篇》）的重要思想，阐明了"军无辎重，则举动皆阙"的观点。那么，何谓"辎重"？唐代著名文学家、兵学家杜牧注云："辎重者，器械及军士衣装。"（见《十一家注孙子·军争篇》杜牧注，上海古籍出版社，1978年4月第1版）李筌本篇具体所指内容，当包括军用器械、营具、粮秣、医药、服装等数十种生活物资和作战器用。毫无疑义，这些都是确保军队生存和作战所不可缺少的物质条件。换言之，军队如果没有这些器用、物资作保障，就无法生存和对敌作战。李筌所论"军无辎重，则举动皆阙"的思想观点，其重要意义即在于此。

李筌还认为，士卒应当以军队为家。为确保军队日常生活正常进行和对敌作战的有效实施，所需之各种器用、物资，甚至小到锥刀等细小物件，都该应有尽有，不可或缺。为此，作者详细记述了唐代军中所需器用、物资有数十种之多。我们知道，唐代前期（安史之乱前）兵役制是承制于隋代的府兵制，而"府兵征行时，除重兵器与战马由封建国家供给外，其他均应自筹"（引自谷霁光著《府兵制考释》第192页，上海人民出版社，1962年7月第1版）。因此，李筌本篇所述数十种军中日用器物，基本上囊括了唐代前期府兵"自筹"的衣、食、住、行、用等方面的器物。并且，既指明了各类器用、物资的配备比例，也计算出各类器用、物资的配给数量。可以说，真是面面俱到、应有尽有，既详细又明确。作者最后强调指出，军中所需各类器用、物资，必须由"各队备办公廨"，做好平时储备，以便随时使用，"勿令临时有缺"。这体现了"有备无患"（见《左传·襄公十一年》）的可贵思想，是值得肯定的。

中国古代著名兵书研究

太白陰經 解說 下册

张文才 著

綫裝書局

图书在版编目（CIP）数据

太白阴经解说：全2册 / 张文才著 . -- 北京：线装书局，
2017.5

（中国古代著名兵书研究）

ISBN 978-7-5120-2346-8

Ⅰ . ①太… Ⅱ . ①张… Ⅲ . ①兵法 – 中国 – 唐代 – 通
俗读物 Ⅳ . ① E892.42-49

中国版本图书馆 CIP 数据核字（2016）第 170085 号

太白阴经解说（下册）

作　　者：张文才
责任编辑：姚　欣
装帧设计：王文龙
出版发行：线装书局
　　　　地　　址：北京市西城区鼓楼西大街41号（100009）
　　　　电　　话：010-64045283（发行部）　64045583（总编室）
　　　　网　　址：www.zgxzsj.com
经　　销：新华书店
印　　制：北京兴湘印务有限公司
开　　本：787mm × 1092mm　1/16
印　　张：24.5
字　　数：384千字
版　　次：2017年5月第1版第1次印刷
印　　数：0001—3000
定　　价：96.00元（全2册）

线装书局官方微信

目　录

太白阴经解说（下册）

太白阴经卷五

预 备

总　序

【原文】

经曰：不备不虞，不可以帅师。^①愚者有备，与智者同功。故天子有道，守在四境；诸侯有道，守在四邻。国所以立疆埸^②、关塞^③、亭障^④者，将欲别内外，乖夷狄^⑤；置烽燧^⑥、刁斗^⑦者，所以警边徼^⑧，厉士卒^⑨也。

【注释】

① 不备不虞，不可以帅师：语出《左传·隐公五年》。但《左传》原文无“帅”字。帅师，义犹“率师”，谓统率军队。

② 疆埸（— yì）：指边境；国界。

③ 关塞：边关要塞。

④ 亭障：古代边塞要地所设的堡垒。

⑤ 乖夷狄：乖，分离；隔绝。夷狄，古称东方部族为夷，北方部族为狄，二字连用则泛指除华夏族以外的各族。有时也指边远少数民族地区。

⑥ 烽燧：指古代边防报警的烽火台。白天放烟称“烽”，夜间举火为“燧”。

⑦ 刁斗：指古代行军作战中一种多功能的斗形有柄的铜质器具，白天用作炊具，夜间击以巡更。

⑧ 边徼（— jiào）：指边境。

⑨ 厉士卒：谓激励士兵。厉，“励”的古字，激励，鼓励。

【译文】

经典上说：不防备意料不到的情况，就不可以统率军队作战。愚笨的人凡事都能预先有所准备，其结果与聪明的人具有同样功效。所以，天子有远见卓识，便在四境设备防守；诸侯有远见卓识，便在四邻设备防守。国家之所以建立国界、边塞、堡垒的原因，是想要区别内外，隔绝夷狄内侵；之所以设置烽火台、刁斗的原因，是为了警戒边防、激励士卒以提高警惕。

【解说】

李筌《太白阴经》之第五卷，总题曰《预备》，顾名思义，是预先做好准备（或曰"防备"）的意思。作者李筌开宗明义，首先援引《左传·隐公五年》所言"不备不虞，不可以（帅）师"为理论根据，进一步指明："愚者有备，与智者同功。"可见，预先做好准备，对于加强国防和统军作战，其意义十分重大。李筌还进一步分析指出：古代国家预先"立疆场、关塞、亭障者"，意在区别内外，阻绝夷狄内侵，而在边境上"置烽燧、刁斗者"，是为了警戒边防和激励部队保持高度警惕。应当说，这是值得今人肯定和重视的思想观点。

其实，预先做好准备，何止对加强国防和统军作战具有重要意义，就连对人们日常的工作、学习和生活亦然。俗话说得好："慢鸟先飞。"只要慢鸟做到先于快鸟而飞，那么，同样可以取得如李筌所论"愚者有备，与智者同功"的良好效果。《礼记·中庸篇》指出："凡事豫则立，不豫则废。"这里的"豫"，义同"预"，预先之谓也。由此可见，凡事皆有"预备"，即事先做好充分准备，就有取得事业成功的把握。此乃具有普遍意义的客观真理。

从李筌本卷所设的二十篇的内容来看，大多涉及国防建设所应预作准备之事项。其中：《筑城》、《凿濠》、《弩台》、《烽燧台》、《马铺土河》五篇，主要讲的是军事筑城问题。《游奕地听》、《报平安》、《严警鼓角》、《定铺》、《夜号更刻》、《乡导》、《井泉》、《迷途》、《搜山烧草》、《前茅后殿》、《蜂鼓》十一篇，大体是讲军队守御边防过程中所应预先注意解决的各种军事问题。《屯田》、《人粮马料》、《军资》及《宴设音乐》四篇，主要是讲预先搞好守边部队的物质和文化生活的内容，当属部队后勤保障和政治工作范畴。在作者李筌看来，上述三方面的问题，都在其所立《预备》卷题之列。

筑城篇第四十三

【原文】

经曰：先王之制：大都，不过三国之一；中，五之一；小，九之一。①故曰：都城过百雉，国之害也。②今诸侯之城，方两京之城，阔狭③合五之一，其高为边隅之守④，不可为节制⑤。

古今度城之法⑥者，下阔与高倍⑦，上阔与下倍。城高五丈，下阔二丈五尺，上阔一丈二尺五寸，高下阔狭，以此为准。

料功⑧：以下阔加上阔，得三丈七尺五寸；半之，得一丈八尺七寸五分，以高五丈乘之，一尺之城⑨，积数得九十三丈七尺五寸⑩。每一功⑪，日筑二丈⑫，计工四十六人⑬，日筑城一丈余七尺五寸⑭。一步五尺之城⑮，计役二百七十八人⑯，土余五丈；一百步，计工二万七千八百二十人⑰，余一丈土；一里⑱，计工一十万一百九十人，余一丈土。率⑲一里，则十里可知。其出土负篑⑳，并计二丈土。其羊马城㉑于壕内筑，高八尺上至女墙，计工准上。

【注释】

① "先王之制"至"九之一"诸句：语出《左传·隐公元年》所载郑国大夫祭仲对郑庄公（名寤生）所言。大都，指大都邑。国，指国都；三国之一，是指国都的三分之一；中，是指中等都邑；五之一，是指国都的五分之一。小，指小的都邑；九之一，指国都的九分之一。

② "都城过百雉，国之害也"句：语出《左传·隐公元年》祭仲对郑庄公之言。雉（zhì），原本鸟名，通称"野鸡"。但在本篇这里则作为古代计算城墙面积的单位。一雉，为城高一丈、长三丈；百雉，则为城高一丈、长三百丈。

③ 阔狭：指城墙的宽窄。

④ 边隅之守：本篇这里指诸侯的城墙之高，已经如同对外进行防守的边境城墙。边隅，犹"边

境"。

⑤ 节制：控制；限制。

⑥ 度城之法：指计算城墙宽窄高矮的方法。度（duó），丈量，计算。

⑦ 下阔与高倍：意思是，城高是底宽的两倍。下文的"上阔与下倍"，是说城墙的底宽是城墙顶宽的两倍。

⑧ 料功：料，谓估量，计算。功，指一个劳力一天的工作量。

⑨ 一尺之城：指筑起的城墙的长度是一尺。一尺，原文误作"一丈"，今据《通典·兵五·守拒法附》校改。

⑩ 九十三丈七尺五寸：指筑一尺之长的城墙所用的筑土量，实为 937.5 立方尺。

⑪ 每一功：指每一个劳力一日的工作量。

⑫ 日筑二丈：指每日筑城墙所用土方量为 20 立方尺。

⑬ 计工四十六人：此日工人数的计算方法是：937.5 立方尺（总筑土量）÷20 立方尺（人日筑土量）=46.875 人。李筌舍掉小数点后数字，即成 46 人了。

⑭ 日筑城一丈余七尺五寸：指每日筑城墙土方量为 17.5 立方尺。

⑮ 一步五尺之城：五尺之城，原文脱漏，今据《通典·兵五·守拒法附》补。一步，为古代长度名。汉以后以五尺为一步（即一复步），故本篇以"一步"为"五尺"之长。

⑯ 二百七十八人：《通典·兵五·守拒法附》作"二百三十五人"。

⑰ 二万七千八百二十人：《通典·兵五·守拒法附》作"二万三千五百人"。据前文"一步五尺之城，计役二百七十八人"计算，一百步计工当为一步计役人数的一百倍，实数当为二万七千八百人，但本篇却称"一百步计工二万七千八百二十人"，竟多出二十人。

⑱ 一里：里，为长度单位。《穀梁传·宣公十五年》载称："古者三百步为一里。"后亦有以三百六十步为一里者。本篇李筌是以三百六十步为一里。360 步为 100 步的 3.6 倍，用 100 步所需人数 27820 人乘以 3.6 倍，得数为 100152 人。这样，基本接近下文"一里计工一十万九百人"之数。

⑲ 率（lǜ）：这里指计算。

⑳ 负篑（—kuì）：本篇这里指背筐运土。

㉑ 羊马城：亦作"羊马墙"。古代为守城御敌而在城外的护城壕以里，所构筑的类似城圈的防御工事墙。

【译文】

经典上说：先王规定的制度：大的都邑，不得超过国都的三分之一；中等都邑，不得超过国都的五分之一；小的都邑，不得超过国都的九分之一。因此说：都邑的城垣周长超过三百丈的，就成为国家的祸害。如今诸侯的城池，方圆有两个京城之大，城垣的宽窄合国都的五分之一，其城之高相当于守御边境的城墙，已经不可以控制了。

古今计算城墙的宽窄高矮的方法是：城墙的高度是底宽的二倍，底宽是顶宽的二倍。城墙高五丈（即 50 尺），底宽为二丈五尺（即 25 尺），顶宽则为一丈二尺五寸（即 12.5 尺）。城墙的高矮宽窄，都以上述的尺度为标准。

计算筑城的用工量的方法是：用底宽加顶宽得数为三丈七尺五寸（即 37.5 尺），其半数为一丈八尺七寸五分（即 18.75 尺），再用城高五丈（即 50 尺）与之相乘，那么，每筑一尺长的城墙，则需筑土九十三丈七尺五寸（实即 937.5 立方尺）。如按每人每日筑土二丈（实即 20 立方尺），计需用工量为四十六人日，而实际完成筑土量为一立方丈（亦即 10 立方尺），剩余七尺五寸土方（即 7.5 立方尺）。修筑一步（复步）五尺长的城墙，计需用工量二百七十八人日，筑土量富余五丈（即 50 立方尺）土方。修筑一百步（即 500 尺）长的城墙，计需用工量为二万七千八百二十八人日，筑土量富余一丈（即 10 立方尺）土方。修筑一里（即 360 步）长的城墙，计需用工量为十万零一百九十人日，筑土量富余一丈（即 10 立方尺）土方。计算出一里长的城墙的用工量，那么，修筑十里长的城墙需要多少人工也就知道了。其挖土和运土，共计为二丈土方（即 20 立方尺）。用于加强城防的羊马墙，要在城外护城壕以里修筑，其高度上至女墙（即城墙上的矮墙）为八尺，计算它的用工量，可依照上面介绍的计算方法进行。

【解说】

《筑城篇》，是《太白阴经》卷五《预备》总题诸多篇目中的首篇。它主要记述古代筑城之规制，介绍筑城所需土方和用工量的计算方法。

"筑城"一词，最早见于《诗·大雅·文王有声》："筑城伊淢，作丰伊匹。"此为周人追述文王迁丰、武王迁镐之事，以颂美其功业的两句诗。诗中的"淢"（读xù），用同"洫"，这里指护城壕。丰，指丰京，周文王（姬昌）都邑。两"伊"字，系用于句中而无义的语助词。匹，匹配。若把这两句诗译成白话，是说："筑好城垣，挖好城壕；兴建镐京，配于丰京。"（见袁梅著《诗经译注》，齐鲁书社出版，1985 年 1 月第 1 版）但是，筑城作为一种工程建筑活动，则在我国古代有着长期的发展历史。据文献古籍记载和考古发掘证明，我国古代早在原始社会末期，已有筑城出现。例如，《史记·五帝本纪》称舜"一年而所居成聚，二年成邑，三年成都。"《淮南子·原道训》则说："夏鲧（禹之父）作三仞之城。"仞（rèn），我国古代长度单位，周制一仞八尺；三仞二十四尺，其城墙高达二丈四尺。可见，夏鲧时期所筑城邑已有相当规模。到了夏启（禹之子）建立奴隶制国家夏朝之后，就有了更大规模的筑城活动。特别是商、周时代分封制度出现后，各个大小诸侯国纷纷在其领地内设邑筑城，从而逐步形成了城池筑城体系。据东汉赵晔《吴越春秋·吴太伯传》载称：周太王古公亶父（周文王姬昌之祖父）"居三月，成城郭，一年成邑，二年成都，而民五倍其初。"而古公亶父长子太伯之"起城，周三里二百步，外郭三百余里"。到了春秋战国时期，随着战争发展的需要，不少诸侯国又在边境线上修筑长城，直到秦始皇嬴政统一六国后，他在燕、赵等国所筑长城的基础上，派遣大将蒙恬督总三十余万民众，历时十余年，而筑起了西起陇西郡（位于今甘肃临洮境内）、东到辽东郡（治所襄平，今辽宁辽阳）的一条举世闻名的万里长城，从而使我国古代筑城工程由修筑都邑发展到一个以长城筑城体系为内容的军事筑城新阶段。我国万里长城以其气魄宏伟之姿而列入《世界文化遗产名录》，成为世界历史上的伟大工程之一。这是中华民族的伟大骄傲！

李筌在本篇开头所引"先王之制：大都，不过三国之一；中，五之一；小，九之一。故曰：都城过百雉，国之害也。"此系援引《左传·隐公元年》所载春秋时期郑国大夫祭仲对郑庄公（名寤生）所言（但此引文顺序与原著略异），讲的是周代筑城的有关规制。李筌在引述前人之说后指出："今诸侯之城，方两京之城，阔狭合五之一，其高为边隅之守，不可为节制。"显而易见，李筌这里所言乃是站在唐王朝维系国家统治的立场上所发出的议论。然而，中国封建社会进入唐代，城邑建筑规模的急剧扩大，不但是地方割据势力据以与封建中央分庭抗礼的军事斗争的产物，而且更是社会经济不断发展的必然结果。从这个意义上讲，李筌"不可为节制"的议论，倒是揭示了唐代封建经济社会日益发展的必然趋势。

李筌在记述古代筑城规制之后，详细说明了修筑城墙所需工料的计算方法。值得特别指出的是，李筌明确阐释了"羊马城"的修筑位置及其城垣高度。羊马城，亦称"羊马垣"或"羊马墙"，它是建筑在主城墙外侧之护城壕内岸的一道挡墙，大约萌芽于战国时期，而到了隋唐时代，则已经成为城池筑城体系的一种定制。此种羊马墙，在实战中起着阻隔和迟滞敌军顺利攻城的作用，实际是在主城外又增加的一道重要防线，从而使唐代的城池筑城体系更趋完善和更具军事特色。

凿濠篇第四十四

【原文】

经曰：濠①，面阔②二丈，深一丈，底阔一丈。以面阔加底阔，积数三丈，半之得数一丈五尺，以深一丈乘之，凿濠一尺③得数一十五丈④。

每一工日出土三丈，一尺⑤计工五人，一步计工二十五人⑥，一里计工九千人⑦。一里为率，则百里可知。

【注释】

①濠：与"壕"互通。这里指护城河。

②面阔：指护城河的壕面宽度。

③⑤一尺：皆指挖掘护城壕的长度。

④得数一十五丈：指挖掘出的土方量为15立方丈（亦即150立方尺）。此得数的计算公式是：（面宽＋底宽）÷2×深×长。亦就是：（20尺+10尺）÷2×10尺×1尺=150立方尺。

⑥一步计工二十五人：二十五人，原文误作"三十人"。本书是以五尺为一步（指复步），依前文"一尺计工五人"计算，那么，一步（即5尺）计工当为"二十五人"。故改。

⑦一里计工九千人：九千人，原文误作"一万八千人"。本书是以三百六十步（复步）为一里，依前文"一步计工二十五人"计算，那么，一里（即360复步）计工当为"九千人"。故改。

【译文】

经典上说：护城壕的顶面宽二丈（即20尺），深为一丈（即10尺），底宽一丈（即10尺）。顶宽加底宽之和为三丈（即30尺），其半数为一丈五尺（即15尺），用深一丈（即10尺）相乘，那么，挖壕一尺长（即再乘以1尺），便得出挖掘土方数为150立方尺（亦即15立方丈）。

每一劳力日挖土方 30 立方尺（即"三丈"），那么，掘进一尺，计需用工五人日；掘进一步（即一复步，按 5 尺计），计需用工二十五人日，掘进一里（即 360 步 × 5 尺 =1800 尺），计需用工九千人日。以掘进一里的用工量为计算的标准数，那么，掘进百里护城壕的用工量就可以知道了。

【解说】

《凿濠篇》是《太白阴经》卷五《预备》总题中的第二篇，其中心内容是记述唐代护城濠的挖掘规制，介绍掘土用工量的计算方法。

护城濠，亦作"护城壕"、"护城河"，又称"濠隍"。此为人工挖掘的围绕城墙的防护沟渠，它既是古代城郭建筑的一个组成部分，又是古代军事筑城体系的重要组成部分。据《周易·泰卦》载称："城复于隍。"唐代学者孔颖达疏曰："《子夏传》云：'隍是城下池也。'《说文·阜部》：'隍，城池也。有水曰池，无水曰隍。'"这一方面说明，护城濠是伴随城邑兴建而产生的辅助工程设施，我国古代至迟在商周时期已成定制；一方面说明，护城濠存在"有水"和"无水"两种类型，即有水者为城池，无水者为城隍。春秋战国时代，随着诸侯国间攻城夺邑之兼并战争的发展，护城濠在御敌卫城作战中的重要作用更加明显。因此，各诸侯国对护城濠的构筑又有拓宽加深之趋势。《墨子·备城门》所论"凡守围城之法，城［墙］厚以高，壕池深以广"，恰恰反映了这一特点。汉唐时期的护城濠，其规模更趋扩大。仅以都城长安为例，西汉时国都长安的护城濠宽约 8 米、深 3 米，经过城门处的护城濠稍向外突出，且濠上架有木桥，以便于人马出入通行。但唐都长安的护城濠则宽 9 米、深 4 米，比汉代增宽加深各一米（关于汉唐长安护城濠情况，转引自《中国军事史》卷六《兵垒》，解放军出版社 1991 年 2 月第 1 版）。李筌本篇所述"濠，面阔二丈，深一丈，底阔一丈"，是指一般城邑的护城濠的规制，明显小于京师长安城，是不奇怪的。因为，长安是唐朝的国都，而国都城大濠宽且深，乃是自然之势。

弩台篇第四十五

【原文】

经曰：台高下与城等①，去我城百步，台相去亦如之。下阔四丈，高五丈，上阔二丈；上建女墙。台内通暗道，安屈膝软梯②，人上便卷收之。中设毡幕③，置弩手五人，备干粮水火等。候敌近城垒，则攒④弩射其首将⑤。

【注释】

①台高下与城等：原文"等"下有"敌"字，显系衍文。今据《通典·兵五·守拒法附》删除。台，指弩台。高下，谓高低。等，等齐；一样。

②安屈膝软梯：谓安装带有环纽（或曰搭扣）可以收卷的软梯。屈膝，亦即"屈戌"，指门窗、橱柜等物的连接环纽（或搭扣）。

③毡幕：毡制的帐幕。

④攒（cuán）：簇聚；集中。

⑤首将：首要的将领，通常指大将。

【译文】

经典上说：弩台的高低与城墙一样等齐，距我方城墙一百步远，弩台与弩台之间也相距一百步远。弩台底宽四丈，高五丈，顶宽二丈，其上建有矮墙。弩台内通暗道，安装带有环纽可以收卷的软梯，人从暗道攀登软梯上到弩台后，便将软梯卷起来。弩台里边铺设毡制帐幕，内置弩手五人，并有备好的干粮、饮水和火种等物。等到敌人靠近我方城垒时，就集中弩箭射杀敌人的大将。

【解说】

《弩台篇》是《太白阴经》卷五《预备》总题中的第三篇，主要记述唐代弩台的构筑尺度、形制及其在守城作战中的重要作用。

弩台，作为我国古代军事筑城防御体系的重要组成部分，其产生的历史悠久。晚唐著名文学家皮日休在其《馆娃宫怀古》诗中有描写"弩台"的诗句："弩台雨坏逢金镞，香径泥销露玉钗。"馆娃宫，是春秋时期吴王夫差为西施所建造的宫殿，故址在今江苏省苏州市西南灵岩山上。由此可见，弩台早在春秋时期即已伴随筑城活动的发展和弩机的广泛使用而产生。北宋文学家兼地理学家乐史所撰《太平寰宇记·江南东道六·湖州》载称："昔乌程（位于今浙江湖州西南）豪族严白虎于山下垒石为城，与吕蒙战所，今山上有弩台、烽火楼之迹犹存焉。"文中所称吕蒙，系东汉末年汝南富陂（位于今安徽阜南东南）人，从孙权起兵征战，而成为三国时期东吴著名将领。这说明，春秋时期所产生的弩台，在汉代以后应用于作战的广泛性；而到了隋唐时期，则成为城市防御作战体系中不可缺少的重要筑城设施之一。李筌设此《弩台》专篇，详细记述了唐代弩台的构建位置、尺度形制、台内辅助设施以及所配弩手人数等情况，为今人研究我国古代弩台的产生、发展及其在军事上的应用等有关问题，提供了不可多得的资料。

烽燧台篇第四十六

【原文】

经曰：明烽燧①于高山四望险绝处置；无山，亦于平地高迥②处置。下筑羊马城，高下任便③，常以三五为准④。

台高五丈，下阔三丈，上阔一丈，形圆，上盖圆屋覆之。屋径阔一丈六尺，一面⑤跳出三尺，以板为之，上覆下栈。屋上置突灶⑥三所，台下亦置三所，并以石灰饰其表里。复置柴笼⑦三所，流火绳⑧三条在台侧。上下用软梯⑨，上收下垂。四壁开孔，望贼及安置火筒⑩。置旗一面、鼓一面、弩两张、砲石⑪、垒木⑫、停水瓮⑬、干粮、生粮、麻缊⑭、火钻⑮、火箭⑯、蒿艾、狼粪、牛粪。

每夜，平安举一火，闻警⑰举二火，见烟尘⑱举三火，见贼烧柴笼。如早夜⑲平安火⑳不举，即烽子㉑为贼捉㉒。一烽六人，五人烽子，递知更刻㉓，观望动静；一人烽卒，知文书㉔、符牒㉕传递。

【注释】

①燧：连同本篇题目之"燧"，二字原文皆作"熢"，与前一字"烽"音义皆同，疑系"燧"字之误刻。今据四库全书本《太白阴经·烽燧台篇》校改。

②高迥（—jiǒng）：高远；极高。

③任便：任随自便。

④常以三五为准：三五，似为约举之数而非实数，表示数目不多。句义似指烽火台四周的羊马墙的高度通常以三至五尺为准。

⑤一面：本篇这里指每一面。因烽火台呈圆锥形平顶之台，故"一面"实为四面或四周之意。

⑥突灶：指有烟囱的炉灶。突，即烟囱。

⑦柴笼：指装有柴草的筐笼。

⑧ 流火绳：即引火绳。

⑨ 软梯：即前《弩台篇》中的"屈膝软梯"。指安装带有环纽（或搭扣）可以收卷的软梯。

⑩ 火筒：指吹火筒。

⑪ 砲石：指用于抛掷的石头。古"砲"字，义同"抛"。

⑫ 垒木：亦称"滚木"。古时置于城墙之上用以滚击敌人的巨木。

⑬ 停水瓮：指蓄水罐。

⑭ 麻缊：指乱麻。缊（yùn），乱也。据《汉书·蒯通传》"［里母］即束缊请火于亡肉家。"唐颜师古注云："缊，乱麻。"引申谓乱。

⑮ 火钻：旧时民间常用的一种取火工具。

⑯ 火箭：本篇这里指古代以引火物缚在箭头上射到敌阵引起焚烧的一种箭矢。

⑰ 闻警：谓听到危急情况。警，警情，指危险紧急的情况。

⑱ 烟尘：谓敌人行动时所扬起的尘土。这里代指边境敌情。

⑲ 早夜：指天亮之前。

⑳ 平安火：即前文"每夜，平安举一火"之意。

㉑ 烽子：指负责举烽火的士卒。

㉒ 捉：原文误作"提"，显系形近而误刻。今据《通典·兵五·守拒法附》校改。

㉓ 递知更刻：谓轮换值班报时。更刻，指时间。

㉔ 知文书：谓执掌公文书札。知，主持，执掌。文书，指公文书札。

㉕ 符牒：古代符檄关牒等公文的统称。

【译文】

经典上说：烽火台要设在高山而便于眺望四方且险隘绝峭的地方；没有山的地方，也要在平地中的高处设置。烽火台的下面要构筑羊马城，其城墙的高低任随自便，通常以三至五尺高为准。

烽火台高五丈，底宽三丈，顶宽一丈，呈圆形，其上以圆屋顶覆盖。圆屋的直径为一丈六尺，每一面都向外长出台顶三尺，用木板做成上面的覆盖和下面的栈道。圆屋上面安装有带烟囱的炉灶三个，台的下面也放置三个炉灶。圆屋都用白石灰涂抹粉刷其内外。再设置盛装柴草的筐笼三个、引火绳三条于烽火台一侧。上下烽火台都使用软梯：上到台上后，将软梯收卷起来；走下台时，将软梯垂落下来。台上房屋的四壁都要开孔，用以瞭望敌情和安置吹火筒。台上备有一面旗、一面鼓、两张弩，以及砲石、垒木、蓄水罐、干粮、生米、乱麻、火钻、火箭、艾蒿、狼粪、牛粪等物。

每一夜晚，如果平安无事，就举起一火；闻听得到危急情况，就举起二火；看见敌人行动时所扬起的灰尘烟雾，就举起三火；直接看见了敌人，就点燃台侧放置的柴笼报警。如果到了天亮前，还未有看到报晓一夜平安所举之火，就知道负责点燃烽火任务的"烽子"已被敌人捉走了。一个烽火台配备六人，其中五人为"烽子"，负责轮流值班报时，观察敌人动静；一人为"烽卒"，负责公文书札、符檄关牒的传送任务。

【解说】

《烽燧台篇》是《太白阴经》卷五《预备》总题中的第四篇，主要论述古代烽火台的军事作用，介绍唐代烽火台的构筑规制以及人员编成、分工等情况。

烽燧台，是我国古代边防上以烟、火报警的高土台，是守边部队进行目视联络、传递军事信息的一种工程设施。亦称"烽堠"、"烽火台"或"烟墩"等；又因其白天常用狼粪烧烟传告军情，故又称"狼烟台"。烽燧台的通常使用方法是：遇有紧急军情，白天燃烧狼粪以放烟雾报警，称之为"举烽"；夜间燃烧柴蒿以发火光报警，称之为"燔燧"。但是，也有相反说法者，例如，《后汉书·光武帝纪第一下》载文"筑亭候，修烽燧"之唐代学者李贤（唐高宗李治第六子）援引《前书音义》注云："边方备警急，作高土台，台上作桔皋，桔皋头有兜零（《广雅》曰：'兜零，笼也。'），以薪草置其中，常低之，有寇即燃火举之，以相告，曰烽。又多积薪，寇至即燔之，望其烟，曰燧。昼则燔燧，夜乃举烽。"李贤对"烽燧"一词的注释，既详细介绍了古代烽火台"燔燧"与"举烽"的制作、实施及其重要军事作用，又指明了"昼则燔燧，夜乃举烽"的时限性。可供人们研究参考。

据古代文献记载和考古发掘证明，我国早在商周时期已经开始使用"烽燧"。一般都是筑于边境山河谷口或交通要道且便于瞭望敌情的高地上，每隔一定距离建筑一座。凡遇紧急军情，或举烽，或燔燧，依次相传，以使戌守部队做好战斗准备。自春秋战国各诸侯国开始修筑长城以后，烽燧台便作为长城筑城防御体系中的重要工程而同时建造，并充分发挥其传递军情信息的重要作用。所以，诚如《墨子·号令第七十》所论："与城上烽燧相望，昼则举烽，夜则举火，闻寇所从来，审知寇形"，从而使守边部队及时做好准备，以迎战来犯之敌。秦始皇统一全国，建成万里长城之后，沿北方边界一线设置十二郡分守，不仅把沿线所属烽燧台按行政区划而纳入军事指挥系统编制，而且在长城与各级边防指挥部、指挥部与国都之间，沿着以军用为主的驿道上也相次建有烽燧台。这样，便使烽燧台成为以长城筑城为骨干的全方位的国土防御体系中的重要组成部分。汉承秦制，明确按郡、都尉、候官、部、烽燧等序列进行编制，从而形成了更加完整的信息传递和指挥系统（参见《中国军事史》卷六《兵垒·秦汉长城的组成及构筑·烽燧》；《中国科学技术史·军事技术卷·军事筑城的发展·烽火台》，科学出版社，1998 年 8 月第 1 版）。

唐代烽燧台的构筑与使用，是在完全继承秦汉之制的基础上，又有创新性的发展。这在李筌专设的《烽燧台篇》中有详细的记载。据此可以看出，唐代的烽燧台具有如下五大特点：

一是构筑规制明确。它规定烽燧台必须建在"高山四望险绝处"，而无山之地，也须建在"平地高迥处"；而且规定于烽燧台"下筑羊马城"环绕护卫。这样，既便于观察瞭望敌情，又增强自身防御能力。

二是结构形制明确。它规定烽燧台高 5 丈、下宽 3 丈、顶宽 1 丈，台呈圆形；其上建一圆屋覆盖，屋顶直径 1.6 丈，四面向外伸出 3 尺，用木板做成屋顶覆盖其上，其下置有木制栈道。圆屋上面安装带烟囱的炉灶 3 个，台下也放置炉灶 3 个，圆屋"四壁开孔，望贼及安置火筒"。

三是台内设备齐全。台内除储备足够饮水和粮食等生活必需品之外，还备有软梯供人员上下使用。另外，还备有 1 面旗、1 面鼓、2 张弩、砲石、垒木、火钻、火箭、乱麻、柴草、艾蒿、狼粪、牛粪等兵械和烽燧燃烧物。

四是报警信号明确。规定：每夜平安"举一火"，闻警"举二火"，见烟尘"举三火"，见敌兵"烧柴笼"报警；如果天亮前未见举"平安火"，就知道烽燧台的"烽子"被敌人偷袭捉走了。可见，报警信号十分明确。

五是编制任务明确。明确规定：每座烽燧台编配 6 人，其中 5 人为"烽子"，主要任务是：轮流值班、报知更时、观察动静和点火报警；1 人为"烽卒"，负责日常军事文书、符檄关牒的传送。

从以上诸点明显看出，唐代的烽燧制度较之秦汉时期更加完备明确。其所建的烽燧台是当时筑城防御体系的重要组成部分，它不仅能及时而有效地传送边防军情，而且具有军邮驿站的重要作用。可以说，李筌的《烽燧台篇》对今人研究唐代烽燧制度具有极为重要的史料价值。

马铺土河篇第四十七

【原文】

经曰：每铺相去四十里①，如驿近远②。于要路、山谷间，牧马两匹，与游奕计会③，有事警急，烟尘④入境，则奔驰相报。

置土河⑤于山口贼路⑥，横截道凿之，横阔二丈、深二尺⑦，以细沙散土填平。早夜行检⑧，扫令平净⑨。有狐兔入境，亦知足迹多少，况于人马乎？

【注释】

①四十里：《通典·兵五·守拒法附》作"三十里"。

②如驿近远：指马铺之间的距离如同驿站之间的距离远近一样。驿，即驿站，为古代专供传递文书、官员来往及运输等中途暂息、住宿的地方。

③与游奕计会：游奕，本篇这里指巡逻兵。计会，谓计虑商量，引申约定。

④烟尘：本谓敌人行动时所扬起的烟尘，本篇这里代指入境的敌人。

⑤土河：本篇这里指人工挖掘的土沟。

⑥贼路：指山口处敌人必经之路。

⑦二尺：指土河的深度为二尺。原文误作"二丈"，从前后文义来看，不合情理，故据《通典·兵五·守拒法附》校改。

⑧早夜行检：早夜，指天亮前。行检，谓进行检查。

⑨平净：指将土河沟面的细沙散土平整干净。

【译文】

经典上说：所设置的每个马铺之间都相距四十里，就如同每个驿站之间的距离远近一样。在重要道路、山谷之间，使用两匹牧马，事先与巡逻兵约定好，遇有紧急情况，或者敌人入侵我境的警情，每个马铺就派人骑着牧马奔驰递次传报军情信息。

要设置土河（即人工挖掘的土沟）于边境山口处而为敌人所必经之路，横截道路开凿一条宽二丈、深二尺的土沟，沟内用细沙散土填充平整。每日天亮前进行一次检查，然后清扫沟面使之恢复平整干净状态。这样，即使山狐野兔入境经过这里，也能知道其留下的足迹有多少，更何况是入境经过这里的敌军大队人马呢！

【解说】

《马铺土河篇》是《太白阴经》卷五《预备》总题中的第五篇，它集中介绍唐代的"马铺"和"土河"两种军事设施的设置地域及其在对敌作战中的重要作用问题。

唐代的马铺，实际是由古代的驿站演化而来。根据历史文献记载，始于春秋而成制于西汉的驿站，通常为古代供传送文书、转运官物及供往来官员暂息或住宿的地方，类似今天的旅馆。而李筌本篇所讲的唐代的马铺，非指一般的民用或官用性驿站，而是设置于边境地区的独具军事性质的机构处所。因此，所设马铺之间的距离四十里（即"每铺相去四十里"），虽与普通驿站的间距一样，但它只负责边防军情的传送，而不承担官物转运以及供往来官员休息或住宿之责。诚如李筌所述，边境上如"有事警急，烟尘入境"等敌情出现，就立即由马铺派出快马"奔驰相报"，铺铺传送，直至上报到有关军事指挥机构。

土河，则是一种用以侦察判断入境敌人情况的人工开凿的土沟。它凿设于边境山口且为敌人入侵所必经之路的横道上，呈宽2丈、深2尺的横沟，沟内用细沙散土填充与路一平。主要用以检查敌人入境经过此沟踩踏所留下的足迹情况，以此判断敌人数量之多少。

马铺和土河，在中国古代作为专用军事辞语，在唐代以前未见文献记载。这大约可以推断，马铺和土河可能是唐代所始创的，而置于边境地区的两种防御性军事情报设施。这在缺乏先进侦察传送技术条件的古代，不失为侦察判断敌情和及时传递军事情报的两种有效手段。

游奕地听篇第四十八

【原文】

经曰：于奇兵①中选骁果②，谙③山川井泉④者，与烽子、马铺、土河计会交牌⑤，日夕逻候⑥于庭障⑦之外，捉生问事⑧敌营虚实。我之密谋，勿令游奕人⑨知。其副使⑩、子将⑪，并久谙军旅、好身手者⑫任。

地听⑬选少睡者，令枕空胡簏⑭卧；有人马行三十里外，东西南北皆有响见于胡簏中，名曰"地听"，可预防奸。野猪皮为胡簏，尤妙。

【注释】

① 奇兵：通常指担任奇袭敌人任务的机动部队。

② 骁果：谓勇猛刚毅。亦指勇猛敢死之士。

③ 谙（ān）：熟悉；了解。

④ 井泉：水泉。本篇这里泛指水源之处。

⑤ 交牌：指相互验看牌证，以防冒充者。

⑥ 日夕逻候：日夕，犹"日夜"。逻候，巡逻侦察。

⑦ 庭障：即"亭障"，指置于边塞的堡垒。庭，通"亭"。

⑧ 捉生问事：捉生，指捕捉俘虏。问事，原文作"事问"，互乙，今据《通典·兵五·守拒法附》校正。问事，询问事情，本篇这里指询问敌人虚实情况。

⑨ 游奕人：本篇这里指巡逻兵。

⑩ 副使：唐代武官名。指节度使属下的副职。本篇这里则指统领巡逻部队的将领。

⑪ 子将：本指隶属大将之下的副将、偏将，但在本篇这里则指统御巡逻兵的将领。

⑫ 好身手：指体魄健壮、武艺高强的人。

⑬ 地听：本指古代作战中利用井下侦听敌人动静的一种方法，但本篇这里则指担任地听侦察

任务的人。

⑭ 胡簏：原指古代一种盛装箭矢的革制囊袋，但在本篇这里则指一种用于头枕的革制空心地听工具。

【译文】

经典上说：从执行奇袭击敌任务的机动部队中，挑选勇猛刚毅、熟悉山川水源情况的士卒担任巡逻兵，与守卫烽火台的烽子、守卫马铺及土河的士兵约定，交相验看牌证，日夜巡逻、侦察在烽火台、马铺、土河等边防设施之外，还要捕捉俘虏问清敌营虚实情况。有关我军的密谋计划，不要让巡逻兵知道。统领巡逻兵的副使、子将，都要挑选久熟军旅情况、体健艺高的人来担任。

担任"地听"任务的，要挑选睡觉少的人，让他在井下头枕空心胡簏卧身于地上侦听地面敌人的动静；如有敌人兵马行动于三十里之外，无论其从东西南北哪个方向走来，都会有响声传入胡簏之中，而为担任地听任务的人所听见，这就叫作"地听"。可以用这种方法侦听敌人动静和做好预防来犯之敌的准备工作。而用野猪皮制作的胡簏，用作"地听"的工具，其效果尤为灵妙。

【解说】

《游奕地听篇》是《太白阴经》卷五《预备》总目中之第六篇，它主要论述我国古代军队选拔"游奕"（即巡逻兵、侦察兵）和担任"地听"（即利用井下侦听敌人行动）人员的条件及其主要任务。

游奕，指我国古代军队中担任侦察、巡逻任务的军士。据文献记载，至迟于春秋时期已经出现"游奕"。最初称为"游士"，始见于《国语·齐语》"为游士八十人"。但那时的"游士"一词，并不具备完全的军事意义。但到了战国时期，由于社会进步和战争发展的需要，"游士"则具有了完全的军事意义。《六韬》卷五之《龙韬·王翼篇第十八》明确记载，战国时期的"游士"的职责是"主伺奸候变，开阖人情，观敌之意，以为间谍"。到了唐代，则将"游士"改称"游奕"并形成定制，且于军队中专门设置"游奕使"统领"游奕"执行侦察、巡逻任务。据北宋著名史学家司马光《资治通鉴·唐纪二十五·中宗景龙二年》载称："以左玉钤卫将军论弓仁为朔方军前锋游奕使，戍诺真水为逻卫。"元代著名史学家胡三省注云："游奕使，领游兵以巡奕者也。"但是，李筌本篇所论"游奕"，则主要侧重阐述"游奕"的选拔条件及其主要任务。他认为，游奕须从"奇兵中选骁果，谙山川井泉者"来担任，而统领游奕的"游奕使"必须是从节度副使、子将中选拔那些"久谙军旅、好身手者"来担任。游奕的基本职责是：配合守卫烽燧台的烽子和守卫马铺、土河的军士，日夜巡察在关塞亭障之外，以完成捕捉俘虏，查明"敌营虚实"等侦察任务。可见，唐代的游奕是与马铺、土河等边境侦察传递设施相配套的侦察巡逻队伍。这说明，唐代的军事侦察巡逻系统是相当完善严密的。

地听，原本是我国古代战争中一种用于判断有声源目标方位之敌的井下侦听设施。但李筌本篇所讲的"地听"，则主要介绍怎样利用"地听"设施进行侦听的方法问题。作者李筌认为，负责地听的人员，须挑选"少睡者"担任，才能完成夜间井下侦察敌人动态的任务。其具体方法是：让侦听人员头枕空心胡簏（即一种革制囊袋）卧于井下地面，据称如有敌人于三十里以外有所行动，东西南北无论哪个方位，都能从胡簏中听到并分辨清楚。李筌认为，利用这种方法侦听敌人动态，能够起到"可预防奸"的重要作用。实际上，利用"地听"侦听敌人动态的方法，是根据声波在地层中传播的物理声学现象，而判断地面的敌人动态方位，是有一定科学道理的。此种侦听方法，在尚无先进的夜视器材和先进侦听技术的古代，无疑是一种较为实用有效的侦听手段。值得今人肯定。

报平安篇第四十九

【原文】

经曰：报平安者，诸营铺百司主掌①。皆入五更②，有动静报虞候③知。左右虞候早出大将军牙前，带刀磬折④，大声通曰："左右厢兵马及仓库营并平安！"诺⑤，复退本班。如有盗贼⑥，动静紧急，即具言⑦其事。若在野行军，即言行营兵马及更铺⑧并平安。

【注释】

①百司主掌：百司，即百官，亦泛指各级官吏。主掌，谓主管。

②五更：旧时把自黄昏至拂晓的一夜间，分为甲更、乙更、丙更、丁更、戊更五段，称之为"五更"。本篇这里特指第五更（即"戊更"）的时候，亦即天将明之时，俗称之为"五更天"。

③虞候：指唐代军中职掌侦察、巡逻、内务管理之官，隶属于大将军。

④磬折（qìng—）：谓弯腰。表示恭敬。

⑤诺：应允，认可，同意。

⑥盗贼：本篇这里特指敌寇。

⑦具言：犹"备言"，意思是详细报告。

⑧更铺：谓值更定铺。

【译文】

经典上说：报知平安之事，由各个营铺的官吏主管。都是在到了五更天以后，将夜里营区的动静情况报告给虞候知晓。左右虞候早晨起来到大将军牙帐前，身带佩刀弯腰恭敬地大声通报说："左右两边的兵马及仓库、营舍都平安无事！"当其所报情况得到大将军的认可后，他们再退回本班自己的位置上。如果遇有敌寇动静等紧急情况，就立即向大将军详细报告有关情况。如果是在野外正常行军过程中，虞候就向大将军报告行营兵马及执更定铺一切平安无事。

【解说】

《报平安篇》是《太白阴经》卷五《预备》总题中之第七篇，主要记述唐代军队中所设左右虞候负责部队营区与行军宿营的内务安全事宜，以及向上级"报平安"的工作程式问题。

虞候，原本为我国古代执掌山林水泽之官，春秋时期始置。据《左传·昭公二十年》记载，齐国大夫晏婴对齐景公（名杵臼）说："薮之薪蒸（薪蒸，即柴木），虞候守之。"唐孔颖达疏曰："《周礼》山泽之官皆名为虞。每大泽大薮中，士四人。郑玄云：'虞，度也，度知山之大小及所生者；泽，水所钟也。'水希曰薮，则薮是少水之泽，立官使之候望，故以虞候为名也。"可见，虞候初始为掌山林水泽之官。此官虽为后世所沿置，但在不同朝代，其职责有所不同。诚如宋代学者高承《事物纪原·舆驾羽卫·虞候》所说："春秋时……齐晏子云'薮之薪蒸，虞候守之。'本山泽望候之官。《李靖兵法》有左右虞候，名同而职异矣。"

李筌本篇所讲的唐代左右虞候，从篇文内容看，显然是指主管军队内务以及侦察、巡逻之官。按作者所述，唐代军营的日常内务安全事宜，首先由"诸营铺百司主掌"，即由各营铺的官吏直接管理；然后，再由左右虞候统管汇总，向大将军如实报告当天夜间所发生的情况；如果一夜平安无事，即向大将军"报平安"；"如有盗贼，动静紧急"情况，则随时向大将军"具言其事"，如实报告。如果部队是在野外行军宿营而未遇到紧急情况的时候，虞候仍然负有向大将军报告"行营兵马及更铺并平安"的责任。这说明，唐代军队无论驻营或在野战条件下，其部队内务管理都是比较严密有序的；而严格的内务管理制度，又是增强部队战斗力的重要保障，古今军队其理一然。

严警鼓角篇第五十

【原文】

经曰：夫城军①野营，行军在外，五更初、日没时②，捶鼓一通；三百三十捶为"一通"。鼓音止，则角音动：吹一十二声角为"一叠"。角音止，鼓音动，如此三鼓三角，而昏明毕③。行军，第一角声动，兵士起；第二角声动，戎装了④；第三角声动，内外办⑤。角音绝，兵马齐动而发。

【注释】

① 城军：指在城里营区的驻军。

② 五更初、日没时：五更，指旧时的第五更（即"戊更"）之始，实指日出天将明之时（亦即拂晓之时）。日没，指日落黄昏之时。

③ 昏明毕：昏，指黄昏之时；明，指黎明之时。毕，完了。句义是，报完了黄昏至黎明的时刻。

④ 戎装了：指士卒的军装铠甲都穿戴好了。

⑤ 内外办：指内外事宜都准备停当。

【译文】

经典上说：城镇里的驻军在实施野营而行军在外的时候，每天日出黎明之时和日落黄昏之时，都要击鼓一通；击鼓三百三十槌为"一通"。鼓声停止了，就吹响号角；号角吹响十二声为"一叠"。角声停止了，鼓声又响起，如此击鼓三通，吹角三叠，就分别报完了黄昏至黎明的时刻。部队行军时，吹第一遍号角，士兵起床；吹第二遍号角，穿戴好了军装铠甲；吹第三遍号角，内外事宜都准备就绪。角声一停止，兵马齐动向目的地进发。

【解说】

《严警鼓角篇》是《太白阴经》卷五《预备》总目中的第八篇，主要记述唐代有关军队野营、行军过程中，以击鼓、吹角严格警众和指挥部队行动的信号规定。

鼓角，即鼓和角，原本皆为乐器：鼓是打击乐器，角为吹奏乐器。据文献记载，鼓，出现于大禹时代。唐杜佑《通典·乐一》自注云："禹命登扶氏为《承夏》之乐，有钟、鼓、磬、铎、鞀……椎鼓，所以谋有道。"《尚书·虞夏书·胤征》载称，夏王启之子仲康即位后，曾派胤侯率军征讨"酒荒于厥邑"而废弃职守的羲氏与和氏时，胤侯命"瞽奏鼓"。瞽（gǔ），本指盲人，这里代指负责击鼓的乐官，句义是，胤侯命令随军乐官击鼓进战。角，则出现更早，相传为史前黄帝时代的乐器。据《通典·乐一》载称："说者云蚩尤氏帅魑魅与黄帝战于涿鹿，帝乃命吹角为龙吟以御之。"这说明，鼓和角两种乐器的出现，不但具有悠久的历史，而且从其产生伊始就用于军事斗争，逐渐成为古代军中用以报时警众、号令部队行动的两种不可或缺的指挥工具。

李筌本篇所述"严警鼓角"，真实地反映了唐代军队是如何运用"鼓"和"角"这两种指挥工具进行报时警众、号令部队行动的。由此不难看出，唐代军队以击鼓、吹角作为号令部队行动的指挥讯号，其规制既明确又严格，这对加强军队管理、提高部队战斗力有重要作用。李筌以《严警鼓角》立篇，其意义即在于此。

定铺篇第五十一

【原文】

经曰：每日戌时^①，严警鼓角初动，虞候领甲士^②十二队，建旗帜、立号头^③，巡军营及城上。如在野，巡营外，定更铺^④疏密。坐者喝^⑤曰："是甚么人？"巡者答曰："虞候总管某乙巡。"坐 [者] 喝曰："作甚行？"答曰："定铺！"坐 [者]喝曰："是不是行？"答曰："是！"如此者三喝三答，坐 [者] 曰："虞候总管过。"号头及坐 [者] 喝，用声雄者^⑥充。

【注释】

① 戌时：旧时的十二时辰之一。指晚上七时至九时这段时间。

② 甲士：古代指披挂铠甲的战士。亦泛指士兵。

③ 号头：指负责回答号令的小头目。

④ 定更铺：指确定执更点的位置。

⑤ 坐者喝：坐者，指有固定地点而担任守卫值宿的士兵。喝，喝问，大声喊问的意思。

⑥ 声雄者：指声音雄壮有力的士兵。

【译文】

经典上说：每天晚上七点至九点这段时间，当威严警戒的鼓角鸣响开始的时候，虞候率领十二队披挂铠甲的士兵，执行建旗帜、立号头，巡查军营及城墙的任务。如果是部队在野外扎营，那么，除了巡查军营外，还要确定执更铺位点的远近疏密。巡夜中，守卫值宿的士卒大声喊问："是什么人？"巡查的人回答说："是虞候总管某某巡夜！"守卫的士卒接着问道："干什么去？"巡夜的人回答说："安排执更铺位定点事！"守卫的士卒又大声问道："是不是这样？"巡夜人再次回答说："是这样！"像这样经过三次喝问、三次回答之后，守卫值宿的士卒说道："虞候总管请过去吧。"担任回答口令的号头和值宿问令的人，都要选用声音雄壮洪亮的人来充当。

【解说】

《定铺篇》是《太白阴经》卷五《预备》总目中的第九篇，是继《报平安篇》之后，主要记述唐代军中虞候如何执行夜间巡查营区以及确定执更铺位定点等有关规定事宜。

李筌记述指出，军营每天到戌时（即晚上七时到九时之间），正当"严警鼓角初动"之时，即由虞候率领十二队甲士，执行"建旗帜、立号头，巡军营及城上"等任务。倘若部队是在野外扎营时，虞候除了率队负责巡夜任务外，还要负责"定更铺"，即确定和安排好执更位置的远近疏密。虞候率队巡夜过程中，每到一处，都必须经过"坐者"（指在所更铺点值宿守卫并负责问话的士卒）与"号头"（指随同虞候巡夜查铺而负责回答问话的小头目）相互"三喝三答"之后，巡夜的虞候一行方得通过。我们从李筌本篇的详细记述文字中明显看出，唐代军队的宿营定铺和巡夜查铺制度是比较严密的。这无疑是确保部队和营区安全稳定的重要措施，对我们今天搞好部队营院建设、强化安全保卫工作、促进部队稳定发展，仍有重要借鉴意义。

夜号更刻篇第五十二

【原文】

经曰：夜取号于大将军处。粘藤纸①二十四张，十五行，界印缝②，安标轴③，题首云："某军某年某月某日号簿④"。每日戌时，虞候判官持簿于大将军幕前取号。大将军取意⑤，于一行中书两字，上一字是坐喝，下一字是行答。于将军前封锁函⑥，付诸号⑦各到彼巡检所⑧，主首⑨以本钥匙开函，告报⑩不得令有漏泄。一夜书一行，二十四张三百六十行，尽一载⑪，别更其簿。

更漏牌⑫，一日一夜凡一百刻⑬，以竹马⑭为一百牌，长三寸、阔一寸，逐月题云："某月更牌"。一日一夜，计行二百里，探更人⑮每刻徐疾⑯行二里，常取月中气⑰为正⑱。

雨水，正月中⑲。夜传牌四十九分，一更⑳传牌九，余一里一百七十三步三尺二寸。

春分，二月中。夜传牌五十一分，一更传牌十。

谷雨，三月中。夜传牌三十七分，一更传牌七，余一里十四步二尺。

小满，四月中。夜传牌三十六三分㉑，一更传牌七，余一百七十步四尺八寸。

夏至，五月中。夜传牌三十五分，一更传牌七。

大暑，六月中。夜传牌三十六三分，一更传牌七，余一百七十五步一尺二寸。

处暑，七月中。夜传牌三十六三分，一更传牌七，余一百七十五步一尺二寸。

秋分，八月中。夜传牌四十四五分，一更传牌八，余一里二百八十六步一尺二寸。

霜降，九月中。夜传牌四十九五分，一更传牌九，余一百一十八步五尺六寸。

小雪，十月中。夜传牌五十三三分，一更传牌十，余一里一百一十五步一尺二寸。

冬至，十一月中。夜传牌五十五分，一更传牌十一。

大寒，十二月中。夜传牌五十三二分，一更传牌十，余一里一百二十五步一尺二寸。

右件古法，多不合今。㉒

【注释】

① 藤纸：纸名。古时用藤皮制造的纸，故名。

② 界印缝：亦即"骑缝印"。本篇这里指加盖骑缝印。据胡祖德《沪谚外编·俚语考》指出："重要文件字据，须分执或存根者，多于分裂处用印，谓之'骑缝印'。"

③ 标轴：指标明题号的书轴子。古书画使用卷子，而以卷端的棍杆为轴，故称标轴。

④ 号簿：本篇这里指记录口令的本子。

⑤ 取意：谓采取其意，或谓决定其意。

⑥ 封锁函：意思是，用锁将匣子封装起来。函，本篇这里指匣子。

⑦ 付诸号：意思是，分送那些口令。付，送交，送出。诸号，指诸多口令。

⑧ 巡检所：指巡夜检查单位。

⑨ 主首：指头领，或主管官。

⑩ 告报：告知；告诫。

⑪ 尽一载：指号簿一年用完。尽，用完。载，年也。

⑫ 更漏牌：指古时夜间传更报时的竹制牌子。

⑬ 一百刻：刻，为计时单位。古代以漏壶滴漏计时，西汉成帝（刘骜）前，一昼夜分为一百刻。但自汉哀帝（刘欣）建平二年（公元前 5 年）则将一昼夜分为一百二十刻。南北朝时期的南朝梁武帝（萧衍）天监六年（公元 507 年），又将一昼夜分为九十六刻。本篇采用汉成帝前的计时制。清代始以钟表计时，定十五分为一刻，四刻为一小时，沿用至今。据此，今计时一昼夜当为九十六刻。

⑭ 竹马：原本指儿童游戏时当马骑的竹竿子，但本篇这里乃泛指竹竿或竹片。

⑮ 探更人：即指"打更人"。

⑯ 徐疾：指行进速度或慢（徐）或快（疾）。

⑰ 月中气：古代历法以太阳历二十四气配阴历的十二个月，使阴历每月皆有二气：处在月初的叫"节气"，处在月中以后的称"中气"。如立春，因其处在阴历正月月初，是为正月的"节气"；雨水，因其处在正月月中以后，则为正月的"中气"。

⑱ 正：标准；准则。

⑲ 正月中：句义是"雨水"是正月的"中气"。本句的"中"，以及其后逐月的"中"，皆指每月的"中气"。

⑳ 一更：更（gēng），时间量词。本篇这里指夜间的计时单位。旧时自黄昏至拂晓一夜间，分为甲、乙、丙、丁、戊五段，谓之"五更"，每一更约为今之两小时。

㉑ 夜传牌三十六三分：夜传牌，指夜间值更者传送的更漏牌。三十六三分，指传送的更漏牌的数量；此数中的后"三"字，指整数"三十六"后的小数点部分。据此，三十六三分，当为"三十六点三分"（36.3分）。

㉒ 右件古法，多不合今：清钱熙祚于句末校注指出："本篇诸数，以算术求之，多不合。各本尽同，无从是正，故仍之。"钱说为是。右件，指本篇自右至左的诸条数字。古法，指唐以前的古代计算方法。今，李筌指的是唐代。

【译文】

经典上说：夜间从大将军处取得口令，粘好藤纸二十四张，每张十五行，加盖好骑缝印，安装好标轴，并在首张上面题写"某军某年某月某日口令簿"。每天晚上七点至九点这段时间，由虞候判官手持此簿到大将军帐前领取口令。大将军决意后，于一行中书写两字，上一字是执行守卫任务的士卒喝问的口令，下一字是行走的士卒应答的口令。问答口令写好后，在大将军面前将其封锁在匣子中，然后再分送这些口令到各巡检所，由主管官用该匣封锁的钥匙开锁打开匣子，告诫大家不得使口令有所泄露。每一夜的口令书写一行，二十四张藤纸共有三百六十行，一年的口令写满用完后，再换一个新的口令簿。

更漏牌，一天一夜共分一百刻，用竹片做成一百个牌，每牌长三寸、宽一寸，逐月题写"某月更牌"。一天一夜共计行进二百里，值更人掌握行进的快慢速度，保持每一刻行进二里，通常以取月中气的时间为标准时间。

雨水，是正月的中气。夜传牌四十九分，一更传牌九，余一里一百七十三步三尺二寸。

春分，是二月的中气。夜传牌五十一分，一更传牌十。

谷雨，是三月的中气。夜传牌三十七分，一更传牌七，余一里十四步二尺。

小满，是四月的中气。夜传牌三十六点三分，一更传牌七，余一百七十步四尺八寸。

夏至，是五月的中气。夜传牌三十五分，一更传牌七。

大暑，是六月的中气。夜传牌三十六点三分，一更传牌七，余一百七十五步一尺二寸。

处暑，是七月的中气。夜传牌三十六点三分，一更传牌七，余一百七十五步一尺二寸。

秋分，是八月的中气。夜传牌四十四点五分，一更传牌八，余一里二百八十六步一尺二寸。

霜降，是九月的中气。夜传牌四十九点五分，一更传牌九，余一百一十八步五尺六寸。

小雪，是十月的中气。夜传牌五十点三分，一更传牌十，余一里一百一十五步一尺二寸。

冬至，是十一月的中气。夜传牌五十五分，一更传牌十一。

大寒，是十二月的中气。夜传牌五十三点二分，一更传牌十，余一里一百二十五步一尺二寸。

以上所述诸条，是古代夜间值更传牌的计算方法，多数与今天唐代的算法不相吻合。

【解说】

《夜号更刻篇》是《太白阴经》卷五《预备》总目中之第十篇，是继《定铺篇》之后进一步阐述唐代军队巡夜时所应执行的夜号口令以及唐代以前夜间传更报时的方法。

本篇所称"夜号"，实乃古代军队夜间巡营所规定的一种问答口令暗号，通常用来识别敌我，以防敌人偷袭，确保军营安全。此种"夜号"之制，大约始于商周时代。据《周礼·夏官·掌固》载称："昼三巡之，夜亦如之。夜三鼜以号戒。"东汉著名经学家郑玄注引杜子春曰："读'鼜'为造次之'造'，谓击鼓行夜戒守也。"（杜子春，生于西汉末，曾从西汉著名古文经学家刘歆学《周礼》，后以《周礼》教授郑众、贾逵等人，使《周礼》之学得以广泛传播）唐代太学博士贾公彦疏曰："此乃掌固设法与所守之处言以号戒者，使击鼜有所以号呼使戒守耳。"可见，《周礼》所称"夜三鼜以号戒"就是我国古代"夜号"之制的最早记述。后经历代沿用发展，到了隋唐时期，"夜号"已由往昔三次击鼓为号的方式，演变而成一种以口传问答方式的"口令"了。李筌本篇首先详细记述了唐代军中巡夜"口令"的制作过程和使用时应注意掌握的原则。他着重强调两点：一是巡夜口令的制作权归于大将军。每夜口令内容，均由"大将军取意，于一行中书两字，上一字是坐喝，下一字是行答。"二是负责领取口令的虞候判官，必须将所定的口令"于将军前封锁函"内，然后"付诸号各到彼巡检所"，再由各巡检所主管官（即"主首"）"以本钥匙开函，告报不得令有漏泄"。由此不难看出，唐代军中"夜号"制度十分严格，其口令的制作、传送与开启使用，具有保密性极强之特点。

本篇所说的"更刻"，按照李筌的记述，是指古代军中夜间巡营用以报时传更的"更漏牌"。它以"一日一夜凡一百刻"的时间划分为基准，用竹片制成"长三寸、阔一寸"的一百块牌，再逐月题写"某月更牌"。这样，"更漏牌"便制作完成了。此牌在使用过程中，亦以"一日一夜，计行二百里"为基准里程，要求"探更人每刻徐疾行二里"传一牌，如此，"行二百里"正合"一百牌"。但李筌在详细记述古代军队十二个月逐月使用此牌报时传更的"夜传牌"数和"一更传牌"数之后，明确指出："右件古法，多不合令。"意思是说，以上所述逐月"夜传牌"数和"一更传牌"数，是古代计算方法的得数，多数并不符合今天唐代的算法。据此，清钱熙祚校注时进一步强调指出："本篇诸数，以算术求之，多不合。各本尽同，无从是正，姑仍之。"笔者以为钱说为是，并且应当成为我们今天阅读此篇所必须注意把握之点。

然而，值得特别指出的是，历史发展到近现代，伴随着科学技术的飞速发展而出现的机械钟表和各色电子计时器材的广泛应用，虽然古代那种以漏壶滴水计时和夜间凭借漏刻报时传更方法，早已退出了人们的生活舞台而进了历史博物馆，但是，成制于唐代军中的夜号"口令"方式，却仍然成为当代军队的夜间巡营和实施安全保卫的重要措施。这不能不说是唐代的一项历史性贡献。

乡导篇第五十三

【原文】

经曰：即鹿无虞，从入于林中①；不用乡导，难得地利②。

夫用乡导者，不必土人③，但谙彼山川之险易、敌之虚实，即可任也。

赏之使厚，收其心也；备之使严，防其诈也。是故锡④之以官爵，富之以财帛，使有所恋；匹⑤之以妻子，使有所怀。然后察其辞⑥，鉴其色，覆其言⑦，始终如一，可以用之也。

【注释】

① 即鹿无虞，从入于林中：此二句出自《周易·屯卦》。即鹿，犹"逐鹿"，谓追鹿。虞，古代管理山林之官，为贵族打猎时驱赶鸟兽。从，《周易》原作"惟"，李筌改作"从"，谓随从，本篇这里引申为盲从。

② 不用乡导，难得地利：此二句源于《孙子兵法·军争篇》（又见同书《九地篇》）。难，《孙子兵法》原著作"不能"。乡，通"向"；乡导，即"向导"。

③ 土人：亦称"土著"。指世代居住本地的人。

④ 锡：义同"赐"，赐予。

⑤ 匹：匹配；相配。

⑥ 辞：本篇这里指辞令，即以言辞应对的能力。

⑦ 覆其言：覆，审察；查核。言，指人的言谈举止。

【译文】

经典上说：追逐野鹿而没有熟悉山林情况的虞候帮助，只能盲从地进入林中而无所收获。不用熟悉当地情况的人做向导，是难以得到有利地形条件的辅助的。

使用向导，不必非要世代居住于本地的土著人不可；只要熟悉那里山川的险易、敌人的虚实情况的，就可以任用他来做向导。

使用向导，要以丰厚的财物奖赏他，以此收揽他的心；要以严密的措施防备他，以此防范他欺诈。所以，要奖赏他以官爵，富裕他以财帛，使他有所留恋；要配给他以妻子，使他有所怀念；然后再观察他的辞令能力，鉴别他的神色变化，考核他的言谈举止，如果能够始终如一而无变化的话，就可以任用他做向导了。

【解说】

《乡导篇》是《太白阴经》卷五《预备》总目中的第十一篇，主要论述"乡导"（即"向导"）在对敌作战中的重要作用以及如何使用"乡导"来获取"地利"和"敌情"的问题。"乡导"一词，源于《孙子兵法·军争篇》："不用乡导者，不能得地利。"（又见同书《九地篇》）乡，通"向"；乡导，即"向导"，指熟悉情况的带路人。本篇李筌依据孙子关于"乡导"的理论，着重阐明了以下两个重要思想观点：

一是阐明了"乡导"在对敌作战中的重要作用，进一步揭示了使用"乡导"是获取"地利"和"敌情"进而赢得作战胜利的重要途径和方法。作者李筌开篇伊始即明确指出："不用乡导，难得地利。"他引录《周易·屯卦》的"即鹿无虞，从入于林中"为据，进一步分析认为，作战中不使用"乡导"，正像狩猎者追逐野鹿而没有熟悉山林情况的虞官引导帮助一样，只能是盲目地尾随入林而无任何收获。这样，李筌便深入浅出地揭示了使用"乡导"在古代对敌作战中的重要作用问题。

二是阐明了充分发挥"乡导"在作战中的重要作用所应采取的必要措施和手段。李筌认为，择用"乡导"不一定非用土著人不可，只要是"谙（熟悉）彼山川之险易、敌之虚实"情况的人，即可以用作"乡导"。这里，作者指明了堪当"乡导"者所应具备的两个重要条件：一要熟悉地形条件，二要了解敌人情况。显而易见，李筌把熟悉"敌之虚实"纳入"乡导"者所应具备的条件之一，无疑是对孙子关于"乡导"理论的一个发展。关于如何充分发挥"乡导"的作用问题，李筌做了详细论述，认为，要想充分发挥"乡导"在对敌作战中的重要作用，必须采取"厚赏"与"严备"相结合的措施和手段，即"赏之使厚，收其心也；备之使严，防其诈也。"李筌的所谓"厚赏"，就是要做到"锡之以官爵，富之以财帛，使有所恋；匹之以妻子，使有所怀"；所谓"严备"，就是要做到"察其辞，鉴其色，覆其言"。作者李筌认为，经过如此"厚赏"之笼络和"严备"的考察之后，在确信所择对象"始终如一"而不变的情况下，就可以任用他做"乡导"了。十分明显，李筌关于如何充分发挥"乡导"在对敌作战中的重要作用问题，所阐述的这些为前人所未曾论及的鲜明思想观点，无疑是对孙子思想宝库的又一丰富与发展。

古今中外的战争，无一不是在一定的空间地域中进行的。作战地区的地形条件怎样，对作战双方都是有很大影响的。因此，避开不利的地形，而利用有利的地形，这历来是为兵家所极为重视的问题。在利用地形上，要做到趋利避害；使用了解敌人情况、熟悉地形情况的人做向导，这在侦察手段和侦察技术落后的古代作战中，便成为兵家指导战争所经常采用的方法手段。例如，西汉武帝（刘彻）元朔五年（公元前124年），大将军卫青奉命率军反击匈奴右贤王入侵的战争，汉军之所以能够比较顺利地取得作战胜利，是有熟悉匈奴情况的随军校尉张骞发挥了重要向导作用的结果。张骞，是汉武帝执政时期著名的外交家。建元三年（公元前138年）他第一次奉命出使西域，中途竟被匈奴扣留长达十余年。在此期间，他了解和掌握了匈奴大量社会情况和自然地理情况；当卫青奉命率军对匈奴发起反击作战时，张骞以校尉之职随军做向导，使汉军能够"知水草处，军得以不乏"（见《汉书·张骞传》），从而确保了对匈奴反击作战的完全胜利。

在现代条件下的作战，由于先进的侦察技术手段的广泛应用，战争指导者对地形条件和敌人情况的了解与掌握，虽然不再像古代战争那样，主要依靠使用"乡导"去获取了，但是，李筌所重视和强调的在现有条件下，尽量运用各种行之有效的手段和方法，去获得"地利"和掌握"敌情"的思想观点，对今天的用兵者来说，仍然不失有借鉴意义。

井泉篇第五十四

【原文】

经曰：沙碛①、卤莽②之中有水③，野马、黄羊④之踪，寻之有水。乌鸟⑤所集处，有水。地生葭苇⑥、菰蒲⑦之处，有伏泉⑧。地有蚁壤⑨之处，下有伏泉。

【注释】

① 沙碛（—qì）：沙漠地。

② 卤莽：本指荒地上的野草，引申谓盐碱荒地。

③ 有水：指沙漠、盐碱地的有水之处。

④ 黄羊：原文作"黄牛"。钱熙祚校注称："文澜阁本作'羊'，张刻本作'野羊之聚'。"据此，黄牛，当以"黄羊"为确，故从改。

⑤ 乌鸟：指乌鸦、山鹊等鸟类。

⑥ 葭苇（jiā—）：即芦苇。初生的芦苇称"葭"。

⑦ 菰蒲（gū pú）：即菰草和蒲草。皆为生长在池沼里的多年生草本植物。

⑧ 伏泉：指隐于地下的暗泉。

⑨ 蚁壤：犹"蚁穴"，即蚂蚁窝。

【译文】

经典上说：在沙漠和盐碱地带寻找有水之处，顺着野马和黄羊的踪迹，就可以寻找到水源。乌鸦和山鹊等鸟类聚集的地方有水。生长芦苇、菰草、蒲草的地方有暗泉。地面有蚂蚁巢穴之处，其地下有暗泉。

【解说】

《井泉篇》是《太白阴经》卷五《预备》总目中的第十二篇。作者以《井泉篇》为题，顾名思义，主要论述古代军队处于野战条件下如何解决饮用水源的问题。

生活的实践经验证明，水是人类乃至一切生命体（包括所有的动植物机体）维持生命和生活所必不可缺的重要物质条件。而由人组成的军队，一刻也不能离开水源的支持。孙子曾经正确指出："军无粮食则亡。"（见《孙子兵法·军争篇》）人们同样可以说，军队如果断了水源，也将失去生存的重要条件而遭到灭顶之灾，这在古代战争中是不乏其例的。东汉光武帝（刘秀）建武十三年（公元37年），汉将马援奉命率军反击羌兵袭扰之战，当汉军进至氐道县（故址在今甘肃礼县西北）后，马援根据"羌在山上"（见《后汉书·马援列传》）设阵对抗的实际情况，立即挥军占据了水草丰盛且地形有利的谷地，采取了围而不击的战法，陷羌兵于极度缺水的困敝境地，迫使其"豪帅数十万户亡出塞，诸种万余人悉降"（同上）。羌兵因"不知依谷之利"（宋著《百战奇法·谷战》），竟集兵于山上，失去了赖以生存的水草，这是导致羌兵大队人马遭到失败的重要原因。

由于水对军队生存与作战的重要意义，所以，历代有作为的兵家都特别重视解决部队野战条件下赖以生存和作战所需要的水源问题。唐代兵学家李筌则设置《井泉篇》，就如何解决古代军队野战条件下的水源问题，做了专门探讨。他指出，军队处于野战条件下，即使是在沙漠或盐碱地域，也可以寻找到水源。其方法是，根据野生动物的行动踪迹、聚集之所，或者野生植物生长之地，均可以寻找到水源。例如，循着"野马、黄羊之踪，寻之有水"；乌鸦和山鹊"所集处，有水"；凡"地生葭苇、菰蒲之处"或"地有蚁壤之处"，其下皆"有伏泉"。李筌本篇所介绍的这些找水方法，可以说是古代军队处于野战环境下如何寻找水源的经验之谈，是有科学道理的。因为，自然界的动植物等生命体，无一不是依靠水源而维系其生存和生长的。因此，在其生存和经常出没之处，必有水源存在，这是毫无疑义的。

迷途篇第五十五

【原文】

经曰：远征迷途，南北不分，当以北辰为正①。

正月，昏参中，朝尾中；②二月，昏弧③中，朝建星④中；三月，昏七星⑤中，朝牵牛⑥中。

四月，昏翼⑦中，朝婺女⑧中；五月，昏亢⑨中，朝危⑩中；六月，昏心⑪中，朝奎⑫中。

七月，昏建⑬中，朝毕⑭中；八月，昏牵牛中，朝觜⑮中；九月，昏虚⑯中，朝柳⑰中。

十月，昏危中，朝七星中；十一月，昏东壁⑱中，朝轸⑲中；十二月，昏娄中，朝氐中。

其阴雪，则用老马引前。昔齐桓公伐孤竹⑳，值雪迷道，驱老马寻途，不迷。

【注释】

① 当以北辰为正：北辰，指北极星；正，标准，准绳。北极星，是出现在天空北部的一颗亮星，距北天极很近，几乎正对着地轴。从地球上看，其位置几乎不变，故人们夜间常靠它来辨别方向。但实际上，由于岁差的缘故，不同历史时期所看到的北极星是不同星名的。例如，宋代时期的北极星，是指北极座的"天枢星"，而现代人们所看到的北极星是指小熊座的"勾陈一"星，14000年时的北极星则是天琴座的"织女星"，等等（参见《中国大百科全书·天文学·北极星》，中国大百科全书出版社出版，1980 年12 月第一版）。

② 自"正月，昏参中，朝尾中"至"十二月，昏娄中，朝氐中"诸句：语出《礼记·月令》。正月、十二月（以及其他诸月），皆指农历一年十二个月的逐个月份。昏，本篇这里谓昏暗不明；朝（zhāo），义同"旦"，与"昏"相对，义谓明亮。参（shēn），指参宿（读xiǔ），即中国

古代天文学所称"二十八宿"（亦称"二十八舍"或"二十八星"）之一，为西方七宿之第七宿。尾，指尾宿，二十八宿之一，为东方七宿之第六宿。娄，指娄宿，二十八宿之一，为西方七宿之第二宿。氐，指氐宿，二十八宿之一，为东方七宿之第三宿。

③弧：即弧星，古星名。属南方七宿之井宿。

④建星：古星名。属南方七宿之斗宿。

⑤七星：亦省称"星"，即星宿，二十八宿之一，为南方七宿之第四宿，因其有星七颗，故又称"七星"。

⑥牵牛：即牛宿，二十八宿之一，为北方七宿之第二宿。

⑦翼：即翼宿，二十八宿之一，为南方七宿之第六宿。

⑧婺女：即女宿，二十八宿之一，为北方七宿之第三宿。又名"须女"、"务女"。

⑨亢：即亢宿，二十八宿之一，为东方七宿之第二宿。

⑩危：即危宿，二十八宿之一，为北方七宿之第五宿。

⑪心：即心宿，二十八宿之一，为东方七宿之第四宿。

⑫奎：即奎宿，二十八宿之一，为西方七宿之第一宿。

⑬建：即建星。

⑭毕：即毕宿，二十八宿之一，为西方七宿之第五宿。

⑮觜（zī）：即觜宿，二十八宿之一，为西方七宿之第六宿。

⑯虚：即虚宿，二十八宿之一，为北方七宿之第四宿。

⑰柳：即柳宿，二十八宿之一，为南方七宿之第三宿。

⑱东壁：即壁宿，二十八宿之一，为北方七宿之第七宿。因其位于天门之东，故又称"东壁"。

⑲轸（zhěn）：即轸宿，二十八宿之一，为南方七宿之第七宿。

⑳昔齐桓公伐孤竹：此战事发生在春秋时期周惠王（名阆）十三年（公元前664年）。齐桓公，春秋齐国国君，名小白。在位四十二年，因任用管仲为相，以"尊周室、攘夷狄"为号召，遂九合诸侯，一匡天下，终其身为盟主，成为春秋五霸之首。孤竹，殷商时所封诸侯国之一，春秋时期为山戎属国，故址在今河北省卢龙、滦县一带。

【译文】

经典上说：军队远征作战而于夜间迷了路，将分不清南北方向。这时，应当以北极星为辨别方向的标准星辰。

农历正月，参宿处于昏暗中，尾宿则处于明亮中；二月，孤星处于昏暗中，建星则处于明亮中；三月，星宿处于昏暗中，牛宿则处于明亮中。

农历四月，翼宿处于昏暗中，女宿则处于明亮中；五月，亢宿处于昏暗中，危宿则处于明亮中；六月，心宿处于昏暗中，奎宿则处于明亮中。

农历七月，建星处于昏暗中，毕宿则处于明亮中；八月，牛宿处于昏暗中，觜宿则处于明亮中；九月，虚宿处于昏暗中，柳宿则处于明亮中。

农历十月，危宿处于昏暗中，星宿则处于明亮中；十一月，壁宿处于昏暗中，轸宿则处于明亮中；十二月，娄宿处于昏暗中，氐宿则处于明亮中。

在阴晦雪天行军，（为防止迷路），就要使用老马在队伍前面引路。春秋时期，齐桓公小白率军北伐孤竹，在获胜挥军回国途中，恰逢大雪纷飞而迷了路。但他及时采纳了国相管仲的建议，而驱赶老马在前寻找归路，最终没有迷失方向，安全顺利地返回了齐国。

【解说】

《迷途篇》是《太白阴经》卷五《预备》总题中的第十三篇，其中心思想内容是介绍古代军队在野战条件下，如何辨别前进方向以防止迷路的问题。

作者李筌在本篇主要介绍两种辨别方向以防止迷路的方法：

一是夜间迷路时辨别南北方向的方法。李筌指出，当部队远征作战，一旦夜间迷路不辨南北的时候，"当以北辰为正"，便可以分清南北方向。这里所说的"北辰"，是指北极星。我国古代文献对此星早有明确记载，如《尔雅·释天》载称："北极谓之北辰。"《公羊传·昭公十七年》则称："北辰亦为大辰。"等等。北极星，是出现在天空北部的一颗明亮的大星，距北天极很近，几乎正对着地轴，从地球上看，此星之位置几乎不变。所以，自古以来，它便成为人们夜间用以辨别南北方向的标准星辰。《论语·为政第二》载称："子（指孔子）曰：'为政以德，譬如北辰，居其所而众星共之。'"这说明，早在我国春秋时期，人们不但以"北辰"（即北极星）作为夜间辨识方向的星辰，而且将其比作君王以德治理国政而令民众拱卫拥戴的标准楷模。

二是雪天迷路时辨别方向的方法。李筌指出，部队远征作战如遇风雪天气而迷路时，"则用老马引前"，就可以安全返回营地，并以史例加以证之：春秋时期周惠王（名阆）十三年（公元前664年），齐桓公小白偕国相管仲率兵北上攻打孤竹（诸侯国，位于今河北省卢龙、滦县一带），春往冬返，但在回国途中却因大雪纷飞迷失方向，而找不到回归之路，幸得管仲"老马之智可用"的建议，"乃放老马而随之，遂得道"（见《韩非子·说林上》），从而得以安全顺利返回齐国。这就是"老马识途"这一典故的最初来源，从此便成为后人常常用以比喻富有经验、能为先导的著名典实。

李筌本篇所介绍的两种辨别方向的方法，实际是古代人们进行生产生活和军事斗争实践的经验总结，具有较强的实用性和大众性。所以，迄今在那些指南针尚未见用的落后偏远地方，人们仍然运用上述两种古老方法来辨识方向。但这里应当指出的是，夜间以北极星辨别南北方向的方法，只适用于天空晴朗的夜晚，如遇阴雨天或乌云蔽空的夜晚，因见不到星辰闪现，就无法以北极星分辨南北方向了。

搜山烧草篇第五十六

【原文】

经曰：军至险阻①、沟涧、林薄②、蘙荟③、葭芦、草莽之处，鹳④翔鸟舞不下，伏兽惊起，草木无风而动，必谨察之，恐伏奸也。

边城十月一日烧草，及恶山⑤、深谷、大川连水左近⑥草树。虏骑若来，无所伏藏。

【注释】

① "军至险阻"至"必谨察之"诸句：主要取自《孙子兵法·行军篇》。

② 林薄：谓林木茂密。薄，草木丛生，引申谓茂密。

③ 蘙荟（yì huì）：杂草丛生。

④ 鹳（guàn）：水鸟名。鹳科各种鸟类的通称。

⑤ 恶山：指险峻的山。

⑥ 左近：邻近；附近。

【译文】

经典上说：军队行进到险峻隘路、沟壑山涧、林木茂密、杂草丛生、芦苇荡边、草木丛密的荒原之地时，所见鸟雀飞翔而不下落，隐蔽的野兽惊起骇奔，草木没有风吹却摇动不止，对此一定要严密观察，以防设有埋伏的敌人。

设在边境上的城邑，每年十月一日开始放火烧草，连同险恶山地、深谷、大河以及水边附近的野草树木一块烧掉。这样，敌人的骑兵如果来犯，便没有埋伏隐藏的地方了。

【解说】

《搜山烧草篇》是《太白阴经》卷五《预备》总目中的第十四篇。作者以"搜山烧草"为题，旨在论述实行搜查山林险阻和放火烧毁草木的措施，对于预防敌人入侵设伏、确保边境安全的重要意义与作用。

李筌首先依据《孙子兵法·行军篇》所阐述的思想，进一步强调指出：凡是部队行军所经山林、险阻、沟涧、草莽之处，一旦见到"鹳翔鸟舞不下，伏兽惊起，草木无风而动"等异常情况时，很可能是由于敌人在此埋伏所致。据此，一定要进行严密观察和搜索，以防敌人设伏袭击。

其次，作者指出，设在边境一线的城邑，每年十月一日例行放火烧草。大凡敌人入境所能经过之处的野草树木，统统放火烧掉。这样，敌人骑兵入境后，必将"无所伏藏"之处。

从李筌本篇所论"搜山"和"烧草"的具体内容来看，显然这是唐代军队通常所执行的两种制度性措施，如能认真加以贯彻落实，对于破坏敌人入侵设伏的阴谋，确保部队行军安全和赢得对敌作战的胜利，无疑是有重要作用。但是，我们也不能不看到，如此定期性地烧毁边境城邑附近的草木，也是对边境自然生态环境的人为性破坏。这是不能不予以指出的。

前茅后殿篇第五十七

【原文】

经曰:《周礼》"挈壶以令军井,挈辔以令军舍,挈畚以令军粮。"①前茅虑无②,建旗帜以表之。皆古法也。

今以先锋③,令先探井泉、水草、宿止④、贼路⑤,与乡导计会,乃进军。战则有喝后⑥,皆拔白刃以临之,使进,如退却便斩。敌来追我,则后殿⑦与战,无惊扰大军也。

【注释】

① "挈壶以令军井,挈辔以令军舍,挈畚以令军粮"三句:语出《周礼·夏官司马·挈壶氏》。但《周礼》原著皆无"军"字。挈壶,谓将水壶悬挂起来。挈(qiè),悬持;提起。辔(pèi),马缰绳。畚(běn),指竹制或草编的盛粮容器。

② 前茅虑无:语出《左传·宣公十二年》。前茅,据王引之《公羊述闻》称:"茅,当读'旄'。"据此,"前茅"当为"前旄",指古代行军中先头部队在前遇到敌情时则举"旄旌"以警示于后军。虑无,谓思虑所未必有之事,盖有备豫不虞之义。

③ 先锋:本篇这里指行进于大军之前担任先导、侦察任务的先头部队。

④ 宿止:住宿;宿营。

⑤ 贼路:指敌人来犯的路线。

⑥ 喝后:本谓大声喝命后进者,但这里可作"督战"解。

⑦ 后殿:指居于大军尾后担任掩护任务的部队;部队退却时,指断后部队。

【译文】

经典上说:《周礼·夏官司马·挈壶氏》载称:"悬挂水壶于井的上方,使士卒望见而知道水井的位置；悬挂马缰绳于高处，使士卒望见而知道战马宿营于此；悬挂筐笼容器于供粮的高处，使士卒望见而知道去哪里领取粮食。"派出先头部队行进在大军前面，遇到敌情而高举旄旌示警于后续部队，以防备意外情况发生，等等。这些都是古代行军作战常用的方法。

现今，是让先头部队打前站，令其首先探明井泉、水草、宿营之地和敌人来犯之路线，与向导计议商量后，再让大部队进军。在对敌作战中，则设有督战队于大军之后，人人都拔刀在手监督后进士卒，使令他们奋勇前进，如有退后不进的人便立即斩首示众。敌人来追我军时，就由断后部队与之交战，不惊扰大军顺利退却。

【解说】

《前茅后殿篇》是《太白阴经》卷五《预备》总题中之第十五篇，其中心思想是论述古代行军作战时先头部队和断后部队各自所担负的任务及其所起的作用问题。

李筌本篇所称之"前茅"和"后殿"两个古代军事术语，实质是讲我国古代军制中行军作战序列的两种称谓。它产生于春秋时期，而为其后历代所沿用。最早见于《左传·宣公十二年》："前茅虑无，中权，后劲。"那么，何谓"前茅"？据杨伯峻《春秋左传注》考证云："茅，疑即《公羊传》'郑伯肉袒，左执茅旌'之'茅旌'，……楚军之前军或以茅旌为标帜，故云'前茅'。"又说："古之军制，前军探道，以旌为标帜告后军"。又据清代学者王引之《公羊述闻》云："茅为草名，旌则旌章之属，二者绝不相涉，何得称茅以旌乎？茅，当读为'旄'。盖旌之饰，或以羽，或以旄。旄，牛尾。其用旄者，则谓之'旄旌'矣。"笔者认为，杨、王二说甚为精确。由此可见，前茅，当为"前旄"，是指古代军队行军作战序列中位于大军之前担任侦察警众任务的先头部队，遇到敌情时则举"旄旌"（即古代一种以牦牛尾做竿饰的旗帜）而向后续大部队示警。何谓"后殿"？亦即上述所引《左传·宣公十二年》中的"后劲"之义。西晋著名将领兼学者杜预在其所撰《春秋左氏经传集解·宣公十二年》对"后劲"作注指明："后以精兵为殿。"可见，"后殿"是指古代军队行军作战序列中位于大军之后担任掩护和督战任务的部队。

随着社会历史的发展和战争实践的需要，"前茅"、"后殿"等称谓，不但有所变化，而且其所担负的任务也增加了不少新的内容。诚如李筌本篇介绍的那样，"前茅"在唐代称作"先锋"，其主要任务是"先探井泉、水草、宿止、贼路，与乡导计会，乃进军"，为后续大部队打探"进军"道路。可见，唐代之"先锋"不仅担负侦察敌情任务，而且担负着为后续部队探明行军路线及人马宿营时的饮用井泉、水草等任务。这比春秋时期的"前茅虑无，建旗帜以表之"的内容要丰富复杂得多。而唐时的"后殿"部队所承担的任务主要有两项：一是与敌交战时，担负"喝后"督战之责，即"皆拔白刃以临之，使进，如退却便斩"；二是当部队退却时，担负掩护之责，即"敌来追我，则后殿与战"，从而掩护大军安全无损地撤退。

衅鼓篇第五十八

【原文】

经曰：军临敌境，使游奕捉敌一人，立于六纛之前，而祝曰："胡虏不道，敢干天常①；皇帝授我旗鼓，翦灭凶渠②。见吾旗纛者目眩③，闻我鼓鼙④者魄散。"令敌人跪纛前，乃腰斩⑤之；首横路之左，足横路之右，取血以衅鼓鼙。大纛从首足间过，兵马六军⑥从之而往，出胜敌。亦名"祭敌"⑦。

【注释】

①敢干天常：敢干（—gān），同义连绵词。谓胆敢冒犯。天常，谓天之常理，即天理。

②翦灭凶渠：翦灭，义同"剪灭"，谓消灭；除掉。凶渠，指凶徒之首领者，即元凶。

③目眩：眼睛昏花。

④鼓鼙（—pí）：指古代军中常用的鼓。大者曰鼓，小者曰鼙。

⑤腰斩：古时的酷刑之一。此刑是将犯人或敌人从其腰部下刀斩为两段。

⑥六军：此称谓始于周代，指天子所统率的军队。《周礼·夏官司马·序官》载称："凡制军，万有二千五百人为军。王六军，大国三军，次国二军，小国一军。"后因以为国家军队的统称。

⑦祭敌：指用敌人之血涂在鼓上以行祭祀。

【译文】

经典上说：大军迫近敌境时，派遣巡逻侦察兵去活捉敌军一人。统军将领站立在六面大旗跟前，对天祝祷说："胡虏大逆不道，胆敢冒犯天理。现在皇帝授予我军旗战鼓，命我率军前往消灭元凶。看见我军大旗的敌人必定头晕眼花，听到我军鼓声的敌人必定魂飞魄散。"祝祷之后，便命令被捉的敌人跪在大旗前，将其拦腰斩断，再将其连头部分横放于路的左边，带足部分横放于路的右边，取其血涂在大小战鼓上以示行祭。然后，让大旗从敌尸的头、足之间通过；接着，大军兵马紧随大旗前进，出境去战胜敌人。这种杀敌取血涂鼓行祭的仪式，也叫作"祭敌"。

【解说】

《衅鼓篇》是《太白阴经》卷五《预备》总题中之第十六篇，其中心思想是通过记述古代实施战争前以杀俘取血涂鼓这种行祭仪式，着重揭示其震慑敌人、鼓舞士气的作用问题。

"衅"字本义，是谓"血祭"，即指杀生取血涂物以行祭祀之仪。此种"血祭"仪式，在我国古代大约始于商周前后。据《周礼·春官宗伯·天府》记载："上春衅宝镇及宝器。"汉郑玄注曰："衅，杀牲以血血之。"郑注是说用所杀的牲畜之血涂抹宝镇（即玉圭之类的珍贵玉器）和宝器（指象征王位的祭器）以行祭礼。而李筌本篇所称的"衅鼓"，即杀俘取血涂鼓以行祭礼之事，则始见于春秋时期。《左传·僖公三十三年》这样记载："孟明（秦将，在崤山之战中被晋军俘获）稽首曰：'君（指晋襄公欢）之惠，不以纍臣衅鼓，使归就戮于秦'。"西晋杜预在其《春秋左氏传集解》中注云："杀人以血涂鼓，谓之'衅鼓'。"这里值得特别注意的是，"衅鼓"一词又见于《左传》之《成公三年》、《昭公五年》、《定公四年》等篇。由此可见，我国春秋时期杀俘取血涂鼓以行祭礼之事，是比较普遍的。此种"衅鼓"之仪，一直沿用于唐代以后。

从李筌本篇所述"衅鼓"仪式的全过程来看，此种以杀俘取血涂鼓的行祭方式十分残忍。这充分暴露了封建统治阶级肆虐俘虏的残暴性。这是应予批判和摒弃的封建性糟粕。但是，从其所称"皇帝授我旗鼓，翦灭凶渠。见吾旗纛者目眩，闻我鼓鼙者魄散"等祭辞内容来看，无疑是一篇极具煽动力的战前讨敌檄文，在客观上较好地起到了声讨和震慑敌人、动员与鼓舞士气的重要作用。这应当看作李筌专设《衅鼓篇》的理由和目的所在。

屯田篇第五十九

【原文】

经曰：《洪范》"八政"，以食为先。①是以商鞅入秦行垦草之令②，夷吾霸齐富农功之术③。夫地所以养人④，城所以守地，战所以守城。务耕者，其人不衰；务守者，其地不危；务战者，其城不围。

四海⑤之内，六合⑥之中，有奚⑦贵？曰：贵于土。奚贵于土？曰：人之本。奚贵于人？曰：国之本。是以兴兵伐叛而武爵任，武爵任则兵胜⑧；按兵务农则粟富，粟富则国强。⑨人主恃农战而尊⑩；三时⑪务农，一时讲武，使士卒出无余力⑫，入有余粮。所谓兴兵而胜敌，按兵而国富也。

合屯田六十顷⑬：四十顷种子⑭，五顷大豆种子，五顷麦种子，五顷麻种子，五顷荞⑮种子。屯外五十亩菜，不入⑯，至秋纳宴设厨；四十亩蔓菁⑰种子；十亩萝葡种子。已上种子，各依乡原种。

一屯六十丁⑱，一丁日给米二斤，一日一石二斗，一月三十六石，一年四百三十二石。

牛料⑲：一屯六十头牛，日给豆五升，十月一日起料，四月一日停。一日三石，一月九十石，六月⑳五百四十石。

一屯丁粮㉑、牛料、种子、耒屯坚耒㉒，束以长三百七十八尺五寸三分三毫㉓，绳之四分之一长九十三尺六寸三分四毫㉔。四月碌碡㉕，绳内有田一亩。对屯田官㉖分三等田，内上、中、下，耒之以三尺五寸圈成束㉗，则耒数三等可知。

耒屯苗子横耒，取三等束㉘。对屯田官打下苗子㉙，斗升合数㉚，为两绢袋各乘苗子㉛，一椀与屯田官者耒使对㉜，一椀与耒使掌者㉝，屯官封其后，恐有耗损者，耒米取子一斗平量对屯田官，捣耒得几米为率㉞，则一屯斛斗㉟可知。

等级㊱：殊等㊲九千石，第一等七千石，第二等六千石，第三等五千石。岁无水旱灾蝗³⁸，满四千石者，屯官有殿³⁹。

一军载粟⁴⁰一十二万八千石，六分支米九万石⁴¹。以殊等屯一十四余万二千石，方支一岁粮。

《神农书》⁴²曰："虽金城十仞，汤池百步，带甲十万，而无粟者，不能守也。"⁴³故充国伐西戎⁴⁴，杜茂守北鄙⁴⁵，创置屯田，以为耕植也。

【注释】

①《洪范》"八政"，以食为先：《洪范》，是《尚书·周书》的篇名。"八政"出自《洪范》篇，其内容为："一曰食，二曰货，三曰祀，四曰司空，五曰司徒，六曰司寇，七曰宾，八曰师。"唐孔颖达《尚书正义》对《尚书》"八政"做了最好诠释，指出："八政者，人主施政教于民有八事也。一曰食，教民使勤农业也；二曰货，教民使求资用也；三曰祀，教民使敬鬼神也；四曰司空之官，主空土居民也；五曰司徒之官，教众民以礼义也；六曰司寇之官，诘治民之奸盗也；七曰宾，教民以礼待宾客相往来也；八曰师，立防寇贼以安保民也。八政如此次者，人不食则死，食于人最急，故教为先也。"可见，治国之"八政"当以发展农业、解决粮食为第一政务。

②商鞅入秦行垦草之令：商鞅，战国时期著名政治家。公孙氏，名鞅，因其是卫国人，故亦称"卫鞅"。后入秦国辅佐秦孝公推行变法改革，奠定了秦国富强的基础。垦草之令，即商鞅变法时所颁布的《垦草令》，详见《商君书·更法第一》。垦草，垦荒种粮。

③夷吾霸齐富农功之术：夷吾，管仲之名，字仲。春秋初期著名政治家。他任齐相辅佐齐桓公小白推行以"富国强兵"为中心内容的变法改革，使齐国富强而一跃成为春秋五霸之首。农功之术，指管仲倡导并实行的奖励农耕、发展生产的强国富民之策。

④"夫地所以养人"至"其城不围"诸句：语出《尉缭子·战威第四》。但诸句中的两"人"字，《尉缭子》原著皆作"民"。此系唐人避唐太宗李世民名讳而改。

⑤四海：古以中国四境有海环绕，并各按方位为东海、南海、西海、北海，故有"四海之内"之说。犹言天下，泛指全国各地。

⑥六合：古以天、地、东、南、西、北为"六合"，即指整个宇宙空间，亦泛指天下。

⑦奚（xī）：本篇这里作疑问词。意思是：何；什么。

⑧"兴兵伐叛而武爵任，武爵任则兵胜"二句：语本《商君书·去强第四》。武爵任，即《商君书》"武爵武任"之略语，意思是依据武功大小授以武职和爵位。

⑨"按兵务农则粟富，粟富则国强"二句：语本《商君书·去强第四》。按兵，原文误作"按民"，今据《商君书》校改。此谓止兵不动，亦指没有战事的和平时期。粟富，谓粮食富足。

⑩ 人主恃农战而尊：人主，即君主，帝王，指古代国家的最高统治者。农战，即"耕战"，指农耕与战争。古代统治者重视农耕和战争，并主张两者紧密结合以为治国安邦之策。最先倡导此说者为商鞅。尊，指地位尊贵。

⑪ 三时：旧时指春、夏、秋三个农忙季节。下文的"一时"，则指冬季农闲时节。

⑫ 出无余力：出，指出兵打仗。无余力，谓不遗余力，或曰全力以赴。

⑬ 合屯田六十顷：指一个屯田单位合计有耕地六十顷。合，合计，共计。

⑭ 四十顷种子：指在六十顷屯田耕地中，有四十顷为种子田。

⑮ 荞：荞麦。

⑯ 不入：谓不计算在内。

⑰ 蔓菁：亦称"芜菁"，俗称"包包菜"或"大头菜"，块根可做菜食用。

⑱ 一屯六十丁：一屯，指一个屯田单位。丁，旧时指到了服劳役年龄的男子，故又称"丁男"。

⑲ 牛料：指喂牛的饲料。

⑳ 六月：指六个月。按照李筌记述，唐代规定屯田单位给牛喂饲料时间，是从农历十月一日开始，到次年四月一日停止，期间整整六个月。故"六月"是为六个月，亦即半年时间。

㉑ 丁粮：指丁男的口粮。

㉒ 耒屯坚耒：意思是，耕种屯田要备有坚固的农具。耒（lěi），即耒耜（—sì），本指耕地农具，这里借指耕种。屯，指屯田耕地。坚，坚固。

㉓ 束以长三百七十八尺五寸三分三毫：束，本谓捆绑，拴缚，本篇这里引申谓丈量。联系下文似指丈量土地。长三百七十八尺五寸三分三毫，指丈量土地面积所用绳子的总长度。

㉔ 绳之四分之一长九十三尺六寸三分四毫：疑此数计算有误。绳之四分之一，当指上文的"长三百七十八尺五寸三分三毫"的四分之一，其数应为九十四尺六寸三分三毫。将总长三百七十八尺五寸三分三毫的绳子，四折圈成正方形以丈量土地面积，每边长恰为九十四尺六寸三分三毫强。因此，才有下文"绳内有田一亩"之说。

㉕ 磔橛（zhé jué）：指钉木桩。磔，用钉子钉住。橛，木橛子，或曰短木桩。

㉖ 屯田官：指负责管理屯田事务的官员。

㉗ 耒之以三尺五寸圈成束：耒，即耒耜，用以耕作的农具。句义是用三尺五寸长的绳子将耒耜捆缚成束。

㉘ 耒屯苗子横耒，取三等束：耒屯，指耕种屯田。耒，这里作动词，用耒耕种的意思。苗子，似指禾谷种子。横耒，指播种采取东西横向耕作方式。横，与"纵"相对，指东西方向，南北方向则为"纵"。取三等束，联系前文"对屯田官分三等田，内上、中、下"的内容看，此句似言

播种后的田苗长势也依土质的不同情况而区分为三等。

㉙ 打下苗子：指打下粮谷。苗子，指禾谷的籽实，亦即粮食。

㉚ 斗升合数：斗、升、合，皆为我国旧时十进制的容量单位。十合为一升，十升为一斗。数，指计数。

㉛ 为两绢袋各乘苗子：此言用绢布制成两个袋子分别装盛粮食。

㉜ 一椀与屯田官者未使对：椀，同"碗"。本指盛食物的器皿，古代亦常用以作食物或饮料的计量单位。据此，一椀，也可泛指一份。未使对，不解其义，疑系衍文。

㉝ 未使掌者：似指耒耜等农具的掌管者。

㉞ 捣末得几米为率：捣末，不解其义。率，标准；比率。

㉟ 斛斗：指古代计量粮食的容器和单位。一斛（hú）合十斗。

㊱ 等级：指每个屯田单位之粮食产量的预产等级划分。

㊲ 殊等：指特等。

㊳ 水旱灾蝗：指水灾、旱灾及虫灾。蝗，蝗灾，指蝗虫蚕食农作物所造成的灾害。

㊴ 殿：本篇这里指屯田粮食产量的最末一等。

㊵ 一军载米：指一军（一万二千五百人）一年（载）的粮食需要量。

㊶ 六分支米九万石：六分支米，指按十分之六支给粮米。米，一般指去皮壳的谷实；特指去皮壳的稻实，即大米。九万石，疑此数计算有误，因为一十二万八千石的总粮食量的十分之六，当为七万六千八百石，而不是九万石。据此，本书之译文则按"七万六千八百石"书写。

㊷ 《神农书》：约为战国时人伪托之书。据汉班固《汉书·艺文志》记载："《神农》二十篇。六国时，诸子疾念息于农业，道耕农事，托之神农。"唐代颜师古注称："刘向《别录》云，疑李悝及商君所说。"

㊸ "虽金城十仞，汤池百步，带甲十万，而无粟者，不能守也"诸句：见于《汉书·食货志》。金城，指金属筑造之城；汤池，指沸水流淌的护城河。此皆用以形容城池坚固险要之词。仞，古代长度单位，七尺为一仞；一说八尺为一仞。百步，形容护城河的宽度。

㊹ 充国伐西戎：充国。即西汉名将、后将军赵充国。西戎，指汉时居于今青海省境内的先零羌族。赵充国奉汉宣帝刘询之命率军讨伐先零羌并实行屯田之事，详见《汉书·赵充国传》。

㊺ 杜茂守北鄙：杜茂，东汉初大将军。北鄙，指北部边境。鄙，边邑；边境。杜茂初归东汉光武帝刘秀时，为中坚将军。常从刘秀征战，因功升为大将军。后率军镇守北部边境，并于晋阳（今山西太原西南）、广武（今山西代县西南）等地实行屯田事，详见《后汉书·杜茂列传》。

【译文】

经典上说：《尚书·洪范》中所讲的治国的八种政务，是以发展农业、解决粮食为第一政务。所以，商鞅入秦为相推行变法而颁布垦荒的法令，管仲为使齐国称霸而实行奖励农耕的强国富民之策。土地是养育人民的，城邑是用来固守土地的，战争是用来保卫城邑的。注重农业生产的国家，它的人民就不会衰困；注重城邑守备的国家，它的领土就不会危险；注重对敌作战的国家，它的城邑就不会被围。

在全国之内，天地之间，什么是最宝贵的？回答是：土地最为宝贵。为什么说土地最为宝贵？回答是：土地是人民的根本。为什么说人民最为宝贵？回答是：人民是国家的根本。所以，兴兵讨伐叛逆时，就要运用奖励军功的办法，按军功大小授以武职和爵位，军队就能打胜仗；军队不打仗时，就从事农业生产，这样粮食就会富足，粮食富足了，国家就会强盛。国家最高统治者是靠发展农业和从事战争而获得尊贵地位的。因此，每年春、夏、秋三季搞农业生产，冬季农闲时节抓军事训练，从而使军队在战时能全力以赴地出外作战，使国家在平时有富足的粮食储备。这就是人们通常所说的：出兵打仗时能够战胜敌人，按兵不动时能使国家富强。

一个屯田单位，共有耕地六十顷。其中有四十顷是培植优良品种作物的种子田，有五顷种植大豆种子，有五顷种植小麦种子，有五顷种植麻类种子，有五顷种植荞麦种子。除此屯田耕地之外，另有五十亩菜田不计算在内，到秋天时节供举办宴饮时厨师做菜使用，其中有四十亩种植大头菜，十亩种植萝卜。以上作物，要分别依据当地情况而种植。

一个屯田单位，有六十个男丁劳力。每个男丁每天共给粮米二升，六十个男丁每天需要粮米一石二斗，一个月需要粮米三十六石，一年共需粮米四百三十二石。

牛饲料：一个屯田单位有牛六十头，每头牛每天供给大豆五升，每年从十月一日起供料，到次年四月一日停止供料。那么，六十头牛一天需大豆三石，一个月需九十石，六个月共需大豆五百四十石。

一个屯田单位，除需供给男丁的口粮、喂牛的饲料、播种的种子、耕田的耒耜等农具外，还需要备有捆缚农具和丈量耕地用的绳子，共长三百七十八尺五寸三分三毫。将此长绳四折圈成正方形用以丈量土地面积，那么，每边长九十四尺六寸三分三毫。农历四月开始钉木桩丈量土地，正方形的绳框内有田恰为一亩地。给屯田官负责管理的耕地，依据土质的肥瘠情况，划分为上、中、下三等田。耒耜等农具用三尺五寸之绳捆缚为一束，那么，三等田各需要的农具数量就可以知道了。

耕田采取东西横向耕作方式，田苗的长势也按三等区别。收获季节，把该一亩田打下的粮食，按斗、升、合计数，用绢布制作的两个袋子，分别装盛粮食，一份给屯田官，一份给农具的掌管者。绢袋粮食封装后，恐怕有损耗，再平量一斗米给屯田官和农具掌管者，作为得多少粮食的比率数。这样，一个屯田单位的屯田官可得粮食的数量就可以知道了。

粮食预产量的等级划分是：特等为年产粮九千石，一等为年产粮七千石，二等为年产粮六千石，三等为年产粮五千石。如果一年中没有水、旱、虫灾害的话，一屯田单位年产粮满打满算仅四千石的，是屯田官的最末一等标准了。

一军（按一万二千五百人编制计算）一年所需粮食十二万八千石，其中十分之六需以去皮粮米支给，共计支给粮米七万六千八百石。如果按特等屯田产粮为十四万石计算，那么，比规定的产粮量富余一万二千石，才足以够一军一年的粮食需要量。

《神农书》说得好："虽有坚城高十仞，护城河宽百步，带甲战士十万，而没有充足的粮食，也是不能守卫住的。"所以，西汉后将军赵充国率兵讨伐西戎先零羌，东汉大将军杜茂率兵守卫北部边境，都是以创建屯田实施屯垦戍边而闻名于世的。

【解说】

《屯田篇》是《太白阴经》卷五《预备》总目中的第十七篇。作者李筌以"屯田"为题，旨在着重论述推行屯田之制对于加强国防建设，实现富国强兵战略目标的重要意义和作用问题。

屯田作为我国古代国防建设的一项重要制度，由来已久。据文献记载，它源于西汉文帝刘恒执政时期政论家晁错上书"言守边备塞，劝农力本"之议（见《汉书·晁错传》），而成制于汉武帝刘彻时期的"初通西域，置校尉，屯田渠犁（位于今新疆库尔勒西南一带）。"（见《汉书·西域传下·渠犁》）于是，屯田之策便成为此后二千余年我国历代封建王朝为获取军饷税粮以加强国防建设的一项重要制度。

屯田在我国历史上，有军屯、民屯和商屯之分。利用士兵且耕且守的称为"军屯"。例如，汉武帝时期置校尉于西域渠犁屯田、汉宣帝刘询时期后将军赵充国率兵攻讨先零羌并于西部边郡（今青海境内）实施屯田（见《汉书·赵充国传》）、东汉光武帝刘秀统治初期大将军杜茂率兵于晋阳（今山西太原西南）等地屯田（见《后汉书·杜茂列传》），皆属"军屯"。利用募民耕种以解决军饷税粮的称为"民屯"。例如，东汉末曹操先在许下（即今河南许昌东一带）、后推广到所属各州郡的屯田（见《三国志·魏书·武帝纪第一》裴松之注引《魏书》语），皆属募民耕植的"民屯"。利用盐商募民在边郡地区开垦种植以所得粮谷换取食盐运销权的称为"商屯"。但此制始于明太祖朱元璋，到明孝宗朱祐樘时期废止，历时仅120余年，而"军屯"在明代自始至终盛行不衰。

李筌本篇所论之屯田，是唐代所行之屯田，又称"营田"。作者不但详细记述了唐代一个屯田单位所拥有的耕地亩数、劳力和耕牛数量及所需粮食饲料数量、田地肥瘠分类及粮食预产分类等级诸情况，而且还侧重阐述了屯田的意义与作用，提出了可资后世借鉴的重要思想观点：

其一，提倡"以食为先"而发展农业的经济思想。作者开篇首先以《尚书·洪范篇》所论"八政"之中的"一曰食"为理论依据，明确提出了治理国家必须实行"以食为先"即发展农业的观点。这既体现了古代先哲以农业为基础的重要思想，又成为作者设此专篇论述屯田问题的理论根据。正是基于此点，作者遂以商鞅辅佐秦孝公（名渠梁）推行以奖励"耕战"为中心的变法改革而使秦国富强起来，管仲辅佐齐桓公（名小白）推行以"富国强兵"为重点的变法改革而使齐国跃居于春秋五霸之首为实例，揭示了"务耕者，其人不衰；务守者，其地不危；务战者，其城不围"的深刻道理，从而进一步阐明了实行屯田之策，对于加强国防建设、实现富国强兵的重要意义与作用。

其二，主张"人主恃农战而尊"的战略思想。作者李筌在完全继承古代先哲所倡导的"民惟邦本"（见《尚书·虞夏书·五子之歌篇》）的民本主义传统的基础上，以层层递进而设问自答的笔法，论述和揭示了土地是"人（民）之本"、人民是"国（家）之本"的哲理，从而进一步提出了"人主恃农战而尊"的自主发展的战略思想。不难看出，李筌的这一战略主张，实际是春秋时期秦国之商鞅"耕战"思想、齐国之管仲"富国强兵"思想在唐代新的历史条件下的进一步发挥和运用。而作者李筌更为可贵之处，则在于他指明了实现"人主恃农战而尊"战略目标的基本途径，是大力推行屯田之制，即在平战结合方针的指导下，切实做到在"兴兵伐叛"的战时，奖励军功以提高部队战斗力，在"按兵"不动的平时，则令部队"务农"以从事生产建设，真正做到"使士卒出无余力，入有余粮"，从而实现"富国强兵"的伟大战略目标。作者认为，唯有如此，国家才能达到"兴兵而胜敌，按兵而国富"的真正繁荣强盛局面，人君才能获得受人尊贵的政治地位。

屯田制度，从汉初至清末历时二千余年的封建社会里久兴不衰，它所蕴含的把军事建设与经济建设紧密结合的思想精华，事实上已经成为中华民族实现富国强兵战略目标的重要精神财富，而为中国共产党及其所领导的人民军队完全继承和发扬光大。抗日战争时期，我们党领导的抗日根据地军民开展的以生产自给为目标的大规模生产运动，实质就是我国古代传统的屯田之策，在全民抗战的新的历史条件下加以实施的光辉典范。1938 年 10 月武汉失守之后，惨绝人寰的日本侵略军将战略重心逐渐由国民党战场转向中国共产党领导下的敌后抗日根据地，实行烧光、杀光、抢光的"三光政策"；而国民党顽固派又极力破坏抗日民族统一战线，对八路军、新四军实行经济封锁、停发军饷，致使抗日根据地财政经济发生极大困难。为了克服困难，战胜日本侵略军，毛泽东于 1939 年提出了"由军队自身参加生产运动"的动员令，号召陕甘宁边区军民要做到"自己动手，生产自给"。1940 年，中共中央军事委员会向全军发出《关于开展生产运动的指示》；1942 年末，党中央又提出了"发展经济，保障供给"的方针，陕甘宁边区和其他抗日根据地军民响应党的号召，相继开展起轰轰烈烈的大生产运动，这不仅促进了各根据地的农业生产，而且还兴办了许多自给工业和商业等经济实业。从而使抗日根据地克服了财政经济困难，减轻了人民负担，密切了军民关系，为赢得抗战胜利奠定了物质基础。值得特别提出的是，八路军第 359 旅于 1941 年奉命开赴延安县金盆区南泥湾，在渺无人烟的荒野，披荆斩棘，屯田垦荒，经过几年艰苦奋斗，战胜重重困难，实现了毛泽东"自己动手，丰衣足食"的伟大号召，成为全军开展大生产运动的学习榜样。当时延安《解放日报》发表社论，称赞 359 旅是"第一个实现朱总司令屯田政策的模范"，对推动全军大生产运动产生重大影响，群众把八路军在南泥湾这种自力更生、艰苦创业的革命精神誉为"南泥湾精神"。我们深信，"南泥湾精神"将永远是鼓舞和推动我们建设社会主义现代化事业的强大思想武器。

人粮马料篇第六十

【原文】

经曰：一军一万二千五百人，人日支米①二升，一月六斗，一年七石二斗；一军一日支米二百五十石，一月七千五百石，一年九万石。

以六分支粟②，一人日支粟三升三合三勺三抄三圭三粒③，一月一石，一年一十二石；一军一年二十万八千石。每小月④，人支粟九斗六升六合六勺六抄六圭六粒，其大麦八分、小麦六分，荞麦四分、大豆八分、小豆七分、豌豆⑤七分、麻七分、黍⑥七分，并依分折米⑦。

盐：一人日支半合，一月一升五合，一年一斗八升；一军一日六石二斗五升，一月一百八十七石五斗，一年二千二百五十石。

马料：一人二匹，一军二万五千匹。朔方⑧、河西⑨、一人二匹；范阳⑩、河东⑪、陇右⑫、安西⑬、北庭⑭，则二人三匹；平卢⑮、剑南⑯，则一人一匹。计马二万五千匹为一军，计二百五十匹为一队，分为十坊⑰，一坊秣马十队⑱。十月一日起料，四月一日停料。

一马日支粟一斗，一月三石，六个月一十八石；计一军马一日支粟一千二百五十石，一月三万七千五百石，六个月二十二万五千石。

马盐：一马日支盐三合，一月九升，六个月五斗四升；一军马[日]支盐三十七石五斗，一月一千一百二十五石，六个月六千七百五十石。

茭草⑲：一马一日支茭草二围⑳，一月六十围，六个月三百六十围；计一军马六个月九十万围。

油药㉑：其油药取逃亡兵士残粮衣赐㉒，兽医人于马押官㉓、都头㉔中差取㉕。

【注释】

① 人日支米：谓每人每天供给的粮米。

② 以六分支粟：句义是，按供给的粮食总量的十分之六支给谷子。粟，谷物名，北方通称"谷子"。未去皮壳者为"粟"，已舂去糠则为"米"。明李时珍《本草纲目·穀二·粟》："粟米，即小米。"

③ 三升三合三勺三抄三圭三粒：这里的升、合、勺、抄、圭、粒，皆为旧时十进制容量单位。

④ 小月：我国农历以月仅二十九天的月份为小月。

⑤ 豌豆：豌，原文误作"宛"，今据清代《文渊阁四库全书·太白阴经》影印本（见上海古籍出版社《四库兵家类丛书》[一]，1990 年 10 月第 1 版）校改。

⑥ 黍（shǔ）：古代专指一种籽实称"黍子"的一年生草本植物。本篇这里指去皮壳的黍米，北方通称"黄米"。

⑦ 并依分折米：指前文的"大麦、小麦、荞麦、大豆、小豆、豌豆、麻、黍"等粮谷，皆按各自的分数比例折合给米。

⑧ 朔方：指唐代朔方节度使军，治所灵州，位于今宁夏灵武西南。

⑨ 河西：指唐代河西节度使军，治所凉州，位于今甘肃武威。

⑩ 范阳：指唐代范阳节度使军，治所幽州，位于今北京城西南。

⑪ 河东：指唐代河东节度使军，治所晋阳，位于今山西太原西南。

⑫ 陇右：指唐代陇右节度使军，治所鄯州，位于今青海乐都。

⑬ 安西：指唐代安西节度使军，治所龟兹（qiū—），位于今新疆库车。

⑭ 北庭：指唐代北庭节度使军，治所庭州，位于今新疆吉木萨尔北。

⑮ 平卢：指唐代平卢节度使军，治所营州，位于今辽宁朝阳。

⑯ 剑南：指唐代剑南节度使军，治所成都，今属四川。

⑰ 分为十坊：指一军的二万五千匹马分为十个养马场。坊，犹"场"，指养马场。

⑱ 秣马十队：秣马，谓饲养马匹。十队，原文误作"五十队"，今据文内数目计算改正。

⑲ 茭草（jiāo—）：指做饲料的干草。

⑳ 围：旧时计量周长的约略单位。旧说尺寸长短不一，现多指两手或两臂之间合拱的长度为一围。

㉑ 油药：不详其物。但从前后文字看，应为治疗马疾的药物。

㉒ 残粮衣赐：指士卒余留下来的受赏赐的粮食、衣物。

㉓ 马押官：即马队押官，职掌马匹的饲养与管理事宜。

㉔ 都头：唐代节度使下属掌马之武官。

㉕ 差取：犹"差拨"，谓调拨或领取。

【译文】

经典上说：一个军的编制员额为一万二千五百人，每人每天支给粮食二升，那么，一个月为六斗，一年为七石二斗。一个军一天支给粮食二百五十石，那么，一个月为七千五百石，一年为九万石。

如果按支给粮食总量的十分之六供应粟米的话，那么，一人一天支给粟米三升三合三勺三抄三圭三粒，一个月为一石，一年为十二石；一个军为二十万八千石。每个小月（指29天的月份），一个人支给粟米九斗六升六合六勺六抄六圭六粒，其中：大麦按十分之八、小麦按十分之六、荞麦按十分之四、大豆按十分之八、小豆按十分之七、豌豆按十分之七、麻按十分之七、黍按十分之七的比例，分别按各自的分数比率支给粮米。

盐：每人一天支给半合，一个月为一升五合，一年为一斗八升。一个军一天支给食盐共计六石二斗五升，一个月为一百八十七石五斗，一年为二千二百五十石。

马料：一人两匹马，一个军共有二万五千匹马。朔方节度使军、河西节度使军，一人两匹马。范阳节度使军、河东节度使军、陇右节度使军、安西节度使军、北庭节度使军，则为二人三匹马。平卢节度使军、剑南节度使军，则为一人一匹马。以一个军为二万五千匹马计算，二百五十匹马为一个队，一个军的马匹分为十个马场饲养，那么，一个马场饲养十队的二千五百匹马。每年从十月一日开始供料，到次年四月一日停止供料。

一马一天供给粟料一斗，一个月为三石，六个月为十八石；一个军的马匹一天供给粟料一千二百五十石，一个月为三万七千五百石，六个月为二十二万五千石。

马盐：一马一天供盐三合，一个月为九升，六个月为五斗四升；一个军的马匹一天供盐三十七石五斗，一个月为一千一百二十五石，六个月为六千七百五十石。

干草：一马一天供给干草二围，一个月为六十围，六个月为三百六十围；一个军的马匹六个月的干草共计九十万围。

油药：全军医治马匹疾病的油药经费，要从逃亡士兵所受赏赐而余留下来的粮食、衣物中计算支取；兽医所用的油药是从马押官、都头那里领取。

【解说】

《人粮马料篇》是《太白阴经》卷五《预备》总题中之第十八篇，其中心思想是，作者李筌通过对唐代军队所需要的人粮马料供应情况的详细记述，着重揭示良好的后勤保障工作，对军队赢得对敌作战胜利的重要意义与作用问题。

俗话说得好："兵马未动，粮草先行。"这是自古以来用兵作战必须遵循的普遍规律。兵马尚未出动之前，而军用粮草的运输要先行一步，实质是指作战行动尚未开始之时，必须首先做好后勤保障工作的问题。在古代冷兵器时期，士兵和马匹是构成军队战斗力的主要因素，而士兵和马匹只有在充足的粮草供应和有力的后勤保障的条件下，才能具有充沛的活力而转化为对敌作战的强大战斗力。否则，军队如果缺乏粮草和后勤保障，不但不能战胜敌人，而且将失去自身生存的基本条件。所以，李筌专辟《人粮马料篇》，以一军一万二千五百人为建制单位，对唐代军队所需粮草供应标准和供应总量，做了极为详细的记述和计算。由此不难看出，李筌对古代军队粮草供应和后勤保障工作的重视程度，体现其设此专篇的意义所在。

大军事家孙武曾深刻指出："军无辎重则亡，无粮食则亡，无委积则亡。"（见《孙子兵法·军争篇》）这是千真万确的客观真理。在古代战争史上，因粮草供应无法保障而导致作战失利者不乏其例，东汉建安五年（公元200年）袁绍对曹操的官渡之战，对失败者袁绍一方来说就是较为典型的一例。当时，袁曹双方对峙于官渡（位于今河南中牟东北），袁绍有精兵十万、战马万匹，而曹操所能集中的兵力仅有数万，双方兵力对比，袁绍明显优于曹操，但战争的结局却是曹胜袁败。袁绍的失败，究其原因，除其在战略运用上没能及时分派兵力与袁术、张绣、吕布及刘备等共击曹操，而坐失击敌良机；在作战指导上只知正面进攻，不知变化战法，采取迂回、奇袭等手段，调动曹军脱离坚营于运动中歼灭之等原因外，袁绍未能确保其粮草囤所乌巢的安全，而使大批粮草被焚毁殆尽，是导致其最终失败的直接重要原因。乌巢，位于今河南延津东南，是袁绍大军赖以生存和作战的粮草囤放基地。史载当袁绍得悉曹操将要袭击乌巢的信息后，大将张郃立即建议袁绍派重兵先去救援乌巢，他认为："曹公兵精，往必破琼（指袁绍军护送运粮车队至乌巢的将领淳于琼）等；琼等破，则将军（指袁绍）事去矣，宜急引兵救之。"又说："若琼等见禽（被擒），吾属尽为虏矣！"（见《三国志·魏书·张郃传》）但是，袁绍对张郃的这一正确建议不以为然，竟派张郃、高览等将主力大军直攻官渡曹操营垒，只派一部轻骑去救援乌巢。这样，非但没有攻克曹军坚固营垒，而且也没有保住乌巢，其所囤放的全部粮草，被曹操一把火烧了个净光。无谋少算的袁绍没有以强大兵力救援乌巢，而成为其失败的一大重要失策。当时，倘若袁绍虚心采纳了张郃的正确战略主张，以重兵速救乌巢，以一部兵力佯攻牵制官渡曹营主力，则乌巢的粮草不但可以保全，而且还有可能凭借其优势兵力创造予曹军以致命打击的良机。袁绍果然能如此用兵的话，那么，官渡之战的最终胜利未必属曹。然而，可叹的是，"矜愎自高，短于从善"（见《后汉书·袁绍列传》）的袁绍竟计不及此，结果不但乌巢粮草全部被烧，而且连后路也被曹军截断，其十万部众被曹军"前后所杀八万人"（同上），袁绍和他的儿子袁谭仅带八百骑兵仓皇败逃河北，官渡之战就这样以曹胜袁败而告结束。曹胜袁败的官渡之战的这种结局，既证明了孙子"军无辎重则亡，无粮食则亡，无委积则亡"理论的正确性，也反映了李筌专设《人粮马料篇》的实践意义。这对于今天的战争指导者是不无借鉴意义的。

军资篇第六十一

【原文】

经曰：军无财，士不来；军无赏，士不往。香饵之下，必有悬鱼；重赏之下，必有死夫。①夫兴师不有财帛②，何以结人心哉？

军士一年一人支绢、布一十二匹③，绢七万五千匹、布七万五千匹④。

赏赐：马鞍辔⑤、金银衔辔⑥二十具，锦⑦一百匹，绯紫袄子⑧、衫具⑨、带鱼袋⑩五十副⑪，色罗⑫三百匹，妇人锦绣夹襦衣⑬、帔袍⑭二十副，绯紫绌绫⑮二百匹，彩色绫⑯一百匹。

银器二百事⑰，银壶瓶五十事，帐设锦褥一十领⑱，紫绫褥二十领，食桌⑲四十张，食器⑳一千事，酒樽杓㉑一十副，长幕㉒二十条，锦帐十所㉓，白毡㉔一百事，床套㉕二十条，鸱袋、绣垫㉖一百口㉗。

【注释】

①　"军无财"至"必有死夫"八句：出自《黄石公三略·上略》引《军谶》语。死夫，指敢于拼命作战的人。悬鱼：指上钩被钓上来的鱼。

②财帛：指金钱和布帛。亦泛指钱财或财物。

③绢、布一十二匹：此指军士一年一人所需绢和布二者的总合供应量。实际上，一人一年所需绢和布各为六匹。绢，指丝织品；布，指麻织品。

④绢七万五千匹、布七万五千匹：此指一军一年所需绢、布的供应量。一军一万二千五百人，每人一年所需绢、布各六匹，一军一年所需绢、布才各为七万五千匹。

⑤马鞍辔：鞍，指马鞍子；辔，指马缰绳。

⑥金银衔辔：指金银质的马嚼子和马缰绳。衔，马嚼子。有青铜制和铁制两种，放在马口内，用以勒马，控制其行止。

⑦ 锦：指有彩色花纹的丝织品。

⑧ 绯紫袄子：绯紫，指红色或紫色。袄子，即夹袄，指短于袍而长于襦（rú）的有衬里的上衣。

⑨ 衫具：即衫衣。古时指无袖头的开衩上衣，多为单衣，亦有夹衣。

⑩ 带鱼袋：指有挎带的鱼袋。本篇这里指唐代官吏所配盛放鱼形符的袋子，带有金银装饰物，以示官爵和荣誉。

⑪ 副：量词。通常用于表成对成套之物的数量单位。

⑫ 色罗：指轻软而着色的精美丝织品。

⑬ 锦绣夹襭衣：指一种花纹色彩精美鲜艳而衣襟右掩的夹衣。襭（xié），指把衣襟角插在或系在衣带上以兜东西。

⑭ 帔袍（pèi páo）：指披肩和裙袍。

⑮ 绸绫（chóu líng）：即绸缎。

⑯ 彩色绫：一种薄而细，纹如冰凌、光如镜面的丝织品。

⑰ 事：本篇这里作量词，犹"件"。

⑱ 领：这里作量词。用以表衣服、铠甲或床上用品数量的单位。

⑲ 食桌：吃饭用的桌子。

⑳ 食器：指盛食物的器具。

㉑ 樽杓（zūn sháo）：指饮酒杯。

㉒ 长幕：指长形帐幕。

㉓ 所：这里作量词。用以表地点、位置，或建筑及其它物件数量的单位。

㉔ 白毡：即白色羊毛毡。

㉕ 床套：即床罩。套，原文作"圏"，查此字，疑为"套"字之添加方框（囗），故改为流行字。

㉖ 鸱袋、绣垫：鸱袋（chī—），一种皮革制作的袋囊。绣垫，指有刺绣色彩的垫子。垫，原文作"墊"，疑与"垫"字形近而误刻，故据文义而改。

㉗ 口：这里作量词。用以表人、牲畜或其他器物的数量单位。本篇这里可作"个"解。

【译文】

经典上说：军队没有资财，士众不会前来应召；军队没有奖赏，士众不会勇往作战。在香饵引诱之下，必有上钩的鱼；在重赏奖励之下，必有敢死之士。兴兵打仗而没有钱财丝帛奖励，怎么能笼络住士兵的心呢？

士兵一年一人供给绢、布各六匹，一个军（以一万二千五百人为建制单位）一年供给绢七万五千匹、布七万五千匹。

用以赏赐的东西有：马鞍子和马缰绳、金银质马嚼子和马缰绳计二十具，丝锦一百匹，紫红色夹袄、衫衣、鱼袋五十副，彩色绫罗三百匹，女人穿戴的锦绣夹襕衣、披肩和裙袄二十副，紫红色的绸缎二百匹，彩色精美的绫罗一百匹。

银器二百件，银壶和银瓶五十件，帐中铺用的锦褥十领，紫绫褥二十领，餐桌四十张，食物器具一千件，酒杯十副，长形帷幕二十条，锦绣帐幕十所，白色羊毛毡一百件，床罩二十条，鸥袋和绣垫一百个。

【解说】

《军资篇》是《太白阴经》卷五《预备》总题中的第十九篇。作者李筌从记述唐代军需物资种类和供应情况入手，着重阐明实行奖赏制度对用兵作战的意义和作用问题。

李筌本篇所记述的军需物资，大体上可分为两类用途：一是用于正常供应的物资，主要是供应士兵着装所用的绢、布等衣料。据统计，一军（以一万二千五百人为建制单位）一年供应绢七万五千匹、布七万五千匹，用以做全军士卒的服装衣料。二是用于奖励军功的各种物品，主要包括马匹装具、丝锦布料、衣袄服装、银器酒具，以及坐卧用品，等等。以上两类物资、用品，作者仍然是以周制一军一万二千五百人为建制单位进行统计记述的。所述用于奖励的物品，颇为繁多具体，由此可以窥见唐代军队奖赏的基本情况。这里值得特别指出的是，在李筌记述用于奖赏的诸多物品中，还有"妇人锦绣夹襕衣（即一种花纹色彩精美鲜艳而衣襟右掩的夹衣）、帔袍（即披肩和裙袍），绯紫绅绫（即紫红色绸缎）、彩色绫（即一种薄而细，纹如冰凌、光如镜面的丝织品）"等物品。显而易见，唐代奖励军功而惠及妇女的这一事实，充分说明了唐代统治者对军队中的妇女阶层（当然包括军人家属）社会地位的重视程度。这无疑是应当予以充分肯定的一种历史进步。

李筌在本篇之所以详细具体地记述唐代奖励军功的诸多物品，其出发点和目的性在于阐明军队实行奖赏制度，对于用兵作战的重要意义和作用问题。所以，开篇伊始，作者即以《黄石公三略·上略》关于"军无财，士不来；军无赏，士不往；香饵之下，必有悬鱼；重赏之下，必有死夫"的论述为理论根据，进一步分析指出："夫兴师不有财帛，何以结人心哉？"不难看出，李筌清楚地揭示了军队拥有雄厚资财和实行奖赏制度，对治军用兵具有重要作用的深刻道理。所以，设奖行赏，乃为历代兵家治军用兵所极为重视的一种行之有效的重要举措。奖赏的目的性，在于激励斗志，鼓舞士气，提高部队战斗力。在实施中，奖赏运用得当，恰到好处，就能调动广大将士的积极性，激励部队杀敌斗志。反之，如果运用不当，赏之过滥，不该奖赏的而受赏，应该奖赏的而未得赏，那么，此种奖赏就会变成追名逐利、瓦解士气的腐蚀剂。这无疑是实行奖赏制度过程中，必须正确把握和严格防止的问题。唯其如此，才能使奖赏制度成为"结人之心"、鼓舞士气，提高部队战斗力的重要举措。在中国古代战争史上，正确实施奖赏制度而使部队战斗力大大提高者不胜枚举，三国时期著名军事家、政治家曹操，可称得上是一位能够正确运用奖赏制度治军用兵的典范。他每次统兵攻战，都把缴获来的贵重财物，全部分赏给荣立军功的将士，尤对功勋大而应受重赏者，他都赏之以"不吝千金"（见《三国志·魏书·武帝纪》裴松之注引《魏书》语）；但对那些无功而妄想得到奖赏的人，他则"分毫不与。"由于曹操实施奖赏秉公无私，一丝不苟，所以，他的部队在对敌作战中，人人都能争立军功，"故每战必克"。曹操秉公行赏、一丝不苟的精神，值得后人敬仰和效法。

宴设音乐篇第六十二

【原文】

经曰："云上于天，《需》，君子以饮食宴乐。"①用宣主君之惠②，畅吏士之心③。古人出师，必犒以牛酒④，颁赏有序，殽席有差⑤，以激励于众。酒酣⑥，拔剑起舞，鸣筋角抵⑦，伐鼓⑧叫呼，以增其气。弦竹⑨哀怨凄怆，征夫感而泣下，锐气沮丧，复安得而用哉？

酒，一人二升，二百五十石⑩。

羊，一口分为二十节⑪，六百二十五口。

牛肉，代羊肉，一人二斤，二万五千斤。

白米⑫，一人五合，六十二石五斗。

薄饼，一人两个，二万五千个。每一斗面作二十个，计面一百二十五石。

馒头，一人一枚，一万二千五百枚。一斗面作三十枚，用面四十一石六斗七升。

蒸饼，一人一枚，一万二千五百枚。一斗面作一百枚。

散子⑬，一人一枚，一万二千五百枚。一斗面作三十枚，[用]面四十一石六斗七升⑭。每面一斗，使油二十二斤。

馎饦⑮，一人一枚，一万二千五百枚。一斗面作八十个，[用]面一十五石六斗二升五合。

糕羹⑯，一人三合，糯米三十七石五斗。

菜，一人五两，三千九百零六斤⑰。

羊头、蹄，六百二十五具，充羹。

酱羊腊⑱、肝，六百二十五具，并四等⑲充羹。

盐，三人一合，四石一斗六升。

酱，一人半合，六石二斗五升。

醋，一人一合，一十二石五斗。

椒⑳，五人一合，二石五斗。

姜㉑，一人一两，七百八十一点二五斤㉒。

葱，三人一两，二百六十斤㉓。

随宴乐例：大鼓，杖鼓㉔，腰鼓，舞剑，浑脱㉕，角抵，笛，拍板㉖，破阵乐㉗，投石㉘，拔拒㉙，蹙鞠㉚。

【注释】

① "云上于天，《需》，君子以饮食宴乐"：语出《周易·需卦·象传》。原本意思是，云彩升于天上，是《需》卦之象，君主用饮食宴乐（来等待上天降雨于民）。

② 用宣主君之惠：句义是，借以宣扬君主对民众的恩惠。宣，宣扬。主君，亦即君主，旧时对帝王之称。惠，恩惠；好处。

③ 畅吏士之心：句义是，表达官兵的心愿。畅，表达。吏士，犹言"官兵"或曰"将士"。心，心愿；心情。

④ 必犒以牛酒：句义是，定要用牛肉和美酒犒劳部队官兵。犒（kào），犒赏；慰劳。牛酒，指牛肉和美酒，或谓酒肉美食。

⑤ 殽席有差：殽席，指丰盛的酒席。殽（yáo），通"肴"，泛指酒肉菜肴。差，差别，等次。

⑥ 酒酣：指酒喝得尽兴畅快。

⑦ 鸣笳角抵：笳（jiā），胡笳，汉代流行于西域一带的一种管弦乐器。角抵，我国古代一种类似今天之摔跤的体育项目。

⑧ 伐鼓：击鼓，敲鼓。

⑨ 弦竹：弦，指弦乐器，如琴瑟一类。竹，指管乐器，如箫、笛一类。

⑩ 二百五十石：此指一军一万二千五百人的用酒量。

⑪ 节：犹"段"。

⑫ 白米：碾净去糠的米，通常指大米。

⑬ 散子（sǎn—）：即"馓子"，借为"散子"，一种以面搓条成束而扭成环状的油炸食品。

⑭ 四十一石六斗七升：原文误作"二十五石"，今据原文实际计算之数改正。

⑮ 饆锣（bì luó）：食品名。本篇这里指饼类食品。

⑯ 糕羹：一种用糯米制作的食品。

⑰ 三千九百零六斤：原文作"二千九百五十斤零四两"，钱熙祚校注指出："此数不符，当

云'三千九百零一两'。"钱说为是，但其所云之数也有误差。古时十六两为一斤，据此计算，一人所供蔬菜五两，那么，一军一万二千五百人的所供蔬菜量，当为三千九百零六斤二两五钱，取其"斤"以上之整数，应为三千九百零六斤，故改。

⑱ 腯（dǔ）：义同"肚"，本篇这里指羊肚（即羊的胃部）。

⑲ 并四等：并，合并，一并。四等，从文义看，当指本文中的"羊肚、肝"连同前文的"羊头、蹄"等合为四种羊下水食品。

⑳ 椒：指花椒。即菜用调料。

㉑ 姜：指鲜姜。

㉒ 七百八十一点二五斤：原文误作"七十八斤零二两"，今据原文实际计算之数改正。

㉓ 二百六十斤：原文误作"二百九十六斤零六两"，今据钱熙祚校注改。

㉔ 杖鼓：唐代鼓名。打击乐器。

㉕ 浑脱：原指北方民族中流行的一整张动物皮制作的革囊或曰皮袋。本篇这里指头戴浑脱帽的人所表演的一种舞蹈或由其所组成的舞队。

㉖ 拍板：打击乐器的一种，类似今之"呱嗒板"。

㉗ 破阵乐：唐代军事舞曲名。由唐太宗李世民为秦王时所创制，故又称《秦王破阵乐》（详见《旧唐书·音乐志二》）。

㉘ 投石：我国古代军中一种以投掷石块为方式的习武练功活动，类似今天军队中的投弹训练。

㉙ 拔拒：亦作"超距"。古代军队中体育项目之一，类似今之跳越障碍训练。

㉚ 蹵鞠（cù jū）：古代一种足球运动。蹵，通"蹴"，踢也。鞠，古代一种球。

【译文】

经典上说：云彩升到天上待时而降雨于民，是以卦名为《需》；君子用饮食宴乐来等待有利时机，借以宣扬君主的恩惠，表达官兵的心愿。古人出兵打仗，一定要用酒肉美食来犒劳部队，按照等次颁布奖赏，分别功劳设宴款待，以此来激励广大将士。饮酒恰到尽兴畅快之时，将士们便于席间拔剑起舞，乐队吹奏胡笳，表演摔跤，击鼓呼号，以此增强士气。如果管弦乐声哀怨悲凉的话，士兵们听后伤感下泪，旺盛的士气变得沮丧，又怎么能用这样的士兵出征作战呢？

（设宴所需要的各种食品原料如下）：

酒，按一人二升计，一军（一万二千五百人）共需酒二百五十石。

羊，按一只羊分割二十段计，（每人分一段），一军共需羊六百二十五只。

以牛肉代替羊肉，按一人二斤计，一军共需牛肉二万五千斤。

大米，按一人五合计，一军共需大米六十二石五斗。

薄饼，按一人两个计，一军共需薄饼二万五千个；每一斗面做二十个薄饼，共需白面一百二十五石。

馒头，按一人一个计，一军共需馒头一万二千五百个；一斗面做三十个馒头，共需白面四十一石六斗七升。

蒸饼，按一人一个计，一军共需蒸饼一万二千五百个；一斗面做一百个蒸饼，（共需白面十二石五斗）。

馓子，按一人一个计，一军共需馓子一万二千五百个；一斗面做三十个馓子，共需白面四十一石六斗七升。油炸馓子，每斗面需用油二十二斤。

饆锣饼，按一人一个计，一军共需饆锣饼一万二千五百个；一斗面做八十个饆锣饼，共需白面十五石六斗二升五合。

糕糜，按一人三合计，做一军食用的糕糜共需糯米三十七石五斗。

蔬菜，按一人五两计，一军共需蔬菜三千九百零六斤。

羊头、羊蹄，一军共需六百二十五具，充作羹汤。

酱羊肚、羊肝，一军共需六百二十五具，与羊头、羊蹄等四种一并充作羹汤。

盐，按三人一合计，一军共需四石一斗六升。

酱，按一人半合计，一军共需酱六石二斗五升。

醋，按一人一合计，一军共需醋十二石五斗。

花椒，按五人一合计，一军共需花椒二石五斗。

鲜姜，按一人一两计，一军共需鲜姜七百八十一点二五斤。

大葱，按三人一两计，一军共需大葱二百六十斤。

随同筵席而举行的各种文体娱乐活动有：

表演大鼓、杖鼓、腰鼓、舞剑，跳浑脱舞，表演摔跤，吹奏笛子，表演拍板，演奏《秦王破阵乐》，进行石弹投掷、跳越障碍，进行足球比赛。

【解说】

《宴设音乐篇》是《太白阴经》卷五《预备》总目中的第二十篇。作者李筌以《宴设音乐篇》为题，旨在着重阐述唐代军队通过举行宴饮娱乐活动，对于激励军心、鼓舞士气的重要意义与作用问题。

　　所谓"宴设"，是为摆设宴席相款待之意。"宴设"一词虽然较为晚出，始见于唐代《敦煌变文集·伍子胥变文》："兵马既至江头，便须宴设，兵士、军官食了，便即渡江。"但是，作为中国古代军队一种带有制度性的活动，则源于周代所行之"享宴之礼"。据《左传·成公十二年》记载："世之治也，诸侯间于天子之事，则相朝也。于是乎有享宴之礼。"又据同书《宣公十六年》载称："王享有体荐，宴有折俎。公当享，卿当宴，王室之礼。"可见，"享"与"宴"是有区别的。这里所说的"王"，是指周天子；"公"指诸侯本身；"卿"则指诸侯之卿。就是说，周天子招待诸侯本身是以"体荐"为规格的享礼。所谓"体荐"，亦称"房烝"，即以所杀之牲的半解之体置于"大俎"（俎：读 zǔ，古代祭器，燕飨时陈置牲体或其他食物的礼器）之上而招待诸侯。但是，招待诸侯之卿时，则以"折俎"为规格的宴礼。所谓"折俎"，亦称"肴烝"，指将煮熟的牲体节解后连皮带骨放在俎器上而让诸侯之卿进食。此种始于周代的"享宴之礼"，后来逐渐移用于军事生活，便成为战前用以犒劳部队将士、战后用以庆功颁赏的带有制度性的一种例行军事活动，而为后世所沿用。

　　所谓"音乐"，是指用有组织的乐音表达人们的思想感情、反映社会生活的一种艺术。它起源于人们的劳动实践，是人类历史上最早产生的艺术形式之一。据《礼记·乐记》载称："昔者，舜作五弦之琴，以歌《南风》，夔（尧舜时之乐官）始制乐，以赏诸侯。"又据《隋书·音乐志上》记载：东汉明帝刘庄在位时期（公元58—75年）流行的四种音乐中，有一种叫作《短箫铙歌乐》，是为"军中之所用焉。黄帝时，歧伯所造，以建武扬德，风敌励兵，则《周官》（指《周礼·春官》）所谓'王师大捷，则令凯歌'者也。"由此可以看出，音乐作为一种艺术形式，不但早在我国上古时代已经完全形成，而且从其产生伊始，就为军队所运用。由歧伯所创作的《短箫铙歌乐》，就是上古黄帝时期军事音乐的代表作。

　　音乐艺术的另一个鲜明特点是，它从产生之初，就与舞蹈、诗歌结合在一起，相伴而发展。诚如《礼记·乐记》所云："比音而乐之，及干戚羽旄，谓之乐。"这里提到的"干戚羽旄"，皆指舞蹈者进行舞蹈表演时所持之舞具。汉郑玄注曰："干，盾也；戚，斧也，文舞所执。《周礼》舞师、乐师掌教舞：有兵舞，有干舞，有羽舞，有旄舞。《诗》曰：'左手执籥，右手秉翟。'"郑玄这里所说的"兵舞"、"干舞"、"羽舞"、"旄舞"四种舞蹈，皆为"武舞"的不同称谓而已。干、戚，是古代兵器；羽、旄，则为军旗上的装饰物。由此可知，所谓"武舞"，就是古代由兵士手持不同兵器及军旗所演出的军事舞蹈。《尚书·虞夏书·大禹谟》载称大禹奉舜命征讨三苗而"班师振旅"后，"帝（指舜）乃诞敷文德，舞干羽于两阶"。唐孔颖达疏曰："舞干羽，即亦舞武也。"这说明，舞蹈不但是伴随音乐而产生，而且早在我国上古舜帝时期，即为军队所用而形成以军事为特色的"武舞"了。

作者李筌专置《宴设音乐篇》，首先着重论述了古代军队举行宴设音乐活动的重要意义和作用问题。他以《周易·需卦》所论"君子以饮食宴乐"为理论依据，阐明了古代军队举行宴设音乐活动，其目的性在于"用宣主君之惠，畅吏士之心"。他说："古人出师，必犒以牛酒，颁赏有序，毅席有差，以激励于众。"可见，举行宴设活动，对于鼓舞军心士气，具有极为重要的作用。他还进一步指明，在举行饮宴活动的同时，必须伴以音乐舞蹈"以增其气"，尤其强调娱乐活动的情调气氛，必须高昂向上，催人奋进；否则，一旦"弦竹哀怨凄怆，征夫感而泣下"的话，必将使部队"锐气沮丧"，难以开展对敌作战。这说明，作者已经深刻认识到，音乐舞蹈的情调气氛怎样，对部队精神风貌的培养，具有不可忽视的重要影响和感染作用。李筌此一思想观点，是非常难能可贵的，是古代论兵者绝无仅有的。

其次，李筌以主要篇幅一方面详细记述了唐代军队（以周制一军一万二千五百人为建制单位）举行宴设时所要备办的近二十种食品佳肴，可见其宴饮的物质内容的丰盛程度；一方面开列了随同宴饮举行的十二种文体娱乐活动项目，展现了唐代军队文化娱乐生活的丰富多彩。作者所列的十二项"随筵乐例"，大体上可分为三类：

一是乐器（具）表演类有五种。其中：大鼓、杖鼓、腰鼓、拍板等属于打击乐，笛子演奏属于吹奏乐。

二是歌舞表演类有三种。即舞剑、浑脱舞、破阵乐三种皆属于歌舞表演。这里需要着重说明的是"浑脱舞"，它是指由头戴浑脱帽者所表演的一种舞蹈，或指由其所组成的舞队。其名始见于唐代伟大爱国诗人杜甫所撰《观公孙大娘弟子舞剑器行》序："观公孙氏舞'剑器'、'浑脱'，浏漓顿挫，独出冠时。"破阵乐，则是唐代歌舞曲目。它是由唐太宗李世民为秦王时所创制，故又称《秦王破阵乐》。据北宋著名文学家李昉《太平广记》第203卷《国史异纂·唐太宗》载称："《破阵乐》，被甲持戟，以象战事。"可见，《破阵乐》是唐太宗李世民在战争环境下所创造的一种军事舞蹈曲目。

三是体育表演类四种。其中，有角抵，类似今天的"摔跤"，起源于战国时期，始名于秦汉；投石、拔拒，皆始于战国时期的习武体育项目。投石，类似今之投弹练习；拔拒，类似今天的跳越障碍训练。蹴鞠，亦作"蹴鞠"、"踏鞠"、"蹴球"等，是我国古代一种用于习武、健身和娱乐的足球运动。传说始于上古黄帝时期，至战国时代已流行于齐、楚一带（见《战国策·齐策一》）。汉代以"踏鞠"、"蹴鞠"并称，不仅盛行于贵族和军队中，民间也很流行，故有桓宽（汉宣帝刘询时期官至庐江太守丞）"康庄驰逐，穷巷踏鞠"之说（见《盐铁论·国病第二十八》），而且还有专门著作问世。班固《汉书·艺文志》即著录有"《蹴鞠》二十五卷"，并将其"附于兵法"类（见唐颜师古注），以体现"蹴鞠"运动的军事性质。到了唐代，"蹴鞠"改名为"蹴球"，其运动依然盛行于世。宋元之际著名史学家马端临在其所撰《文献通考·乐二十》中明确指出："蹴球盖始于唐，植两修竹，高数丈，络网于上，为门以度球。球工分左右朋，以角胜负否。岂非'蹴鞠'之变欤？"由此不难看出，唐代盛行于世的以"蹴球"为名的足球运动，其场地器材之增设、球员分工之明确，都有进一步发展的创新特色，这是值得充分肯定的。

从李筌本篇所列"随筵乐例"的三类十二种节目不难看出，唐代军队的文化娱乐生活是十分丰富多彩的。唐代中后期著名诗人韦应物曾以"遥闻击鼓声，蹴鞠军中乐"诗句（见《寒食后北楼作》诗）所描绘的"击鼓蹴鞠"的龙腾虎跃之欢快愉悦画面，恰是对唐代当年军营中开展各种军体、娱乐活动情况的真实写照。显而易见，这在当时对广大将士军政素质的培养提高，无疑是有积极作用的。李筌本篇所阐述的以抓好部队文化生活为内容、以提高部队战斗力为目的的思想观点，对于我们今天加强军队精神文明建设，广泛开展军事体育训练活动，仍有重要借鉴意义与参考价值。

太白阴经卷六

阵 图

总　序

【原文】

经曰：黄帝设八阵之形^①，车厢^②、洞当，金^③也；车工、中黄，土也；乌云、鸟翔，火也；折冲，木也；龙腾、却月，水也；雁行、鹅鹳，天也；车轮，地也；飞翼、浮沮，巽^④也。风后^⑤亦演《握奇图》^⑥，云："以正合，以奇胜，或合而为一，或离而为八，聚散之势，节制之度，复置虚实二垒。"^⑦力牧以创营图。其后，秦由余^⑧、蜀将诸葛亮^⑨并有阵图以教人战。

夫营垒教战有图，使士卒知进止^⑩、识金鼓^⑪。其应敌战阵不可预形^⑫，故其战胜不复，而应形无穷；兵形像水，水因地而制形，兵因敌而制胜；能与敌变化而取胜者，谓之神。^⑬则其战阵无图明矣。而庸将^⑭以教习之阵为战敌之阵，不亦谬乎？

【注释】

① 黄帝设八阵之形：句义是，黄帝创设了八阵法。但是，这实际上是唐人的一种依托之说，盖源于《唐太宗李卫公问对》卷上："靖曰：'臣按黄帝始立丘井之法，因以制兵。故井分四道，八家处之，其形井字，开方九焉。'"这里所谓的"丘井之法"，实际就是始于西周的"井田制"的一种土地制度。而黄帝则相传是原始社会后期的部落联盟领袖，他既不可能创立始于西周的"丘井之法"，更不可能创设依据"丘井之法"而推演出来的"八阵之形"了。

② 车厢：以及后文的洞当、车工、中黄、乌云、鸟翔、折冲、龙腾、却月、雁行、鹅鹳、车轮、飞翼、浮沮，皆为人们为"八阵法"中所取的具体名号。

③ 金：以及后文的土、火、木、水、天、地、巽，分别为八阵之名。

④ 巽：即巽阵。巽，乃八卦（乾、坤、震、巽、坎、离、艮、兑卦）中之第四卦。据《周易·巽卦·象传》载称：巽者"随风"；同书《说卦》称："巽，为木，为风。"故知本篇所谓"巽阵"，亦即"风阵"也。

⑤ 风后：相传为黄帝时期大臣之一。据《史记·五帝本纪》载称："[黄帝]举风后、力牧、常先、大鸿以治民。"南朝宋裴骃集解引郑玄曰："风后，黄帝三公也。"唐张守节正义云："四人皆帝臣也。"

⑥《握奇图》：实际是指《握奇经》，亦称《握机经》、《幄机经》。旧说为黄帝大臣风后所撰，实系后人伪托，但其作者及成书年代，今已无从确考。

⑦ 自"以正合"至"复置虚实二垒"七句：基本内容出自今传本《握奇经》。这也进一步证明前文之《握奇图》书名当为《握奇经》。

⑧ 由余：人名。据《史记·秦本纪》记载，由余为春秋时期晋国人，后逃至戎地，戎王派他去观察秦国情况，但在秦穆公的离间策反之下，由余弃戎而降秦。其后，他为秦穆公献伐戎之策，打败了戎族，使秦得以"益国十二，开地千里，遂霸西戎。"

⑨ 蜀将诸葛亮：诸葛亮是三国时期蜀国丞相兼军事统帅。据《三国志·蜀书·诸葛亮传》记载，他曾"推演兵法，作八阵图。"又据《晋书·桓温传》载称："初，诸葛亮造八阵图于鱼腹（古县名，位于今重庆奉节东之白帝城）平沙之下，累石为八行，行相去二丈。温见之，谓'此常山蛇势也'。文武皆莫能识之。"由此可见，三国时期著名军事家、政治家诸葛亮在组织指挥蜀军对敌作战中曾运用过八阵法。

⑩ 进止：谓前进与停止。在本篇这里亦可作"进退"解。

⑪ 金鼓：古代军中用于传达号令的两种指挥工具。通常是鸣金而令部队停止前进，击鼓而令部队进击敌人。

⑫ 预形：指预先画好图形。

⑬ 自"故其战胜不复"至"谓之神"诸句：语出《孙子兵法·虚实篇》，但与原文略异："制形"、"能与"，《孙子兵法》原作"制流"、"能因"。兵形，通常指用兵打仗的方式方法，亦可作"用兵打仗的规律"解。

⑭ 庸将：指平庸无奇的低能将领。

【译文】

经典上说：黄帝创设了"八阵"作战队形，即车厢、洞当，是谓金阵；车工、中黄，是谓土阵；乌云、鸟翔，是谓火阵；折冲，是谓木阵；龙腾、却月，是谓水阵；雁行、鹅鹳，是谓天阵；车轮，是谓地阵；飞翼、浮沮，是谓巽阵（亦即"风阵"）。黄帝之臣风后也推演而作《握奇经》，说："（大凡作战），总是以'正兵'当敌，以'奇兵'取胜。交战中的阵法变化，或者聚合而为一阵，或者离散而为八阵。这就是作战中所应掌握的阵法聚合、离散的变化态势，调动指挥军队所应掌握的法度，还要善于设置虚实二阵以迷惑敌人。"黄帝的另一大臣力牧把这些理性东西创制成为营阵图。其后，到了春秋时期秦国的由余、三国时期蜀相诸葛亮，都绘制有八阵图并用以教习士兵作战。

在营垒中运用阵图教战，能够使士卒知道怎样前进与后退，正确识别金鼓指挥号令。但是，临敌实战中的具体阵法，却不可预先画好图形照搬照套。因为，战胜敌人的具体战法不会重复出现，而应敌的阵形却是变化无穷的。用兵打仗的规律如同水的运动规律一样，水因地势的高低而制约其流向形态，用兵打仗则依据不同敌情而制定取胜的方略。能够根据敌情变化而灵活机动取胜的，才叫作用兵如神。可见，说对敌作战的阵法没有预定不变的图形，其道理是十分明确的。然而，平庸无能的将领却把平时用于训练士卒的阵法，当成战时对敌作战的阵法来运用，这种做法不也是非常荒谬可笑的吗？

【解说】

李筌《太白阴经》之第六卷是以《阵图》为总题，前置《总序》，继之书列《风后握奇垒图篇》、《风后握奇外垒篇》等十篇古代阵图文字及附图。本卷《阵图》的中心内容是，从探讨"八阵之形"的产生入手，着重介绍和揭示唐代以前的多种营阵图式对于训练部队实施作战的意义与作用问题。

作者在开卷之《总序》中，首先对"八阵之形"产生的时代及作者问题做了探讨。他认为，"八阵之形"是为上古时代的黄帝所设，经其大臣风后推演而作《握奇图》，又经另一大臣力牧创制而成营阵图；其后，又有春秋时期秦国的由余、三国时期蜀汉名相诸葛亮"并有阵图以教人战"。显而易见，作者李筌企图从历史的渊源关系入手，来探明"八阵图"的形成与发展过程。这是无可厚非的。但是，这里需要指出的是，作者所谓"黄帝设八阵之形"的论断，实乃后人的一种依托之说，而这种依托之说则源自于《唐太宗李卫公问对》卷上所称李靖之言："臣按黄帝始立丘井之法，因以制兵。故井分四道，八家处之，其形井字，开方九焉。五为阵法，四为闲地，此所谓数起于五也；虚其中，大将居之，环其四面，诸部连绕，此所谓终于八也。"以上这段所谓李靖之论述的主旨，是说上古时代的黄帝依据其始立的"丘井之法"而创制了"八阵之形"。显而易见，这是不符合历史的实际情况的。因为，所谓"丘井之法"实际是始于西周时代的"井田制"的一种土地制度，而黄帝相传是原始社会后期的部落联盟领袖，故"丘井之法"不可能为他所始立，而由丘井之法推演出来的"八阵之形"，则更非其所始立。这是不言而喻之事。

尽管所谓"黄帝始设八阵之形"是唐人的依托之说，但是，"八阵"的产生与发展确实经历了悠久的历史过程。这也是历史的实际情况。据文献记载，我国早在春秋时期即有"八阵"之说。东汉著名经学家郑玄在其所撰《周礼注·春官·车仆》中指明："孙子'八陈'（孙子，指春秋末期大军事家孙武；陈，同"阵"）有苹车之陈"，并且是以"对敌自蔽隐之车"所构成的一种防御阵式。战国时期齐国军师孙膑所著《孙膑兵法》专设《八阵》篇论曰："用八陈（陈，同'阵'）战者，因地之利，用八陈之宜。"此言运用"八阵"对敌作战，要根据地形的有利条件，采取"八阵"中的适宜阵法。孙膑首次阐明了运用"八阵"作战所应注意掌握的原则。到了汉代，"八阵"不但为部队对敌作战所普遍使用，如东汉和帝刘肇时期，不仅有车骑将军窦宪曾"勒以八阵"大败匈奴北单于（见《后汉书·窦融列传附窦宪传》），而且将"八阵"定为每年十月用以考核检阅汉军的一种例行制度，"会五营士（汉制指屯骑、越骑、步兵、长水、射声五校尉所领之兵）为八阵进退"（见《三国志·魏志·武帝纪第一》裴松之注引《魏书》），"兵、官皆肄孙吴兵法六十四阵，名曰'乘之'。"（见《后汉书·礼仪志中》）东汉末至三国初，由于"金革未偃"，战争频仍，"八阵"之法更为流行，以至成为"士民素习"的阵法（见《后汉书·礼仪志中》刘昭注引《魏书》）。而蜀相诸葛亮正是在继承汉代以前古八阵法的基础上，从三国当时实施战争之敌我双方的实际情况和作战需要出发，以其擅长的巧妙构思而"推演兵法，做八阵图"（见《三国志·蜀书·诸葛亮传》），从而把我国古代"八阵法"的发展推向高峰。

其次，作者李筌在本卷之《总序》中，着重论述了如何正确认识"阵图"在作战和训练中的作用问题。作者基于把"阵图"区分为"教习之阵"和"战敌之阵"的前提下，一方面认为，平时在营垒中"教战有图"，即运用阵图进行训练，可以起到"使士卒知进止，识金鼓"，从而提高部队军事素质的作用；一方面则强调指出，在战时"应敌战阵不可预形"，也就是说，在实战中的具体阵图战法不可以预先画好而于作战中照搬照套。显而易见，这是实施作战指导所必须牢牢把握的正确思想观点。作者依据《孙子兵法·虚实篇》所论，进一步指明：用兵打仗的规律，如同水的运动规律一样，"水因地而制形，兵因敌而制胜"，唯有"能与敌变化而取胜者"，才叫作用兵如神。他还指出，"以教习之阵为战敌之阵"，乃是"庸将"的荒谬所为。

由此可见，李筌本卷下面所介绍的十种阵图，其着眼点在于强调以"教习之阵"用于指导部队平时阵法训练；倘若把用于平时训练的"教习之阵"，当作战时取胜的"战敌之阵"，这无异于"按图索骥"，其结果必将是无所收获的。李筌此一思想观点无疑是完全正确的，值得今人借鉴。

风后握奇垒图篇第六十三

【原文】

　　经曰：自风后至于太公①，俱用此法。古之《握奇》，文不满尺②，理隐难明③，其范蠡④、乐毅⑤、张良⑥、项籍⑦、韩信⑧、鲸布⑨，皆用此法，得其糟粕⑩；而霍光⑪、公孙弘⑫、崔浩⑬，亦采其华⑭，未尽其实。惟诸葛孔明则深明其法⑮，以八阵握奇垒画为图，本守地阔狭、分寸丈尺，毫发不爽⑯。具图以列于后焉。

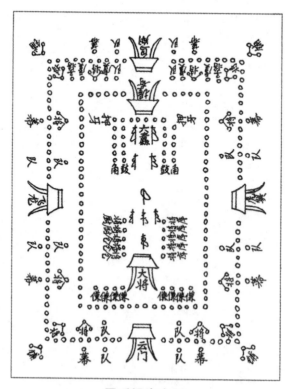

风后握奇垒图

【注释】

① 太公：指西周的姜太公。

② 古之《握奇》，文不满尺：《握奇》，即《握奇经》。文不满尺，指元古的《握奇经》文字短而不满尺幅之大。据明代嘉靖间王世贞所作"序"本《握机经》卷三《增衍握机经》的按语指出："古本《握机经》文，惟风后古文一十九字，太公望增衍今文三百六十五字，共三百八十四字。"而所谓"惟风后古文一十九字"，只有"天地风云，龙虎鸟蛇，四为正，四为奇，余奇为握机"一十九字。

③ 理隐难明：谓道理隐奥精深而不易弄明白。隐，隐奥；精深；微妙。

④ 范蠡：春秋末期越国大夫。

⑤ 乐毅：战国时期燕国名将。中山国灵寿（位于今河北平山东北）人。燕昭王（名平）时任亚卿，曾率燕赵楚韩魏五国联军进攻齐国，先后攻取齐城七十余座，因功封于昌国（位于今山东淄博东南），号昌国君。昭王死后，其子惠王即位，因与乐毅有夙怨且又中齐将田单反间之计，遂以骑劫取代乐毅为将。乐毅无奈而出奔赵国，后死于赵。

⑥ 张良：汉高祖刘邦重要谋臣。

⑦ 项籍：即项羽。秦末反秦起义军领袖之一，著名军事统帅。

⑧ 韩信：汉初著名军事家。

⑨ 鲸布：秦末汉初名将。秦国六县（位于今安徽六安东北）人。本名英布，因犯法而被鲸面（即在脸上刺字），故又称鲸布。秦末，率骊山刑徒起义反秦，初属项羽，因战功被封为九江王。在楚汉战争中，他弃楚归汉，率军协助刘邦击灭项羽于垓下（位于今安徽灵璧南）。后因韩信、彭越相继被刘邦所杀而心怀疑惧，遂举兵反汉，战败被杀。

⑩ 糟粕：本指酒渣，后因以喻指粗劣无用的事物。

⑪ 霍光：西汉重臣、著名将领。字子孟，河东平阳（位于今山西临汾西南）人。霍去病的异母弟。汉武帝刘彻时期任奉车都尉。昭帝刘弗陵年幼即帝位，他与桑弘羊等同受武帝遗诏辅政，任大司马大将军，封博陆侯。后又迎立宣帝刘询。前后在朝廷执政长达二十余年。

⑫ 公孙弘（公元前200—前121年）：字季。菑川薛县（位于今山东微山东北）人。少为狱吏。年四十始治《春秋公羊传》。曾建议设五经博士，开东阁以延揽人才。他以熟习文法吏治著称，被汉武帝任为丞相，封平津侯。曾为《握奇经》一书作解。

⑬ 崔浩：北魏著名军事谋略家。官至司徒、侍中、抚军大将军。

⑭ 亦采其华：句义是，也只是采集了浮华的外表皮毛而已。华（huá），在本篇这里指浮华不实，

引申谓外表皮毛。

⑮ 自"惟诸葛孔明则深明其法"至"具图以列于后焉"五句：原文作"今以八阵握奇人数为垒，班布守地阔狭、顷亩，列之于后"，但不尽前文《总序》中所讲"其后秦由余、蜀诸葛亮并有阵图以教人战"之义。故据钱熙祚校注而依"张刻本"文校改。

⑯ 不爽：不差。

【译文】

经典上说：从风后到姜太公，都是运用这种阵法实施作战的。但因元古的《握奇经》，文字很少而不及尺幅，其理隐奥精深而不易弄明白，故如范蠡、乐毅、张良、项羽、韩信、英布，虽都运用过这种阵法，但得到的只是其糟粕无用的东西；而霍光、公孙弘、崔浩，也不过是采集到它的浮华皮毛，而没有完全领略其精神实质。唯有诸葛亮则深明其法，以八阵"握奇垒"画成阵图，依据守地的宽窄、占地面积之分寸丈尺，做到分毫不差。兹以八阵之法而绘制阵图列在下面。

（阵图按《太白阴经》原书附于"原文"后，"译文"后不再附图。以下九篇皆同此例，不再注明）

【解说】

《风后握奇垒图篇第六十三》，是李筌《太白阴经》卷六之十篇"阵图"中的首篇。其中心内容是介绍"风后握奇垒图"营阵法的应用及其布势图式。

作者李筌认为，从上古时代的风后到西周初期的姜太公吕尚，都是运用的由风后据《握奇经》文推演而作"握奇垒图"营阵法。然而，在李筌看来，因为"古之《握奇》，文不满尺，理隐难明"之故，无论春秋战国时期的越国的范蠡、燕国的乐毅，还是秦汉时期的项羽、张良、韩信、英布，虽然"皆用此法"，但都只是"得其糟粕"而已；而汉武帝时期的霍光、公孙弘，乃至南北朝时期北魏的崔浩等运用此营阵法者，虽然运用此法"亦采其华"，但也都"未尽其实"而得其精义要旨；唯有三国时期著名军事家诸葛亮能够"深明其法，以八阵握奇垒画为图，本守地阔狭、分寸丈尺，毫发不爽"。对上述李筌之论，需要着重指出的问题，有如下几点：

其一，作者本篇所说的"古之《握奇》"，是指我国古代最早以"奇正"之说论述八阵布列的兵书《握奇经》。相传此书之经文为黄帝之臣风后所撰，西周初期姜太公吕尚为之引申，汉武帝时丞相公孙弘作解。但是，该书著录较晚，而最先始为元代丞相脱脱等主持修撰的《宋史·艺文志六》所著录："《风后握机》一卷，晋马隆略序。"又载："《握机图》一卷。"唐初著名军事家李靖在回答唐太宗李世民所问何谓《握奇文》或《握机文》时，指出说："'奇'，音'机'，故或传为'机'，其义则一。考其词云：'四为正，四为奇，余奇为握机。'奇，余零也，因此音'机'。臣愚谓兵无不是机，安在乎握而言，当为余奇则是。"（见《唐太宗李卫公问对》卷上）李靖清楚讲明了"世传《握奇文》，或谓为《握机文》"的道理。《握奇经》今有多种刻本流传。据明嘉靖进士、刑部尚书王世贞撰《序》刊行的《握机经》卷三《增衍握机经第三》指出："古本《握机经》文，惟风后古文一十九字，太公望增衍今文三百六十五字，共三百八十四字。"而风后所撰之"古文一十九字"是："天地风云，龙虎鸟蛇，四为正，四为奇，余奇为握机。"可见，李筌所说"古之《握奇》，文不满尺，理隐难明"，不是没有根据的。

其二，作者于本篇提及诸多运用"风后握奇垒图"营阵法者，除秦末汉初之项羽、英布等人，见于李筌同时代人独孤及所撰《风后八阵图记》（载于《全唐文》卷三八九）中之外，其余诸如春秋越国范蠡，战国燕国乐毅，秦末汉初之张良、韩信，汉武帝时霍光，北魏之崔浩等人，历史文献并无其运用"风后握奇垒图"营阵法方面的内容记载。李筌所谓上述诸人"皆用此法"的论断，不知本诸何籍？

其三，李筌《太白阴经·风后握奇垒图篇第六十三》原文出自清代《守山阁丛书》本，文末四句原作："今以八阵握奇人数为垒，班布守地阔狭、顷亩，列之如后。"但是，实际上除后面附有李筌所绘"风后握奇垒图"布势阵图之外，并无"握奇人数"和"守地阔狭、顷亩"的文字内容。对于造成此种问题的原因，这里暂且从略，笔者将于下篇《风后握奇外垒篇第六十四》的"解说"中作进一步探讨。值得我们重视的是，清代学者钱熙祚于上述诸句文末校注指出："此四句（指'今以八阵'至'列之如后'诸句），张刻本云：'惟诸葛孔明则深明其法，以八阵握奇垒画为图，本守地阔狭、分寸丈尺，毫发不爽。其图以列于后焉'。"钱注所云"张刻本"者，是指清嘉庆间藏书家张海鹏所刊《墨海金壶》刻本《太白阴经》。以其所刊原文与《守山阁丛书》本原文相比较，笔者以为此张刻本所云更觉真切。因为，以"惟诸葛孔明则深明其法"以下五句接本篇"未尽其实"之后，不仅顺理成章，而且合于本卷开头《阵图·总序》李筌所论诸葛亮亦"有阵图以教人战"之义。故据钱熙祚校注所示，而改以张海鹏《墨海金壶》本原文。

风后握奇外垒篇第六十四

【原文】

一军一万二千五百人，以十人为一火[1]，一千二百五十火，幕亦如之[2]。幕长一丈六尺，舍十人，人守地一尺六寸。十以三为奇[3]，以三千七百五十人为奇兵，余八千七百五十人分为八阵，阵有一千九十三人七分五铢[4]，守地一千七百五十尺，八阵积率[5]为地一万四千尺，率成[6]二千三百三十三步余二尺，积率成六里余一百七十三步二尺。以垒四面乘[7]之，一面得地一里余二百二十三步二尺。垒内得地一十四顷一十七亩余一百九十七步四尺六寸六分，以为外垒。

天阵居乾[8]为天门，地阵居坤为地门，

风阵居巽为风门，云阵居艮为云门[9]；

飞龙居震为飞龙门，虎翼居兑为虎翼门，

鸟翔居离为鸟翔门，蛇蟠[10]居坎[11]为蛇蟠门。

天地风云为四正，龙虎鸟蛇为四奇。

乾坤巽艮为阖门[12]，震兑离坎为开门[13]。

有牙旗[14]，游队[15]列其左右。偏将军居垒门内，禁出入，察奸诈。垒外有游军[16]定两端，前有冲，后有轴[17]，四隅有铺[18]，以备非常。中垒以三千七百五十人为中垒，守地六千尺，积尺得二里余二百八十步，以中垒四面乘之，一面得地二百五十步，垒内有地两顷余一百步。正门为握奇[19]，大将军居之，六纛、五麾[20]、金鼓、库藏、辎重，皆居中垒。

【注释】

①十人为一火：火，古代兵制单位。唐杜佑《通典·兵志一》记载："五人为列，二列为火，五火为队。"

②幕亦如之：句义是，帐幕数也如同火数。即前文"有一千二百五十火"就配备帐幕一千二百五十顶。

③十以三为奇：指一军一万二千五百人的十分之三为奇兵。据此，一军人数的"奇兵"当为3750人。

④阵有一千九十三人七分五铢：这里的"七分五铢"，实际是"一千九十三"（1093）整数后之小数点数字，即0.75。因为，一军12500人中，除去十分之三的"奇兵"3750人外，余下8750人皆为"正兵"分为八阵，平均每阵为1093.75人。

⑤积率：犹"积数"，谓累积之数。率（lǜ），计数。

⑥率成（lǜ—）：谓计算而折合成。

⑦乘（chéng）：计算。《周礼·天官冢宰·宰夫》："乘其财用之出入。"郑玄注云："乘，犹计也。"

⑧乾（qián）：以及下文的"坤、巽、坎、震、兑、离、艮"，皆为八卦之卦名。此八卦皆有其基本所象之事物，即"'乾（☰）为天，坤（☷）为地，震（☳）为雷，巽（☴）为风，坎（☵）为水，离（☲）为火，艮（☶）为山，兑（☱）为泽'也。此盖八卦之原始卦象，传统之说法，自先秦以来，言《易》者皆遵用之。有引申卦象，如'乾为马，坤为牛，震为龙，巽为鸡，坎为豕，离为雉，艮为狗，兑为羊'等等，《说卦》所记者甚多。"（引自高亨著《周易大传今注·说卦》，齐鲁书社出版，1979年6月第1版）

⑨云阵居艮为云门：艮，原文作"坎"。钱熙祚于句末校注指出："坎，疑'艮'，图亦误。"钱说为是。故今从钱注而改作"艮"。

⑩蛇蟠：本谓蛇盘曲状，但在本篇这里则借指军阵名。

⑪坎：原作"艮"，钱熙祚校注指明："艮，疑'坎'。"故从钱注而改。

⑫乾坤巽艮为阖门：巽艮，原作"巽坎"，钱熙祚于句末校注指明："'巽坎'，疑当从《文澜阁》本作'巽艮'。"故从钱注而改。阖门，指关闭的门。阖（hé），闭合；关闭。

⑬震兑离坎为开门：坎，原作"艮"，钱熙祚于句末校注指明："'艮'，疑当从《文澜阁》本作'坎'。"故从钱注而改。

⑭牙旗：指旗杆上饰有象牙的大旗。古代多为主将、主帅所建，亦用作天子出行时的仪仗。

⑮游队：本篇这里指担负护卫牙旗的士兵。

⑯游军：这里指执行流动作战的部队。

⑰前有冲，后有轴：冲，即冲车；轴，即轴车，皆为古代战车名。

⑱四隅有铺：四隅，指四角。铺，本谓铺位，但在本篇这里指警戒哨位或守卫据点。

⑲ 握奇（一 jī）：指军阵名。古谓军阵数有九，即四正、四奇为八阵，余奇为握奇，合为九阵。所谓"握奇"者，指中心奇零者，由大将军握之，以随时应赴八阵之急处。

⑳ 六纛、五麾：六纛，指军中的六面大旗，唐代节度使军始用。五麾，指五种指示不同方位的彩旗，即东方青旗、南方赤旗、中央黄旗、西方白旗、北方黑旗。亦泛指古代军中所用的五种指挥旗。

【译文】

一军的编制员额为一万二千五百人。以十人编为一火，那么，一军共有一千二百五十个火，所需军用帐幕数也是一千二百五十顶。一顶帐幕长一丈六尺，可供十人居住之用，平均每人占地一尺六寸。以十分之三的兵力为"奇兵"，那么，一军则以三千七百五十人为"奇兵"，余下的八千七百五十人为"正兵"分为八阵，平均每阵置"正兵"一千零九十三点七五人，占地为一千七百五十尺，八阵的占地加起来为一万四千尺，折合二千三百三十三步余二尺，亦即合六里余一百七十三步二尺。按营垒有四面计算，平均每一面占地一里余二百二十三步二尺。营垒内有地十四顷十七亩余一百九十七步四尺六寸六分，以此作为外垒营地。

天阵居于乾卦为天门，地阵居于坤卦为地门，

风阵居于巽卦为风门，云阵居于艮卦为云门。

飞龙居于震卦为飞龙门，虎翼居于兑卦为虎翼门，

鸟翔居于离卦为鸟翔门，蛇蟠居于坎卦为蛇蟠门。

天、地、风、云四阵为"四正"，

龙、虎、鸟、蛇四阵为"四奇"。

乾、坤、巽、艮四门为"阖门"，

震、兑、离、坎四门为"开门"。

营垒中央建有主帅牙旗，有游队分列于左右两侧护卫。偏将军置于营垒门内，职掌禁止随意出入、严察奸细破坏之责。营垒外围设有游军守定各阵门的两边。外垒前边备有冲车，后边备有轴车，四角设有警戒哨位点，用以防范突然事变的发生。以三千七百五十人为"奇兵"置于中垒，其所居守的地面长度为六千尺，折合二里余二百八十步；以中垒分为四面计算，平均每一面占地长二百五十步，垒内有地为二顷零一百步。中垒正门为"握奇"，由主帅大将军所居，军中的六面大旗、五面彩色指挥旗，以及金鼓指挥工具、物资库藏、军需辎重，都置放于中垒之内。

【解说】

《风后握奇外垒篇》是李筌《太白阴经》卷六《阵图》总题中的第二篇,连同前《风后握奇垒图篇》,着重论述和介绍我国古代八阵营阵法的排阵布势问题。

我们翻开本篇首页,便可以首先看到,清代学者钱熙祚于篇目之下有一重要校注,指出:"文澜阁本惟有'握奇外垒'四字。按:下文即说前《握奇垒图》(指《风后握奇垒图篇第六十三》)之义,不应别为一篇,当从阁本(指'文澜阁本')为是。然阁本以《阵图总序》为六十三,《握奇垒[图]》为六十四;检前后卷,无有以'总序'入篇数者。恐《握奇[垒]图》下脱去一篇,后人因析图说为二,以足其数耳。故仍之。"

上述之钱氏这段带考证性的校注,是颇有道理而可信的。因为,从本篇之全文来看,当与前《风后握奇垒图篇》为同一篇的内容,的确"不应别为一篇"。可是,本为文义连贯的同一篇文字,又何以分割而成为两篇呢?这诚如钱氏所分析指出的:"恐《握奇[垒]图》下脱去一篇,后人因析图说为二,以足其数耳。"应当说,这大约就是造成同一篇文字"一分为二"的根本原因。而这一点,恰恰又是导致前《风后握奇垒图篇》原文末尾虽有"今以八阵握奇人数为垒,班布守地阔狭、顷亩,列之如后"诸文(按:今据钱熙祚校注所示,而改以张刻本"惟诸葛孔明则深明其法,以八阵握奇垒画为图,本守地阔狭、分寸丈尺,毫发不爽。具图以列于后焉"诸句),却无八阵之兵力人数和占地亩数之内容;而本篇《风后握奇外垒篇》虽有兵力人数和占地亩数,却无阵垒排阵布势之图例的明显错误。这是我们阅读本篇时首先需要明了的问题。

其次,从本篇全文连同前《风后握奇垒图篇》文末原作"今以八阵握奇人数为垒,班布守地阔狭、顷亩"之文,可以明显看出,两篇之中心内容主要是论述和介绍我国古代八阵营阵法的排阵布势问题。这是我们阅读这两篇需要着力把握的主旨。作者李筌以周制一军一万二千五百人为例,以"十以三为奇"(此言正、奇兵比例为7:3)为区分正、奇兵力配置的原则,详细阐明了古八阵配置的"正兵"人数和居中指挥者——主帅大将军所直接控制的"奇兵"人数(即"握奇人数"),以及中垒(即大将军所居之中央阵垒)和外垒(即环绕中垒的四方、四隅之八阵垒)各自所占的"守地阔狭、顷亩"之数的计算方法。

这里值得特别注意的是,作者本篇所提到的天、地、风、云,龙、虎、鸟、蛇八阵,并非是八个孤立不联的阵垒，而是由冠以不同徽号的八个不同阵名所组合而成的一个整体大方阵。这正如唐初著名军事家李靖所阐述的：八阵原本是一个"散而成八，复而为一"（见《唐太宗李卫公问对》卷上）的整体大方阵，其中：冠以天、地、风、云者，是为旗号幡名，而冠以龙、虎、鸟、蛇者，则是标示各个部队的序列之别。同时，天、地、风、云、龙、虎、鸟、蛇八阵，又分别与乾、坤、巽、艮、震、兑、离、坎八卦名相对应，以乾、坤、巽、艮四卦为"阖门"（即"合门"），以震、兑、离、坎四卦为"开门"。这样，不仅使古代八阵营垒法成为"假之以四兽（龙、虎、鸟、蛇）之名，及天、地、风、云之号"（《唐太宗李卫公问对》卷中卫国公李靖语），而且具有了乾、坤、巽、艮、震、兑、离、坎八卦象等"兵家古代诡道"（同上）之鲜明特色。

太白营图篇第六十五

【原文】

经曰：参七星、伐三星^①，连体十星为十将军，西方白虎宿也，主杀伐^②。此星出而天下秋，草木摇落，有若军威。故兵出而法焉^③。

一将一千人，十将一万人，幕千^④，守地一万六千尺，积尺得二千六百六十六步余四尺，积步得七里余一百四十六步四尺，以营四面乘之，一面得地一里余三百六步四尺，营内有地一十八顷七十亩余一百四十三步五尺三寸三分。

地主居坎为地主门，和德居艮为和德门；

高丛居震为高丛门，大炅居巽为大炅门；

天威居离为天威门，大武居坤为大武门；

太簇居兑为太簇门，阴德居乾为阴德门。

四仲^⑤为开门，四维^⑥为阖门。

外置牙旗、游队，四维门置铺。偏将军居垒内，以禁出入、察奸邪。十将幡旗图禽^⑦，以五色、五行^⑧列之：

右一将，行^⑨得水，黑幡帜^⑩，旗图熊，额白脚青^⑪；

右二将，行得火，赤幡帜，旗图鹗^⑫，额白脚黄；

右三将，行得木，青幡帜，旗图熊，额白脚赤；

右四将，行得金，白幡帜，旗图狼，额白脚黑；

右五将，行得土，黄幡帜，旗图虎，额白脚白。

左一将，行得水，黑幡帜，旗图熊，额青脚青；

左二将，行得火，赤幡帜，旗图鹗，额青脚黄；

左三将，行得木，青幡帜，旗图熊，额青脚赤；

左四将，行得金，白幡帜，旗图狼，额青脚黑；

左五将，行得土，黄幡帜，旗图虎，额青脚白。

中营二千人为左右决胜军，大将卫五百，为幕二百五十^⑬，守地四千尺，积尺得六百六十六步余四尺，积步得一里余三百六步四尺。以营四面乘之，一面得地一百六十六步余四尺；其中营小，每面加四十三步一尺三寸三分，通成^⑭二百二十二步一尺三寸三分。每幕相去四尺五寸四分。营内有地二顷四亩余一百五十七步一尺五寸九分。

休门^⑮主一居子^⑯，生门主八居艮；

伤门主三居卯，杜门主四居巽；

景门主九居午，死门主二居坤；

惊门主七居酉，开门主六居乾。

右八门^⑰四维四仲，唯开、景门阖，致^⑱大将军^⑲、旗纛^⑳、金鼓，如"握奇法"^㉑。

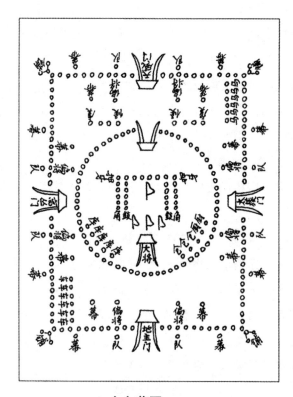

太白营图

【注释】

① 参七星、伐三星：参（shēn），星座名，即参宿，二十八宿之一，属西方白虎七宿的末一宿，有星七颗。伐，星名，即伐星。属参宿范围，有星三颗。

② 主杀伐：主，主宰；掌管。杀伐，谓征伐；讨伐，指进行战争。

③ 故兵出而法焉：句义是，所以此时出兵打仗是合乎规律的。法，在本篇这里指法则，亦作"规律"解。

④ 幕千：原文作"幕千人"，从前后文义看，"人"系衍文，故删。幕千，指万人所需帐幕为一千顶。

⑤ 四仲：古代天文学名词。指十二辰在卯、酉、子、午。《淮南子·天文训》："太阴在四仲。"东汉学者高诱注云："仲，中也。四中，谓太阴在卯、酉、子、午四面之中也。"

⑥ 四维：古指东南、西南、东北、西北四角为四维。

⑦ 幡旗图禽：幡旗，即旗帜。图禽，谓画以禽兽。

⑧ 五色、五行：五色，指青、赤、白、黑、黄五种颜色。古以此五者为正色，其他为间色（杂色）。《尚书·虞夏书·益稷》"以五彩彰施于五色"，清代著名学者孙星衍疏云："五色，东方谓之青，南方谓之赤，西方谓之白，北方谓之黑，天谓之玄，地谓之黄，玄出于黑，故六者有黄无玄为五也。"五行（—xíng），原本指水、火、木、金、土五种物质。我国古代思想家把这五种物质作为构成万物的五种元素，并以此说明世界万物的起源和多样性的统一。但在本篇这里，"五行"则是作为"太白营图"排阵布势时的左、右"十将"的一种标识。

⑨ 行（xíng）：以及下文的九"行"字，皆指"五行"。

⑩ 黑幡帜：指黑色旗帜。幡帜，亦作"幡织"，即旗帜。

⑪ 额白脚青：指旗上所画动物（熊）的颜色呈现白色额头和青色脚。青，作为颜色名，因不同著作、不同文章而有不同所指，例如：蓝色、绿色、白色、黑色等，但在本篇当指蓝色。因为，红（赤）、蓝、白、黑、黄是宇宙间的五种基本颜色。

⑫ 鹗（è）：雕类鸟，俗称鱼鹰。

⑬ 为幕二百五十：原文作"二百五十人"，从前后文义看，"人"字显系衍文，故删。句义是，共配备帐幕二百五十顶。

⑭ 通成：此为方言。总共或全部之谓。

⑮ 休门：以及下文的生门、伤门、杜门、景门、死门、惊门、开门"八门"，皆为术数家语。它以八卦的变相"休、生、伤、杜、景、死、惊、开"为八门，认为休、生、开三门为吉，伤、杜、

景、死、惊五门为凶。这显然是迷信之说。奇门遁甲等术皆用此说。

⑯居子：子，以及下文的卯、午、酉，皆为我国古代所用十二辰（即子、丑、寅、卯、辰、巳、午、未、申、酉、戌、亥十二地支）之一。居子，谓居于子辰之时。

⑰右八门：指上文的休门、生门、伤门、杜门、景门、死门、惊门、开门"八门"。我国明清以前的著作典籍，皆以木刻竖排版印刷成书，故这里的"右"实为"自右向左"之"右"，寓有"以上"之义。右八门，当译作"以上八门"。

⑱致：本篇这里通"至"，作连词。义犹"至于"或"以至"。

⑲大将军：原文作"大将将军"，显系衍一"将"字，故删。

⑳旗纛：指古代军中所用饰以鸟羽的大旗。纛（dú，又读 dào），指大旗。

㉑如"握奇法"：这里的"握奇法"，是指前《风后握奇外垒篇第六十四》所介绍的布阵方法。

【译文】

经典上说：参宿有七颗星，伐星有三颗星，这十颗星连为一体则称为"十将军"。参星、伐星位于西方而属于白虎星座，它主宰战争杀伐之事。此星座一旦在天空中出现，天下就是秋季时节了。这时的草木摇落，有如军威严酷肃杀一样。因此，出兵打仗正合乎自然规律。

一将率兵一千人，十将率兵即为一万人，配备的帐幕为一千顶（按十人一顶帐幕计），共守地长一万六千尺，累尺则合二千六百六十六步余四尺，而累步又合七里一百四十六步四尺。以营垒的四面计算，每一面占地长一里余三百零六步四尺，营垒内占地面积为十八顷七十亩零一百四十三步五尺三寸三分。

地主居于坎卦为地主门，和德居于艮卦为和德门；

高丛居于震卦为高丛门，大昃居于巽卦为大昃门；

天威居于离卦为天威门，大武居于坤卦为大武门；

太簇居于兑卦为太簇门，阴德居于乾卦为阴德门。

以上八门之四仲为开门，四维为阖门（合门）。

营外建置牙旗、游队，四维门（指东南角、西南角、东北角、西北角四个角门）设有守卫据点哨位。偏将军居于营垒门内，负责禁止随意出入，严查奸细破坏。十将的旗帜上面画有禽兽，且以五色、五行作为标识排列于左右两侧：

右一将，为五行得水，竖立黑色旗；旗帜上面画有熊像，呈额头白色、脚青色形象；

右二将，为五行得火，竖立红色旗；旗帜上面画有鹰像，呈额头白色、脚黄色形象；

右三将，为五行得木，竖立青色旗；旗帜上面画有熊像，呈额头白色、脚红色形象；

右四将，为五行得金，竖立白色旗；旗帜上面画有狼像，呈额头白色、脚黑色形象；

右五将，为五行得土，竖立黄色旗；旗帜上面画有虎像，呈额头白色、脚白色形象。

左一将，为五行得水，竖立黑色旗；旗帜上面画有熊像，呈额头青色、脚青色形象；

左二将，为五行得火，竖立红色旗；旗帜上面画有鹰像，呈额头青色、脚黄色形象；

左三将，为五行得木，竖立青色旗；旗帜上面画有熊像，呈额头青色、脚红色形象；

左四将，为五行得金，竖立白色旗；旗帜上面画有狼像，呈额头青色、脚黑色形象；

左五将，为五行得土，竖立黄色旗；旗帜上面画有虎像，呈额头青色、脚白色形象。

中营配置二千人，名为左、右"决胜军"，大将军拥有护卫兵五百人，共配备帐幕二百五十顶。中营营域计占地周长四千尺，累尺则合六百六十六步余四尺，而累步则合一里余三百零六步四尺。按营垒的四面计算，每一面占地长一百六十六步余四尺，因作为中营占地比较狭小，故每一面再加四十三步一尺三寸三分，总计每面占地长二百二十二步零一尺三寸三分。每个帐幕之间相距四尺五寸四分。中营内占地面积为二顷四亩零一百五十七步一尺五寸九分。

休门主一，居于子辰；生门主八，居于艮卦；

伤门主三，居于卯辰；杜门主四，居于巽卦；

景门主九，居于午辰；死门主二，居于坤卦；

惊门主七，居于酉辰；开门主六，居于乾卦。

在以上八门四维四仲之中，唯有开门和景门阖闭。至于大将军及军中的大旗、金鼓等所设位置，则如同前篇《风后握奇外垒篇第六十四》所介绍的布阵方法。

【解说】

《太白营图篇第六十五》是《太白阴经》卷六《阵图》总题中之第三篇。其中心内容是介绍古代"太白营阵"图式及其阵势布列的有关问题。

何谓"太白营图"？营图，就是营阵图。明代嘉靖间著名兵学家赵本学认为："古人营阵本同一法，……善用兵者，阵一止即为营，营一分即为阵。"（见赵本学、俞大猷撰《续武经总要》卷之六《韬钤外篇·诸葛亮满天星阵辩》）可见，本篇所称"营图"，实际是指驻营与战阵二者得兼的营阵图。篇题所用"太白"，则是作者李筌取星象——太白星"主杀伐"之义而给营图的命名。

在我国古代，天文学家又多为星象家，他们往往把观测到的日月星辰等天象比附于地上之人间世事。李筌本篇所取《太白营图》之篇名，恰恰体现出星象家以天象比附人事的情形。作者开篇所讲之"参"，是指二十八宿之一的"参宿"（shēn xiù），它属于西方白虎七宿之第七宿，有星七颗，而伐星是由三颗星组成，乃属参宿范围而与其七星相连接，故有参、伐"连体十星"之说，星象家则将其比附于地上人间世事而名之曰"十将军"。这就是《太白营图篇》所称"十将"的缘由。太白，星名，即"金星"之别称。此星运行规律是，晨出东方名曰"启明"，而夜止西方称为"长庚"。古星象家认为太白星（即金星）主杀伐，故多以喻兵戎战事。李筌《太白阴经》一书和本篇《太白营图篇》之所以取"太白"为名，盖源于此。

李筌本篇以十将万人为例所布之太白营阵，从其所附的图式来看，是呈内圆外方的方阵图。作者除了介绍营阵布列所需帐幕、占地亩数以及"十将"以不同"幡帜图禽"为标志、且循"五色、五行"而分列于营阵左右两侧以五五对称的营阵布势之外，还赋予以"乾、坤、震、巽、坎、离、艮、兑"八卦和"休、生、伤、杜、景、死、惊、开"八门之名。这样，便使此"太白营图"具有了术数家语的明显神秘色彩。

偃月营图篇第六十六

【原文】

经曰：偃月营形象偃月①，背山冈，面陂泽②，轮逐山势③，弦随面直④。地窄山狭之所下营也。

偃月外营，常以四六分幕⑤：一万人以六千人守地九千六百尺，积尺得一千六百步，积步得四里余一百六十步，为营轮；四千人守地六千四百尺，积尺得一千六十六步余四尺，积步得二里余三百四十六步四尺，为[营]弦。弦置三门，每门相去三百五十五步一尺五寸五分。营内有地一十八顷八十亩余五十八步四尺。右置上弦门，中置偃月门，左置下弦门。

偃月中营，以二千五百人守地四千尺，积尺得六百六十六步余四尺，积步得一里三百六步余四尺。每幕加地四尺五寸四分，每幕中两厢⑥置土马⑦一十二匹，大小如常马，备直鞍，令士卒摵甲胄⑧，橐⑨弓矢，佩刀剑，持矛盾⑩，左右上下，以习骑射。

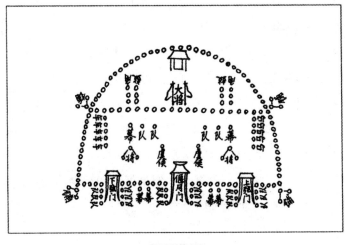

偃月营图

【注释】

① 偃月：指横卧形的半弦月。亦泛指半月形。

② 陂泽：湖泊沼泽。陂（pō），池塘湖泊之地。

③ 轮逐山势：句义是，营轮顺着山势走向。轮，即下文的"营轮"之轮，指"偃月营"的弧线部分，其形似车轮的半圆形状。逐，跟随；随顺。

④ 弦随面直：句义是，营弦朝前而笔直。弦，即"营弦"，指偃月营连接弧线而成直线部分，形似弓箭之弦。面，面对；引申朝前。

⑤ 以四六分幕：指兵力部署按四六开分居帐幕。

⑥ 两厢：两边。

⑦ 土马：指人工制作的而具有马匹形状的一种训练骑射工具。

⑧ 擐甲胄：谓穿戴铠甲头盔。擐（huàn），穿着。甲胄，甲，指铠甲；胄，指头盔。

⑨ 橐（tuó）：指盛物的袋囊。

⑩ 矛盾：本篇这里指古代两种兵器。矛，长矛，属于进攻性兵器；盾，盾牌，属于防护性兵器。

【译文】

经典上说：偃月营阵的形状像个半月形，背靠山冈，面向水泽，其营轮朝外而顺着山势走向，营弦面内而笔直如弓弦。这就是在地窄山狭地域所当设置的营阵。

偃月营的外营，其兵力部署通常是按四六开分居帐幕：一万人中以六千人占地长为九千六百尺，累尺合一千六百步，而累步合四里余一百六十步，此为营轮的兵力部置；所余四千人则占地长为六千四百尺，累尺合一千六十六步余四尺，而累步合二里余三百四十六步四尺，此为营弦的兵力部置。营弦一线设三个门，每个门之间相距三百五十五步一尺五寸五分。偃月营的外营内有地十八顷八十亩余五十八步四尺。弦上右边设上弦门，中间设偃月门，左边设下弦门。

偃月营的中营（即内营），以二千五百人占地长为四千尺，累尺合六百六十六步余四尺，而累步则合一里三百零六步余四尺。每个帐幕增加占地四尺五寸四分；每个帐幕的两旁设置土马十二具，每具土马大小如同常用的真马，配备好直形鞍具，命令士卒穿戴好铠甲头盔，挎上弓箭袋囊，佩带好刀剑，手持长矛和盾牌，从土马的左右上下，以此来训练士卒的骑马射箭技术。

【解说】

《偃月营图篇第六十六》是《太白阴经》卷六《阵图》之第四篇，它主要论述和介绍偃月营阵布设所应掌握的原则、地理条件，以及其内外营置设方法。

何谓"偃月营"？偃月（yàn—），指横卧形的半弦月，亦泛指半月形。作者李筌开篇伊始，即明确指出："偃月营形象偃月。"可见，偃月营是指状如半月形的营阵。作者认为，此种营阵应在"地窄山狭之所下营"而布设，必须是"背山冈，面陂泽"而呈"轮逐山势，弦随面直"且分内外营的半月形营阵。

偃月营，是我国古代作战常用的一种营阵法。但此种营阵法在不同时代，其称谓不尽相同。东汉献帝（刘协）建安十八年（公元213年）七月，曹操在与马超的作战中，其别驾杨阜"使从弟岳于城上作偃月营，与超接战"（见《三国志·魏书·杨阜传》）。这大约应是"偃月营"阵法最早用于实战的记载。到了晋和南朝时期，此营阵则称"偃月垒"。据北魏著名地理学家郦道元所撰《水经注·江水三》载称："沔左有郤月城，亦曰偃月垒，戴监军筑。"南朝宋孝武帝（刘骏）孝建元年（公元454年）二月，宋将王玄谟率舟师讨伐叛将臧质，进据梁山洲（梁山，山名，在今安徽当涂与和县的长江两岸。洲，指江中的小岛）后，"于两岸筑偃月垒，水路待之。"（见《南史·臧焘传附臧质》）隋炀帝（杨广）大业十三年（公元617年）十月，瓦岗农民军领袖李密为消灭进驻黑石（位于今河南巩义东南）的隋将王世充所部，一面分兵一部东走洛口仓（位于今河南巩义东北），凭据"月城"而诱使王世充主力脱离黑石营垒，一面亲率精锐骑兵"策马直趣黑石"，突袭隋军营垒，迫使正以主力包围洛口"月城"的王世充，不得不"释月城之围，狼狈自救。"这时，李密乘隋军主力仓皇回救黑石之机，挥军逆战，结果大败王世充。元代著名史学家胡三省在为这段史实作注时，明确指出："月城，盖临洛水筑堰月城，与仓城相应。"（见《资治通鉴》卷184《隋纪八》）五代后晋高祖（石敬瑭）天福六年（公元941年）十二月晋将杜重威奉命进讨叛将安重荣，双方战于宗城（位于今河北威县东），"重荣为偃月阵，重威击之不动"（见《新五代史·杜重威传》），等等。

从以上所举自东汉至五代的诸多史例，可以得出如下两点认识：第一，偃月营不仅是我国古代作战中兵家常用的营阵法，而且在不同时期，其称谓也有变化，见于文献记载者，即有"偃月营"、"偃月垒"、"偃月城"、"偃月阵"等诸多称谓。然而，不论其称谓如何变化，但都是一种"形象偃月"，即状如半月形的营阵布势。

第二，李筌虽然指明"偃月营"是在"地窄山狭之所下营"，但在实际运用过程中，却不完全尽同。如东汉末之杨岳是"于城上作偃月垒"，南朝宋王玄谟是夹长江"两岸筑偃月垒"，隋末李密是在"临洛水筑偃月城"，等等。这说明，偃月营阵法在实战中之运用，固然适于"地窄山狭"的地形条件，而处于背城、临水之所，同样亦可运用此种营阵法。这是我们阅读此篇所应注意把握之点。

阴阳队图篇第六十七

【原文】

经曰：阳队起一至九，阴队起九至一。队有五十人，五人为火长①，一火九人②，五九③不失四十五人之数。卒间容卒，相去二步；队间容队，相去一十八步④，前、后一十步。其队相去、前后亦如之。黄帝曰："阵间容阵，队间容队，曲间容曲。"⑤是也。

一队布地⑥三十六步，一阵二十二队，布地七百九十二步；方圆、斜曲、长短⑦，皆如之。

火长不预教习，其支器仗，亦在分数之内：甲三十领，六分⑧；战袍二十领，四分；枪五十根，十分；牌十面，二分；弩十张，二分；陌刀⑨十张，二分；箭四十副，八分；佩刀⑩四十口，八分；棓十具，二分⑪。

右守用阴队，左攻用阳队。矛、盾、弓，布置各有行列，前后、阴阳不同。

阴阳队图

【注释】

① 五人为火长：指一队五十人中有五人担任火长。火，为古代军队基层编制单位。十人为一火，五火为一队，火立火长，队立队头。

② 一火九人：这里指每一火中的士卒九人。一火本为十人，除火长之外，尚有士卒九人。

③ 五九：原文无"五九"二字，今据《太平御览》卷299补。五九，系乘法口诀。因为，一队五火，每火十人中除火长一人外，尚有士卒九人；五火之中当有士卒四十五人，其计算公式是：一火士卒数（9人）乘以总火数（5）等于士卒总人数45人。故本篇才有"五九不失四十五人之数"之句。

④ 相去一十八步：依前后文义看，此句是指队与队左右间隔为十八步。下文的"前、后一十步"句，当指队与队的前后间隔为十步。

⑤ "阵间容阵，队间容队，曲间容曲"：李筌认为此三句为黄帝所言，但不知此说源于何典？经查，此三句中的前两句见于《唐太宗李卫公问对》卷上。此三句意思是，大阵之中包容小阵，大队之中包容小队，大曲之中包容小曲。曲，我国古代军队的编制单位。据《后汉书·百官志一》记载："大将军营五部，部校尉一人，……部下有曲，曲有军候一人，比六百石。"

⑥ 布地：指兵力配置所占之地。

⑦ 方圆、斜曲、长短：皆指阴阳队阵的不同阵形。

⑧ 甲三十领，六分：甲，指铠甲；领，这里作数量词，古时通常用于计算衣服、铠甲以及床上用具的数量，相当于"件"。六分，即十分之六。每队五十人，按十分之六支领铠甲，恰应领取"甲三十领"。

⑨ 陌刀：指长刀。唐代张九龄等奉敕所撰《唐六典》卷十六《卫尉寺》载："刀之制有四：一曰仪刀，二曰障刀，三曰横刀，四曰陌刀。"唐李林甫注云："陌刀，长刀也，步兵所持，盖古之断马剑。"

⑩ 佩刀：指佩带在腰间的刀。古代男子服饰之一，佩之以示威武，亦有防身作用。

⑪ 棓十具，二分：棓，通"棒"，指棍棒。二分，原文误作"六分"，依前文的"牌十面，二分；弩十张，二分；陌刀十张，二分"之例看，"棓十具，六分"句中的"六分"显系"二分"之误，故改。因为，一队五十人，如按"六分"即十分之六的比例支领的"棓"数，当为"三十具"；唯有按"二分"即十分之二比例所领取的"棓"数，才是"十具"。

【译文】

经典上说：阳队排列是从一到九，阴队排列是从九到一。每队为五火合计五十人，其中五人为火长，五火各有士兵九人，那么，每队五火共有士兵当不少于四十五人之数。排兵布阵，士兵接连士兵，两兵之间相距二步；队中有队，两队之间相距十八步，每队与前、后队之间各相距十步。所有各队之间、各队前后相距情况，也都是这样。黄帝说："大阵之中包容许多小阵，大队之中包容许多小队，大曲之中包容许多小曲。"阴阳队阵正是这样。

一队占地长三十六步，一阵有二十二队，共占地七百九十二步，其阵无论方圆、斜曲、长短，都是如此。火长不参与教练演习，但其所应支领的兵器甲仗，也都在总份数之内。训练器材有：每队支给十分之六的铠甲共计三十领，十分之四的战袍共计二十领，十分之十的长枪共计五十条，十分之二的盾牌共计十块，十分之二的弓弩共计十张，十分之二的长刀共计十把，十分之八的箭矢共计四十支，十分之八的佩刀共计四十把，十分之二的棍棒共计十条。

【解说】

《阴阳队图篇第六十七》是《太白阴经》卷六《阵图》之第五篇，它主要介绍"阴阳队图"一阵二十二队如何进行阵势布列以及实施训练（即"教习"）时所应配发的各种军事器械。

作者李筌开篇伊始所言："阳队起一至九，阴队起九至一。"是指阳队和阴队的阵势布列的顺序位次问题。此盖源于汉代道家的"一九之数"之说。东汉末年炼丹家魏伯阳在其所撰《周易参同契》中篇里指出："子南午北，互为纲纪，一九之数，终而复始。"那么，何谓"一九之数"？蒋一彪集解指明："阳生于一成于九。阳数至九则极，极则复于一，此谓'一九之数'，终而复始。"（转引自罗竹风主编《汉语大词典》第一册第4页，汉语大词典出版社出版，1990年12月第一版）从哲学意义上讲，阴阳乃是我国古代思想家所认同的一对相反相成的重要哲学范畴。阳既然"生于一成于九"，那么，阴则反是，必然是"生于九成于一"了。我国古代思想家就是这样由此而喻指阴阳相互依存、终而复始的循环之理。应当说，这就是唐代李筌本篇阵图取名《阴阳队图篇》和"阳队起一至九，阴队起九至一"之说的理论根据。

　　值得注意的是，作者李筌在叙述阴、阳两队排阵布列位次之后，引录所谓黄帝之言，称"阵间容阵，队间容队，曲间容曲"，此虽无文献稽考印证，然前两句却是唐太宗李世民与卫国公李靖讨论我国古代八阵的布阵原则时所论内容（原文见《唐太宗李卫公问对》卷上）。可见，李筌认为八阵的"阵间容阵，队间容队"的布阵基本原则，同样适用于"阴阳队图"，只是他把唐太宗之所论依托为上古黄帝之言罢了。

教旗图篇第六十八

【原文】

经曰：春秋末并为战国，增讲武之礼，以为戏乐，用相夸竞，而秦更名为角抵。①故国虽大，好战必亡，天下虽安，忘战必危。②天下既平，春蒐夏苗秋狝冬狩，③振旅理兵④，所以不忘战也。宣尼⑤曰："以不教民战，是谓弃之。"⑥

今边军⑦更名曰"教旗"⑧，使士卒识金鼓、别旗帜、知行列、谙部分⑨，乃一军之节制⑩也。

凡教旗⑪，于平原高山，大将军居其上，南向⑫。左右各置鼓一十二面，角⑬一十二具，各树五色旗，六蠹居前，旌节⑭次之。监军⑮、御史⑯、裨副⑰、左右衙官⑱，骑队如偃月形为候骑⑲。下临平野⑳，使士卒目见旌旗，耳闻鼓角，心存号令。

乃命十将、左右决胜将，总一十二将、一万二千人。兵刃精新㉑，甲马㉒、旗帜，分为左右厢，各以兵马使㉓为长，班布其次㉔。阵间容阵，队间容队，曲间容曲，以长参短，以短参长。㉕回军转阵，以前为后，以后为前，进无速奔㉖，退无趋走㉗。纷纷纭纭㉘，斗乱而不可乱；浑浑沌沌，形员㉙而不可败者，奇正是也。进止有度，徐疾有节，以正合，以奇胜。听音望麾㉚，乍合乍离㉛，于是三令五申㉜，白旗点㉝，鼓音动，则左右厢齐合；朱旗点，角音动，则左右厢齐离。离之与合，皆不离子午之地㉞。左厢阳向㉟而旋，右厢阴向而旋，左右各复本位。白旗掉㊱，鼓音动，左右云蒸鸟散㊲，弥川络野㊳，然而不失队伍之疏密㊴；朱旗掉，角音动，左右各复本位，前后左右，无差尺寸㊵。

经曰：散则法天，聚则法地㊶。如此三合而三离，三聚而三散，不如法者㊷，吏士㊸之罪，可从军令㊹。于是，大将军出五彩旗一十二面，各树于左右阵前，每旗选壮勇士五十人守旗、选壮勇士五十人夺旗。右厢夺左厢旗，左厢夺右厢旗。鼓音动而夺，角音动而止；得旗者胜，失旗者负，胜赏负罚。离合之势，聚散之形，胜负之理，赏罚之信，因是以教之。

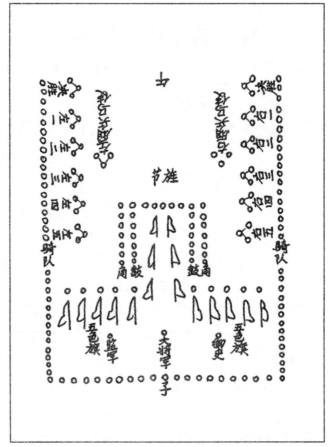

教旗图

【注释】

①自"春秋末并为战国"至"而秦更名为角抵"五句：语出《汉书·刑法志》，但与原文略异。讲武之礼，谓确立讲习武事（即军事）的礼仪法度。戏乐（—lè），娱乐。夸竞，夸耀；竞争。角抵（jué—），我国古代军事体育活动项目之一，类似现代的摔跤。起源于战国，始名于秦，晋以后亦称"相扑"或"争交"。

②自"故国虽大"至"忘战必危"四句：语出《司马法·仁本第一》。

③春蒐夏苗秋狝冬狩：语出《左传·隐公五年》。春蒐（—sōu），夏苗，秋狝（—xiǎn），冬狩（—shòu），此四者皆为我国古代畋猎（即打猎）名，封建统治者借以在农隙季节讲习武事，

教民备战。

④ 振旅理兵：指整顿部队，训练士兵。旅，军旅，指部队。

⑤ 宣尼：即孔子谥号。西汉平帝（刘衎）元始元年（公元 1 年）六月，"追谥孔子曰褒诚宣尼公"（见《汉书·平帝纪》），故后世因称孔子为"宣尼"。

⑥ "以不教民战，是谓弃之"：语出《论语·子路篇第十三》。

⑦ 边军：指边防部队。

⑧ 教旗：指唐代边防部队一种以熟悉旗鼓号令和布阵夺旗为主要训练内容的军事演练。

⑨ 谙部分：谓熟悉兵力部署。谙（ān），熟悉；熟记。部分（—fēn），本篇这里指部署；安排。

⑩ 节制：本篇这里谓指挥，或谓调度。

⑪ 自"凡教旗"至本篇文末：其主要文字内容是为唐宪宗（李纯）时期著名兵学家杜佑所撰《通典·兵志二》所采录，但文字略异。

⑫ 南向：谓面向南方。

⑬ 角：古乐器名。原本出自西北游牧民族，以骨角为乐器，鸣角以示晨昏。后移入军队，多用作军号而成为指挥器具。

⑭ 旌节：指旌与节。唐制，节度使赐双旌双节，旌以专赏，节以专杀。据南宋岳珂《愧郯录》卷十《旌节》记载："旌节之制，命大将帅及遣使于四方，则请而假之。旌以专赏，节以专杀，……唐天宝置。节度使受命之日赐之，得以专制军事。行即建节，府树六纛。"可见，始于唐玄宗（李隆基）天宝年间（公元 742—756 年）的"旌节之制"，乃是赋予节度使专制军事的一种权力制度。

⑮ 监军：古代监督军队的官员。魏晋以前，监军仅为朝廷临时差遣，事毕即罢，不为官名。南北朝以来，特别是唐代中叶以后，朝廷不信任将帅，常派内廷宦官为监军，出监节帅，权限极大，遂成为常设官职。

⑯ 御史：古代官名。始于春秋，为国君亲近之职，执掌文书记事。秦以后，职责专司纠弹。

⑰ 裨副：即裨将和副将，皆为副职将官。

⑱ 衙官：唐代刺史的属官。亦泛指下属小官。

⑲ 候骑：指担任侦察巡逻任务的骑兵。

⑳ 平野：平原旷野。

㉑ 兵刃精新：指兵器精良新颖。

㉒ 甲马：指披甲的战马。

㉓ 兵马使：唐代节镇衙前的统兵将领。

㉔ 班布其次：指分等排列队形次序。

㉕ 以长参短，以短参长：指营阵布列大小相参，交错配置，彼此掩映。

㉖ 速奔：快速奔跑。

㉗ 趋走：疾步奔走。

㉘ "纷纷纭纭"至"形员而不可败者"四句：语出《孙子兵法·势篇》，但与原文略异。纷纷纭纭，指旌旗纷纷、人马纭纭，用以形容混乱状态。

㉙ 形员：即圆形。本篇这里指圆形阵。员，同"圆"。

㉚ 听音望麾：听到鼓角声响，看见旗帜挥动。麾（huī），古代用以指挥军队行动的旗帜。亦通"挥"。

㉛ 乍合乍离：句义是，忽而集中，忽而分散。乍，突然；忽然。合，聚拢；集中。离，分离；分散。

㉜ 三令五申：谓再三命令与告诫。语出《史记·孙子吴起列传》。

㉝ 白旗点：点，在本篇这里作"指点"或"指示"解。句义是，用白旗挥动指点。

㉞ 子午之地：指中央之地。子午，旧时指夜半或正午时辰，此时恰处于黑夜或白昼时间之正中，故引申谓中央。

㉟ 阳向：谓向南。阳，南也。下文的"阴向"，谓向北。阴，北也。

㊱ 白旗掉：掉，这里谓反转。句义指与前文的"白旗点"成反方向挥动白旗以指挥部队行动。

㊲ 云蒸鸟散：意谓云气升腾，鸟雀飞散。

㊳ 弥川络野：谓遍布山川，笼罩原野。弥（mí），遍；满。川，指山川。络，包罗；笼罩。

㊴ 疏密：本谓稀疏与稠密。本篇这里则指部队分散时候仍然保持一定距离和间隔，也就是疏密得当之意。

㊵ 无差尺寸：谓不差分毫。尺寸，本指尺与寸，但在这里用以形容事物些许、微小。

㊶ 散则法天，聚则法地：句义是，分散时候要像天空中鸟飞云散那样迅速，集中时候要像大地山川那样岿然不动。法，效法。

㊷ 不如法者：意思是，没有按照规定行动的。法，在这里指规则或规定。

㊸ 吏士：犹言官兵。

㊹ 可从军令：钱熙祚校注称："张刻本云：'可以军法从事'。"义同不改。谓可按军法律令论处。

【译文】

经典上说：春秋末期，诸侯各国相互兼并，而进入战国时期。这时，各国增设了讲习武备之礼仪制度，且以此作为军队的娱乐活动内容，用以相互夸耀竞争。到了秦代，则将此种娱乐活动更名为"角抵"。故国家虽然强大，而好战必定灭亡；天下虽然安定，而忘战必定危险。天下既然已经平定，也应利用春夏秋冬四季农闲时节，以狩猎方式为内容，整顿军队，训练士兵，目的是为了不忘记加强国防战备。孔子说得好："使用未经训练的民众去作战，就意味着白白抛弃他们的生命。"

当今，边防部队更改战备训练之名为"教旗"，是为了通过教旗训练而使士兵认知金鼓之声，辨别旗帜号令，懂得排行列阵，熟悉兵力部署。这是一支军队得以指挥管理好的关键所在。

大凡实施教旗训练，通常是在平原或高山地区进行。大将军居于高处之上而面向南方，其左右两侧各置放战鼓十二面、号角十二具，各竖青、黄、赤、白、黑五色旗；六面大旗置于最前边，其他旌节旗帜依次排列。监军、御史、裨将、副将、左右衙官，分立于两边；骑兵分队排列于左右呈半月阵形，作为执行侦察巡逻任务的"候骑"。在居高而下临平原旷野之地进行教旗训练，可使士兵得以目见旌旗飘动，耳听鼓角之声，心记各种号令。

于是，任命十将和左、右决胜将，总计十二将、一万二千人，以兵器精良崭新、战马精壮、旗帜鲜明之貌，分为左、右两厢部队，各以一名兵马使为指挥长官。排列队形次序，做到大阵之中包容小阵、大队之中包容小队、大曲之中包容小曲，使营阵之间大小相参，交错配置，彼此掩映。部队回军转阵，以前军为后军，以后军为前军，做到前进时候没有狂奔乱跑，后退时候不会疾步奔逃。在旌旗纷乱、人马混杂的状态下对敌作战，要做到队形整齐不乱；在浑浑沌沌、迷蒙不清的状态下对敌作战，要布列圆阵应敌以保持不败，这是奇正之术运用得当的结果。部队进退有法度，行动快慢有节制；作战中以"正兵"当敌，以"奇兵"取胜；士兵听到金鼓之声、看见旗帜挥动，能够服从调遣，做到忽而集中，忽而分散。于是，三令五申，当白旗向前挥动指点，鼓声雷动时候，左、右两厢部队一齐合拢而来；当红旗向前挥动指点，角声吹响时候，左、右两厢部队一齐分散而去。但此分散与合拢，都不得超越中央子午线的地界。左厢部队向南转弯、右厢部队向北转弯之后，左、右两厢部队则各自回复到原来的位置。当白旗掉转方向挥动，鼓声雷动时候，左、右两厢部队如云气升腾、鸟雀飞散一样，遍布山川，笼罩原野。然而，分散开来的各部队之间，仍然保持一定的距离和间隔；当红旗掉转方向挥动，角声吹响时候，左、右两厢部队又各自回到原位，各队前后左右的间隔距离，都丝毫不差。

经典上说：军队分散时，就像天空中的鸟飞云散那样迅速；军队集中时，就像大地上的高山那样岿然不动。经过如此三次合拢又三次分离、三次集中又三次分散的训练之后，凡不按照法规号令行动的官兵，都要以军法惩治其罪。于是，大将军拿出十二面五彩旗帜，分别竖立左、右两厢部队的阵前，进行夺旗竞赛。每面旗帜都由挑选出的强壮勇猛的五十名士兵守护，再以挑选的五十名强壮勇猛士兵去夺旗。右厢的士兵去夺左厢的彩旗，左厢的士兵去夺右厢的彩旗。鼓声一响就开始夺旗，角声一鸣就停止下来。夺到旗帜的为胜利一方，失掉旗帜的为失败一方；胜利者受到奖赏，失败者受到惩罚。经此"教旗"训练之后，分离与聚合之态势，集中与分散之形势，胜利与失败之道理，奖赏与惩罚之信义，部队都从中获得教益了。

【解说】

《教旗图篇第六十八》是《太白阴经》卷六《阵图》之第六篇，其要旨在着重论述古代军队实施教育训练的重要意义以及训练的目的和要求等问题。

作者李筌开篇伊始，即从分析古代"讲武之礼"的产生及演进历史入手，着重阐明了古代军队实施战备训练的必要性。他认为，我国自春秋末进入战国以后，始增"讲武之礼"，即增设讲习战备训练的礼仪制度，并把它作为一种"用相夸竞"的娱乐活动而纳入军队训练。秦国把它定名为"角抵"，即类似今天的摔跤运动。到了唐代，则更名为"教旗"，即指以掌握旗鼓号令为基础内容的军事训练。作者进而依据《司马法·仁本第一》所阐述的思想，一方面从"天下虽安，忘战必危"的认识出发，强调指出，即使天下太平，也应运用"春蒐、夏苗、秋狝、冬狩"等射猎方式进行军事演练，以期达到"振旅理兵，所以不忘战"的军事战略目的。他进一步援引孔子"以不教民战，是谓弃之"（见《论语·子路篇第十三》）这一千古军事名句，深刻揭示出加强战备训练的重要性和忽视战备训练的危害性。另一方面，作者详细介绍了唐代边防部队"教旗"训练的阵图布势以及实施演练的具体操作方法。他强调，"教旗"训练的基本目的，是"使士卒识金鼓、别旗帜、知行列、谙部分"。作者认为，通过实地训练和"夺旗"与"护旗"竞赛活动，可以提高部队的军政素质，学会和掌握"离合之势，聚散之形，胜负之理，赏罚之信"。

这里应当强调指出的是，作者李筌企图从分析"讲武之礼"产生、演进的历史入手，以阐明古代军队战备训练的重要意义，此种追本溯源的学术研究思路，是值得今人借鉴的。但是，他把"讲武之礼"说成是战国时期所增设，恐怕是不完全符合历史的实际。据《春秋左传·隐公五年》记载："故春蒐、夏苗、秋狝、冬狩，皆于农隙以讲事也。三年而治兵，入而振旅。"这里所说的"春蒐、夏苗、秋狝、冬狩"四者，皆为四季农闲之隙的射猎之名；所说的"讲事"，是指讲习武备之事。值得注意的是，《春秋左传》这段文字内容，完全源于反映周代典章制度的《周礼》一书。所以，唐代著名经学家孔颖达在其所撰《春秋左传正义·隐公五年》中明确指出："《周礼》大司马职：中秋教振旅，遂以蒐田；中夏教茇舍（军队芟除野草而宿营谓'茇舍'——笔者），遂以苗田；中秋治兵，遂以狝田；中冬教大阅，遂以狩田。"查《周礼·夏官·大司马》有关周代军队如何在四季农闲季节，以春蒐、夏苗、秋狝、冬狩等射猎方式进行训练、演习，其具体做法和目的要求，都有十分详细而明确的记载。可见，我国古代的"讲武之礼"，至迟在西周时期已有了较为完备的制度。而到了春秋战国时代，随着诸侯国间兼并战争的日趋炽烈，此种为战争发展所需求的以"讲武之礼"为核心内容的战备训练，则更成为普遍和经常化的制度罢了。然而，尽管如此，作者李筌本篇所强调的那种居安思危、不忘战备的思想理念，对于我们今天搞好国防战备，加强军队训练，仍然具有重要借鉴意义。

草教图篇第六十九

【原文】

经曰：古之诸侯畋猎[1]者，为田除害，上以供祭祀，下以习武事。太古[2]之时，人食鸟兽之肉，衣鸟兽之皮。后代人民众多，鸟兽寡少，衣食不足。于是，神农教其种植，导其纺绩，以代鸟兽之命。自是以后，禽兽复盈山林，下平土[3]，害禾稼，人民苦之。于是，王公[4]秋冬无事[5]，教习畋猎，简练兵革[6]，奋扬威武，以戒非常[7]。季冬之月腊日[8]，太阴用事[9]，万物毕成，蛰虫[10]以伏，乃具卒乘[11]，从[12]禽于山泽以教之，令知部分、进退之仪也。

一人守围地[13]三尺，一十二将[14]守地三万六千尺[15]，积尺得六千步，积步得一十五里余六十步，围中径阔[16]得地五里余二十步。以左、右决胜将为校头[17]，其次左、右将各主士伍[18]为行列，皆以金鼓、旌旗为节制。

其初起围张翼[19]，随山林地势，无远近部分。其合围地，虞候先择定讫，以善弧矢者[20]为围中骑，其步卒枪幡守围。有漏禽兽者，坐守围吏[21]。大兽公之，小兽私之。以观进止，斯亦教战之一端也[22]。

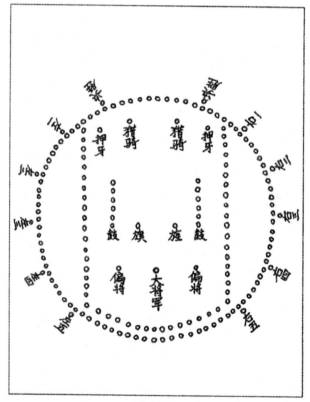

草教图

【注释】

① 畋猎（tián—）：打猎。

② 太古：上古；远古。

③ 平土：即平原土地。本篇这里指农田大地。

④ 王公：指天子与诸侯。据《国语·周语中》"王公立饫"句韦昭注云："王，天子；公，诸侯。"

⑤ 无事：这里指没有农活的时节。

⑥ 简练兵革：简练，指演习训练。兵革，兵器甲胄的总称，亦泛指武器装备。有时亦借指战争。

⑦ 非常：指突如其来的事变，如外敌入侵、内部叛乱等突发事件。

⑧ 季冬之月腊日：季冬之月，指冬季的第三个月，即农历十二月。腊日，指古时祭神祭祖之日，即农历十二月初八，俗称"腊八日"。

⑨ 太阴用事：句义指冬季主宰大地。太阴，阴阳五行家以为北方属水，主冬，故称"太阴"为北方，亦指代冬季或水。用事，指有所事，亦谓主宰。

⑩ 蛰虫（zhé—）：指藏于泥土中过冬的虫类。

⑪ 具卒乘：语出《春秋左传·隐公元年》。具，备办；准备。卒乘，指步兵和战车，亦泛指军队。

⑫ 从：跟随；亦指追逐。

⑬ 围地：指举行围猎的地方。

⑭ 一十二将：即左、右将十，左、右决胜将二，合计十二将。（参见前文《教旗图篇第六十八》所述。）

⑮ 守地三万六千尺：这里指一军一万二千人共守围猎之地周长三万六千尺。

⑯ 围中径阔：指围猎圈的直径宽度。

⑰ 校头：校（jiào），古代军队的编制单位。校头，即一校之长。本篇这里指一校的统兵指挥官。

⑱ 士伍：即士卒，引申指部队。

⑲ 起围张翼：起围，指开始围猎。张翼，指张开两翼呈包围之势。

⑳ 善弧矢者：指善于射箭的人。

㉑ 坐守围吏：指惩治守围的官吏。坐，即坐罪，指治之以罪。

㉒ 斯亦教战之一端也：李筌《太白阴经·草教图篇第六十九》原缺此句，为尽本篇前后文义，故据杜佑《通典·兵二·校猎》补入。句义是，这也是训练备战的一种方式方法。一端，指事情的一点或一个方面，或曰一种方式方法。

【译文】

经典上说：古代的诸侯进行狩猎的目的，是为了除掉兽害以保护田苗，对上苍神灵可用获取的猎物举行祭祀，对下界民众可借打猎方式演练军事。远古时代，人们靠吃鸟兽的肉，穿鸟兽的皮生活。到了后代，人口增多了，鸟兽减少了，吃穿就感到不足了。于是，神农氏教给人民种植粮食，教导人民纺线织布，以此取代鸟兽对人们生存的作用。从此以后，飞禽走兽又充满了山林，并且窜到平原田野祸害庄稼，人民深受其苦。于是，天子和诸侯利用秋冬农闲季节，教习人民打猎，借此训练军队以加强战备，振奋军威以激扬士气，以此提高警惕，防范外敌入侵等突发事件。为此，在每年的农历十二月初八腊日，冬天主宰大地，各种植物已经成熟，各种蛰虫已经潜伏冬眠的时候，天子或诸侯便带领准备就绪的士兵和战车，追逐和猎取禽兽于山林水泽之中，借此训练军队，使他们懂得怎样部署兵力，掌握前进与后退的规则制度。

"草教图"的布阵是：每一个士兵监守的围猎之地为三尺，十二将领所率士兵以一万二千人为例，共守围猎之地周长三万六千尺，累尺折合六千步，累步折合十五里又六十步，所圈围地直径长度为五里又二十步。以左、右决胜将为"校头"统兵官，然后，由十名左、右将各率一支队伍排成行列，都以金鼓、旗帜为指挥工具实施指挥。

围猎开始后，部队张开两翼，顺着山林地势向前而呈合围之势，无论地区远近和地势高低，都要囊括在合围圈内。这种围猎地区，应预先由虞候勘察选定之后，再以善于射箭的士兵作为围中骑兵，步兵则持枪竖旗而监守在围地。狩猎中如有禽兽逃出包围圈时，就要治罪于守围的官吏。猎取到的大兽归为公有，小兽则归个人所有。通过围猎来观察部队进退行止素质的好坏，这也是加强战备训练的一种方式方法。

【解说】

《草教图篇第六十九》是《太白阴经》卷六《阵图》之第七篇，其继前《教旗图篇》之后，进一步论述古代以狩猎方式实施军事训练的有关问题。

何谓"草教"？草者，草野之谓，指草木丛生的原野之地。教者，教练；训练也。草教，在本篇指于野外以狩猎方式进行军事训练活动。通观全篇，作者主要阐述了以下两个问题：

首先，作者从人类历史发展的社会形态的角度，阐明了古代以狩猎活动作为"讲武之礼"的重要方式的形成过程及其军事意义。狩猎，作为人类一种生产与生活的方式，由来久远。据考古发掘研究证明，早在二三百万年以前，当人类尚处在原始公社制度初期，由于生产力极度低下，人们除了采集天然食物（如草木之果实等）充饥果腹之外，主要是以石器工具进行渔猎来维系生存与繁衍。所以，狩猎是伴随人类产生初始的一种最为基本的生产与生活的方式。作者李筌所说："太古之时（当指原始社会时期），人食鸟兽之肉，衣鸟兽之皮。"应当说，这大体上揭示了人类历史上第一个社会形态——原始公社初期，以狩猎作为人们生产与生活基本方式的这一特征。但那时的狩猎，仅是为了解决人类自身生存与繁衍的"衣食"问题，并不具有军事的性质和意义。后来，随着生产力的逐步发展，出现了牧业、农业和手工业以后，产生了两次社会大分工（即始为畜牧业与农业的分工，后为农业与手工业的分工）和产品的交换，而导致私有制和剥削制度的产生。于是，以公有制为基础的原始公社制度趋于解体，而为第一个人剥削人的社会制度——奴隶占有制所代替。只有到了这时，人类最初仅以解决衣食问题所进行的狩猎活动，才逐步演变成为统治阶级"以习武事"的重要方式，而具有了鲜明的军事性质和意义。诚如作者李筌所指出的："神农教其种植（指农业的出现），导其纺绩（指手工业的出现），以代鸟兽之命。自是以后，禽兽复盈山林，下平土，害禾稼，人民苦之。于是，王公秋冬无事，教习畋猎，简练兵革，奋扬威武，以戒非常。"以至于把春蒐、夏苗、秋狝、冬狩四季农闲时节的不同称谓的狩猎方式，正式作为国家"讲武之礼"的重要军事训练制度，而长期沿用于整个中国封建社会。

其次，作者以十二将所率部众一万二千人为例，通过对"草教图"的布列范围、指挥规则、演练要求等介绍，阐明了古代实兵狩猎的重要作用。从作者本篇所绘制的图式，我们不难看出，此种"草教图"，乃是一种以实兵训练为目的、以获取猎物为目标的圆形布势阵图，实际操作结果必将达成四面八方由外向内而呈合围聚歼之势。作者认为，通过这种带军事性质的围猎演练，一方面可以获得猎物，"上以供祭祀"；一方面可以实兵演练，"下以习武事"，从而起到"简练兵革，奋扬武威，以戒非常"，使部队官兵"知部分、进退之仪"的重要作用。这大概就是源于周代的以狩猎方式实施"讲武之礼"，且能在中国古代军事发展与军队建设史上久用不衰的重要原因吧。

教弩图篇第七十

【原文】

经曰：弩者，怒也。①言其声势威响如怒，故以名其弓也。穿刚洞坚②，自近及远。

古有黄连、百竹、八担、双弩之名。今有绞车弩③，射七百步，攻城拔垒用之；臂张弩④，射三百步，步战用之；马弩⑤，射二百步，马战用之。弩张迟⑥，临敌不过三发⑦。所以，战阵不便于弩。非弩不利于战，而将不明于用弩也。

夫弩不杂于短兵⑧，当别为队，攒箭注射⑨，则前无立兵，对无横阵。复以阵中张、阵外射⑩，番次轮回⑪，张而复出，射而复入，则弩无绝声，敌无薄⑫我。置弩必处于高，争山夺水，守隘塞口，破骁⑬陷阵，果非弩不利也。

张弩后，左厢丁字立；当弩八字立，高揎手⑭，垂衫襟，左手承樘⑮，右手迎上，当心⑯开张，张有阔狭，左脛⑰右转，还复当心，安箭高举射⑱。贼若远，高抬弩头；贼若近，平身放；左右有贼，回身放；贼在高处，掣脚⑲放。放箭讫⑳，喝"杀！"㉑却㉒，掣㧅蝎尾㉓，覆弩还著地㉔。

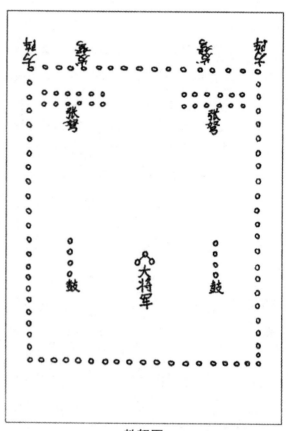

教弩图

【注释】

① 弩者，怒也：语出东汉刘熙《释名·释兵》。弩（nǔ），古代一种利用机械原理发射箭矢的弓。怒，形容弩机发射箭矢的威势之大如同怒吼声。

② 穿刚洞坚：指弩机发射箭矢具有穿透坚硬物体的能力。

③ 绞车弩：弩机名。指一种用绞车张弓而射程较远、威力较大的弩机。

④ 臂张弩：弩机名。一种步兵单兵靠臂力张弓射箭的弩机。

⑤ 马弩：弩机名。一种骑兵单兵于马上使用的弩机。

⑥ 弩张迟：指靠臂力开弩不仅费力而且速度缓慢。

⑦ 三发：指三次发射弩箭。

⑧ 夫弩不杂于短兵：杂，原文作"离"，钱熙祚校注指出："《通典》'离'作'杂'。"从前后文义看，《通典》作"杂"为确，故据以校改。句义是，弩机手不能混杂于手持短兵器的步兵之中。杂，混杂。短兵，指手持短兵器的步兵士卒。

⑨ 攒箭注射：指将箭集中起来一齐发射。攒（cuán），聚集；集中。

⑩ 阵中张、阵外射：谓在阵内拉开弩机装好箭矢，到阵外扳机射向敌人。

⑪ 番次轮回：指分批轮换。

⑫ 薄：逼近；靠近。

⑬ 骁（xiāo）：即骁骑，指勇猛的骑兵。亦指"骁将"。

⑭ 高揎手：谓捋起袖子高举手臂。揎（xuān），捋袖露臂。

⑮ 承橦：意思是端起弩机。橦（tóng），即梧桐，落叶乔木，木质轻而韧，可制作弩机柄等，故在本篇这里代指弩机。承，本谓担当，但在这里可作"端起"解。

⑯ 当心：指将弩机抵在心胸部位。当，抵也。

⑰ 脾（bì）：指大腿。

⑱ 高举射：谓高举臂肘扣机发射弩箭。

⑲ 挈脚：抬起脚。挈（qiè），提起；抬高。

⑳ 讫（qì）：完毕。

㉑ 喝"杀"：谓大声喊杀。

㉒ 却：退却。本篇这里指作战结束退回本阵。

㉓ 掣拗蝎尾：意思是收回弩钩。掣拗（chè ào），指往相反方向扭转，引申抽回。蝎尾，蝎子尾端有毒钩，可刺伤人。这里比喻弩钩的威力大。

㉔覆弩还著地：谓检查好弩机，然后放还原地。覆，检查；复核。

【译文】

经典上说：弩机者，意思是发怒也。这是说弩机发射箭矢的声势、威力、音响，如同人大声怒吼一样，因此而用以命名这种弓箭叫"弩"。此弩威力之大，能够穿透坚硬之物，既可以射杀近处的目标，又可以射杀远处的目标。

古代的弩机有黄连、百竹、八担、双弩等名称。今天有绞车弩，能射七百步远，在为攻城拔垒的作战时候所使用；臂张弩，能射三百步远，为步兵作战时候所使用；马弩，能射二百步远，为骑兵作战时候所使用。弩机张开比较缓慢，临敌作战最多不过发射三次而已。所以，两军对阵交战时不便于发挥弩机的威力和作用。这不是由于弩机不利于作战，而是因为将领不了解怎样使用弩机的缘故。

弩手不可混杂于手持短兵器的步兵之中，而应当别立一队，集中弩箭一齐发射。这样，就可以消灭前方站立的敌兵，击垮对面阻挡我军前进的敌阵。采取阵中张弩、阵外放箭，分批轮流发射的办法，张开弩就出阵发射，发射完了又退入阵中准备。这样轮回张弩、发射，就可以保持弩箭发射的怒吼声接连不断，从而迫使敌人无法逼近我军阵地。部署弩手必须置于高处，在争山夺水、防守险隘关口、击败敌军骁将、攻陷敌人坚阵的作战中，没有弩机作用的发挥是不利于取胜的。

拉开弩机后，左边为副手者呈丁字形站立；担当发射的弩手则呈八字形站立，捋起袖子高抬手臂，衣襟下垂，左手端起弩机，右手握在弩上，顶在心胸部位拉开弓弩使其张度宽窄适宜，然后左腿向右转动，仍顶在心胸部位将箭安在弩槽上，高抬臂肘而扣动扳机，飞箭疾速离弦而射向敌人。敌人如果离得远，就高抬弩头发射；敌人如果离得近，就把弩身平放发射；左右两边若有敌人，就左右转身发射；敌人若在高处，就抬起脚来仰射。每当发射完毕，紧随大声喊"杀！"（以助声势。）作战结束后，就扳回弩钩，检查好弩机，而放还原地。

【解说】

《教弩图篇第七十》是《太白阴经》卷六《阵图》之第八篇。作者李筌以"教弩图"为题，旨在着重论述弩机在古代军队作战中的重要作用，介绍弩兵技术战术训练的有关规则和要求等问题。

弩，作为我国古代冷兵器时期的一种远射兵器，它是从弓的直接发展而来。诚如春秋时期楚将陈音在回答越王勾践请求"教射"问题时所说："弩生于弓，弓生于弹。"（见东汉学者赵晔《吴越春秋·勾践阴谋外传》）弩在我国的出现，历史悠久。据考古发掘出土的新石器时代的遗物中一些有孔骨匕的研究，发现其形制、大小皆与我国一些少数民族中尚存的较原始的木弩上的扳机（古称"悬刃"）相一致，并由此而推断我国的弩可能产生于新石器时代（说见杨泓《中国古兵器论丛·弩的出现》援引宋兆麟等《从少数民族的木弩看弩的起源》，载《考古》杂志 1980 年第 1 期）。笔者认为，此虽为一种推断性结论，但也并非没有古代文献记载可征。例如，1972 年出土的银雀山汉墓竹简《孙膑兵法·势备篇》即明确指出："羿作弓弩，以埶（同'势'）象之。"这里所说的"羿"，乃我国上古唐尧时代的善射者，而唐尧则是我国原始社会末期继黄帝之后（说本《周易·系辞下》）的部落联盟领袖。据考古学分期，我国原始社会末期处于新石器时代晚期。由此可见，弩在我国的出现，距今至少已有七八千年的历史。不过，那时的弩还是木制弩，不是青铜制弩。"只有青铜的机括（指用青铜铸制的弩机）在春秋时期开始使用以后，才能进一步提高弩的性能，使它具有军事意义，开始成为军中的远射兵器。"（见杨泓《中国古兵器论丛·弩的出现》）成书于春秋末叶的《孙子兵法》，其作者孙武在该书《作战篇》叙及军队装备时，把弩视为与"甲胄载楯"同等重要的军事装备。可见，弩在我国春秋时期已经成为军队武器装备中的基本兵器之一了。到了战国时期，弩被大量用于作战，并且起到了能够影响战争胜负的重要作用。公元前 343 年（周显王二十六年）的齐魏马陵之战，齐军之所以打败魏军，并迫使魏军统帅庞涓"智穷兵败，乃自刭"身亡，是由于齐军统帅孙膑利用夜暗于马陵"夹道而伏"的"齐军万弩俱发"，给魏军以突然袭击所创造的辉煌战绩。（见《史记·孙子吴起列传》）由此不难看出，弩的出现并一经装备军队而用于战争实践，那么，它对作战胜负的重要影响作用，是在冷兵器时代其他兵器所不可比拟的。

作者李筌正是基于对弩的重要作用的认识，故在《教弩图篇》论述伊始，即本着东汉学者刘熙《释名·释兵》有关"弩"的释义，进一步指出，弩是因"其声势威响"如同人的怒吼声响而命名，它具有"穿刚洞坚"的穿透力和杀伤力，既可以射击近距离目标，也可以射击远距离目标。按照弩的张弓方法分类，我国唐代以前的弩主要有四种：一是臂张弩。即靠臂膀之力所能拉开的弩机。例见《史记·李将军列传》："（李）广乃令士持满毋发，而广自以大黄射其裨将，杀数人，胡虏益解。"汉文帝（刘恒）时，李广对匈奴作战中所使用的这种名曰"大黄"弩，即属臂张弩类。二是蹶张弩。

即用脚踏之力所能拉开的弩机。例见《史记·张丞相列传》："申屠丞相嘉者，梁人，以材官蹶张从高帝（指刘邦）击项籍（即项羽，名籍）。"南朝宋裴骃集解引如淳曰："材官之多力，能脚蹋强弩张之，故曰'蹶张'。"三是腰引弩。即用腰力拉动所系腰间的拴钩之绳所能拉开的弩机。例见《晋书·马隆传》："隆募限腰引弩三十六钧（钧，古代重量单位，一钧合三十斤）。"四是绞车弩。即靠绞车之力所能拉开的弩机。此种弩在《六韬·虎韬·军用第三十一》中称为"绞车连弩"者。此为威力最大之弩，不但射程远，而且能连发数箭。作者李筌本篇所讲唐代弩，仅着重介绍了"臂张弩"和"绞车弩"两种；而篇中所讲的"马弩"，实际则是骑兵单兵使用的"臂张弩"。李筌强调，唐代军中配备的"绞车弩"射程最远，可达七百步，认为它是"攻城拔垒"的重要兵器；而单兵使用的"臂张弩"，其射程仅为二三百步，故为"步兵用之"和"马兵用之"。

弩是从弓直接发展而来。自春秋以后，因其弩臂上安装了青铜质制动机械的弩机，所以，弩与弓相比较，不仅增大了射程，增强了威力，而且提高了命中精度。作者李筌在充分重视弩较弓的这些优越性的同时，也注意到了"弩张迟"的弱点和局限性。他认为，张弩缓慢这一弱点，在疾风骤雨般的对敌作战中，不利于充分发挥强弩的作用。但他强调指出，此点并非由于弩的威力不强所造成的，而是由于"将不明于用弩"，缺乏正确的作战编成和用弩方法不当所造成的结果。有鉴于此，李筌提出了如下颇有价值的四点主张：

其一，主张要有符合实战需要的作战部队编成。指出："弩不杂于短兵，当别为队。"他认为，把弩手单独编队而不混杂于手持短兵器的步兵之中，其好处是可以"攒箭注射"（即集中弩箭齐射）；而集中弩箭一齐发射则利于集中威力杀敌破阵，从而使自己处于"前无立兵，对无横阵"的有利态势。

其二，主张要采取轮番张弩与发射相衔接的作战原则。强调要做到"阵中张，阵外射，番次轮回，张而复出，射而复入。"他认为，这样做，就可以造成使自己"弩无绝声，敌无薄我"的有利态势。

其三，主张弩兵的配置必须选择高地，使自己处于居高临下的有利击敌之地理态势。作者认为，唯有做到"置弩必处于高"的有利地理态势，才能在"争山夺水，守隘塞口，破骁陷阵"的作战中，充分发挥"非弩不利"的强大威力作用，予敌以毁灭性打击。

其四，主张弩手要善于运用正确的张弩发射的姿势和使用弩机方法。李筌强调，弩手首先要掌握正确的张弩发射姿势。即位于左侧负责拉开弩机的副手，要呈丁字形站立；而担当发射的弩手则呈八字形站立，撸起袖子高抬手臂，左手端起弩机、右手握在弩上，将弩顶在心胸部位拉开弩机，使其张度宽乍适宜，将箭安在弩槽上，然后左腿向右转动而高抬臂肘扣动扳机，将箭射向敌人。其次，要依据敌人所在距离和方向，采用不同射角射击敌人。即对距离远之敌，就抬高弩头发射；对近距离之敌，就把弩身平放发射；对左右两侧之敌，就左右转身发射；对处于高处之敌，就抬起脚来仰射，等等。从以上四点不难看出，李筌关于弩兵的编成、配置原则以及弩机使用的具体方法等诸多问题的思想观点，可以说是弩兵对敌作战的历史经验总结，具有很强的实践操作性和实用性。这在现存的唐代以前的诸多兵书典籍中，是不多见的。由此可以认为，李筌《教弩图篇》所阐释的诸多思想观点，无疑是对我国古代弩兵作战训练的一个独到贡献。

合而为一阵图篇第七十一

【原文】

经曰：从一阵之中离为八阵，从八阵复合而为一。听音望麾，以出四奇。飞龙、虎翼、鸟翔、蛇蟠，为四奇阵；天、地、风、云，为四正阵。①

夫善战者，以正合，以奇胜；奇正相生，如循环之无端，孰能穷之？②奇为阳，正为阴，阴阳相薄③，而四时④行焉；奇为刚，正为柔，刚柔相得，而万物成焉。奇正之用，万物无所不胜⑤焉。所谓合者，即合奇正八阵而为一也。

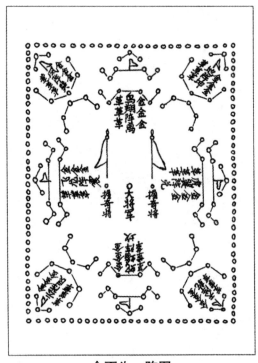

合而为一阵图

【注释】

① 自"从一阵之中离为八阵"至"天、地、风、云为四正阵"诸句：语本《握奇经》。

② 自"夫善战者"至"孰能穷之"诸句：语出《孙子兵法·势篇》。

③ 薄：本谓靠近，引申谓配合。

④ 四时：指春、夏、秋、冬四季。

⑤ 胜：本篇这里同"盛"，义谓兴盛；兴旺。

【译文】

经典上说：从一阵之中可以派生分离出八阵，从八阵重新组合又可成为整体的一阵。通过耳听鼓角的声音，眼见旌旗的挥动，能够排出四奇、四正阵势。即飞龙、虎翼、鸟翔、蛇蟠，为四奇阵；天、地、风、云，为四正阵。

大凡善于指挥作战的将领，总是用"正兵"正面当敌，用"奇兵"侧翼取胜。"奇"与"正"之间的相互转化关系，如同沿着圆环旋绕而无始无终，有谁能够穷尽它呢？奇为阳，正为阴，阴阳相互配合，四季时节才能得以正常运行。奇为刚，正为柔，刚柔相互调济，万物才能得以健康成长。奇正的作用，万物得益而没有不兴盛的。所谓"合而为一"者，是说统合奇正八阵而为整体一阵的意思。

【解说】

《合而为一阵图篇第七十一》是《太白阴经》卷六《阵图》之第九篇。本篇与下一《离而为八阵图篇第七十二》乃相反相成、相互依存的姊妹篇，主要论述了古代八阵排阵的理论根据及八阵的离合条件。

那么，何谓"合而为一阵"呢？作者李筌解释说："所谓合者，即合奇正八阵而为一也。"作者这里提到的"奇正八阵"，乃是源于相传的上古黄帝之臣风后所撰《握奇经》中的"八阵，四为正，四为奇，余奇为握奇"这段古老经文。可见，作者认为，"奇正"之说是为我国古代八阵法的理论根据。

唐初著名军事家李靖在探讨三国时期著名政治家、军事家诸葛亮的八阵法时，曾指出："大阵包小阵，大营包小营"（见《唐太宗李卫公问对》卷中）。李靖此种"大阵包小阵"的说法，实际揭示了"八阵"在布列排阵时所应遵循的一条重要的基本原则。就是说，八阵作为一个整体性的集团大方阵，它是由"四为正，四为奇"的八个中方阵所编成，而每个中方阵又是由八个小方阵所组成。这样，八的自乘之积即为六十四。故从汉代开始，八阵又有了"六十四阵，名曰'乘之'"（见《后汉书·礼仪志中》）的说法。八阵的鲜明特点是：一方面，作为由八个中阵构成的一个集团大方阵，它具有统一的整体性；一方面，大方阵中的每一个中阵，又都具有相对的独立性。而这一特点，又决定了八阵在实战运用中，既可"合而为一"，又可"离而为八"。八阵的这一鲜明特点，诚如李靖所指出："此所谓散而成八，复而为一者也。"（见《唐太宗李卫公问对》卷上）而八阵的这种"合"与"离"的特点，则又完全是以地形条件所确定。例如，平原旷野的地形条件，适于以"合而为一"的大方阵对敌；而山川阜丘的地形条件，则利于以"离而为八"的中方阵对敌。西晋名将马隆在其所撰《八阵总述》中论断八阵"合而为一，平川如城；散而为八，逐地之形（指高低起伏的山川阜丘之地形）"，真切地阐明了八阵的"合"与"离"，乃是取决于地形条件的道理。

值得特别指出的是，李筌于本篇引据《孙子兵法·势篇》所论"夫善战者，以正合，以奇胜"，"奇正相生，如循环之无端，孰能穷之"的思想观点，在其完全继承大军事家孙武关于"奇正"乃是克敌制胜的军事辩证理论的基础上，进一步把"奇正"之说从军事斗争领域引入宇宙空间，作为观察和认识四时运行、万物生长规律的理论基础。他说道："奇为阳，正为阴，阴阳相薄，而四时行焉；奇为刚，正为柔，刚柔相得，而万物成焉。奇正之用，万物无所不胜焉。"显而易见，在李筌看来，"奇正"之学说，不仅是兵家用以指导战争的制胜理论，同时也是人们用以认识客观世界的理论武器。对此，我们不能不承认，此一思想观点，恰恰是作者李筌对我国古代"奇正"理论的一种创新性发展和贡献，今人应予充分肯定和加以借鉴。

离而为八阵图篇第七十二

【原文】

经曰：风后演《握奇图》，自一阵之中分为八阵：

天，有冲或圆布。黄帝曰："天阵圆。"利为主①，色尚元②，为乾③。

地阵方，利为客，色尚黄，为坤。

风，附于天，风象峰④，其形锐首⑤，利为客，色尚赤，为巽。

云，附于地。太公⑥曰："左右相向⑦。"是也。其形锐首，利为客，色尚白，为坎。

飞龙，其形屈曲似龙，利为主，色上元下赤，为震。

虎翼，居中张翼⑧而进，其形踞⑨，利为主，色上黄下青，为兑。

鸟翔，太公曰："鸟翔者，突击之义也。"其形迅急⑩，利为客，色上元下白，为离。

蛇蟠，太公曰："蛇蟠者，围绕之义也。"其形宛转，利为主，色上黄下赤，为艮。

（后依次附：天、地、风、云、飞龙、虎翼、鸟翔、蛇蟠八阵图）

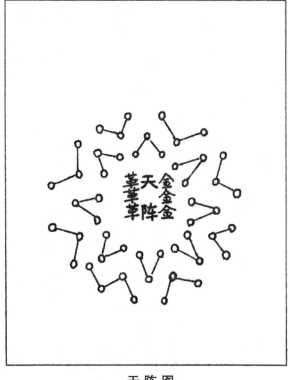

天阵图

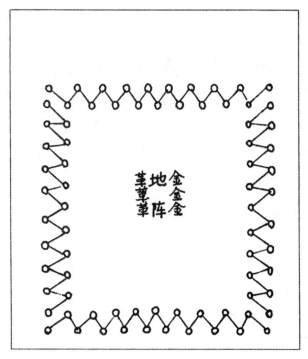

地 阵 图

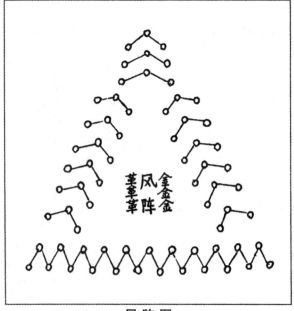

风 阵 图

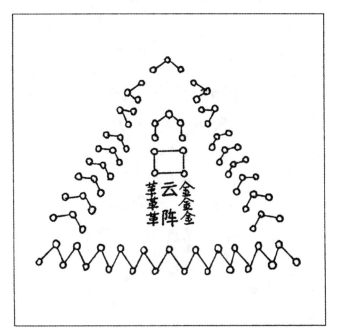

云 阵 图

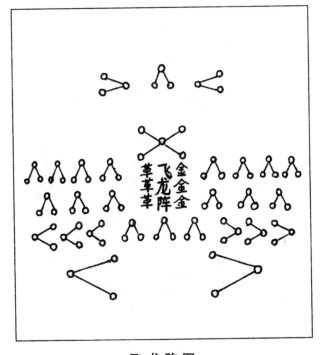

飞 龙 阵 图

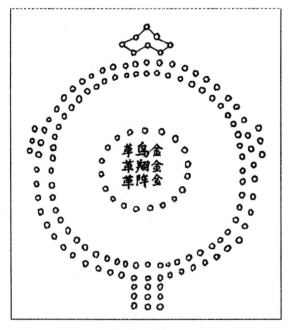

虎 翼 阵 图

鸟 翔 阵 图

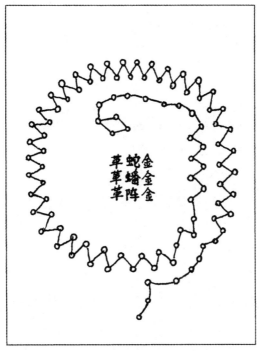

蛇 蟠 阵 图

【注释】

① 利为主：句义谓有利于主军一方。主，与下文的"客"相对应。主，指主方或主军，即指在本国实施防御作战的一方；客，指客方或客军，即指在他国实施进攻作战的一方。

② 色尚元：尚，谓崇尚。元，以及后文"飞龙阵"和"鸟翔阵"的两"上元"的"元"字，原本为"玄"，清人因避康熙皇帝玄烨名讳而改"玄"为"元"。玄，在本篇这里指黑色。

③ 乾：及下文的坤、巽、坎、震、兑、离、艮，皆为八卦卦名之一。其卦象依次为：天、地、风、云、飞龙、虎翼、鸟翔、蛇蟠。本篇所称八阵图，分别以八卦之卦象而命名。

④ 风象峰：原文脱"峰"，今据北宋文学家李昉《太平御览》卷三〇一补入。句义是说，风阵的形状像山峰。

⑤ 锐首：尖头。锐，尖锐；首，头。

⑥ 太公：这里指姜太公吕尚。

⑦ 相向：谓相对。

⑧ 张翼：张，原文作"法"，于义不通，疑误。今据《太平御览》卷三〇一校改。张翼，谓张开两翼。

⑨其形踞：踞，原文作"空"，于义不通，疑误。今据《太平御览》卷三〇一校改。句义是说，虎翼阵的形状如同老虎蹲坐的姿势。踞，蹲坐。

⑩迅急：迅疾。本篇这里用以形容鸟翔阵变换形状如同鸟儿疾速飞翔一样。

【译文】

经典上说：风后推演《握奇图》，是从一阵之中离析而为八阵，即是：

天阵，其状或为冲直或为圆布形。黄帝说："天阵是圆形的。"此阵对主军一方有利。其布阵旗帜为黑色旗，其阵之卦象名为"乾"。

地阵，其状是为方形。此阵对客军一方有利。其布阵旗帜为黄色旗，其阵之卦象名为"坤"。

风阵，风附着于天。风阵形似山峰，其状呈尖头。此阵对客军有利。其布阵旗帜为红色旗，其阵之卦象名为"巽"。

云阵，云附着于地。姜太公说："云阵为左右相对。"是这样的。云阵形状呈尖头。此阵对客军一方有利。其布阵旗帜为白色旗，其阵之卦象名为"坎"。

飞龙阵，其形似龙弯曲之状。此阵对主军一方有利。其布阵旗帜为上黑下红二色旗，其阵之卦象名为"震"。

虎翼阵，呈居中而张开两翼进击之势。其形似虎蹲坐之状。此阵对主军一方有利。其布阵旗帜为上黄下青二色旗，其阵之卦象名为"兑"。

鸟翔阵，姜太公说："鸟翔者，是突击之义。"其形似鸟儿疾飞之状。此阵对客军一方有利。其布阵旗帜为上黑下白二色旗，其阵之卦象名为"离"。

蛇蟠阵，姜太公说："蛇蟠者，是环绕之义。"其形似蛇曲回宛转之状。此阵对主军一方有利。其布阵旗帜为上黄下红二色旗，其阵之卦象名为"艮"。

【解说】

《离而为八阵图篇第七十二》是《太白阴经》卷六《阵图》之第十篇。李筌本篇顾名思义，旨在主要介绍从整体"八阵"集团大方阵分而为八个中阵以及各阵阵形、旗号标志颜色和相应的八卦之象等诸多特点。

李筌开篇伊始所说的"风后演《握奇图》，自一阵之中分为八阵"，是指天、地、风、云、龙、虎、鸟、蛇八阵。唐初君臣在探讨古代八阵法的问题时，唐太宗李世民曾向卫国公李靖请教说："天、地、风、云、龙、虎、鸟、蛇，斯八阵何义也？"

李靖回答说："传之者误也。古人秘藏此法，故诡设八名尔。八阵本一也，分为八焉。若天、地者，本乎旗号；风、云者，本乎幡名；龙、虎、乌、蛇者，本乎队伍之别。后世误传。诡设物象，何止八而已乎？"（语见《唐太宗李卫公问对》卷上）我们从李靖这段答语中，可以明确以下两点：一是所谓天、地、风、云、龙、虎、乌、蛇八阵之称，实系"后世误传"造成的结果。古代八阵，初始原本《握奇经》文"八阵，四为正，四为奇"而得名，古人为了"秘藏此法"，便故意给它安上了八个神秘的名称。后人辗转相传而发生了错误，于是，八阵便被后人约定俗成地叫作天阵、地阵、风阵、云阵、龙阵、虎阵、乌阵、蛇阵了。其实，天、地和风、云，原本是部队的旌旗之名；而龙、虎、乌、蛇，则是部队的序列之别。二是八阵原本是一个整体大方阵，但由八个部分组成：在兵力区分上，它是由四正兵和四奇兵所组成；而在方位区分上，它是由东、南、西、北四方和东北、东南、西南、西北四隅所构成。这说明，八阵的八个部分，既具有"合而为一"的整体性，又具有"离而为八"的可分性。诚如唐代著名军事家李靖所言："此所谓散而成八，复而为一者也。"（见《唐太宗李卫公问对》卷上）这可以说是李筌关于"八阵离合"之说的理论依据。

李筌本篇所述之天、地、风、云、龙、虎、乌、蛇八阵，以文配图而着重介绍了各阵布列时的三个主要特点：其一，各阵阵形体现了所设物象的形状特点。例如，天阵和地阵，古人认为天是圆的、地是方的（见《周髀算经》："方属地，圆属天，天圆地方。"）故李筌称："天阵圆"、"地阵方"；风阵和云阵，皆"其形锐首"而呈尖头之状；飞龙阵"其形屈曲似龙"，而呈龙身弯曲之状；虎翼阵"其形踞"，而如老虎蹲坐之状；乌翔阵"其形迅急"，而如鸟儿疾飞之状；蛇蟠阵"其形宛转"，而如蛇身环绕之状。李筌所讲的上述八阵的诸多阵形，均不外乎唐初军事家李靖所揭示的五种"为方、圆、曲、直、锐之形"，而"方、圆、曲、直、锐，实因地形使然。"李靖特别强调指出："凡军不素习此五者，安可以临敌乎？"（以上引语见《唐太宗李卫公问对》卷中）可见，平时训练和熟悉此五种不同状态的阵形变换，对于部队临敌作战是何等的重要！其二，各阵布阵时所配备的旌旗各具有不同的色彩特点。例如，天阵之旗"色尚元"（元，为清刻本"玄"字讳改，而"玄"为黑色），为黑色旗；地阵之旗"色尚黄"，为黄色旗；风阵之旗"色尚赤"，为红色旗；云阵之旗"色尚白"，为白色旗；飞龙阵之旗"色尚元（玄）"，为黑色旗；虎翼阵之旗"色上黄下青"，为上黄下青二色旗；乌翔阵之旗"色上元（玄）下白"，为上黑下白二色旗；蛇蟠阵之旗"色上黄下赤"，为上黄下红二色旗。在我国古代，五行家往往把东、南、西、北、中五个方位，与青、赤、白、黑、黄五种颜色相匹配而称谓"五方色"，即东方青色，南方赤色，西方白色，北方黑色，中央黄色。受此影响，古代军队在使用五色旗帜布阵时，既可标志所处方位，又能区分部队序列。这集中体现了古代阵法布列的五行特色。其三，八阵分别具有以八卦卦象命名之特点。八卦乃《周易》（亦称《易经》）中具有象征意义的八种基本图形，每个图形用三个分别代表"阳"的"—"（称"阳爻"）和代表"阴"的"－－"（称"阴爻"）的符号组成，其名称及符号分别是：乾（☰）、坤（☷）、震（☳）、巽（☴）、坎（☵）、离（☲）、艮（☶）、兑（☱）。此八卦相传为远古时代庖牺氏（亦称"伏羲氏"）所作，但也有学者认为它产生于黄帝之后的唐尧时期（见金景芳《学易四种·关于〈周易〉的作者问题》，吉林大学出版社，1987年版）。《易经》的作者（旧称为春秋时期孔子所作，但近代研究也有称为战国末或秦汉之际作品）认为，八卦又象征着自然界和人类社会的八种物象，其卦象依次是：天、地、风、云、飞龙、虎翼、鸟翔、蛇蟠。故李筌本篇所述之"离而为八阵"，正取此义而分别以八卦命名，称天阵为"乾"、地阵为"坤"、风阵为"巽"、云阵为"坎"、飞龙阵为"震"、虎翼阵为"兑"、鸟翔阵为"离"、蛇蟠阵为"艮"。这样，我国古代八阵的阵名，便又具有了《周易》阴阳八卦卦名之特色。

太白阴经卷七

祭文　捷书　药方

祭文类

祭文总序

【原文】

经曰：古者，天子望于山川，遍于群神[1]；诸侯祭其封内兴云出雨之山川神祇[2]。出师皆祭，并所过名山大川，福及生人[3]神祇。《尔雅》[4]云："是类是祃，师祭也。既伯既祷，马祭也。"[5]师初出，则祃军之牙门[6]，祷马群厩。

蚩尤氏造五兵[7]，制旗鼓，师出亦祭之。其名山大川，风伯雨师[8]，并所过则祭；不过，则否。毗沙门神[9]，本西胡[10]法佛说"四天王"[11]，则北方天王也。于阗城[12]有庙，身被金甲，右手持戟，左手擎塔，祇从[13]群神，殊形异状，胡人事之。

往年吐蕃[14]围于阗，夜见金人被发，持戟行于城上；吐蕃众数十万，悉患疮疾，莫能胜兵[15]；又化黑鼠咬弓弦，无不断绝，吐蕃扶病[16]而遁。国家知其神，乃诏于边方[17]立庙，元帅亦图其形于旗上，号曰"神旗"，出居旗节之前，故军出而祭之。至今，府州县多立天王庙焉。

一本云，昔吐蕃围安西[18]，北庭[19]表奏求救。唐元宗[20]曰："安西去京师一万二千里，须八月方到，到则无及矣。"左右请召不空三藏[21]，令请毗沙门天王。师至，请帝执香炉，师诵真言[22]；帝忽见甲士立前。帝问不空，不空曰："天王遣二子独捷将兵救安西，来辞陛下。"后，安西奏云："城东北三十里，云雾中见兵，人各长一丈，约五六里[23]。至酉时[24]，鸣鼓角，震三百里。停二日，康居[25]等五国抽兵[26]，彼营中有金鼠咬弓弩弦，器械并损。须臾[27]，北楼天王现身。"

【注释】

①望于山川，遍于群神：语出《尚书·虞夏书·舜典》。望，古祭名。《广雅·释天》："望，祭也。"清王念孙疏证曰："望者，遥祭之名。"整个句义是，遥祭山川而遍及群神。

② 神祇（—qí）：指天神和地神。说见《史记·宋微子世家》："今殷民乃陋淫神祇之祀。"裴骃集解引马融曰："天曰神，地曰祇。"亦泛指神灵。

③ 生人：犹人民。或曰众人，民众。

④《尔雅》：我国最早解释词义的专著。由汉初学者缀辑周、汉诸书旧文，递相增益而成。今本仅存《释诂》、《释言》、《释训》、《释亲》、《释宫》、《释器》等十九篇，为考证词义和古代名物的重要资料。

⑤ "是类是祃，师祭也。既伯既祷，马祭也"：语出《尔雅·释天第八》。但"是类是祃"和"既伯既祷"，分别辑自《诗·大雅·皇矣》和《诗·小雅·吉日》。"师祭也"与"马祭也"两句，则是《尔雅》缀辑者对"是类是祃"和"既伯既祷"两诗文的释义。类，古本作"禷"，今本经传皆作"类"。将要出兵征伐，告天而祭谓之"禷（或'类'）"；到达所征之地，表而祭之谓之"祃"；为军队而祭谓之"师祭"。将用马力必先祭祀马祖天驷神马谓之"伯"；为军马祭祀祈祷则谓之"马祭"。

⑥ 牙门：古时驻军，主帅或主将帐前竖牙旗以为军门，称为"牙门"。

⑦ 蚩尤造五兵：蚩尤，传说中我国古代九黎族首领，曾与黄帝战于涿鹿之野（位于今河北涿州东南一带），战败被杀。五兵，狭义指五种兵器，但不同著作所指不同；广义则泛指各种兵器。

⑧ 风伯雨师：风伯，指神话中的风神；雨师，指神话中的雨神。

⑨ 毗沙门神：指佛教中的毗沙门天王。佛经所说的四天王之一，又名多闻天王，俗称托塔天王，在佛教中为护法天神。

⑩ 西胡：古代对葱岭（旧时对帕米尔高原和昆仑山、喀喇昆仑山脉西部诸山的总称）内外西域各族的泛称。

⑪ 四天王：佛教护法神帝释的四位外将。又称四大天王，俗称四大金刚。四天王分居于须弥山四陲，各护一方，因以称护世四天王。居于东方者为持国天王，名多罗吒，身白色，持琵琶；居于南方者为增长天王，名毗琉璃，身青色，执宝剑；居于西方者为广目天王，名毗留博叉，身红色，执罥索；居于北方者为多闻天王，名毗沙门，身绿色，执宝叉。

⑫ 于阗城：位于今新疆和田西南。

⑬ 祇从（dī—）：犹侍从；陪从。

⑭ 吐蕃（tǔ bō）：公元7—9世纪我国古代藏族所建政权，据有今我国西藏地区全部，盛时辖有青藏高原诸部，势力达到西域、河陇地区。

⑮ 胜兵：本篇这里指能充当作战的士兵。胜，谓胜任。

⑯ 扶病：谓支撑着病体。

⑰ 边方：指边境地方。

⑱ 安西：地名。今新疆库车。

⑲ 北庭：本篇这里指唐代北庭都护府。治所在今新疆吉木萨尔北。

⑳ 唐元宗：即唐玄宗李隆基。清刻本因避康熙皇帝玄烨名讳而改"玄"为"元"。

㉑ 不空三藏：唐代高僧。原本印度锡兰人，梵名阿目佉跋折罗；不空，乃其灌顶（所谓灌顶，梵语 abhiseka 的意译。原本古印度帝王即位的仪式，后为佛教密宗所效法。凡弟子入门或继承阿阇梨位时，必先经本师以水或醍醐灌洒头顶，以示佛行的崇高）时所赐法号。师事金刚智，唐玄宗开元年间随金刚智入唐；金刚智死后，他返还印度，历游诸国，求助经论五百部。天宝间再入唐后，加号智藏国师，居长安大兴善寺，翻译密严仁王等佛经 77 部。自玄宗至代宗，长期为唐朝灌顶国师。唐代宗（李豫）大历年间圆寂（佛教语，称僧尼死亡），唐朝赠其司空，谥号大辨广正智三藏。

㉒ 真言：指佛教经典的要言秘语。

㉓ 约五六里：指神兵列队长约五六里。

㉔ 酉时：酉，是我国传统用以计时的十二地支之第十位；酉时，指十七时至十九时，亦即下午五时至七时这一时间段。

㉕ 康居：古代西域国名。其东界乌孙，西达奄蔡，南接大月氏，东南临大宛。其地约在今巴尔喀什湖和咸海之间，都于卑阗城（故址约在今乌兹别克斯坦东部的塔什干一带）。

㉖ 抽兵：抽回兵力，指撤军。

㉗ 须臾：片刻；不一会儿。形容时间极短。

【译文】

经典上说：古代时候，天子遥祭山川而遍及群神，诸侯祭祀其封国之内的兴云降雨的山川神灵。出兵打仗都要举行祭祀，包括凡所经过的名山大川和福佑泽及众生的神灵。《尔雅·释天》上说："将要出征作战时以事告天谓之'类'，到达所征之地表而祭之谓之'祃'，这都是为军队祈福的'师祭'；准备使用马匹于作战时，要祭祀马祖天驷以祈祷神灵保佑，这是为战马祈福的'马祭'。"军队开始出征时，于主将牙门之前举行祭祀之礼，于马厩之前举行祈祷以求马神保佑战马。

蚩尤创造各种兵器，制作各种旗鼓，因而出兵时也要祭祀他。凡是名山大川，风神雨神，所经过之地都要一并祭祀；没有经过的地方，则不祭祀。毗沙门神原本是佛经所说的且为西域各族供奉的四大天王之一，也称北方天王，在于阗城建有其庙宇，该神身穿金甲，右手持戟，左手托塔，陪从群神，形貌奇异，是为胡人所供奉之神。

往年，吐蕃出兵围攻于阗时，黑夜中看见一个金人，披发执戟，行走在城上。吐蕃数十万兵众因此都患上了疮疾，而不能胜任作战。该神灵又变化为黑色老鼠，咬断了所有的弓弦，迫使吐蕃兵拖着病体而逃走。朝廷得知天王的奇异神力，于是下诏在边境地方建立庙宇，统军元帅也把该神的图像画在旗上，号称"神旗"，把它置于其他旗节之前。因此，每当军队出动时候，都要祭祀他。至今，府、州、县还多数建有天王庙。

还有一种说法是，过去吐蕃兵围攻安西，北庭都护府上表朝廷请求救援时，唐玄宗说："安西距离京师长安一万二千里之遥，派兵需要八个月才能赶到那里，等到抵达时候就来不及了。"身边的辅臣都上奏玄宗召请不空三藏法师，令他祈请毗沙门天王相救。不空三藏法师召来后，他请玄宗皇帝手拿香炉侍立在旁，法师于是口念佛经秘语。玄宗忽然看见有甲士站立在眼前，于是急忙询问不空缘由，不空回答说："这是毗沙门天王派遣他的二子独捷率领神兵去救安西，现在是来向陛下辞行。"后来安西上奏表，称："在城东北三十里的云雾中，看见有身长一丈高的士兵，列队长约五六里。到了下午六七点钟时候，忽然听到鼓角齐鸣，声震三百里远。过了两天，吐蕃、康居等五国军队都解围撤兵而去。经察看发现在他们撤走后的营帐遗弃物中，有金色老鼠咬断的弓弦，各种兵器都遭到了损坏，片刻之后，又见毗沙门天王在北城楼上现身显灵。"

【解说】

《祭文》是《太白阴经》卷七所述《祭文 捷书 药方》中三类内容之一。作者在《祭文》类主要介绍《祃牙文》、《祃马文》、《祭蚩尤文》、《祭名山大川文》、《祭风伯雨师文》、《祭毗沙门天王文》六篇古代祭祀范文的内容及其写法。而本篇《祭文总序》则着重阐述古代军队出征前后举行各种祭祀活动，对于赢得对敌作战胜利的重要作用问题。

祭文，是产生于古代的一种文体名。它是有神论者用来祭祀神灵以祈福或祭奠祖先之悼念性文章。此种文体名，始见于南北朝时期的南朝梁著名文学理论批评家刘勰《文心雕龙·祝盟》："若乃礼之祭祀，事止告飨；而中代祭文，兼赞言行，祭而兼赞，盖引神而作也。"上面所提及的李筌着重介绍的六篇祭文，从其具体内容看，皆为进行战争时用来祭祀各类神灵以求护佑得胜的祈福性文章。

《左传·成公十三年》载称："国之大事，在祀与戎。祀有执膰，戎有受脤，神之大节也。"这里所说的"祀"，是指祭祀，"戎"指战争，"膰"（fán）指祭祀用的熟肉，"脤"（shèn）指战时祭神用的生肉。全文意思是，国家的大事，在于祭祀和战争；祭祀时行执膰之礼，实施战争时行受脤之礼，这是祭祀神灵时的最大礼节。可见，古人把祭祀和战争视为国家重大事务中密不可分的且关乎"神之大节"的两件大事。

祭祀，作为祀神供祖的仪式，其由来已久。作者李筌在《祭文总序》的开头所说"古者，天子望于山川，遍于群神；诸侯祭其封内兴云出雨之山川神祇。出师皆祭，并所过名山大川，福及生人神祇。"这虽然讲的是周代以来天子与诸侯"出师皆祭"的情形，但"望于山川，遍于群神"二句，却是作者引自《尚书·虞夏书·舜典》文。这里的"望"，乃古祭名。按《广雅·释天》云："望，祭也。"清代学者王念孙疏证曰："望者，遥祭之名。"而出于《尚书·虞夏书·舜典》的这两句话，实际讲的是我国上古时代舜帝在接受尧帝禅位之后祭祀山川和群神之事。传说中的舜帝大约处于我国原始社会末期由氏族制度开始向阶级社会过渡的历史转变时代。这说明，在我国原始社会末期，祭祀已成为当时人们用以祀神供祖的一种重要仪式了。当阶级和国家出现之后，特别是商周以后我国历史进入春秋战国时代，原本为人们日常生活中的祀神供祖的祭祀仪式，便成为统治阶级进行战争时普遍用以祈神护佑的一种手段了。

这里应当指出的是，作者李筌于《祭文总序》文末所讲唐玄宗李隆基统治时期，召请不空三藏法师祈请毗沙门天王现身显灵而解救北庭（一说于阗）被吐蕃兵围困事，实乃借助佛教所宣扬的毗沙门天王显灵护世救危故事的一种迷信传说。显而易见，这是不足取法的。

祃牙文篇第七十三

【原文】

维①某年，岁次某甲②，某月朔③某日，某将军某，敢④以牲牢⑤之奠⑥，告于牙军之神⑦，曰："在昔⑧，三皇无师；五帝有师，所以伐奸凶⑨，御桀骜⑩。封豕⑪逞凶，长蛇⑫流毒，寇掠我生聚⑬，残害我边陲⑭。我君耻不祥之器⑮，以伐谋为兵⑯，爰不战而屈人⑰，借前箸为筹策⑱，遂得东夷⑲贡矢，西旅献獒⑳；川明海澄㉑，历有年矣。"

"今戎狄遗噍㉒，虺蝎㉓远出，纣犬吠尧㉔，獍集狼顾㉕。天子授我斧钺，锡我彤弓㉖，凿门分阃㉗，使专征伐。惟尔乃神㉘，翼兹威武㉙，左霹雳㉚，右雷公㉛，天乙㉜在前，太乙㉝在后，风、雹、雨、霰㉞，克胜群丑，枹鼓未挥㉟，元凶授首㊱。惟尔英灵，来歆旨酒㊲！"

【注释】

①维：本篇这里作语助词，无义。文言文通常用于句首或句中。

②岁次某甲：岁次，指岁时的次序；某甲，为设定的纪年名称。我国旧时以十天干与十二地支相配而纪年，即以天干的"甲、丙、戊、庚、壬"与地支的"子、寅、辰、午、申、戌"相配，以天干的"乙、丁、己、辛、癸"与地支的"丑、卯、巳、未、酉、亥"相配，共组成六十组，用以纪年、月、日，周而复始，循环使用。例如，甲子年，称"岁次甲子"；丙寅年，称"岁次丙寅"，等等。以此类推。

③月朔：我国旧历每月以朔日（即每月的初一）为起点，约三十日一周期为一月。一月一朔称"月朔"，用以指一个月。

④敢：本篇这里作自谦恭敬之词，义犹"冒昧"。《仪礼·士虞礼》："敢用絜牲刚鬣"句汉郑玄注："敢，冒昧之辞"；唐代贾公彦疏："'敢，冒昧之辞'者，凡言敢者，皆是以卑触

尊不自明之意。"

⑤牲牢：本篇这里指供祭祀用的饲养家畜。说见《诗·小雅·瓠叶序》"虽有牲牢饔饩"句，郑玄笺云："牛羊豕为牲，系养者曰牢。"

⑥奠：祭奠。指置祭品祭祀神灵，但在本篇代指祭品。

⑦牙军之神：指护军之神。牙军，即军队。

⑧在昔：往昔；从前；以往。

⑨伐奸凶：指讨伐奸诈凶恶者。

⑩御桀骜：谓制服横暴狂傲的敌人。御，抵御；制服。桀骜（jié ào），横暴狂傲。

⑪封豕（—shǐ）：指大猪。猪性贪食，本篇这里用贪食的大猪（封豕）比喻贪婪者。

⑫长蛇：蛇以毒烈，本篇用以比喻恶毒者。例见《旧唐书·李密传》："三河纵封豕之贪，四海被长蛇之毒。"

⑬生聚：指百姓。

⑭边陲：边境。

⑮不祥之器：语出《老子·第三十一章》。句义指兵器，亦指武力或战争。

⑯以伐谋为兵：语本《孙子兵法·谋攻篇》"上兵伐谋。"伐谋，指以谋略攻敌取胜；一说运用谋略破坏敌人的战争图谋。为兵，谓以谋略作为用兵的方法。

⑰不战而屈人：语本《孙子兵法·谋攻篇》"不战而屈人之兵"。句义是，不经武力交战而使敌人屈服。

⑱借前箸为筹策：句义是，借用前人的谋略作为自己的筹策。典出《汉书·张良传》："汉王（指刘邦）曰：'何哉？'良曰：'臣请借前箸筹之。'"唐颜师古注引张晏曰："求借所食之箸，用指画也。"前箸（—zhù），本指进餐时座前摆放的筷子，后借用以替人筹划谋策为"前箸"。

⑲东夷：古代对我国中原地区以东各族的统称。

⑳西旅献獒：语出《尚书·周书·旅獒》。西旅，我国古代西方少数民族所建的国名。獒（áo），指大犬。

㉑川明海澄：谓山川明净，海洋清澈。形容国家安宁清静。

㉒戎狄遗噍：句义是，西北戎狄尚存。遗噍（—jiāo），犹"遗类"，谓尚有残存者。

㉓虺蝎（huī xiē）：指毒蛇和毒蝎。古称蝮蛇一类的毒蛇为"虺"。

㉔纣犬吠尧：纣，即纣王（名帝辛），商朝末代暴君。尧，为上古传说中的五帝之一。吠，狗叫。句义比喻坏人攻击好人。

㉕獍集狼顾：獍（jìng），古代传说中的恶兽名。狼顾，谓如狼之视物，借以形容其凶狠而

贪婪地企图攫取。

㉖ 锡我彤弓：锡，赐予。彤弓，指朱漆弓。古代天子用以赐予有功的诸侯或大臣专使征伐。

㉗ 凿门分阃：凿门，指凿凶门。古代将帅出征时，凿一北向门而出，以示必死之决心。分阃（—kǔn），指受命担任将帅之职。

㉘ 惟尔乃神：语出《尚书·周书·武成》。句义是，唯有你的神灵。

㉙ 翼兹威武：谓保佑我威武之师。翼，辅佐，扶助，引申护佑。

㉚ 霹雳：本篇这里指霹雳大仙。即神话中的雷电之神。

㉛ 雷公：指神话中专管打雷的神。

㉜ 天乙：原本星名，亦作"天一"。本篇这里为天神名。

㉝ 太乙：亦作"太一"。为天神名。

㉞ 风、雹、雨、霰：本篇这里指风神、雹神、雨神、雪神。霰（xiàn），谓雪珠，这里指雪神。

㉟ 枹鼓未挥：枹鼓（fú—），指鼓槌和鼓。这里指战鼓。未挥，指没有擂动战鼓。

㊱ 元凶授首：元凶，指罪魁祸首。授首，为被杀头或曰败降。

㊲ 来歆旨酒：来歆（—xīn），谓鬼神前来接受祭祀。旨酒，指美酒。

【译文】

某年，岁次某甲，某月初一，某将军某某，冒昧而恭敬地用牲畜做祭品，祭告护军之神，说："从前，三皇时代没有军队；五帝时期有了军队，是用来讨伐奸诈凶恶，禁御横暴狂傲行径的。现在，贪婪的敌人逞凶施暴，残暴的敌人流毒作恶，侵掠我黎民百姓，残害我边境地区。我们国君不喜欢使用兵器和武力，是以谋略取胜为用兵的上策，爱好不经武力交战而能使敌人屈服，借助前人这些谋策作为自己的战略谋划。于是，才使得东夷各族进贡精良箭矢，西旅国家奉献高大猎犬，致使山川得以明净，海洋呈现清澈，这已经有许多年头了。"

"然而，现今西北的戎狄尚存，他们如蛇蝎一样远出，似猛犬一般狂吠，兽集狼顾般地企图寇掠我中原大地。天子授予我斧钺，赐给我朱漆弓箭，让我担任统兵将帅，以必死之决心，集中兵力进行征伐。唯有您护军之神才能保佑我威武之师旗开得胜。今有霹雳神在左，雷公神在右，天乙神在前，太乙神在后，必定能够战胜群恶，不等战鼓擂动，敌人元凶就已降服。为此目的，特摆设丰盛祭品，敬请神灵前来享用此美酒佳肴吧！"

【解说】

《祃牙文篇第七十三》是《太白阴经》卷七《祭文类》六篇中的第一篇。它主要介绍古代军队出兵征战时候要举行祭祀之礼，以祈护军之神保佑军队战胜敌人。

何谓"祃牙"？祃（mà）者，谓古代军队于驻地举行祭祀也。牙者，牙旗也，即旗杆上饰有象牙的大旗。此牙旗，在古代多为军队主将主帅所建，亦有为天子出行时所用。唐代吏部郎中封演在其所撰《封氏闻见记·公牙》中指出：古代"军前大旗谓之牙旗，出师则有建牙、祃牙之事。"由此可见，祃牙是谓古代军队出征时候，乃于大将牙旗前所行之祭礼，其目的是祈求神灵护佑兵出而旗开得胜。此种为军队而祭祀者，又叫作"师祭"。

从李筌本篇《祃牙文》的内容来看，该文既历数了敌人"寇掠我生聚，残害我边陲"种种罪行，又阐明了我军"伐奸凶，御桀骜"的正义性质；它既显示了"天子授我斧钺"，"使专征伐"的强大武力，又交代了我军"以伐谋为兵，爱不战而屈人"战略策略；它既祈福于"牙军之神"和其他各种神灵给以护佑，又表达出全军将士"克胜群丑，枹鼓未挥，元凶授首"的作战决心和胜利信心。由此不难看出，此篇祃牙文不仅是一篇祈祷虔诚的古代祭文范本，也是一篇文辞犀利的讨敌檄文。这在当时，对于揭露和认清敌人，鼓舞和激发士气，无疑是有一定客观作用的。

祃马文篇第七十四

【原文】

维某年，岁次某甲，某月朔某日，某将军某，谨以清酌少牢①之奠，祭尔群牧马之神②，曰："古者，庖牺氏③作服牛乘马，引重致远④，以代人劳。尔能节齐和鸾⑤，举应鼙鼓⑥，陷石矢⑦，殪奔禽⑧，声嘶而凉风立至⑨，影灭而浮云犹见⑩。穆满八骏，足迹接于瑶池⑪；王良驭马，人事标于天汉。⑫"

"国家恩覃八埏⑬，光宅九土⑭，王化潜谧⑮，白旗来庭⑯，浮铁沈毛⑰，贡金纳帛。而豺狼难厌⑱，反首逆鳞⑲，学三苗⑳之不恭，慕九黎㉑之乱德。叛而不讨，何以示威？天子斋坛场㉒，拜飞将㉓，将军身卫琱戈㉔，手提金鼓，挥阵云以出塞㉕，乘明月而渡河㉖，誓将挥种埋落㉗，擒魑摘魅㉘，火烈具举㉙，我武维扬㉚。"

"维尔马神，使我马肥，风驰电转㉛，龙骧虎奔㉜，晶甲霜明㉝，草木皆偃㉞，飞矢星落㉟，江河斡旋㊱，一举成功。投戈脱甲㊲，示不复用，休㊳尔于华山㊴之阳而已矣。"

【注释】

①清酌少牢：清酌，指古代祭祀所用的酒，以其清澈而称"清酌"。《礼记·曲礼下》："凡祭宗庙之礼，……酒曰清酌。"唐孔颖达疏云："言此酒甚清澈，可斟酌。"少牢，旧时祭祀所用的牺牲，凡牛、羊、猪三牲俱用的叫"太牢"，只用羊、猪二牲的称"少牢"。

②牧马之神：指掌管马匹的神。牧，掌管；治理。

③庖牺氏：即伏羲氏。古代传说庖牺氏教人饲养牲畜。

④服牛乘马，引重致远：语出《周易·系辞下》。服牛乘马，句义是，役使牛马驾车。"服"与"乘"，在本篇这里皆为"驾驭"之义。引重致远，谓载运重物远行。

⑤节齐和鸾：节齐，谓节奏齐一。和鸾（—luán），指古代车上的铃铛。挂在车前横木上的铃铛称"和"，挂在轭（读è，指牛马拉物时架在脖子的器具）首或车架上的铃铛则称"鸾"。

⑥ 举应鼙鼓：句义是指神马的举动都适应战鼓的响声。鼙鼓（pí—），古代军队使用的小鼓曰"鼙"，大鼓曰"鼓"。

⑦ 陷石矢：陷，攻陷，攻破。石矢，本篇这里指敌人用以防守城池的箭和垒石。

⑧ 殪奔禽：殪（yì），杀死，引申踏灭。奔禽，指飞禽走兽。

⑨ 声嘶而凉风立至：声嘶，指长声嘶叫。立至，立刻到来。

⑩ 影灭而浮云犹见：影灭，指马的身影隐没了。浮云，在本篇这里是骏马名，说见晋葛洪撰《西京杂记》卷二载称："文帝自代还，有良马九匹，皆天下之骏马也，一名'浮云'。"见，这里同"现"，指显现。

⑪ 穆满八骏，足迹接于瑶池：语本南朝梁昭明太子萧统所编《文选·王融〈三月三日曲水诗序〉》。穆满，指西周穆王姬满，相传他有八匹名马。但其"八骏"之名，不同著作说法不一。据《穆天子传》卷一记载，周穆王的八匹名马是：赤骥、盗骊、白义、踰轮、山子、渠黄、华骝、绿耳。东晋文学家、训诂学家郭璞注称："八骏，皆因其毛色以为名号耳。"晋王嘉《拾遗记·周穆王》则称："王驭八龙之骏：一名绝地，足不踏土；二名翻羽，行越飞禽；三名奔霄，夜行万里；四名越影，逐日而行；五名踰辉，毛色炳耀；六名超光，一形十影；七名腾雾，乘云而奔；八名挟翼，身为肉翅。"但是，明代著名文学家胡应麟则认为王嘉所记，纯系"一时私意诡撰，不足为证"（说见《少室山房笔丛》卷三十四）。瑶池，古代传说中昆仑山上的池名，是为西王母所居之地（见《穆天子传》卷三）。

⑫ 王良驷马，人事标于天汉：王良，春秋时期善驭马者。驷马，指驾驭一车之四马。人事，指人的所为之事，引申谓事迹。天汉，指天河。据《诗·小雅·大东》"维天有汉"句，《毛诗故训传》注云："汉，天河也。"

⑬ 恩覃八埏：恩覃（—tán），谓恩泽广布。八埏（—yán），指八方边远的地方。

⑭ 光宅九土：光宅，谓广有。九土，指九州的土地。

⑮ 王化潜谧：王化，指天子的教化。潜谧（qián mì），犹言潜移默化。

⑯ 白旗来庭：白旗，本篇这里指战败投降者所举的白旗。来庭，指投降归顺而朝觐天子。

⑰ 浮铁沈毛：此句隐喻敌人放下武器之义。浮，谓浸泡，例见宋吴自牧《梦梁录·九月》："今世人以菊花、茱萸，浮于酒饮之。"沈，同"沉"，谓沉弃，沉落，例见晋左思《咏史》之二："世胄蹑高位，英俊沉下僚。"可见，浮、沉二字皆可引申放下，放弃。铁，即尺铁，指兵器，例见《文选·李陵〈答苏武书〉》："兵尽矢穷，人无尺铁。"唐刘良注称："尺铁，兵器。"毛，这里亦指兵器，例见《西游记》第三回："那里面无数器械：刀、枪、剑、戟、斧、钺、毛、镰……，样样具备。"

⑱ 豺狼难厌：句义谓豺狼本性难以制服。厌，在本篇这里读音 yā（压），谓压制，制服。

⑲ 反首逆鳞：反首，谓乱发披头。说见《左传·僖公十五年》："秦获晋侯以归，晋大夫反首拔舍，从之。"晋杜预注称："反首，乱头发下垂也。"逆鳞，谓鳞片倒生。此句在本篇这里以反常现象喻指四夷企图谋逆反叛行径。

⑳ 三苗：古国名。据《史记·五帝本纪》记载，我国上古尧帝时代，"三苗在江淮、荆州数为乱"，尧派舜将三苗打败，流放到三危山（位于今甘肃敦煌东）一带。

㉑ 九黎：我国上古时代居于南方的部落名。相传蚩尤系九黎部落首领。

㉒ 斋坛场：指古代帝王祭祀天地的场所。

㉓ 飞将：即"飞将军"之省称。西汉时期匈奴称呼汉朝名将李广为"飞将军"。唐王昌龄《出塞》诗："但使龙城飞将在，不教胡马度阴山。"后亦泛指行动敏捷、骁勇善战的将领为"飞将"。

㉔ 身卫琱戈：身卫，义犹"身佩"。琱戈（diāo—），指可镂之戈，亦为戈的美称。

㉕ 挥阵云以出塞：挥，指挥，统率。阵云，本指浓重厚积形似战阵的云雾，古人以为此是战争之兆，本篇这里喻指军队众多如积云。句义谓指挥大军出塞征战。

㉖ 河：这里指黄河。

㉗ 挥种埋落：挥种，指被驱赶的种族部落。埋落，义犹"埋葬"，引申"消灭"。

㉘ 擒魑摘魅：擒，擒拿，活捉。摘，除掉；消灭。魑魅（chī mèi），古谓能害人的山泽之神怪，亦泛指鬼怪。

㉙ 火烈具举：语出《诗·郑风·大叔于田》："叔在薮，火烈具举。"郑玄笺："列人持火俱举，言众同心。"此句原指古代狩猎，要由许多人拉成包围圈，手持火把齐烧草木以驱捕鸟兽，称为"燎猎"，也叫"火田"。但在本篇这里借以形容进攻敌人的态势如同熊熊烈火，不可阻挡。

㉚ 我武维扬：语出《尚书·周书·泰誓》。句义是，我军的威武得以充分显扬。

㉛ 风驰电转：义同"风驰电掣"，形容气势如同刮风和闪电那样迅疾猛烈。

㉜ 龙骧虎奔：龙骧（—xiāng），谓似龙昂举腾跃。虎奔，谓如虎迅猛飞奔。用以形容军队昂首阔步、威武雄壮之貌。

㉝ 晶甲霜明：形容铠甲如同晶体、严霜那样明亮耀眼。

㉞ 草木皆偃：形容进攻之势如同秋风横扫大地，致使草木皆以凋败倒伏而失去生机。偃（yàn），倒伏。

㉟ 飞矢星落：意思是，飞箭射处，星辰陨落，喻指敌人已被消灭。

㊱ 江河斡旋：斡旋（wò—），运转；扭转。引申谓翻腾。

㊲ 投戈脱甲：谓放下武器，脱掉铠甲。喻指不再进行战争。

㊳ 休：休闲无事，引申谓安安静静。

㊴ 华山：亦称"太华山"，古称"西岳"，我国"五岳"之一（五岳，即东岳泰山，南岳衡山，西岳华山，北岳恒山，中岳嵩山），位于今陕西华阴南，北临渭河平原，属秦岭东段，为名胜游览区。

【译文】

某年，岁次某甲，某月初一，某将军某某，谨以清酒和羊、猪二牲为祭品，祭祀你们众多牧马之神，说："古代时候，庖牺氏创造役使牛马驾车，载运重物远行，以代替人的劳力。奔跑能够整齐和銮的铃声，举动能够适应鼙鼓的声响，作战中能够打破敌人的矢石，狩猎时能够踏灭飞禽走兽，引声长鸣而'凉风'立刻到来，身影隐没而'浮云'依然显现。周穆王驾驭八骏，足迹接于瑶池；王良驾一车四马，业绩标于天河。"

"当今，国家恩泽遍布八方边远之地，拥有九州广阔土地，实施德教潜移默化，四夷降服归顺，放弃武力，贡金纳帛。然而，敌人的豺狼本性难以制服，反首逆鳞图谋不轨，效法三苗之不恭顺，羡慕九黎之乱德政。对此叛逆而不讨伐，怎能显扬国家军威？现在，皇帝设斋坛祭祀，拜授骁勇善战将领，率领众军出塞征讨，乘着月光渡过黄河，誓将敌人消灭埋葬，活捉那些魑魅魍魉。进攻态势如同烈火之熊熊，万众同心协力以显扬军威。"

"唯有您马神的护佑，能使我军战马膘肥体壮，行动起来如风驰电掣那样迅疾，如龙骧虎奔那样猛烈；能使我军铠甲如晶体严霜那样洁白光亮；能使我军作战如秋风扫落叶而致草木皆伏，令我飞箭可以击落星辰，力大可使江河翻腾，确保我军一举成功。然后，放下兵戈脱掉铠甲，以示今后不再使用武力，让尊神永远在华山之阳安安静静地休息。"

【解说】

《祃马文篇第七十四》是《太白阴经》卷七《祭文》六篇中之第二篇。所谓"祃马文"，是指古代军队出征作战时祈祷"牧马之神"护佑战马安全以发挥其对敌作战威力的祭文。此种为军马而祭神者，又叫作"马祭"。

作者李筌站在封建统治阶级的立场上，在本篇除了揭露敌人"豺狼难厌，反首逆鳞"的贪婪反叛行径，以表明进行战争的正义性质之外，主要是论述了马匹在古代社会生活和军事斗争中的重要作用问题。

马匹在古代社会生产生活和军事斗争中的重要地位与作用问题，历来是为人们所充分认同的。早在西汉初期，著名史学家、文学家司马迁在其所撰《史记·平准书》中就提出了"天用莫如龙，地用莫如马"的论断，已经明确认识到马匹在社会生产生活中的重要作用，是其他家养畜类所不可比拟的。东汉名将、伏波将军马援则在继承司马迁思想观点的基础上，进一步阐明了马匹在社会生活和军事斗争中的重要地位与作用问题。他说："夫行天莫如龙，行地莫如马。马者，甲兵之本，国之大用。安宁则以别尊卑之序，有变则以济远近之难。"（见《后汉书·马援列传》）马匹在古代军队中是构成骑兵兵种的重要成分，而骑兵在古代战争中又是机动速度最快、冲击力量最强的兵种。可见，马援的"马论"深刻揭示了马匹在古代国防建设上的重要地位和在对敌作战中的重要作用问题。正因为如此，所以，历来有作为的古代军事家都十分注重饲养马匹和发展骑兵，以适应于陆路对敌作战的需要。唐太宗李世民就是我国古代著名军事家中注重发展骑兵和善于运用骑兵对敌作战的典型代表。他在亲自所撰《六马图赞》（六马图，亦即"昭陵六骏"石刻浮雕图）一文中，盛赞其马名分别为："拳毛騧、什伐赤、白蹄乌、特勒骠、飒露紫、青骓"六匹坐骑，伴随他在唐初统一战争中，发挥了"入险摧敌，乘危济难"的重要作用，为扫平北方诸多割据势力，廓清氛埃，底定天下，建立了不朽功勋。诚如已故隋唐史专家汪篯所指出：唐太宗李世民充分发挥"速度甚大与威力极猛之骑兵"在对敌作战中的作用，此乃"唐军之所以能竞胜隋末北方群雄者"的重要原因（见《汪篯隋唐史论稿·唐初之骑兵》，中国社会科学出版社，1981 年 1 月第 1 版）

　　作者李筌正是在继承前人"马论"思想观点的基础上，进一步阐明了马匹的两项主要用途：一是马匹在社会生产生活中具有"引重致远"的物流运输作用；二是马匹在军队对敌作战中具有"陷矢石"的突袭杀敌作用。应当说，李筌关于"马论"的上述思想观点，是在唐代新的历史条件下，对我国传统"马论"思想的进一步发展。由此不难看出，这也正是作者所以置设《祃马文篇》介绍古代军队出征作战举行祭祀"牧马之神"，以求其护佑军马而夺取作战胜利的原因和意义所在。

祭蚩尤文篇第七十五

【原文】

维某年，岁次某甲，某月朔某日，某将军某，谨以牲牢之奠，祭尔炎帝①之后蚩尤之神②，曰："太古之初，风尚敦素③，拓石为弩④，弦木为弧⑤。今乃烁金为兵⑥，割革为甲⑦，树旗帜，建鼓鼙，为戈矛，为戟盾。"

"圣人御宇⑧，奄有寰海⑨；四征不庭⑩，服强畏威，伐叛诛暴；制五兵之利，为万国之资。皇帝子育群生⑪，义征不德⑫。"

"戎狄凶狡⑬，蚁聚要荒⑭。今六师戒严⑮，恭行天罚⑯，神之不昧⑰，景福来臻⑱，使鼍鼓⑲增气，熊旌⑳佐威；邑无坚城㉑，野无横阵㉒；如飞霜而卷木，如拔山而压卵，火烈风扫，戎夏大同㉓。允㉔我一人之德，由尔五兵之功。"

【注释】

① 炎帝：传说中我国上古姜姓部落首领。相传其为少典娶有蟜氏而生。原居姜水（即岐水，位于今陕西岐山县西，源出于岐山。据《水经注》载称，岐水东迳姜氏城南为姜水）流域，后向东发展到中原地区。一说炎帝即神农氏。后世常以炎帝与黄帝并称"炎黄"而作为中华民族的始祖。

② 蚩尤之神：蚩尤，传说中我国上古时代九黎族之君，古代兵器制造者。一说是炎帝之臣，这可能是李筌本篇称其为"炎帝之后"的根据吧。前面《祭文总序》李筌曾言"蚩尤造五兵，制旗鼓，师出亦祭之"，当为本篇这里所称"蚩尤之神"的理由。这与民间长期流传的所谓"龟足蛇首，疫其里人"（见唐人苏鹗《苏氏演义》卷下）的凶恶"蚩尤神"的内涵是不同的。

③ 风尚敦素：风尚，指风气，习俗。敦素，谓敦厚朴素。

④ 拓石为弩：拓（zhí），同"摭"，谓拾取，采集。为弩，制作弩弓（一种利用机械力量发射箭矢的弓）。

⑤ 弦木为弧：语出《周易·系辞下》。弦木，指将弦安装在弯木之上而成弓弦。为弧，制成弓箭。

⑥ 烁金为兵：语本《周礼·考工记序》。烁，通"铄"，谓熔化。金，指金属。兵，在本篇这里指兵器。

⑦ 割革为甲：谓切割皮革制成铠甲。

⑧ 御宇：谓统治天下。御，统治；治理。宇，指宇宙；天下。

⑨ 奄有寰海：语本《尚书·虞夏书·大禹谟》。奄有，指全部占有或拥有。寰海，谓四海之内。亦泛指全国。

⑩ 不庭：谓不朝于王庭，引申指叛逆者。杨伯峻《春秋左传注·隐公十年》曰："庭，动词，朝于朝庭也。……'不庭'为名词，义为不庭之国。"

⑪ 子育群生：子育，谓抚爱养育如同己子。群生，义犹众生，百姓。

⑫ 义征不德：义，指正义。不德，谓不修德行，引申谓不义。句义是，以正义之战征讨不义之敌。

⑬ 凶狡：凶险狡诈。

⑭ 蚁聚要荒：蚁聚，谓如蚂蚁般聚集一处，形容集结之多。要荒，指要服和荒服。古代王畿外围之地，以五百里为一区划，称为一服，由近及远共分为五服，即候服、甸服、绥服、要服、荒服。要服和荒服，以五百里为一区划而递增，则为二千里至二千五百里的极远之地。亦泛指远方之地。

⑮ 六师戒严：六师，即六军。指天子所统的六军之师。戒严，谓戒备深严，或严阵以待。

⑯ 恭行天罚：语出《尚书·虞夏书·甘誓》。句义是，奉天之命进行惩罚。古称天子用兵为"恭行天罚"。

⑰ 不昧：不忘。

⑱ 景福来臻：景福，谓洪福；大福。景，大也。来臻，谓来到。句义是，祈求神灵来赐予大福。

⑲ 鼍鼓：指用鼍皮蒙制的大鼓。鼍（tuó），亦称"扬子鳄"，俗称"猪婆龙"。据《诗·大雅·灵台》"鼍鼓逢逢"句，三国吴陆玑疏曰："〔鼍〕其皮坚，可以冒鼓也。"

⑳ 熊旌：即熊旗，指用熊图案作徽号的旗帜。旌者，旗也。

㉑ 邑无坚城：邑，即城邑，这里代指城邑之战。句义是，敌人城战而无坚城可守。

㉒ 野无横阵：野，即野外，这里代指野战。横阵，指横向排列的战阵，主要用于阻挡对方正面进攻。句义是，敌人没有横阵可以阻挡我军正面进攻之势。

㉓ 戎夏大同：戎夏，指戎狄与华夏。大同，谓统合为一整体。

㉔ 允：在本篇这里作介词，犹"以"。

【译文】

某年，岁次某甲，某月初一，某将军某某，谨以牲牢为祭品，祭祀炎帝后裔蚩尤之神，说："远古之初，风气习俗敦厚朴素，采集石头制作弩弓，用弯木安弦制成弓箭。今天，则用熔化的金属制作兵器，切割皮革制成铠甲，竖立旗帜，建置战鼓，制造戈矛，制造戟盾，（各种兵器应有尽有）。"

"圣人统御天下，拥有全国土地，四出征讨不归顺朝廷者，使强敌屈服、令猛将畏惧，讨伐叛逆，诛除暴虐；专制'五兵'之利，拥有万国之资。皇帝养育众生如同己子，以正义之战征讨非正义之敌。"

"戎狄部族凶险狡诈，聚居于边远地区。如今六军之师严阵以待，恭奉上天之命进行惩罚，祈求神灵之不忘，赐我军以洪福，让鼍鼓敲响以增强我军士气，让熊旗招展以壮大我军声威。使敌人城战没有坚城可守，令敌人野战没有横阵可挡；让我军之强大攻势，似秋风飞霜而席卷草木，如拔山摧石而垂压鸡卵，以烈火猛烧、狂风横扫之势，降服敌人，而实现戎狄与华夏的完全统一。此伟业虽以我君王一人之德所体现，实际是由您神灵制造'五兵'的功德！"

【解说】

《祭蚩尤文篇第七十五》是《太白阴经》卷七《祭文》类中之第三篇。作者李筌置设此篇祭文，旨在从祭祀"蚩尤之神"入手，以颂扬蚩尤"五兵之功"为基调，着力阐述唐代所进行的"四征不庭"之战的正义性质，和实现"戎夏大同"统一国家的历史伟业。

蚩尤，是传说中的我国上古时代九黎族首领（一说他是炎帝之臣），相传他首创以金属制作兵器。据《史记·五帝本纪》唐代弘文馆学士司马贞索隐引《管子》说："蚩尤受卢山之金而作五兵。"这说明，蚩尤是我国古代以金属制作兵器的始创者。所谓"五兵"是指我国古代冷兵器时期的五种兵器，但不同文献典籍所指不一。例如，东汉郑玄注《周礼·夏官·司兵》称："五兵者，戈、殳、戟、酋矛、夷矛也。"唐颜师古注《汉书·吾丘寿王传》则云："五兵，谓矛、戟、弓、剑、戈。"明代范宁注《穀梁传·庄公二十五年》又称："五兵：矛、戟、钺、楯、弓矢。"等等。通常则泛指各种兵器。李筌在本卷《祭文总序》中曾云："蚩尤氏造五兵，制旗鼓，师出亦祭之。"这说明了作者之所以置《祭蚩尤文篇》，视蚩尤为神而出兵时必祭之的理由，是认定蚩尤为我国古代冷兵器时期的金属兵器的首创者。通观全文，作者主要论述了以下三个思想观点：

一是论述了我国古代冷兵器由石木制向金属制的发展变化的历史，着重颂扬蚩尤首制"五兵之功"，进一步揭示唐代拥有"制五兵之利，为万国之资"的强大军事与经济实力。

二是论述了唐代所进行的"四征不庭"的战争，是具有"服强畏威，伐叛诛暴"，"子育群生，义征不德"的正义性质。

三是论述了祭祀"蚩尤之神"而祈求神灵护佑助威，实施"恭行天罚"之战，以实现"戎夏大同"、国家统一的战略目标和丰功伟绩。

从以上李筌三大思想观点不难看出，本篇《祭蚩尤文》中虽然不免浓重的封建统治阶级的思想烙印和宗教迷信色彩，但在唐代当时的历史条件下，它对激奋军队斗志、威慑降服敌人，是有一定客观作用的。特别是作者提出的实现"戎夏大同"以维护国家统一的主张，是有进步的历史意义和现实意义的。这对我们今天践行党所提出的维护国家领土主权完整、实现民主和谐社会的伟大战略目标，仍有十分重要的借鉴意义。

祭名山大川文篇第七十六

祭名山文

【原文】

维某年，岁次某甲，某月朔某日，某将军某，谨以清酌少牢之奠，敬祭于某山之神，曰："惟神聪明正直，祸盈福谦①，亭育黎庶②，作镇③一方。国家天覆地载④，罔不宅心⑤，航海梯山⑥，来宾咸服⑦。独彼凶醜⑧，千百成群，滔天虐人⑨，窥边猾夏⑩，天阶其祸⑪，养成其凶。"

"皇帝'取乱侮亡，兼弱攻昧'⑫，赫斯⑬怒奋雷霆⑭，浊濩轰宏⑮，风卷电掣⑯。今则万骑云会⑰，八阵戎装⑱，顿军峰峦⑲，樵苏林麓⑳；天道助顺㉑，人情好谦㉒，天人共愤。"

"神鉴孔明㉓，何不云蒸雾郁㉔，转石飞沙，助我军威？全师克获㉕，牲牢匪馨，明德惟馨。㉖"

【注释】

①祸盈福谦：语本《周易·谦卦》："鬼神害盈尔福得谦，人道恶盈而好谦。"句义谓使骄满者受祸，谦虚者得福。祸，祸害。盈，满也，指骄傲自满者。福，幸福；福气。谦，指谦恭虚心者。

②亭育黎庶：亭育，养育；培育。黎庶，百姓；民众。

③作镇：义同"坐镇"，指镇守一方。

④天覆地载：语本《礼记·中庸》："天之所覆，地之所载。"此句用以形容国家版图至大至广，亦用以对帝王仁德广被之赞颂。

⑤罔不宅心：句义谓没有不操心在意的。罔，无；没有。宅心，指放在心上，引申谓操心在意。

⑥ 航海梯山：语出南朝梁简文帝（萧纲）所撰《大法颂》。谓渡过大海，攀越高山。喻指旅途艰远，困难重重。

⑦ 来宾咸服：述古堂抄本作"回首内向"，与钱熙祚校注本"来宾咸服"义同。来宾，本谓来做宾客，或指来做宾客的人，但在本篇这里则谓"前来宾服"，即古代所指藩属朝贡天子。

⑧ 凶醜：谓凶残不善。

⑨ 滔天虐人：滔天，比喻罪恶极大、疯狂至极。虐人，谓肆虐残害人民。

⑩ 窥边猾夏：谓窥视边境，侵扰华夏。

⑪ 天阶其祸：天阶，指天宫的殿阶，多借指朝廷。句义是，朝廷深受其祸患。

⑫ 取乱侮亡，兼弱攻昧：语出《尚书·商书·仲虺之诰》。句义是，夺取政治荒乱之国和侵侮将亡的国家，兼并弱小之国和攻占政治昏昧的国家。

⑬ 赫斯：语出《诗·大雅·皇矣》"王赫斯怒"句，郑玄注云："赫，怒意。"斯，在本篇这里作语助词。后因以"赫斯"喻指帝王盛怒貌。

⑭ 雷霆：本谓震雷或曰响雷，但在本篇这里则借指对帝王所发暴怒的一种敬称。

⑮ 浊瀽轰宏：句义是，猛烈冲击污水浊流。浊瀽（—hù），谓浊流汹涌。轰宏，指巨大轰击或冲击。

⑯ 风卷电掣：谓如风卷残云似雷电轰鸣。用以形容攻势就像狂风闪电一样迅猛。

⑰ 云会：云集；集结。

⑱ 八阵戎装：八阵，这里借指士兵。戎装，谓着好军装，指整装待发。

⑲ 顿军峰峦：顿军，谓驻扎军队。峰峦，指连绵不断的山峰。

⑳ 樵苏林麓：樵苏，指打柴割草。林麓，犹"山林"。

㉑ 天道助顺：天道，义犹"天意"或"天理"。顺，与"逆"相对，这里可作"正义"解。

㉒ 人情好谦：语本《周易·谦卦》"人道恶盈而好谦"。人情，在本篇这里指人的心愿。好谦，谓爱好谦和。

㉓ 神鉴孔明：语出唐代著名诗人王维《冬笋记》。神鉴，指神的鉴察力。孔明，谓很明达；很明晰。

㉔ 云蒸雾郁：句义是，像云雾之蒸腾郁集。用以形容众多貌。

㉕ 全师克获：全师，原文作"金师"，但从后文《祭大川文》"全师既行"句式看，显系"全师"之误，故据述古堂抄本校改。全师，指全军部队。克获，谓战胜敌人并有所虏获。

㉖ 牲牢匪馨，明德惟馨：语本《尚书·周书·君陈》"黍稷非馨，明德惟馨"。句义是，牲牢清酌并不芳香清醇，神的美德是唯一芳香清醇的。匪，同"非"，不；不是。馨（xīn），芳香清醇。

【译文】

某年，岁次某甲，某月初一，某将军某某，谨以清酒少牢为祭品，敬祭某山之神，说："唯有尊神您聪明正直，能使骄傲自满的人受祸，而使谦虚恭顺的人得福，为养育百姓而坐镇一方。国家至大至广，无不操心在意，使域外之人渡海越山，而前来朝贡归服。独有那些凶残不善的敌人，千百成群地结伙逞凶，疯狂地肆虐残害人民，窥视我边境侵扰我中原，朝廷深受其祸患，养成其凶残本性。"

"我皇帝采用'取乱侮亡，兼弱攻昧'之策，发盛怒而震雷霆，猛烈冲击污水浊流，其势有如风卷残云、雷电轰鸣之烈。现今，万名骑兵已经云集，八阵之兵整装待发，驻军于峰峦，打柴于山林。天道扶助正义，人心爱好谦和，天人同怒共愤。"

"以尊神英明的鉴察力，何不以云蒸雾腾之气、飞沙走石之力，来助我军威呢？待我全军克敌制胜之时，牲牢美酒并不芳香清醇，唯有您尊神的美德才是清醇流芳于世的！"

祭大川文

【原文】

维某年，岁次某甲，某月朔某日，某将军某，谨以少牢敬祭于某川之神，曰："惟神植德灵长①，善利万物②。其柔也，沈鸿毛③，没纤芥④；其刚也，转巨石，截横山⑤，堑南限北⑥，决东奔西。避高就下，兵法'形'焉⑦。"

"我君奄有万国⑧，德洽四方⑨，伐叛怀远⑩，同文齐武⑪。是以扶馀⑫、肃慎⑬左衽来庭⑭，夜郎⑮、滇池⑯辫发从事⑰。惟彼凶虏，敢干天常⑱，负固凭山⑲，摇蜂虿之毒⑳，乘危走险㉑；奋螳螂之臂㉒。"

"天子授我庙算㉓，不战而屈人之兵㉔；士卒与我一心，闻敌有死难之志。神居五行之长㉕，为百渎㉖之源，藏蛟跃龙，兴云致雨。今大军利涉㉗，全师既行，何不竭海若㉘，吐天吴㉙，驱风伯㉚，逐鲸鱼，使波无涟漪㉛，厉有浅深㉜，成将军之功，赞㉝天子之威！"

【注释】

① 植德灵长：植德，立德也，引申谓行德。灵长（—zhǎng），灵长类，这里指人类。

② 善利万物：谓美善利及万物。

③ 鸿毛：指鸿雁之毛。常用以比喻轻微或不足道的事物。

④ 纤芥：亦作"纤介"。指细小之草芥。

⑤ 截横山：截，截断。横山，指横向之山，亦泛指山。

⑥ 堙南限北：此言水流可以阻南隔北。堙，堙绝，犹"阻绝"。限，限隔；隔开。

⑦ 避高就下，兵法"形"焉：句义是，水流之性避高而就下，正合兵法上所讲的"形"。此言取义于《孙子兵法·形篇》："胜者之战民也，若决积水于千仞之溪者，形也。"但语出北宋兵学家张预注："水之性，避高而就下，决之赴深溪，固湍浚而莫之御也。兵之形像水，乘敌之不备，掩敌之不意，避实而击虚，亦莫之制也。"

⑧ 奄有万国：谓拥有万国之尊。

⑨ 德洽四方：谓恩德遍及天下。洽，周遍；广布。四方，犹"天下四方"。

⑩ 怀远：谓安抚边远的人民。

⑪ 同文齐武：同文，语出《礼记·中庸》"书同文"，指使用同一种文字。齐武，语出汉代蔡邕《胡广黄琼颂》"方轨齐武"，齐武，犹"齐步"，谓步调一致。后以"同文"、"齐武"连用，比喻国家统一。

⑫ 扶馀：古国名。位于今东北松花江平原。晋武帝（司马炎）太康年间（公元280—289年），扶馀国为鲜卑族容氏所破，后屡遭他族袭扰而衰落，至南朝宋、齐间消亡。隋唐以后借为假托之国名。

⑬ 肃慎：古民族名。古代居于我国东北地区。一般认为，汉以后的挹娄、勿吉、靺鞨、女真等族，都与其有渊源关系。

⑭ 左衽来庭：左衽（—rèn），我国古代某些少数民族服装的前襟（衽，襟也）向左掩，异于中原人的右衽，因以代指少数民族。来庭，犹"来朝"，谓归顺朝觐天子。

⑮ 夜郎：汉代时期我国西南地区国名。位于今贵州西北部及云南、四川二省部分地区。

⑯ 滇池：西汉置县。治所在今云南晋宁东。

⑰ 辫发从事：辫发，即辫子。借指编发为辫的少数民族。从事，犹"追随"；奉事。

⑱ 敢干天常：谓胆敢冒犯上天之常道。干，冒犯。天常，上天之常道，旧指封建的纲常伦理。

⑲ 负固凭山：负固，依恃险固。凭山，凭借山险。

⑳ 摇蜂虿之毒：摇，摇动。蜂虿（—chài），指蜂或蝎以尾毒蜇人的有毒昆虫。

㉑ 乘危走险：犹"铤而走险"。

㉒ 奋螳螂之臂：奋，振奋，引申"挥动"。螳螂本细弱微小之昆虫，故通常以"奋螳螂之臂"比喻弱小而自不量力之举。

㉓ 庙算：语出《孙子兵法·计篇》。古时帝王实施战争，一般都要在庙堂里进行谋划，此举称为"庙算"，义犹"妙算"。

㉔ 不战而屈人之兵：语出《孙子兵法·谋攻篇》。句义是，不经过实兵交战就能使敌人屈服。

㉕ 神居五行之长：水为五行（水、火、木、金、土）之首位，故句称水神位居五行之长（zhǎng）。

㉖ 渎（dú）：指江河大川。

㉗ 利涉：语出《周易·需卦》："利涉大川。"句义谓顺利渡河。

㉘ 竭海若：竭，尽也，谓扫尽。海若，传说中的海神。说见《楚辞·远游》"令海若舞冯夷"句东汉王逸注云："海若，海神名也。"南宋秘书省正字洪兴祖补注称："海若，庄子所称北海若也。"但从本篇前后文义看，似指"海妖"更为贴切，因为"海若"在本篇是属于祈祷水神予以扫灭之列。

㉙ 吐天吴：吐，吐弃，引申"灭掉"。天吴，即水伯，水神名。说见《山海经》之《海外东经》和《大荒东经》二篇。但在本篇这里似以指"水怪"为宜，因为它也是在祈祷水神要扫灭之列。

㉚ 风伯：神话中的风神。因为风刮而掀浪，故亦在祈祷水神扫荡之列。

㉛ 波无涟漪：波，这里指涌流的水。涟漪（lián yī），指水面波纹；微波。

㉜ 厉有浅深：厉，厉涉，谓连衣涉水。浅深，指水的深浅适度，可以连衣而涉。

㉝ 赞：谓赞佐；辅助。

【译文】

某年，岁次某甲，某月初一，某将军某某，谨以少牢敬祭某大川之神，说："唯有尊神立德于人类，美善利及万物。您柔弱之时，能够沉落鸿毛，淹没纤芥；您刚强之时，能够转动巨石，截断横山，阻南隔北，冲东奔西。其性乃避高就低，此正合于兵法上所讲的'形'说之理。"

"我君王拥有万国之尊，恩德遍及天下，讨伐叛逆以安抚远方民众，实现同文齐武而确保国家统一。所以，扶馀、肃慎等左衽之国前来朝觐纳贡，夜郎、滇池等辫发之民前来归顺奉事。只有那些凶恶的胡虏，胆敢冒犯上天之常道，企图凭借山隘险阻，摇动蜂蝎之尾毒，乘危铤而走险以肆虐；挥动其螳螂弱小之臂，（妄想扼辙挡车以逞凶）。"

"现在，天子已授予我神机妙算，不经交战可使敌兵屈服；士兵与我同心协力而奋战，赴敌皆有捐躯死难之壮志。尊神位居五行之首，您是百川之源头，能藏蛟卧龙，可兴云降雨。如今，为使大军顺利渡河，部队安全行进，那么，尊神何不显威以扫尽'海若'水妖，灭掉'天吴'水怪，驱走'风伯'，赶跑'鲸鱼'，从而使水流不起波澜，让部队涉水深浅适度，以此来成就将军之战功，赞佐天子之声威！"

【解说】

《祭名山大川文篇第七十六》是《太白阴经》卷七《祭文类》中之第四篇。作者李筌本篇以祭祀名山、大川为文，着重介绍了古代军队出征作战时祭祷山川神灵护佑之仪式、祭文书写格式及其作用问题。

古代军队出征时对名山、大川进行祭祀，实际是原始自然崇拜活动的延续和发展。早在原始社会时代，由于当时生产力低下和人的认识能力的局限，人们对与自己关系密切而又不可理解或无法驾驭的自然物和自然力，产生了极大依赖和畏惧，于是便开始将其作为具有生命和意志的神灵而加以崇拜。后来，随着生产力的发展和人们抽象思维能力的增强，又逐渐形成独立于具体自然物和自然力之外的神灵观念，所崇拜的自然物也越来越多，诸如山岳河川、风雨雷电、动物植物以至日月星辰等天体，都被作为神灵而加以崇拜和祭祀。此种以神灵观念为核心的自然崇拜，发展到国家出现以后，便形成了古代宗教意识，并且逐渐成为统治阶级用以麻醉和控制群众的精神手段。

在我国古代有很多关于大山、名山被神化的传说，认为它能赋予人类以生命力或某种灵性而受到人们崇拜。例如，东岳泰山、西岳华山、南岳衡山、北岳恒山、中岳嵩山，就被人们崇敬为"五岳之神"，历代都有帝王前往巡祭或派员前去祭祀。据《史记·封禅书》明载，除"五岳"被崇敬而神化之外，全国还有数十座大山被神化，帝王亲自前往祭祀，或由官方修建山神庙，供民间祭祀祈福之用。而河川因与人类生产、生活关系尤为密切则更加受到人们的崇敬祭拜。天下的名川大河，不仅为帝王将相所祭祀，而且各条河流都奉以特定人物为河神。例如，冯夷被奉为黄河河伯，据《庄子·大宗师》"冯夷得之，以游大川"句，唐初成玄英疏称："天帝锡冯夷为河伯。"上帝之女湘君被奉为湘水神，据《山海经·中山经》"洞庭之山……帝之二女居之"句，晋郭璞注称："天帝之二女而处江为神也……按《九歌》湘君、湘夫人自是二神。"但也有视"湘君"为湘水男神者，例见清代著名史学家、文学家赵翼《陔余丛考·湘君湘夫人非尧女》所云："湘君、湘夫人，盖楚俗所祀湘山神夫妻二人……屈原《湘君》篇明言'望夫君兮未来',夫君,即指湘君也,若女子则不应称夫君也。"

从李筌本篇所置《祭名山文》和《祭大川文》的内容,大体可以窥见唐代以前军队出战时祭祀山川之神的仪式和祭文书写格式。其内容,既揭露了敌人"窥边猾夏"的不义行径,又阐示了所进行战争的"伐叛怀远"之正义性质;既祈求山川神灵"助我军威",又激励"士卒与我一心,闻敌有死难之志"。不难看出,此二祭文是颇具浓厚宗教迷信色彩的战争动员令。这在科学技术尚不发达和迷信活动盛行的古代,由于人们认识能力的局限,战争指导者在实施对敌作战时候,往往借助所谓"神灵"护佑的这种迷信举动,虽然并不可取,但在当时的历史条件下,它确实有其存在的可行性。从这个意义上讲,此二篇祭文,又是激发将士斗志以英勇奋战的讨敌檄文。

这里还应指出的是,透过罩在祭文外层的宗教迷信之薄纱,而折射出古代兵家重视山川地形对作战影响的作用问题。历史表明,一切战争都是在一定的空间进行的,因而无一不受所处地域的地形条件的制约。所以,历代有作为的兵家都把对地形条件的研究,作为指导战争的一项重要内容。李筌本篇也充分体现了这一点。篇中所谓"万骑云会,八阵戎装,顿军峰峦,樵苏林麓"(见《祭名山文》),正是强调了"峰峦"、"林麓"地形对解决部队宿营、樵采问题的重要性;所谓"其柔也,沈鸿毛,没纤芥;其刚也,转巨石,截横山,堑南限北,决东奔西"(见《祭大川文》),正是指明了河川巨流水网地域对部队作战不可或缺的重要辅助作用。这应当被视为作者李筌特置《祭名山大川文篇》的另一层缘故吧。

祭风伯雨师文篇第七十七

祭风伯文

【原文】

维某年，岁次某甲，某月朔某日，某将军某，谨以磔牢①清酌，祭于风伯之神，曰："惟神道出地户②，迹遍天涯③；东温而层冰渐散④，西烈则百卉摧残⑤。鼓怒而走石飞沙⑥，翻江倒海⑦；安静则云屯浪息⑧，绽柳开花⑨。畅百物以敷苏⑩，使八方而宁谧⑪；达庶人之理⑫，畅大王之雄⑬。"

"国家至德深仁⑭，豚鱼服信⑮，杜绝奸慝⑯，混一车书⑰，海晏河清⑱，远安迩肃⑲。惟彼凶孽⑳，尚肆凭陵㉑，恃乌合之众㉒，将蜂屯之徒㉓，险凭螳壤㉔，蜉蝣朝菌㉕，菅我天诛㉖，晓露晨霜㉗，延彼性命。"

"皇帝子育群生，鞠养万品㉘，乃威以斧钺㉙，怀以惠和㉚。先茅届途㉛，后殿临境㉜，两军相见，八阵将施㉝。惟尔神明，号吼飓飚㉞，拔木偃草㉟，使旌旗指敌，飞沙走石，[天昏地暗]㊱，飞泰山之形，昼不见于虏目㊲；震雷霆之响，近不闻于虏耳。蒙袂僵仆㊳，款我辕门㊴，兵不血刃㊵，而华戎宁谧矣！"

【注释】

① 磔牢(zhē—)：古代祭祀时用分割的牲畜肢体作祭品，称之为"磔牢"。据《礼记·月令》"九门磔禳"句，孙希旦集解云："磔，磔裂牲体也。……磔牲以祭国门之神，欲其禳除凶灾，御止疫鬼，勿使复入也。"

② 地户：谓地的门户。在本篇这里代指东南。古代传说天有门、地有户，天门在西北、地户在东南。因以称地之东南为"地户"。

③ 迹遍天涯：谓足迹遍及天边。迹，这里指风神的足迹。天涯，义犹"天边"，指极远的地方。

④ 东温而层冰渐散：东温，指温暖的东南风。层冰，义犹"厚冰"。渐散（sī—），指厚冰溶化消散。

⑤ 西烈则百卉摧残：西烈，指凛冽的西北风。百卉，百花。摧残，指百花遭到摧残而凋零。

⑥ 鼓怒而走石飞沙：鼓怒，谓发怒，形容大风鼓荡激烈如同发怒一样。走石飞沙，谓石头滚动，沙子飞扬，形容大风狂暴猛烈之势。

⑦ 翻江倒海：形容江海水势浩大。本篇这里指狂风猛烈所给江海造成的巨大水势。

⑧ 云屯浪息：谓云聚而浪止，形容江海风平浪静。

⑨ 绽柳开花：谓柳苞绽裂，百花开放。

⑩ 畅百物以敷苏：畅，畅茂，谓旺盛繁茂。百物，犹"万物"，这里指各种植物。敷苏，义犹"复苏"，指植物都恢复了生机。

⑪ 使八方而宁谧：八方，四方和四隅合为"八方"。宁谧（—mì），安定平静。

⑫ 达庶人之理：达，达到；实现。庶人，指平民；百姓。理，在本篇这里指理想或曰愿望。

⑬ 畅大王之雄：畅，这里谓舒展；施展。大王，指国君；皇帝。雄，这里指雄图大略。

⑭ 至德深仁：至德，指最高的道德，或谓盛德。深仁，谓深厚的仁爱。

⑮ 豚鱼服信：语本《周易·中孚卦》："豚鱼，吉，信及豚鱼也。"豚鱼（tún—），指猪和鱼，多比喻微贱蠢愚之物。服信，谓信服不爽。

⑯ 奸慝（—tè）：奸诈邪恶。

⑰ 混一车书：语本《礼记·中庸》"今天下车同轨，书同文"。句义是，车乘的轨辙相同，书牍的文字相同。以示文物制度划一，天下统一。

⑱ 海晏河清：谓沧海平静，江河清澈，形容天下太平。

⑲ 远安迩肃：谓远近都安宁无事。迩，近也。肃，宁静。

⑳ 凶孽：凶残的余孽。这里指叛逆者。

㉑ 尚肆凭陵：尚，本篇这里作副词，义犹"还"；且。肆，肆意；放肆。凭陵，侵犯；欺侮；横行；猖獗。

㉒ 乌合之众：指一时聚集一起而无组织纪律的一伙人。

㉓ 蜂屯之徒：指像乱蜂拥聚一起的人群。

㉔ 险凭螘壤：螘（yǐ），"蚁"的本字，指蚂蚁。螘壤（yǐ rǎng），即蚂蚁穴。句义指敌人凭据蚁穴之险，比喻其所凭据之险微不足道；或曰不称其为险要。

㉕ 蜉蝣朝菌：蜉蝣（fú yóu），昆虫名，其幼虫生活在水中，成虫褐绿色，有四翅。该昆虫早生夕死，生命期极短。朝菌（zhāo—），指某些朝生暮死的菌类植物，借喻极短的生命。

㉖ 菅我天诛：菅（jiān），本为茅草的一种，常用以比喻微小之物，但在本篇这里谓"草菅"，指视人命如草芥而任意摧残，把此种行为视同儿戏。引申谓轻视；轻蔑。天诛，为上天惩罚诛杀。整个句义是，凶残的叛逆者视我奉上天惩罚为儿戏。喻指其猖狂一时。

㉗ 晓露晨霜：晓，拂晓；晨，早晨，皆指早晨时光。句义是，早晨的霜露，见阳光极易蒸发消散。在这里比喻敌人虽然猖獗一时，但其存在时间极短。

㉘ 鞠养万品：鞠养，养育；抚养。万品，义犹"万物"。

㉙ 威以斧钺：威，指威刑。斧钺，即斧和钺，亦泛指兵器。

㉚ 怀以惠和：怀，怀柔；安抚。惠和，谓仁爱和顺。

㉛ 先茅届途：先茅，义犹"前茅"，指古代军队行军中所派出的前哨侦察分队，引申谓先头部队。届途，义犹"届路"，指登上路程。

㉜ 后殿临境：后殿，古代部队行军时居于尾部者。这里指后续大军。临境，义犹"压境"，指大军紧逼敌境。

㉝ 八阵将施：八阵，这里指古代军队作战所采用的"八阵法"。将施，指即将实施，或曰即将展开。

㉞ 号吼飚飚：号吼，大声呼喊，引申怒吼。飚飚（xuè bó），此二字现已不流行，李筌以其与"号吼"连用，似指狂风。

㉟ 拔木偃草：谓风大拔起树木，吹倒野草。

㊱ [天昏地暗]：此句原文无。钱熙祚在前文"飞沙走石"句末校注指出："此下当脱一句。"据此，笔者在"飞沙走石"句后补入"天昏地暗"一句而置于方括号（[ ]）内。这样，才能使"原文"中后二句"飞泰山之形，昼不见于虏目"与前二句之文义顺理成章地连贯起来。

㊲ 飞泰山之形，昼不见于虏目：飞，指大风劲吹。泰山，这里泛指大山；泰，大也。昼，指白天。虏目，指敌人眼睛。整个句义是，狂风劲吹，（飞沙走石，天昏地暗，）以致敌人白天都看不见大山的形状。

㊳ 蒙袂僵仆：蒙袂（méng mèi），指用衣袖（袂）蒙住脸，谓不愿见人。僵仆，倒下，引申义"跪倒"。

㊴ 款我辕门：款，归顺；求和。辕门，本指古代帝王出行所到止宿之处，以车为藩；出入之处，仰起两车，车辕相向以示为门，称之"辕门"。但在本篇这里则指领兵将帅的营门。

㊵ 兵不血刃：谓兵器上没有沾血。指战事顺利，未经交锋（或激战）而取得胜利。

【译文】

　　某年，岁次某甲，某月初一，某将军某某，谨以牲牢、清酒祭祀风伯之神，说："唯有尊神道法出于东南，而足迹遍及天涯海角。您刮起温暖的东南风来，可使厚冰溶化消散；刮起凛冽的西北风来，可让百花摧残凋零。您发怒刮风时，可以飞沙走石，翻江倒海；您安静止风时，可以云聚浪息，柳绽花开。您能使万物复苏茂盛，能使八方安定平静，能使百姓的理想心愿得以实现，能使国君的雄图大略得以施展。"

　　"现在，国家的盛德厚仁，使豚鱼蠢物信服不爽，使奸诈邪恶得以杜绝；使车乘同轨、书牍同文，国家统一；使沧海平静，江河清澈，远近安宁。然而，唯有那些凶残的叛逆者，还在肆意侵扰横行，他们依仗乌合之众，率领蜂拥无羁之徒，企图凭借蚁穴之险，虽如蜉蝣和朝菌的生命期极短，却猖狂而无视我奉上天之惩罚。但是，他们最终只能像早晨的霜露那样，在阳光的强烈照射蒸发之下，而苟延残喘地维系其即将消亡的短暂生命。"

　　"当今，皇帝抚爱众生，养育万物；以斧钺兵器树立刑罚权威，以仁爱和顺怀抚四方民族。下令军队出征之时，首先派遣前哨侦察部队登程，然后以后续大部队濒临敌境。在敌我两军相遇，八阵即将展开之时，唯有您尊神圣明，刮起怒吼的狂风，以拔起树木、吹到野草之力，使我军旗直指敌军；以飞沙走石、天昏地暗之势，使敌人白天看不见大山的形状，近处也听不到雷霆的轰响，从而迫使敌人以衣袖蒙脸低头、跪倒地上求和于我军营门之前。这样，我军便可兵不血刃地大获全胜，使华夏与戎狄得以和睦安宁！"

祭雨师文

【原文】

　　维某年，岁次某甲，某月朔某日，某将军某，谨以牲牢之奠，致祭于雨师之神，曰："惟神薄①阴阳而成气，驭风云而施德。威合风雷，则禾木②尽偃；恩覃③雾露，则卉物敷荣④。昆阳恶盈，荡新室之众⑤；龟兹助顺，济全凉之师⑥。其赏善也如此，其罚恶也如彼。"

"国家大业，醇被休德洽如⑦，怀生之伦尽荷明德⑧。而戎胡倔强⑨，草窃遐荒⑩，使谋臣不得高枕，武士不遑⑪脱甲。天子瞋目按剑⑫，发骁勇⑬诛不道，天下士众焱集星驰⑭，气腾青云⑮，精贯白日⑯，熏兔穴⑰，覆枭巢⑱。"

"惟神何不倾湫⑲倒海，以助天威；荡寇清仇，以张军势？按剑则日中见斗⑳，挥戈而曜灵再晡㉑，壮戎军之气，乃尔神之功！"

【注释】

①薄：本谓迫近，在本篇这里引申谓统和；协调。

②禾木：指植物和树木。

③恩覃（—tán）：谓恩泽广布。

④卉物敷荣：卉物，这里指各种草木花卉。敷荣，指草木复苏开花争艳斗奇的繁荣局面。

⑤昆阳恶盈，荡新室之众：新室，指王莽篡汉后的"新莽"政权。西汉初始元年（公元8年），王莽篡汉称帝，改国号曰"新"后因以称其王朝为"新室"。此二句是指，新莽地皇三年（公元22年）六月，刘秀等汉军于昆阳（今河南叶县）歼灭王莽主力军的一次战略性战役决战。据《后汉书·光武帝纪上》记载，在昆阳交战中，"会大风雷，屋瓦皆飞，雨下如注，滍川（今河南叶县境的沙河）盛溢"。刘秀等汉军将领正是在此种大雨如注、河水暴涨的天候气象条件下，歼灭了王莽政权赖以支撑的主力军。

⑥龟兹助顺，济全凉之师：此史例出自何典待查。龟兹（qiū cí），西汉时期的西域诸国之一，治所延城（今新疆库车）。

⑦醇被休德洽如：句义是，淳厚质朴的美德泽及滋润四方。醇（chún），本篇这里指道德风尚的淳厚质朴。被，遍布；延及。休德，美德。洽如，浸润；滋润。

⑧怀生之伦尽荷明德：句义是，使有生命之类都尽情享受美德。怀生之伦，谓有生命之类。荷，承载，引申享受。明德，谓光明之德，指美德。

⑨倔强：谓强横直傲，引申"横行逞强"。

⑩草窃遐荒：草窃，指掠夺；抄掠；窃据。亦指草寇。遐荒，指边远荒僻之地。

⑪不遑：无暇，指没有闲暇。

⑫瞋目按剑：瞋目（chēn—），瞪大眼睛，形容发怒。按剑，谓以手抚剑，预示击剑之势。

⑬骁勇：这里指勇猛的士卒。

⑭焱集星驰：焱集（yàn—），迅速聚集；火速集中。星驰，指连夜奔走。

⑮ 气腾青云：形容士气高昂。气，指士气。腾，谓上升；高涨。青云，本指高空之云，亦借指高空或天空。

⑯ 精贯白日：形容精神饱满。精，指精神。贯，谓贯穿；贯通。白日，指太阳。

⑰ 熏兔穴：句义是，用烟火熏烤兔穴。熏，亦作"燻"，谓熏烤。兔穴，指兔子窝。

⑱ 覆枭巢：句义是，捣毁鸟巢。覆，倾覆，引申谓捣毁。枭（xiāo），鸟名，猫头鹰一类的鸟。旧传枭食其母，故常以喻指恶人。

⑲ 湫（qiū）：古水名。今名湫水河，发源于今山西岚县西。但在本篇这里则泛指江河。

⑳ 日中见斗：语出《周易·丰卦》："丰其蔀，日中见斗，遇其夷主，吉。"高亨《周易大传今注·丰第五十五》云："斗，星名，今名北斗。夷，常也。爻辞言：有人焉，大其院中之席棚，以蔽夏日，日中之时，忽逢日食，见北斗，似非吉兆。但出行遇其所常寄遇之主人，而归于吉。"据此可知，日中，指白天正午时候。句义是，正午时候看见北斗七星。

㉑ 曜灵再晡：句义是，由白日再现夜晚。曜灵（yào—），指太阳，引申谓白日。据《楚辞·天问》"曜灵安藏？"句，东汉王逸注称："曜灵，日也。"晡（bū），指申时，即十五时至十七时。因此时已近夜，故亦指夜晚。

【译文】

某年，岁次某甲，某月初一，某将军某某，谨以牲牢为祭品，致祭于雨师之神，说："唯有尊神您能统和阴阳而结成云气，能驾驭风云而施布恩德。神威合成雷电时，可使草木全部倒伏；恩泽化为雾露时，则让百花争奇斗艳。在昆阳您惩罚邪恶，荡涤了新莽的兵众；在龟兹您扶助正义，拯救了全凉的兵马。尊神您就是这样奖赏善良，就是那样惩罚邪恶。"

"当今，国家兴图大业，恩惠泽及四方，使有生命之物，尽情享受光明之德。然而，戎胡横行逞强，窃据边远荒僻之地作乱，使我谋臣不得高枕而卧，武士无暇脱掉铠甲。现在我皇帝怒目圆睁，手持宝剑，调拨骁勇之师诛讨叛逆。各地部队火速集中，连夜奔赴前线，其士气之高昂直上青云，精神饱满可贯长虹，誓以烟熏兔穴、倾覆鸟巢之势，直迫戎胡之地。"

"在此形势之下，尊神您何不以倾江倒海之水，来辅助上天神威；以荡寇除仇之力，来增强我军声势？尊神您手持宝剑，就可正午之时见到北斗七星；您挥动戈矛，而使白日之时再现夜晚时光，以此神力来壮大我军士气，此乃恰是尊神您的功勋！"

【解说】

《祭风伯雨师文篇第七十七》是《太白阴经》卷七《祭文类》之第五篇。作者李筌本篇主要介绍古代军队出征作战时举行祭祷风神（即"风伯"）和雨神（即"雨师"）护佑之仪式、祭文格式及其作用问题。

风伯和雨师，分别是古代传说对"风神"和"雨神"的称谓之别名。古代军队祭祀风神和雨神的活动，亦与对名山、大川之神进行祭祀一样，是人类社会初始阶段人们的原始自然崇拜的延续与发展。此种祭风祭雨活动的最初产生，是与农牧业的出现与发展密切相关的。我国农牧业起源于上古神农氏时代。那时，由于雨对农牧业发展的影响极大，故使缺少科学自然观和认识事物能力低下的人们，便对"雨神"非常重视和崇拜。后来，随着人们抽象思维能力的增强而在头脑中形成神灵观念以后，人们对雨的崇拜，便逐渐转变为崇拜众多被认为具有施雨能力的雨师、神龙等，而民间对雨神的祭祀则多以神龙为祭祷对象。风对人们的生产、生活亦同样影响颇大。远古的人们对风的形成和它对自然界的影响，感到既神秘又恐怖，从而产生了有关风神本体和神力的种种幻想，认为东西南北四方的来风，各有其风神主宰，等等。

古代军队祭祀风神和雨神活动，同祭祀山神与河神一样，也是在阶级和国家、军队和战争产生以后。风和雨，作为自然界的一种天候气象现象，不仅对民间生产、生活关系密切，而且对军队作战颇有影响。战争的历史表明，古今中外的一切战争实践，无一不是在一定的时间和空间中进行的，因而战争双方无一不受所处特定时间和空间的天候气象条件的制约。所以，历代兵家都把对风、雨等天候气象条件的研究，作为指导战争实践的一项重要内容。我们透过本篇祭风伯、雨师的宗教迷信色彩，正可看到作者李筌对风、雨等天候气象条件，给予战争实践影响作用的关注和重视程度。此点恰是本篇学术思想的最有价值之处。值得充分肯定。

祭毗沙门天王文篇第七十八

【原文】

维某年，岁次某甲，某月朔某日，某将军某，谨稽首①，以明香、净水、杨枝②、油灯、乳粥③、酥蜜④、粽煤⑤，供养北方大圣毗沙门天王之神，曰："伏惟⑥作镇北方，护念⑦万物众生，悖逆肆以诛夷⑧。如来涅槃⑨，委以佛法，是以宝塔在手，金甲被身，威凛商秋⑩，德融湛露⑪。五部⑫神鬼，八方妖精，殊形异状，襟带⑬羽毛，或三面而六手，或一面而四目，瞋颜如蓝⑭，磔发似火⑮，牙崒崪⑯而出口，爪钩兜⑰而露骨。视雷电，喘云雨，吸风飙⑱，喷霜雹，其叱咤⑲也：豁⑳大海，拔须弥㉑，摧风轮㉒，粉铁围㉓，并随指呼㉔，咸赖驱策㉕。"

"国家钦若释教㉖，护法降魔㉗，万国归心㉘，十方向化㉙。惟彼胡虏，尚敢昏迷㉚，肉食边氓㉛，渔猎亭障㉜；天子出师，问罪要荒㉝。天王宜发大悲之心，轸㉞护念之力，助我甲兵，歼彼凶顽；使刁斗不惊㉟，太白无芒㊱。虽事集于边将，而功归于天王！"

【注释】

①稽首（qǐ shǒu）：古时的一种跪拜礼，叩头至地。是"九拜"中最为恭敬者。据《周礼·春官宗伯·大祝》载称："辨九拜：一曰稽首，二曰顿首，三曰空首，四曰振动，五曰吉拜，六曰凶拜，七曰奇拜，八曰褒拜，九曰肃拜。"唐贾公彦疏："一曰稽首，其稽，稽留之字；头至地多时，则为稽首也。此三者（指'九拜'中前三者），正拜也。稽首，拜中最重，臣拜君之拜。"

②杨枝：梵语 dantakastha，译曰"齿木"。即取杨柳小枝，将枝头咬成细条，用以刷牙，故又称"杨枝"。此为古印度风俗：凡邀请宾朋，先赠杨枝和净水（即香水）等物祝其健康，以示恳请之意。推而广之，则在拜佛修法时亦用此物来敬奉神灵。

③乳粥：指用乳汁或酥油调制的粥。

④酥蜜：酥酪和蜂蜜。

⑤ 粽燠：似指一种腌制肉馅糯米粽子。燠（yù），亦作"奥"，指腌制肉。说见北魏贾思勰《齐民要术》卷九《作奥肉法》。

⑥ 伏惟：亦作"伏维"。下对上的敬词。谓念及；想到。多用于奏疏、信函或祭文。

⑦ 护念：佛教语。出自《坛经·行由品》。令外恶不入为护，内善得生为念。在本篇这里指护佑，保佑。

⑧ 悖逆肆以诛夷：悖逆（bèi nì），叛逆；抗命叛乱。肆，义犹"制裁"。诛夷，谓诛杀；杀戮。

⑨ 如来涅槃：如来，梵语 Tathagata 的音译，佛的别名；亦为释迦牟尼的十种法号之一。涅槃（niè pán），梵语 Nirvana 的音译。谓"灭度"、"寂灭"、"圆寂"等，是为佛教全部修习所要达到的最高理想，一般指熄灭生死轮回后的境界。

⑩ 威凛商秋：威凛，系"威风凛凛"句的略语。商秋，指秋天。我国古代以五音宫、商、角、徵（zhǐ）、羽配合春、夏、秋、冬四时，商为秋。因为商音凄厉，与秋天肃杀之气相应，故称秋为"商秋"。

⑪ 德融湛露：德融，谓仁德融和。湛露，谓浓重雨露，常以喻君主圣上之恩泽广布。

⑫ 五部：指五部州，即指五大洲所在部位。

⑬ 襟带：本谓衣襟和腰带，因襟在衣前，故通常用以借指胸前或胸怀。

⑭ 瞋颜如蓝：瞋颜（chēn—），指愤怒的颜面，引申面颜狰狞。蓝，蓝靛，指深蓝色。

⑮ 磔发似火：磔发，谓头发直立。磔（zhé），指张开，引申谓"竖立"。似火，指色红如火。

⑯ 崒嵂（zú lǜ）：形容高峻陡峭。

⑰ 钩兜：形容弯曲环绕。

⑱ 风飚（—biāo）：指暴风。

⑲ 叱咤：怒喝；大声吆喝。

⑳ 豁：豁开；裂开。

㉑ 须弥：指须弥山。梵语 Sumeru 的音译。原为古印度神话中的名山，后为佛教所采用，指一个小世界的中心，山顶为帝王释天所居，山腰为四天王所居，四周有七山八海、四大部洲。

㉒ 风轮：佛教语中的四轮（金轮、水轮、风轮、空轮）之一。亦指天体。

㉓ 铁围：指铁围山。佛教语中认为，古印度南赡部洲等四大部洲之外，有铁围山，周匝如轮回，故名。

㉔ 并随指呼：并随，谓一并服从。指呼，指挥；使唤。

㉕ 咸赖驱策：咸，都；全部。赖，仰赖；依靠。驱策，驱使；役使。

㉖ 钦若释教：钦若，敬奉；敬顺。释教，指佛教。

㉗ 护法降魔：佛教语。谓护持佛法，降服妖魔。相传释迦牟尼在成佛前，曾与魔王激战并取得胜利。故佛教史上称其"护法降魔"。后用为典实。

㉘ 万国归心：万国，指各国。归心，谓诚心归附。

㉙ 十方向化：十方，指佛教所说的东西南北及四维、上下为"十方"。引申谓宇宙空间；天下。向化，谓归顺。

㉚ 昏迷：本篇这里谓执迷不悟。

㉛ 肉食边氓：肉食，义犹"鱼肉"，谓欺凌；残害。边氓，即边民。氓，指庶民；百姓。

㉜ 渔猎亭障：渔猎，在本篇这里指掠夺。亭障，指古代边塞要地所设置的堡垒，这里借指边塞要地。

㉝ 要荒：指胡虏所居的边远荒僻之地。

㉞ 轸（zhěn）：轸恤，谓深切顾念和尽心怜悯。

㉟ 刁斗不惊：刁斗，指古代军队行军作战所使用的器具。一般为铜制斗形有柄之器，白天用以烧饭，夜晚击以巡更报警。不惊，指战事已经停息而不再惊敲刁斗。

㊱ 太白无芒：太白，指太白星，亦即金星，又名启明星、长庚星。古星象家认为太白星主杀伐，故多以喻指兵戎战事。无芒，谓无光，喻指再无兵戎战事之忧。

【译文】

某年，岁次某甲，某月初一，某将军某某，恭敬地跪拜叩首，以明香、净水、杨枝、油灯、乳粥、酥蜜、粽𤏅为供品，奉祭北方大圣毗沙天王之神，说："念及尊神您坐镇北方，护佑万物众生，诛杀叛逆之徒。如来佛祖涅槃，以佛法委托于您。所以，尊神您手托宝塔，身穿金甲，威风凛冽如秋天的肃杀之气，圣德融和似浓醇的甘泉雨露。五洲的神鬼，八方的妖精，奇形怪状，胸前长满羽毛，有的三面而六手，有的一面而六目，面容狰狞色如蓝靛，须发直竖红似火焰，獠牙高峭而张出口外，巨爪弯曲而暴露骨外。视雷电，喘云雨，吸风暴，喷霜雹，是其叱咤风云的威力；豁裂大海，拔除须弥，摧毁风轮，粉碎铁围，一并听从您的指挥，完全依赖您的驱使。"

"当今，国家敬奉佛教，护法降魔，万邦归心，天下归顺。然而，独有那些胡虏还敢执迷不悟，残害我边民，掠夺我边塞。现在，皇帝兴师出兵，问罪讨伐他们。天王应当大发慈悲之心，尽所护佑扶正之力，助我部队歼灭凶顽之敌，从而使我边防刁斗不再惊敲，太白之星无光而止兵祸之忧。虽然攻战之事，是集中由边防将领来完成，但勋劳确实应当归功于天王神明！"

【解说】

《祭毗沙门天王文篇第七十八》是《太白阴经》卷七《祭文类》之第六篇。该篇主要介绍唐代军队出战时祭祀毗沙门天王的祭礼仪式和祭文格式，论述此种祭祀活动在对敌作战中的作用问题。

毗沙门天王，本佛教语，系梵语 Vaisravana 的译音。省称"毗沙门"或曰"毗沙"。是佛教经文中所说的"护世四大天王"（俗称四大金刚。即东方持国天王多罗吒、南方增长天王毗瑠璃、西方广目天王毗留博叉、北方多闻天王毗沙门）之一，又名多闻天王，俗称"托塔天王"。以其位居须弥山北，故又称之为"北方大圣"。李筌本篇乃取佛教故事，借祭祷毗沙门天王护佑以激励军心士气。此乃作者李筌设置《祭毗沙门天王文篇》的目的所在。

佛教，是与基督教、伊斯兰教相并列的世界三大宗教之一。该教于公元前6世纪—前5世纪间，由释迦牟尼创建于古印度。约于公历纪元前后的汉代，佛教开始由印度传入中国，经三国两晋南北朝的长期传播发展，到隋唐时期已形成具有中国民族特色的中国佛教。但是，由于传入的时间、途径、地区和民族文化、社会历史背景的不同，中国佛教后来就逐渐形成了三大派系，即汉语系的汉地佛教、藏语系的藏传佛教和巴利语系的云南地区上座部佛教（参见《中国大百科全书·宗教卷·中国佛教》）。

唐代是中国佛教臻于鼎盛时期。唐朝帝王虽然自称是道教始祖老子的后裔而尊崇道教，但在实践中却是采取道、佛二教双重并行的政策。当时，朝廷于各地普建佛教寺院，尤敕诸府、州、军广建"毗沙门天王堂"以奉祀之。唐昭宗李晔乾宁年间（公元894—898年）进士黄滔所撰《灵山塑北方毗沙门天王碑》明确记载，称："于是，于开元寺之灵山，塑毗沙门天王。"这不仅印证了李筌的《祭毗沙门天王文篇》所描述祭祀仪式内容的实际性，也可窥见唐人特别是唐代军队崇敬和祭祷毗沙门天王之神活动的一般情形。

作者李筌本篇强调指出："国家钦若释教，护法降魔，万国归心，十方向化。惟彼胡虏，尚敢昏迷，肉食边氓，渔猎亭障；天子出师，问罪要荒。天王宜发大悲之心，轸护念之力，助我甲兵，歼彼凶顽；使刁斗不惊，太白无芒。虽事集于边将，而功归于天王。"我们从这段文字可以看出，李筌着力阐明以下三点：一是揭示唐代尊崇佛教（即"国家钦若释教"）并借以"护法降魔"所取得"万国归心，十方向化"的实践效果；二是揭露那些尚敢执迷不悟的"胡虏"残害唐朝边民、掠夺唐朝边塞的罪行（即"肉食边氓，渔猎亭障"）；三是阐明朝廷兴师出兵"问罪要荒"并求助毗沙门天王"轸护念之力，助我甲兵，歼彼凶顽"的目的，是为了使唐代边防刁斗不再惊骇，太白之星无光而不再发生战争（即"使刁斗不惊，太白无芒"）。应当说，李筌这些思想观点，在当时的历史条件下，既对激发唐朝军队的爱国热情、调动广大将士奋勇杀敌精神，有其无可替代的积极作用，又对于促进唐代封建社会和平稳定发展有其重要进步意义。笔者以为，这正是我们今人研读李筌《祭毗沙门天王文篇》所应关注之点。

捷 书 类

露布篇第七十九

【原文】

　　某道节度使①某，牒②上中书省门下③破逆贼，某乙下兵马使告捷事④：得都知兵马使某牒称，今月某日某时，于某山川探见贼兵，与战，俘斩略尽⑤。今乘胜逐北⑥，未暇点拨⑦杀获生级⑧、器械、牛马，续即申上者⑨。天威远播⑩，狂寇败亡，将靖烟尘⑪，同增欢忭⑫。谨差某乙驰驿告捷⑬，具状牒上中书门下。谨牒。某年某月某日某官牒。

　　判官⑭某官某，行军司马⑮某使某官，某道节度使奏破某贼露布事：

　　拔贼某城若干所，生擒首领某人若干，斩大将若干级，斩首若干级，获贼马若干匹、甲若干领、旗若干面、弓弩若干张、箭若干支、枪牌⑯若干面、衣装⑰若干事件⑱。应得者具言之。

　　中书、门下、尚书兵部⑲：

　　某道节度使某官臣某言，臣闻黄帝兴涿鹿之师⑳，尧舜有阪泉之役㉑，虽道高于千古，犹不免于四征。我国家德过唐虞㉒，功格区夏㉓。蠢兹狂狄，昏迷不恭，犬羊㉔成群，犯我亭障。臣今令都知兵马使某官某，都统㉕马步㉖若干人为前锋，左右再任虞候某官某领强弩㉗若干人为奇兵，于某处设伏；虞候总管某领陌刀㉘若干人为后劲㉙，节度副使某官某领蕃汉子弟㉚若干人为中军游骑。以某月日时，于某山川与贼大军相遇，尘埃涨空，旌旗蔽野。臣令都知兵马使某官、某大将军当其冲，左右虞候张两翼，势欲酣战㉛，伏兵窃发，贼众惊骇。虞候某强弩、陌刀相继而至，锋刃所加，流血漂杵㉜；弩矢所及，辙乱旗靡㉝。贼人弃甲曳兵㉞而走，我军逐北者五十里。自寅至酉㉟，经若干阵，所有杀获具件如前。人功何能？天功是赖。

　　臣谨差先锋将某官某，奉露布以闻，特望宣布中外，用光史册。臣某顿首谨言。某年某月某日，掌书记㊱某官臣某上。

【注释】

① 某道节度使：道，唐代全国行政区划名。唐太宗李世民贞观初年，将全国划分为关内、河南、河东、河北、山南、淮南、江南、陇右、剑南、岭南十道；唐玄宗李隆基开元二十一年（公元733年）增至十五道。节度使，唐代中期以后的地方军事长官，拥有军队。唐睿宗李旦景云二年（公元711年）四月始置，到玄宗天宝元年（公元742年），仅边镇节度使就已增至十个。

② 牒：即牒呈，指下呈上的公文奏书。

③ 中书省门下：应为"中书门下省"，指中书省和门下省。隋朝时期，于朝廷设置中书省、门下省、尚书省三大中央最高政务机构。唐因隋制，以三省之长官中书令（中书省）、侍中（门下省）、尚书令（尚书省）共议国政，此为宰相职级。一般是中书决策，门下审议，尚书执行，实为三省长官共同负责中枢政务。

④ 某乙下兵马使告捷事：某乙，称人的代词。但在本篇这里则为自称的代词。下，指手下，或曰属下。兵马使，唐代节度使属下的统兵将领。告捷事，指报告作战胜利消息。

⑤ 俘斩略尽：句义是，将敌人都基本击斩俘虏完了。

⑥ 逐北：指追击败兵。北者，败也。

⑦ 点拨：义犹"点检"，谓清点；核查。

⑧ 杀获生级：杀获，指击杀和俘获。生级，指俘获的敌人和击斩的敌人首级。

⑨ 续即申上者：续即，谓续后即刻。申上者，谓向上报告的材料。

⑩ 天威远播：天威，本谓上天的威严，但在这里则指帝王的神威。远播，义犹"远扬"，谓显扬到远方。

⑪ 将靖烟尘：将靖，指即将平定。烟尘，指硝烟战火。

⑫ 欢忭（—biàn）：欢欣；喜悦。

⑬ 驰驿告捷：谓飞马报告胜利消息。驰驿，指驾乘驿站马匹飞驰。

⑭ 判官：古代官名。唐代的节度使、观察使、防御使均设判官，为地方军政长官的僚属，辅理政事。

⑮ 行军司马：古代职官名。三国魏元帝（曹奂）咸熙元年（公元264年）始设，职务相当军谘祭酒。到了唐代，凡出征将帅和节度使属下皆设行军司马，实具今参谋长的性质作用。

⑯ 枪牌：即盾牌。因用以防刀枪击伤，故又称"枪牌"。

⑰ 衣装：衣服被装。

⑱ 事件：事，在本篇这里作量词，谓件，与"件"连用则构成同义复合量词，依然是指器物

的件数。

⑲ 兵部：隋唐时期尚书省下隶的六部（即吏、户、礼、兵、刑、工部）之一，其主管全国武官选用及兵籍、军械、军令等事宜。

⑳ 黄帝兴涿鹿之师：我国古代传说中黄帝曾与蚩尤交战于涿鹿（位于今河北涿县东南）之野，蚩尤战败被擒杀。事见汉司马迁《史记·五帝本纪》。

㉑ 尧舜有阪泉之役：疑李筌所引此说有误。据《史记·五帝本纪》记载，黄帝曾"与炎帝战于阪泉之野，三战，然后得其志。"但在其后的尧舜时期，并未发生过阪泉之役，他们所曾发动的征讨三苗之战，其地点是在南方的江淮和荆州一带。阪泉，地名，但其所处今地位置有二说：一说在今河北涿县东南，一说在今山西运城盐池附近。

㉒ 唐虞：即尧和舜。二人皆为我国上古时代之五帝之一。尧，帝喾之子，姓伊祁（亦作"伊耆"），名放勋。初封于陶，后又封于唐，号陶唐氏，史称尧为"唐尧"。舜，姓姚，名重华，因其先封于虞，故史称舜为"虞舜"。

㉓ 功格区夏：格，谓相匹敌，或相媲美。区夏，语出《尚书·周书·康诰》，指中夏；华夏。在本篇这里借指周代。

㉔ 犬羊：本指狗和羊，但在这里是对外敌的蔑称。

㉕ 都统：谓统领；总领。

㉖ 马步：指骑兵和步兵。

㉗ 强弩：本指强劲的弓弩，但在这里代指能拉开强弩硬弓的射手。

㉘ 陌刀：本指长刀，但这里则指长刀手。

㉙ 后劲：指殿后的精兵。

㉚ 蕃汉子弟：指少数民族和汉族的士兵。蕃，通"番"，泛指域外或外族人。子弟，指从军的兵丁。

㉛ 酣战：激烈战斗。

㉜ 流血漂杵：语本《尚书·周书·武成》"血流浮杵"。漂杵，谓漂起舂杵（指舂捣谷物的棒槌，或指一种棒形兵器），形容恶战流血之多。

㉝ 辙乱旗靡：语本《左传·庄公十年》"吾视其辙乱，望其旗靡"。句义是，车迹紊乱，军旗倒下。

㉞ 弃甲曳兵：谓丢掉铠甲，拖着兵器。义同丢盔弃甲，形容打了败仗逃跑的狼狈相。曳（yè），拖着。

㉟ 自寅至酉：寅，十二时辰之第三位，相当今北京时间凌晨三点至五点；酉，十二时辰之第

十位，相当北京时间十七点至十九点。自寅至酉，是指从凌晨三点至下午七点的一整个白天时间。此言交战时间之长。

　　㊱　书记：这里指古代军中掌理文书的属吏。唐制，外官元帅、都统、招讨使、节度使、观察使等府署皆置书记一人。

【译文】

　　某道节度使某，牒呈中书、门下省，关于击破逆贼，某乙属下兵马使告捷事：今收到都知兵马使某某报告称：本月某日某时，于某山川地带侦察到有贼兵，与之交战，将敌人俘斩略尽。现正乘胜追击，没有来得及清点所获俘虏、所斩首级和所缴器械、牛马等数量，容后清点即刻向上报告。圣上天威远扬，狂寇战败灭亡，硝烟战火平定，普天同增欢欣。现谨差遣某乙飞马报捷，具申事状牒上中书、门下省。谨牒。某年某月某日，某官牒。

　　判官某官、某行军司马、某使某官、某道节度使，奏报破某贼布告事：

　　攻克敌人城池若干座，活捉敌人首领若干人，击斩敌人大将若干人，斩杀敌军若干首级，俘获敌人战马若干匹，缴获敌军铠甲若干领、军旗若干面、弓弩若干张、箭矢若干支、盾牌若干面、衣服被装若干件。所缴各种战利品应报数量全部申报如上。

　　中书、门下省，尚书省兵部：

　　某道节度使某官上书陈言：臣下听说上古时代黄帝兴涿鹿之师，尧舜有阪泉之役（此事疑有误——笔者），他们虽然道高千古，仍不免要四出征伐。当今，我们国家仁德胜过唐尧虞舜，功勋可以媲美于周代。但那愚蠢狂妄的戎狄，却昏昧不恭，像成群的犬羊一样，侵犯我边塞要地。臣下今令都知兵马使某官统率骑兵、步兵若干人为前锋，左右再命虞候某官率领强弩手若干人为奇兵，在某处设置埋伏；虞候总管某某率领长刀手若干人为殿后精兵，节度副使某官某某率领蕃汉子弟兵若干人为中军游骑。在某月某日某时，于某山川地带，与敌人大军相遇对阵，尘埃顿时飞扬腾空，旌旗瞬间满山遍野。臣令都知兵马使某官、某大将军率兵当其要冲，左右虞候张开两翼，势欲同敌人展开激战。这时，我军伏兵突然发起攻击，敌众惊骇而不知所措；虞候某某率领强弩手、长刀手相继而至，锋刃所加之处，血流漂起舂杵；弓箭所及之处，敌人车乱旗倒。在我军强大攻势之下，敌人丢盔弃甲而逃，我军乘胜追击五十里。从凌晨三点到下午七点，历经若干次战斗，所有杀获都已申报如前。个人功劳有什么可以夸耀的？都是仰仗上天的恩赐之功！

臣谨派遣先锋将某官奉战报通告呈上，特望宣布中外，用以光耀史册。臣某顿首谨言。

某年某月某日，掌书记某官臣某呈上。

【解说】

《捷书类》是《太白阴经》卷七中所列三类内容之一。所谓"捷书"者，就是古代军事文书中的一种，亦即军事捷报，是指报告战争胜利消息的文书，故又简称"捷书"或"捷报"。此一词汇，始见于唐初史学家姚思廉所撰《梁书·蔡道恭传》："寇贼凭陵，竭诚守御，奇谋间出，捷书日至。"晚唐著名文学家、兵学家杜牧则称"捷报"。他在其《少年行》诗中写道："捷报云台贺，公卿拜寿卮"，使用了与"捷书"同义的"捷报"一词，并且成为现代广泛流行的词语而久用不衰。

作者李筌本文以《露布篇》为题，旨在主要介绍唐代军事捷书的内容及书写格式。所谓"露布"，一般是指古代一种不缄封（不封口）的文书，或泛指布告、通告之类的文书。但在本书这里，则是指军事文书中的作战告捷文书。通篇分三个自然段，首段为呈上的"破贼告捷事"：为了达成"驰驿告捷"而首先快速简要报告对敌作战胜利消息；次段是为首段所言"续即申上者"的"破贼露布事"：着重报告拔城、杀敌以及缴获各种战利品等具体战果数据；末段是写给中书省、门下省和尚书省兵部的作战总结性的主体报告。这是本《露布篇》的重点内容部分。其中，既讲了对敌作战的兵力部署和作战之谋略方法，又讲了对敌作战的起因、作战经过以及作战取胜原因，等等。可以这样说，李筌之《露布篇》是一篇内容丰富、叙述简练的作战实践经验的总结报告，说他为我国古代军事战报和作战总结报告的书写格式提供了上乘范本，亦不为过。

从以上《露布篇》的三段前后文义来看，显然是同一次对敌作战实践经验总结而分三次报告的"露布"；从其内容和叙事方式来看，如果说末段文字是对敌作战实践经验的主体报告，那么，前两段文字则是此主体报告的两个简要附件。由此，我们便可以大体上了解到唐代军事战报的一般书写格式了。毫无疑义，李筌把军事战报性的"捷书"列入其《太白阴经》兵书之中，这在唐以前的兵家著述中几乎是没有的。应当承认，李筌将"军事战报"内容及其书写格式纳入兵书范畴，这在我国古代兵学著述史上尚属首次。显而易见，这是唐代兵学家李筌对我国古代军事思想和军事学术的发展所作出的值得充分肯定的一种带有开创性的贡献。

药 方 类

治人药方篇第八十

【原文】

经曰：药者，和草木之性，治人寒热燥湿之病，道达经脉①，通理三关九候②、五藏六府③，扶衰補虚。

夫稠人多厉疫④，屯久人气郁蒸⑤，或病瘟、瘴、疟、痢⑥，金疮⑦，堕马⑧。随军备用药与方，所必须也。兹录于左⑨：

疗时行热病⑩方：

栀子⑪二十枚　干姜五两　茵蔯⑫三两　升麻⑬三两　大黄⑭五两　芒硝⑮五两

右⑯六味为末，米汁调服，空心三钱匕⑰，须臾利⑱；不利，则暖粥投之利，多服浆水⑲止之。阴阳毒⑳不可服。

疗赤斑子疮 [方]：

栀子二十枚　茈胡三两㉑　黄芩三两㉒　芒硝五两

右为细末，饭饮调下，三钱匕，以利为度。

疗天行病㉓方：

瓜蒌㉔四十九粒　丁香㉕四十九粒　赤小豆㉖四十九粒

右为末，井花水㉗调服，空心方寸匕次㉘；两鼻中各搐此散一大豆许㉙，须臾鼻出黄水，吐利，良久㉚乃愈。

疗疟疾方：

鳖甲㉛三两　常山㉜二两　甘草㉝二两　松罗㉞二两

右为末，用乌梅㉟煎汤调服，方寸匕，日二服，少加之，以吐为度。如不差㊱，服后方（指"当归六味散"）。

当归六味散：

当归㊲　白术㊳　细辛㊴以上各五两　桂心㊵三两　大黄五两　朴硝㊶八两，熬

右为末，平旦㊷空心服，方寸匕，加之以利为度。

疗温疟㊸者可服"鬼箭十味丸"方：

甘草　丁香　细辛　蜀椒㊹　乌梅肉以上各三两　地骨皮㊺　橘皮以上各四两　白术　当归以上各五两　鬼箭㊻二两

右为细末，炼蜜㊼为丸，如梧桐子大，每服十五丸，乌梅汤送下，再服加至三十丸，三五日后，觉腹中热，以粥饮压之。

疗痢病方：

黄连㊽　黄芩以上各五两　黄耆㊾　黄柏㊿以上各四两　龙骨○51八两

右五味为散，空心米饮下，方寸匕，日再加，至三寸匕止。

疗穀痢方：

白术六两　附子○52四枚，炮，去皮　干姜四两，炮　细辛五两　油面○53末一升，熬变色

右为末，以粥饮，如前法。

疗血痢○54方：

阿胶○55炒　黄柏炙，以上各四两　干姜　艾叶○56以上各三两　犀角○57末五两

右为末，如前法服。

疗浓血痢方：

黄耆六两　赤石脂○58八两　艾叶三两　厚朴○59炙，三两　干姜煨，三两

右为末，服法如前。

治霍乱方：

巴豆[60]一两，去壳　干姜三两，炮　大黄五两

右为末，炼蜜为丸，如梧桐子大，米饮服三丸，以利为度；不利，以粥汤投之。

治脚转筋方：

生姜一两，拍碎，水煎五合，服之即愈。本方[61]云：生姜一斤，煎二升半，服之。

入战辟五兵不伤人方[62]：

雄黄[63]一两　白矾[64]二两　鬼箭一柄　羚羊角[65]烧，二分半　灶中土三分

右为末，以鸡子黄并鸡冠血[66]为丸，如杏子大，置一丸于小囊中，系腰间及膊上，勿令离身，亦辟一切毒。

疗马齿毒方：

灰汁数斗暖者，洗疮处，愈。又以马粪汁亦可。

疗马脓垢着人作疮方：

马鞭稍二寸烧灰，飞鼠[67]七枚各烧灰，敷之。

治金疮伤困乏及肠出者方[68]：

黄耆　当归　芎䓖[69]　白芷[70]　续断[71]　黄芩　细辛　干姜　附子　芍药[72]以上各三两

右为末，先饮酒醉，次服五钱匕，日三服；又云：服半钱匕，加至方寸匕，效。

疗金刃中骨脉中不出方：

白蔹[73]　半夏[74]各等分

右为末，酒服方寸匕，日三服，至二十日自出，立愈。

治金疮破腹方[75]：

火烧葱取汁，涂之立愈。亦用女人中衣[76]旧者，以裆炙熨之[77]，为愈。

疗马坠损有瘀血在腹内方：

生地黄^{⑦⑧}五升，研烂，以酒捎汁^{⑦⑨}一盏，日三服，愈。又方，地黄二升，捣令烂，以无灰酒^{⑧⑩}半升煮二三沸，重户^{⑧①}地暖饮之，常令醺醺^{⑧②}。

疗马坠折伤手脚骨痛方：

捣大麻子根^{⑧③}并叶取汁，服之气下乃苏。若无大麻根叶，研子温酒服亦可。

【注释】

① 道达经脉：道达，谓疏导使畅通。经脉，中医学名词。指人体内血气运行的主要通道，是经络系统中纵行的干线通道。

② 通理三关九候：通理，义犹"统理"。三关九候，亦称"三部九候"，古代脉诊方法之一。即按切全身动脉，以体察经络气血运行情况，从而推断疾病的脉诊方法。三关或曰三部，指按切脉的部位有上（头部）、中（手部）、下（足部）三部，每部又各分天、地、人三候，合为九候。

③ 五藏六府：亦作"五脏六腑"。指人体内全部器官。五藏，指心、肺、脾、肝、肾。六府，指大肠、小肠、胃、胆、膀胱、三焦。

④ 稠人多厉疫：稠人，指人口稠密。厉疫，即疠疫，指急性传染病。

⑤ 郁蒸：指人气的凝聚与蒸腾。

⑥ 病瘟、癀、疟、痢：瘟，即瘟疫，为流行性传染病的总称。癀（huāng），同"癀"，即疽病。中医指人体局部皮肤所生肿胀坚硬的毒疮。疟，疟疾，一种以疟蚊为媒介、由疟原虫所引起的周期性发作的急性传染病。痢，痢疾，一种由痢疾杆菌或阿米巴原虫所引起的肠道传染病。

⑦ 金疮：即由金属利器对人体所造成的创伤。

⑧ 兹录于左：古代图书都是自右向左竖刻版本，而今本图书一般是自左向右的横排本，故本篇这里所说"兹录于左"句中之"左"，实际是今本书的"下"。于左，义犹"如下"。

⑨ 堕马：指人从马上堕下摔伤。

⑩ 时行热病：即时令病。中医病症名。指冬天受寒，到了夏季因时令之热而发生的疾病。

⑪ 栀子（zhī—）：栀，木名。其所结之果实称"栀子"，可入药。性寒味苦，可制解热消炎剂。

⑫ 茵蔯（yīn chén）：亦作"茵陈"。一种蒿类的多年生草本植物。全草有香味，可入药，有发汗、解热、利尿作用。

⑬ 升麻：茅莨科植物的大三叶升麻。可入药，性寒味辛，有清热解毒祛痛作用。

⑭ 大黄：药草名。亦叫"川军"。多年生草本植物。根茎可入药，性寒味苦，有攻积导滞、

泻火解毒作用。

⑮ 芒硝：矿物名。亦作"碙硝"。中医学上称为"朴硝"。可入药，主要用于治疗肠胃实热积滞、大便燥结、痰热壅积等症。

⑯ 右：在本篇为竖刻本的"右"，实为今横排版的"上"。故译文应作"以上"。

⑰ 空心三钱匕：空心，指空腹。三钱，指一次的服药量。匕，原本古代取食用的餐具，曲柄浅斗形，但在这里则指取食药物的匙勺。

⑱ 须臾利：须臾，片刻，指时间很短。利，本谓有利，但在这里可作"见效"解。

⑲ 浆水：指水或其他食物汤汁。

⑳ 阴阳毒：中医学病症名。此症表现为面目发青、四肢厥冷、咽喉疼痛，以及身痛、身重、气短呕逆等状。背疽、脑疽等，亦称此症。

㉑ 茈胡：即"柴胡"。多年生草本植物。条形叶，花小色黄，果实椭圆形。根名柴胡，可入药，有清火解热作用。

㉒ 黄芩：多年生草本植物。叶子对生，披针形，开淡紫色花。根黄色，可入药，制作清凉解热剂。

㉓ 天行病：时疫。指一时流行的传染病。

㉔ 瓜蒌：钱熙祚校注称："张刻本作'瓜蒂'。"多年生草本植物。其果实可入药，有镇咳祛痰作用。

㉕ 丁香：热带常绿乔木。又名"鸡舌香"、"丁子香"。叶子长椭圆形；花淡红色，可供药用；果实呈长球形，种子可榨丁香油，做芳香剂。

㉖ 赤小豆：一年生草本植物。种子暗红色，可供食用和入药。

㉗ 井花水：亦作"井华水"。指清晨首次汲取的井水。据明李时珍《本草纲目·水二·井泉水》集解引汪颖曰："井水新汲，疗病利人。平旦第一汲，为井华水，其功极广，又与诸水不同。"

㉘ 方寸匕次：指一次服药为一方寸匙的容量。方寸匕，古代量具名，为一种长柄匙勺。

㉙ 两鼻中各搐此散一大豆许：句义是，向两鼻孔中吹入少许（"大豆许"）药末（"散"）。搐（chù），指中医外治的搐鼻法。此法用少许药物细末吹入鼻中，促使打喷嚏，以达到开窍目的。散，这里指粉末状药物。

㉚ 良久：很久。

㉛ 鳖甲：鳖的背壳，可制中药。

㉜ 常山：草本植物。性寒味苦，根可入药，有祛痰截疟作用。

㉝ 甘草：钱熙祚校注："张刻本无'甘草'。"多年生草本植物。根有甜味，可入药。有止咳祛痰作用。

㉞ 松罗：地衣类植物。亦作"松萝"，即女罗。可入药，有祛寒退热作用。

㉟ 乌梅：指经过熏制的梅子。黑褐色，可入药。主治肺虚久咳、久痢滑肠等症。

㊱ 如不差：差（chài），病愈；病除。据西汉著名文学家、哲学家、语言学家扬雄《方言》第三载称："差，愈也。南楚病愈者谓之差。"

㊲ 当归：多年生草本植物。根可入药，有镇静、补血、调经作用。

㊳ 白术（—zhú）：菊科，多年生草本植物。根茎可入药。性温，味甘苦，有健脾益气、利水化湿、安胎等作用，主治脾虚泄泻、水肿、痰饮、胎动不安等症。

㊴ 细辛：马兜科，多年生草本植物。全草可入药，性温、味辛，有温经散寒、化饮、祛风止痛作用。主治风寒头痛、痰饮咳喘、风湿痹痛、牙痛等症。

㊵ 桂心：指肉桂树皮的里层部分，味辛香，可入药，有温中助阳、散寒止痛作用。亦可作调味品。

㊶ 朴硝：亦作"朴消"。此物既可用于硝皮革，亦可用作医病的泻药或利尿药。故又泛称"皮硝"。

㊷ 平旦：清晨。

㊸ 温疟：中医学上指先发烧后发冷的疟疾。据《素问·疟论》记载："阳盛则热矣，衰则气复反入，入则阳虚，阳虚则寒矣。故先热而后寒，名曰'温疟'。"

㊹ 蜀椒：落叶灌木。以其产于蜀地，又称"巴椒"、"川椒"。果实光黑，其味辛辣，可入药，也可作香料。

㊺ 地骨皮：中药名。即枸杞的根皮。可入药，有清热凉血、退骨蒸劳热作用。

㊻ 鬼箭：木名。又称"卫矛"。据明李时珍《本草纲目·木三·卫矛》载称："鬼箭生山石间，小株成丛。"其枝条可入药，有破血通经、祛风止痛作用。

㊼ 炼蜜：谓经过熬炼的蜂蜜。

㊽ 黄连：多年生草本植物。根茎味苦，可入药，有泻心火、化湿热作用，主治湿热泻痢、肠道炎等症。

㊾ 黄耆：亦作"黄芪"。多年生草本植物。据《本草纲目·草一·黄耆》载称："黄耆色黄，为补药之长，故名。今俗通作'黄芪'。"其根可入药，有补气固表、排脓消肿作用。

㊿ 黄柏：落叶乔木。树皮可入中药，有清热解毒作用。

(51) 龙骨：所谓龙的骨骼，实际是古代某些脊椎动物的化石。中药用以制强壮剂。

(52) 附子：多年生草本植物。叶茎有毒，根尤剧，性大热，味辛，可入药。对虚脱、水肿、霍乱等症有疗效。

(53) 油面：钱熙祚校注："张刻本作'神面'。"油面，即用油麦（亦称"莜麦"）制成的面。

(54) 血痢：即“赤痢”。中医称大便带血不带脓的痢疾。

(55) 阿胶（ē jiāo）：中药名。即用驴皮加水熬制而成胶，以其原产于山东省东阿，用阿井水煎黑驴皮制成，故名“阿胶”。主治心腹内崩、腰腹疼痛等症。

(56) 艾叶：即草本植物“艾蒿”（亦称“大艾”）的叶子。可入药，有解热、驱风、止痛、镇静的作用。

(57) 犀角：即犀牛的角，可入药，有清热解毒作用。

(58) 赤石脂：中药名。指砂石中硅酸铝类的含铁陶土，多呈粉红色。性温，味甘涩，有止血、止泻作用。

(59) 厚朴：落叶乔木。其花及树皮可入中药。性温味苦，主治胸腹胀满、泻痢、痰饮、喘咳等症。

(60) 巴豆：大戟科。常绿灌木或小乔木。因其产于巴蜀，其形如豆，故名。果实可入中药。性热味辛，有破积、函水、涌吐痰涎功能，主治寒结便秘、腹水肿胀等症。但有大毒，须慎用。

(61) 本方：指原本的药方。

(62) 入战辟五兵不伤人方：入战，交战。辟，义同“避”，避免也。五兵，这里泛指各种兵器。

(63) 雄黄：矿物名。亦称“鸡冠石”。中医用作解毒、杀虫药。

(64) 白矾：矾（fán），即矾石。指某些金属硫酸盐的含水结晶物，可入药。矾石，有白、青、黄、黑、绛五种颜色者；白矾，即白色的矾石，俗称“明矾”。医药上可用作收敛剂。

(65) 羚羊角：羚羊，野生哺乳动物，形状与山羊相似。其角可入药，有平肝息风、清热解毒作用。

(66) 鸡子黄并鸡冠血：鸡子黄，即鸡蛋黄。鸡冠血，即从雄鸡头上肉冠中取出的血。

(67) 飞鼠：指能借助前后肢之间的皮膜滑翔的鼯鼠，俗称“大飞鼠”。外形像松鼠，生活在高山丛林中。

(68) 治金疮伤困乏及肠出者方：原文本作“疗金疮方因发者及伤裂出肠方”，钱熙祚于此句末校注指出：“‘方因发者’四字似有误，张刻本云：‘治金疮伤困乏及肠出者方’。”钱氏校注为是。故今按钱注依张刻本改过。

(69) 芎䓖（xiōng qióng）：多年生草本植物。根茎可入药，有活血行气、祛风止痛作用。以产于四川者为佳，故又名“川芎”。

(70) 白芷：原本香草名。根可入药，有镇痛作用。

(71) 续断：二年生或三年生草本植物。其根可入药，性微温味苦，有补肝肾、强筋骨、补血脉、利关节的作用。

(72) 芍药：钱熙祚于“芍药”句末校注指出：“张刻本无‘细辛’，有‘鹿茸’。”芍药，多年生草本植物。五月开花，花大而美丽，有紫红、粉红、黄色、白色等多种颜色，可供人们观赏；

其根可入药，有活血、消肿、止痛等作用。

⑦ 白蔹（—liǎn）：攀缘藤本科植物。其块根呈纺锤形，可入药，主治痈肿、瘰疬（读音 luǒ lì，即淋巴腺结核）等症。

⑦ 半夏：药草名，多年生草本植物。因其五月始生苗，恰居夏季之半，故名"半夏"。块茎可入药，有止呕吐、治喘咳痰饮的作用。

⑦ 治金疮破腹方：原文作"疗金疮伤中破惊方"，钱熙祚于此句末校注指出："'惊'字误，张刻本云：'治金疮破腹方'。"钱氏校注为是。故今按钱注依张刻本改过。

⑦ 中衣：指贴身的内衣。从后文来看，此"中衣"当指女人穿过的内裤。

⑦ 以裆炙熨之：裆，指内裤裆。炙熨（zhì yùn），中医学名词。指艾灸法或药物热敷法。炙，烤；熨，烫烙。

⑦ 生地黄：地黄，药用植物。中医以其根状茎入药。新鲜者称"鲜地黄"，有清热生津作用；干燥后的则称"生地黄"或曰"生地"，有养阴凉血之功能。经蒸制加工后称"熟地黄"或曰"熟地"，有滋肾补血作用。在本篇这里因为需要研烂取其汁，故此"生地黄"，当指"鲜地黄"。

⑦ 以酒捎汁：句义是，用酒掺汁。捎，义犹"掺"，在本篇谓掺放。

⑧ 无灰酒：指干净无灰尘的酒。

⑧ 重户（chóng—）：义犹"重门"（chóng—）。指内室的门。本篇这里借指内室。

⑧ 醺醺（xūn xūn）：形容酣醉状态。

⑧ 大麻子根：钱熙祚校注指出："张刻本作'天麻根'，下同。"大麻，又名"火麻"或"黄麻"，一年生草本植物。子根，指大麻籽实和根。大麻的籽实（又称"火麻仁"或"大麻仁"）和根皆可入药，有润燥滑肠作用。

【译文】

经典上说：所谓药者，就是调和草木的性能，用以治疗人体因寒热燥湿所引发的各种疾病，疏导经络血脉，通理三关九候和五脏六腑，扶养衰弱和弥补虚亏。

大多人员稠密的地方，容易患急性传染病；军队于一处屯戍时间过久，那里的人气容易凝聚蒸腾，各种疾病如瘟疫、痈疽、疟疾、痢疾等病症时有发生，刀枪创伤、坠马摔伤也在所难免。因此，必须随军备用草药和治疗处方。现将常用药方记述如下：

治疗时行热病方：

栀子二十枚　干姜五两　茵蔯三两　升麻三两　大黄五两　芒硝五两

将以上六味草药研成粉末，用米汁调和，空腹服下，用药量一次为三钱匙勺。服后很快就见效。若是药效不明显，就用暖粥调服，利于多服浆水止热。但患有阴阳之毒疮者，不可服用此方。

治疗赤斑子疮方：

栀子二十枚　柴胡三两　黄芩三两　芒硝五两

将以上各味草药研成细末，吃饭时以水冲服三钱匙勺，以见效果为限度。

治疗天行病方：

瓜蒌四十九粒　丁香四十九粒　红小豆四十九粒

将以上各味药研成粉末，用清晨初汲的井水调好空腹服下，一次药量为一方寸匙勺。然后再向两鼻孔中吹入少许药末，片刻鼻中就流出黄水，呕吐即为见效。如此用药，时间一久就痊愈了。

治疗疟疾方：

鳖甲三两　常山二两　甘草二两　松罗二两

将以上四味草药研成碎末，用乌梅煎汤调服，每次药量为一方寸匙勺，每天服二次。如药量少可酌情增加，以病人服后呕吐为限度。如果服药后不见病愈时，再服用后面的药方（指"当归六味散"）。

当归六味散：

当归　白术　细辛以上各五两　桂心三两　大黄五两　朴硝八两 熬

将以上六味药中的前五味研成细末，加入熬制的朴硝汤中，每天早晨空腹服下一方寸匙勺；如需增加药量，则以有利于病愈为限。

治疗温疟患者可服用"鬼箭十味丸方"：

甘草　丁香　细辛　蜀椒　乌梅肉以上各三两　地骨皮　橘皮以上各四两　白术　当归以

上各五两　　**鬼箭**二两

将以上十味药研成细末，用熬炼的蜂蜜调制成丸，如梧桐子大小。每次服十五丸，用乌梅汤送服；再服时增至三十丸。服药三五天后，便感觉腹中发热，这时可饮用米粥来消解此状。

治疗痢疾病方：

黄连　黄芩以上各五两　黄耆　黄柏以上各四两　龙骨八两

将以上五味药制成粉末散，空腹和米粥饮服一方寸匙勺；再服用时以增至三方寸匙勺为止。

治疗穀痢方：

白术六两　附子四枚，炒制去壳　干姜四两，炒制　细辛五两　油面末一升，熬变色

将以上各味药研成细末，和米粥饮服，方法和用药量与前"治疗痢疾病方"相同。

治疗血痢方：

阿胶炒制　黄柏炙制以上各四两　干姜　艾叶以上各三两　犀牛角末五两

将以上各味药研成粉末，服法及用药量与前"治疗痢疾病方"相同。

治疗浓血痢方：

黄耆六两　赤石脂八两　艾叶三两　厚朴炙制，三两　干姜煨制，三两

将以上各味药研成细末，服法及用药量与前"治疗痢疾病方"相同。

治疗霍乱方：

巴豆一两，去壳　干姜三两，炮制　大黄五两

将以上三味药研成细末，用熬炼的蜂蜜调制成丸，如梧桐子大小。和米饭服三丸，以见效为限度；若不见效时则以粥汤送服。

治疗脚转筋方：

生姜一两，拍碎加水五合煎服，即可痊愈。本方又云：生姜一斤，加水二升半煎服。

入战避兵器伤人方：

雄黄一两　白矾二两　鬼箭一柄　羚羊角烧制，二分半　灶中土三分

将以上各味药用鸡蛋黄、鸡冠血调制成丸，如杏子大小，放一丸在小袋中，系在腰间或胳膊上，不让它离开身体，（既可以避免刀枪伤人），亦可以驱避一切病毒侵身。

治疗马齿毒病方：

用数斗暖灰汁冲洗疮毒处，即可痊愈。又以马粪汁冲洗亦可。

治疗马脓垢着人作疮方：

用马鞭梢二寸，烧成灰；再用飞鼠七只各烧成灰，调和敷在疮面上。

治疗金疮伤困乏及肠出者方：

黄耆　当归　芎劳　白芷　续断　黄芩　细辛　干姜　芍药以上各三两

将以上诸味药研成细末，先饮酒至醉，再服用五钱匙勺药末，每天服三次。另有一说，服用半钱匙勺药末，每天服三次，逐渐加量至一方寸匙勺，才能见效。

治疗金刃中骨脉中不出方：

白蔹　半夏以上各等分

将以上二味药研成粉末，以酒冲服一方寸匙勺，每天服三次，到二十天后，金刃自然退出，立即痊愈。

治疗金疮破腹方：

将葱火烧取其汁水涂抹于创伤处，立即痊愈。也可以用女人旧内裤裆垫在创伤处熨烤，可以痊愈。

治疗坠马损伤有瘀血在腹内方：

用生地黄五升捣碎取汁，以酒掺汁，每次饮服一盏，每天饮服三次，即可痊愈。

另有一方称，用地黄二升捣烂，以半升干净酒煎煮二三开，放置于内室门里，待地暖时候饮服，经常使令其处于酣醉状态。

治疗坠马折伤手脚骨痛方：

将大麻子的根并叶捣烂取汁，口服待气下即可复苏解痛。如果没有大麻子的根叶，则将大麻子的籽实研碎，用温酒送服也可。

【解说】

《治人药方篇》是《太白阴经》卷七《药方类》的首篇。作者李筌依据我国传统的中医学理论与实践经验，着重阐明"随军备用药与方"的必要性及其作用问题；收录和介绍了古代中医以天然药物，包括植物、动物和矿物的药用性能治疗人的"瘟、瘅、疟、痢"等各种疾病，以及"金疮坠马"外伤病症的二十个用药验方。作者本篇所介绍的二十种内科常见病和刀枪创伤的医治用药验方，经与有关医药典籍核对查找，除了个别土方是否具有疗效值得怀疑外（如用灰汁或马粪汁冲洗"马齿毒病"患处；用女人旧内裤裆垫熨金疮破腹患处两方）绝大多数都是具有实践操作性的可用处方。

对军队而言，人员是构成部队战斗力的首要因素。古往今来，军队建设与作战的经验表明，只有在确保广大将士身体健康的前提条件下，才能保持部队具有旺盛的战斗力以赢得对敌作战的胜利。所以，搞好部队平时的医疗保健工作，使广大将士有健康的体魄，是加强军队与国防建设的需要，是提高部队战斗力以赢得对敌作战胜利的需要。作者李筌正是基于此种认识，才专辟《治人药方篇》，把中国传统医学从民间引入军事斗争领域，作为兵学著作的重要内容，并且指出："随军备用药与方，所必须也"，深刻而正确地论述了军事医学对军队与国防建设的重要意义，十分难能可贵。这在唐代以前的诸多兵学著作中是无先例的。因此，我们完全可以认定，唐代兵学家李筌是我国军事历史与兵学著述史上，开创古代军事医学的第一人。这对我国古代军事医学乃至近现代军事医学的发展，是有重要贡献的。

治马药方篇第八十一

【原文】

经曰：马有百四十八病①，盖在调冷热之宜，适牧放之性，常加休息，不可忽视之也。马之系于军也，至矣重矣！

春夏常灌马方：

郁金② 芎䓖 当归 大黄 升麻 黄连 细辛

今方不用当归、芎䓖、细辛，却入黄柏、吴蓝③、青黛④、栀子，秋冬加官桂⑤、干姜，共为末。每灌七钱，蜜、油各一合，汤半升，搅匀灌之；其冷气则加干姜、官桂各一两。今多以糯米煮粥半升、油五合、猪脂四两、蜜三两，早饮了啖⑥之，俟日色温，来日复啖之。

马热不食水草方：

芒硝 郁金等分

右每灌七钱，入酥⑦半两、水一升，搅匀灌之。

又云，刺带脉⑧出血，良。

治马漏蹄方：

先以刀削，令稳便；次以发灰⑨、羊脂填了，以黄蜡⑩封固之。

疗马内黄⑪不食水草、颤喘、卧不起⑫、口张喘急、颈微垂利方：

青黛三两 大黄二两 白盐⑬五合

右为末，每灌三匕，油、蜜各一合，温水一升，灌之立愈。

马有黑汗⑭出，卧不起，汗流如珠，颤喘气急，尝汗⑮；淡即死，醎即不死⑯。

取人汙袜[17]烧汤，捼[18]浓汁，灌三升，差[19]。

又方，刀子割马尾小头作十字，使出血，以人粪涂之，良；或烧人粪以乱发附之，差。

疗马转胞[20]不大小便方：

以人粪并大蒜、橘汤成膏，纳尿孔内[21]，则立尿。又缠马腹于后蹄间，挽之令跳胞自止[22]。

疗马结草[23]方：

以热手捻，令结消；不消，以火炙之，扫帚柄筑[24]之。

疗马虫颡[25]方：

桑根皮　大枣肉　葶苈子[26]　各一两，熬令黄，另研作膏

右和匀，水三升灌之。一时辰[27]，令低头滴鼻中恶物[28]，愈；次以大黄油[29]、鸡子清[30]灌之。又曰：桑白皮[31]一握[32]旧干煮，枣五十枚煮，取穰葶苈子[33]六两熬令黄，以水六升、桑根、大枣并煮，取一大升汁，去渣，内[34]葶苈子膏，搅匀相得更煎，取强半停[35]令冷暖得所[36]，分为两度[37]灌所患之鼻，如人行，八九里一灌。干地著草，系头底[38]，即出鼻中恶物；令甚走[39]，又以大黄油、鸡子清灌之，愈。

【注释】

①百四十八病：原文作"四百八病"，钱熙祚校注指出："张刻本作'百四十八病'。"说马有四百零八种病，似太多，张刻本作"百四十八病"，可能接近马症的实际数。故据钱注依张刻本改过。

②郁金：多年生草本植物。其块茎及纺锤状肉质块根，可入药，有行血解郁、凉血破瘀作用。

③吴蓝：蓝草的一种。可做染料，也可入药。据《本草纲目·草五·蓝》记载："吴蓝，长茎如蒿而花白，吴人种之。"

④青黛：中药名。亦称"靛花"（diàn—）。是由马蓝、木蓝、蓼蓝、菘蓝等茎、叶经加工制成的粉末状物，称之为"青黛"。性寒味咸，有清热泻火、凉血解毒功能，主治热毒发斑、吐血等症；外敷则治疮疡、痄腮。

⑤官桂：指上等的肉桂。《本草纲目·木一·桂》集解引北宋哲宗（赵煦）朝宰相苏颂曰："牡

桂皮薄色黄少脂肉者，则今之官桂也。曰‘官桂’者，乃上等供官之桂也。”

⑥ 啖（dàn）：吃；给吃。在本篇这里指给马灌喝药汁。

⑦ 酥（sū）：这里指酥油。

⑧ 带脉：中医学名词。为奇经八脉之一。中医学认为，人体诸经络皆上下周流，唯带脉环身一周，横束如带，故称“带脉”。其有总束诸脉的作用。在本篇这里则指马身上的带脉。

⑨ 发灰：指用毛发烧成的灰。

⑩ 黄蜡：即蜂蜡。以其色黄，故称。

⑪ 内黄：马病名。一种内热病。

⑫ 卧不起：原文作“卧数起”，疑误。因为下文所述马病是“卧不起”症状，并未讲马“卧数起”。据此，疑“数”系“不”之误，故改。

⑬ 白盐：指食用盐。

⑭ 黑汗：中兽医学病名。为马血脉壅滞之症。多由马匹久热伤血、瘀血滞气积于心胸所致。症状为神昏头低、浑身肉颤、汗出如浆、气促喘粗、行走如醉、口色红燥等。

⑮ 尝汗：经常出汗。尝，通“常”。

⑯ 淡即死，醎即不死：句义是，患黑汗的病马，缺盐而淡就会死掉，有盐而咸就不会死掉。淡，缺盐自然味淡，以“淡”借指缺盐。醎（xián），同“咸”，足盐自然味咸，以“醎”借指足盐。

⑰ 汙袜：指脏袜子。汙（wū），亦作“污”，污垢；脏东西。

⑱ 挼（ruó）：揉搓。

⑲ 差（chài）：病愈。说见《方言》第三：“差，愈也。南楚病愈者谓之‘差’。”

⑳ 转胞（—pāo）：中医学病名。症状是尿不出尿，属膀胱尿道方面的病症。胞，音义同“脬”，指膀胱，俗称“尿脬”（suī bāo）。

㉑ 纳尿孔中：纳，放入；尿孔，尿道。

㉒ 挽之令跳胞自止：原文作“挽之令跳自止”，疑有脱文。钱熙祚校注指出：“张刻本‘跳’下有‘胞’字。”钱说为是。故据此依张刻本补“胞”。跳胞，指转胞病；自止，指“转胞病”自然止住。

㉓ 结草：指马吃草后凝结于胃中而不消化。

㉔ 筑：拍打。

㉕ 虫颡：指喉咙里长了虫子。颡（sǎng），义同“嗓”，指嗓子；喉咙。

㉖ 葶苈子：葶苈（tíng lì），一年生草本植物。子，指葶苈的籽实，可入药，有利尿、祛痰、定喘的功能。

㉗ 一时辰：旧时计时单位。一天分为十二个时辰，一时辰为两小时。

㉘ 恶物：本篇这里指马鼻或口中长的虫子。

㉙ 大黄油：一种从牛奶中提取的油脂。

㉚ 鸡子清：即鸡蛋清。

㉛ 桑白皮：指桑树的内层根皮。可入药，有清肺祛热、下气定喘的功效。

㉜ 一握：义犹"一把"。

㉝ 取穰葶苈子：句义是，取用去壳的葶苈子。穰（ráng），本指黍茎去皮后的柔软部分，但在本篇这里则借指"去皮"或"去壳"。

㉞ 内（nà）：即"纳"的古字。意思是，使进入；放入。

㉟ 取强半停：句义是，取用一停的多半部分。强，超过；胜过，这里引申"多过"。停，本篇这里作"成数"使用，即总数分成几部分，其中的一部分就叫作"一停"。

㊱ 令冷暖得所：谓使给马灌下的药汁温度适宜。

㊲ 两度：两次。度（dù），这里作量词，次也；回也。

㊳ 底：通"低"。指让马低下头。

㊴ 甚走：谓多走动。甚，多也。

【译文】

经典上说：马有一百四十八种病，因此调节冷暖使之相宜，放牧得当使之适应，经常让它休息，不可忽略轻视它。马匹对于军队，有着极其重要的作用。

春夏常用的灌马药方：

郁金　芎䓖　当归　大黄　升麻　黄连　细辛

现今灌马的药方，不用当归、芎䓖、细辛，而加入黄柏、吴蓝、青黛、栀子，秋冬时节加官桂、干姜，合为一起研成细末。每次灌药七钱，需用蜂蜜、食油各一合、米汤半升，和药搅拌均匀灌下。马受冷气时，则加干姜、官桂各一两。而今多用糯米煮粥半升、食油五合、猪油四两、蜂蜜三两，早晨给马灌喝此药，直待日色温和。来日再给马喂食此药。

马热不吃水草方：

芒硝　郁金 等分

以上两味药，每次灌七钱，需要加酥油半两、水一升，搅拌均匀后灌下。

又有一说，用锥刺马的带脉使之出血，效果良好。

治疗马漏蹄方：

先用刀削蹄使之平整稳便，然后用毛发烧成的灰和羊脂填充蹄漏处，再用黄蜡封固它。

治疗马内黄不食草，颤喘、卧不起、口张喘急、颈微垂利方：

青黛三两　大黄二两　白盐五合

将以上各味药研成细末，每次灌三匙，需加食油、蜂蜜各一合，温水一升灌下，立刻痊愈。如马出黑汗，卧地不起，汗流如珠，浑身颤抖，喘气急促，常汗不止，这时候的马如果缺盐而淡就会死掉，有盐而咸就不会死掉。对这种病马，可用人的脏袜烧煮揉搓后，取浓汁三升灌下，病状就可以消除。

另有一方，用刀子割马尾末梢呈十字切口，再用人粪涂抹其上，效果良好；或者将人粪烧热，掺以乱发附在马尾刀割处，亦可以病除。

治疗马转胞不大小便方：

用人粪加大蒜、橘汁拌成膏状，注入马的尿道里，马就会立即排尿。

又有一方是，用绳子缠绕马腹于后蹄之间，拉起绳子让马跳跃，也可以治好不排大小便症。

治疗马结草方：

用热手捻动马腹“结草”之处，使其“结”得以消解；如经捻动仍不消解时，则用火烤，用扫帚把拍打其“结草”处（也有效果）。

治疗马喉咙长虫方：

桑根皮　大枣肉　葶苈子各一两，熬成黄色，另研作膏

将以上三味药和水三升拌匀给马灌下。经一个时辰（即两小时）后，让马低下头，滴出鼻中的恶物脏东西，然后再用大黄油、鸡蛋清给马灌下，就会痊愈。

还有一种办法是，取桑白皮一把晒干，煮枣五十枚；再取去皮的葶苈子六两，熬制成黄色，加水六升、桑根、大枣一起煮，取一大升汁，除去药渣，加入葶苈子

膏搅拌均匀，重新煎熬后留取一多半，使其冷暖适宜，分两次灌进马鼻孔中，随人行进八九里灌一次。然后，择干燥之地垫草，拴住马头使之低下，即可流出鼻中的恶物脏东西；让马多走动，再用大黄油、鸡蛋清灌下，病马就可痊愈了。

【解说】

《治马药方篇第八十一》是《太白阴经》卷七《药方类》之第二篇。其中心思想内容，是论述治疗马病对于古代军队建设的重要意义，并着重介绍古代几种常见的马病及其治疗验方。

马匹在古代军队建设与作战中的重要性，不仅在于它是军队用以完成各种兵器、装备、辎重运输任务的主要交通工具，而且更在于它是构成古代军队主要战斗力——骑兵兵种的不可或缺的重要成员。可以说，没有马匹，便没有古代骑兵。马对军队的重要性，诚如作者李筌所论："马之系于军也，至矣重矣。"这是十分正确的理论观点。正因为如此，故作者首次专辟《治马药方篇》作为古代军事医学的重要方面，而置于其所撰《太白阴经》这部兵学著作之中，其意义与其所设《治人药方篇》同等重要，皆是对我国古代军事史和兵学著述史的发展，所作出的首创性贡献。负有弘扬祖国军事文化传统之责的今人，应当给予充分肯定。

作者于本篇收录和介绍了七种以上马匹常见病及其诸多治疗马病的药方。不难看出，这些治疗马病的验方，虽然多半取自民间的"土方"，但都具有就地取材、操作简便的特点。尤其值得指出的是，作者在介绍古代治疗马匹疾病验方的同时，特别提出了治疗和养护马匹应当注意掌握的"盖在调冷热之宜，适放牧之性，常加休息，不可忽视之也"这一重要理念与原则。显而易见，这是颇具实践操作意义之论，无疑对后世人们治疗和养护马匹具有重要借鉴价值意义。

太白阴经卷八

杂　占

杂占总序

【原文】

经曰：天文者，悬六合之休咎①；兵书者，著六军之成败②。今约③一战之事，编为篇目，其余灾变④略而不书。

夫天道⑤远而人道⑥迩。人道谋于阴⑦，故曰"神"；成于阳⑧，故曰"明"。人有神明，谓之圣人。

夫圣人者，与天地合其德，与日月合其明，与四时合其序，与鬼神合其吉凶。故曰先天而天弗违，后天而奉天时；天且弗违，而况于人乎，况于鬼神乎？⑨

人若谋成策员⑩，则天地、日月、四时、鬼神，皆合之；人若谋缺策败⑪，则虽使大挠步历⑫，黄帝拔元⑬，甘德占星⑭，巫咸望气⑮，务成灾变⑯，风后孤虚⑰，欲幸其胜，未之有也。盖天道助顺，所以存而不亡。

若将贤士锐，诛暴救弱，以义征不义，以有道伐无道，以直取曲，以智攻愚，何患乎天文哉？可博而解⑱，不可执而拘也⑲！

【注释】

①悬六合之休咎：悬，悬测，预测之谓。六合，本指天、地与东、南、西、北四方为"六合"；亦泛指宇宙空间或天下世间。休咎，指吉凶；善恶；福祸。

②兵书者，著六军之成败：兵书，古代军事著作的统称。著，撰述；记载。六军，源于周天子所统率的"六军"。据《周礼·夏官·司马》记载："凡制军，万有二千五百人为军。王六军，大国三军，次国二军，小国一军。"本篇这里泛指军队。成败，指作战的胜负成败。

③约：简约；简要。

④灾变：通常指因自然现象反常所引起的灾害。

⑤天道：语出《周易·系辞下》："有天道焉，有人道焉。"义犹天理；天意。

⑥ 人道：谓人世之道。指一定社会中要求人们遵循的道德规范。

⑦ 谋于阴：原文作"谋而阴"，钱熙祚校注指出："'而'字，依下句（指'成于阳'）例，当作'于'。"钱说为是。故据钱注校改。句义是，谋划于暗处。阴，暗也。

⑧ 成于阳：谓成功于明处。阳，明也，指明处。

⑨ 自"夫圣人者"至"况于鬼神乎"十句：语出《周易·乾卦》。但"夫圣人者"句中之"圣"，原作"大"。唐孔颖达《周易正义》对此十句做了很好解释："此论大人之德无所不合。广言所合之事：'与天地合其德'者，庄氏云谓'覆载'也。'与日月合其明'者，谓照临也。'与四时合其序'者，若赏以春夏、刑以秋冬之类也。'与鬼神合其吉凶'者，若福善祸淫也。'先天而天弗违'者，若在天时之先行事，天乃在后不违，是天合大人也。'后天而奉天时'者，若在天时之后行事，能奉顺上天，是大人合天也。'天且弗违，而况于人乎，况于鬼神乎'者，夫子以天且不违，遂明大人之德言尊而远者尚不违，况小而近者可有违乎？况于人乎，况于鬼神乎？"

⑩ 谋成策员：谋成，谋划成功。策员，筹策完满。员，同"圆"，完满；周全。

⑪ 谋缺策败：谓谋划缺漏筹策失败。

⑫ 大挠步历：大挠，亦作"大桡"。传说为上古黄帝的史官，始作甲子（即以十天干与十二地支递次相配，用以纪日或纪年）。说见《吕氏春秋·孟夏纪第四·尊师》"黄帝师大挠。"同书《审分览第五·勿躬》载称："大桡作甲子。"步历，亦即"推历"，指推算历数（即岁时节候）。说见《左传·文公元年》孔颖达疏："日月转运于天，犹如人之行步，故推历谓之步历。"

⑬ 黄帝拔元：拔元，谓选择天时。拔，选拔；选择。元，本为"玄"字讳改。清刻本《太白阴经》因避康熙皇帝玄烨名讳而付梓时改"玄"为"元"。玄，指天。说见《周易·坤卦》"天玄地黄。"孔颖达疏："天色玄，地色黄。"后因以"玄"指天。在本篇这里借指"天时"。

⑭ 甘德占星：甘德，春秋时期齐国人。说见《晋书·天文志上》："齐有甘德。"占星，指观察星象变化以推测吉凶。

⑮ 巫咸望气：巫咸，古代传说中人。但其说不一：有说黄帝时人（见《太平御览》卷七九引《归藏》）；有说唐尧时人（见晋郭璞《巫咸山赋》）；有说商朝时人（见《尚书·周书·君奭》、《史记·殷本纪》等）。相传巫咸是用筮占卜的创始者，又是占星家。望气，即古代方士的一种占候术，指以观察云气变幻来预测世事之吉凶。

⑯ 务成灾变：务成，即务成子。相传为尧舜时人（说见《荀子·大略篇第二十七》、汉王符《潜夫论·赞学第一》），善于预测灾变。

⑰ 风后孤虚：风后，传说上古黄帝时臣。孤虚，古代方术用语。指计日时，以十天干（甲、乙、丙、丁、戊、己、庚、辛、壬、癸）顺次与十二地支（子、丑、寅、卯、辰、巳、午、未、申、酉、戌、亥）

相配为一旬，而所余的两地支（戌、亥）为"孤"，与孤（戌、亥）顺次相对的十天干者，则为"虚"。古时方术家常用此推测吉凶福祸及世事成败。认为，凡得"甲戌、乙亥、丙戌、丁亥、戊戌、己亥、庚戌、辛亥、壬戌、癸亥"之日时者，为凶祸之象，不吉利，主事不成功。这显然是一种迷信之说。

⑱ 可博而解：博，博览；通晓。解，了解；明白。

⑲ 不可执而拘也：句义是，不可以固执而不知变通。执，固执。拘，拘泥；不变通。

【译文】

经典上说：天文，是预测天下世间的吉凶福祸的；兵书，是记载军队作战的胜负成败的。现仅简约记述与军队行军作战相关之事，编列篇目于后，其余有关灾变方面的内容则略而不写。

天道遐远而人道迩近。人道谋划于暗处，所以叫作"神"；做事成功在明处，所以叫作"明"。具有"神明"的人，才能称之为"圣人"。

凡称"圣人"的人，他的德行与天地好生之德相符合，他的神明与日月光辉之明相符合，他的赏罚与四时之序相符合，他的福祸与鬼神之吉凶相符合。所以说，他能先于天时而行，天意却不能违背它；后于天时而动，他能遵奉天时行事。天意尚且不违背他，更何况是人，何况是鬼神呢？

人若是谋划成功筹策完满的话，那么，天地、日月、四时、鬼神，都会和他相符合；人若谋划缺漏筹策失败的话，那么，即使有大挠推算历数，黄帝选择天时，甘德占卜星象，巫咸观望云气，务成预测灾变，风后运用孤虚，企图侥幸取得胜利，也都是从来所没有的。因为天道是扶助正义者的，所以能够长存而不灭亡。如果将领贤良、士卒勇锐，做到诛除残暴、拯救困弱，以正义征讨非正义，以有道讨伐无道，以正直战胜邪曲，以睿智攻取愚钝，那还用怕天文不相助吗？因此，对于星象杂占，只可博览而去了解它，不可固执而拘泥于它。

【解说】

本卷《杂占》是李筌为《太白阴经》卷八所设的总题。开卷首置之《杂占总序》，与其后依次所列之《占日篇》、《占月篇》、《占五星篇》、《占流星篇》、《占客星篇》、《占妖星篇》、《占云气篇》、《分野占篇》、《风角占篇》、《五音占风篇》、《鸟情占篇》十一篇杂占文，组合而构成本卷《杂占》的总体内容。从本卷这些杂占文字内容来看，实际是对汉代著名文学家、史学家司马迁所撰《史记·天官书》和唐以前其他著作中此类"杂占"内容的综合转述，试图介绍我国古代有关星角杂占术在军事领域如何运用问题。

那么，何谓杂占（—zhān）？杂占是古代流行的一种除卜筮（古时预测吉凶，用龟甲占验者称"卜"，用筮草占验者称"筮"）之外的占卜术，古人统称之为"杂占"。据东汉史学家班固《汉书·艺文志》载称："杂占者，纪百事之象，候善恶之徵。《易》（指《周易》）曰：'占事知来'。"这说明，通过对各种事物表象的观察综合梳理，来预测人事之吉凶福祸，此正是古人运用杂占之术的主观目的所在。但在李筌本卷，作者所列杂占各篇，仅限于天文和地文方面的内容。

所谓天文者，本指日月星辰等天体在宇宙空间分布与运行等现象。诚如《汉书·艺文志》所云："天文者，序二十八宿，步五星日月，以纪吉凶之象，圣王所以参政也。《易》曰：'观乎天文，以察时变。'"这既阐明了天文的内涵，也揭示了人们观察天文的目的性。但是，古人把风、云、雨、露、霜、雪等地文现象，也列入了天文范围。作者李筌亦沿袭了此种广义上的天文之说，故在本卷所列的十一篇杂占内容中，既包括有占日、占月、占五星、占流星、占客星、占妖星六篇天文内容，也包括有占云气、分野占、风角占、五音占风、鸟情占五篇地文内容。

以观察日月星辰等天文之象，来占卜人间世事之吉凶福祸的活动，实质是远古时代人们对天体的自然崇拜的延续和发展。在原始社会时期，由于生产力的极度低下和人的认识能力的严重局限，人们往往把日月星辰等天体视为神灵或神灵之居所而加以无上崇拜。这便是原始自然崇拜中的天体崇拜现象。后来，随着生产力的发展而导致阶级和国家的出现，一种人为制造的天上最高神灵——上帝之说产生以后，统治阶级出于某种需要，便利用巫祝（古代国家用以执掌占卜祭祀的人）把许多社会现象与天上星体的光度色泽、运行轨迹、各星体之间的位置等联系在一起，加以神秘的解释而形成许多星神和神话，这样便使星辰超出其自然特性而变成了具有某种社会职能和支配某种自然现象的神，而不再具有初始自然崇拜的愚朴性质了，星体的运行和光泽变化等自然现象，也就被用于占卜吉凶之兆而形成了占星术，并成为古代占卜术中的一个重要种类而影响着人们的生活。《史记·天官书》中所记载的诸多星辰都被赋以神格和神性而纳入上帝神统范围，完全脱离自然崇拜的质朴性质。但是，我们从李筌本卷所列十一篇占卜内容来看，它既带有浓重的迷信色彩，又保存了不少古代天文科学知识，此种融迷信与科学为一体的著述方式，恰是本卷《杂占》说的一个鲜明特点。

　　这里值得特别指出的是，作者李筌在本卷篇首的《杂占总序》中，以朴素的唯物辩证观点，既阐明了"天道"与"人道"的辩证关系，又揭示了正义之战必胜的深刻道理。他说："夫天道远而人道迩。人道谋于阴，故曰'神'；成于阳，故曰'明'。人有神明，谓之圣人。"李筌认为，唯有品德最高尚、智谋最高超的圣人，才能做到"与天地合其德，与日月合其明，与四时合其序，与鬼神合其吉凶"；其所行之事才能"先天而天弗违，后天而奉天时"，从而实现其宏伟目标。作者进一步强调"人道"在战争中的决定性作用，指出："人若谋成策员（员，这里同'圆'，谓圆满），则天地、日月、四时、鬼神，皆合之"，否则，"人若谋缺策败"的话，即使有大挠推算历数，有黄帝选择天时，有甘德占卜星象，有巫咸观望云气，等等，而"欲幸其胜，未之有也。"唯有遵循"天道"而行事，才能战则胜攻则取。因为，这是由于"天道助顺，所以存而不亡"的结果。作者李筌最后强调指出；倘若所进行的战争是"诛暴救弱，以义征不义，以有道伐无道，以直攻曲"的正义战争，那么，就一定能够取得胜利，根本用不着"患乎天文"情况怎样。所以，李筌郑重告诫用兵者们，对于天文星象杂占之术，只"可博而解，不可执而拘也"。李筌此种勇于冲破古代星象杂占迷信云雾束缚的大无畏精神，及其颇具唯物辩证特色的思想理念，是十分难能可贵的，值得今人景仰与学习。

占日篇第八十二

【原文】

经曰：日者，实也。①光明盛实②，布照四方，神灵御之③，葵藿向之④。太阳之精，积而成象，光明外发，体魄内含。故人君法之，吉凶祸变，则必照临下土⑤。

日珥⑥者，拜大将军。一曰有军在野，珥南则南胜，珥北则北胜。东西准此。

日两珥相对，将欲和解。

日晕⑦而珥外，军凶。

日抱晕⑧，随抱军胜。

日有白足⑨，破军杀将。

日有背气⑩，色青赤，曲向外，为背叛之象，其下有叛臣，将军守边有二心。

日有玦气⑪，似背有枝直向外如"山"字，两军相当，所临者败。

日有晕气⑫，傍日周员⑬，中赤外青，军营之象。对敌之士色浓厚者，随方军胜。

日月皆晕，兵阵不合。七日晕不解，不可起兵。晕而珥外，兵凶。

日抱晕而珥者，易⑭上将。

日晕而玦者，两军相当，随玦兵败。

日晕而直气在旁，所临军胜。

日晕而背虹⑮，珥反直⑯而贯之者，顺虹击之，大胜。

两军相当，日有冠缨⑰者，和解；抱戴⑱，大喜。

日晕而有两珥在内外者，并有云聚，不出三日，下有围城。

【注释】

①日者，实也：语出东汉著名经学家、文学家许慎《说文解字·日部》："日，实也。太阳之精不亏。"句义是，太阳的精气是充实不亏的。

②盛实：谓盛隆殷实。

③神灵御之：神灵，指各种神的总称。御之，驾驭它。之，这里作代词，指"它"。

④葵藿向之：葵藿（kuí huò），本指葵菜和藿菜，皆为草本植物。但在本篇这里则借指草木。向之，谓仰慕它；归向它。

⑤照临下土：语出《诗·小雅·小明》："明明上天，照临下土。"照临，犹"降临"。下土，指大地，亦指天下；人间。

⑥日珥（—ěr）：天文学上的日晕之一种。指太阳的光晕在日的左右者为"珥"。

⑦日晕：指日光通过云层中的冰晶时，经折射而形成的光的现象。它围绕太阳而呈环形，带有色彩但通常颜色不明显。日晕出现，常被看作天气变化的预兆，民间通称"风圈"。

⑧抱晕：犹"抱珥"。指太阳两旁半环形的光圈。

⑨白足：即"赤足"，指光脚。

⑩背气：指太阳周围向外的云气。

⑪玦气：指太阳周围呈环形而有缺口的云气。玦（jué），本指古时人们佩带的一种环形有缺口的玉器，与"气"连用成"玦气"，则变成了天文学专用术语。

⑫晕气：指日周围似云气的光圈。

⑬傍日周员：傍日，谓靠近太阳。傍（bàng），贴近；靠近。周员，即周圆，指周围。员，同"圆"。

⑭易：改易；更换。

⑮虹：指大气中一种光的现象，俗称"彩虹"。天空中的小水珠经日光照射发生折射和反射作用而形成的圆弧形七色彩带。

⑯反直：谓反向直接。反，反向；相反，与"正"相对。直，直接，与"曲"相对。

⑰冠缨：指帽带。这里借指日晕形状像帽带的一种现象。

⑱抱戴：指太阳周围有光晕环绕。

【译文】

经典上说：所谓的"日"，是指太阳精气充盈不亏的意思。其光辉明亮盛满，普照天下四方，神灵驾驭它，草木仰慕它。太阳的精气积聚而成形象，光明向外发射，魂魄蕴含体内。因此，君主效法它，吉凶祸变就必然降临于大地人间。

日珥发生时，可拜大将军。另一说法，有军队在野外交战，日珥在南时，则处于南方的军队获胜；日珥在北方时，则处于北方的军队获胜。日珥在东、西方时，那么，处于东、西方的军队以此类推。

日有两珥相对时，交战双方将要和解。

日晕而珥在外时，军队将有灾祸。

日有光晕环抱时，处于环抱一方的军队获胜。

日有白足出现时，将有破军杀将之灾。

日有背气出现时，其颜色青红，且弯曲向外，这是背叛的征象，其地下有叛臣，将军守边怀有二心。

日有玦气，好似背有枝杈向外直插而如同"山"字形状，此时两军对峙，将是临近玦气枝杈的一方失败。

日有晕气紧贴太阳周围，呈内红外青颜色，这是军队营垒之象。在敌对两军对峙中，处于晕气颜色浓厚者一方获胜。

日与月皆有晕气时，这是兵阵不交战的征候。如果晕气持续七天仍不消散时，不可起兵交战。晕气有珥且向外时，军队将有灾祸。

日有晕气环抱且有珥时，应当更换上将。

日晕而有亏缺时，交战的敌对双方，将是处于晕有亏缺所在的一方失败。

日晕而直，且有云气在旁时，将是临近云气所在的一方获胜。

日晕而背虹，且有日珥反向直接贯穿于彩虹之中，那么，顺着彩虹所处方向进击的军队，将能大获全胜。

两军相对，日有冠缨之形，是为和解之象；日有光环围绕时，则是大吉大喜之象。

日晕而有两珥在其内外，并有云气相聚时，不出三天，地下将有敌军围城。

【解说】

《占日篇第八十二》是《太白阴经》卷八《杂占》十一篇中的首篇，主要记述古代运用占星术观察太阳活动之象以预测军队作战的吉凶胜败问题。

作者开篇伊始，即以东汉著名经学家许慎《说文解字·日部》关于"日，实也。太阳之精不亏"的论述为理论根据，对"日"做了探讨，提出了"太阳之精，积而成象，光明外发，体魄内含"的思想观点。这可以说是古人对"日"的理论内涵及其活动表象的一种理性认识观点。但是，李筌据此而论断"人君法之，吉凶祸变，则必照临下土"，把人间存在的"吉凶祸变"归结为太阳光芒"照临下土"的必然结果，这就成为一种主观唯心的迷信之说了。

我们知道，所谓"日"者，俗称"日头"，也就是太阳。据天文学研究指明，太阳是宇宙中太阳系的中心天体，太阳系的八大行星——水星、金星、地球、火星、木星、土星、天王星、海王星（据百度百科网披露，2006年8月24日在捷克首都布拉格举行国际天文学联合大会上，对太阳系的行星重新定义所形成的第5号决议，将原先"九大行星"之一的"冥王星"降级为"矮行星"并除名。自此，太阳系的行星，只包括水星、金星、地球、火星、木星、土星、天王星、海王星"八大行星"——笔者）和其他天体都围绕着太阳运动。而太阳是人类迄今唯一能够观测其活动的表面细节之恒星，太阳的表面是大气层，从里向外分为光球、色球和日冕三层。而太阳的中心区，则是氢核聚变而产生的大量物质粒子流以及和它们联系一起的磁场，通过辐射形式不断地射入空间，影响着地球，造成各种地球物理现象和气候的变异，从而影响着人类的日常生产和生活。（参见《中国大百科全书·天文学·太阳》）然而，尽管如此，却不可以把太阳活动所形成的日珥、日晕等自然现象，视为决定地上人间社会吉凶福祸，特别是军事斗争的胜负成败的主宰力量。这是因为，太阳活动所产生的日珥、日晕等自然现象，与地球上人类社会生活特别是所进行的军事斗争，并无直接的、必然的内在联系。而作者李筌本篇所转述的《史记·天官书》有关日珥、日晕等太阳活动之象，决定军事斗争的吉凶胜负之论，实系古代占星术的一种迷信之说，是不足取法的。退一步讲，或许当初军事活动之时，曾经有过如本篇所称"有军在野，珥南则南胜，珥北则北胜"，或"日晕而珥外，军凶"的情况，也不过是一种偶然的巧合而已。如果用兵者把这种"自然星象"与"人事活动"的初始偶然巧合之现象，作为后世军事斗争的指导规律而生搬硬套，这就必然由当初的唯物主义观点滑向后来的唯心主义泥淖之中了。古代占星术的非科学性也就在于此。

这里还应指出的是，尽管古代占星术带有浓厚的迷信色彩，但本卷《杂占》各篇却保留了不少古代天文学知识，如《占日篇》中的"日珥"、"日晕"等概念，产生于汉唐时期，迄今仍为现代天文学所沿用（"日珥"一词，见于《周礼注疏·春官宗伯·眡祲》之东汉郑玄注和唐贾公彦疏；"日晕"一词，见于西汉司马迁《史记·天官书》）。所以，透过占星术的迷信外衣，可以窥见本卷《杂占》诸篇中所蕴藏的科学性成分。这是应当加以肯定的。

占月篇第八十三

【原文】

经曰：月者，阙也①。盈极必缺。太阴之精②，积而成象，光以照夜，女主之义③。比德④刑罚、吉凶休咎，以警戒于下土。

月有晕，先起兵者胜。

月晕抱戴，有赤色在外，外人胜；在内，内人胜。

月晕岁星⑤，赤色明，客胜⑥。

火入月守⑦，色恶，客败；色明，客胜。

月晕镇星⑧，不明，主人胜；色明，客胜。

月晕太白⑨，色不明，主人胜；色明，客胜。

月晕辰星⑩，不明，主人胜；明，客胜。

月晕亢⑪，先起兵，有喜且胜。

军出，月蚀，凶。

月晕房糠⑫，大风起。

月晕参伐⑬，兵起，有军不胜。

【注释】

①月者，阙也：语出《说文解字·月部》："月，阙也。"阙，同"缺"，谓缺口；空缺。

②太阴之精：语本《说文解字·月部》："大阴之精"句而改"大"为"太"，大，"太"的古字。大阴，即太阴，指月亮。

③女主之义：此句义谓"月亮主宰黑夜之义"。中国古代思想家认为，宇宙间一切事物皆由"阴阳"正反两方面所构成，把阴阳交替看作宇宙的根本规律（见《周易·系辞上》"一阳一阴谓之道"），并用"阴阳"这一概念来比附自然界乃至社会现象，引申为日月、男女等关系，认为，日为阳，

月为阴；男为阳，女为阴。据此，可知此句中的"女"，代指"月"，即月亮。主，可作"主宰"解。

④比德：谓庇托于恩德。比，这里通"庇"，庇托；寄托。说见《庄子·秋水第十七》高亨注云："按'比'读为'庇'。《方言》卷二：'庇，寄也。' '比形于天地'，谓寄形于天地也。"德，恩泽；德行。

⑤月晕岁星：谓月晕于木星。岁星，即木星，太阳系八大行星之一。它绕日公转周期约十二年，中国古代用它来纪年，故又称"岁星"。

⑥客胜：谓客军胜利。这里的"客"，与"主"（或"主人"）相对。客，即客军，指进入他国作战的军队。主（或"主人"），即主军，指在本国作战的军队。

⑦火入月守：火，指火星，太阳系八大行星之一，我国古代又称之为"荧惑"，因其隐现不定，令人迷惑，故名。月守，指月亮所在的位置。

⑧镇星：即土星，太阳系八大行星之一。我国古代以为土星每二十八年运行一周天，好像每年坐镇二十八宿中的一宿，故名"镇星"。据《资治通鉴·后周纪一·太祖广顺二年》"镇星行至角、亢"句，元代胡三省注称："镇星，土星也。"

⑨太白：指太白星，亦即金星。太阳系八大行星之一。此星早晨出现在东方时叫作"启明星"，晚上出现在西方时又叫"长庚星"。

⑩辰星：即水星。太阳系八大行星之一。星占家认为此星秉北方水德之精，故又称其"水星"。

⑪亢：即亢宿。二十八宿之一。属东方苍龙七宿之第二宿，其有星四颗，位于室女星座。

⑫房糠：房，即房宿，二十八宿之一。为东方苍龙七宿之第四宿，有星四颗。糠，即糠星，属箕宿。

⑬参伐：参（shēn），即参宿，二十八宿之一。为西方白虎七宿之末宿，有星七颗。伐，即伐星，属参宿。古人认为，参伐两星宿主斩伐之事。

【译文】

经典上说：所谓的"月"，是指月亮有亏缺的意思。充盈达到极点，必然转化为亏缺。月亮的精气积聚而成形象，以其光明照亮黑夜，此为月亮主宰黑夜之义。庇托于恩德和刑罚、吉凶和善恶，以此来警诫地上人间。

月有晕时，先起兵者获胜。

月有光晕环绕抱戴，且有红色在外，那么，处在外面的军队获胜；红色在内，那么，处在里面的军队获胜。

月晕处于木星，且呈红色而明亮时，客军获胜。

火星进入月亮位置，且颜色暗淡时，客军失败；颜色明亮时，客军胜利。

月晕处于土星，其色不明亮时，主军胜利；其色明亮时，客军胜利。

月晕处于金星，其色不明亮时，主军胜利；其色明亮时，客军胜利。

月晕处于水星，其色不明亮时，主军胜利；其色明亮时，客军胜利。

月晕处于亢宿时，先起兵者吉利且能获胜。

军队出动时遇有月食，是凶兆。

月晕处于房宿和糠星时，将有大风刮起。

月晕处于参宿和伐星时，有战事发生，但军队不能取胜。

【解说】

《占月篇第八十三》是《太白阴经》卷八《杂占》中的第二篇星占文。作者开篇伊始，首先依据《说文解字·月部》对"月"的性质及作用之定义，从理论上作了神格化的阐释；继则着重介绍古代如何以"月晕"之象来预测军事斗争的吉凶成败。毋庸置疑，本篇如同前《占日篇》一样，充满了迷信色彩。

所谓"月"者，就是月球，俗称"月亮"，古代亦称"太阴"。据天文学研究，月球是人类居住的地球的唯一天然卫星，它与地球是组成"地月关系"的一对伴侣，共同围绕公共质心运转不息。它既环绕地球作椭圆运动，又同时伴随地球围绕太阳公转每年一周；它不仅处于地球引力的作用下，同时也受到来自太阳引力的影响。月球的另一个特点是，它自身并不发光，但却反射太阳光。（参见《中国大百科全书·天文学·月球》）

值得注意的是，月球在反射太阳光的过程中常有"月晕"现象产生。所谓"月晕"，即指月亮周围的光圈。它是月球反射太阳光时经云层中冰晶时的折射而产生的光现象。常被认为是天气变化、起风的征兆，故有宋代苏洵"月晕而风，础润而雨，人人知之"（见《辨奸论》）之说。因此，月晕又俗称"风圈"。可见，月晕这种天文现象是预示地文风云变化的一种征兆。然而，月晕现象却与人文社会现象的军事斗争，没有任何的直接内在的必然联系，因而它也就不能成为军事斗争吉凶成败的征兆。李筌本篇所述以月晕的色泽及其所处的方位来判定军事斗争领域的敌对双方谁吉谁凶、谁胜谁败，显然是没有科学根据的一种迷信了。

占五星篇第八十四

【原文】

经曰：五星者，昊天上帝之使也。[①]禀受[②]帝命，各司其职。虽幽潜[③]深远，罔[④]不悉及之。故福德佑助[⑤]，祸淫威刑[⑥]；或顺轨而守常，或错乱而表异，光芒角变，色动衰盛，居留、干犯、勾冲、掩灭[⑦]，所以告示下土。

凡五星，各有常色本体[⑧]：吉，岁星青，荧惑赤，镇星黄，太白白，辰星黑。

凡五星，黄角，兵交争；赤角，犯我城；白角，有边兵；青角，忧愁生；黑角，死丧行。

凡五星，色变常者：青忧，白兵[⑨]，赤旱，黑丧，黄则天下大熟[⑩]。

岁 星 占

木乘金[⑪]，偏将军死。

木金合，斗将[⑫]死。

木守七星[⑬]，天下起兵。

木乘昴[⑭]，国有忧，番主[⑮]死。

木入毕[⑯]中，边起兵。

木犯毕附耳[⑰]，起兵。

木守参、伐，有兵。

木犯井[⑱]，起兵。

木经柳[⑲]，有兵。

木守轸[⑳]，罢兵。

木入轸，大将军兴兵，吉。

木入五车[㉑]，兵起。

木守羽林[㉒]，兵起。

木犯参、旗㉓，大将军出征，凶。

荧惑占

火用宜背㉔。火在鹑火之次㉕，宜背午地㉖；他皆仿此。

火犯木、土，为大战，传㉗云，亡偏将军。

荧惑环太白，偏将军死。

火与太白相连而斗，破军杀将，客胜。

火入太白中上出，破军杀将，客胜。

火犯左右角㉘，有兵。

火守亢，有兵。

火入亢，有兵，水灾。

火入房，马贵；火出房，马贱。

火入糠，兵起。

火犯南斗㉙，破军杀将，一年吴主㉚死，中国㉛饥。

火入牛㉜，破军杀将，越主㉝死。

火入须女㉞，入危㉟，兵起。

火犯东壁㊱，伏兵起。

火守昴，胡人不安；入昴，匈奴破，期三年。

火犯毕左角，大战；右角，小战。五星犯毕，边兵起。

火犯附耳，兵起。

火犯觜㊲，赵凶，兵起；犯参，兵起。

火入东井㊳一星，将军野战死。

火犯舆鬼㊴，兵起。

火守七星，外有兵起。

火乘张㊵，有兵；火与张合，兵起；火守张，大将军惊。

火犯翼㊶，边兵起。

火入轸，有兵。

火行南河界㊷，有边兵。

火犯太微上将，上将亡；[犯]次相，次相亡。㊸

火犯角，大臣乱而有忧。

火入亢，有白衣会㊹，主将死，人多疾疫。

火入氐^㊺，主兵起，失国，天子恶，赦吉。

火犯心^㊻，战不胜，大将亡，绝嗣^㊼，大臣乱主；出营^㊽，有哭泣。

火入尾^㊾，臣下妖淫^㊿，年多妖祥^㊿，大乱。

火入箕^㊿，谷大贵，妃后恶之，燕主死。

火入虚^㊿，齐王死，相出走，兵罢。

火犯毕，人疫，臣反，主崩，大水，兵起。

火入壁，魏主死，天下兵起；留壁二十日，有土功^㊿，米贵，女主恶之。

火犯奎^㊿，鲁王凶，大水，大疫，大臣谋主。

火犯娄^㊿，有暴兵^㊿，死主，大饥，盗贼起。

火犯胃^㊿，赵有大兵，主大胜。

火犯鬼，执法有诛，天下大疫，有女丧，大赦吉。

火犯柳，有土功。

火犯星，大臣乱，易服色。

镇 星 占

土犯左角，大将战死，水灾；土守右角，兵路不通。

土守亢，有兵，臣下反。

土守糠，大兵起。

土守天庙^㊿，有兵起。

土守虚出入，有客兵至，不过五日自去。

土入奎，兵起。

土入娄，边兵起，天下凶。

土入胃，客军败，主军胜。

土入昴，番人为乱，番主死。

土入觜，兵起。

土逆行守参，有胡兵。

土守井，越兵起。

土出入胃，舍七星^㊿，兵起负海大滨^㊿。

土守张，多盗贼，兵起，兴土功。

土入轸，兵发而自败。

土入天库^㊿，有兵。

土守南河，蛮夷起兵，边界有忧。

土出东掖门，为将受命东南出，德事也；出西掖门，为将受命西南出，刑事也。[63]

土犯氐、星[64]，皇后忧，宫人死，天下大疫。

土犯房，天下相伐，皇妃亡，胡兵起。

土犯心，天子绝嗣，将相死放[65]，大赦修德，吉。

土犯尾，天下不安，后妃恶之。

土犯箕，大乱，女主忧，民流亡，大兵起。

土犯斗，其国失地，先水后旱，大臣逆乱。

土犯牛，有奸贼，牛马弃于道，天下急，宜赦。

土犯女，更法令，天子喜，有女丧。

土犯虚，有刑令，大忧；有客兵，铁钺[66]用。

土入危，天下乱，国亡将死，人哭泣。

土入室，关梁[67]不通，贵人死，女子恣横[68]。

土犯壁，远方入贡，国大水，天下立主。

土犯毕，令不行，将相亡。

土入觜，相死，兵大起，侵死有反者[69]。

土犯参，多水旱，边兵起。

土入井，水旱，大臣死。

土犯鬼，多戮死[70]，秦地[71]有反。

太 白 占

太白[72]，一名"长庚"，西方金德[73]，白虎[74]之精，招摇[75]之使。其性刚，其义断，其事收[76]，其时秋，其日庚辛，其辰申酉，其帝少昊[77]，其神蓐收[78]。太白主兵马，为大将军，为威势，为割断[79]，为杀伐[80]。故用占之，是以重述其德，异于常星也。

金体大而色白，光明而润泽；所在之地，兵强国昌。兵出则出，兵入则入，顺之吉，逆之凶。出高深入，吉；浅入，凶，先起胜。出下浅入，吉；深入，凶，后起胜。

金昼见[81]，有军，军罢；无军，军起。

金出东方，始出为德月[82]，未尽三日，在月南得行，在月北失行，[83]是谓反生[84]，不有破军，必有屠城[85]，北国当之。

金出东方，月未望三日，在月北，负海之国不胜；在月南，中国胜。

金出西方，为德月，三日，金在月北，负海之国大胜；在月南，中国不胜。

金与月相夹，有兵拔城，偏将大战；金与月共出，守者屠城。

金与列宿[86]相犯，小战；与五星相犯，大战。金在南，南军胜；在北，北军胜。

金出东方，举事用兵，顺之吉，逆之凶；西、南、北，皆仿此。

金守南斗，三十日，夷狄来侵。

金入羽林，兵起。

金蚀昴、毕，胡王死。

金光暗，战不胜，将军死。

金变色，战胜；随方色而占之，色青主东方，他皆仿此。

金入月，客军大败，野有死将。

金白而角文[87]，可战；赤而角武，不可与战。金与木合，无怒必战。金应出而不出，应入而不入，此为失舍[88]，不有破军，必有死将，所受之邦，不可与战；未当出而出，未当入而入，必有败军于野，金受十日后，将军死。

金初大后小，兵弱；初小后大，兵强。

金有角[89]，兵敢战，吉；不战，凶。顺角指处击之，吉；逆，凶。

金行迟，兵迟；金行速，兵速。金大行，用兵疾，吉；迟，凶。金入则兵入，出则兵出。兵行法此。

金、木一东一西，害侯王；一南一北，兵乃伏。

金犯毕左角，左将[90]死。

金出而水[91]没，金、水俱出东方，东军胜；俱出西方，西军胜。若水居金前，前军罢；水居金南，大战；在金北，小战。金进则兵进，退则兵退；金出未高而敌深者，勿与战；去而勿追。

金赤角，兵战；白角，军起；黑角，军罢；青角，军忧；白角，又主国丧军亡，随角所指处应[92]。

金昼见[93]，是为经天。金犯五星，有大兵起；犯火，大战，在南，南胜；他皆仿此。

金犯角，大战，不胜，将军死。

金干[94]亢，大战，不胜，将军死。

金临房，赤色，有兵战。

金入留[95]守尾，兵起于野，将士满道。

金入南斗，将军死；金犯南斗，必破军。

金犯牵牛，将军失其众；守牵牛，兵起。

金入危犯守，有兵起。

金入营室，暴兵满野，将军死。

金犯东壁，大兵起。

金入奎，兵起；一曰外国兵入。

金犯娄，将军功。

金犯胃，兵起。

金守昴，胡王死，四夷忧。

金犯毕，边兵起；金犯毕左角，番兵大战；金入毕，马贵，兵有伤。

金犯觜，兵起，铁钺用。

金守参，边兵起，左右肩大将忧；金犯参、伐，兵起。

金守东井，将军恶之；金入东井，大兵起。

金犯舆鬼，大兵起。

金入柳，大兵起益地[96]。

金犯七星，将军出塞。

金入翼，大将死，天下兵起。

金犯轸，其国出军，得地。

辰 星 占

水土合，为覆军。

水出东方大而白，有兵，在外解[97]。

金水俱在东方，负海国胜。

水入月，主人败兵亡地。

水金合旗出，破军杀将，客胜，视其所指，以命破军。

水环绕太白，兴兵大战，客胜，主人败。

水遇金，其间可容剑，小战则客胜。

水出太白左，小战，磨太白又去三尺，大战。水在金北，利主人；在金南，利客。

水守房，番兵败；水守娄，番兵起。

水干昴，夷狄兵起。

水守心，大臣相杀，大水，异姓立王。

水犯尾，大水。

水犯箕，有赦；若守左角动色，贵臣戮死。

水犯斗，大臣诛[98]，五谷不成。

水守女，有婚娶事，万物不成；犯虚，天下乱，多水。

水犯危，大水，女主丧[99]，臣谋君主。

水犯室，有兵，大水。

水犯壁，刑法苛，朝廷有忧；犯奎，有火为害。

水乘昴，出其北，胡王死，中国大水。

水入毕，有兵出北，胡王忧；出南，中国忧。

水犯觜，发兵。

水守参、伐，星移南，南蛮下[100]；移北，北胡侵。

水入东井，星进兵进，星退兵退。

水犯舆鬼，兵起；水入库[101]，兵起。

水入柳，牛马贵。

水犯星，臣下乱。

水守张，兵起，大水。

水入翼中，刑及贤相，大凶。

水犯轸，大兵起，万物不成。

水犯角，大水，舟航相望。

水犯亢，大水。

水干犯五车星，兵起；水留心、南河，兵起西方。

【注释】

① 五星者，昊天上帝之使也：五星，指太阳系的水星（亦即北方"辰星"）、木星（亦即东方"岁星"）、金星（亦即西方"太白"）、火星（亦即南方"荧惑"）、土星（亦即中央"镇星"）五大行星。昊天上帝，语出《诗·大雅·云汉》。昊天，指苍天；上帝，指天帝。

② 禀受：领受；遵奉。

③ 幽潜：隐伏；隐匿。

④ 罔：无；没有。

⑤ 福德佑助：谓赐福给有德之人予以保佑扶助。

⑥ 祸淫威刑：谓降祸给淫邪之人予以严厉惩罚。

⑦ 居留、干犯、勾冲、掩灭：此皆为五大行星在运行过程中，与其他星宿发生关系的几种不

同天象。

⑧ 常色本体：常色，指固定不变的颜色。本体，这里指五大行星的自身原样。

⑨ 白兵：白，指白色。兵，本篇凡言及"兵"者，多指战争或战事，有时亦指军队。

⑩ 大熟：指农业大丰收。

⑪ 木乘金：木，指木星，亦称"岁星"。乘（chéng），欺凌；侵犯。金，指金星，亦称"太白"。

⑫ 斗将：即战将。通常指骁勇善战的将领，或指古代出阵挑战和应战的将领。

⑬ 木守七星：守，占星术语。古代占星家指五星入居列宿的天区之内是谓"守"。七星，即星宿，二十八宿之一。其为南方朱鸟七宿之第四宿，有星七颗，故又名"七星"，今属长蛇座。

⑭ 昴（mǎo）：即昴宿，二十八宿之一。为西方白虎七宿之第四宿。有亮星七颗，今属金牛座。

⑮ 番主：这里指少数民族首领。

⑯ 木入毕：入，进入；侵入。毕，即毕宿，二十八宿之一。为西方白虎七宿之第五宿，有星八颗，以其分布之状像古代田猎用的毕网，故名"毕宿"。今属金牛座。

⑰ 木犯毕附耳：犯，古代占星术语。原指行星运行进入某一恒星范围，与恒星相距三分以内称"凌"，相距一度以内称"犯"，同度称"掩"。后亦指两星光芒相触犯。附耳，星名，属毕宿。

⑱ 井：即井宿，二十八宿之一。为南方朱鸟七宿之第一宿，亦称"东井"、"鹑首"。有星四颗，今属双子座。

⑲ 柳：即柳宿。二十八宿之一。为南方朱鸟七宿之第三宿。有星八颗，今属长蛇座。

⑳ 轸（zhěn）：即轸宿，二十八宿之一。为南方朱鸟七宿之最末一宿。有星四颗，今属乌鸦座。

㉑ 五车：星名。亦称"五潢"。属毕宿，共有五星。

㉒ 羽林：即羽林星。属室宿。据《史记·天官书》唐张守节正义云："羽林四十五星，三三而聚，散在垒壁南，天军也。"

㉓ 旗：即旗星。属牛宿。

㉔ 火用宜背：火，即火星，五大行星之一。用，本篇这里义犹"行"，谓行动；运行。说见《诗·邶风·雄雉》高亨注："用，犹行也。"宜，应当。背，背离；弃去。

㉕ 火在鹑火之次：鹑火，星次名。南方有井、鬼、柳、星、张、翼、轸七宿，称"朱鸟七宿"。此七宿，处于首位的井、鬼二宿，其星次称"鹑首"；处于中位的柳、星、张三宿，其星次称"鹑火"（亦叫"鹑心"）；处于末位的翼、轸二宿，其星次称"鹑尾"。次，指位次；地位，泛指所在之处。

㉖ 午地：古人以十二地支配方位，"午"恰位处正南，因以为南方之代称。午地，指南方之地。

㉗ 传：在本篇这里读作 zhuàn，泛指古代书传；著作。

㉘ 火犯左右角：此句前原有"火所不利先火起"句，钱熙祚校注指出："此七字费解，张刻本无之。"钱注为确。疑此七字系衍文，故据钱注删除。角，即角宿，二十八宿之一。为东方苍龙七宿之第一宿。有星两颗，今属室女座。左右角，指角宿的左右二星。

㉙ 南斗：即斗宿，二十八宿之一。为北方玄武七宿之第一宿，有星六颗。因其在北斗星之南，形似斗，故又称"南斗"，今属人马座。

㉚ 吴主：指春秋时期吴国国君。

㉛ 中国：我国古代华夏族建国于黄河流域一带，以为居天下之中，故称"中国"，而把周围其他地区称为四方。后亦泛指中原地区。在本篇当指中原地区。

㉜ 牛：即牛宿，又称"牵牛"，二十八宿之一。为北方玄武七宿之第二宿，有星六颗，今属摩羯座。

㉝ 越主：指春秋时期越国国君。

㉞ 须女：即女宿，又称"婺女"，二十八宿之一。为北方玄武七宿之第三宿，有星四颗，今属宝瓶座。

㉟ 危：即危宿，二十八宿之一。为北方玄武七宿之第五宿。有星三颗，今属飞马座。

㊱ 东壁：即壁宿。因其在天门之东，故又称"东壁"，二十八宿之一。为北方玄武七宿之最末一宿，有星二颗，今属飞马座。

㊲ 觜（zī）：即觜宿，二十八宿之一。为西方白虎七宿之第六宿，有星六颗，今属猎户座。

㊳ 东井：因其在玉井之东，又称"东井"，二十八宿之一。为南方朱鸟七宿之第一宿，故又称"鹑首"。有星八颗，今属双子座。

㊴ 舆鬼：即鬼宿，二十八宿之一。为南方朱鸟七宿之第二宿，有星四颗，今属巨蟹座。鬼宿四星围形似柜，中有一星团叫"积尸气"，故又称"鬼星团"。

㊵ 张：即张宿，二十八宿之一。为南方朱鸟七宿之第五宿，有星六颗，今属长蛇座。

㊶ 翼：即翼宿，二十八宿之一。为南方朱鸟七宿之第六宿，有星六十六颗，今属巨爵座。

㊷ 火行南河界：行，行经。南河，星名，属井宿，有星三颗。界，指南河三星所在天区界限。

㊸ "火犯太微上将，上将亡；[犯]次相，次相亡"：太微，指太微垣，古代星官名。亦即"三垣"（紫微垣、太微垣、天市垣）之一。"太微上将"句中的"上将"与[犯]次相"句中的"次相"，皆为天上太微垣属的星官名。"上将亡"句中的"上将"与"次相亡"句中的"次相"，则指地上的将领和宰相。

㊹ 白衣会：昴宿之别称。昴宿，是二十八宿中的著名星团，因其星气如云非云，似烟非烟，望之如白气，故称之为"白衣会"。后世星象家附会成为有凶灾之征兆。

㊺氐：即氐宿，亦名"天根"，二十八宿之一。为东方苍龙七宿之第三宿，有星四颗，今属天秤座。

㊻心：即心宿，二十八宿之一。为东方苍龙七宿之第五宿，有星三颗，今属天蝎座。其主星亦称"商星"、"鹑火"、"大火"、"大辰"等。

㊼绝嗣：断绝嗣续；绝后。

㊽出营：出，在本篇这里谓"经过"或"穿过"。营，这里指"营室"，即"室宿"之别称，二十八宿之一。为北方玄武七宿之第六宿，有星两颗，今属飞马座。

㊾尾：即尾宿，二十八宿之一。为东方苍龙七宿之第六宿，有星九颗，今属天蝎座。

㊿妖淫：谓怪诞邪僻；轻狂放浪。

51妖祥：指显示灾异的凶兆。

52箕：即箕宿，二十八宿之一。为东方苍龙七宿之最末一宿，有星四颗，今属人马座。

53虚：即虚宿，亦称"玄枵"，二十八宿之一。为北方玄武七宿之第四宿，有星两颗，今属宝瓶座。

54土功：指治水、筑城、建造宫殿等土木工程。

55奎：即奎宿，二十八宿之一。为西方白虎七宿之第一宿，有星十六颗，今属仙女座。因其形似胯而得名，说见清文字训诂学家、经学家段玉裁《说文解字注·大部》称："奎与胯双声。奎宿十六星以像似得名。"

56娄：即娄宿，二十八宿之一。为西方白虎七宿之第二宿，有星三颗，今属白羊座。

57暴兵：指凶残暴虐的不义之师。

58胃：即胃宿，二十八宿之一。为西方白虎七宿之第三宿，有星三颗，今属白羊座。

59天庙：星宿名。即营室，说见《国语·周语上》韦昭注："天庙，营室也。"亦即室宿。

60舍七星：舍，指星位之所在处。七星，即星宿。

61负海大滨：负海，背靠大海。大滨，谓广大的海滨。

62天库：星名。亦称"库楼"。属角宿，有星十颗。说见《晋书·天文志上》："库楼十星，……一曰'天库'，兵车之府也。"

63土出东掖门，为将受命东南出，德事也；出西掖门，为将受命西南出，刑事也：此六句原作"土出东掖门，德门；出西掖门，为将守事西出，刑事"，钱熙祚校注指出："按：此有脱误。"钱氏校注为确。故据钱注依《开元占经》引石氏说校改。东掖门，本指古代宫中东侧的旁门，但在本篇是指星官名。西掖门，与东掖门对称，亦指星官名。德事，指广布恩德之事；刑事，与"德事"对应，指厉行惩罚之事。

64氐、星：指氐宿和星宿。

(65) 死放：指死亡和流放。

(66) 铁钺（fū yuè）：本指斫刀和大斧，古代用于施行腰斩和砍头的刑具。但在这里指战争用的兵器。

(67) 关梁：关隘和桥梁。亦泛指水陆交通要道。

(68) 恣横（zì hèng）：放纵专横。

(69) 侵死有反者：侵死，义犹“冒死”，指不顾生命危险。反者，指反叛者。

(70) 戮死：杀死。

(71) 秦地：指秦国所在之地。亦泛指关中地区。

(72) 太白：即金星，太阳系八大行星之一。

(73) 金德：五行说的“五德”之一（五德，即：水、火、木、金、土德）。句义是，以金而德王（德，通“得”）。我国古代阴阳学家以五行相生相克和终而复始的循环变化，来说明王朝兴替的原因，称为“五德终始”说。

(74) 白虎：我国古代天文学对处于西方的奎、娄、胃、昴、毕、觜、参七宿的匹配天象的总称。而东方七宿的匹配天象总称为“苍龙”，北方七宿为“玄武”，南方七宿为“朱鸟”。

(75) 招摇：星名。即北斗第七星摇光。亦借指北斗。据《礼记·曲礼上》唐孔颖达疏云：“招摇，北斗七星也。”

(76) 其事收：指太白星所主之事是“收获”。

(77) 少昊：传说中古代东夷集团首领。名挚（一作“质”），号“金天氏”。相传东夷以鸟为图腾，少昊曾以鸟名为官，死后为西方之神。

(78) 蓐收（rù—）：一作“蓐牧”。古代传说中的少昊之子，名该，为西方司秋之神。

(79) 割断：这里谓专断；决断。

(80) 杀伐：谓征伐；讨伐；杀戮。

(81)(93) 见：同“现”。出现；显现。

(82) 德月：义犹“得月”，谓受到月光的照临。德，通“得”，得到。此言金星从东方出现时天尚未大亮，因其得到月光的照临，故称“德月”。

(83) 在月南得行，在月北失行：此言从地球上观察，金星在月亮之南运行，而在月亮之北则隐没不现。失行（—xíng），失去运行，指隐没不现。

(84) 反生：死而复生谓之“反生”。

(85) 屠城：谓破城时杀尽其民。

(86) 列宿：谓众星宿。这里特指二十八宿。

⑧⑦ 角文：与"角武"为对文。角，指棱角；文，谓文顺，柔和。武，谓武锐，这里指棱角尖锐。

⑧⑧ 失舍：犹"失所"。指不得其所在之所。

⑧⑨ 角：棱角。

⑨⑩ 左将：指左方将领。

⑨① 水：指水星。太阳系八大行星之一。

⑨② 应：应验。

⑨④ 干（gān）：谓干犯；冲犯；干扰。

⑨⑤ 留：昴宿的别称。说见《史记·天官书》唐司马贞索隐："留即昴，《毛传》亦以'留'为'昴'。"

⑨⑥ 益地：指益州，今四川地区。

⑨⑦ 解：解除。此言内患解除。

⑨⑧ 大臣诛：原文此句后有"一曰兵守赤色，天下败兵，犯斗"十二字，钱熙祚校注指出："张刻本无此十二字。"读此十二字甚感费解，疑系衍文，故据钱注删除。

⑨⑨ 女主丧：原文作"有後丧"，钱熙祚校注指出："张刻本作'女主丧'。"述古堂抄本同张刻本。李筌原作"有後丧"句，读后令人费解。古代"後"字，其义不能等同"后"字，尤其不可视"後"为"皇后"之"后"。以理校而言，张刻本的"女主丧"句中的"女主"，可解作"皇后"，但李筌本的"有後丧"的"後"却不能读作"皇后"。故从钱注依张刻本和述古堂抄本校改。

⑩⓪ 南蛮下：南蛮，古代对南方少数民族的蔑称。

⑩① 水入库：钱熙祚于"库"字下校注指出："张刻本有'楼'字。"可见，库，即"库楼"星，或曰"天库"星。

【译文】

经典上说：木、火、土、金、水五大行星，是苍天上帝的使者，它们领受上帝的使命，各自掌管自己的职责；虽然事物隐伏幽深遥远，但它们无不全面地了解到。因此，能够赐福以扶助保佑有德之人，降祸以惩罚那些淫荡邪恶之徒。它们时而按照轨道运行以保持正常的秩序，时而错乱运行以显现出奇异的征兆。五星的光芒，其角度、颜色的变化，牵动着人世间的盛衰与存亡；它们以居留、干犯、勾冲、掩灭等运行表象，来告诚晓谕世间的人们。

大凡五星，各有固定的颜色和自身本体原样：吉利的时候，木星为青色，火星为红色，土星为黄色，金星为白色，水星为黑色。

大凡五星，出现黄角时候，这是兵戈交争的征兆；出现红角时候，这是敌人侵犯我城池的征兆；出现白角时候，这是边境已有战争的征兆；出现青角时候，这是忧愁即将发生的征兆；出现黑角时候，这是死丧就要来临的征兆。

大凡五星，其固定的颜色发生变化的时候，即会呈现：青色预示着忧愁，白色预示着战争，红色预示着干旱，黑色预示着丧亡，黄色则预示天下大丰收。

木 星 占

木星侵犯金星，偏将军战死。

木星与金星相合，骁勇将领战死。

木星守在七星宿，天下将有战争。

木星侵犯昴宿，国家将有忧患，番邦首领死亡。

木星进入毕宿之中，边境将要爆发战争。

木星侵犯毕宿之附耳星，将有战争发生。

木星守在参宿和伐星，将有战争。

木星进犯井宿，将有战争发生。

木星经过柳宿，将有战争。

木星守在轸宿，将要停战。

木星进入轸宿，大将军兴兵打仗，吉利。

木星进入五车星，将起战争。

木星守在羽林星，将起战争。

木星进犯参宿和旗星，大将军率军出征，凶险。

火 星 占

火星运行应与其他属火者避开。当火星在鹑火之位次时候，应当避开正南之地。其他都依此类推。

火星侵犯木星和土星时候，这是大战爆发之征兆。书传上说：战争将要伤亡偏将军。

火星环绕金星，偏将军战死。

火星与金星相连而斗，这是破军杀将之象，客军将会获胜。

火星进入金星正上方的时候，这是破军杀将之征兆，客军将会获胜。

火星侵犯角宿左右二星，将要爆发战争。

火星守在亢宿，将有战争。

火星进入亢宿，将有战争和水灾。

火星进入房宿，马匹价格昂贵；火星出离房宿，马匹价格低贱。

火星进入糠星，将要爆发战争。

火星侵犯斗宿，这是破军杀将之象，战争将要持续一年，最终是吴王死亡，中原发生饥荒。

火星进入牛宿，这是破军杀将之征兆，最终导致越王死亡。

火星进入女宿和危宿，将起战争。

火星侵犯壁宿，这是伏兵发起攻击之象。

火星守在昴宿，胡人不安定；火星进入昴宿，匈奴破灭，战争将要持续三年时间。

火星侵犯毕宿左方，将有大战；火星侵犯毕宿右方，将有小战。五星俱犯毕宿，边境将要发生战争。

火星侵犯附耳星，将起战争。

火星侵犯觜宿，赵地将有凶险和战争；火星侵犯参宿，将起战争。

火星进入井宿一星，将军在野战中死亡。

火星侵犯鬼宿，将起战争。

火星守在星宿，境外将起战争。

火星侵入张宿，将有战争；火星与张宿相合，将起战争；火星守在张宿，大将军惊惧。

火星侵犯翼宿，边境将起战争。

火星进入轸宿，将有战争。

火星运行到南河星界，将有边境战争。

火星侵犯太微垣的上将星官时候，地上的上将就要死亡；火星侵犯太微垣的次相星官时候，地上宰相就要死亡。

火星侵犯角宿，大臣叛乱而国家忧患。

火星进入亢宿和昴宿白云星团时候，主将就要战死，士卒多染疾疫。

火星进入氐宿，君主发动战争，将有失国之危险，这是天子厌恶之事，如能实行大赦，方可化凶为吉。

火星侵犯心宿，交战不胜，大将丧亡，帝王绝后，大臣乱主；火星出离室宿，将有哭泣之声。

火星进入尾宿，臣下淫乱放荡，每年多有灾异大乱。

火星进入箕宿，谷物价格大贵，后妃厌恶，燕王死亡。

火星进入虚宿，齐王死亡，宰相出走，战争停止。

火星侵犯毕宿，瘟疫流行，臣子谋反，君主驾崩，洪水爆发，战争将起。

火星进入壁宿，魏主死亡，天下兵起；火星停留壁宿二十日，将有大兴土木，粮食昂贵，女主厌恶。

火星侵犯奎宿，鲁王将有凶险，洪水泛滥，瘟疫流行，大臣图谋君位。

火星侵犯娄宿，将有凶暴不义之师来侵，君主死亡，国内大饥，盗贼四起。

火星侵犯胃宿，赵地将有大战，主军大获全胜。

火星侵犯鬼宿，将有执法行诛之事，大瘟疫流行，有女主丧亡，大赦可以化凶为吉。

火星侵犯柳宿，将有大兴土木之事。

火星侵犯星宿，大臣将要作乱，改易服装颜色。

土 星 占

土星侵犯角宿左方，大将战死，水灾发生；土星停守在角宿右方，行军道路阻塞不通。

土星停守亢宿，将有战争爆发，臣下图谋反叛。

土星停守糠星，将有大战爆发。

土星进入天庙星宿（亦即"室宿"），将有战争爆发。

土星停守虚宿，将有客军来到，不出五日自行撤去。

土星进入奎宿，将起战争。

土星进入娄宿，边境将起战争，天下凶危不宁。

土星进入胃宿，客军失败，主军胜利。

土星进入昴宿，番人作乱，番主死亡。

土星进入觜宿，将起战争。

土星逆行而停守于参宿，将有胡兵入侵。

土星停守井宿，南越将起战争。

土星出入胃宿而处于星宿，战争将要爆发在沿海地区。

土星停守张宿，多有盗贼发生，战争即将挑起，大兴土木不断。

土星进入轸宿，战争发动者将自取败亡。

土星进入天库星（亦称"库楼"），将有战争爆发。

土星停守南河星，蛮夷挑起战端，边界将有忧患。

土星出于东掖门，为将受命出征东南，这是布施恩德之事；土星出于西掖门，为将受命出征西南，这是厉行惩罚之事。

土星侵犯氐宿和星宿，皇后忧郁，宫人死亡，天下瘟疫流行。

土星侵犯房宿，天下相互征伐，皇妃死亡，胡人挑起战争。

土星侵犯心宿，天子断绝后嗣，将相死亡或流放。如能实行大赦、修养德行，可以逢凶化吉。

土星侵犯尾宿，天下骚动不安，皇后贵妃厌恶。

土星侵犯箕宿，天下大乱，女主忧患，百姓流亡，大战将起。

土星侵犯斗宿，国家丧失土地，先水灾后旱灾，大臣谋逆叛乱。

土星侵犯牛宿，国有奸臣贼子当政，牛马弃置道路，天下形势危急，应当实行大赦。

土星侵犯女宿，变更法令，天子喜悦，有女主丧亡。

土星侵犯虚宿，有刑律法令，仍有大忧；有敌兵入侵，要使用铁钺兵器抗击他。

土星进入危宿，天下大乱，国亡将死，百姓哭泣。

土星进入室宿，关隘桥梁断绝不通，贵人死亡，女子放纵专横。

土星侵犯壁宿，远方属国入贡，国内洪水泛滥，天下更立新主。

土星侵犯毕宿，号令不行，将相死亡。

土星进入觜宿，宰相死亡，战争大起，将有冒死反叛之人。

土星侵犯参宿，多有水旱灾害发生，边境将有战争爆发。

土星进入井宿，有水旱之灾，大臣死亡。

土星侵犯鬼宿，多有杀戮而死亡，关中地区将有反叛者。

金 星 占

太白星（即"金星"），一名"长庚"。它位于西方，属金德，为白虎之精、招摇之使；其性刚烈，其义果断，其事管收获，其时在秋天，其日在庚辛，其辰在申酉，其帝是少昊，其神为蓐收。太白星主管兵马为大将军职，其势威猛决断，主持杀伐，故用以占卜吉凶。所以，这里重述其德，以区别于其他通常的星辰。

金星体积大而颜色白，光明而润泽。它所在之地，兵强国盛。兵马出行，金星就随之而出；兵马回入，金星就随之而入。用兵而顺之者，就吉利；逆之者就凶险。金星从高处升起而落入深处者吉利，而落入浅处者则凶险，先起兵者得胜利；金星从低处升起而落入浅处者吉利，而落入深处者则凶险，后起兵者得胜利。

金星在白昼出现，有战事而战事停息，无战事而激起战事。

金星升起于东方，其升起之初受到月光的照临，不满三日，在月亮之南得以运行，在月亮之北消失行踪，这就叫作"反生"现象。在这种情况下，即使没有破军灭顶之灾，也必有屠城杀绝之祸，地处北方的国家当遭此难。

金星升起于东方，月亮隐没不到三日，金星在月亮之北运行的时候，那么，靠海的国家不能得胜利；若金星在月亮之南运行的时候，那么，地处中原的国家能够获得胜利。

金星升起于西方，受到月光的照临在三日内，金星在月亮之北运行的时候，那么，靠海的国家将获大胜；若金星在月亮之南运行的时候，那么，地处中原的国家不能得胜利。

金星与月亮相夹，将有敌兵攻城，偏将军率兵激战；金星与月亮同出，守城之军将遭屠城之祸。

金星与诸星宿相侵犯，将有小战发生；金星若与五大行星中的其他四大行星相侵犯，将有大战爆发。金星处在南方，则南方军队获胜；金星处在北方，则北方军队获胜。

金星升起于东方，举事用兵顺之就吉利，逆之就凶险。金星从西、南、北方升起时，都依此类推。

金星停守于斗宿，三十日内将有夷狄入侵。

金星进入羽林星，将起战争。

金星侵蚀昴宿和毕宿，胡王死亡。

金星光色暗淡，作战不利，将军战死。

金星变色，作战将会取胜。根据金星光色所代表的不同方向来占卜，其为青色乃主司东方，其他颜色者皆以此类推（指：赤主南、白主西、黑主北、黄主中央）。

金星进入月亮，客军大败，将军战死于旷野。

金星色白而棱角柔顺时，可以与敌交战；金星色红而棱角尖锐时，不可与敌交战。金星与木星相合，无怒也必定交战。金星应当出现而未出现，应当隐伏而未隐伏，这叫作"失舍"。此种情形，即使没有破军灭顶之灾，也必有将领伤亡之祸；金星所在之国，不可与其交战。金星不该出现而出现，不该隐伏而隐伏时，必有败军于旷野之灾；金星如此持续十日后，将军即死亡。

金星初出体大而后变小，军队力量就弱小；金星初出体小而后变大，军队力量就强大。

金星有棱角时，军队敢于交战则吉利，不敢出战就凶险；顺着棱角所指方向出击则吉利，逆着棱角所指方向出击就凶险。

金星运行迟缓时，军队应当缓行；金星运行迅速时，军队应当疾行。金星加大速度运行时，用兵疾速则吉利，用兵迟缓就凶险。金星隐伏时，军队就撤回；金星出现时，军队就出发。军队行动应当遵循此法。

金星和木星一东一西时，侯王将要遭到危害；金星和木星一南一北时，战争就隐伏下来。

金星侵犯毕宿左方时，左方将领战死。

金星出现而水星隐没，或者金星和水星同时出现在东方，那么，处于东方的军队能够获胜；金星和水星同时出现在西方，那么，处于西方的军队能够取胜。如果水星居于金星之前，那么，处于前方的军队将罢兵不战；水星居于金星之南，将要爆发大战；水星居于金星之北，将有小规模战斗。金星向前运行，军队就随之前进；金星向后运行，军队就随之后退。金星出现于天空不高而敌人深藏难以探明时，不要与它交战；敌人撤离，也不要追击。

金星有赤角时，士兵就要交战；金星有白角时，军队就要出动；金星有黑角时，军队就要撤退；金星有青角时，军中将有忧患。金星有白角，又使主方国丧军亡，这将随同星角所指方向而得到应验。

金星白昼出现，称为“经天”。金星侵犯五大行星中的其他四星，将爆发大规模战争；金星侵犯火星，也将爆发大战。在此情况下，金星处于南方，那么，南方军队获得胜利；金星处于其他方向时，那么，所在方向的军队皆以此类推。

金星侵犯角宿，将有大战不胜，将军战死。

金星侵犯亢宿，将有大战不胜，将军战死。

金星临近房宿，且呈现红色，将要爆发战争。

金星进入昂宿、停守于尾宿，将有战争起于旷野，将士尸横满道。

金星进入斗宿，将军战死；金星侵犯斗宿，军队必败。

金星侵犯牛宿，将军丧失部众；金星停守于牛宿，将要爆发战争。

金星进入危宿，或侵犯、停守于危宿，将有战争爆发。

金星进入室宿，凶暴不义之军漫山遍野，将军战死。

金星侵犯壁宿，大战即将爆发。

金星进入奎宿，将要爆发战争；一说将有外敌入侵。

金星侵犯娄宿，将军荣立战功。

金星侵犯胃宿，将要爆发战争。

金星停守于昴宿，胡王死亡，四夷忧惧。

金星侵犯毕宿，边境将有战争；金星侵犯毕宿左方，将与番兵大战；金星进入毕宿，马匹价格昂贵，军队将有伤亡。

金星侵犯觜宿，将要爆发战争，铁钺兵器并用。

金星停守参宿，边境爆发战争，左右大将忧虑；金星侵犯参宿和伐星，将要爆发战争。

金星停守井宿，此乃将军所憎恶之兆；金星进入井宿，将有大战爆发。

金星侵犯鬼宿，将有大战爆发。

金星进入柳宿，大战将爆发于益州地区。

金星侵犯星宿，将军即将率兵出塞征讨。

金星进入翼宿，大将战死，天下战火四起。

金星侵犯轸宿，国家派军出征，可以获取领地。

水 星 占

水星与土星相合，此为军队覆没之象。

水星出现在东方，体大而色白，将有战争爆发，但可在境外消解。

水星与金星同时出现在东方，靠海的国家将在战争中获胜。

水星进入月亮，主军败兵失地。

水星、金星与旗星同时出现时，此为破军杀将之象，客军之取胜，乃是根据两星所指方向"以命破军"的结果。

水星环绕金星，兴兵大战，客军得胜，主军失败。

水星与金星相遇，两星之间仅有容纳一剑之地，将有小规模战斗，客军则获得胜利。

水星出现在金星左方，将有小战；金星距离水星三尺之远，将有大规模作战。水星在金星之北，作战有利于主军；水星在金星之南，作战有利于客军。

水星停守房宿，番兵失败；水星停守娄宿，番兵兴起。

水星干犯昴宿，夷狄挑起战端。

水星停守心宿，大臣相互残杀，洪水大肆泛滥，异姓争立王位。

水星侵犯尾宿，将有大水泛滥。

水星侵犯箕宿，将有大赦颁布；若水星停守箕宿左角，且有颜色变动之时，权贵大臣受戮而死。

水星侵犯斗宿，大臣将遭诛杀，五谷没有收成。

水星停守女宿，将有婚娶之事，万物不能成熟；水星侵犯虚宿，天下大乱，多发洪水。

水星侵犯危宿，将要爆发大水，皇后就要死亡，佞臣谋篡君位。

水星侵犯室宿，将有战乱，爆发水灾。

水星侵犯壁宿，国家刑法严苛，朝廷多有忧患；水星侵犯奎宿，将有火灾为害。

水星穿过昴宿，而出其北方，胡王死亡，中原大水。

水星进入毕宿，军队北出，胡王忧虑；军队南出，中原忧虑。

水星侵犯觜宿，将爆发战争。

水星停守参宿之伐星，水星南移，南蛮屈下；水星北移，北胡入侵。

水星进入井宿，星进而军队随之前进，星退而军队随之后退。

水星侵犯舆鬼宿，战争将要爆发；水星进入天库星，战争将要爆发。

水星进入柳宿，牛马价格昂贵。

水星侵犯星宿，奸臣将要作乱。

水星停守张宿，战争将要爆发，大水泛滥成灾。

水星进入翼宿中，刑狱危及贤相，国家将有大凶。

水星侵犯轸宿，将有大战爆发，万物不能成熟。

水星侵犯角宿，大水泛滥成灾，舟船相望不绝。

水星侵犯亢宿，将要爆发大水。

水星干犯五车星，战争将要爆发；水星留在心宿和南河星，战争爆发于西方。

【解说】

《占五星篇第八十四》是《太白阴经》卷八《杂占》总题中的第三篇。其中心内容乃取材于汉代著名史学家司马迁《史记·天官书》关于古代占星术以"五星"之象，占测人世间军事斗争的吉凶胜负问题。

作者李筌开篇伊始，即依据《诗·大雅·云汉》"昊天上帝"之说，对"五星"做了神格化的描述："五星者，昊天上帝之使也。禀受帝命，各司其职。虽幽潜深远，罔不悉及之。故福德佑助，祸淫威刑；或顺轨而守常，或错乱而表异，光芒角变，色动衰盛，居留、干犯、勾冲、掩灭，所以告示下土。"按照作者这种描述，"五星"这本为宇宙中近似球形的五大天体，不但被赋以神格和神性而纳入天上最高神灵——上帝的神统范围，而且成为人世间"福德"或"祸淫"的主宰，变成具有巨大社会职能的天神。在本篇《太白占》中，作者不但把金星视为具有"白虎之精，招摇之使。其性刚，其义断，其事收"等神格化的"异于常星"的神星，而且赋予"太白主兵马，为大将军，为威势，为割断，为杀伐"和"用占"世间军事斗争吉凶胜败的神灵作用力，等等。显而易见，这些认识观点，不过都是古代占星术的一种宗教崇拜的迷信理念，没有任何科学性，因而亦是不足取信效法的。

然而，我们透过此种宗教崇拜的迷信云雾，仍不乏可以看到我国古代有关"五星"的天文知识。所谓"五星"者，在天文学上是指水星、木星、金星、火星、土星。它们是太阳系里循椭圆轨道而环绕太阳运行的八大行星中的五大行星（另三大行星是地球、天王星、海王星）。而人类对此行星的观测和认识，可以追溯到遥远的古代。在我国商代的甲骨文中就有关于"木星"的记载；到了战国时期，就有了"五星"的说法（参见《中国大百科全书·天文学·行星》，中国大百科全书出版社，1980年12月第1版）。汉代司马迁《史记·天官书》明确载称："水、火、金、木、填（通'镇'）星，此五星者，天之五佐。"而刘向《说苑·辨物》则称："所谓五星者，一曰岁星，二曰荧惑，三曰镇星，四曰太白，五曰辰星。"自此，《说苑》对"五星"的称谓，便成为我国古代对此五大行星更为通用的名称了。汉以后，又有把日、月和五星合称为"七曜"（亦作"七耀"或"七燿"）的说法。例如，东晋中书侍郎范宁所撰《春秋穀梁传序》指出："阴阳为之愆度，七耀为之盈缩。"唐代学者杨士勋疏曰："日、月、五星皆照天下，故谓之'七曜'。五星者，即东方岁星、南方荧惑、西方太白、北方辰星、中央镇星也。"这样，"五星"的称谓，自此又与东、南、西、北、中五个不同方位相结合而加以区别了。

为便于读者进一步了解五大行星的天文知识，我们按照作者李筌本篇所述之次序，分别对五大行星作如下简要介绍：

岁星，即木星。它是太阳系八大行星中最大的一颗，按离太阳由近及远的次序为第五颗行星，按方位它处于东方。木星是夜空中最亮的几颗星之一，其亮度仅次于荧惑（即火星）。大约早在我国商末周初，人们就已经认识到木星约十二年绕太阳运行一周天（实际公转周期为11.86年），并把周天分为十二分称之为"十二次"，木星每年行经一次，就用木星所在星次来纪年。此种纪年方法被称之为"岁星纪年法"。因此，木星，在我国古代又被称作"岁星"。

荧惑，即火星。它是太阳系八大行星之一，按离太阳由近及远的次序为第四颗行星，按方位它处于南方。用肉眼看去，它是一颗火红色亮星。因其同地球的距离不断变化其亮度也不断变化；它在众恒星间的位置也不断变化，时而顺行，时而逆行。由于它的荧荧如火，亮度常有变化，加之运行也有变化，令人迷惑不解，所以，在我国古代又把它叫作"荧惑"。

镇星，亦作"填星"（填，通"镇"），即土星。它是太阳系八大行星之一，按离太阳由近及远的次序为第六颗行星，按方位它处于中央。我国古代认为，土星每28年（实际为29.5年）运行一周天，好像每年坐镇二十八宿中的一宿，故称"镇星"。

太白，即金星。它是太阳系八大行星之一，按离太阳由近及远的次序为第二颗行星，按方位它处于西方。我国民间称其为"太白星"或"太白金星"。在宇宙天体中，除太阳、月球外，金星是天空中最亮的行星。按天文学分类：以地球轨道为界，位于地球轨道以内的水星、金星称为"地内行星"，而位于地球轨道以外的木星、土星、天王星、海王星称为"地外行星"。因金星是"地内行星"，从地球上看金星，故有时它显现为"晨星"（即清晨出现于东方的金星），有时显现为"昏星"（即黄昏后出现于西方的金星）。所以，在我国古代，有人把它误认为两颗星，见于古籍记载者，则称"晨星"为"启明"，而称"昏星"为"长庚"。说见《诗·大雅·大东》："东有启明，西有长庚。"毛传："日旦出，谓明星为启明；日既入，谓明星为长庚。"实际上，无论是"日旦"而出于东方的"启明"，还是"日入"而现于西方的"长庚"，都是同一金星在不同时段、不同方位的隐现表象罢了。

辰星，即水星。它是太阳系八大行星中最靠近太阳的行星，按方位它处于北方。因其离太阳很近，而离地球很远，故人们平时很难观察到它，只有当它在大距（当赤纬 δ 大于测站纬度 ϕ 的天体经过地平经圈和周日平行圈的切点时称为"大距"）时，才能观察到它。水星是太阳系中运动速度最快的行星，它绕太阳的公转周期为87.969日，会合周期为115.88日。

上述围绕太阳作椭圆轨道公转的五大行星，其自身一般不发射可见光，但以表面反射太阳光而发亮；它们在反射太阳光而穿经各自由不同物质组成的大气层时，呈现不同亮度、色泽的光。例如，岁星（木星）呈褐、棕色；荧惑（火星）呈红色；

镇星（土星）呈黄色；太白（金星）呈银白色；辰星（水星）则因距地球最远，即使能观察到它时，其色泽也比较暗，给人视觉以暗黑的感觉。作者李筌本篇所述"凡五星，各有常色本体……岁星青，荧惑赤，镇星黄，太白白，辰星黑。"应当说，这大体上符合五大行星为地球人所能观察到的各自本体色泽及亮度的实际情况。

占流星篇第八十五

【原文】

经曰：夫流星者^①，天之使也。自上而降下曰"流"，自下而升上曰"飞"；大者曰"奔星"，小者曰"流星"；星大则使大，星小则使小。此谓紫微宫^②、太微宫^③出入而徐行渐经于列宿之次也，或于列星之坐，非二宫所出者，并为妖星^④。

流星赤色有角者，四夷有兵；前赤后黑，兵败将亡。

流星入参不出，先起者胜，后起者败。

流星干七星者，兵起。

流星入建星^⑤者，色青，兵起。

流星入河鼓^⑥者，大将军亡。出河鼓，兵出；入河鼓，兵入。

流星入王良^⑦，马尽惊。

流星入天将^⑧，军中惊。流星入，将入；星出，将出。

流星入紫微宫，匈奴兵起。

流星入三台^⑨，大将出。

流星入骑官，骑官死。^⑩

流星入羽林，兵大起。

流星抵北落^⑪，兵大起。

流星出天宫^⑫，匈奴兵起。

流星抵天市垣^⑬，大将出。

流星抵天狗^⑭，犯弧矢^⑮，将有千里之行。

流星出天厩^⑯，兵马出。

【注释】

① 自"夫流星者"至"并为妖星"首段文字：语出《隋书·天文志中》，又见于《晋书·天文志中》。

② 紫微宫：即"紫微垣"，又称"紫宫垣"或"紫微"。星官名，三垣之一。我国古代天文学家为了认识星辰和观测天象，把天上的若干颗恒星多少不等地组合起来，一组称一个星官。在众多星官中，三垣（即紫微垣、太微垣、天市垣）和二十八宿占有很重要的地位。紫微垣有星十五颗，分两列而分别称为"左垣"和"右垣"，以北极为中枢而成屏藩状。

③ 太微宫：即"太微垣"，三垣之一。其位于北斗之南，轸、翼二宿之北，大角之西，轩辕之东。此诸星宿以五帝座为中心而成屏藩状。

④ 妖星：古代指预兆灾祸的星。如彗星等。

⑤ 建星：星名。属斗宿，有星六颗。据《晋书·天文志上》载称："建星六星，在南斗北，亦曰'天旗'，天之都官也。"

⑥ 河鼓：星名。属牛宿。位于牵牛星北，有星三颗。据《史记·天官书》载称："牵牛为牺牲。其北河鼓，河鼓大星，上将；左右，左右将。"

⑦ 王良：本篇这里指星座名。属奎宿，有星五颗。据《史记·天官书》载称："汉中四星，曰'天驷'，旁一星曰'王良'。"唐张守节正义云："王良五星，在奎北居河中，天子奉车御官也。"

⑧ 天将：星座名。又称"天将军"。属娄宿，有星十二颗。据《晋书·天文志上》载称："天将军十二星，在娄北，主武兵。中央大星，天之大将也。南一星曰'军南门'，主谁何出入。"

⑨ 三台：星座名。属太微垣，有星六颗。据《晋书·天文志上》载称："三台六星，两两而居，起文昌，列抵太微。一曰'天柱'，三公之位也。在人曰'三公'，在天曰'三台'，主开德宣符也。西近文昌二星曰'上台'，为司命，主寿；次二星曰'中台'，为司中，主宗室；东二星曰'下台'，为司禄，主兵，所以昭德塞违也。"

⑩ 流星入骑官，骑官死：前一"骑官"为星宿名。属氐宿，有星二十七颗。据《隋书·天文志中》载称："骑官二十七星，在氐南，若天子武贲，主宿卫。"后一"骑官"，则指地上皇宫值夜警卫官。

⑪ 抵北落：抵，进抵；抵达。北落，星名。亦称"北落师门"。属室宿，有星一颗，色橙黄，为南天之大星。据《史记·天官书》载称："北宫玄武，虚、危，……其南有众星，曰羽林天军。军西为垒，或曰钺。旁有一大星为'北落'。"张守节正义云："北落师门一星，在羽林西南，天军之门也。"

⑫ 天宫：星垣名。亦称"紫宫"，即"紫微宫"。据《广雅·释天》载称："天宫谓之紫宫。"

⑬ 天市垣：星垣名。三垣之一。亦称"天旗"。有星二十二颗。据《史记·天官书》张守节正义云："天市二十二星，在房、心东北，主国市聚交易之所，一曰'天旗'。"

⑭ 天狗：星名。据《史记·天官书》载称："天狗，状如大奔星，有声，其下止地，类狗。"南朝宋裴骃集解引孟康曰："星有尾，旁有短彗，下有如狗形者，亦太白之精。"

⑮ 弧矢：星名。又名"天弓"，简称"弧"。属井宿，有星九颗。位于天狼星东南，八星如弓形，外一星像矢，故名。

⑯ 天厩：星名。属壁宿，有星十颗。据《晋书·天文志上》载称："东壁北十星曰'天厩'，主马之官，若今驿亭也。"

【译文】

经典上说：流星是上天的使者。从上而降下的称为"流"，自下而升上的称为"飞"；其中大的星叫作"奔星"，小的星叫作"流星"。星体大的，所担负的使命就大；星体小的，所担负的使命就小。这里所说的"流星"，乃是从紫微垣、太微垣出入而缓慢行经各列宿之位，或者是停留在各列宿之位的；不是从此二垣所出之星，都是预兆灾祸的妖星。

流星若呈现红色且有芒角的，预示四夷有战争；流星呈现前红后黑的，预示兵败将亡。

流星进入参宿而不出来的，那么，先起兵者胜利，后起兵者失败。

流星干犯七星的，将有战争爆发。

流星进入建星位次，且呈现青色的，将有战争爆发。

流星进入河鼓星位次的，大将军就要阵亡。流星从河鼓星出来时，军队随之而出动；流星进入河鼓星时，军队随之而回撤。

流星进入王良星座时，战马都要遭到惊吓。

流星进入天将星座时，军中就要受到惊恐。流星进入，将军随之而入；流星出来，将军随之而出。

流星进入紫微垣时，匈奴将要挑起战争。

流星进入三台星座，将有大将出征。

流星进入骑官星座，宫中值夜骑官死亡。

流星进入羽林星座，将要爆发大战。

流星抵达北落星座，将要爆发大战。

流星出离天宫（即紫微垣），匈奴将要挑起战争。

流星进抵天市垣，将有大将出征。

流星抵达天狗星，侵犯弧矢星，军队将有千里远征之举。

流星出离天厩星座，兵马将要出动。

【解说】

《占流星篇第八十五》是《太白阴经》卷八《杂占》中第四篇，主要记述古代占星术以"流星"之象占测军事斗争的吉凶胜败问题。

作者李筌开篇伊始，首先依据《隋书·天文志中》的有关记载指出："夫流星者，天之使也。自上而降下曰'流'，自下而升上曰'飞'；大者曰'奔星'，小者曰'流星'；星大则使大，星小则使小。此谓紫微宫、太微宫出入而徐行渐经于列宿之次也，或于列星之坐。非二宫所出者，并为妖星。"这里，作者不但对"流星"的涵义、分类做了明确解释，而且对其产生、来源以及运动路径，也做了详细描述。此内容除了带有星相家所赋予"流星"以"天之使"的神格化的迷信成分之外，主要是向人们介绍了我国古代有关"流星"问题的天文知识。

根据天文学研究，"流星"乃是宇宙行星际空间分布的一种叫作流星体的尘粒和固体块闯入地球大气层，同大气摩擦燃烧气化所产生的光迹。人们通常所说的流星，是指这种短时间发光的流星体。特别明亮的称为"火流星"，最亮的甚至白昼都可以看见；火流星经过时，偶尔亦可以听见其发出的声响。而未燃尽气化的流星体降落到地面上，就是"陨石"。

流星体原本是围绕太阳运动的，当它在经过地球附近时，由于受到地球引力的摄动，便改变轨道而向地球接近，如果它的轨道穿过地球大气层，而与地球大气摩擦燃烧发光时，便可以观测到这种流星现象。流星的出现，通常是单个、零星、彼此无关的，出现的时间和方向也无一定规律性。这种流星称为"偶现流星"。当大群的流星体——通常称为"流星群"——在与地球大气相遇摩擦时，可以看到天空某一区域在几小时、几天甚至更长时间内流星数目显著增加，大大超过通常的"偶现流星"数目，有时甚至像下雨一样。这种大群流星现象，就叫作"流星雨"。

我国对流星的观测与研究，其历史悠久，并且有极其丰富的观测记录，不仅为历代正史所记载，而且又多散见于其他文献古籍，尤以地方志记载为多。早在春秋时期，经孔子整理修订的《春秋》一书，曾明确记载了鲁庄公（名同）七年（公元前 687 年）发生的一次流星雨：“夏四月辛卯（初五），夜，恒星不见。夜中，星陨如雨。”这是我国古代关于流星雨的最早记录，它比西方始于 19 世纪的以目视方法观测流星现象的时间要早 2500 多年。自秦汉以后，历代封建朝廷敕修的正史，大多都专辟《天文志》对天体运行及流星现象进行观测记录。这里仅以南朝梁尚书左仆射沈约奉命撰修的《宋书》为例说明之。该书《天文志》记载自三国蜀汉建兴十二年至南朝刘宋泰始二年（公元 234—466 年）的 233 年间，共发生流星现象（包括偶现流星和流星雨）达 31 次之多，其中：三国时期 3 次，两晋时期 13 次，刘宋时期 15 次。该书对流星现象的观测记录十分详细，既记载了流星的出现、消逝、持续的时间，又记录了流星的数量、颜色、亮度、形状、方位、声响等项内容。例如，南朝刘宋元嘉八年（公元 431 年）“九月丙寅（十九日），流星大如斗，赤色，发太微西蕃，北行，未至北斗没，余光长三丈许。”元嘉十五年（公元 438 年）“十月壬戌（二十六日），流星大如鸡子，出文昌，入紫宫，声如雷。”这两次流星现象，皆为偶现流星。元嘉二十年（公元 443 年）“二月二十四日乙未，有流星大如桃，出天津，入紫宫，须臾有细流星或五或三相续；又有一大流星从紫宫出，入北斗魁，须臾又一大流星出，贯索中，经天市垣，诸流星并向北行，至晓不可称数。”大明五年（公元 461 年）“三月，……有流星数千万，或长或短，或大或小，并西行，至晓而止。”这两次所载是对流星雨的详细生动的观测记录，其流星数量之多、持续时间之长、景象之壮观，大约是此前所没有的。据研究所知，我国古代文献有关流星雨的观测记录，多达数百次，这为确定流星雨的辐射点，进而研究流星群周期、轨道的变迁，查明流星群与彗星之间的关系等问题，提供了丰富而宝贵的资料（参见《中国大百科全书·天文学·流星》）。

占客星篇第八十六

【原文】

经曰：客星者，非本位之星，故曰客星也。色白如气，勃勃然①似粉絮②，故所过之宿、分野③，必有灾害。

客星出营室，无兵则兵起，有兵则兵败。

客星入奎，破军杀将。

客星犯娄，胡人乱。

客星入昴，胡人犯塞。

客星入毕，边有急兵④。

客星干觜，城堡虚，军储少，军民饿死。

客星守张，将军有阴谋，兵起。

客星入招摇⑤，番兵大起。

客星入天枪⑥，中兵⑦起。

客星入天棓⑧，兵起。

客星犯文昌将星⑨，色苍⑩，将有忧；色赤，将惊；色黄，将有喜；色黑，将死。

客星守传舍⑪，胡人入中国。

客星守天鸡⑫，天下兵马尽惊。

客星守天街⑬，胡王死。

客星入库楼与守南门⑭、守军市⑮、守老人⑯，皆主兵起。

客星守骑官，将忧，士卒散。

客星入北落师门，虏人⑰入塞，兵起。

客星入天仓⑱，粟大贵。

客星入天厩，兵起，马死。

客星入天弓 ⑲，天下弓弩皆张。

客星出天弓，匈奴兵起。

客星守狼 ⑳，夷狄来降。

客星守弧 ㉑，南夷 ㉒ 降。

客星守车骑 ㉓，西羌 ㉔ 来降。

客星守九州殊口 ㉕，负海国不安。

客星入天节 ㉖，番王死。

【注释】

① 勃勃然：兴盛貌；云气上升貌。

② 粉絮：谓洁白的丝绵。亦指柳絮。

③ 所过之宿、分野：宿，指星宿，亦称"分星"。分野，指与星次相对应的地域。我国古代以十二星次的位置划分地面上州、国的位置与之相对应。就天文而言，称之"分星"；就地面而言，称之"分野"。

④ 急兵：这里指突然爆发的战乱。

⑤ 招摇：星名。属氐宿，有星一颗。

⑥ 天枪：属紫微垣，有星三颗。据《史记·天官书》载称："紫宫左三星曰'天枪'。"《晋书·天文志上》载："天枪三星，在北斗杓东，一曰'天钺'。"

⑦ 中兵：与"边兵"相对应，指中原地区有战事。兵，这里指战争。

⑧ 天棓（—bàng）：垣宿名。属紫微垣，有星五颗。据《晋书·天文志中》载称："三曰天棓，一名觉星。本类星，末锐长四丈。或出东北方、西方，主奋事。"

⑨ 文昌将星：文昌，垣宿名。属紫微垣，有星六颗。其位于斗魁之前，呈半月状。据《史记·天官书》载称："斗魁戴匡六星曰文昌宫：一曰上将，二曰次将，三曰贵相，四曰司命，五曰司中，六曰司禄。"将星，指文昌垣中的"上将"和"次将"两星。

⑩ 色苍：苍，指青色。

⑪ 传舍：垣宿名。属紫微垣，有星九颗。据《晋书·天文志上》载称："传舍九星在华盖上，近河，宾客之馆，主胡人入中国。"

⑫ 天鸡：星名。属斗宿，有星二颗。据《晋书·天文志上》载称："狗国北二星曰天鸡，主候时。"

⑬ 天街：星名。属毕宿，有星二颗。据《史记·天官书》载称："昴、毕间为天街。"张守

节正义云："天街二星，在毕、昴间，主国界也。街南为华夏之国，街北为夷狄之国。"

⑭ 南门：星名。属角宿，有星二颗。据《史记·天官书》载称："亢为疏庙，主疾。其南北两大星，曰南门。"张守节正义云："南门二星在库楼南，天之外门。"

⑮ 军市：星名。属井宿，有星十三颗。据《晋书·天文志上》载称："军市十三星，在参东南，天军贸易之市。"

⑯ 老人：星名。属井宿，有星一颗。为南部天空一颗较亮的二等星，古人认为它象征长寿，故又名"寿星"。

⑰ 虏人：义犹"胡人"。这里指北方之敌人。

⑱ 天仓：星名。属娄宿，有星六颗。据《晋书·天文志上》载称："天仓六星在娄南，仓谷所藏也。"

⑲ 天弓：星名。又名"弧矢"。属井宿，有星九颗。据《晋书·天文志上》载称："弧九星，在狼东南，天弓也，主备盗贼，常向于狼。"

⑳ 狼：这里指星名。亦即"天狼星"。属井宿，有星一颗。据《晋书·天文志上》载称："狼一星，在东井东南。狼为野将，主侵掠。"

㉑ 弧：即"弧矢星"，亦称"天弓"。

㉒ 南夷：亦称"南蛮"。指居于南方的少数民族人。

㉓ 车骑：星名。属氐宿，有星三颗。据《星经·车骑》载称："车骑三星在骑官南。"

㉔ 西羌：西汉时期对居于我国西北之羌人的泛称。

㉕ 九州殊口：星名。属毕宿，有星九颗。

㉖ 天节：星名。属毕宿，有星八颗。据《晋书·天文志上》载称："毕附耳南八星曰天节，主使臣之所持者也。"

【译文】

经典上说：客星就是非本位之星，所以叫作"客星"。客星的颜色发白，如同烟气勃然上升，又像洁白丝绵（或曰柳絮）飘扬，它所经过的与星宿相对应的地域分野，必定有灾害发生。

客星出离室宿，没有战事而发生战事，有了战事则军队遭到失败。

客星进入奎宿，将有破军杀将之祸。

客星侵犯娄宿，胡人作乱。

客星进入昴宿，胡人侵犯边塞。

客星进入毕宿，边境有突发战争。

客星干犯觜宿，城堡空虚无备，军资储备匮乏，军民因饥饿而死亡。

客星停守张宿，将军怀有阴谋，导致战争爆发。

客星进入招摇星，番兵将发动大战。

客星进入天枪垣，中原地区将爆发战争。

客星进入天棓垣，将有战争爆发。

客星侵犯文昌垣两将星，且呈现青色时，将领会有忧患；若呈现红色时，将领会有惊恐；若呈现黄色时，将领会有喜事；若呈现黑色时，将领则要死亡。

客星停守传舍垣，胡人会入侵中原。

客星停守天鸡星，天下兵马皆惊恐。

客星停守天街星，胡王就要死亡。

客星进入库楼星，或者停守南门星、军市星、老人星时，都预示有战争爆发。

客星停守骑官星，将领会有忧愁，士卒将要逃散。

客星进入北落师门星，胡人入侵边塞，战争即将爆发。

客星进入天仓星，粮价必定昂贵。

客星进入天厩星，战争爆发，军马死亡。

客星进入天弓星，天下将会处于弓挽弩张之势。

客星出离天弓星，匈奴将爆发战争。

客星停守天狼星，夷狄会前来归降。

客星停守弧矢星，南方蛮夷会降服。

客星停守车骑星，西羌会前来归降。

客星停守九州殊口星，靠海国家将不得安宁。

客星进入天节星，番王就要死亡。

【解说】

《占客星篇第八十六》是《太白阴经》卷八《杂占》中第五篇。其主要内容是记述我国古代占星术以"客星"活动之象，来占测人世间的兵灾祸乱之兆。这显然是既没有科学道理，又不可取法的一种迷信活动。然而，透过此一非科学性的迷雾掩映，人们今天仍可领略我国古代有关"客星"的一些天文学知识。

所谓"客星"，乃是我国古代天文学对天空中新出现的星之统称。此称谓最早见于西汉著名史学家司马迁《史记·天官书》："客星出天廷，有奇令。"明代成书的《观象玩占》（但作者不可考）指出："客星，非常之星。其出也，无恒时；其居也，无定所。忽见忽没，或行或止，不可推算，寓于星辰之间如客，故谓之'客星'。"这可以说是古人对"客星"的涵义及其活动特征的理性认识的生动描述。今天读来都倍感深刻贴切，符合"客星"活动的实际情状。

据今人研究披露，我国古代文献记载中的"客星"，主要是指彗星、新星（现代天文学所称"新星"，是指爆发变星的一种）和超变星（指爆发规模超过"新星"的变星）及其他天象。（参见《中国大百科全书·天文学·客星》）但在我国古代占星书中，对客星又有两种分类法：

其一，依据客星的大小、色泽、亮度而区分为五种且以不同称谓命名。例如，《黄帝占》载称："客星者，周伯、老子、王蓬絮、国皇、温星。"并进一步指明此五种客星的各自特征及其标准是："客星大而色黄煌煌然，名曰'周伯'"，"客星明大白淳然，名曰'老子'"，"客星状如粉絮，拂拂然，名曰'王蓬絮'"，"客星出而大，其色黄白，望之上有芒角，名曰'国皇'"，"客星色白而大，状如风动摇，名曰'温星'。"（以上转引自唐代瞿昙悉达《开元占经·客星占一》，见载于《中国方术概观·占星卷下》，人民中国出版社1993年12月第1版）

其二，依据所谓客星对人世间吉凶福祸预兆的不同情形，将其区分为"瑞星"和"妖星"两种。所谓"瑞星"，是指预兆吉祥的客星，"妖星"则指预兆凶祸的客星。作者李筌本篇记述的二十六条所谓"客星"出现时预示的兵灾、祸乱之象，正是取义于"妖星"的凶祸之兆。这显然是没有科学根据且不可取法的迷信之说。对这一点，笔者将在下文《占妖星篇第八十七》中，作进一步剖析说明。

占妖星篇第八十七

【原文】

经曰：妖星者①，五星之余气也，结而为妖，殊形异状，凶多吉少，所见之分②，必有灾害。

奔星③所坠之下，有大兵来。

流星前赤后黑，客兵败散。

流星从敌营上来，我军上锐者，有间谍来说④吾兵。

流星尾长二三丈者⑤，辉辉然⑥，主使⑦也；色赤者，将军使也。

流星色青赤，有光，尾长二三丈者，名曰天雁⑧，将军之精华也。兵从星所指者胜。

流星色苍白，为使；色赤，有兵；色黑，将死。

飞星如大瓮⑨，后大，晓然⑩白，前卑后高，所谓顿顽⑪，大将死，邑削⑫。

飞星后化云者，名曰大滑⑬，流血积骨之象。

枉矢⑭类流星，色青，蛇形如矢，而枉道⑮所指，将军死。

天狗⑯如奔星，有声，坠如火光，炎炎烛天⑰，其下有积尸流血，狗来食之。

【注释】

①"妖星者"以下六句：语本《隋书·天文志中·妖星》。文中"五星"，《隋书》原作"五行"，这里二者义同，即是指水、木、金、火、土五大行星。

②所见之分：此言妖星所出现的与星次相对应的地域。见，这里同"现"，谓出现。分，谓分野，指地面与天上星次相对应的区划。

③奔星：即流星的一种。据《汉书·司马相如传上》"奔星更于闺闼（guī tà）"句，唐颜师古注称："奔星，流星也。"

④说（shuì）：游说；劝说。引申策反。

⑤ "流星尾长二三丈者"至"将军使也"诸句：语出《晋书·天文志中》，又见《隋书·天文志中》。但这里的"二三丈"与下文的"二三丈"，《太白阴经》原文皆误作"二三尺"，今据《晋书》校改。

⑥ 辉辉然：光耀显赫貌。

⑦ 主使：原文误作"军使"，今据《晋书·天文志中》校改。主使，指君主的使者。

⑧ 天雁：流星名。据《隋书·天文志中》载称："流星有光青赤，其长二三丈，名曰天雁，军之精华也。"

⑨ 大瓮（—wèng）：本指一种小口大腹的陶制盛器，在本篇用以形容流星的形状。

⑩ 晓然：明白貌。

⑪ 顿顽：流星名。据《隋书·天文志中》载称："流星大如缶若瓮，后皎然白，前卑后高，此为顿顽。"

⑫ 邑削：谓城邑被分割。

⑬ 大滑：流星名。据《隋书·天文志中》载称："[飞]星灭后，白者化为云流下，名曰大滑，所下有流血积骨。"

⑭ 枉矢：星名。据《史记·天官书》载称："枉矢，类大流星，蛇行而仓黑，望之如有毛羽然。"

⑮ 枉道：指枉矢星所行轨迹。

⑯ 天狗：星名。据《隋书·天文志中》载称："天狗，状如大奔星，色黄有声，其止地类狗，所坠，望之如火光，炎炎冲天，其上锐，其下圆，如数顷田处。"

⑰ 炎炎烛天：炎炎，火光猛烈貌。烛天，谓光耀天空，义犹"火光冲天"，比喻气势极为高涨。

【译文】

经典上说：所谓妖星者，就是水、木、金、火、土五大行星的余气聚结而成为妖雾，它奇形怪状，凶多吉少，凡所出现的地域，必有灾害发生。

奔星所坠落的下方，将有大战到来。

流星的颜色先红后黑，客军败散。

流星从敌营上方而来，在我军上方呈现锐形时，将有间谍前来策反我军。

流星尾长二三丈的，且呈光辉显耀状态，这是君主派遣的使者之兆；其颜色发红的，这是将军所派使者之兆。

流星颜色呈现青赤时，且有光尾二三丈的，其名为"天雁"星，这是将军的精华之兆，部队从此流星所指方向行动的，就能取得作战胜利。

流星颜色苍白的，是为使者；颜色发红的，将有战事；颜色发黑的，将领战死。

飞星形如大瓮，逐渐增大，颜色越来越白，且呈现前低后高状态的，这就是所说的"顿顽"星，此将预示有大将战死，城邑被分割削减。

飞星最终化为云气的，其名为"大滑"，这是流血积骨之兆。

枉矢类似流星，色青而呈现蛇形如同箭矢，而枉矢运行轨迹所指方向的，将有将军死亡。

天狗状如奔星，且有响声的，坠落时如火光炎炎，照耀天空，其下将有堆积的尸体和流淌的鲜血，狗群必来吞食。

【解说】

《占妖星篇第八十七》是《太白阴经》卷八《杂占》中第六篇，它是继《占客星篇第八十六》之后，着重记述古代占星术以所谓"妖星"活动之象再次占测世间兵灾之兆。

作者李筌开篇伊始指出："妖星者，五星之余气也，结而为妖，殊形异状，凶多吉少，所见之分，必有灾害。"此种把"妖星"释为"五星"（即水、木、金、火、土五大行星）之余气聚结而为妖星及其殊形异状的描述，主要取材于《隋书·天文志中·妖星》。古人所说的"妖星"，是与"瑞星"相对而言，二者均属"客星"范畴。古代星象家认为，瑞星是客星中的吉星，诸如景星、周伯星、含誉、格泽等多种星，它的出现预兆吉祥；而妖星则是客星中的凶星，它的出现预兆灾祸。这类星在古代文献记载中有数十种之多，而其中最为常见的是彗、孛两种彗星，二者的区别在于：带尾巴的星称为"彗"，芒气四出者则称为"孛"。据近代天文学研究揭晓，彗星是在扁长轨道上绕太阳运行的一种质量较小的天体，其出现时往往呈现云雾状、扫帚形的独特外貌，故在我国民间又称彗星是"扫帚星"。其实，汉字的"彗"，就有"扫帚"之义（说见《史记·孟子荀卿列传》司马贞索隐："彗，帚也。谓为之埽地。"埽，义同"扫"。）正因为彗星有此奇特的形貌，所以，自古以来彗星就成为人们关注和研究的对象。

中国对彗星的观测和研究已有四千多年的历史，拥有世界上最早、最完备的彗星记录（见《中国大百科全书·天文学·彗星的运动》）。在我国古代文献（包括正史和地方志等）中有上千条彗星记录，但其称谓是多种多样的，有时称彗星，有时又称孛星、妖星、蓬星、长星、异星、奇星等等。我国早在春秋时期，鲁国《春秋》一书，记载于鲁文公（名兴）十四年（公元前613年）"秋七月，有星孛入于北斗。"这是为世人所公认的世界上第一次关于哈雷彗星的确切记载；并且"自此以后，凡逢哈雷彗星复现，我国古籍多有记载，自此次至清末两千余年，出现并有记载者共三十一次。"（见杨伯峻《春秋左传注·文公十四年》）更值得指出的是，我国古人不但注重彗星的观测记录，而且进行深入研究，给以理论阐述。例如，唐初著名天文学家李淳风即对彗星有较为深刻的阐释。他说："彗体无光，傅日而为光，故夕见则东指，晨见则西指。在日南北，皆随日光而指。顿挫其芒，或长或短，光芒所及则为灾。"（引文见《晋书·天文志中·妖星》。《晋书》一书是由唐初宰相房玄龄等三人监修、令狐德棻等十八人撰写而成，而该书之天文、律历、五行三"志"，则为李淳风所撰写）李淳风关于彗星的论述，除了"光芒所及则为灾"句具有迷信色彩而不可取之外，其余所论则清晰地揭示了彗星发光的原因以及彗尾的指向呈背太阳的规律性。这是十分难能可贵的。

在科学不发达的古代和中世纪，彗星的偶然出现和它的"扫帚"形的奇特外貌，往往使人们感到惊慌和恐惧，以至认为彗星的出现是战争、饥荒、旱涝、瘟疫等灾难的预兆。这是没有科学道理的一种迷信。本篇所述妖星"所见之分，必有灾害"的说法，反映了古代人们对彗星的迷信认识以及古代占星术的伪科学性。实际上，彗星的出现是宇宙中的一种天体运行的自然现象，即使有些彗星的出现是在地球上所发生的某种灾害事件的前后，但也是一种偶然性的巧合而已，它同地球上人类社会所经常发生的天灾人祸事件也毫无因果关系。这是毋庸置疑的客观存在。

占云气篇第八十八

【原文】

经曰：天地相感，阴阳相薄，谓之气。久积而成云，皆物形于下，而气应于上。是以荆轲入秦，白虹贯日；[①]高祖在沛，彤云上覆。[②]积垒之气，而成宫阙；[③]精之积，必形于云之气。故曰：占气而知其事，望云而知其人也。

猛 将 气

猛将之气，如龙如虎在杀气中。猛将欲行，先发此气。如无将行，当有暴兵起，吉凶以日辰[④]占之。

猛将之气，如烟如雾沸[⑤]，如火光照夜。猛将之处，有赤白气相绕。猛将之气，如山林，如竹木，色如紫盖[⑥]；如门楼，上黑下赤。如旌旗，如张弩，如尘埃，头尖本大[⑦]而高。两军相当，敌军上气如囷仓[⑧]，正白[⑨]见日愈明。此皆猛将之气，不可击也。

敌人营上气，黄白润泽[⑩]，将有威德，不可击也。气青白而高，将勇，大战；前白如卑，后青如高，将怯士勇；前大后尖小，将怯不明。

敌上气，黑中赤在前者，将精悍[⑪]，不可当。

敌上气，青而疏散者，将怯。然军上气发，渐渐如云里山形，将有阴谋，不可击；若在吾军之上，速战大胜。

敌上气，如蛟蛇向人，此猛将之气，不可当；若在吾军之上，速战大胜。

胜 军 气

气如火光，如山隩[⑫]，如尘埃粉沸[⑬]，如黄白旌旗，无风而飘，挥挥指敌[⑭]，此胜军之气，所在不可击。

云气如三匹帛，前横后大，如楼橼[⑮]，如赤色者，所在兵锐，不可击。

军上有气，如人持斧，如蛇举首而向敌者，皆胜军气；如匹帛者，此助胜之气，所在不可击。

军上气，如覆舟⑯，如牵牛，如斗鸡，所在不可击。

军上有五色气连天，不可击。

军上有云气，如华盖⑰，如飞鸟，如伏虎⑱，所在不可击。

军上气，如五马颈低尾高如杵，如赤马在黑气中，如黑人在赤气中，如杵在黑云中，如人十十五五⑲，旌旗在黑气中赤色在前者，皆精悍不可击。

败军气

败军之气，如马肝，如死灰⑳，如偃盖㉑，如卧鱼，乍见乍隐㉒，如雾之朦胧。此衰气也，若居敌上，宜急击之。

云气如坏山从军营而坠，军必败。

云气自黄昏发，连夜照人，则军士散乱。

军上有气，一断一续者，军必败。

军上黑云，如牛状，如猪形㉓，如羊群，名曰瓦解之气，军必败。

军上有云气，如双蛇，急击勿失。

军上气，如尘灰，如粉，如烟，云雾勃勃撩乱㉔者，军必败。

军上有五色杂气，东西南北不定者，或如群鸟乱飞，或纷纷如转蓬㉕，或如败船，或如卧人无手足，或如覆车散乱不起者，皆败军之气，击之必克。

军上气，上大下小者，士卒日减。

军上十日无气者，其军必败。

军上十日无气，忽有赤白气乍出即灭者，外声欲战，实欲退散，宜击之。

军上气，出而半绝者，欲散渐尽去走，一绝一败，再绝再败，三绝三败。在东发白气，灾深；赤气如火光，从天而降入军中，兵乱将死。

军上气苍，须臾散尽，或前高后卑，或黑气如牛马形，从云气中渐入军中，名曰天狗食血，其军散败。

两军相当，十里之内，三里之外，望彼军上气，高而前白后青者，败气也。

云气如人头、鸡兔临军上，云盖蔽濛昼晦者㉖，宜急走，不然必败。

军上气，先青而后黑者，其将必死。

散军之气，如燃生草之烟，前虽锐而后必退。

军上气，如丹蛇㉗者，如尾在云雾中临军上者，中人㉘与外人通。

军行有白气如猪来临者，大惊，宜备。

日晕有气，如死蛇属晕者^㉙，不利先锋。

日晕旁有赤云，如悬钟，其下有死将。

日月晕有背^㉚，所临者败。

白虹及蜺^㉛入营者，败。

日晕有四珥^㉜在外，军悉败散。日晕薄及，后至先去，其下败军来降。

气如人十十五五，皆低头叉手相向，或气如黑山以为缘^㉝者，白气如鸟趣入屯营连络不绝，须臾下者，当有来降。

城垒气

正白如旌旗，或白气如旗而赤界其边，或气出于外如火烟，或有云分为两截状如城垒，皆坚而不可攻。

白气如城中南北出者^㉞，城中黑气如星名曰军精，宜急解去。

赤云或黄云临城，城中喜；青云从军城南北出者，不可攻。

城中有云青色，如牛头触人外向者；城中有气出东，其光黄大，坚城也。

白气中出，青气入北，反覆回还，不可攻。

凡攻城围邑，过旬不雷不雨者^㉟，为城辅，勿攻。

城垒气，出于外如烟火者，或如双蛇举首向敌，或赤气如杵自城中出向外，内兵突出，客败。

凡攻城，有诸气自城出，兵不得入。

濛气^㊱绕城而不入城，外兵不得入。

日晕，有青气从中出四起者，围中胜。

凡攻城，有黑气临城上者，积土固险之状；黑者，水之气，城池之象也。我据城，敌不可攻；敌据城，我不可攻。

凡围城，平旦^㊲视围上气郁郁^㊳如火，光芒其势翕翕然^㊴者，其方救至；无者，救不至。受围者望外救，亦以此占。

伏兵气

气如赤杵、幢节^㊵在乌云中，或如乌人^㊶在赤气中，或黑气浑浑圆^㊷而赤气在其中，或白气纷沸起如楼状，其下皆有伏兵。若军行近山谷之间林坑，甚防之。

云纷纷绵绵^㊸相绞及^㊹，似蒿草长数尺者，以车骑^㊺为伏兵；如布席^㊻似蒿草长尺许者，以步卒为伏兵。

黑云出营南，贼逃，我后有伏兵，谨候^㊼察之。

两军相当，赤气，伏兵气。若前有赤气，则前有伏兵；后有赤气，则后有伏兵。左右亦如之。

黑云变赤及白，形如山者，有伏兵；云如山林，或前黑气后有白气者，有伏兵。

暴 兵 气

白气如瓜蔓连结，部队相逐；须臾罢而复出，或如八九[48]而来不绝者，有急贼至。

白气如仙人衣[49]千万连结，部队相逐，罢而复兴，当有千里兵至。

黑气从彼来我军者，欲袭我也，急宜备，不宜战；敌还，从而击之，必得小胜。

天色苍茫[50]而有此气，依支干数内[51]，无风雨所发之方，必有暴兵。日克时则凶，时克日则自消散。此气所发之方，当有事告急。一人来，则气一条；依数计之，若散漫一方，必有众至。依日干支数内有风雨，则不应。

暴兵气，如人持刀盾[52]，或有云如坐人赤色，所临城邑，有猝兵至[53]。

赤气如人持节，云如方虹[54]或如赤虹，其下暴兵至。或如旌旗，如虎跃，如人行；或白气如道带竟天[55]；或白虹所出；或赤云如火；或云如匹布著天[56]，经丑未[57]者，天下多兵，赤者尤甚。

有云如番人列阵，或白气广五六丈，东西竟天；有云如豹五六枚相聚，或如狗四五枚相聚，四方清明，独有赤云赫然[58]者，所见之地兵起。

四望[59]无云，独有黑云极天[60]名曰天沟，主兵起[61]。

壬子日，候四方无云，独有云如旌旗，其下兵起；遍四方，天下兵起。

云气一道，上白下黄，白色如布匹长数丈；或上黄下白，如旗状长二三丈；或长气纯如赤而委曲[62]一道如布匹，皆谓之蚩尤旗，见[63]，兵大起。

战 阵 气

气如人无头，如死人，如丹蛇，赤气随之，必有大战，杀将。

四望无云，独有赤云如狗入营，其下必有流血；或独见赤云如立蛇，或赤云如覆舟，其下大战。

白虹或赤屈虹[64]见城营上，其下大战，流血。

白气如车入北斗中转移[65]者，大战；云如耕陇[66]，大战。

日旁黑气如虹，或白气如虹交见[67]，两军相当，必交战；无军兵起。

四五六虹见[68]，大战。

日月有赤云截之如大杵，军在外，万人战死；两军相当，不利先举。

月初满而蚀[69]，有军必战。

苍白云气经天⑦，其下有拔城大战。

赤气漫漫⑦如血色，有大战，流血。

阴谋气

气白而群行徘徊⑦结阵而来者，他国人来相图谋也，不可忽，应视其所往而伐之，得利。

黑气如幢⑦出于营中，上黑下黄，敌欲来求战，而无诚实言信；相反，七日内必觉，备之，吉。

黑气临我军上，如车轮行，敌人谋乱，国有小臣勾引，宜察之。

黑气如引牵来，如阵前锐者，有阴谋。

天阴沉不雨，昼不见日，夜不见星月，三日以上者，阴谋也，将军宜慎防左右。

连阴十日，乱风四起，欲雨不雨，其名曰濛，为臣谋君。

天阴沉，日月无光，有云障之，不雨，此君臣俱有阴谋。两敌相当，则阴谋也，若昼晴夜阴，臣谋君；昼阴夜晴，君谋臣。

四夷气

东夷之气如树，西夷之气如屋，南夷之气如楼台或如舟航⑦，北夷之气如牛羊或如穹庐⑦。

远近气

气初出桑榆⑦，一千五百里。平观⑦一千里；仰视中天⑦，一百里；平望桑榆，二千里；登高下属⑦，三千里。

凡候气之法⑧：气初出时，若云非云，似雾非雾，仿佛若可见；初出森森然⑧，若高五六尺者，是千五百里以外气也。

凡候敌上气：敌在东⑧，日出候之；敌在西，日入候之；敌在南，日中候之；敌在北，夜半候之。

欲知我军气：常以甲巳日⑧，及庚子、戊午日、未日、亥日，及八月十八日，去军十里，登高望之，但百人以上，则皆有气。

凡气欲似甑⑧出炊气，勃勃而上升，外积结成形，而后可占。气不结积，散漫不定，不能为灾祥，亦必和杂杀气⑧森森然，乃可论也。

凡军城上气安，则人安；气不安，则人不安；气盛，则兵盛；气衰，则中衰⑧；气散，则众散。

凡气得旺相⑧色，吉；休囚色，凶。

军上气高胜下，厚胜薄，实胜虚，长胜短，泽胜枯㊽。

凡占灾祥，先推九宫分野㊻、六壬㊼日月，不应阴雾风雨，其占乃准。

凡候气，多假日月之光所照耀而形，故晕、珥、抱、背，皆出日月之旁；虹蜺相象，莫不因日而见。是故昼候日旁，夜候月旁，辉光所烛，无得而隐矣。

凡气见，近三日，远七日内，有大风雨，则不应灾祥。故曰：风以散之，雨以解之。

凡军行，先观其气。兵有胜负，气有盛衰。气锐兵强，气伏兵弱，兵行气行，兵止气止，兵急气急，兵散气没。故曰：气是兵主㊼，风是兵苗㊽。为将者，不可不知也。

【注释】

① 荆轲入秦，白虹贯日：典出《史记·鲁仲连邹阳列传》："昔者荆轲慕燕丹之义，白虹贯日，太子畏之。"荆轲，卫国人。卫人称之庆卿。游历燕国时，燕人称其为荆卿，亦称荆叔。后被燕太子丹尊为上卿，并于燕喜王二十八年（公元前 227 年）被派往秦国刺杀秦王嬴政（即秦始皇），失败而遭杀害。白虹贯日，指白色长虹穿日而过。此为一种罕见的日晕现象，古人认为人间若有非常之事发生，就会出现这种天象变化。实际上，这是一种缺乏科学理念的迷信之说。

② 高祖在沛，彤云上覆：典出《史记·高祖本纪》："秦始皇常曰：'东南有天子气'，于是因东游以厌之。高祖即自疑，亡匿，隐于芒、砀山泽岩石之间。吕后与人俱求，常得之。高祖怪问之。吕后曰：'季所居上常有云气，故从往常得季。'高祖心喜。沛中子弟或闻之，多欲附者矣。"高祖，即汉高祖刘邦，字季。沛，即沛县，今属江苏。彤云，红云，或彩云。上覆，谓覆盖其上。

③ 积蜃之气，而成宫阙：语本《史记·天官书》："海旁蜃气象楼台，广野气成宫阙然。"蜃之气，即"蜃气"。蜃（shèn），古代传说中的一种蛟龙，古人误以为蜃能吐气而成海市蜃楼。实际上，这是一种大气光学现象，即光线经过不同密度的空气层后发生显著折射，使远处景物显现在半空或地面上的奇异幻象。宫阙，即宫殿。古时帝王所居宫门前有双阙，故称宫殿为宫阙。

④ 日辰：《太白阴经》原作"日神"，钱熙祚校注指出："张刻本'神'作'辰'。"从本篇后文的《暴兵气》内容看，张刻本为确。故按钱注依张刻本校改。日辰，本篇指天干和地支。东汉著名唯物主义哲学家王充《论衡·诘术》："日十而辰十二，日辰相配，故甲与子相连。"我国古代星象家即以干支相配来占卜人间之吉凶福祸，实属迷信之说。

⑤ 雾沸：指雾气蒸腾之状。

⑥ 紫盖：这里指出现在斗、牛星宿间的云气像紫色车盖。

⑦ 本大：谓体大。本，指草木的茎、干，人的身体。

⑧ 敌军上气如囷仓：语出《隋书·天文下》。但原文"军"后衍一"器"字，今据《隋书》删正。上气，指上空的云气。囷仓（qūn—），指圆形的谷仓，这里用以比喻云气的形状。

⑨ 正白：指纯白色。

⑩ 润泽：谓圆润而有光泽。

⑪ 精悍：谓精强勇猛。

⑫ 山隄：犹"山梁"。隄（dī），同"堤"，本谓堤坝或桥梁，引申"山梁"。

⑬ 粉沸：谓粉末飞扬腾涌。

⑭ 挥挥指敌：语出《隋书·天文下》。挥挥，形容旗帜飘扬貌。指敌，指向敌人。

⑮ 椽（chuán）：即"椽子"。指放在檩子上的架设屋面板和瓦的条木。

⑯ 覆舟：指翻船。

⑰ 华盖：通常指帝王或贵官车上的伞盖。

⑱ 伏虎：指蹲伏着的老虎。

⑲ 如人十十五五：句义是，如同人十个一群、五个一组的样子。

⑳ 败军之气，如马肝，如死灰：语出《晋书·天文志中》。这里的"马肝"和"死灰"，皆用以形容败军之云气的颜色。

㉑ 偃盖：本指车篷或伞盖，这里喻指云气的形状。

㉒ 乍见乍隐：谓忽隐忽现。见，同"现"。

㉓ 猪形：原文误作"猪脂"，今据《隋书·天文下》校改。

㉔ 撩乱：纷乱；杂乱。

㉕ 转蓬：指随风飘转的蓬草。

㉖ 云盖蔽濛昼晦者：云盖，指形如车盖的云气。蔽濛，亦作"蔽蒙"，指蒙蔽不清之状。昼晦，指白天光线昏暗。

㉗ 丹蛇：指红色长蛇。丹，红色。

㉘ 中人：与"外人"相对应，指内部人。

㉙ 如死蛇属晕者：此句中之"属"（zhǔ）在本篇这里作"连接"解。说见王充《论衡·说日》："临大泽之滨，望四边之地与天属。其实不属，远若属矣。"

㉚ 背：这里指"背气"，即古代天文学对日月周围云气的一种称谓。

㉛ 白虹及蜺：虹（hóng）和蜺（ní），皆为雨后或日出、日没之际天空中所出现的七色圆弧。这种七色圆弧，通常有内外二环：内环者称"虹"，亦称"正虹"或"雄虹"；外环者称"蜺"，

亦称"副虹"或"雌蜺"。

㉜ 玦（jué）：本指环形有缺口的玉佩，但在本篇这里则指日晕的缺口。

㉝ 缘：攀缘。

㉞ 白气如城中南北出者：语出《隋书·天文下》。

㉟ 过旬不雷不雨者：旬，十日为一旬。不雷不雨，谓不打雷不下雨。

㊱ 濛气：谓濛濛云气，指云气浓盛貌。

㊲ 平旦：清晨。

㊳ 郁郁：这里指云气升腾貌。

㊴ 翕翕然（xī xī—）：盛大貌。

㊵ 幢然（chuáng—）：本篇这里指旗帜仪仗。

㊶ 乌人：指黑色人。乌，黑色。

㊷ 浑浑圆：指浑沌模糊而呈圆形

㊸ 纷纷绵绵：纷纷，众多貌；纷乱貌。绵绵，谓连续不断。

㊹ 相绞及：谓相互缠绕连接在一起。

㊺ 车骑：古代指战车和骑兵。下文的"步卒"，则指步兵。

㊻ 布席：本指铺设坐席，但这里指云的形状像坐席。

㊼ 谨候：义犹"谨察"，谓严密侦察。

㊽ 或如八九：在汉字十位数目中，八与九，不仅相连接，而且接近于最大数"十"，故"八九"在本篇这里用以形容接连不断的白气来势之大。

㊾ 白气如仙人衣千万连结：语出《隋书·天文下》。仙人衣，指洁白的仙人衣裳。千万，形容数目极多，这里喻指白云非常盛大壮观。连接，谓连接不断。

㊿ 苍茫：模糊不清貌。

51 依支干数内：支干，即地支和天干。我国古代以天干与地支依次相配纪日，后亦用以纪年月。此句言按照天干与地支依次相配推算所得数目之内。

52 暴兵气，如人持刀盾：语出《隋书·天文下》。暴，原文误作"伏"，今据《隋书》校改。

53 猝兵至：谓突然有兵到来。

54 方虹：指方形虹。虹，通常是为圆弧形状，但这里却是"方虹"，此系强调其特殊性。

55 道带竟天：道带，指云气像一道狭长带状物。竟天，指直接天边。

56 匹布著天：匹布，指一匹布。著天，谓接触到天。此言其云气之高。

57 丑未：指丑时和未时。丑，是十二地支的第二位，以之纪时辰，指凌晨一时至三时。未，是十二地支的第八位，以之纪时辰，指十五时至十七时。可见，从丑时到未时，历时十四小时，相当一整白天有余。

㊄ 赫然：光彩显赫貌。多指红色。

㊄ 四望：谓眺望四方。

⑥ 极天：谓达于天，或顶了天。

⑥ 主兵起：指主方挑起战争。

⑥ 委屈：弯曲；曲折延伸。

⑥ 见：同"现"。出现；显现。

⑥ 屈虹：义犹"曲虹"。屈，通"曲"。

⑥ 转移：转换移动。

⑥ 耕陇：即田垄。陇，通"垄"。

⑥ 交见：谓交错出现。见，同"现"。

⑥ 四五六虹见：四五六，似指四、五、六日。见，同"现"。

⑥ 月初满而蚀：初满，指月亮刚圆。蚀，指月食。

⑦ 经天：谓直上青天。经，通"径"，直也。

⑦ 漫漫：指广远无际貌。

⑦ 徘徊：往返回旋。或游移不定貌；徐行貌。

⑦ 幢：这里指旗幢。古代一种旌旗。

⑦ 舟航：即船只。

⑦ 穹庐（qióng—）：古代游牧民族居住的毡房。因其呈穹隆形状故名"穹庐"。

⑦ 气初出桑榆：语本《隋书·天文下》"[气]初出森森然，在桑榆上"。桑榆，指桑树和榆树。

⑦ 平观：以及下文的"平望"，皆谓平行观看。

⑦ 中天：指高空中；当空。

⑦ 登高下属：谓登上高处往下观看。属（zhǔ），注目；专注，引申观看。

⑧ 自"凡候气之法"至"是千五百里以外气也"诸句：皆出自《隋书·天文下》。候气，谓观察云气。法，指观察云气的方法。

⑧ 森森然：本指树木繁密、众多貌，但在本篇这里则形容云气的浓密状态。

⑧ 自"敌在东"至"夜半候之"八句：皆出自《隋书·天文下》。

⑧ 甲巳日：原作"甲己日"，以干支纪日并无"甲己日"，疑"己"系"巳"之误刻。今据《隋书·天文下》校正。

○84 甑（zèng）：一种底有气孔的蒸食炊具。古用陶制，商周时代有青铜制甑，后多用木制甑，俗称"甑子"。

○85 和杂杀气：和杂，谓混杂；掺杂。杀气，指阴冷可怖的云气。

○86 中衰：本谓中道衰落，但在本篇这里则指军队内部衰落。

○87 旺相：以及下文的"休囚"，皆为命理术语（亦即"算命术语"）。星象家以五行（木、火、水、金、土）配四季（春、夏、秋、冬），每季中五行之盛衰，以"旺、相、休、囚、死"来表示。例如，春季是木旺、火相、水休、金囚、土死。凡人之八字中的日干逢旺相的月支，为得时而吉利；但逢囚、死的月支，则为失时而凶险。如日干为木，逢春为旺、逢冬为相者，皆属得时而吉利。故俗语以为凡得时为"旺相"，失时为"休囚"。

○88 泽胜枯：指润泽战胜枯涸。

○89 九宫分野：星相术数家语。九宫，术数家所指的东、西、南、北、东南、东北、西南、西北、中央九个方位。（说见《灵枢经·九宫八风》，旧传此书为黄帝所作，实系唐代王冰所伪托）分野，是指与星次相对应的地面上的区域划分。

○90 六壬：古代占卜术的一种。与"太乙"、"遁甲"合称为"三式"。"六壬"占卜法，由来甚古，据东汉赵晔《吴越春秋》、袁康《越绝书》二书记载，早在春秋时期，吴国著名军事谋略家伍子胥运用"六壬"占卜术所占之课。近代考古发掘中，有多具"六壬"式盘出土。"六壬"占卜法，是以阴阳五行学说为依据进行操作，即在水、火、木、金、土五行之中，以"水"为首；在甲、乙、丙、丁、戊、己、庚、辛、壬、癸十天干中，壬、癸皆属水，壬为阳水，癸为阴水，舍阴取阳，故名"壬"；在六十甲子中，壬有六位，即壬申、壬午、壬辰、壬寅、壬子、壬戌，故名"六壬"。六壬占法，共有七百二十课，总括为六十四种课体，用以占卜天地人事之吉凶。六壬之法是，用两木盘，上盘标有天上十二次分星，谓之"天盘"；下盘标有地上十二辰分野，谓之"地盘"。将两盘相叠，转动天盘，得出所占之干支与时辰的部位，以判断吉凶福祸。显而易见，此种靠"六壬"式盘来占卜天地人间的吉凶福祸的做法，只能是缺乏科学道理的一种迷信。

○91 兵主：这里指战神。说见《史记·封禅书》所载："八神：一曰天主，祠天齐……，三曰兵主，祠蚩尤。"

○92 兵苗：义犹"兵众"，指军队部众。苗，犹"众"。说见《后汉书·皇后纪上·和熹邓皇后》"以赡黎苗"唐李贤注引《广雅》云："苗，众也。"

【译文】

经典上说：天与地相互感应，阴与阳相互接近，称之为气；气经过长久积累而形成云，这都是物的形体在下，气的应化在上的表现。所以，荆轲入秦行刺，便有白虹穿日而过；刘邦在沛举义，便有彩云覆盖屋顶。积屦之气而成楼台宫殿，精气的积聚必定形成云气。因此说，占气而能知其事，望云而能知其人。

猛将气

猛将之气，其势如龙似虎地在一片杀气之中。猛将要行动，首先发出此气。假如没有猛将行动，当有暴兵突起，欲知是吉是凶，要用日辰进行占卜。

猛将之气，如同烟雾沸腾升空，如同火光照亮夜空。猛将所在之处，有红白色云气相缭绕。猛将之气，势如山林、竹木之郁郁葱葱，色如紫盖；如门楼而上黑下红。又像旌旗、像张弓、像尘埃，头尖体大而身高。两军相互对抗，敌军躯体上空的云气，如果形似圆形谷仓，颜色纯白，遇到阳光更加明亮的，这都是猛将之气，对此敌人不可贸然攻击。

敌人营垒上方的云气，若呈黄白色而有光泽，这是敌将有威德之象，不可攻击他。云气若呈青白色且高大，这是敌将勇猛，将有大战之象。云气若前面白而低矮，后面青而高大，这是敌将怯懦，士卒勇敢之象。云气前面宽大，后面尖小，这是敌将怯懦不明之象。

敌军上空的云气，若呈黑色之中而有红色在前的，这是敌将强悍勇猛，不可抵挡之象。

敌军上空的云气，若呈青色而疏散状态的，这是敌将怯懦之象。然而，当此云气散发而渐渐呈现云里山形之时，这是敌将别有阴谋之象，不可攻击他。如果此种云气是在我军上空时，则应当与敌速战，可获大胜。

敌军上空的云气，其势如蛟龙毒蛇向人的，这是猛将之气，敌军不可抵挡。如果此种云气是在我军上空时，应当与敌速战，可获大胜。

胜军气

云气像火光，像山梁，像尘埃飞扬腾涌，像黄白色旌旗无风而自动飘扬，直指敌人方向的，这是胜军之气。此气所在之敌，不可攻击他。

云气像三匹布帛前横而后大，像楼房的椽子而呈红色的，此云气所在地方的军队精锐，不可攻击他。

军队上空有云气，像人手持铁斧，又像毒蛇举头而向敌人的，都是胜军之气；像匹布帛的，这是助胜之气。此云气所在地方的军队，不可攻击他。

军队上空的云气，像翻船，像牵牛，像斗鸡的，凡此云气所在地方的军队，不可攻击他。

军队上空有五色云气连天的，不可攻击他。

军队上空有云气，像伞盖，像飞鸟，像伏虎的，凡此云气所在地方的军队，不可攻击他。

军队上空的云气，像五匹马的颈低尾高如同棍棒；像红马在黑气中；像黑人在红色云气之中；像棍棒在黑云之中；像人十个一群、五个一组的；像旌旗在黑气中而红色在前的，这些都是军队精强勇猛之象，不可攻击他。

败军气

败军之气，其色像马肝、像死灰，其形像车篷（或伞盖），像卧鱼而忽隐忽现，如同雾色朦胧，这些都是衰败之气。如果此气居于敌军上空时，应当迅速攻击他。

云气如同山崩而从军营上空坠落，其军必定失败。

云气自黄昏时候散发，彻夜照人，军队士卒就会散乱。

军队上空有云气，呈现一断一续的，其军必定失败。

军队上空有黑云，像牛状，像猪形，像群羊，名叫"瓦解之气"，其军必定失败。

军队上空有云气像双蛇形，对处于此种云气下的军队，应当迅速进击而不要丧失击敌良机。

军队上空的云气，像灰尘，像粉末，像炊烟，且云雾勃勃而纷乱无序的，其军必定失败。

军队上空有五色杂气，且呈东西南北飘忽不定的，或者像群鸟四处乱飞，或者像蓬草纷纷飘转，或者像战败逃走的船只，或者像人躺卧无手足，或者像散乱不堪的翻车，这些都是败军之气。对处于此种云气下的敌人，发起攻击必能取胜。

军队上空的云气，呈现上大下小形状的，其士卒日益减少。

军队上空十日没有云气的，其军必定失败。

军队上空十日没有云气，忽然有红白云气刚出即灭的，是对外声言欲战，实则准备退散之敌，应当向他发起攻击。

军队上空有云气出来，但半途而云气断绝了，这是军队将要溃散而全部逃走之象。此种云气一绝，其军一败，再绝再败，三绝三败。在军队东方有白气发生，这是灾祸深重之象。有红气如同火光，从天而降，进入军营中，这是兵乱将死之象。

军队上空的云气呈青色，不一会儿便散尽，其状或前高后低，或有黑气如牛马之形，从天空云雾中渐入军营中，这叫作"天狗食血"，其军即将败散。

　　两军对峙，在十里之内、三里之外，望见敌军上空的云气高飘且先白后青的，这是败军之气。

　　云气像人头、鸡兔降临军队上空，其状如车盖蒙蔽而使白昼昏暗不明的，处于此种云气下的军队，应当迅速撤走，否则必遭失败。

　　军队上空的云气，呈现先青而后黑颜色的，其将领必死无疑。

　　散军之气，如同点燃生草所产生的烟气，其军虽然先前锐利，而最后必将失败退走。

　　军队上空的云气，像红色毒蛇，如果其尾巴在云雾中而降临于军队上空的，这是军中内部有人与外部敌人勾结之象。

　　军队行动时，有白气如猪来临的，这是特大惊惧之象，应当及早做好防备。

　　日晕时候，若有云气如同死蛇连接日晕的，这对先头部队的统兵将领不利。

　　日晕旁边，若有红色云气形如悬钟时，其下必有死将之灾。

　　日月晕时且有背气（指日月周围的云气）发生，那么，所面临此背气的军队，要遭到失败。

　　有白虹及蜺云进入军营者，其军要遭到失败。

　　日晕若有四缺口在外，凡面临此种日晕的军队，都将全部失败逃散。日晕迫及之时，处于后到先去者，其下将有败军来降。

　　云气如同十人一群、五人一组，并且都呈现低头叉手相对之状的；或者云气如黑山做攀缘之状的；或者白色云气如鸟飞往军营，且络绎不绝而片刻落下的，其下将有敌军前来投降。

城　垒　气

　　云气纯白形如旌旗；或者白气像旗而其四边为红色；或者云气出于外如同烟火；或者有云分为两截而形状像城垒的，都是坚不可摧之象。

　　白色云气从城中南北两面飘出的，城中有黑色云气如星名曰"军精"者，应当迅速解除包围而去。

　　有红色云气或黄色云气降临城头的，此城中有喜庆之事。有青色云气从驻军城垒南北两面飘出的，其城不可围攻。

　　城中有青色云气，如牛向外顶人之状的；城中有云气从东面飘出，其光色发黄且广大的，这都是坚城之象。

　　从白色云气中产生青色云气，进入城北而又重新返回的，其城不可围攻。

凡是攻城围邑作战，超过十天而不打雷不下雨的，这是此城邑有天辅助之象，不可再行围攻。

城垒之气出于城外而形如烟火的，或者像双蛇举头向敌的，或者有赤色云气形如杵棒而自城中出向城外的，都是城内兵卒突围而出之象。这样，客军将要失败。

凡是攻城作战时，有诸种云气自城内向外飘出，那么，城外围攻之兵就无法攻入城内。

有濛濛云气绕城而不入城的，城外围攻之兵就无法攻入城内。

日晕之时，有青色云气从城中四出腾起的，被围一方将获得胜利。

凡是攻城作战时，有黑色云气降临城上，且呈积土固险之状，那么，黑色者为水蒸气，此乃城池之象。在此情况下，若我军据守城池，敌人不可攻入；若敌人据守城池，我军亦不可攻入。

凡是攻城作战时，清晨看见围城者的上空有云气郁郁如火焰的光芒，其势头翕翕盛大者，这是围城者一方有援兵到来之象；没有此云气者，则援兵未到。被围者一方等待外援，也是用此法进行占卜。

伏 兵 气

有云气像红色杵棒和旌旗符节在乌云之中，或者像黑人在红色云气之中，或者是黑气浑圆而红气在其中，或者是白色云气纷纷沸起形如楼状的，其下都是设有伏兵的。如果行军接近山谷之间和密林深坑之处，应当特别加以提防。

云气纷纷绵绵相互缠绕如同蒿草而长数尺的，是以车骑为伏兵之象；云气像铺设的坐席如蒿草长尺许的，这是以步兵为伏兵之象。

黑色云气出于营垒之南，此为贼寇逃遁之象；我军背后有伏兵，应当严密侦察之。

两军对峙，赤色云气为有伏兵之气。如果前方有赤色云气，则前方有伏兵；后方有赤色云气，则后方有伏兵。左右两方也是这样。

黑色云气变成红色和白色，其形像山的，是有伏兵之象；云气形如山林，或者前有黑色云气、后有白色云气的，都是设有伏兵之象。

暴 兵 气

白色云气像瓜蔓连接，这是军队相互角逐之象。此云气片刻散罢而又复出，或者以浩大之势源源不断而来的，是敌人突袭而至之象。

白色云气像千万件仙人衣相连接，这是部队相互角逐之象。此云气散罢而又兴起，这是有军队从千里而至之象。

有黑色云气从敌方飘向我军的，是敌人企图袭击我军之象，应当迅速做好准备，不宜急于对敌交战。待敌人退还之时，跟踪追击之，必获小胜。

天色苍茫而有云气，在依干支推算数内，若没有风雨所发之方，此为必有暴兵之象。日克时即为凶兆，时克日则凶兆自消。此云气所发之方，当有事告急。一人来，则有此云气一条；依数计算，如果云气散漫一方时候，必有大队人马来到。在以日辰干支推算之数内，如有风雨降临，那就不应验了。

暴兵之气像人手持刀盾，或有云气如端坐之人且呈红色者，那么，此云气降临的城邑，将有敌兵突然到来。

有赤气像人手持节杖，云如方虹或赤虹时，其下将有暴兵来到。云气像旌旗、像虎跃、像人行，或者白气像一道带子直至天边，或者白虹所出，或者赤云如火，或者云气像一匹布接连天际，且经历丑未之时（即历时十四小时，或曰一整白天）而不散，这是天下多有战事之象，而红色云气者尤为严重。

有云气像番人列阵，或者有白色云气宽五六丈，东西接天；有云气像五六只豹相聚一起，或像四五只狗相聚一起；四方晴朗透明，独有红云赫然而现以上诸多云象出现的地方，将有战争爆发。

眺望四方晴朗无云，独有黑色云气达于天际，此云名叫"天沟"，主方将要发动战争。

壬子之日，观察四方无云，独有一云气像旌旗出现在空中，其下将有战争爆发；此种云气遍及四方之时，天下将有战争爆发。

有云气一道，其色上白下黄，白色像布匹长数丈；或者上黄下白，形如旌旗长二三丈；或者有硕长云气纯如红色，而曲折延伸呈一道布匹状，这些都称为"蚩尤旗"，它出现后将有大战爆发。

战阵气

有云气像无头之人，又像死人、像丹蛇，有红色云气相随，这是必有大战杀将之象。

眺望四方晴朗无云，独有红色云气出现，像狗窜入营垒之状，其下必有流血。或者独有红色云气状如蛇立，或者红色云气状如翻船，其下必有大战。

有白虹或赤曲虹出现在城垒的上空，其下将有大战，遍地流血。

有白色云气像车入北斗中转动的，这是大战之象；云气像田垄之状的，也是大战之象。

太阳旁边有黑色云气如虹，或者有白色云气如虹，此两者交互出现，那么，两军对峙，必定交战；即使没有军队也会挑起战争。

四、五、六日彩虹出现，将有大战爆发。

日月为赤色云气所截断，形如大杵棒之状，那么，军队在对外作战中，将有万人战死；两军对峙，不利于首先发起进攻者。

月亮刚圆而又出现月食，此为有军必战之象。

有苍白云气直上青天，其下将有攻城大战。

有红色云气漫漫无际，如同血色一样，这是将有大战流血之象。

阴 谋 气

有白色云气群行徘徊，结阵而来的，这是他国之人前来图谋我国之象，对此不可忽视，应当根据其所往方向，跟踪讨伐，可获胜利。

有黑色云气如同旗幢，出现在军营中，呈现上黑下黄颜色，这是敌人欲来求战而无诚实言信之象。相反，云气呈现上黄下黑颜色，那么，敌人的企图在七日之内，必被发觉，预作准备则吉利无事。

有黑色云气降临我军上空，如同车轮行进，这是敌人企图谋乱，而国内有奸臣相勾结之象，对此应当加以防察。

有黑色云气如牵引而来，像战阵前锐者，这是敌人有阴谋企图之象。

天色阴沉而不降雨，白昼而不见太阳，夜晚而不见星月，有此情况而持续三天以上不变者，这是敌人预有阴谋之象，将军应当谨慎地防范左右。

连续阴天十日，乱风突然四起，欲雨而不降雨，其名谓之"濛"，这是为臣图谋君主之象。

天色阴沉，日月无光，有云气遮蔽而不降雨，这是君臣都有阴谋之象。两军对峙，则有阴谋。如果白昼晴朗、夜晚阴沉，这是为臣者图谋君主之象；反之，白昼阴沉、夜晚晴朗，则是君主图谋臣下之象。

四 夷 气

东夷之气像树木，西夷之气像房屋，南夷之气像楼台或船只，北狄之气像牛羊或毡帐。

远 近 气

云气初出于桑榆树之上的，其距离在一千五百里；其平视距离为一千里，仰视高空距离为一百里。平望云气下方的桑榆树方向，距离云气为二千里；登高下看的距离为三千里。

凡是观察云气的方法是：

云气初出时，似云非云，似雾非雾，依稀可见。云气初出时森然繁密，似为五六尺高的，乃是一千五百里以外的云气。

凡是观察敌军上空的云气时，如果敌军在东，日出时候观察它；敌军在西，日落时候观察它；敌军在南，中午时候观察它；敌军在北，夜半时候观察它。

要想知道我军上空的云气，通常选在甲巳日及庚子日、戊午日、未日、亥日，以及八月十八日，距部队十里处登高观望它，但凡百人以上的部队驻地上空，则都有云气。

凡是云气若像从甑器刚冒出的炊气，蒸蒸而上升，待此云气外面积结成形而后便可占验。如果此云气不积结而仍然处于散漫不定的状态时，是不能构成灾祥之兆的，也只有当它与阴气混杂积结一起森然而出后，方可以其占验而论吉凶。

凡是军队城垒上空的云气安定时，那么，人员就安定；云气不安定，人员就不安定；云气旺盛，部队就旺盛；云气衰弱，军中就衰弱；云气流散，兵众就离散。

凡是云气呈现旺相色，就吉利；云气呈现休囚色，就凶险。

军队上空的云气，一般是以高胜下，以厚胜薄，以实胜虚，以长胜短，以泽胜枯。

凡是占验灾祥，应当首先推演九宫分野、六壬日月之法，不应当考虑阴雾风雨因素，这样的占验才能准确无误。

凡是观察云气，多数借助日月之光所照耀而显现出来的形象色泽。因此，晕、珥、抱、背等各种光晕现象，都出于日月之旁；天空中出现的虹与蜺彼此相像的七彩圆弧，没有不是因为日光的折射而显现出来的。所以，白昼应当观察日旁，夜晚应当观察月旁，辉光所照之处，没有可以隐蔽的地方。

凡是云气出现后，近则三日，远则七日之内，如有大风大雨，就不能应验灾祥吉凶。因此说，风可以流散云气，雨可以化解云气。

凡是军队有行动，应当首先观察云气情况。军事有胜败之分，云气有盛衰之别。云气锐盛，军事就强大；云气低落，军事就衰弱。

军队行进，云气就行进；军队停止，云气就停止；军队紧急，云气就紧急；军队溃散，云气就覆没。因此说，气是军队之战神，风是军队之兵众。身为将帅的人，对此不可不有所了解。

【解说】

《占云气篇第八十八》是《太白阴经》卷八《杂占》中的第七篇。该篇主要取材于《隋书·天文下·杂气》，依次分列为《猛将气》、《胜军气》、《败军气》、《城垒气》、《伏兵气》、《暴兵气》、《战阵气》、《阴谋气》、《四夷气》、《远近气》十种云气篇。作者李筌设此《占云气篇》旨在以各种云气的不同形状、不同色泽、不同动态等内容，来占测世间人文军事斗争的吉凶胜败之兆。其荒诞不经之情，是显而易见的。

何谓"云气"？现代天文学认为，云气就是天空中的云雾、雾气。它是悬浮飘移于空中的由大量水滴或冰晶组成的可见性聚合体，主要因水汽在空中冷却凝结而成。其形状或成层，或成块、或呈现波浪状等形态，并在太阳光的折射之下而呈明暗等不同色泽。这完全是一种与人事毫无直接关系、并不存在内在因果联系的自然现象。虽然，云气形状、色泽的变化往往能够表明大气的结构情况和天气的变化，而给世间人们的生产生活带来某种间接影响，但绝不可能成为制约军事斗争吉凶胜败的征兆和因素。所以，李筌本篇所称"占气而知其事，望云而知其人"之说，显然是没有科学道理的一种以自然之象比附军事斗争的盲目迷信崇拜。这是不足取法的。

分野占篇第八十九

【原文】

经曰：天有二十八宿，为十二次；在地为十二辰，配十二月，至于九州①分野，各有攸系②，上下相应。故可得而占识之。

角、亢

郑之分③：于辰在辰④，为寿星⑤；于野在颍川、父城、定陵、襄城、颍阳、阳翟、汝南、宏农⑥、城父、新安、宜阳、河南、新郑，属兖州。

氐、房、心

宋之分：于辰在卯，为大火；于野在楚州、山阳、清平、济阳、东郡、须昌、寿阳、睢阳、定陶等郡，属豫州。

尾、箕

燕之分：于辰在寅，为析木；于野在渔阳、北平、辽东、辽西、上谷、代郡、雁门、涿郡、范阳、新城、固安、良乡、涿州、昌黎、渤海、安定、朝那、乐浪、元菟⑦、易、定，属幽州。

南斗⑧、牵牛⑨

吴之分：于辰在丑，为星纪；于野在会稽、九江、丹阳、豫章、广陵、庐江、安陆、临淮、苍梧、郁林、桂阳、合浦、交趾、九真、日南、南海，属扬州。

须女⑩、虚

齐之分：于辰在子，为元枵⑪；于野在高密、城阳、泰山、济南、平原，属青州。

危、室、壁

卫之分：于辰在亥，为娵訾；于野在魏郡、黎阳、河内、朝歌、濮阳，属并州。

奎、娄

鲁之分：于辰在戌，为降娄；于野在东海、泗州、阴陵、曲阜，属徐州。

胃、昴

赵之分：于辰在酉，为大梁；于野在信都、真定、常山、中山、钜鹿、高阳、广平、河间、武昌、文安、清河、内黄、斥邱、太原、定襄、云中、五原、朔方、上党、邯郸，属冀州。

毕、觜、参

魏之分：于辰在申，为实沈；于野在高陵、河东、河内、陈留、汝南、新野、舞阳、河南、开封、阳武，属益州。

井、鬼

秦之分：于辰在未，为鹑首；于野在弘农、京兆、扶风、冯翔、北地、上郡、西河、安定、天水、陇西、蜀郡、广汉、武威、张掖、酒泉、敦煌，属雍州。

柳、星、张

周^⑫之分：于辰在午，为鹑火；于野在河南、洛阳、平阴、偃师、巩县、三河，属豫州。

翼、轸

楚之分：于辰在巳，为鹑尾；于野在南郡、江陵、零陵、桂阳、武陵、长沙、汉中、汝南、南中，属荆州。

【注释】

①九州：我国古代把中国分为九个州，但不同著作说法不一。《尚书·虞夏书·禹贡》作"冀、兖、青、徐、扬、荆、豫、梁，雍"九州；《尔雅·释地》在上述"九州"中有"幽、营"而无"青、梁"；《周礼·夏官司马·职方》则有"幽、并"，而无"徐、梁"。后以"九州"泛指天下，或指全中国。本篇各州所属地名，主要为汉代地名，部分为隋唐地名。

②各有攸系：句义谓各有其相互关联的。攸系，义犹"攸关"。

③郑之分：郑，与后文提到的宋、燕、吴、齐、卫、鲁、赵、魏、秦、楚，皆指春秋战国时期的诸侯国。分，指郑国的区域划分。

④于辰在辰：前一"辰"指时辰，后一"辰"则指十二地支的第五位"辰"。句义谓于时辰是在辰时。

⑤寿星：星次名。为十二星次之第十位。

⑥宏农：地名。本为"弘农"，清人因避乾隆帝弘历名讳，故刊刻时改"弘"为"宏"。

⑦⑪元菟（一tú）、元枵（一xiāo）：皆为地名。此二"元"字，本为"玄"，因清人避康

熙帝玄烨名讳，故刊刻本书时改"玄"为"元"。

⑧南斗：即斗宿的别称。二十八宿之一。斗宿，有星六颗，以其在北斗星以南，形似斗，故称"南斗"。

⑨牵牛：即牛宿的别称。二十八宿之一。

⑩须女：即女宿的别称。二十八宿之一。

⑫周：指春秋时期的东周。

【译文】

经典上说：在天上有二十八宿，分为十二星次；在地下为十二时辰，与十二月相配。至于九州的分野区划，各有其所相关联的，使天上与地下相互对应。因此，可以用它来进行占卜以辨识吉凶。

角宿　亢宿

郑国的区域划分是：在时辰上是为"辰时"，其对应的星次名曰"寿星"；在分野上则处于颍川（位今河南许昌）、父城（位今河南平顶山市西北）、定陵（位今河南偃城西北）、襄城（今属河南）、颍阳（位今安徽太和西北）、阳翟（位今河南禹县）、汝南（治汝阳，今河南汝南）、弘农（位今河南灵宝）、城父（位今安徽亳州东南）、新安（今属河南）、宜阳（位今河南宜阳西）、河南（位今河南洛阳）、新郑（位今河南新郑西南）。以上各地属于兖州辖界。

氐宿　房宿　心宿

宋国的区域划分是：在时辰上是为"卯时"，其对应的星次名曰"大火"；在分野上则处于楚州（治山阳，位今江苏淮安）、山阳（治昌邑，位今山东金乡西北）、清平（位今山东临清东南）、济阳（位今河南兰考东北）、东郡（治白马，位今河南濮阳西南）、须昌（位今山东东平西北）、寿阳（今属山西）、睢阳（位今河南商丘东南）、定陶（位今山东定陶西北）。以上各地属于豫州辖界。

尾宿　箕宿

燕国的区域划分是：在时辰上是为"寅时"，其对应的星次名曰"析木"；在分野上则处于渔阳（治无终，位今天津蓟县）、北平（治卢龙，今属河北）、辽东（治襄平，位今辽宁辽阳）、辽西（治阳乐，位今辽宁义县西）、上谷（治沮阳，位今河北怀来东南）、代郡（治代县，位今河北蔚县东北）、雁门（治善无，位今山西左云西）、涿郡（治蓟县，位今北京西南）、范阳（位今河北涿县）、新城（位今河南内乡东南）、固安（今属河北）、良乡（位今河北涿县东北）、涿州（位今河北涿县）、昌黎（位今辽宁义县）、渤海（位今山东利津西南）、安定（位今河北深县西）、朝那（位今宁夏固原东南）、乐浪（位今朝鲜平壤南）、玄菟（位今辽宁新宾西南）、易州（治易县，今属河北）、定州（治安喜，位今河北定县）。以上各地属于幽州辖界。

斗宿　牛宿

吴国的区域划分是：在时辰上是为"丑时"，其对应的星次名曰"星纪"；在分野上则处于会稽（治吴县，位今江苏苏州）、九江（治寿春，位今安徽寿县）、丹阳（治宛陵，位今安徽宣州）、豫章（治南昌，今属江西）、广陵（位今江苏扬州西北）、庐江（治舒县，位今安徽庐江西南）、安陆（位今湖北云梦）、临淮（治徐县，位今江苏泗洪南）、苍梧（治广信，位今广西梧州）、郁林（治布山，位今广西桂平西）、桂阳（位今广东连县）、合浦（位今广西合浦东北）、交趾（位今越南河内）、九真（治胥浦，位今越南清化西北）、日南（治西捲，位今越南广治西北）、南海（治番禺，位今广东广州）。以上各地属于扬州辖界。

女宿　虚宿

齐国的区域划分是：在时辰上是为"子时"，其对应的星次名曰"玄枵"；在分野上则处于高密（治所位今山东高密西）、城阳（治莒县，今属山东）、泰山（治奉高，位今山东泰安东）、济南（治东平陵，位今山东章丘西北）、平原（治所位今山东平原南）。以上各地属于青州辖界。

危宿　室宿　壁宿

卫国的区域划分是：在时辰上是为"亥时"，其对应的星次名曰"娵訾"；在分野上则处于魏郡（治邺县，位今河北磁县南）、黎阳（位今河南浚县东）、河内（治怀县，位今河南武陟西南）、朝歌（位今河南淇县）、濮阳（位今河南濮阳西南）。以上各地属于并州辖界。

奎宿　娄宿

鲁国的区域划分是：在时辰上是为"戌时"，其对应的星次名曰"降娄"；在分野上则处于东海（治郯县，位今山东郯城西北）、泗州（治所在今江苏盱眙北）、阴陵（位今安徽定远西北）、曲阜（今属山东）。以上各地属于徐州辖界。

胃宿　昂宿

赵国的区域划分是：在时辰上是为"酉时"，其对应的星次名曰"大梁"；在分野上则处于信都（治所位今河北冀县）、真定（治所位今河北正定南）、常山（治元氏，位今河北元氏西北）、中山（治卢奴，位今河北定县）、钜鹿（治所位今河北平乡西南）、高阳（位今河北高阳东）、广平（治所位今河北曲周北）、河间（治乐成，位今河北献县东南）、武昌（位今湖北鄂城）、文安（位今河北文安东北）、清河（治清阳，位今河北清河东南）、内黄（位今河南内黄西北）、斥邱（位今河北魏县西北）、太原（治晋阳，位今山西太原西南）、定襄（治成乐，位今内蒙古和林格尔西北）、云中（治所位于今内蒙古和林格尔西北）、五原（治所九原，位于今内蒙古包头西北）、朔方（治所位于今内蒙古乌拉特前旗东南）、上党（治所长子，位于今山西长子西南）、邯郸（今属河北）。以上各地属于冀州辖界。

毕宿　觜宿　参宿

魏国的区域划分是：在时辰上是为"申时"，其对应的星次名曰"实沈"；在分野上则处于高陵（今属陕西）、河东（治安邑，位今山西夏县西北）、河内、陈留（治所位今河南开封东南）、汝南、新野（今属河南）、舞阳（位今河南舞阳西北）、河南、开封（位今河南开封西南）、阳武（位今河南原阳东南）。以上各地属于益州辖界。

井宿　鬼宿

秦国的区域划分是：在时辰上是为"未时"，其对应的星次名曰"鹑首"；在分野上则处于弘农、京兆（治长安，位今陕西西安西北）、扶风（治雍县，位今陕西凤翔）、冯翊（治所在今陕西大荔）、北地（治马领，位今甘肃庆阳西北）、上郡（治肤施，位今陕西横山东）、西河（治平定，位今陕西神木北）、天水（治平襄，位今甘肃通渭西北）、陇西（治狄道，位今甘肃临洮）、蜀郡（治成都，今属四川）、广汉（治梓潼，今属四川）、武威（治姑臧，位今甘肃武威）、张掖（治觻得，位今甘肃张掖西北）、酒泉（治禄福，位今甘肃酒泉）、敦煌（位今甘肃敦煌西）。以上各地属于雍州辖界。

柳宿　星宿　张宿

东周的区域划分是：在时辰上是为"午时"，其对应的星次名曰"鹑火"；在分野上则处于河南、洛阳（位今河南洛阳东北）、平阴（位今河南孟津东北）、偃师（位今河南偃师东南）、巩县（位今河南巩义西南）、三河（位今河北三河东北）。以上各地属于豫州辖界。

翼宿　轸宿

楚国的区域划分是：在时辰上是为"巳时"，其对应的星次名曰"鹑尾"；在分野上则处于南郡（治江陵，今属湖北）、江陵（今属湖北）、零陵（治所位今广西兴安东北）、桂阳（治郴县，位今湖南郴州）、武陵（治义陵，位今湖南溆浦西南）、长沙（治临湖，位今湖南长沙）、汉中（治西城，位今陕西安康西北）、汝南、南中（位今河南叶县南）。以上各地属于荆州辖界。

【解说】

《分野占篇第八十九》是《太白阴经》卷八《杂占》中第八篇。本篇主要记述我国古代以天上星次与其相对应的地下区域划分，以及用天上星象的变化来占卜相对应地域的吉凶福祸问题。

作者李筌开篇伊始即指出："天有二十八宿，为十二次；在地为十二辰，配十二月，至于九州分野，各有攸系，上下相应。故可得占而识之。"显而易见，这既记述了我国古代天文学关于"二十八宿"、"十二次"、"十二辰"等重要天文学术语，又点明了本篇以《分野占》为题是为了"可得而占识之"的目的性。应当指出的是，此种以天上"星次"的变化来占卜地下"分野"相应区域的吉凶之兆，从而达到"可得而占识之"的目的，这显然是一种没有科学道理、不足取法的迷信。但是，尽管如此，我们仍然可以从本篇领略我国古代有关"二十八宿"、"十二星次"、"十二辰"、"十二分野"等天文学知识。所以，首先弄明白上述几种天文学术语的内涵，将有助于我们对"分野占"问题的了解和认识。

二十八宿，又称"二十八舍"或"二十八星"。最初是古人为了比较日、月、五星的运动而选择的二十八个星官作为观测时的标志。所谓"星官"，即是古人把天上的恒星几个几个地组合在一起并加以命名，这种恒星组合就叫作"星官"。古代所说的"宿"（xiù）或"舍"，都有"停留"或"位次"的涵义。诚如唐代司马贞《史记索隐·律书》所说："二十八宿，七正（古以日、月、五星为"七正"——笔者）之所舍也。舍，止也。宿，次也。言日、月、五星运行，或舍于二十八次之分也。"在唐代开元间王希明所撰《丹元子步天歌》中，二十八宿也成为二十八个天区的主体，而这些天区也仍以二十八宿星座的名称为名称。二十八宿的名称从"角"宿开始，自西向东排列，与日、月视运动（地球上的观测者所见行星在天球上位置的移动，就叫"视运动"——笔者）的方向相同，按东、北、西、南四方依次为：东方七宿是角、亢、氐、房、心、尾、箕，北方七宿是斗、牛、女、虚、危、室、壁，西方七宿是奎、娄、胃、昴、毕、觜、参，南方七宿是井、鬼、柳、星、张、翼、轸。

二十八宿包括辅官或附座星在内，共有星182颗。根据我国古代文献记载和出土文物研究，一般认为二十八宿作为星次系统，其创立年代约在我国春秋时期，即公元前8世纪—前5世纪。（参见《中国大百科全书·天文学·三垣二十八宿》）

十二次，又称"十二分星"。我国古代为了观测日、月、五星的位置和运动，把黄赤道带自西向东划分为十二个部分；又因把二十八宿星座分别归于此十二次天区范围以内，故又称此十二次为"十二分星"。十二次的名称依次是：星纪、玄枵、娵訾、降娄、大梁、实沈、鹑首、鹑火、鹑尾、寿星、大火、析木。十二次的创立约在商末周初。（参见《中国大百科全书·天文学·十二次》）

十二辰，指我国古代对周天的一种划分法，大体是沿天赤道从东向西将周天等分为十二个部分，用地平方位中的十二支（通常称"十二地支"）的名称来表示，即以子、丑、寅、卯、辰、巳、午、未、申、酉、戌、亥十二地支来记十二分星。因此，十二辰与十二次或二十八宿星座有一定的对应关系。以十二辰记星次，由来已久。北宋著名科学家沈括在其《梦溪笔谈·象数一》中指出："今考子丑至于戌亥谓之十二辰者，《左传》云：'日、月之会是谓辰'，一岁日、月十二会，则十二辰也。日、月之所舍，始于东方苍龙角、亢之星起于辰，故以所首者明之。子丑戌亥之月既谓之辰，则十二支、十二时皆子丑戌亥，则谓之辰无疑也。"（援引自胡道静《梦溪笔谈校证》上，中华书局1959年12月新1版）沈文引称"日、月之会是谓辰"句，见载于《左传·昭公七年》（昭公七年，即公元前535年——笔者）。当代著名学者杨伯峻在其所撰《春秋左传注·昭公七年》中指明："自殷商以来，即以甲子、乙丑六十干支纪日，春秋犹然。"由此可见，中国古代以十二辰记星次，亦当始于殷商时代无疑。

何谓"分野"？分野是指与天空星次划分相对应的地域之划分。我国古代占星术认为，人世间的吉凶福祸是与天上的星象变化相联系的，因而根据星辰十二次或曰二十八宿星座的划分法，也将地上的州、国划分为与之相对应的十二个区域，并以十二次星象的变异来占测与之相对应地区的吉凶福祸。作者李筌本篇以《分野占》为题，其目的即在于此。上述两相对应的划分法，在天者称"十二分星"或曰"十二次"，在地者则称"十二分野"。据李筌本篇所记述，"十二分星"与"十二分野"的对应情况是：星纪——扬州、吴越；玄枵——青州、齐；娵訾——并州、卫；降娄——徐州、鲁；大梁——冀州、赵；实沈——益州、魏；鹑首——雍州、秦；鹑火——三河、周；鹑尾——荆州、楚；寿星——兖州、郑；大火——豫州、宋；析木——幽州、燕。

分野占，是我国古代占星术之一，它产生于春秋时期。据《周礼·春官宗伯·保章氏》载称："以星土辨九州之地，所封封域皆有分星，以观妖祥。"这正反映我国春秋时期，分野占作为占星术的重要方面在当时的流行盛况。但由于天区有"十二次"和"二十八宿"等不同的划分法，故地上的分野也因不同时代而有变化。（参见《中国大百科全书·天文学·分野》）

　　为便于读者了解和掌握我国古代天文学关于十二分野与十二次、二十八宿及十二辰的对应关系，兹据《中国大百科全书·天文学·十二次》及唐代张守节《史记正义·天官书》所引《星经》等内容，列表如下：

十二次	星纪	玄枵	娵訾	降娄	大梁	实沈	鹑首	鹑火	鹑尾	寿星	大火	析木
二十八宿	斗、牛	女、虚、危	室、壁	奎、娄	胃、昴、毕	觜、参	井、鬼	柳、星、张	翼、轸	角、亢	氐、房、心	尾、箕
十二辰	丑	子	亥	戌	酉	申	未	午	巳	辰	卯	寅
十二分野	扬州、吴越	青州、齐	并州、卫	徐州、鲁	冀州、赵	益州、魏	雍州、秦	三河、周	荆州、楚	兖州、郑	豫州、宋	幽州、燕
说明	此表主要采用《中国大百科全书·天文学·十二次》所附《十二次、十二辰和二十八宿对应表》。但表中之"十二次"与"二十八宿"的对应情况，与李筌《分野占篇》略异，即此表中与"玄枵"对应的"危宿"，李筌归于"娵訾"星次；与"大梁"对应的"毕宿"，李筌归于"实沈"星次。											

风角占篇第九十

【原文】

巽为风，申明号令①，阴阳之使也。发示休咎②，动彰神教③。《春官·保章氏》④以十二风察天地之妖祥，故金縢未启⑤，表拔木之征⑥；玉帛方交⑦，起偃禾之异⑧；宋襄失德，六鹢退飞⑨；仰武将焚，异鸟先唱⑩，此皆一时之事。且兴师十万，相持数年，日费千金，而争一旦之胜负。乡导之说，间谍之词，取之于人，尚犹不信，岂一风动叶、独鸟鸣空？而举六军，投不测⑪之国，欲幸全胜，未或⑫可知。谋既在人，风鸟参验⑬，亦存而不弃。

夫占风角：取鸡羽八两，悬于五丈竿上，置营中以候八风⑭之云。凡风起，初迟后疾，则远来；风初疾后迟，则近来。风动叶，十里；摇枝，百里；鸣枝，二百里；坠叶，三百里；折小枝，四百里；折大枝，五百里；飞石，千里；拔木，五千里。三日三夜，遍天下；二日二夜，半天下；一日一夜，及千里；半日半夜，五百里。

【注释】

①巽为风，申明号令：语本《周易·巽卦》：“《象》曰：随风，巽。君子以申命行事。”高亨《周易大传今注·巽卦》注云：“本卦是两巽相重，巽为风，然则本卦卦象是风与风相随而吹也。按《象传》又以风比君上之教命，随风乃比教命重申。君子观此卦象，从而重申其教命，以推行其政事。故曰：‘随风，巽。君子以申命行事。’”高说甚确。

②发示休咎：发示，显示；显现。休咎，吉凶；善恶。

③动彰神教：谓动辄显扬神明教化。

④《春官·保章氏》：此为《周礼·春官宗伯》之篇名。其下文“以十二风察天地之妖祥”句，实系《周礼·春官宗伯·保章氏》“以十有二风察天地之和，命乖别之妖祥”之缩语。十二风，指一年十二月，月月有风。说见郑玄注：“十二辰，皆有风。”妖祥，指凶兆和吉兆。说见《周礼·春

官宗伯·眂祲》："以观妖祥，辨吉凶。"郑玄注云："妖祥，善恶之征。"

⑤金縢未启：金縢（—téng），语出《尚书·周书·金縢》，指以金属制作的带子将收藏书契的柜子封存起来，代指缄封的柜子。未启，尚未启封。

⑥表拔木之征：语本《尚书·周书·金縢》。表，谓表现；显现于外。拔木，指大风将树木拔起。征，征兆。

⑦玉帛方交：玉帛，指古代用以祭祀、会盟、朝聘的圭璋和束帛。诸侯会盟时均执玉帛，故又用以表示和好。

⑧起偃禾之异：语本《尚书·周书·金縢》。句义是，兴起了大风吹倒禾苗的灾兆。

⑨宋襄失德，六鹢退飞：典出《左传·僖公十六年》："十六年春，陨石于宋五，陨星也。六鹢退飞，过宋都，风也。周内史叔兴聘于宋，宋襄公问焉，曰：'是何祥也？吉凶焉在？'对曰：'今兹鲁多大丧，明年齐有乱，君将得诸侯而不终。'退而告人曰：'君失问。是阴阳之事，非吉凶所生也。吉凶由人，吾不敢逆君故也。'"宋襄，指春秋时期宋国君宋襄公（名兹父）。据载常作书好言仁义，以庶兄目夷为相，继齐桓公为诸侯盟主，与楚争霸，目夷谏，不听。战于泓，被伤而死。在位十四年。失德，谓过错；失误；罪过。鹢（yì），亦作"鶂"，一种水鸟。六鹢，六只水鸟。退飞，为倒退着飞。晋杜预注云："鹢，水鸟。高飞遇风而退，宋人以灾，告于诸侯，故书。"后以"六鹢"指灾异或局势逆转。实属一种迷信之说。

⑩仰武将焚，异鸟先唱：此二句继"宋襄失德，六鹢退飞"之后仍指宋襄公之事。据《左传·僖公二十二年》记载，宋襄公于"六鹢退飞"之后的第六年，为争霸中原而率兵与楚军战于泓水，结果兵败身受重伤，不久死去。这可以说是宋襄公仰武恃强、玩火自焚的结局。

⑪不测：谓难以预料。

⑫未或：未有，引申"无法"。

⑬风鸟参验：风鸟，为古代"风角"占术的一种，指通过观察风鸟动向来测定风云气象之变化。参验，谓考察验证。

⑭八风：指八种方向的风。但不同著作对"八风"的称谓不尽相同。例如，《吕氏春秋·有始览第一》："何谓八风？东北曰炎风，东方曰滔风，东南曰熏风，南方曰巨风，西南曰凄风，西方曰飂风，西北曰厉风，北方曰寒风。"《淮南子·地形训》称八风："东北曰炎风，东方曰条风，东南曰景风，南方曰巨风，西南曰凉风，西方曰飂风，西北曰丽风，北方曰寒风。"《说文·风部》则称："东方曰明庶风，东南曰清明风，南方曰景风，西南曰凉风，西方曰阊阖风，西北曰不周风，北方曰广莫风，东北曰融风。"等等。

【译文】

巽为风，用以申明号令，它是阴阳的使者，显现吉凶善恶之兆，动辄彰宣神明之教。《周礼·春官宗伯·保章氏》以十二个月的风来观察天地间的凶兆和吉兆。因此，以金属制带缄封的柜子尚未开启，就表现出暴风拔起树木的征兆；玉帛方交而诸侯会盟和好刚刚开始，就刮起来了狂风而吹倒禾苗的灾异。春秋时期宋襄公有失德之过，六只鹢鸟倒退着飞翔，他恃武逞强与楚争霸而行将焚灭之时，怪异之鸟首先发出鸣叫之声。这都不过是一时之事罢了。况且兴兵十万，相持数年，日费千金，而争夺一朝的胜负。向导的说法，间谍的言辞，虽取之于人，尚且都还不完全可信，岂可相信一风吹动树叶，独鸟空中鸣叫？而兴六军之师投入不测之国，企图侥幸获得全胜，这是不能预卜先知的事情。谋事既然在人，而用风鸟占术来参考验证，本书也存而不弃。

凡风角占术之法是：取鸡毛八两悬挂在五丈高的竿头上，直立在军营中，用以观测四面八方的风云动向。大凡风起之时，其速初缓后疾的，这是远方的来风；其速初疾后缓的，则是近处的来风。风速吹动树叶的，这是十里的来风；风速动摇树枝的，这是百里的来风；风速吹响树枝的，是二百里的来风；风速吹落树叶的，是三百里的来风；风速折断小枝的，是四百里的来风；风速折断大枝的，是五百里的来风；风速飞沙走石的，是千里吹来的劲风；风速拔起树木的，是五千里来的劲风。持续三天三夜的风，是遍及天下的大风；持续两天两夜的风，是遍及天下之半的大风；持续一天一夜的风，是遍及千里的大风；持续半天半夜的风，是遍及五百里的大风。

【解说】

《风角占篇第九十》是《太白阴经》卷八《杂占》中的第九篇。本篇主要记述我国古代风角占术在军事斗争领域的应用问题。

风角，是我国古代占候术的一种。即古人通过对四面八方之风向的观察来占测世间的吉凶福祸。诚如唐代李贤（唐高宗李治第六子）所说："风角，谓候四方四隅之风，以占吉凶也。"（见《后汉书·郎𫖮传》李贤注）风角作为我国古代一种占候术，由来已久。据《周礼·春官宗伯·保章氏》记载："以十有二风，察天地之和，命乖别之妖祥。"那么，何谓"十有二风"？东汉郑玄注云："十有二辰，皆有风。"唐代贾公彦疏曰："郑知十二风，是十二辰为风者。"据此可知，所谓"十有二风"，是指一年十二月（亦称"十二辰"），月月皆有风，并且风乃空气流动所成。显而易见，《周礼》的这段文字记载，恰恰是对我国先秦时期人们以风角占候术占测世间吉凶活动的反映。到了两汉时代，由于封建统治阶级的利用和提倡，风角占候术不但盛行起来，而且成为民间一种谋生职业，以至广招生徒传授此术。据《后汉书·郎𫖮传》记载，东汉安帝刘祜统治时期（公元107—125年），北海安丘（位今山东安丘西南）有一名叫朗宗（字仲绥）者，曾"学《京氏易》，善风角、星算……能望气占候吉凶，常卖卜自奉。"汉安帝因之征召问策，以其"对策为诸儒表"而拜授他为吴县令。其子郎𫖮则"少传父业，兼明经典，隐居海畔，延致学徒常数百人。昼研精义，夜占象度，勤心锐思，朝夕无倦。"汉代风角占候之术流行之广，由此可见一般。

唐代兵学家李筌本篇以《风角》为题，不仅记述了我国古代风角占候之术及其占验方法，而且首次将其列入古代兵学范畴加以考察。这不能不说是李筌对中国古代兵学发展一种前所未有的独创。更值得注意的是，李筌对古代风角占候之术，既承认其客观存在的价值性，又指明其在军事作用上的局限性。所以，他特别指出："兴师十万，相持数年，日费千金，而争一旦之胜负。乡导之说，间谍之词，取之于人，尚犹不信，岂一风动叶、独鸟鸣空？而举六军投不测之国，欲幸全胜，未或可知。谋既在人，风鸟参验，亦存而不弃。"显而易见，李筌此种视战争胜负乃取决于战争指导者的精心策划和谋略运用（所谓"谋既在人"也），而把风鸟之动向变化征兆，只作一种参考因素（所谓"风鸟参验"也）的思想观点，这在科学尚不发达的古代，是难能可贵的，值得充分肯定。

五音占风篇第九十一

【原文】

宫风，声如牛吼空中；徵风，声如奔马；商风，声如离群之鸟；羽风，声如击湿鼓之音；角风，声如千人之语。

子午为宫①，丑未、寅申为徵②，卯酉为羽，辰戌为商，巳亥为角。

宫风发屋折木③，未年兵作④。

徵风发屋折木，四方告急。

商风发屋折木，有急兵。

羽风发屋折木，米价贵。

角风发屋折木，有急盗贼、战斗。

岁月日时，阴德阳德自处⑤：阴德在十二支⑥，阳德在天。

岁月日时，子刑卯，卯刑子；丑刑戌，戌刑未，未刑丑；寅刑巳，巳刑申，申刑寅；辰、午、酉、亥，各自相刑。

子、丑、寅、巳、申为刑上，卯、戌、未为刑下。

风从刑下来，祸浅；刑上来，祸深。

三刑⑦，为刑上、刑下、自刑。

凡灾风之来，多挟杀气⑧，克日⑨浊尘飞埃。

凡祥风之来，多与德气⑩并，日色晴朗，天气温凉，风气索索⑪，不动尘，平行而过。

凡申、子为贪狼⑫，主欺绐不信⑬，亡财遇盗贼，主攻劫人；巳、酉为宽大，主福禄，主贵人君子；亥、卯为阴贼，主战斗杀伤、谋反大逆；寅、午为廉贞，主宾客、礼仪、嫁娶；丑、戌为公正，主报仇怨，主兵；辰、未为奸邪，主惊恐。

贪狼之日，风从宽大上来，所主之占⑭，仍以贪狼参说⑮吉凶；他仿此。

有旋风入幕，折干戈、坏帐幕，必有盗贼入营，将军必死。旋风从三刑上来，其兵不可当。有风从王气⑯上来，官军胜；大寒⑰大胜，小寒⑱小胜。

凡风蓬勃四方起，或有触地，皆为逆风，则有暴兵作。寅时作，主人⑲逆；辰时作，主兵⑳逆；午时发，左右逆；戌时发，外贼逆。

宫日，大风从角上来，有急兵来围，至日中㉑折木者，城陷。

羽日，大风，暝日无光㉒，有围城，客军胜。

阴贼日，风从阴贼上来，大寒，有自相杀者。

商日，大风从四季㉓上来，有贼攻城，关梁不通㉔。

【注释】

①子午为宫：此句中的"子午"，以及下文的"丑未"、"寅申"、"卯酉"、"辰戌"、"巳亥"，皆为不同方位的称谓。古代阴阳五行家将十二地支和四方四隅相配，两两组合成对的子午、丑未、寅申、卯酉、辰戌、巳亥，分别代表相对的方位方向，即子午，子为正北，午为正南；卯酉，卯为正东，酉为正西；丑未，丑为东北偏北，未为西南偏南；寅申，寅为东北偏南，申为西南偏北；辰戌，辰为东南偏东，戌为西北偏西；巳亥，巳为东南偏南，亥为西北偏北。

②徵：在本篇这里读作 zhǐ，指我国古代五声音阶中宫、商、角、徵、羽五个音级之一。

③发屋折木：发屋，谓毁坏房屋。发，这里通"废"，毁坏之意。折木，指大风摧折树木。

④未年兵作：未年，指不足（或曰"不够"）一年。兵作，指战争爆发。

⑤阴德阳德自处：这里的"阴德"和"阳德"，指天地之间化育万物的阴、阳二气。地属阴，天属阳，"一阴一阳之谓道。"（见《周易·系辞上》）自处，指阴德、阳德各自所处的位置。

⑥十二支：支，原文作"干"，疑为"支"之误。有"十二支"和"十干"之称，而无"十二干"之称，故据文义校改。所谓"十二支"，即"十二地支"：子、丑、寅、卯、辰、巳、午、未、申、酉、戌、亥。所谓"十干"，即"十天干"：甲、乙、丙、丁、戊、己、庚、辛、壬、癸。地属阴，天属阳，故有本篇这里所谓"阴德在十二支，阳德在天（即'十天干'）"之说。

⑦三刑：术数家语。指地支五行的三种相妨害的情况。古代星占家将十二地支与五行四方相配，据其生克之理以推算吉凶福祸。认为，子卯为一刑，称"无礼之刑"；寅巳申为二刑，称"恃势之刑"；丑戌未为三刑，称"无恩之刑"，合称"三刑"。术数家认为，凡逢"三刑"之地则凶。据《新唐书·吕才传》记载，唐太宗贞观十五年（公元641年）四月，太常博士吕才奉命与诸术士刊定世间"阴阳杂书"时论述"禄命之说"指出："长平坑降卒，非俱犯三刑。"宋司马光编纂《资治通鉴·唐纪十二》引录此文，元胡三省作注进一步指明："三刑：寅刑巳，巳刑申，申刑寅；丑刑戌，戌刑未，未刑丑；子刑卯，卯刑子。又辰辰、午午、酉酉、亥亥，谓之自刑。"明代谢肇淛《五杂组·人部》

载称："禄命之说，相传始于唐李虚中（唐宪宗时期殿中侍御史——笔者），然三刑六合，贞观初已辟其说，似非起于李也。"据《新唐书·吕才传》记载，明代谢肇淛所论为确。

⑧ 杀气：指阴冷肃杀之气。

⑨ 克日：义犹"届时"。谓到时候。

⑩ 德气：指化育万物之气。德，在古代特指天地化育万物的功能。说见《周易·乾卦》："夫大人者，与天地合其德，与日月合其明。"清代姚配中注称："化育万物谓之德，照临四方谓之明。"

⑪ 索索：义犹"习习"。形容细微之声。

⑫ 贪狼：本谓星名，即"狼星"，亦称"天狼星"，以喻贪残。但在本篇这里借指一种暴风，名曰"贪狼风"。说见《新五代史·前蜀世家·王衍》："[衍]行至梓潼，大风发屋拔木，太史曰：'此贪狼风也，当有败军杀将者。'"本篇自"贪狼"之后的"宽大"、"阴贼"、"廉贞"、"公正"、"奸邪"诸词，皆代指各种不同性质和作用的风。

⑬ 欺绐不信：欺绐（—dài），欺诳；欺骗。不信，谓没有诚信。

⑭ 占：原文误作"言"，今据钱熙祚校注改。

⑮ 参说：谓检验说明。

⑯ 王气：旧指象征帝王运数的祥瑞之气。

⑰ 大寒：指酷寒极冷天气。

⑱ 小寒：指轻微寒冷天气。

⑲ 主人：古代指战争中在自己土地上实施防守作战的一方。

⑳ 主兵：这里指掌握兵权的将领。与此前"丑戌为公正，主报仇怨，主兵"句中的"主兵"（指主宰战事）涵义不同。

㉑ 日中：正午，或中午。

㉒ 暝日无光：谓太阳昏暗无光。暝（míng），昏暗。

㉓ 四季：这里指农历一年中四个季月的总称。即季春之月（春三月）、季夏之月（夏六月）、季秋之月（秋九月）、季冬之月（冬十二月）。

㉔ 关梁不通：关梁，指关隘和桥梁，亦泛指水陆交通必经之处。不通，指交通断绝。

【译文】

宫风，其声音如同牛在空中吼叫；徵风，其声音如同马奔嗒嗒作响；商风，其声音如同离群之鸟儿鸣叫；羽风，其声音如同敲击湿鼓之音响；角风，如同千人在一起共语。

子午为宫风，丑未、寅申为徵风，卯酉为羽风，辰戌为商风，巳亥为角风。

宫风，其势若摧毁房屋、折断树木时，不到一年就要爆发战争。

徵风，其势若摧毁房屋、折断树木时，四方将要告急。

商风，其势若摧毁房屋、折断树木时，将有战争突然爆发。

羽风，其势若摧毁房屋、折断树木时，粮食价格昂贵。

角风，其势若摧毁房屋、折断树木时，有盗贼突发，即将发生战斗。

岁月日时，阴德与阳德自有其所处之位：阴德处在十二地支，阳德处在十天干。

岁月日时，子妨害卯，卯妨害子；丑妨害戌，戌妨害未，未妨害丑；寅妨害巳，巳妨害申，申妨害寅；辰、午、酉、亥，则各自相妨害。

子、丑、寅、巳、申为刑上，卯、戌、未为刑下。

风从刑上来时，祸患浅轻；风从刑下来时，祸患深重。

三刑为：刑上、刑下、自刑。

凡是灾祸之风来到，多半夹带阴冷肃杀之气，到时候将是满天浊尘飞埃。

凡是祥瑞之风来到，多与化育万物的阳气相并，这时日色晴朗，天气温凉，微风习习不吹动尘土，只从地面平行而过。

凡是从申、子方向（即从西南偏北、正北方向）来的风，是为"贪狼风"，主掌欺诈无信、遇盗失财，主掌攻伐劫掠世人；从巳、酉方向（即从东南偏南、正西方向）来的风，是为"宽大风"，主掌幸福爵禄，主掌贵人君子；从亥、卯方向（即从西北偏北、正东方向）来的风，是为"阴贼风"，主掌战斗杀伤、谋逆反叛；从寅、午方向（即从东北偏南、正南方向）来的风，是为"廉贞风"，主掌宾客、礼仪、嫁娶；从丑、戌方向（即从东北偏北、西北偏西方向）来的风，是为"公正风"，主掌报仇怨，主掌兵事战争；从辰、未方向（即从东南偏东、西南偏南方向）来的风，是为"奸邪风"，主掌惊惧慌恐。

贪狼风刮起之日，风虽从宽大上来（即从巳、酉方向来），所主之占事，仍旧以贪狼风所主之事来验证吉凶福祸；其他各风皆仿此占验。

有旋风刮入营幕，折断干戈，毁坏帐篷，此时必有盗贼窜入军营，将军必死无疑。旋风从三刑上来，其兵来势不可抵挡。有风从王气上来，官军得胜，大寒大胜，小寒小胜。

凡是风从四方蓬勃而起，或者风起而触地，都是逆风，将有暴兵作乱。风从寅方向（即从东北偏南方向）发作时，主人叛逆；风从辰方向（即从东南偏东方向）

发作时，主掌兵权的将领叛逆；风从午方向（即从正南方向）发作时，左右叛逆；风从戌方向（即从西北偏西方向）发作时，外贼叛逆。

宫风之日，大风从角上刮来，将有敌兵突然来围攻；到中午大风折断树木时，城邑就被攻陷。

羽风之日，大风刮起，太阳昏暗无光，将有围城之战，客军获胜。

阴贼风之日，风从阴狠残忍之敌方刮来，天气大寒，将有自相残杀的军队。

商风之日，大风从四季之月刮来，将有贼寇攻城，致使关隘桥梁断绝不通。

【解说】

《五音占风篇第九十一》是《太白阴经》卷八《杂占》中的第十篇。该篇实际是此前《风角占篇第九十》的续篇。如果说《风角占篇》主要是介绍古代如何以"鸡羽"占测风力、风势的话，那么，《五音占风篇》则侧重介绍古代如何以"五音"来占测风向、风声的问题。

那么，何谓"五音"？五音，又称"五声"，是指我国古代五声音阶中的宫、商、角、徵（zhǐ）、羽五个音级。最早见载于《周礼·春官宗伯·大师》："皆文之以五声：宫、商、角、徵、羽。"唐以后，五音又称"合、四、乙、尺、工"。我国古代的"五音"（或曰"五声"），相当于现代音乐简谱中的1、2、3、5、6五个音级。由此可见，"五音"本是构成我国古代音乐旋律（或曰"曲调"）的基本要素。然而，我国古代占卜家却以"宫、商、角、徵、羽"五个音级作为占测东、西、南、北、中五方之风的方法手段和称谓。故此五方之风，又称为"宫风、商风、角风、徵风、羽风"。作者李筌本篇所称"子午为宫，丑未、寅申为徵，卯酉为羽，辰戌为商，巳亥为角"诸句中的"子午"、"丑未、寅申"、"卯酉"、"辰戌"、"巳亥"，代表着四面八方的不同方位，而"宫、商、角、徵、羽"，则指与不同方位相对应的风向。即子午方向（亦即"正北、正南"方向）的来风为"宫风"，辰戌方向（亦即"东南偏东、西北偏西"方向）的来风为"商风"，巳亥方向（亦即"东南偏南、西北偏北"方向）的来风为"角风"，丑未方向（亦即"东北偏北、西南偏南"方向）和寅申方向（亦即"东北偏南、西南偏北"方向）的来风为"徵风"，卯酉方向（亦即"正东、正西"方向）的来风为"羽风"。

风，是空气相对于地球表面运动的一种自然现象。风作为自然界中的气象条件之一，它会促使干冷和暖湿空气发生变化，因而通常是天气变化的重要因素。我们知道，古今中外的一切战争实践，总是在一定的空间和时间中进行的，因而任何战争无一不受一定的气象条件的影响。风速的大小、风力的强弱，往往成为影响军队作战的不可忽视的客观因素。所以，自古兵家指导战争时，都比较注重对气象条件和风向风力的研究与运用，以高超的主观指导艺术趋利避害而引导战争到胜利。但是，尽管风对军队作战有某种影响作用，但它绝不可能成为战争胜负的最终决定性因素。本篇所记述的"宫风发屋折木，未年兵作。徵风发屋折木，四方告急。商风发屋折木，有急兵。羽风发屋折木，米价贵。角风发屋折木，有急盗贼、战斗"等诸多说法，都是没有科学道理的迷信之论。然而，作者李筌对此是有较为正确的认识。正如他在此前《风角占篇第九十》所阐明的观点：两军交战而争一旦之胜负，"乡导之说、间谍之词，取之于人，尚犹不信，岂一风动叶、独鸟鸣空？"显而易见，李筌此种认识，应当说是正确可取的唯物主义思想观点。

鸟情占篇第九十二

【原文】

经曰：巳、酉，为宽大之日。时加巳、酉①，鸟鸣其上②，有酒食③；时加寅、午，有酒食、辞让④；时加丑、戌，有酒食、口舌⑤；时加亥、卯，有酒食、相害；时加辰、未，有酒食、妇人口舌；时加申、子，有酒食、争财。

寅、午，为廉贞之日。时加寅、午，鸟鸣其上，有谏诤、责让⑥；时加巳、酉，有宾客；时加申、子、辰、未，有口舌事；时加丑、戌、亥、卯，有酒食，又主相杀。

丑、戌，为公正之日。时加丑、戌，鸟鸣其上，有长吏⑦来慰问；时加巳、酉，有公正、酒食相遗⑧；时加寅、午，有吏言阴私贼事⑨；时加申、子，有吏来言公正之事；时加亥、卯，有吏来说阴贼⑩相杀。

辰、未，为奸邪之日。时加辰、未，鸟鸣其上，有长吏来捕奸邪事；时加巳、酉，有酒食，阴事；时加丑、戌，有吏捕阴私奸谋事；时加亥、卯，有阴谋劫害之事。

申、子，为贪狼之日。时加申、子，鸟鸣其上，有贼攻劫盗贼事；时加寅、午，有善人言攻劫事；时加巳、酉，有酒食；时加辰、未，有妇人争讼⑪事；时加丑、戌、亥、卯，有群贼攻夺事。

亥、卯，为阴贼之日。时加亥、卯，鸟鸣其上，有群贼大议休废⑫、囚死斗伤；时加巳、酉，有妇人奸私⑬相伤；时加丑、戌，有吏逐贼；时加寅、午，有妇人奸淫相伤；时加辰、未，申、子，有贼攻讨。

右诸阴日⑭，有鸟群飞，飘飘从鬼门⑮、四季上来，更时加四季，主有搜索，皆为斗伤事。

【注释】

①时加巳、酉：时，这里指时辰。加，义犹"居"，居于；处在。据《孟子·公孙丑章句上》"夫

子加齐之卿相"句，杨伯峻注云："按：'加'和'居'古音相同，所以能够通用。"（见杨伯峻《孟子译注·公孙丑章句上》）巳、酉，指"巳时"和"酉时"，皆为十二时辰之一。

②鸟鸣其上：谓鸟在上空鸣叫。从全篇之句式和文义来看，原文诸段凡所"时加××"句式之后，皆有省略"鸟鸣其上"句，故在译文中全部补入（鸟儿鸣叫在上空）句。

③酒食：指美酒佳肴。

④辞让：谦逊推让。

⑤口舌：义犹"口角"。指争吵；争执。

⑥谏诤、责让：谏诤，指直言规劝。责让，谓责备；指责。

⑦长吏：旧称地位较高的官吏。

⑧相遗：相赠送。遗，本篇这里读作（wèi），指馈赠；送给。

⑨阴私贼事：指隐秘不可告人的事。

⑩阴贼：语出《汉书·翼奉传》："东方之情，怒也；怒行阴贼，亥卯主之。"唐颜师古注引孟康曰："本性受水气而生，贯地而出，故为怒；以阴气贼害土，故为阴贼也。"可见，阴贼，本谓阴气残害，但在本篇可作"阴狠残忍"解。

⑪争讼：谓争执而诉讼。

⑫大议休废：大议，谓最大非议。大，表示程度深；议，指非议，谤讪。说见《论语·季氏篇第十六》："天下有道，则庶人不议。"北宋邢昺疏曰："议，谓谤讪。"休废，义犹"衰败"，这里指群贼谤讪国家衰败。

⑬奸私：奸诈营私。

⑭阴日：指阴伏各种征兆之日。具体则指前文的"宽大之日"、"廉贞之日"、"公正之日"、"奸邪之日"、"贪狼之日"、"阴贼之日"，皆为"阴日"。

⑮鬼门：阴阳家语。旧时阴阳家称西北间（乾）为天门，东南间（巽）为地门，西南间（坤）为人门，东北间（艮）为鬼门。认为，鬼门为阴恶之气所聚，百鬼之所居。例见《隋书·萧吉传》"有风从艮地鬼门来"。

【译文】

经典上说：巳、酉，是为"宽大之日"。当时辰处在巳时和酉时的时候，鸟儿鸣叫在上空，这是有酒食之兆；当时辰处在寅时和午时的时候，（鸟儿鸣叫在上空），这是有酒食并有谦逊退让之兆；当时辰处在丑时和戌时的时候，（鸟儿鸣叫在上空），这是有酒食且有争执之兆；当时辰处在亥时和卯时的时候，（鸟儿鸣叫在上空），这是有酒食但却相互残害之兆；当时辰处在辰时和未时的时候，（鸟儿鸣叫在上空），这是有酒食且有妇人争吵之兆；当时辰处在申时和子时的时候，（鸟儿鸣叫在上空），这是有酒食且有争夺钱财之兆。

寅、午，是为"廉贞之日"。当时辰处在寅时和午时的时候，鸟儿鸣叫在上空，这是有规劝、有责备之兆；当时辰处在巳时和酉时的时候，（鸟儿鸣叫在上空），这是有宾客往来之兆；当时辰处在辰时和未时的时候，（鸟儿鸣叫在上空），这是有争执之兆；当时辰处在申时和子时、辰时和未时的时候，（鸟儿鸣叫在上空），这是有争执之兆；当时辰处在丑时和戌时、亥时和卯时的时候，（鸟儿鸣叫在上空），这是有酒食且主掌相互攻杀之兆。

丑、戌，是为"公正之日"。当时辰处在丑时和戌时的时候，鸟儿鸣叫在上空，这是有长吏前来慰问之兆；当时辰处在巳时和酉时的时候，（鸟儿鸣叫在上空），这是有公平正直、有酒食相赠之兆；当时辰处在寅时和午时的时候，（鸟儿鸣叫在上空），这是有官吏谈论隐秘不可告人的贼事之兆；当时辰处在申时和子时的时候，（鸟儿鸣叫在上空），这是有官吏来谈公正之事之兆；当时辰处在亥时和卯时的时候，（鸟儿鸣叫在上空），这是有官吏来谈阴狠相杀之兆。

辰、未，是为"奸邪之日"。当时辰处在辰时和未时的时候，鸟儿鸣叫在上空，这是有长吏前来拘捕奸贼邪恶之兆；当时辰处在巳时和酉时的时候，（鸟儿鸣叫在上空），这是有酒食且有隐秘事之兆；当时辰处在丑时和戌时的时候，（鸟儿鸣叫在上空），这是有官吏前来拘捕隐秘奸谋事之兆；当时辰处在亥时和卯时的时候，（鸟儿鸣叫在上空），这是有阴谋劫害事之兆。

申、子，是为"贪狼之日"。当时辰处在申时和子时的时候，鸟儿鸣叫在上空，这是有盗贼攻劫事之兆；当时辰处在寅时和午时的时候，（鸟儿鸣叫在上空），这是有好人来谈攻杀劫掠事之兆；当时辰处在巳时和酉时的时候，（鸟儿鸣叫在上空），这是有酒食之兆；当时辰处在辰时和未时的时候，（鸟儿鸣叫在上空），这是有妇人发生争讼事之兆；当时辰处在丑时和戌时、亥时和卯时的时候，（鸟儿鸣叫在上空），这是有群贼进行攻击掠夺之兆。

亥、卯，是为"阴贼之日"。当时辰处在亥时和卯时的时候，鸟儿鸣叫在上空，这是有群贼非议国家衰败、民众囚死、世人斗伤之兆；当时辰处在巳时和酉时的时候，（鸟儿鸣叫在上空），这是有妇人奸诈营私、互相伤害之兆；当时辰处在丑时和戌时的时候，（鸟儿鸣叫在上空），这是有官吏逐除贼人之兆；当时辰处在寅时和午时的时候，（鸟儿鸣叫在上空），这是有妇人与人奸淫、互相伤害之兆；当时辰处在辰时和未时、申时和子时的时候，（鸟儿鸣叫在上空），这是有贼寇攻讨之兆。

以上诸种阴伏征兆之日，如有鸟群飘飘从鬼门、四季上飞来，而时辰更在四季之月（即农历四个季月的总称，指春三月、夏六月、秋九月、冬十二月），那么，此为主有搜索，皆是争斗伤害事发生之兆。

【解说】

《鸟情占篇第九十二》是《太白阴经》卷八《杂占》中的第十一篇。作者李筌本篇以《鸟情占》为题，主要记述和介绍我国古代以鸟儿的飞鸣来占卜人世间吉凶福祸之兆的问题。

鸟情占，亦作"鸟占"，是我国古代占卜术之一。此种占卜方法的特点是，以观察鸟儿边飞边鸣的情况来卜测人事的吉凶福祸。鸟情占，与风角占一样，作为占卜术至迟在我国春秋时期已经出现，并广泛应用于生活中。李筌在前《风角占篇》中提到的"宋襄失德，六鹢退飞"的"鸟占"典故，乃出自《春秋左传》一书。据载，春秋时期鲁僖公（名申）十六年（公元前644年）春，"陨石于宋五，陨星也。六鹢退飞，过宋都，风也。周内史叔兴聘于宋，宋襄公问焉，曰：'是何祥也？吉凶焉在？'对曰：'今兹鲁多大丧，明年齐有乱，君将得诸侯而不终。'退而告人曰：'君失问。是阴阳之事，非吉凶所生也。吉凶由人。吾不敢逆君故也。'"我们从《春秋左传》这段记载文字中不难看出，鸟情占之术在我国春秋时期流行的一般情形。作为宋国国君的宋襄公（名兹父，宋桓公之子），竟以"陨石落宋"和"六鹢退飞"等天象鸟情是何预兆，而向聘于宋国的成周（即东周）内史叔兴询问"吉凶焉在"？这说明，宋襄公是一个对鸟占术笃行不二的忠实信徒。这位周内史叔兴虽然囿于"不敢逆君"而违心地用假话敷衍了宋襄公的"问卜"，但在私下却真实而正确地道出了"陨石落宋"、"六鹢退飞"现象，只不过"是阴阳之事，非吉凶所生也"，"吉凶由人"的颇具科学性之道理。而这一点，也恰恰是作者李筌于本篇指责宋襄公"失德"和"仰武将焚"的重要原因之一。

秦汉以后，历代都有信奉和精通此术者。例如，唐初军事家李靖，"世言靖精风角、鸟占、云祲、孤虚之术，为善用兵。"（见《新唐书·李靖传赞》）；宋末富春子"能风角、鸟占"等术（见元末杨瑀《山居新语》）；明代嘉靖间的周述学，不但精通"风角、鸟占"等术，而且都撰有专著，"莫不各有成书"（见《明史·周述学传》）。

这些恰恰说明风角、鸟占之术，在我国历史上源远流长，对后世颇有影响。

但是，我们不能不明确指出的是，鸟占术，如同风角占术一样，所讲内容都是缺乏科学道理的一种迷信崇拜。我们知道，鸟的飞行鸣叫，乃是飞禽类动物的生理机能之自然属性。鸟在空中飞行过程中，其飞行速度及其飞行方向，都将要受到风力、风速的影响而有所变化的。例如，春秋宋襄公时期，路过宋国上空的六只水鸟之所以呈现"退飞"的非正常状态，那是由于风高速疾的大风"吹退"的自然现象及其结果。司马迁《史记·宋微子世家》载称："六鹢（同'鹢'）退蜚（通'飞'），风疾也。"进一步指明了《春秋左传》所述"六鹢退飞"的直接原因。所以，无论鸟儿在空中怎样飞行和鸣叫，都与人世间的吉凶福祸毫无内在的关系和直接联系。而人世间的吉凶福祸，乃是由人们自身的行为所决定的。而这一道理，就连春秋时期东周内史叔兴都十分明白。所以，他在违心地回答了宋襄公的问题后，对他人说："君（指宋襄公）失问。是阴阳之事，非吉凶所生也。吉凶由人。吾不敢逆君故也。"叔兴此言，既形象生动地道出了"吾不敢逆君"以致对宋襄公所问作违心回答的心理状态，又指明了"六鹢退飞"等自然现象，"非吉凶所生也"，而是"吉凶由人"，即世间所生之吉凶福祸皆是由于人们自身行为所定的道理。由此不难看出，李筌本篇所谓某某时辰，若"鸟鸣其上"，就会"有酒食，又主相杀"，"有阴谋劫害之事"，"有群贼攻夺事"等说法，都是没有科学依据、不足取信的迷信之说。

还应指出的是，由于战争总是在一定的空间地域中实施的，因而军队的任何行动，都会给所经地域的事物（包括动植物）带来某种影响而改变他们的动态。所以，从鸟兽行踪的此种变化，往往可以推知军队行动的某种企图意向。我国春秋末期著名军事理论家孙武就充分注意到这个问题，并将此问题写进他的不朽之作《孙子兵法·行军篇》，明确指出"鸟起者，伏也"，"鸟集者，虚也"。前一句是说，鸟雀惊起飞走的地方，其下必有埋伏的敌兵；后一句是说，飞鸟云集于敌营之上，则表明敌营已经空虚无人了。应当说，孙子的这一观点是符合军事斗争实际的唯物主义思想观点。此种思想观点，与古代那种所谓鸟儿飞鸣预示人事的吉凶福祸之迷信观点，是有本质区别的。

太白阴经卷九

遁甲

遁甲篇第九十三

遁甲总序

【原文】

经曰：黄帝征蚩尤，七十二战而不克。昼梦金人引领①长头，衣元狐②之裘，而言曰："某，天帝③之使，授符于帝。"帝惊悟，求其符不得，乃问风后、力牧④。力牧曰："此天帝也。"乃于盛水之阳⑤，筑坛祭之。俄有元龟巨鳌⑥从水中出，含符致于坛而去。似皮非皮，似绨⑦非绨，以血为文，曰："天乙⑧在前，太乙⑨在后。"黄帝受符，再拜。于是设九宫⑩，置八门⑪，布三奇、六仪⑫，为阴阳二遁，凡一千八百局，名曰"天乙遁甲式"。三门发、五将具⑬，而征蚩尤以斩之。

蚩尤者，炎帝之后，与少昊⑭治西方，主金，兄弟十八人⑮，日寻干戈，恃甲兵之利，残暴不仁，闻黄帝独王于中央，将欲胜四帝⑯，恃甲兵于涿鹿⑰。黄帝，至道之精，其神无所倚，其心无所適⑱，淡然与万物合其一。天道亏盈而益谦⑲，乃授黄帝神符而胜之。使⑳黄帝行蚩尤之暴，蚩尤行黄帝之道，则蚩尤得符而胜黄帝矣。黄帝因蚩尤之暴，则黄帝得符而胜蚩尤矣。

天道助顺，所以授黄帝符者，欲启圣人之心，赞圣人之事也。吉凶成败在乎道，不在乎符。今取其一家之书，以备参考耳。

日　辰㉑
甲己㉒仲，甲己季，甲己孟。

六　甲㉓
甲子、乙丑至癸亥中间，甲戌、甲申、甲午、甲辰、甲寅并甲子，为六甲也。

五子遁元㉔

甲己之日，夜半生甲子；乙庚之日，夜半生丙子；丙辛之日，夜半生戊子；丁壬之日，夜半生庚子；戊癸之日，夜半生壬子。

阳遁㉕　遁元　仲　孟　季

阴遁㉖　遁元　仲　孟　季

坎　冬至一七四　小寒二八五　大寒三九六

艮　立春八五二　雨水九六三　惊蛰一七四

震　春分三九六　清明四一七　谷雨五二八

巽　立夏四一七　小满五二八　芒种六三九

离　夏至九三六　小暑八二五　大暑七一四

坤　立秋二五八　处暑一四七　白露九三六

兑　秋分七一四　寒露六九三　霜降五八二

乾　立冬六九三　小雪五八二　大雪四七一

阳遁冬至后第一甲子为上元㉗，第二甲子为中元，第三甲子为下元。逆布三奇，顺布六仪。

阴遁夏至后第一甲子为上元，第二甲子为中元，第三甲子为下元。顺布三奇，逆布六仪。

阳遁元用坎、艮、震、巽四卦，四卦各四十五日；十二气㉘，合一百八十日。

阴遁元用离、坤、兑、乾四卦，四卦各四十五日；十二气，合一百八十日。

五日六十时为一元，五日竟一气，一气用一元，上、中、下阴阳二遁三百六十日，当一岁之用，其五日四分之一各用中元，以通闰馀㉙，始终用之，然则㉚冬至闰馀二五八。经曰：以通闰馀，始终用之，各用二五八，是己五日之内与日合者。

凡用遁之法，当知九星，明九宫，定八门，审直符、直事：

九　星㉛

天蓬，水，常主一；天芮，土，常主二；天冲，木，常主三；天辅，木，常主四；天禽，土，常主五；天心，金，常主六；天柱，土，常主七；天任，土，常主八；天英，火，常主九。

九 宫

坎为一宫，坤为二宫，震为三宫，巽为四宫，中五宫，乾为六宫，兑为七宫，艮为八宫，离为九宫。

八 门

休门常主一，死门常主二，伤门常主三，杜门常主四，开门常主六，惊门常主七，生门常主八，景门常主九。

直 符

直符[32]者，六甲、六仪是也。甲子常为六戊[33]，甲戌常为六己，甲申常为六庚，甲午常为六辛，甲辰常为六壬，甲寅常为六癸。

三 奇

乙为日奇，丙为月奇，丁为星奇。

直 事

直事[34]者，直八门事也。常以直符加直事、上门加直事，授出入之语[35]。故以其门名之直事，五日一易局，十时一易符，十时一易事。

课 式

凡课式[36]之法，常以直符加时干。直符者，六甲也；时干者，时下所用之干也。假令阳[遁]用天元上元一局，甲己之日，夜半生甲子，即子在甲时也。授以直符天蓬，加北方六戊；所以加六戊者，以甲子常为六戊故也。鸡鸣乙丑，授以天蓬直符，加南方六乙，尽癸酉十时，皆以天蓬加干至戊寅[37]。甲戌则转直符用天芮；它皆仿此。此其阳遁可知[38]。

阴遁逆行：以直符、直事加宫。直事者，直事上之门也；时干者，时下所得之宫也。然则直符十时一易，其门亦十时一易也[39]。

假令阳遁用天元中元七局，甲己之日，夜半生甲子，即以惊门加第七宫；鸡鸣为乙丑，即以惊门加八宫，尽癸酉十时，皆以惊门加宫至戊寅[40]。甲戌则移生门加宫，而奇门所在，及为吉凶成败，按而详之。它仿此。阴遁则逆数。

凡子加子，直符、直事各伏其位，名曰"伏吟"；子加午，直符直事各易其位，名曰"反吟"。虽致奇门吉宿[41]，皆凶，惟可以纳财[42]。

凡三奇之日，宜以出行。奇者，乙、丙、丁，皆为吉干，与善神并，故无凶耳。若开、休、生三吉门，有天上三奇合之临一方，即其方之门为吉，道路清虚[43]，可以出行，修举百事[44]，皆吉。

假令用阳遁天元［上元］一局，甲己之日，日出为丁卯，天乙直符在四宫，开门临震三宫，下有六乙与日奇合，东方出行吉；生门临离九宫，［下］有六丁与星奇［合］，南方可以出行。其阴遁可知。

凡三奇直使者[45]，为三奇得六甲所使奇也。即乙为甲戌、甲子使，丙为甲寅、甲申使，丁为甲辰、甲午使[46]，三奇为吉门，合得此时者为尤良。

假令阳遁用天元上元一局，甲己之日，日入癸酉，天乙直使在一宫，以直符天蓬加六癸，休门直事加一宫，北方休门下有六丙，日奇而临甲子，六丙所使者是也。他皆仿此。

凡三奇与生门合、太阴合，得人遁奇；与休门合，为天遁奇；与开门合，得地遁奇；与太阴所合，皆吉。常以六丁所合为太阴，天乙后二宫亦名太阴。

假令阳遁［用］天元上元一局，甲戌在坤宫为直事前二宫，乾六甲在二宫，天乙在后二宫，皆合于六宫，故曰巽遁用阳。他仿此。[47]

又，生门与六乙合，得人遁奇；休门与六丁合，得地遁奇；开门与六丙合，得天遁奇。所合之宫，所向皆吉。

又，生门与六乙合，得天遁奇；开门与六丙合，得地遁奇；休门与六丁合，而在直符前三宫，为得人遁奇。天遁奇者，为日精华所蔽；地遁奇者，为月精华所蔽；人遁奇者，为太阴之气所蔽。此时可以隐匿逃亡。蔽盖[48]此宫，有事出行，吉。

凡三奇合太阴而无吉门，名曰有阴无门；有门合太阴而无奇，名曰有门无奇；有吉门而无奇阴，名曰有奇无阴。皆可从之，吉，但避五刑[49]，举事但从三吉[50]而去，若不得三奇并吉门者，但三奇所加，百事从之，吉。

又，三奇在阳，宜为客；在阴，宜为主。若欲见贵人、求财、举事，出自奇门合生门，吉。若力胜举百事，出自奇门合开门，吉。若欲求阴私、举百事，出自奇门合休门，吉。

凡三奇游于六仪，利为公私和会[51]之事，谓乙、丙、丁游于六甲之上。若甲寅有乙卯，甲子有庚午，此为玉女守门[52]户之时也。天乙合会，利为其事，要在三奇在六仪者。三奇吉门合太阴，以胜光、小吉、从魁加地四户，是为福仓，远行、出入、移徙，皆吉。

凡欲远行、出入、举百事、逃亡，当令天三门加地四户，出其下，吉。天三门者，太冲、从魁、小吉是也；地四户者，除、定、危、开是也。

假令正月建寅㊿，即卯为除，午为定，酉为危，子为开。他仿此。太冲、从魁、小吉，天之私门；六合、太阴、太常，地之私户。此临开、休、生三奇吉门，从之出入、远行、举百事，皆大吉。又以月将㊼加时上视之，勿忘太冲。太冲者，天门也。卒㊿有急难，天门出，吉。凡三奇入墓㊿，凶，不用。

假令六乙日奇，虽得日奇，未时不可出，谓乙属木，木、墓在未也。丙、丁火，火、墓在戌，戌时不可出。

一云六乙临二宫，六丙、六丁临六宫，入墓，出三奇吉门，勿令五刑、魁星、腾蛇㊿、白虎在其上㊿。

凡九天之上，可以力胜；九地之下，可以伏藏；太阴之中，可以潜形；六合之中，可以逃亡。即直符后一所临之宫为九天，后二所临之宫为九地，前二所临之宫为太阴，前三所临之宫为六合。

假令阳遁直符临九宫，则九天在四宫，九地在三宫，太阴在七宫，六合在六宫。它皆仿此。阴阳皆用天遁为奇，其九天临甲，九地临癸，太阴临丁，六合临己，为大吉。

凡六仪击刑㊿，皆不可用。

假令阳遁甲子天蓬为直符，加卯时为击刑，谓子、卯刑故也。虽得奇门吉宿，不可用。三刑者，子刑卯，卯刑子；丑刑戌，戌刑未，未刑丑；寅刑巳，巳刑申，申刑寅；辰、午、酉、亥四位自刑。

凡六庚加直符，名天乙伏宫格㊿，亦名天乙留符格；直符加六庚，名天乙飞宫格，亦名天乙行符与太白格。六庚加天乙，名太白与天乙格，战于野；若天乙与六庚同宫，名天乙与太白格，战于国。六庚加天乙宫者，谓临太乙所在地宫也；天乙与六庚同宫者，谓此同地宫也，凶时也。

凡六庚加金日，亦名伏干格㊿，亦名本宫干格之日。干格加六庚，名飞干格㊿，此凶时，不可为百事。伏干格之时凶，外人取之，占贼见之。占人㊿在，占格则不在；占人来，占格则不来。

凡六庚加岁干，为岁格㊿；月干为月格㊿；日干为日格㊿。一曰六庚加三奇，为时格㊿；不加三奇，非时格。六庚加六己，名刑格㊿，易地㊿千里，车破马惊，不利举百事，凶。

凡六庚加六丙，名曰太白入荧惑；六丙加六庚，名荧惑入太白。二逢相入，皆凶时，得奇门吉宿，亦不可举百事，凶。

凡六丙加直符为勃，谓天上六丙加庚直符也；及天乙宫加六丙，亦名为勃，同六庚所加之义。

凡时下及天乙直使所在得吉宿者，吉；得凶宿者，凶。时下得吉宿，谓直符所加⑦；时下所得三星，此谓吉宿也。

假令阳遁 [用] 天元上元一局，甲己之日，平旦为丙寅，即以直符加六丙，六丙在八宫，八宫为天任，是谓时下得任星也。他仿此。

天乙所在吉宿者，假令阳遁 [用] 天元上元一局，甲己之日，夜半生甲子，甲子为天蓬，即以天乙直使在天蓬宿；鸡鸣为乙丑，乙丑为天芮，即以天乙直使为天芮宿。

凡吉宿者，天辅、天禽、天心为大吉，天冲、天任为小吉。凶宿者，天蓬、天芮为大凶，天英、天柱为小凶。大凶者，有旺相气变为小凶；小凶者，有旺相气变为平；其吉宿，有旺相气大吉。

凡六甲加六丙，为青龙返首；六丙加六甲，为朱雀跌穴。此二时，可以造举百事。又会三奇、八门者，为大吉。《太乙经》曰："六丙加六庚，为亨；六辛加六乙，为白虎猖狂；六乙加六庚，名青龙逃走；六癸加六丁，名螣蛇夭矫⑦；六丁加六癸，名朱雀入江。"不可举百事，皆凶时也。

凡时下得乙未、丙戌、辛丑、甲辰、戊辰，名入墓时，不得出入、举百事。

凡天道不远，三五复反⑦。假令阳遁用天元上元一局，甲己之日，平旦为丙寅三，即三在寅也；戊辰五，即五在辰也。他仿此。

其阳遁，可出入、举百事，当趋三避五，可以名天道。凡出行者，亦可参用元女式⑦三宫法，所出之门有螣蛇、白虎，皆须避之，不可犯，大凶。

时逢六庚，抱木而行⑦，强有出者，必有斗争；谓六庚之时，时下得庚，凶也。

适逢六辛，行逢死人，强有出者，罪罚缠身；谓六辛之时，时下得辛，凶也。

时逢六壬，为吏所擒，强有出者，非祸所胜；谓六壬之时，时下得壬，凶也。

适逢六癸，众人所视，不知六癸，出门则死；谓六癸之时，时下得癸，凶也。

凡时下得天蓬，宜安居保国，修筑营垒，主不利客，凶神也。

时下得天芮，宜崇道修德，统接朋侪⑦，凶神也。

时下得天冲，不利举事，凶神也。

时下得天辅，宜守道调理，凶神也。

时下得天禽，宜祭祀求福，以灭群恶，吉神也。

时下得天心，宜避疾求仙，君子吉；小人凶，凶神也。

时下得天柱，宜居守自固，藏形隐迹，凶神也。

时下得天任，宜请谒赏贺[76]，通达财利，吉神也。

时下得天英，宜道行出入，进酒作乐，嫁娶筵宴，吉神也。

太乙贵神[77]，可向，不可背。白奸者，天大[78]奸神，不可向，可背也。

又曰：六丁为六甲阴，能知此道，日月可陆沉[79]，可呼六丁神名。凡六合之中六己，谓六己之位皆在六合之中也。行阴密隐秘潜伏之术，皆从天上[80]六己所临用之。

凡天辅之时，有罪勿杀，斧钺在前，天乙救之，谓甲己之日时加巳，乙庚之日时加申，丙辛之日时加午，丁壬之日时加辰，戊癸之日时加寅。此时有罪，自然光辉，亦宜此时拔人之系缚[81]。

一曰：甲己之日，时下谓巳；丁壬之日，时下谓辰；戊癸之日，时下谓申，为天辅之时也。

凡天网四张[82]，万物尽伤，谓时得六癸也。此时不可造作百事。又神有高下，必须避也。假令天网在一宫，神高一尺；在二宫，神高二尺，逾越[83]避之。

凡天罡加四孟[84]，天乙在内，宜处百事；天罡加四仲[85]，天乙在门，出处百事皆败；天罡加四季[86]，天乙在外，宜出行，百事皆吉。他仿此。

凡要事在三宫、在天乙，大吉[87]加四仲，名玉堂，时天乙理事于玉堂之中，欲出行当此之时，百事可利，逃亡者得。神后[88]加四仲，名明堂，时天乙出游门垣之外，游行四野，当此之时，举造百事皆吉，逃亡者得。徵明加四季，名曰绛宫，天乙伏藏于深宫之中，行于私宴，当此之时，不可出行，逃亡者皆得用。

凡天乙之理于三宫，四时迭用，要在于天乙大神，背之必败，当从向克[89]。

春三月[90]，天乙大神理于玉堂宫，大吉是也；大吉为生气，其冲小吉[91]，为百鬼死。

夏三月，天乙大神理于明堂宫，神后是也；神后为王坐，其冲胜光为负[92]。

秋、冬三月，天乙大神理于绛宫，徵明是也；徵明为常生，其冲太乙为积刑。

凡出入往来，青龙上明堂、出天门、入地户、四入太华中，即华盖。若天藏、天狱、天牢，慎不可犯。

凡六甲为青龙，可以建福；六乙为蓬星，可以建德；六丙为明堂，可以出入；

六戊为天门，可以往来；六己为地户，可以伏藏。天乙至三凶神之宫，六庚为天狱，六辛为天庭，六壬为天牢，天藏之中为六癸，可以隐藏也。

凡九天之神在六甲，朱雀之神在六丙，太阴之神在六丁，勾陈之神在六乙，六合之神在六己，白虎之神在六庚，元武⁹³之神在六辛，入地之神在六癸。凡欲逃亡隐匿，必须从天门入地户，又参之以太冲、从魁、小吉、六合、太阴加地户，将出入往来无能见者。欲去者，出天门而去；欲藏者，入地户而藏。太阴之中，凡欲逃避百鬼，当出天门入地户中，吉。

凡欲行山中宿，令虎狼鬼贼不敢近者，出天门入地户中，吉。

夫开门遁伏，休门生聚，生门利息，景门上书，杜门闭绝，死门射猎，惊门恐迫，伤门伤害。避恶伏匿，背杜门向开门，吉。出行移徙，迁官受职，入官视事⁹⁴，背景门向休门，吉。有所掩袭，欲塞奸邪，背开门向杜门，吉。三奇吉门合天辅、天心、天禽，出入大吉。出入开门，宜见大将军；出休门，宜见长吏；出生门，宜见帝王公卿；出伤门，宜捕猎、征伐；出杜门，宜邀遮⁹⁵隐匿、诛伐亡逆；出景门，宜上寿；出死门，宜丧葬吊唁；出惊门，宜掩捕斗讼⁹⁶。

凡时加六甲，一开一阖，上下交接，谓六甲之时，时下得伏吟⁹⁷时也。

时加六乙，一往一来，恍惚⁹⁸俱出，谓六乙之时，时下得乙，吉也。

时加六丙，道逢清宁，求之大胜，谓六丙之时，时下得丙，吉也。

时加六丁，出幽入冥，永无祸侵，谓六丁之时，时下得丁，吉也。

时加六戊，乘龙万里，当从天上六戊出，挟天武而行，吉也。

时加六己，如神所使，不知六己，欲行且止，谓六己之时，时下得己，凶也。

向 背 择 日

经曰：征伐皆有向背，知之者胜，不知者败。其太岁、太阴、将军、月建、日时、大时、小时、亭亭、白奸、游都、太乙、黄旛、豹尾、五帝、六符、生神、死神、大雄、死地雎、日德、孤虚，岁月日时、刑杀大小，审而用之，可以知其胜负，易其成败。其临神者，惟死神、地雎、虚星可向，白奸亦可向。

推五星所在法

常以天罡加太岁，视亥上神为岁星，午上神为镇星⁹⁹，酉上神为太白，子上神为辰星。五星所在之次，国不可伐，大略如此。为星有迟速跳伏，以七曜算之方¹⁰⁰，定太岁月日时下之辰不可向。

凡小时月逢大时月，正月卯，二月子，三月酉，四月午，左行四冲，周而复始。凡游都，正月丙，二月丁，三月□，四月庚。

推行八干四角天乙依元女式⑩

所谓日游者⑩，一名刑法。己酉月理艮宫六日，乙卯月理震宫五日，庚申月理巽宫六日，丙寅月理离宫五日，辛未月理坤宫六日，丁丑月理兑宫五日，壬午月理乾宫六日，戊子月理坎宫五日。阳岁以大吉，阴岁以小吉。

推恩建黄道法

常以正、七月加子，二、八月加寅，三、九月加辰，四、十月加午，五月、十一月加申，六月、十二月加戌。

凡天罡下为建，建为青龙，黄道次神⑩；太乙即为除，除为明堂，黄道次神；胜光即为满，满为天刑，黑道次神；小吉即为平，平为朱雀，黑道次神；传送为定，定为金匮，黄道次神；从魁为执，执为天德，黄道次神；河魁为破，破为白虎，黑道次神；徵明为危，危为玉堂，黄道次神；神后为成，成为天牢，黑道次神；大吉为收，收为元武⑩，黑道次神；公正为开，开为司命，黄道次神；太冲为闭，闭为勾陈，黑道次神。

凡避死难，从开星不吉。春三月，房⑩为开；夏三月，张为开；秋三月，娄为开；冬三月，壁为开。

推亭亭白奸法

常以月将加时辰，神后下为亭亭所在；次析十二月时，其寅、申、巳、亥神后；白奸所在神后时，白奸在寅，常行四孟。亭亭常以白奸囚于巳、亥，格于寅、申。⑩

出师安营⑩

经曰：诸有正宿⑩安营，四直⑩顿兵，深入敌境，恐有掩袭，乃作真人闭六戊法；逃难隐死，作玉女反闭局法。千凶万恶，莫之敢干⑩。故人精微⑩去道不远，故能洞幽阐神⑩，非真人⑩逢时，必不能行也。

闭六戊法

先置营讫⑭，于某旬上，以刀从鬼门行起，左旋画地一周，次取其中央之土一斗，置六戊上。六戊者，天罡神也。刀即置取土之处埋之，咒曰："太山⑲之阳，恒山之阴，盗贼不起，虎狼不伤，城郭不完，闭以金关，千凶万恶，莫之敢犯。"便于营中宿。若令出入⑯，验之法：取犊母⑰在营中，犊子安营外，犊子终不敢入营中。甲子旬，戊在辰。余仿此。

玉女闭局法

以刀画地，常以六为数：室中六尺，庭中六步，野外六十步，手持六算[119]，算长一尺二寸。假令甲日从甲上入，乙日从乙上入，戊日从东西南北入，入局竟从[119]今日日辰起。

假令子日，即以第一算置子上，第二算加丑上，第三算加寅上，第四算加卯上，第五算加辰上，第六算加巳上；下六时[120]亦依次去。便呼云："鼠行出穴入狗市[121]。"便移[122]子上算置戌上，度算[123]讫，大呼云："青龙下！"次移丑上算置卯上，云："牛入兔园食甘草。"[124]度讫，就便呼云："朱雀下！"次移寅上算置巳上，云："猛虎呴呴来入巳。"[125]度算讫[126]，便呼云："勾陈下！"次移卯上算置丑上，云："兔入牛栏伏不起。"便大呼云："白虎下！"次移辰上算置午上，云："龙入马厩因留止。"度算讫，便呼云："元武[127]下！"次移巳上算置申上，呼云："腾蛇宛转来申里[128]。"度算讫，便呼云："六合下！"两算夹一算，先成为天门，后成为地户。避难出天门，入地户，乘玉女上去，吉。仍呼玉女所在云[129]："庚上玉女来护我，无令百鬼中伤我！"敌人不见我，以为束薪[130]。独开天门，而闭地户，咒毕交乎[131]，以算闭门而去，勿反顾[132]。以刀画地，即地脉不复得见[133]。

【注释】

①引领：本谓伸颈远望，但在本篇这里则指"长脖子"。引，延长。说见《诗·小雅·楚茨》"勿替引之"句，孔传云："引，长也。"领，颈也，脖子。说见《诗·卫风·硕人》"领如蝤蛴"句，孔传云："领，颈也。"

②元狐：即"玄狐"。清人因避康熙帝玄烨名讳，而改"玄"为"元"。玄狐，黑色狐狸，其皮毛珍贵，可制皮衣。

③天帝：即"上帝"。

④力牧：传说为上古黄帝时期的大将。据西晋皇甫谧《帝王世纪年历》载称，相传黄帝梦人执千钧之弩而驱羊数万群，寤而叹曰："夫千钧之弩，异力能远者也；驱羊数万群，是能牧民为善者也。天下岂有姓力名牧者哉？"于是依占而求之，果得力牧于大泽之中，用以为大将。

⑤盛水之阳：盛水，河水名，今名及所处地域不详。阳，指盛水的北岸。水之北岸向阳，南岸背阴。

⑥元龟巨鳌：元龟，大龟。古代多用于占卜。说见《尚书·周书·金縢》"今我即命于元龟"，

孔传云："就受三王之命于大龟，卜知吉凶。"

⑦ 绨（tí）：一种比绸子粗厚的丝织品。

⑧ ⑨ 天乙、太乙：亦作"天一"、"太一"。皆为天神名。说见《史记·封禅书》"天神贵者太一"，司马贞索隐引东汉宋均曰："天一、太一，北极神之别名。"

⑩ 九宫：术数家所指的九个方位。《易》纬家有"九宫八卦"之说，即以八卦中的坎为一宫、坤为二宫、震为三宫、巽为四宫、乾为六宫、兑为七宫、艮为八宫、离为九宫，再加上中央为五宫，合称"九宫八卦"。

⑪ 八门：术数家语。指休、生、伤、杜、死、景、惊、开为八门，其中以休、生、开三门为吉门，余五门为凶门。奇门遁甲术沿用此说。

⑫ 三奇、六仪：皆为阴阳术数学专用术语。奇门遁甲术以十天干中的乙、丙、丁为三奇，分别代表天上的日、月、星，故乙又称"日奇"，丙又称"月奇"，丁又称"星奇"。六仪，则指十天干中的后六位，即戊、己、庚、辛、壬、癸为六仪。三奇与六仪分置于九宫，以甲统之，用以占卜吉凶。星命家以乙、丙、丁为天上三奇，以甲、戊、庚为地下三奇，以辛、壬、癸为人间三奇。

⑬ 三门发，五将具：三门，术数家语。古代占验家立休、生、伤、杜、景、死、惊、开八门，而以休、生、开三门为吉，余五门为凶。故以"三门"指休门、生门、开门，取其吉义。五将，古代称北极星周围的五个星座为五将。说见《后汉书·高彪传》"天有太一，五将三门"，李贤注云："《太一式》：'凡举事皆欲发三门，顺五将。'发三门者，开门、休门、生门。五将者，天目、文昌等。"

⑭ 少昊：亦作"少皞"。传说中我国古代东夷部族首领。名挚（一作"质"），号金天氏。据《吕氏春秋·孟秋》高诱注称："少皞，……以金德王天下，号为金天氏，死配金，为西方金德之帝"，号为西方金神。但晋杜预《春秋左传注》称少昊是黄帝之子。

⑮ 兄弟十八人：李筌蚩尤称有"兄弟十八人"不知引据何典，待查。唐张守节所撰《史记正义》注引《龙鱼河图》则称："黄帝摄政，有蚩尤兄弟八十一人，并兽身人语，铜头铁额，食沙石子，造立兵杖刀戟大弩，威震天下，诛杀无道，不慈仁。"（见《史记·五帝本纪》）

⑯ 四帝：指古代传说中的五方天帝中的东方苍帝（灵威仰之神），南方赤帝（赤熛怒之神）、西方白帝（白昭矩之神）、北方黑帝（叶光纪之神）。中央则为黄帝（含枢纽之神），而东西南北四方之帝则"夹黄帝坐"。说见《史记·天官书》张守节正义注。

⑰ 涿鹿：位于今河北涿州东南。

⑱ 其神无所倚，其心无所适：句义谓其神力没有可与之相比附的，其心智没有可与之相匹敌的。以此喻指黄帝神力之巨大、心智之高深。倚，比附。适（dí），在本篇这里通"敌"，谓匹敌；相当。

⑲ 天道亏盈而益谦：语出《周易·谦卦》。天道，指天的法则，或曰自然规律。亏，损也。盈，满也。句义是，天的法则是使盈满亏损而使谦虚增益。

⑳ 使：这里作连词。谓假使。

㉑ 日辰：指十天干和十二地支。说见汉代王充《论衡·诘术》载称："日十（天干）而辰十二（地支），日辰相配，故甲与子连。"又见宋代沈括《梦溪笔谈·象数一》："一日谓之'一辰'者，以十二支言也。以十干言之，谓之'今日'；以十二支言之，谓之'今辰'。故支干谓之'日辰'。"

㉒ 己：以及下文的二"己"字，原文皆误作"乙"，今据钱熙祚校注改正。

㉓ 六甲：奇门遁甲术语。古人把十天干的甲、乙、丙、丁、戊、己、庚、辛、壬、癸，与十二地支的子、丑、寅、卯、辰、巳、午、未、申、酉、戌、亥，依次两两相配而编成六十花甲子表，以六十为度反复循环。在此六十花甲子中，天干从甲到癸共用了六次，也就相当把六十花甲子分成六组，每组十对，称为"六旬"。每旬的第一位天干都是甲，与天干甲相配的地支与甲一起便组成每一旬的旬头，按六十花甲子的顺序，六旬的旬头分别是甲子、甲戌、甲申、甲午、甲辰、甲寅，则统称为"六甲"。

㉔ 五子遁元：奇门遁甲术语。五子，指在以天干与地支相配的六十花甲子表中，与地支子相配对的共有五个，即为甲子、丙子、戊子、庚子、壬子，因以称"五子"。说见《汉书·律历志上》"日有六甲，辰有五子。"颜师古注云："六甲之中，唯有'甲寅'无'子'，故有五子。"遁元，指奇门遁甲的阳遁、阴遁各置上元、中元、下元。

㉕ ㉖ 阳遁、阴遁：奇门遁甲与太乙术中专用术语。奇门遁甲术根据阴阳学说，规定一年以冬至与夏至为分界，从冬至起到夏至止，为阳，用阳遁；从夏至起到冬至止，为阴，用阴遁。在奇门遁甲的布局法中，规定阳顺阴逆的排列原则。在判断预测时，以阴阳和合为吉兆，以阴与阴或阳与阳相克则为凶兆。

㉗ 上元：术数家语。此为"三元"之一。旧以干支相配纪年，称六十年为一甲子，讲阴阳五行的人以三个甲子共一百八十年为一周，而称第一个甲子为"上元"、第二个甲子为"中元"、第三个甲子为"下元"，合称"三元甲子"。如以干支纪日，亦是六十日为一甲子，三个甲子共一百八十日为一周，亦依次称上元、中元、下元。

㉘ 十二气：即十二节气。指阳遁从冬至到芒种共为一百八十天有十二个节气，即冬至、小寒、大寒、立春、雨水、惊蛰、春分、清明、谷雨、立夏、小满、芒种。阴遁则从夏至到大雪亦为一百八十天有十二个节气，即夏至、小暑、大暑、立秋、处暑、白露、秋分、寒露、霜降、立冬、小雪、大雪。

㉙ 闰馀：指农历一年和一回归年相比所多馀的时日，称为"闰馀"。据《史记·历书》："黄

帝考定星历，建立五行，起消息，正闰馀。"裴骃集解引《汉书音义》曰："以岁之馀为闰，故曰'闰馀'。"

　　㉚ 然则：连词。连接句子，表示连贯关系。义犹"如此，那么"，或"那么"。

　　㉛ 九星：奇门遁甲术语。所谓"九星"是指：天蓬星（主一坎，属水，休门）、天芮星（主二坤，属土，死门）、天冲星（主三震，属木，伤门）、天辅星（主四巽，属木，杜门）、天禽星（主中央，属土）、天心星（主六乾，属金，开门）、天柱星（主七兑，属金，惊门）、天任星（主八艮，属土，生门）、天英星（主九离，属火，景门）。

　　㉜ 直符：奇门遁甲术语。在奇门遁甲的天盘九星中，凡于九宫逢甲当值的星符，即为"直符"。例如，阳遁一局，甲子时起坎一宫，即以坎宫天蓬星为直符；甲戌时起坤二宫，即以天芮星为直符；甲申时起震三宫，即以天冲星为直符；甲午时起巽四宫，即以天辅星为直符；甲辰时起中央五宫，即以天禽星为直符；甲寅时起六宫，即以天心星为直符。余皆仿此。

　　㉝ 甲子常为六戊：在奇门遁甲中，六甲（即甲子、甲戌、甲申、甲午、甲辰、甲寅）与十天干后六位的戊、己、庚、辛、壬、癸，是同位同功的，通常六甲的"甲子"用"戊"代表，"甲戌"用"己"代表，"甲申"用"庚"代表，"甲午"用"辛"代表，"甲辰"用"壬"代表，"甲寅"用"癸"代表；戊、己、庚、辛、壬、癸六天干，又称"六仪"。故有"甲子常为六戊，甲戌常为六己，甲申常为六庚，甲午常为六辛，甲辰常为六壬，甲寅常为六癸"之说。

　　㉞ 直事：谓当班之事。犹言值班。

　　㉟ 授出人之语：钱熙祚校注指出："句似有误。"

　　㊱ 课式：指占卜方式。课，占卜的一种，这里指用奇门遁甲占卜吉凶。

　　㊲ 皆以天蓬加干至戊寅：戊寅，原文误作"寅戊"。按六十花甲子表中，只有"戊寅"，而无"寅戊"；寅戊，显系"戊寅"之互乙，故改。

　　㊳ 此其阳遁可知：钱熙祚于本句末注云："此下当有脱误。"

　　㊴ 其门亦十时一易也：钱熙祚于此句末注云："此条标目似误，'然则'上当有脱文，'其门'下疑脱'亦'字。"今据钱注于"其门"下补"亦"。

　　㊵ 皆以惊门加宫至戊寅：戊寅，原文误作"寅戊"，今据钱注改正。

　　㊶ 吉宿：指显现吉兆的星宿。

　　㊷ 纳财：接受钱财。

　　㊸ 道路清虚：谓路上清静无事。

　　㊹ 修举百事：谓兴办各种事务。

　　㊺ 直使者：在奇门遁甲中，指人盘八门中当值的门使。九宫逢甲为直符，直符上的"八门"

之一门即为直使。例如，阳遁一局，甲子在坎一宫，天蓬星为甲子时直符，则“休门”即为直使。其余类推。

㊻ 丁为甲辰、甲午使：句中的“甲午”，原文作“甲寅”，疑为“甲午”之误。因为，六甲为甲子、甲戌、甲申、甲午、甲辰、甲寅，既然前文是“乙为甲戌、甲子使，丙为甲寅、甲申使”了，那么，“丁为甲辰、甲寅使”句中的“甲寅”当为“甲午”。这样，才符合本条“凡三奇直使者，为三奇得六甲所使奇也”句义。故据此订正。

㊼ 故曰巽遁用阳，他仿此：钱熙祚于句末校注称：“此条有脱误。”

㊽ 蔽盖：蔽护掩盖。

㊾ 五刑：古代通常指五种轻重不同的刑罚，亦指甲兵、斧钺、刀锯、钻凿、鞭扑五种行刑工具。但在本篇这里似指神名。

㊿ 三吉：这里为休、生、开三吉门的简称。

(51) 和会：义犹欢会，谓和悦而集会。

(52) 玉女守门：奇门遁甲术语。玉女，指十天干的“丁”，丁逢天乙直使之门，名曰“玉女守门”。如阳遁一局，顺仪逆奇，地盘“丁”在“兑”，而以天乙直使休门，加之甲子时休门起坎，乙丑时休门到坤，丙寅时休门到震，丁卯时休门到巽，戊辰时休门到中，己巳时休门到乾，庚午时休门到兑。那么，地盘丁奇兑上，故甲子旬庚午时即为“玉女守门”。

(53) 建寅：古代以北斗星斗柄的运转计算月份，斗柄指向十二辰中的“寅”，为正月建寅，即夏历的正月。说见《淮南子·天文训》：“天一元始，正月建寅。”后因以指夏历正月。

(54) 月将：阴阳家语。指日月相会之辰为“月将”。阴阳家规定一年十二月有十二月将，分别命以专名和所处时辰：正月将名“登明”在亥时，二月将名“天魁”在戌时，三月将名“从魁”在酉时，四月将名“传送”在申时，五月将名“胜光”在未时，六月将名“小吉”在午时，七月将名“太乙”在巳时，八月将名“天罡”在辰时，九月将名“太冲”在卯时，十月将名“功曹”在寅时，十一月将名“大吉”在丑时，十二月将名“神后”在子时。（见宋沈括《梦溪笔谈·象数一》）六壬家则称之为“十二神”或“六壬十二神”，并各有宜忌。

(55) 卒（cù）：同“猝”。突然。

(56) 三奇入墓：奇门遁甲术语。此为不吉之象的一种。三奇，指十天干中的乙、丙、丁，又依次称“日奇、月奇、星奇”；墓者，坟墓也，葬尸之地，为不吉之兆。据宋明之际的《烟波钓叟歌·句解》引王璋云：“三奇入墓者，谓六乙日奇下临六宫，六丙月奇下临六宫，六丁星奇下临八宫，乙奇下临二宫亦是，是谓‘三奇入墓’也。”

(57) 螣蛇（téng—）：传说中一种能飞的神蛇。在六壬术中，则被称为“十二天将”之一。

(58) 白虎在其上：此句末之“上”字原缺，从前后文义看，是为“上”字，故补。白虎，本篇这里指迷信传说中的一种凶神。

(59) 六仪击刑：奇门遁甲术语。句义谓六甲地支相刑与自刑。六仪，指十天干中后六位的戊、己、庚、辛、壬、癸。故六仪又分别称六戊、六己、六庚、六辛、六壬、六癸。据《烟波钓叟歌·句解》称：“甲子同六戊，甲戌同六己，甲申同六庚，甲午同六辛，甲辰同六壬，甲寅同六癸。”击刑，谓碰击相刑克。六甲与地支相碰是为“相刑”，六甲自相碰则为“自刑”，例如，甲子见卯，甲戌见未，甲申见寅，甲寅见巳，皆为相刑；而甲辰见甲辰，甲午见甲午，则为自刑。奇门遁甲术规定，凡六甲与地支相刑或六甲自刑者，皆为大凶之兆。

(60) 天乙伏宫格：奇门遁甲术语。又名“天乙伏”。指六庚加直符。据《烟波钓叟歌·句解》“庚加直符天乙伏”句称：“《三元经》曰：‘六庚加直符名为天乙伏宫格。此时主客皆不利战斗交兵，气自衰。’”

(61) 伏干格：奇门遁甲术语。亦称“天乙伏干格”。指庚加日干。据《烟波钓叟歌·句解》“庚加日干为伏干”句称：“《三元经》曰：‘六庚为太白，加日干即为伏干格。此是主客斗伤，皆不利。’”

(62) 飞干格：奇门遁甲术语。指日干加庚。据《烟波钓叟歌·句解》“日干加庚飞干格”句称：“经曰：‘今日之干加六庚，飞干格。此时战斗，主客两伤。’”

(63) 占人：古代掌管占卜的官员。《周礼·春官宗伯·占人》：“占人掌占龟，以八簭占八颂，以八卦占簭之八故，以视吉凶。”

(64) 岁格：奇门遁甲术语。指六庚加当年太岁之干。据《烟波钓叟歌·句解》“又嫌岁月日时罹”句称：“经云：‘六庚（加）当年太岁之干，名曰岁格，此时用事凶。’《奇门大全》云：‘六庚加今岁干，如甲子年，庚加甲子也。大凶’。”

(65) 月干为月格：句义是，六庚加月干是为月格。月干，指干支纪月。月格，指六庚临于月干，亦称“月朔格”。据《烟波钓叟歌·句解》“又嫌岁月日时罹”句称：“论月格，《三元经》曰：‘六庚加月朔格，为凶时也。’”

(66) 日干为日格：句义是，六庚加日干是为日格。日干，指干支纪日。日格，指六庚临于日干，亦称“日干格”。据《烟波钓叟歌·句解》“又嫌岁月日时罹”句称：“论日格，经曰：‘六庚加当日日干，名曰日干格，此时大凶。’”

(67) 时格：奇门遁甲术语。指六庚加临于本时干（以干支纪时为“时干”）。据《烟波钓叟歌·句解》“又嫌岁月日时罹”句称：“时格，经曰：‘六庚加本时干者，为时格，亦名伏吟格。此时六庚在四宫，以直符天辅加时，不可举兵，用事大凶。’”

(68) 刑格：奇门遁甲术语。指六庚加六己。据《烟波钓叟歌·句解》“加己为刑最不宜”句称：“汤谓曰：‘六庚加六己为刑格。谓天上六庚加地下六己，此时出军，车破马伤，中道而止；士卒逃亡，慎勿追之，反招凶咎。’”

(69) 易地：指平坦地域。

(70) 谓直符所加：加，原文作“胜”，钱熙祚校注指出：“疑[为]‘加’。”钱说为是，故从改。

(71) 夭矫：亦作“夭蟜”。指螣蛇屈伸貌。

(72) 天道不远，三五复反：语出《后汉书·郎𫖮传》“郎𫖮曰：‘臣闻天道不远，三五复反。’”三五，为约举之数，指数目不多。复反，犹回复，返还。

(73)(101) 元女式：元，本为“玄”，清人因避康熙帝玄烨名讳，故改“玄”为“元”。

(74) 抱木而行：句义谓绕木而行走。喻指出行遇有障碍，行进不顺利，需绕行。抱，环；绕。

(75) 统接朋侪：谓接纳友朋。朋侪（—chái），朋辈；友朋。

(76) 请谒赏贺：请谒，请求谒告。赏贺，原本旧时新妇进门次日须送物给尊长亲戚，而尊长回赠，此谓“赏贺”。但在本篇这里可作“请客送礼”解。

(77) 太乙贵神：太乙，北辰神名。太乙亦称“太一”，是为古代术数之一种，与六壬、奇门遁甲合称“三式”。据《易纬·乾凿度》“太乙取其数以行九宫”句郑玄注云：“太乙，北辰神名也。”太乙行九宫之法，为后世术数家所沿用。

(78) 天大：犹极大；最大。

(79) 陆沉：本谓陆地下沉，但本篇这里指日月沉落。

(80) 皆从天上：上，原文作“公”，钱熙祚校注指出：“疑[为]‘上’。”钱说为是，今从改。

(81) 拔人之系缚：谓解除别人的束缚。拔，摆脱；解救。系缚，捆绑；束缚。

(82) 天网四张：奇门遁甲术语。即六癸临时下。语出宋《三元经》：“天网四张，万物尽伤。此时不可举兵，为百事凶。”又据宋《景祐遁甲符应经纂》：“天乙直符所临为天网，时下得癸，不宜举事。”

(83) 逾越：超越过去。

(84) 天罡加四孟：天罡（—gāng），本为星名，但在本篇指神名。四孟，通常指农历四季中每季第一个月的合称，即正月孟春、四月孟夏、七月孟秋、十月孟冬，是为“四孟”。但星命家亦以地支十二辰的“寅、巳、申、亥”为“四孟”。

(85) 四仲：通常指农历四季中每季的第二个月的合称，即二月仲春、五月仲夏、八月仲秋、十一月仲冬，是为“四仲”。星命家亦以地支十二辰的“卯、酉、子、午”为“四仲”。

(86) 四季：这里指农历四季中每季的第三个月的合称，即三月季春、六月季夏、九月季秋、十二月季冬是为“四季”。星命家亦以地支十二辰的“辰、戌、丑、未”为“四季”。

⑧⑦大吉：六壬术所称"十二神"之一，即十一月将名。说见《六壬大全·十二神释》。

⑧⑧神后：六壬术所称"十二神"之一，即十二月将名。说见《六壬大全·十二神释》。

⑧⑨向克：谓所向克捷。

⑨⑩春三月：指四季的春季之第三个月，即三月。下文的"夏三月"、"秋、冬三月"，则依次指六月、九月、十二月。

⑨①其冲小吉：冲，星象家术语。谓相忌相克。小吉，六壬术所称"十二神"之一，即五月将名。说见《六壬大全·十二神释》。

⑨②胜光为负：胜光，六壬术所称"十二神"之一，即六月将名。说见《六壬大全·十二神释》。负，古代天文学术语。据《晋书·天文中》载称："青赤气如小半晕状，在日上为负。负者得地为喜。"

⑨③⑩④⑫⑦元武：本为"玄武"，清人因避康熙帝玄烨名讳，故改"玄"为"元"。

⑨④视事：谓就职理事。通常多指政事。

⑨⑤邀遮：拦阻；截击。

⑨⑥掩捕斗讼：掩捕，谓乘其不备而抓捕。斗讼，谓因争斗而行诉讼。

⑨⑦伏吟：术数家语。又称"九星伏吟"。为奇门遁甲术中的凶象。天盘之天蓬加地盘的天蓬，九星仍在本宫不动者，是为"伏吟"。如上盘甲子加下盘甲子，而得"伏吟"者，不宜用兵。说见《遁甲演义》。

⑨⑧恍惚（huǎng hū）：谓倏忽，形容瞬息之间。

⑨⑨午上神为镇星：钱熙祚校注指出："'午上神'，疑当为'荧惑'，'镇星'上似有脱文。"钱说为是。此条本讲"推五星所在法"，但全文只讲了岁星（木星）、镇星（土星）、太白（金星）、辰星（水星）四大行星，唯缺"荧惑"（火星），显然与本条之《推五星所在法》标题和"五星所在之次"文句不符。另外，对照本书卷八的《占五星篇第八十四》所列岁星、荧惑、镇星、太白、辰星的五大行星的顺序，本条所缺"荧惑"，或如钱注所云"午上神为荧惑"而"镇星"上有脱文；或为"亥上神为岁星"句下脱漏"×上神为荧惑"的相应文句，亦未可知。

⑩⑩以七曜算之方：句义是，用七曜推算的方法。七曜，指日、月和金、木、水、火、土五大行星，合为"七曜"。

⑩②所谓日游者：谓，原文缺。从前后文义看，所缺者当为"谓"字，故补。日，原文作"月"，钱熙祚校注指明："依《龙首经》天乙日游法，'月'并当作'日'。"钱说为是，故从钱说改。

⑩③黄道次神：黄道，原指太阳运行的轨道。但旧时迷信星命之说，以为凡遇青龙、明堂、金匮、天德、玉堂、司命六辰黄道吉神的日子，是为黄道吉日，做事相宜；反之，如遇天刑、朱雀、白虎、天牢、玄武、勾陈六辰黑道凶神的日子，则是黑道凶日，做事不利。

⑩⑤ 房：及下文的"张"、"娄"、"壁"，皆为二十八宿之一。

⑩⑥ 格于寅、申：钱熙祚校注指出："此条有脱误。"格，太乙术语。地目始击与主客大小将，皆与太乙宫对，是为"格"。义为上下相格，变易其君，此为臣挟君之象。

⑩⑦ 出师安营：钱熙祚于此目下注云："一名《真人玉女反闭局》。"

⑩⑧ 正宿：谓正在驻宿。正，这里作副词，谓正在，表示动作的进行或状态的持续。

⑩⑨ 四直：义犹"四方"。直，为指示方位之词。

⑩⑩ 敢干：谓敢于冒犯。干，这里读作 gān，干犯；冒犯。

⑪⑪ 精微：谓精专细致。

⑪⑫ 洞幽阐神：洞幽，洞察幽深。阐神，阐发神明。

⑪⑬ 真人：道家称存养本性或谓修真得道之人为"真人"。亦泛指成仙之人。

⑪⑭ 讫（qì）：完毕；完了。

⑪⑮ 太山：即"泰山"。

⑪⑯ 若令出入：钱熙祚于此句末注云："句有误。"

⑪⑰ 犊母：指母牛。下文的"犊子"，指小牛崽。

⑪⑱ 六算：指六只算子。算，这里通"筹"，古代指计数用的竹制筹码。

⑪⑲ 竟从：谓直接从……。竟，直接；一直。

⑫⑩ 下六时：指十二时辰的后六个时辰，即：午、未、申、酉、戌、亥。

⑫⑪ 鼠行出穴入狗市：原文误作"鼠行出窟入市"，钱熙祚校注指出："此有脱误。《景祐遁甲符应经》作'鼠行出穴入狗市'。"钱说为是，今从改。

⑫⑫ 移：原文作"逐"，钱熙祚校注指出："疑[为]'移'。"钱说为是，今从改。

⑫⑬ 度算（duó—）：计算；推算。

⑫⑭ 牛入兔园食甘草：原文作"牛入兔途食时草"，钱熙祚校注指出："《符应经》作'牛入兔园食甘草'。"钱说为是，故从改。甘草，茅的别名。据北魏贾思勰《齐民要术·杂说》："《师旷占》曰：'…岁欲甘，甘草先生。'"原注称"茅。"

⑫⑮ 猛虎呴呴来入巳：原文作"猛虎跳，鸢来到"，钱熙祚校注指出："《符应经》云：'猛虎呴呴来入巳'。"笔者认为，唯此句始合于前文"次移寅上算置巳上"句义。据此，今从钱说改。呴呴（xǔ—），温和貌，用以形容猛虎温和状态。

⑫⑯ 度算讫：原文脱"讫"，今据钱注补。讫，完毕。

⑫⑧ 螣蛇宛转来申里：原文脱"申里"二字，今据钱熙祚校注补。

⑫⑨ 云：原文作"之"。钱熙祚依《符应经》校注指出："之，疑'云'。"钱说为确，故从改。

⑬⓪束薪：指捆扎起来的柴禾，或指一捆柴草。

⑬①咒毕交乎：原文作"咒会交乎"，钱熙祚校注指出："句有误，'会'，疑'毕'。"钱说为确，今从改。咒，指咒语，亦谓祷告语。交乎，即"交呼"，指交相呼叫。乎，为"呼"的古字。

⑬②反顾：指回过头。

⑬③以刀画地，即地脉不得复见：地脉，本指地的脉络或曰地势，但在本篇这里，借指地面上的种种情况。见，同"现"，显现；出现。

【译文】

遁甲总序

经典上说：上古时代黄帝征讨蚩尤，历经七十二战而不能取胜；他白天睡梦中见一金人长脖子长脑袋，身穿黑色狐皮衣，对黄帝说道："我乃上帝的使者，奉命授符书给你。"黄帝惊醒后，寻找此符书没有得到，于是就向风后、力牧问梦。力牧回答说："这是上帝托梦给你啊！"于是，黄帝就在盛水的北岸筑坛祭祷上帝。不一会儿，有一巨型龟鳖从水中浮出上岸，将口中所衔之符书放在祭坛上后而退回水中。此符书似皮而非皮，似绸而非绸，用血写成如下的文字："天乙在前，太乙在后。"黄帝接受符书后，再次跪拜已毕。于是，便以符书所示文字内容，设九宫，置八门，布三奇、六仪，为阴阳二遁，凡一千八百局，名曰"天乙遁甲式"。随后便派遣五将率兵从开、休、生三吉门出发，征讨蚩尤，终于将其打败斩杀。

蚩尤其人，乃是炎帝后裔，他与少昊共治西方，主金德；有兄弟十八人（一说八十一人），成天寻隙挑衅，凭借其甲兵之利，实行残暴不仁之策。他听到黄帝独自称王于中原大地，将要胜过东西南北四方之帝的消息后，便凭借其强大甲兵，于涿鹿地域与黄帝进行角逐。黄帝乃是至道之精灵，其神力之巨大无人可以比俦，其心志之高无人可以匹敌，其天性恬淡乃与万物融为一体。上天的法则，是使满盈者遭到亏损，而使谦虚者受到增益的。于是，上帝便授符书给黄帝，让他战胜蚩尤。假使黄帝推行蚩尤的残暴之策，而蚩尤实行黄帝的仁爱之道，那么，蚩尤就会得到神符而战胜黄帝了。黄帝正是因为有蚩尤的残暴不道，才获得上帝所授神符而战胜了蚩尤。

天道是扶助正义者的，上帝之所以授神符给黄帝，是为了开启圣人之心智，赞就圣人之事业。因此，吉凶成败在于是否有道，而不在于是否有符。今摘取一家之书，以备用兵者参考。

日辰

甲己仲，甲己季，甲己孟。

六甲

从甲子、乙丑至癸亥中间，有甲戌、甲申、甲午、甲辰、甲寅和甲子，合称为"六甲"。

五子遁元

甲己之日夜半生甲子，乙庚之日夜半生丙子，丙辛之日夜半生戊子，丁壬之日夜半生庚子，戊癸之日夜半生壬子。

阳遁　遁元　仲　孟　季

阴遁　遁元　仲　孟　季

坎　冬至一七四　小寒二八五　大寒三九六

艮　立春八五二　雨水九六三　惊蛰一七四

震　春分三九六　清明四一七　谷雨五二八

巽　立夏四一七　小满五二八　芒种六三九

离　夏至九三六　小暑八二五　大暑七一四

坤　立秋二五八　处暑一四七　白露九三六

兑　秋分七一四　寒露六九三　霜降五八二

乾　立冬六九三　小雪五八二　大雪四七一

　　阳遁：冬至后的第一个甲子为上元，第二个甲子为中元，第三个甲子为下元。其排局法是：逆布三奇，顺布六仪。

　　阴遁：夏至后的第一个甲子为上元，第二个甲子为中元，第三个甲子为下元。其排局法是：顺布三奇，逆布六仪。

　　阳遁遁元，采用坎、艮、震、巽四卦。此四卦各为四十五日，十二节气，共合一百八十日。

　　阴遁遁元，采用离、坤、兑、乾四卦。此四卦各为四十五日，十二节气，共合一百八十日。

　　五日合六十时辰为一元，五日终一节气，一节气用一元。遁元分上元、中元、下元。阴阳二遁为三百六十日，正当一年之用。其五日的四分之一各用中元，以通闰馀而自始自终循环用之，那么，冬至闰馀二五八。经典上说：用所多出之时为闰馀，始终使用它。各用二五八，即是己在五日之内与日相合者。

凡是运用遁甲之法，应当知道九星，通晓九宫，确定八门，了解直符、直事等内容：

九星

天蓬星，属水，常主一宫；天芮星，属土，常主二宫；天冲星，属木，常主三宫；天辅星，属木，常主四宫；天禽星，属土，常主五宫；天心星，属金，常主六宫；天柱星，属土，常主七宫；天任星，属土，常主八宫；天英星，属火，常主九宫。

九宫

坎为一宫，坤为二宫，震为三宫，巽为四宫，中为五宫，乾为六宫，兑为七宫，艮为八宫，离为九宫。

八门

休门，常主一宫；死门，常主二宫；伤门，常主三宫；杜门，常主四宫；开门，常主六宫；惊门，常主七宫；生门，常主八宫；景门，常主九宫。

直符

所谓"直符"者，是指六甲、六仪。甲子，通常为六戊；甲戌，通常为六己；甲申，通常为六庚；甲午，通常为六辛；甲辰，通常为六壬；甲寅，通常为六癸。

三奇

乙为日奇，丙为月奇，丁为星奇。

直事

所谓"直事"者，就是值理八门之事的意思。通常是以直符加直事、上门加直事，授以出入的密语，因此，以其"门名"命名其直事。每五日更换一局，十时更换一直符，十时更换一直事。

课 式

大凡占课的方式方法，通常采用直符加时干。所谓"直符"，就是"六甲"；所谓"时干"，就是时下所用的天干。假令阳遁用天元上元一局，甲己之日夜半生甲子，就是子在甲时。那么，此时当授以直符、天蓬星，加北方六戊；之所以加六戊，是由于甲子通常以六戊为代表的缘故。鸡鸣之时为乙丑，当授以天蓬、直符，加南方六己。这样，一直排到癸酉十时，都以天蓬加天干直到戊寅。甲戌时，则需转换直符而选用天芮星。其他都仿照此种排法。这样，阳遁的用法就可以知道了。

阴遁则是逆行排法：即以直符、直事加九宫。所谓"直事"者，就是值理事上之门；所谓"时干"，就是时下所得之"宫"。如此，那么所用直符需要十时一更换，其"门"也需十时更换一次。

假使阳遁用天元中元七局，甲己之日夜半生甲子，就用惊门加第七宫（兑卦）；鸡鸣之时为乙丑，就用惊门加第八宫（艮卦），这样，一直排到癸酉十时，都用惊门加宫直至戊寅。甲戌时，则需移至"生门"加宫到奇门所在之处，乃关系着吉凶成败问题，故应予详细考察之。其他都仿照此种排法。若用阴遁，就用逆数排法。

凡是子加子，直符、直事各伏隐其位，名曰"伏吟"；子加午，直符、直事各易换其位，名为"反吟"。在此情况下，虽然得到的是奇门吉宿，都应视为凶兆，只可接受钱财。

凡是三奇之日，利于出行在外。所谓"三奇"者，就是乙、丙、丁，此三奇都是吉利的天干，它与善神相并存，所以没有凶险。倘若开、休、生三吉门有天上之日奇、月奇、星奇三奇相合而降临于一方的话，那么，其所临地方之门即为吉祥之兆。其道路清静无事，可以出行，举办各种事务都吉祥有利。

假使用阳遁天元（上元）一局，甲己之日，日出时当为丁卯。此时，天乙、直符在四宫（巽卦），开门临震为三宫，其下有六乙与天上日奇相合，那么，向东方出行吉利；生门临离为九宫，其下有六丁与天上星奇相合，可以向南方出行。依此而用阴遁的情况，便可以知道了。

凡是三奇当值使者，成为三奇而得六甲所使为奇时，就是乙为甲戌、甲子之使，丁为甲辰、甲午之使。三奇为吉门，能够与此时完全相合者，尤为良辰吉日。

假使阳遁用天元上元一局，甲己之日，日入癸酉，那么，天乙当值在一宫（坎卦），用直符、天蓬加六癸，休门直事加一宫。北方为休门，下有六丙，天有日奇降临，甲子则为六丙所役使。其他都仿照此种排法。

凡是三奇与生门、太阴相合，而得人遁奇；三奇与休门相合，而为天遁奇；三奇与开门相合，而得地遁奇。三奇与太阴所合，都是吉兆。通常以六丁所合称为"太阴"，而天乙后二宫（坤卦）亦名"太阴"。

假使阳遁用天元上元一局，那么，甲戌在坤宫为直事当值前二宫，六甲在第二宫，天乙在后二宫，都合于六宫（乾卦）。因此说巽遁用阳。其他仿照此种排法。

又有一说，生门与六乙相合，而得人遁奇；休门与六丁相合，而得地遁奇；开门与六丙相合，而得天遁奇。其所合之宫，所向都是吉祥之兆。

还有一说。生门与六乙相合，而得天遁奇；开门与六丙相合，而得地遁奇；休门与六丁相合而在直符前三宫，则为得人遁奇。天遁奇，是为日之精华所蔽护；地遁奇，是为月之精华所蔽护；人遁奇，是为太阴（即月亮）之气所蔽护。此时可以隐匿逃亡。因为此宫得到蔽护掩盖，故有事出行，是为吉日。

凡是三奇合于太阴而无吉门，名为"有阴无门"。有门合于太阴而无奇，名为"有门无奇"。有吉门而无奇阴，名为"有奇无阴"。以上情形，都可以从之出行，是为吉祥有利。但应注意回避五刑，举办各种事情只能从三吉门而去；如果不得三奇并吉门的时候，但由三奇所加，那么，百事从之而行，都为吉祥有利。

又一说，三奇在阳，利于为客一方；三奇在阴，利于为主一方。如果想要见到贵人，求取钱财，办事出自奇门而合于生门，就为吉祥有利。如果能奋力取胜，举办各种事务，是出自奇门而合于开门，就为吉祥有利。如果想要探求阴私，举办各种事务，出自奇门而合于休门，就为吉祥有利。

凡是三奇游于六仪，有利于公私性欢会之事。这是说的乙、丙、丁三奇游于六甲之上的缘故。如果甲寅有乙卯，甲子有庚午时，这是玉女守护门户的时辰。天乙合会，有利于做事，而关键是三奇须在六仪。三奇吉门合于太阴，以胜光、小吉、从魁加地四户，就是所谓的福仓。此时远行、出入、迁徙，都吉祥有利。

凡打算远行、出入，举办百事，或者逃亡，应当用天三门加地四户，从其下而出，是为吉祥有利。所谓"天三门"者，是指太冲、从魁、小吉也；所谓"地四户"者，是指除、定、危、开也。

假使正月建寅，那么，卯即为除，午为定，酉为危，子为开。其他皆依此类推。太冲、从魁、小吉，是天之私门；六合、太阴、太常，是地之私户。此时如临开、休、生三奇吉门，从之出入、远行，举办百事，都是大吉之辰。再以月将加时上进行观察，不要忘记太冲，因为太冲乃是天门，如果猝遇急难之事，从天门出是为吉祥有利。

凡是三奇入墓皆为凶兆，不可采用。

假使六乙为日奇，那么，虽得日奇，也不可在未时外出，这是因为乙属木，而木墓在未时的缘故。丙、丁属火，火墓是在戌时，而戌时也不可外出。

另一说法是，六乙临二宫（坤），六丙、六丁临六宫（乾），入墓出三奇吉门，不要让五刑、魁星、螣蛇、白虎在其上。

凡在九天之上，可以奋力取胜；而在九地之下，则可埋伏隐蔽。太阴之中，可以潜形隐身；六合之中，可以逃亡他乡。直符后一所临之宫即是"九天"，直符后二所临之宫即是"九地"，直符前二所临之宫即是"太阴"，直符前三所临之宫即是"六合"。

假使阳遁直符所临为九宫（离），那么，九天就在四宫（巽），九地则在三宫（震），太阴就在七宫（兑），六合则在六宫（乾）。其他皆依此类推。阴阳都用天遁为奇，此时九天临甲，九地临癸，太阴临丁，六合临己，都是大吉之象。

凡是六仪相互碰击刑克之时，都不可以采用。

假使阳遁甲子日，天蓬为直符加卯时而成为"击刑"，这是由于子与卯相互刑克之缘故。此时虽得奇门吉宿，但不可采用。所谓"三刑"者，即子刑卯、卯刑子、丑刑戌、戌刑未、未刑丑，寅刑巳、巳刑申、申刑寅是也。而辰、午、酉、亥四地支则为"自刑"（即自相刑克）。

凡是六庚加直符，名为"天乙伏宫格"，又名"天乙留符格"；直符加六庚，名为"天乙飞宫格"，又名"天乙行符与太白格"。六庚加天乙，名为"太白与天乙格"，此为交战于原野之兆。如果天乙与六庚同处一宫，名为"天乙与太白格"，此为交战于本国之象。六庚加天乙宫者，是谓临太乙所在地宫；天乙与六庚同宫者，是谓二者同处地宫，都为凶险时辰。

凡是六庚加金日，名为"伏干格"，又名"本宫干格之日"。干格加六庚，名为"飞干格"，这是凶险时辰，不可举办百事。伏干格之时为凶兆，外人取用之，占贼可以显现之。占人在，占格则不在；占人来，占格则不来。

凡是六庚加岁干，是谓"岁格"；六庚加月干，是谓"月格"；六庚加日干，是谓"日格"。一说，六庚加三奇，是谓"时格"；六庚不加三奇，不是"时格"。六庚加六己，名为"刑格"，此时将是平地千里，车破马惊之象，不利于举办百事，是为凶险时辰。

凡是六庚加六丙，名为"太白入荧惑（火星）"；六丙加六庚，名为"荧惑入太白"。

二星相逢互入，都是凶险时辰；即使得到奇门吉宿，也不可以举办百事，因为是凶险之时。

凡是六丙加直符，名为"勃"，意思是天上六丙加庚直符。至于天乙宫加六丙，也名为"勃"，与六庚所加之义相同。

凡是时下及天乙直使所在之处，得吉宿乃为吉兆，得凶宿则为凶兆。时下得吉宿，是谓直符所加；时下所得三星，是谓吉宿。

假使阳遁用天元上元一局，那么，甲己之日，平旦为丙寅，即以直符加六丙，六丙在八宫（艮），八宫为天任，是指时下所得为天任星。其他皆依此类推。

天乙所在为吉宿时，假使阳遁为天元上元一局，那么，甲己之日夜半生甲子，甲子为天蓬，即以天乙直使在天蓬宿；鸡鸣时为乙丑，乙丑为天芮，即以天乙直使在天芮宿。

凡是"吉宿"者，是指天辅、天禽、天心为大吉，天冲、天任为小吉；"凶宿"者，是指天蓬、天芮为大凶，天英、天柱为小凶。大凶者，如有旺相之气，则变为小凶；小凶者，如有旺相之气，则变为平安无凶；其吉宿者，如有旺相之气，则变为大吉。

凡是六甲加六丙，称为"青龙返首"；六丙加六甲，称为"朱雀跌穴"，在此二时，皆可以举办百事。如果同时会合三奇、八门时，是为大吉之辰。《太乙经》说："六丙加六庚名为'孛'；六辛加六乙，名为'白虎猖狂'；六乙加六庚，名为'青龙逃走'；六癸加六丁，名为'螣蛇夭矫'；六丁加六癸，名为'朱雀入江'。"凡此以上时辰，皆不可举办百事，因为都是凶险时辰缘故。

凡是时下所得为乙未、丙戌、辛丑、甲辰、戊辰，此皆名为"入墓"，逢此之时，皆不可以出入和举办百事。

大凡天道距世不远，往返回复即在瞬间。假使阳遁用天元上元一局，那么，甲己之日，平旦为丙寅三，即是三在寅位；平旦为戊辰五，即是五在辰位。其他依此类推。在其阳遁之下，可以出入、举办百事，但应趋"三"而避"五"，这样，才可以叫作名副"天道"之实。凡是出行的人，也可以参用"玄女式三宫法"，所出之门如有螣蛇、白虎，都必须避开，不可侵犯它，否则将有大凶。

时逢六庚，如同绕开树木而行，倘若强行妄出者，必然引起争斗。因为六庚之时，时下所得之庚，是为凶兆之缘故。

时逢六辛，出行如果遇见死人，若有强行妄出者，将有罪罚缠身。因为六辛之时，时下所得之辛，是为凶兆之缘故。

时逢六壬，出行将被官吏擒拿，倘有强行妄出者，则将不胜其祸。因为六壬之时，时下所得之壬，是为凶兆之缘故。

时逢六癸，众人所见而不知六癸，此时出行则死。因为六癸之时，时下所得之癸，是为凶兆之缘故。

凡是时下所得天蓬，宜于安居保国，修筑营垒。此时利主而不利客；因为此天蓬是为凶神。

时下所得天芮，宜于崇德修道，接纳友朋；因为此天芮是为凶神。

时下所得天冲，不利于举办事务；因为此天冲是为凶神。

时下所得天辅，宜于守道调理；因为此天辅是为凶神。

时下所得天禽，宜于祭祀求福，以灭群恶；因为此天禽是为吉神。

时下所得天心，宜于避疾求仙，君子吉利，小人凶险；因为此天心是为凶神。

时下所得天柱，宜于居守自固，藏形隐迹；因为此天柱是为凶神。

时下所得天任，宜于请谒送礼，通达财利；因为此天任是为吉神。

时下所得天英，宜于出入行走，进酒作乐，嫁娶筵宴；因为此天英是谓吉神。

太乙贵神，可向往而不可背离它；白奸者，是最大的奸神，不可向往而可背离它。

又一说法是，六丁为六甲之阴，能够通晓此道，那么，可使日月沉落，可以呼唤六丁神名。凡在六合之中，六己是指六己之位都在六合之中。实行阴密隐秘潜伏之术，都要遵从天上六己所临之时而用之。

凡是天辅之时，对有罪之人勿杀，斧钺在前，天乙来救。此谓甲己之日时加巳，乙庚之日时加申，丙申之日时加午，丁壬之日时加辰，戊癸之日时加寅。凡此之时虽为有罪，但天辅照临而自然光辉，也宜于此时解脱罪人的束缚。

另一说法是，甲己之日时其下是为巳，丁壬之日时其下是为辰，戊癸之日时其下是为申，都为天辅照临之时。

凡是天网四张，万物尽伤，这是由于时下得六癸的缘故。此时不可举办百事。同时，又有神从高空下临，必须回避它。假使此时天网在一宫（坎），那么，神高为一尺；天网在二宫（坤），那么，神高为二尺，应当超越避开它。

凡是天罡加四孟，天乙在其内，宜于处理百事；天罡加四仲，天乙在门口，出行和处理百事都将失败；天罡加四季，天乙在其外，宜于出行，举办百事皆吉祥有利。其他依此类推。

凡是要事在三宫（震）、在天乙，大吉加四仲，名为"玉堂"。此时天乙理事在玉堂之中，想要出行，当在此时，举办百事有利，逃亡者可以得脱。神后加四仲，名为"明堂"，此时天乙出游于门墙之外，如若云游四方，当在此时，举办百事有利，逃亡者可以得脱。徵明加四季，名为"绛宫"，此时天乙藏匿于深宫之中，举办私宴活动，当在此时，但不可出行，逃亡者都须遵此而用。

凡是天乙掌理于三宫，四时交互运用，关键在于天乙大神，背离它必遭失败，遵从它则所向克捷。春三月（即农历三月），天乙大神理事于玉堂宫，名为"大吉"；大吉是为生气，其冲小吉，为百鬼死亡之时。夏三月（农历六月），天乙大神理事于明堂宫，名为"神后"；神后是为王座，其冲胜光为负气之时。秋、冬三月（农历九月、十二月），天乙大神理事于"绛宫"，名为"徵明"；徵明是为常生，其冲太乙为积刑。

凡是出入往来，青龙上明堂，出天门入地户，四入太华中，即是华盖。如果遇到天藏、天狱、天牢时候，应当谨慎，不可冒犯它。

凡是六甲为青龙，可以建福；六乙为蓬星，可以建德；六丙为明堂，可以出入；六戊为天门，可以往来；六己为地户，可以伏藏。从天乙到三凶神之宫，六庚为天狱，六辛为天庭，六壬为天牢；天藏之中为六癸，可以隐藏。

凡为九天之神在六甲，朱雀之神在六丙，太阴之神在六丁，勾陈之神在六乙，六合之神在六己，白虎之神在六庚，玄武之神在六辛，入地之神在六癸。凡欲在上述时辰逃亡隐匿者，必须从天门入地户，并参之以太冲、从魁、小吉。六合、太阴加地户，出入往来不能被发现。想要离去者，应出天门而去；想要藏匿者，应入地户而藏于太阴之中。凡欲逃避百鬼者，应当出天门而入地户之中，是为吉祥有利。

凡是准备行于山中而露宿，使虎狼鬼贼不敢接近的，应出天门而入地户之中，是为吉祥有利。

开门主掌遁伏，休门主掌生聚，生门主掌利息，景门主掌上书，杜门主掌闭绝，死门主掌射猎，惊门主掌恐迫，伤门主掌伤害。避恶伏匿，要背离杜门而向往开门，则吉祥有利。出行迁徙，升官受职，任官理事，要背离景门而向往休门，则吉祥有利。对敌掩袭，堵塞奸邪，要背离开门而向往杜门，则吉祥有利。三奇吉门相合于天辅、天心、天禽时，出入则大吉大利。出入开门，宜于会见大将军；出休门，宜于会见长吏；出生门，宜于晋见帝王、公卿；出伤门，宜于捕猎和征伐；出杜门，宜于拦截隐匿者和诛伐逃亡的叛逆者；出景门，宜于祝寿；出死门，宜于丧葬和吊唁；出惊门，宜于掩捕斗殴争讼的人。

凡是时加六甲，一开一合，上下交接，是谓六甲之时，时下所得伏吟时辰。

时加六乙，一往一来，恍惚俱出，是谓六乙之时，时下得乙，是为吉祥时辰。

时加六丙，道逢清静安宁，求取大胜，是谓六丙之时，时下得丙，是为吉祥时辰。

时加六丁，出幽入冥，永无祸侵，是谓六丁之时，时下得丁，是为吉祥时辰。

时加六戊，乘龙万里，当从天上而来，六戊出，挟天武而行，是为吉祥时辰。

时加六己，如神所使，不知六己，欲行又止，是谓六己之时，时下得己，是为凶险时辰。

向背择日

经典上说：征伐都有向与背之分，知道它的就胜利，不知道它的就失败。其太岁、太阴、将军、月建、日时、大时、小时、亭亭、白奸、游都、太乙、黄旛、豹尾、五帝、六符、生神、死神、大雄、死地睢、日德、孤虚，所有这些岁月、日时、刑杀等大小之神，都应当详细研究考察而加以运用之。这样，才可以预知其胜负，改变其成败结局。所面临的诸多之神，唯有死神、地睢、虚星可向而不可背，白奸，也是可向而不可背。

推五星所在法

通常以天罡加太岁，看亥上神为岁星（木星）、午上神为荧惑（火星）、××神为镇星（土星）、酉上神为太白（金星）、子上神为辰星（水星）。凡此五星所在位次之国，不可以讨伐它。推五星所在法大略如此。因为五星运行有时迟缓，有时迅速，有时跳跃，有时隐伏，故应运用七曜推算之法，才能确定太岁月日时下之辰不可向。

凡是小时之月逢大时之月的时候，正月为卯，二月为子，三月为酉，四月为午，左行四仲，周而复始。

凡是游都之时，正月为丙，二月为丁，三月为□，四月为庚。

推行八干四角天乙依玄女式

所谓日游者，一名叫"刑法"。己酉日掌理艮宫（即八宫）六日，乙卯日掌理震宫（即三宫）五日，庚申日掌理巽宫（即四宫）六日，丙壬日掌理离宫（即九宫）五日，辛未日掌理坤宫（即二宫）六日，丁丑日掌理兑宫（即七宫）五日，壬午日掌理乾宫（即六宫）六日，戊子日掌理坎宫（即一宫）五日。阳岁用大吉，阴岁用小吉。

推 恩 建 黄 道 法

通常以正月、七月加子，二月、八月加寅，三月、九月加辰，四月、十月加午，五月、十一月加申，六月、十二月加戌。

凡是天罡之下为建，建为青龙，属黄道次神。太乙即为除，除为明堂，属黄道次神。胜光即为满，满为天刑，属黑道次神。小吉即为平，平为朱雀，属黑道次神。传送即为定，定为金匮，属黄道次神。从魁为执，执为天德，属黄道次神。河魁为破，破为白虎，属黑道次神。徵明为危，危为玉堂，属黄道次神。神后为成，成为天牢，属黑道次神。大吉为收，收为玄武，属黑道次神。公正为开，开为司命，属黄道次神。太冲为闭，闭为勾陈，属黑道次神。

凡是为了躲避死难，从开星不吉利。春三月（农历三月），房宿为开；夏三月（农历六月），张宿为开；秋三月（农历九月），娄宿为开；冬三月（农历十二月），壁宿为开。

推 亭 亭 白 奸 法

通常先以月将加时辰，得知神后之下即为亭亭所在之位；其次，分析十二月时辰，其寅、申、巳、亥为神后时辰，而白奸所在神后时下，那么，白奸当在寅时，常行四孟；亭亭则常以白奸而因于巳亥，格于寅申。（钱注：此条有脱误）

出 师 安 营

经典上说：诸如宿营扎寨、四方屯兵、深入敌境等项军事行动，为了防备敌人偷袭，于是便作《真人闭六戊法》；为了躲避灾祸和死难，而作《玉女反闭局法》。这样，纵有千凶万恶，敌人也不敢冒犯。所以说，人若精专细致，就会离道不远，故能洞察幽微，阐发神明。如果不是修真得道之人，是必定不能做到这样的。

闭 六 戊 法

首先，安置好营寨；然后，在某旬之上用刀从鬼门开始，向左旋转而画地一圈，再取其中央之土一斗，置于六戊之上。所谓"六戊"者，就是天罡神也。接着，将刀置于取土之处埋上，口念咒语道："泰山之阳，恒山之阴，盗贼不起，虎狼不伤；城郭不完，闭以金关，千凶万恶，莫之敢犯！"于是，便可在营中安宿。如果想要通过出入来验证此法之效，可取母牛放在营中，将牛犊置于营外，结果是牛犊始终不敢进入营内。甲子旬，戊在辰时。其余都以此类推。

玉 女 闭 局 法

用刀画地，通常以六为计数。在室内为六尺，在庭院为六步，在野外为六十步；

手持六根算码，算码长一尺二寸。假令是甲日，即从甲上入，乙日从乙上入，戊日则从东西南北入，那么，入局直接从当日日辰开始操作。

假使是子日，就用第一算码置于子上，第二算码加在丑上，第三算码加在寅上，第四算码加在卯上，第五算码加在辰上，第六算码加在巳上；其下的午、未、申、酉、戌、亥六时辰，也依此序顺次排列下去。于是，便呼叫说："老鼠出洞而进入狗市。"随后便将子上的算码移置于戌上，待推算完毕，大叫道："青龙下！"接着，将丑上之算码移到卯上，说："老牛进入兔园吃甘草。"推算完毕，又呼叫道："朱雀下！"然后，将寅上之算码移到巳上，说道："猛虎温缓地进入巳上。"推算完毕，便呼叫道："勾陈下！"接着，将卯上之算码移放到丑上，说道："兔入牛栏而伏卧不起。"推算完了便大叫道："白虎下！"然后，将辰上之算码移到午上，说："龙入马厩而留止不动。"推算完毕，便喊道："玄武下！"接着，又将巳上之算码移放到申上，叫道："螣蛇宛转而来。"推算完了，便叫道："六合下！"然后，用两只算码夹住一个算码，先成为天门，后成为地户；避难则出天门入地户，乘玉女上去，是为吉祥有利。但是，仍然要呼叫玉女所在之处："请庚上玉女来保护我，不要让百鬼来伤害我！"这样，敌人就看不见我，误以为我是一捆柴草。独开天门而闭地户，咒语口诀交互使用，再用算码闭门而去，不要回头，以刀画地。这样，地面上的事物脉络情况，就不再显现了。

【解说】

唐代兵学家李筌《太白阴经》卷九之《遁甲篇》，是迄今所能看到的我国古代遁甲术流传下来的较为完整的文献材料。由于唐代以前的遁甲书都已亡佚，所以，本篇便成为今人研究我国古代遁甲术最重要的资料之一。通观李筌《遁甲篇》可以看出，全篇主要包括三方面内容：

一是《总序》着重介绍古代遁甲术产生的源头，以及李筌提出的"今取其一家之书，已备参考"的目的性。

二是自《日辰》至《直事》等九项内容，着重阐释遁甲术中的重要术语的涵义。

三是自《课式》以后至篇末，着重介绍遁甲术的诸多占课推演方法及其在军事上的种种运用。其中，《课式》主要讲遁甲术的一般排局推演方法；《向背择日》篇及其以下《推五星所在法》、《推行八干四角天乙依元女式》、《推恩建黄道法》、《推亭亭白奸法》四法，主要讲军队作战时遁甲术的操作运用；《出师安营》及以下《闭六戊法》和《玉女闭局法》二法，主要讲军队宿营扎寨时遁甲术的操作运用。

李筌《遁甲篇》的以上三项主要内容，大体上反映了我国古代遁甲术的概貌。

遁甲，乃我国古代术数之一种。根据历史文献记载，隋唐以前称之"遁甲"，宋明以后则称为"奇门遁甲"。它是古人利用传统的阴阳五行、八卦、九宫、天干地支以及天文历法等理论编制的一种选择时间和方位的术数方法。它以自己独特的式盘(指我国古代推算历数或占卜的工具，由天盘和地盘构成)推演方法和奇、仪、门、神等一整套术语元素，构成了区别其他术数门类的术数体系。据郭志诚、李志高《揭开奇门遁甲之谜》(东北师范大学出版社出版，1993年6月第1版)研究指出："在中国古代数十种术数门类中，可以说，奇门遁甲是一个最好的命名。奇门遁甲四个字，集中而又精练地概括了奇门遁甲术这种术数方法的基本内容。在这四个字中，奇、门和甲都是名词，表述的是奇门遁甲的主要因素；遁是动词，表述的是构成这种术数方法诸要素间的联系及这种术数方法的主要特征。"笔者认为，此种分析是合乎逻辑的正确观点。因此，将《揭开奇门遁甲之谜》一书关于"奇门遁甲"逐字内涵解析的主要观点加以介绍，将有助于读者对唐代李筌《遁甲篇》的思想内容及本质特征的理解和把握。

"奇"字，最早见于《周易·系辞下》："阳卦奇，阴卦耦。"这里说的"奇"，是指与偶(耦，通"偶")相对应的"奇数"，但在《老子》和《孙子兵法》中，"奇"字已衍变成为兵法用语。如在《老子》第五十七章中有"以正治国，以奇用兵"；《孙子兵法·势篇》则有"战势不过奇正，奇正之变，不可胜穷也。奇正相生，如循环之无端，孰能穷之？"显而易见，在上述两部书中，"奇"作为与"正"相对应的名词，已经有了神奇莫测、出人意料之义。而"奇门遁甲"中的"奇"字，除了包含有上述兵学中"奇"的神奇莫测之义外，它又是术数学中"三奇"的专用术语。所谓"三奇"，是指十天干中的乙、丙、丁三位，它们依次分别代表天上的日、月、星。因此，奇门遁甲中的乙、丙、丁三奇，又称"日奇、月奇、星奇"。

"门"字，古今义同，是谓人或物出入口的开关。《周易·系辞下》载称："子曰：'乾坤，其易之门邪。'"可见，孔子是把乾、坤二卦视为人们学习《易经》的入门之径。在奇门遁甲中，"门"则是用以表示方位的术语。它在遁甲式盘中所表示的方位，既有固定性，又有运动性：在地盘中它是固定的，但在天盘中则是运动的，类似现代建筑物中的旋转门。所不同的是，奇门遁甲中的"门"的旋转是随时间的变化而按一定的规则运行的，并不像旋转门那样由人自由随意推动。

　　"甲"字，就是十天干"甲、乙、丙、丁、戊、己、庚、辛、壬、癸"中的首位之"甲"。在中国古代，人们通常是把天干和地支作为计数来用，但在术数学中却赋予了许多涵义，用以表示宇宙万物的性质及运动的不同类别。而奇门遁甲中的"甲"，则专指"六甲"。古人把天干"甲、乙、丙、丁、戊、己、庚、辛、壬、癸"与地支"子、丑、寅、卯、辰、巳、午、未、申、酉、戌、亥"，依次两两相配而编成六十花甲子表，以六十为度，反复循环。在此六十花甲子表中，天干从"甲"到"癸"，共用了六次，也就相当于把六十花甲子分成六组，称之为"六旬"，每旬的第一位天干都是"甲"，而与天干"甲"相配的地支"子、戌、申、午、辰、寅"，一起构成了每一旬的"旬头"，即按六十花甲子的顺序，依次为"甲子、甲戌、甲申、甲午、甲辰、甲寅"六个"旬头"，又统称为"六甲"。在奇门遁甲中，这些旬头"六甲"，又是与十天干剩余的六位"戊、己、庚、辛、壬、癸"是同位同功的，故通常"甲子"是以"戊"为代表，"甲戌"是以"己"为代表，"甲申"是以"庚"为代表，"甲午"是以"辛"为代表，"甲辰"是以"壬"为代表，"甲寅"是以"癸"为代表。这样，十天干中的后六位"戊、己、庚、辛、壬、癸"，又称为"六仪"。由此可知，奇门遁甲中的"甲"字，实际上是包含了"六甲"和"六仪"两部分涵义。

　　当然，构成奇门遁甲的因素还有许多，但是，最基本的三大项内容，都在"奇、门、甲"三字中体现出来了。

　　"遁"字，在"奇门遁甲"中概括地体现了奇门遁甲诸多要素以及此种术数方法的本质特点。"遁"的古字是"遯"，有逃、避，隐、退等多种涵义。它最早出现在《周易·遯》中，是《周易》六十四卦中的第三十三卦，其卦象是"天下有山"。据高亨《周易大传今注·遯第三十三》解释："《象传》以天比朝廷，以山比贤人，以天下有山比朝廷之下有贤人。贤人不在朝廷之上，而在朝廷之下，乃退隐于野，是以卦名曰《遯》。"而《周易》之《序卦》和《杂卦》，也都把"遯"字释为"退"和"隐"。唐代学者李贤在其所撰《后汉书注·方术列传序》指出："遁甲，推六甲之阴而隐遁也。"正确揭示了"奇门遁甲"中"遁"字的本质特点。北宋仁宗朝的保章正（掌天文之官）杨惟德等人在其所编纂的《景祐遁甲符应经·遁甲总序》中，不但把"奇门遁甲"中的"遁"字本质特点说得更加直白明确，而且把遁甲术直接与用兵作战联系起来。他说："古法遁者，隐也，幽隐之道。甲者，仪也，谓六甲六仪在，有直符天之贵神也，常隐于六戊之下，盖取用兵机通神明之德，故以'遁甲'为名。"

　　综上所述，我们从"奇门遁甲"名称各字的内涵可以清楚地看出，奇门遁甲术实际是我国古代一种指导人们选择时间和方位，从而达到隐藏自己的术数方法。

　　奇门遁甲，作为中国古代的术数学之一，其由来已久。李筌在《遁甲篇》的"总序"中，称其产生于上古黄帝时期，并以所谓"金人托梦"和"神龟授符"的故事以圆其说。其实，李筌所记述的结论不过是后世神其说者的一种伪托罢了。奇门遁甲产生的具体年代，现在虽然无从确考，但从现存的古代文献记载来分析，奇门遁甲术的完全形成大约是在汉代。"遁甲"一名，最早见载于晋代葛洪的《抱朴子》一书。在《抱朴子·内篇·登涉卷》中，葛洪不但记述了自己为了入山学道"乃行学遁甲书"的目的性，而且较为详细地记录了遁甲术的内容。他写道："按《玉钤经》云，欲入名山，不可不知遁甲之秘术，而不为人委曲说其事也。而《宝灵经》云，入山当以保日（亦作'宝日'）及义日，若专日者大吉，以制日伐日必死，又不一一道之也。余少有入山之志，由此乃行学遁甲书，乃有六十余卷，事不可卒精，故钞集其要，以为《囊中立成》（笔者按：《隋书·经籍志三》作《遁甲肘后立成囊中秘》一卷），然不中以笔传。今论其较略，想好事者，欲入山行，当访索知之者，亦终不乏于世也。《遁甲中经》曰：欲求道，以天内（按：亦作'天芮'）日、天内时，劾鬼魅，施符书；以天禽日、天禽时，入名山，欲令百邪、虎狼、毒虫、盗贼，不敢近人者，出天藏，入地户。凡六癸为天藏，六己为地户也。又曰：避乱世，绝迹于名山，令无忧患者，以上元丁卯日，名曰阴德之时，一名天心，可以隐沦，所谓白日陆沉，日月无光，人鬼不能见也。又曰：求仙道入名山者，以六癸之日、六癸之时，一名天公日，必得度世也。"等等。葛洪这里所说的"天内"、"天禽"、"天藏"、"地户"、"六癸"、"六己"、"上元"等词语，均与现在流传的遁甲书所用的术语相同。

　　葛洪是晋代道教宣传家、炼丹家。他生于公元284年，卒于公元364年，恰值西晋初期至东晋初期，去汉不远。从其所撰《抱朴子》一书所记遁甲术的内容推断，葛洪当时所学的"六十余卷"本的遁甲书，当成书于汉代，至迟也当成书于东汉末年以前。所以，到了南朝宋著名史学家范晔撰写《后汉书》时，专门设置《方术列传》，不但把"遁甲"列入汉代诸多方术中的一种，而且指明了"遁甲"是属于占卜范畴。更值得注意的是，范晔在探讨汉代方术产生的原因时，强调指出："汉自武帝颇好方术，天下怀协道艺之士，莫不负策抵掌，顺风而届焉。后王莽矫用符命，及光武尤信谶言，士之赴趋时宜者，皆骋驰穿凿，争谈之也。……自是习为内学，尚奇文，贵异数，不乏于时矣。"（见《后汉书·方术列传序》）这说明，恰是在当时的西汉武帝刘彻、东汉光武帝刘秀等最高统治者的信好和提倡之下，才使得包括"遁甲"在内的诸种方术（或曰术数），在两汉时代逐渐形成。

但是，奇门遁甲术自汉代产生以后，由于封建统治阶级将其视为"内学"（李贤注云："其事秘密，故称内。"见载于《后汉书·方术列传序》）加以垄断所致，故遁甲术一直是在少数人中秘密流传。到了西晋时期，道教宣传家葛洪出于鼓动信道者入山学道之目的，不但其自己"行学遁甲书"，而且还著述《抱朴子》把奇门遁甲术公之于世。正是在葛洪的大力宣传鼓动的影响之下，所以，到了南北朝及隋唐时期，便形成了奇门遁甲术的鼎盛时期。据《隋书·经籍志三》载录，南北朝至隋代印行的遁甲书多达 65 种，《新唐书·艺文志三》和《旧唐书·经籍志下》所收集的遁甲书近 30 种。自南北朝至隋唐时期遁甲书印行的盛况，由此可见一斑。而生活在唐代中后期的李筌，正是在隋唐遁甲术颇为流行的情况下，以著述兵学方式而把遁甲术引入其所撰兵书《太白阴经》之中。如果说，晋代道教宣传家葛洪"是将遁甲术公布于民间的第一人"（见《揭开奇门遁甲之谜》第一章《关于奇门遁甲源流的研究》），那么，唐代兵学家李筌则是把遁甲术引入兵学范畴的第一人。然而，李筌的可贵之处更在于，他引入遁甲术但不迷信遁甲术。他在《遁甲篇》的"总序"中，以传说中的上古时代的黄帝战蚩尤的涿鹿之战为例，在探讨黄帝战胜蚩尤的原因时，分析指出说："天道亏盈益谦，乃授黄帝神符而胜之。使黄帝行蚩尤之暴，蚩尤行黄帝之道，则蚩尤得符而胜黄帝矣。黄帝因蚩尤之暴，则黄帝得符而胜蚩尤矣。天道助顺，所以授黄帝符者，欲启圣人之心，赞圣人之事也。"在李筌看来，黄帝之所以能够战胜蚩尤，是由于黄帝行仁道的结果，而蚩尤之所以被战胜，是因为蚩尤行暴虐的结果。据此，李筌得出结论说："吉凶成败在乎道，不在乎符。"就是说，李筌认为，战争的胜败取决于是否实行仁道，而不取决于是否有"神符"及其遁甲术。所以，李筌最后明确表白自己"今取其一家之书"而将遁甲术引入兵学著作的目的，仅仅在于给用兵者"以备参考耳"。遁甲术，作为中国古代的一种文化现象，既有其产生的历史条件，也有其存在的价值性。李筌作为我国封建时代的兵学家，对遁甲术这种别具特色的古代文化现象，所采取的既不轻易否定，又不完全迷信的治学态度，应当说，是有可取并值得今人赞赏的。

太白阴经卷十

杂 式

元女式篇第九十四

【原文】

元女①式者，一名六壬式，元女所造，主北方万物之始；因六甲之壬，故曰六壬。六甲之上运斗柄，设十二月之合神为十二将②，间置十干③，次列二十八宿、三十六禽④，以月将加正时，课日辰用为天乙所理十二神将，以断吉凶成败。

推月将法⑤

登明，正月将，加在亥，水神；河魁⑥，二月将，加在戌，土神；从魁，三月将，加在酉，金神；传送，四月将，加在申，金神；小吉⑦，五月将，加在未，土神；胜光，六月将，加在午，火神；天乙⑧，七月将，加在巳，火神；天罡，八月将，加在辰，土神；太冲，九月将，加在卯，木神；功曹，十月将，加在寅，木神；大吉，十一月将，加在丑，土神；神后，十二月将，加在子，水神。

推四维法

乾，天门；坤，人门；巽，地户；艮，鬼路。

推三十六禽法⑨

东方：貍⑩、虎、豹、兔、貉⑪、蛟⑫、龙、鱼、蝦；

南方：蚓⑬、蛇、狙⑭、鹿、獐⑮、雁、羊、鹜⑯、□；

西方：猿、犴⑰、猴、乌⑱、鸡、犬、豕⑲、豺⑳、狼；

北方：熊、猪、罴㉑、燕、鼠、蝠、蟹、牛、鳖。

推四课法

常以月将加正时，视干日、支辰、阴、阳，以为四课。干日上神为日之阳支，日上神本位所得之神为日之阴支，支辰上神为辰之阳支，辰上神本位所得之神为辰之阴支，谓之四课。四课之中，察其五行，取相克者为用。四课阴阳，先以下贼上为用㉒，若无下贼上，以上克下为用。若三上克下、一下贼上，还以下贼上为用。

若四上克下、四下贼上，与今日比者为用；俱比，俱不比，涉害深者为用。涉害俱深，以先干后支为用。四课阴、阳皆不相克，以遥相克为用。若有干克神、神克干，先以克干为用；若干克两神、两神克干，以比者为用。俱比，俱不比，刚用干比、柔用支比为用。

四课阴、阳，无上下相克，又无遥相克，以昴星为用；刚干视酉上所得神为用，柔干伏视从魁所临神为用。刚日先传支，后传干；柔日先传干，后传支。若天地反吟、伏吟，先以相克为用。若无相克，伏吟，刚干以干上神为用，柔干以支上神为用；反吟，刚干以干冲、柔日以辰冲为用，以刑及冲用为传终。八专日四课不相见，刚干从干上阳神顺数，柔干从支上阴神逆数，皆及三神为用，足以定吉凶。当知所受用三传以考终始。善恶所致，何先何后，变化何从，将安所极。三传之要诀在天宫，各以神将言其祸福，将以并合所加日辰，又以五行论其忧喜。欲取诸将，以天乙为首[23]。

推天乙所理法

天乙者，贵人也。家在丑，甲戊之日，旦理大吉，暮理小吉；乙己之日，旦理神后，暮理传送；丙丁之日，旦理登明，暮理从魁；庚辛之日，旦理胜光，暮理功曹；壬癸之日，旦理太乙，暮理太冲。

天乙在东方、西方，则南方为前，北方为后；在南方、北方，则东方为前，西方为后。常以星没为旦，星出为暮。

推十二神将法

用起天乙以将兵[24]，大胜，辟地千里；用起腾蛇以将兵，兵数惊骇，上下相克，天乙前一神也；用起朱雀以将兵，士卒惊恐，妄作口舌，天乙前二神也；用起六合以将兵，战胜，得子女、玉帛，天乙前三神也；用起勾陈以将兵，士卒战亡，天乙前四神也；用起青龙以将兵，大胜，天乙前五神也。

用起天后以将兵，不胜，自败，天乙后一神也；用起太阴以将兵，士卒怯弱，天乙后二神也；［用起元武以将兵，××××，天乙后三神也］[25]；用起太常以将兵，平平[26]，天乙后四神也；用起白虎以将兵，师亡，天乙后五神也；用起天空以将兵，士卒死亡，为敌欺诈，天乙后六神也。

天乙理十一将，前尽于五，后尽于六。

推伏吟返吟法

凡兴师动众，勿取伏吟之时，必见固守，行者不坐，坐者不起。返吟[27]时，前胜后负。诸神自临其冲，曰反吟；诸神自临，曰伏吟。

推阴阳相覆法

天罡加太岁，是阳覆阴也；天罡加月建，是阴覆阳也。阴阳相覆之时，兵必有奸计；重阳[28]时，执于火为惊；重阴时，执于水为恐。阳覆阴，君欲害臣；阴覆阳，内奸生，不利举百事，凶。

推神在内外法

斗加孟[29]，神在内，道路壅塞，出军凶；斗加季，神在外，出师吉；斗加仲，神在门，或战胜密谋。

推 九 醜 法

乙、戊、己、辛、壬之日，为子、午、卯、酉之辰[30]，合五得四[31]，交合为九醜，主败军杀将。醜恶之日，故曰九醜：己卯、辛卯，戊午、戊子，壬子、壬午，乙酉、辛酉、己酉是也。

推 兵 鑵 法

仰见其兵，暮见其辰，俯见其鑵[32]。下贼上，比时军兵儌[33]，将死亡。

推行军本命法

军出日时，天罡不欲临，将军本命及行年[34]，大凶。螣蛇、白虎，小凶；天乙、青龙、六合、太常临，小吉；岁月杀所临之方，不可往。

推天门地户法

以天三门太冲、从魁、小吉[35]，覆地四户除、定、危、开，从下而出，万夫莫当。

推 五 帝 法

春三月，五帝任东，出军，先锋出城西门，立营牙门[36]向东，常以青旗居前，赤旗次之，次引白旗，次引黑旗。四时仿此，不向旺方[37]也。

推国君自将法

置营讫，国君居北斗四星之下，徵明是也。前将军居太微下，胜光是也；后将军居华盖下，神后是也；左将军居天府下，太冲是也；右将军居文昌下，从魁是也。

旗鼓居蓬星下，六乙是也；偃众[38]居明堂下，六丙是也；军门居天门下，六戊是也；小将居地户下，六己是也；斩杀居天狱下，六庚是也；判事居天庭下，六辛是也；囚禁居天牢下，六壬是也；军器居天藏下，六癸是也。顺旬依法，不可妄举，起甲尽癸，则复旋改。

推神位诸煞例

假令甲子旬，子为青龙，丑为蓬星，寅为明堂，卯为太阳，辰为天门，巳为地户，午为天狱，未为天庭，申为天牢，酉为天藏。终十辰至甲戌为青龙，馀仿此。

推 玉 帐 法

出军行阵，深入敌国，止宿营垒，休舍憩息㊟，大将军居太乙玉帐㊵下，吉，攻之不得；以功曹加月建，前五辰是也。

【注释】

① 元女：以及本篇篇目之"元女"，原本皆为"玄女"，清人因避康熙帝玄烨名讳，故刻版时改"玄"为"元"。

② 设十二月之合神为十二将：此谓"十二月将"的渊源。系阴阳家语。古代阴阳家认为，与十二地支相应的有十二天神，以其所主不同而神名各异。占卜家则把与十二月相合的十二天神设为十二将，称为"十二月将"，指日月相会的十二处。据宋沈括《梦溪笔谈·象数一》载称："十二月将"分别是：正月将为登明（亥），二月将为天魁（戌），三月将为从魁（酉），四月将为传送（申），五月将为胜光（未），六月将为小吉（午），七月将为太乙（巳），八月将为天罡（辰），九月将为太冲（卯），十月将为功曹（寅），十一月将为大吉（丑），十二月将为神后（子）。但六壬家则称为"十二神"或曰"十二神将"。据清钱大昕《十驾斋养新录·六壬十二神》记载："六壬家又有贵人、螣蛇、朱雀、六合、勾陈、青龙、天空、白虎、太常、元武、太阴、天后十二神，分布十二方位。"此十二神将各有所主吉凶（说见《协纪辨方书》卷六《义例四》引《总要历》）。

③ 十干：即指"甲、乙、丙、丁、戊、己、庚、辛、壬、癸"十天干。

④ 三十六禽：指三十六种禽兽。

⑤ 推月将法：钱熙祚于此目下注云："以十二月合神为月将。"

⑥ 河魁：《梦溪笔谈·象数一》作"天魁"。

⑦ 小吉：《梦溪笔谈·象数一》作"胜光"，而下文的"胜光"则作"小吉"。

⑧ 天乙：《梦溪笔谈·象数一》作"太乙"。

⑨ 推三十六禽法：钱熙祚于此目下注云："诸禽颇有讹缺，《五行大义》所述，诸说纷纷，无从是正，又无别本可考，姑仍原本。"

⑩ 貍（lí）：即貍猫。亦称"狸猫"、"野猫"、"山猫"等。

⑪ 貉（hé）：一种外形似狐、毛棕灰色的野兽。

⑫ 蛟：古代传说中的一种龙，常居深渊，能发洪水。一说通"鲛"，指鲨鱼。

⑬ 蚓：蚯蚓。

⑭ 狙（jū）：猕猴。

⑮ 獐（zhāng）：獐子。

⑯ 鹜：此字下原脱一字。鹜（wù），属鸭类禽鸟。

⑰ 犺（gǎng）：即狼犺，兽类。据《集韵·上荡》载称此兽"形似猴"。

⑱ 乌：指乌鸦。

⑲ 豕（shǐ）：猪。

⑳ 豺（chái）：兽名。俗称"豺狗"，形似狼而小，性凶狠。

㉑ 罴（pí）：熊的一种。俗称"马熊"。

㉒ 先以下贼上为用：贼，这里谓害，与下文的"克"义同。此二字在本文中的区别仅在于：下克上为"贼"，上克下则为"克"。

㉓ 欲取诸将，以天乙为首：钱熙祚于此句末校注指出："原本错乱，参《景祐六壬神定经》改。"（按：景祐，系北宋仁宗赵祯的年号）

㉔ 将兵：谓统率军队。

㉕ "用起元武以将兵，××××，天乙后三神也"：此三句文字，原文全脱。今据《推十二神将法》文义每一神将之相同句式，以及清代钱大昕《十驾斋养新录·六壬十二神》所列"十二神"之顺序，加以补录。唯有补充此文字，才符合本篇文末所说"天乙理十一将，前尽于五，后尽于六"之义。但遗憾的是，紧接"用起元武以将兵"之后的文句，应为何种"占卜之语"，则无从稽考，故只能补以"××××"。元武，即"玄武"，清人因避康熙帝玄烨名讳而改"玄"为"元"。

㉖ 平平：指战绩平平，不突出。

㉗ 返吟：即"反吟"，返，义犹"反"。

㉘ 重阳（chóng—）：指两阳相重，谓之"重阳"。反之，两阴相重，则谓重阴。

㉙ 斗加孟：斗，指斗宿。孟，指孟月，谓四季中的第一个月。即农历春正月、夏四月、秋七月、冬十月。下文"斗加季"的"季"指季月，谓四季中每季的第三个月，即春三月、夏六月、秋九月、冬十二月；"斗加仲"的"仲"指仲月，谓四季中每季的第二个月，即春二月、夏五月、秋八月、冬十一月。

㉚ "为子、午、卯、酉之辰"：此句中的"辰"原文误作"神"，今据钱熙祚校注改。

㉛ 合五得四：这里的"五"，是指上文的"乙、戊、己、辛、壬"五天干；而"四"则指"子、午、卯、酉"四地支。

㉜ 雠（chóu）：义谓"应验"。据《史记·封禅书》"五利妄言见其师，其方尽，多不雠。"司马贞索隐引郑德曰："相应为雠。谓其言语不相应，无验也。"

㉝ 比时军兵僇：比时，谓当此之时。军兵，为军队士兵。僇（lù），通"戮"，杀戮。

㉞ 本命及行年：本命，指人的生年干支。行年，谓经历的年岁，指当时年龄，亦指将到的年岁。

㉟ "以天三门太冲、从魁、小吉"句：原文作"以天乙二门、从魁"句，钱熙祚校注指出："'二'，疑当作'三'。'从魁'下，疑脱'小吉'二字。"钱注为确，今从改。

㊱ 牙门：古代军队驻地，主帅或主将帐前竖牙旗以为军门，称为"牙门"。

㊲ 旺方：谓旺相之方。旧时星命家以五行配四季，每季中五行之盛衰是以"旺、相、休、囚、死"五字来表示，如春季是木旺、火相、水休、金囚、土死。星命家认为，凡人之生辰八字中的日干逢旺、相的月支为得时；逢囚、死的月支为失时。例如，日干为木，逢春为旺，逢冬为相，皆属得时。

㊳ 偃众：指处于休息状态的部众。偃，安卧。

㊴ 休舍憩息：休舍，义犹"休息"。憩息（qì xì），谓歇息。句义休整歇息。

㊵ 玉帐：本谓玉饰之帐，这里指主帅所居之帐幕，取"如玉之坚"之义。

【译文】

所谓"玄女式"，又名"六壬式"。相传为九天玄女所创造，主掌北方万物之起始发生，依照六甲之壬，故名曰"六壬"。在六甲之上运转斗柄，设立与十二月相合之神称为"十二月将"，其间置有十天干，依次排列二十八宿、三十六禽兽名，以"月将"加正时，占课日辰用为天乙所掌理的"十二月将"，来判断战争的吉凶成败之兆。（兹将各种占课推测方法介绍如下）：

推月将法

登明，为"正月将"，加在亥时，是为"水神"。河魁，为"二月将"，加在戌时，是为"土神"。从魁，为"三月将"，加在酉时，是为"金神"。传送，为"四月将"，加在申时，是为"金神"。小吉，为"五月将"，加在未时，是为"土神"。胜光，为"六月将"，加在午时，是为"火神"。天乙，为"七月将"，加在巳时，是为"火神"。天罡，为"八月将"，加在辰时，是为"土神"。太冲，为"九月将"，加在卯时，是为"木神"。功曹，为"十月将"，加在寅时，是为"木神"。大吉，为"十一月将"，加在丑时，是为"土神"。神后，为"十二月将"，加在子时，是为"水神"。

推四维法

乾卦为天门，坤卦为人门，巽卦为地户，艮卦为鬼路。

推三十六禽法

东方为：貍猫、老虎、豹子、兔子、貉子、蛟、龙、鱼、虾；

南方为：蚯蚓、蛇、猕猴、鹿、獐子、大雁、羊、鸳鸟、□；

西方为：猿类、狼犺、猴子、乌鸦、鸡、狗、豖、豺狗、狼；

北方为：熊、猪、马熊、燕子、老鼠、蝙蝠、螃蟹、牛、鳖。

推四课法

通常以月将加正时，根据干日、支辰、阴、阳，作为四课之法。干日上神为日之阳支，日上神本位所得之神为日之阴支，支辰上神为辰之阳支，辰上神本位所得之神为辰之阴支，这就是所说的"四课法"。在运作四课之法的过程中，要察验其五行，取其中相克者为使用的对象。在四课阴阳之中，先以下克上者为使用对象；如果没有下克上者时，则以上克下者为使用对象。如果是三上克下，或者是一下克上时，还以下克上者为占课的使用对象；如果是四上克下，或者是四下克上时，以与当日能够相类比者为占课的使用对象；能够全部加以类比的，或者不能全部类比的，要以牵涉利害较深者为占课使用对象；牵涉利害全部深重者，则以先干日后支辰者为使用对象。四课阴阳中都不相克时，则以遥相克者为使用对象。如果遇有天干克神，或者神克天干时，先以神克天干者为使用对象。如果遇有天干克两神，或者两神克天干时，则以干神能够类比者为使用对象。如果遇有能够全部类比，或者不能全部类比时，则以刚用干比、柔用支比为使用对象。

在四课阴阳中如果没有上下相克，且又无遥相克时，要以昴宿为使用对象；刚干则视酉上所得之神为使用对象，柔干则伏视从魁所临之神为使用对象。刚日时，先传支、后传干；柔日时，先传干、后传支。如果天地处于返吟或伏吟时，先以相克者为使用对象。如果没有相克者，伏吟则刚干以干上神为使用对象，柔上以支上神为使用对象；返吟则刚干以干冲为使用对象，柔干以辰冲为使用对象，以刑及冲用为传终。八专日中四课互不相见，刚干从干上阳神顺数，柔上从支上阴神逆数，都以三神为用，这样，就足以判定吉凶了。应当知道所受用的三传是用来考察事物的终始、善恶所致何先何后，变化如何顺从，将安于所达到的极点。三传的要诀是：在天宫各以神将言其祸福，再与所加日辰相并合，又以五行论其忧喜，在所要选取的诸多神将中，当以天乙为首要选取者。

推天乙所理法

天乙者，就是贵人，其家在丑。甲、戊之日，它清晨掌理大吉，夜晚掌理小吉；乙、己之日，它清晨掌理神后，夜晚掌理传送；丙、丁之日，它清晨掌理登明，夜晚掌理从魁；庚、辛之日，它清晨掌理胜光，夜晚掌理功曹；壬、癸之日，它清晨掌理太乙，夜晚掌理太冲。当天乙位在东方、西方时，则南方为前，北方为后；当天乙位在南方、北方时，则东方为前，西方为后。通常是以星辰消没作为清晨之始，以星辰出现作为夜晚之始。

推十二神将法

用起天乙来统率军队，能获大胜，拓地千里。用起"螣蛇"来统率军队，则士兵数次惊骇，官兵上下相克，它是天乙前面的第一位神将；用起"朱雀"来统率军队，则士卒惊恐不定，妄自口舌议论，它是天乙前面的第二位神将；用起"六合"来统率军队，则能取得作战胜利，缴获子女和玉帛，它是天乙前面的第三位神将；用起"勾陈"来统率军队，则士卒阵亡于战场，它是天乙前面的第四位神将；用起"青龙"来统率军队，则会取得大胜，它是天乙前面的第五位神将。

用起"天后"来统率军队，则将不胜自败，它是天乙后面的第一位神将；用起"太阴"来统率军队，则士卒怯懦软弱，它是天乙后面的第二位神将；（用起"玄武"来统率军队，则××××，它是天乙后面的第三位神将）；用起"太常"来统率军队，则战绩平庸无奇，它是天乙后面的第四位神将；用起"白虎"来统率军队，则师旅全军覆亡，它是天乙后面的第五位神将；用起"天空"来统率军队，则士卒死亡，为敌所欺诈，它是天乙后面的第六位神将。

以上，天乙共统理十一位神将，即前有五将，后有六将。

推伏吟返吟法

凡是兴师动众，不要选取"伏吟"之时。必遇敌人来犯，应当固守壁垒，做到行者不坐，坐者不起。兴师动众，如果选取"返吟"之时，将会前胜而后败。诸神自临其冲，这叫作"返吟"；诸神自临，则称为"伏吟"。

推阴阳相覆法

天罡加太岁，这是阳覆阴；天罡加月建，则是阴覆阳。阴阳相覆之时，兵必有奸计。重阳之时，执持于火，是为惊骇；重阴之时，执持于水，是为恐惧。若阳覆阴之时，君主欲害臣下；若阴覆阳之时，内部出现奸邪，不利兴办百事，是为凶险之时。

推神在内外法

斗宿加孟月，神将在其内，道路被阻塞，出兵遇凶险；斗宿加季月，神将在其外，出师为吉利；斗宿加仲月，神将守在门，或能战胜敌人密谋。

推九醜法

乙、戊、己、辛、壬之日，为子、午、卯、酉之辰，合五得四而交合为"九醜"，主掌败军杀将。醜恶之日，所以称为"九醜"。亦即：己卯、辛卯，戊午、戊子，壬子、壬午，乙酉、辛酉、己酉，是谓"九醜"。

推 兵 雠 法

仰头见其兵，夜暮见其辰，俯身见其雠，以下而克上，当此种时候，军队遭杀戮，将帅被灭亡。

推行军本命法

军队出动时日，天罡不欲降临，那么，将军本命及行年，将有大凶险降临。螣蛇、白虎来临，会有小的凶险；天乙、青龙、六合、太常来临，是为小吉之兆；如果岁月肃杀所临之地方，则不可前往此处。

推天门地户法

用天三门的太冲、从魁、小吉覆盖"除、定、危、开"四地户，从其下而出动军队，那么，将会形成"万夫莫当"之势。

推 五 帝 法

春三月，五帝在东方。此时出动军队，其先锋应出城西门；驻地扎营所立"牙门"应当向东，通常以青旗居前方，红旗排列其次，再次为白旗，最后为黑旗。而夏、秋、冬时间出动军队，其驻地所立"牙门"皆照此类推，但不要朝向旺相之方。

推国君自将法

军队设置营垒完毕，国君居于北斗四星下，是为"登明"；前将军居于太微之下，是为"胜光"；后将军居于华盖之下，是为"神后"；左将军居于天府之下，是为"太冲"；右将军居于文昌之下，是为"从魁"。

旗鼓置于蓬星之下，是为"六乙"；部众置于明堂之下，是为"六丙"；军门置于天门之下，是为"六戊"；小将置于地户之下，是为"六己"；斩杀置于天狱之下，是为"六庚"；判事置于天庭之下，是为"六辛"；囚禁置于天牢之下，是为"六壬"；兵器置于天藏之下，是为"六癸"。以上所有安排，应当顺应甲子六旬之序，依照一定法度进行，不可以轻举妄动。十天干从"甲"开始，至"癸"而终，就可以循环往复而有所变化了。

推神位诸煞例

假使以"甲子旬"为例：子为青龙，丑为蓬星，寅为明堂，卯为太阳，辰为天门，巳为地户，午为天狱，未为天庭，申为天牢，酉为天藏。终此十辰排列直至甲戌旬，是为青龙起始，其余五旬（按：指甲戌旬、甲申旬、甲午旬、甲辰旬、甲寅旬），皆是依此类推进行排列。

推玉帐法

行军布阵，深入敌国，安营屯宿，休整歇息，大将军居于太乙玉帐之下，是为吉祥有利，敌人来攻不能得逞。以此功曹加月建，是为前五辰。

【解说】

《太白阴经》卷十是以《杂式》为总题，作者李筌旨在介绍古代数种以式盘为工具占卜吉凶的方法。杂者，多也，是为多种多样之义；式者，通"栻"，古代一种用来占卜时日吉凶的木制器具，亦称"式盘"。此种式盘通常是由天、地两盘组成：地盘在下，成方形；天盘临于地盘之上，为圆形，中间有轴与地盘相接，可以绕地盘旋转，以象征天圆地方。天盘的中央绘有北斗七星，中间列十二辰、十二神将，象征天上十二星次，外列二十八宿，代表众星；地盘上书有十天干，并与五行相配，呈东方甲乙木、南方丙丁火、西方庚辛金、北方壬癸水、中央戊己土，分寄于天、地、人、鬼四隅，并列十二辰以象征八方及日出入之位，也刻有二十八宿以象征地上十二分野。（参见李零主编《中国方术概观·式法卷·概述》，人民中国出版社1993年6月第1版）式盘的出现和使用，最早见于《周礼·春官宗伯·大史》"大师，抱天时与大师同车"。东汉郑玄注引郑司农云："大出师，则太史主抱'式'，以知天时处吉凶，史官主知天道。"可见，"式"原本为古代天文占候所用之器，至迟在战国时期已经使用。到了汉代，使用"式"进行占卜活动更为广泛，故司马迁在其所著《史记》中的《龟策列传》和《日者列传》，以及班固的《汉书》有关传中，都有使用式盘的明确记载。

《元女式》是本卷《杂式》中的首篇，着重介绍古人操作式盘，以《推月将法》、《推四维法》、《推三十六禽法》、《推四课法》、《推天乙所理法》、《推十二神将法》、《推伏吟返吟法》、《推阴阳相覆法》、《推神在内外法》、《推九醜法》、《推兵雠法》、《推行军本命法》、《推天门地户法》、《推五帝法》、《推国君自将法》、《推神位诸煞例》、《推玉帐法》等十七种占测方法为内容，进行占卜吉凶活动的有关方法与规则。元女式，原本"玄女式"，清人因避康熙帝玄烨名讳而刻印《太白阴经》时，改"玄"为"元"。玄女，又称"九天玄女"，她是我国古代传说中的上天神女，为道教所奉之神。相传玄女曾受上天差遣下助黄帝灭蚩尤，说见《史记·五帝本纪》唐张守节《正义》引《龙鱼河图》称："天遣玄女下授黄帝兵信神符，制伏蚩尤。"而李筌则认为，"玄女式"不但是为九天玄女所制，而且又名"六壬式"。据此，这里有必要对"六壬式"的有关问题加以扼要介绍。

六壬式,是我国古人运用阴阳五行和天干地支等理论所编制的用以占卜吉凶的术数(或曰"方术")之一。据《四库全书总目·术数二·六壬大全》载称:"六壬与遁甲、太乙,世谓之'三式',而六壬,其传尤久。"这里所说的"三式",是指六壬、遁甲、太乙三种术数方法,都是以操作"式盘"进行占卜活动的。六壬,在我国历史上出现得很早,据《中国方术概观·式法卷上·概述》载称:"可能在战国时即有了较为系统的模式。"六壬式,是随着阴阳五行和天干地支之说的发展而发展起来的。五行"水、火、木、金、土"中,是以"水"为首;十天干"甲、乙、丙、丁、戊、己、庚、辛、壬、癸"中,壬、癸属水,壬为阳水,癸为阴水,舍阴而取阳,故名"壬";又因在六十花甲子中,以"壬"为首而组合成对的干支有六,即壬申、壬午、壬辰、壬寅、壬子、壬戌,故总名曰"六壬"。据研究,六壬共七百二十课(课者,指占卜方法),一般总括为六十四种课体,用以占卜天地人事之吉凶。其占卜方法大体是:天盘的内圈书有六壬十二神的名称,称为"月将",十二月将分别管领十二星次;地盘上,"子"在正中,十二地支"子、丑、寅、卯、辰、巳、午、未、申、酉、戌、亥",按顺时针方向布成一周,外围分布二十八宿。使用此式盘进行占卜时,先计算某日某时,为某将占卜时候,把干、支之字代之以相应的数值,以月将和时辰的差数决定天盘转动的方位,再按一定的方法作"四课"、"三传"的运算,如月将和时辰的差加日名干的数值,及日名干为第一课;月将和时辰的二倍加日名干,及月将和时辰的差加日名干为第二课,等等。再将运算所得数值还原为干、支之字,即可据此推算吉凶了。

六壬式,作为我国古代占卜时日吉凶的术数方法之一,它同遁甲式、太乙式具有一个共同的特点,就是均以"式盘"为占卜的工具。从式盘的天、地两盘上面所书(绘)内容和编制结构可以看出,它更多地利用了古代天文历法的知识,依据天球的季节循环变化这一基本观念来进行占卜活动的。在天盘上,北斗七星坐镇中央,随着月日时的季节变化,其斗柄天罡作相应的旋转,外配十二星次、二十八宿,以象征天球的旋转和季节变化,与十二星次对应之处则列载十二月将;在地盘上,则有阴阳五行、天干地支,用以表示季节、方位、地域。所以,此种以"式盘"为工具的占卜方法,看上去更像一门正经的学问,因而更具引人相信的迷惑性。用六壬式进行占卜时,依据九宫(古代术数家所规定的九个方位)数的排列方式,作出与天干、五行数的换算,然后依数转动天盘,使之与地盘相对应,再依据人们规定的十二神将和五行的特性，而人为地判断吉凶。显而易见，此种通过操作"式盘"而得来的占卜结论是靠不住的。所以，一般地说，占卜是伪科学的。这是我们阅读本篇时所应注意把握之点。

察情胜败篇第九十五

【原文】

武侯①曰："田螺占兵之法，其来甚远。"②龟《易》卦占，虽有正爻③，学者不精，吉凶难准。昔越范蠡曾用田螺占之，中间试之，颇有灵验。见兵书，此乃古法也。取田螺时，须自净其身，勿令女人见之，即有灵验。

其法：以甲、乙日，用温汤④向东灌之，向夜取一大盘，盘中画一直墨界⑤，一边为己，一边为敌，注水一二升于盘内；取二螺，咒曰："田螺索索，风雨不作，敌若不来，各守城郭。"又咒曰："田螺舞舞，知风知雨，敌若来迫，入我城土。"咒讫，明旦视之，若己入敌，则己胜；敌入己，则敌胜。

右准前法，置田螺于盘内，明旦视其头之所向，定其缓急：凡甲、乙日，头向南，三日至；向西，七日至；向北，不来；向东，不战。丙、丁日，头向南，九日至；向西，七日至；向北，即至交战，主胜；向东，不来。戊、己日，头向南、西、北，皆不来；向东，三日至。庚、辛日，头向西，与敌和；向北，无事；向东，敌来自败；向南，九日至。壬、癸日，头向北，吉；向东，三日至；向南，敌来自败；向西，不来。

若春，向东，大胜；向南，小胜；向西，大败；向北，平安。

夏，向南，大胜；向西，小胜；向北，大败；向东，小胜。

秋，向西，大胜；向北，小胜；向东，大胜；向南，大败。

冬，向北，大胜；向东，自败；向南，大胜；向西，自败。

推贼虚实法

常以月将加闻贼时，天罡加四孟，言虚加四仲，来在道。天罡加四季，即至。欲知贼来否，以月将加闻贼时，游都加日辰，贼即至临前。一辰，一日至；二辰，二日至；四辰以上，过去不来。游都旺相克日辰，凶。

推天地耳法

欲知贼消息，往天耳听之，大吉、小吉是也；欲听人之密谋隐事，往地耳听之，太冲、从魁是也。

推贼兵数法

以月将加正时，日上辰见天罡、河魁，五百、五千、五万人；见徵明、太乙，四百、四千、四万人；见神后、胜光，六百、六千、六万人；见大吉、小吉，八百、八千、八万人；见功曹、传送，九百、九千、九万人；见太冲、从魁，十百、十千、十万人。见其神旺气十倍、相气五倍，死气，减半。

推 迷 路 法

道路三叉，不知何路可通，以月将加时，天罡加孟，左道通；天罡加仲，中道通；天罡加季，右道通。

推 伏 匿 法

逃亡隐匿，以月将加正时，望奸下可藏万人，神后是也；河龙下可藏千人，太冲是也；阴精下可藏百人，从魁是也。

推三河九江法

三河九江，天道独通。太冲为三河，从魁为九江。欲行间谍为不可知事，视江河除、定、危、开之道⑥；又前三后三并者，可独通，出入其下，人无知者。

推 三 阵 法

甲子旬，阵形像毕⑦，帜⑧曰孔琳临，前左将青衣赤头，右将白衣赤头，从酉入以临子。
甲戌旬，军形像井，帜曰陵城降，前左将黑衣赤头，右将黄衣赤头，从未入以临戌。
甲申旬，兵形像翼，帜曰梁邱叔，前左将黄衣赤头，右将朱衣赤头，从巳入以临申。
甲午旬，兵形像尾，帜曰费阳多，前左将白衣赤头，右将青衣赤头，从卯入以临午。
甲辰旬，兵形像斗，帜曰许咸池，前左将青衣赤头，右将黄衣赤头，从丑上入以临辰。
甲寅旬，兵形像虚，帜曰王屈奇，前左将赤衣赤头，右将黑衣赤头，从亥入以临寅。⑨

推阴阳兵法

阳兵者，以阳时出天门，入地户，过太阴，短行⑩出九地；六癸，顺入九地，上升九天；六甲，百战百胜。

阴兵者，以阴时从九天践明堂，出天门，入地户，左行右回，历太阴，分兵为奇，逆入太阴中，扬兵以出战⑪。

推 雌 雄 法

用起战雄，吉；春寅、夏巳、秋申、冬亥。用起战雌，凶；春申、夏亥、秋寅、冬巳。今日之辰起，其后二攻其前四，子日后二戌、前四辰是也；复以大吉、徵明、神后、天罡四神为雄，小吉、天罡、胜光三神为雌。战阵背雌向雄，百战百胜。不得令青抵白、黑抵黄、金迎火、阴就阳、子攻母，迷天道，战必败。不欲向胜，日辰也。攻其类众，还受其屈；攻其所胜，大吉。勿使衰对相、死当旺，故曰通三天[12]，胜可全。顺斗行，一也；攻其胜，二也；后二攻前四，三也。

推 北 斗 战 法

左八八月攻左，右二二月攻右，是战法也。

推 伏 兵 法

太冲、神后、传送、太乙临日辰，必有伏兵。此神旺与煞[13]并，伏兵发，大凶；不欲煞并，伏兵不敢发。

又曰，以闻事时，斗加季，有伏兵；干伤支，有伏兵在前；支伤干，无伏兵；干支俱伤，为用神，有伏兵，战凶。

推 突 围 法

伤不伤，视阴阳。日辰上贼为伤，又恶得将为重伤，则凶，不伤无咎[14]。又用起阴传出阳者，可出，必免难。

又曰，被围时，神在内，可宁；神在门，相伤；神在外，可出。

又曰，或在家[15]，或在野，被围四匝[16]者，当从青龙下去，加旺时，天罡是也。所谓八极[17]俱张，刺如锋铦[18]，乘龙而出，兵不敢当。

推 水 军 法

兵众行船，将涉江海，必有倾覆之患。丙子、癸未、癸丑，法为江河龙[19]，此日济，必溺。

又曰，天河临地井，舟必覆。壬、癸、子，为天河[20]；卯、酉、辰，为地井。

推 迷 惑 法

月将加正时，若天罡、若小吉，下得路。山林野泽，烟雾昏蒙，忽迷四方，以式[21]投地，出传送下，自然开悟；出天罡下，百步得道，若三百步得及路；出小吉下，八十步得道。以天罡加地户，头戴式行，则不迷；加正时，出小吉下，三百步得天井，太冲下得水；出大吉下，得粮。凡支吉，利涉。陆路在前，不知通者，正时加孟，左道通；加仲，中道通；加季，右道通。

【注释】

① 武侯：三国时期蜀国丞相诸葛亮死后谥号"忠武侯"，后世因称其为"武侯"。

② "田螺占兵之法，其来甚远"：此所谓诸葛亮之言，出自何籍待查。

③ 正爻：爻（yáo），是组成《易》卦的最基本单位，分阳爻（—）、阴爻（——）两种。每三爻合成一卦，可得八卦，称为经卦；两卦（六爻）相重则得六十四卦，称为别卦。爻，亦含有交错变化之义。说见《周易·系辞上》载称："爻者，言乎变者也。"正者，则与爻相对应，指基本的不变化者。

④ 温汤：指温水。

⑤ 直墨界：指黑色的直线。

⑥ 视江河除、定、危、开之道：句义谓要依据江河的除、定、危、开地四户的情况。除、定、危、开，乃奇门遁甲术语的"地四户"之称。地四户，亦简称"地户"，即卯为除，午为定，酉为危，子为开。

⑦ 阵形像毕：此"毕"与其下的"井、翼、尾、斗、虚"诸字，分别为二十八宿之一，但在本篇这里是指阵形的排列形状。

⑧ 帜：本谓旗帜，但本篇这里指标志。

⑨ 从亥入以临寅：此句"寅"字，原作"辰"，疑误。因为，"辰"字已在前文"甲辰旬"句末使用过，依据"甲子六旬"顺序排列和本篇句式规律，此"辰"乃系"寅"之误，故据以校改。

⑩ 短行：义犹快行，疾行。短，在这里指行进时间短促，时间短促就意味行进速度快。

⑪ 扬兵以出战：原文作"杨□以采战"，句义费解。钱熙祚校注指出："疑作'扬兵以出战'。"钱说为是，故从改。扬兵，义犹发兵，或曰指挥部队。

⑫ 通三天：三天，此为道教所称之清微天、禹馀天、大赤天。说见《云笈七籤》卷八："三天者，清微天、禹馀天、大赤天是也。"

⑬ 此神旺与煞并：煞，原作"杀"，后文"不与煞并"则作"煞"。此二处应取一致，故改。煞，指煞神，传说中的一种凶神。

⑭ 无咎：没有祸殃；没有罪过。

⑮ 家：在这里指部队固定驻地营区。

⑯ 四匝：四面；四周。

⑰ 八极：指八方极远之地。

⑱ 锋铓：即锋芒。指刀剑等锐器的刃口和尖端。铓（máng），通"芒"

⑲ 法为江河龙：钱熙祚于句末校注云："疑当有脱误。"

⑳ 壬、癸、子，为天河：原文作"壬、癸、小吉下得路为天河"，钱熙祚于此句末校注指出："疑当云'壬、癸、子为天河'。"从紧接之下文"卯、酉、辰，为地井"的句式来看，钱说为确，故从改。

㉑ 式：这里通"栻"，指"式盘"，古代用以占卜吉凶的工具，后亦称"星盘"。号为"三式"的六壬、太一、奇门遁甲等古代方术，皆用"式盘"占卜吉凶。

【译文】

忠武侯诸葛亮说："用田螺占卜用兵吉凶之法，其由来甚为久远。"用龟壳依据《易》卦进行占卜，虽有正卦与爻卦（爻卦，亦称"别卦"）之区别，但学习的人不易精通，占卜吉凶难以准确无误。从前，春秋时期越国的范蠡曾用田螺占卜，其间试占的结果相当灵验。见于兵书记载的就是这种古法。选取田螺时，选者必须沐浴净身，不要让女人看到。这样，占卜才能灵验。

用田螺占卜的方法是：在甲、乙日，用温水向东浇灌；到夜晚时候，取一大盘，于盘中画一笔直黑线为界，黑界的一边为我方，另一边为敌方；向盘中注入一二升水，再向两边各放进一个田螺，然后口念咒语说道："田螺索索，风雨不作，敌若不来，各守城郭。"接着，又念一咒语说："田螺舞舞，知风知雨，敌若来迫，入我城土。"咒语念罢，待次日清晨验看盘中，如果我方的田螺进入敌方界内，我方就能得胜；如果敌方的田螺进入我方界内，敌方则得胜。

按照上述方法，将田螺放进盘中，次日清晨观察田螺头之所指方向，来确定军情的缓急：

凡是甲、乙日，田螺头向南，敌人三日后来到；田螺头向西，敌人七日后来到；田螺头向北，敌人不来；田螺头向东，没有战斗。

丙、丁日，田螺头向南，敌人九日后来到；田螺头向西，敌人七日后来到；田螺头向北，敌人即刻来到，双方交战，我方获胜；田螺头向东，敌人不来。

戊、己日，田螺头向南、向西、向北，敌人都不来；田螺头向东，敌人三日后来到。

庚、辛日，田螺头向西，与敌人讲和；田螺头向北，平安而无战事；田螺头向东，敌人虽来而自败；田螺头向南，敌人九日后来到。

壬、癸日，田螺头向北，为吉兆；田螺头向东，敌人三日后来到；田螺头向南，敌人虽来而自败；田螺头向西，敌人不来。

如果是在春季，田螺头向东是为大胜，向南是为小胜，向西是为大败，向北是为平安。

如果是在夏季，田螺头向南是为大胜，向西是为小胜，向北是为大败，向东是为小胜。

如果是在秋季，田螺头向西是为大胜，向北是为小胜，向东是为大胜，向南是为大败。

如果是在冬季，田螺头向北是为大胜，向东是为自败，向南是为大胜，向西是为自败。

推贼虚实法

通常是以月将加所闻知敌情的时辰，天罡加四孟，言虚加四仲，预示敌人来在途中；天罡加四季，预示敌人即将来到。欲知敌人是否前来，要用月将加所闻知敌情的时辰，游都加日辰，预示敌人即刻到达阵前；一辰为一日到，二辰为二日到，四辰以上敌人过去不再来。游都与旺日相克之日辰，是为凶兆。

推天地耳法

要想探知敌人消息，应往天耳之处探听之；大吉、小吉，是为天耳。要想探知敌人的密谋隐情，应往地耳之处探听之；太冲、从魁，是为地耳。

推贼兵数法

以月将加正时，日上辰显现天罡、河魁时，敌人兵数是为五百人，或五千人，或五万人；日上辰显现徵明、太乙时，敌人兵数是为四百人，或四千人，或四万人；日上辰显现神后、胜光时，敌人兵数是为六百人，或六千人，或六万人；日上辰显现大吉、小吉时，敌人兵数是为八百人，或八千人，或八万人；日上辰显现功曹、传送时，敌人兵数是为九百人，或九千人，或九万人；日上辰显现太冲、从魁时，敌人兵数是为一千人，或一万人，或十万人。日上辰如果显现其神将有旺气时，敌人兵数应增加十倍；如有相气，敌人兵数应增加五倍；如有死气，敌人兵数应减少一半。

推迷路法

部队所经道路处于三叉口，不知哪条路可以通行时，应以月将加时辰进行占测：如果是天罡加孟，那么，左边道路可以通行；如果是天罡加仲，那么，中间道路可以通行；如果是天罡加季，那么，右边道路可以通行。

推 伏 匿 法

推测逃亡隐匿之法是：以月将加正时，那么，能够推知，在望奸之下可以藏匿万人的，是为十二月将"神后"；在河龙之下可以藏匿千人的，是为九月将"太冲"；在阴精之下可以藏匿百人的，是为三月将"从魁"。

推 三 河 九 江 法

三河九江，天道独通。太冲是为三河，从魁是为九江。欲行间谍侦察敌人秘密情况，要根据江河的除、定、危、开"四地户"之道的情况，同时，又要看前三与后三相合并者情况，才可以做到独通，任意出入其下，而又使敌人不能知晓。

推 三 阵 法

甲子旬，阵形像"毕宿"状，标志为"孔琳临"。其前左将，身着青衣，红头面；前右将，身着白衣，红头面，从西门入而临子门。

甲戌旬，阵形像"井宿"状，标志为"陵城降"。其前左将，身着黑衣，红头面；前右将，身着黄衣，红头面，从未门入而临戌门。

甲申旬，阵形像"翼宿"状，标志为"梁邱叔"。其左前将，身着黄衣，红头面；前右将，身着红衣，红头面，从巳门入而临申门。

甲午旬，阵形像"尾宿"状，标志为"费阳多"。其前左将，身着白衣，红头面；前右将，身着青衣，红头面，从卯门入而临午门。

甲辰旬，阵形像"斗宿"状，标志为"许咸池"。其前左将，身着青衣，红头面；前右将，身着黄衣，红头面，从丑门入而临辰门。

甲寅旬，阵形像"虚宿"状，标志为"王屈奇"。其前左将，身着红衣，红头面；前右将，身着黑衣，红头面，从亥门入而临寅门。

推 阴 阳 兵 法

所谓"阳兵"，就是在阳时出天门，入地户，过太阴，快行出九地、六癸，顺着九地而上升至九天、六甲。这样，便可以百战百胜。

所谓"阴兵"，就是在阴时从九天登临明堂，出天门，入地户，左行右转，经过太阴，分兵为奇，逆行进入太阴中。这样，便可发兵而出战。

推 雌 雄 法

起用战雄的吉辰，是在春寅、夏巳、秋申、冬亥；起用战雌的凶辰，是在春申、夏亥、秋寅、冬巳。自当日之辰起用其后二辰攻其前四，那么，子日后二戌是为前四辰；再以大吉、徵明、神后、天罡四神为雄，以小吉、天罡、胜光三神为雌，使战阵背雌向雄，就能百战百胜。不得使青抵白、黑抵黄、金迎火、阴就阳、子攻母，迷于天道，（否则）作战必定失败。这是不想朝向取胜的日辰而对敌作战的结果。攻其敌众，还之以屈从，攻其以所胜之辰，才是大吉之兆。不要用衰气去对相气，以死气去当旺气。所谓"通三天，胜可全"之道就是：顺应斗宿运转而行事，此为第一点；攻敌于相胜之辰，此为第二点；以后二戌攻其前四辰，此为第三点。

推 北 斗 战 法

左八八月进攻敌人之左方，右二二月进攻敌人之右方。这就是推北斗之战法。

推 伏 兵 法

太冲、神后、传送、太乙监临日辰之时，一定会有伏兵。此时神将的旺气与煞气并列，伏兵发起，是为极大凶险；如其旺气不与煞气并列，那么，伏兵就不敢发起。

又有一种说法是：以闻报军情时的时辰加季，则有伏兵；天干伤地支时，有伏兵在前；地支伤天干时，没有伏兵；天干和地支俱伤时是为用神，有伏兵，出战则有凶险。

推 突 围 法

作战中受不受到损伤，应视阴阳而定。日辰上有贼是为损伤，又厌恶得将是为重伤，就是凶险之兆，但不伤没有罪过者。如果又起用阴而传出阳者，可以出战，定能免除祸难。

又有一种说法是：在被包围时，如果神将在内，可以坚守；神将在门，将受损伤；神将在外，可以突围逃出。

还有一种说法是：无论是在营区或是在野外，如果被四面包围时，当从青龙下去，加旺气之时，是为天罡。这就是所谓的"八极俱张，刺如锋芒，乘龙而出，兵不敢当"之义。

推 水 军 法

部队乘船将要渡过江海，必有舟船倾覆之险。丙子、癸未、癸丑之日，一般为江河蛟龙活跃之时，在这些日辰乘船渡河，必有溺水之患。

又有一种说法是：天河临近地井，舟船必遭倾覆。壬、癸、子，是为天河；卯、酉、辰，是为地井。

推 迷 惑 法

月将加正时，如果逢天罡、小吉，那么，其下可以得路。倘若在山林野泽，因烟雾昏蒙而突然迷失方向之时，应以式盘放在地上进行占卜，如果占出传送下，那么，自然会解迷开悟；占出天罡下，那么，行百步之远可得小道，若行至三百步远可得大路；占出小吉下，那么，行八十步可得小道。

用天罡加地户，头顶式盘行路，就不会迷失方向；用天罡加正时，如占出小吉下，那么，行三百步可得天井；占出太冲下，可以得到水源；占出大吉下，可以获得粮食。

凡是地支为吉兆，就利于涉水行进。如果陆路在前，但不知哪条路可以畅通无阻时，那么，以正时加孟，是为左边道路可通；正时加仲，中间道路可通；正时加季，右边道路可通。

【解说】

《察情胜败篇第九十五》是李筌《太白阴经》卷十《杂式》总题中的第二篇。作者以《察情胜败》为篇目，顾名思义，此乃本诸察敌情、知胜败之义也。这说明，作者李筌已经认识和注意到，了解与掌握敌情，是实施战争和决定战争胜败的根本前提条件。应当说，李筌此一思想认识，是符合军事斗争的客观规律和战争实践需要的唯物主义观点。然而，我们在充分肯定作者此一基本思想观点的合理内核的同时，也还不能不进一步指出，作者在寻求获取敌情的方式方法上，却不幸陷入了唯心主义的泥淖之中。李筌本篇开头所着力介绍的"田螺占兵法"，就是其违心观点的明证。作者企图通过引述诸葛亮所谓"田螺占兵之法，其来甚远"之说，以及春秋时期越国大夫范蠡所谓"曾用田螺占之"事，而相信用田螺占卜军情"颇有灵验"。实际上，这是毫无科学道理的迷信之说，不足取法。

从动物学角度讲，田螺本属腹足纲、田螺科的一种淡水生长的低级软体动物。它既无思维灵感，又与人间世事毫无关联。因此，人们不可能通过念咒以观察置于水盘中的田螺之行动方位，来测定敌我双方的行动企图和胜败结局的。人类战争实践的经验表明，唯有采取各种有效手段对敌人进行周密侦察，才是获取敌人情况的正确途径和方法。毛泽东对此曾有过极为精辟的论述。他说："指挥员的正确的部署来源于正确的决心，正确的决心来源于正确的判断，正确的判断来源于周到的和必要的侦察，和对于各种侦察材料的联贯起来的思索。指挥员使用一切可能的和必要的侦察手段，将侦察得来的敌方情况的各种材料加以去粗取精、去伪存真、由此及彼、由表及里的思索，然后将自己方面的情况加上去，研究双方的对比和相互关系，定下决心，作出计划，这是军事家在作出每一个战略、战役或战斗的计划之前的一个整个的认识情况的过程。"（《毛泽东选集·中国革命战争的战略问题》）这清楚地告诉我们，只有使用各种有效手段对敌人进行周密审慎的侦察，并将侦察得来的各种材料深入分析研究，得出符合客观实际的正确判断，并据此制订符合对敌作战需要的正确计划，才能较好地预测战争的胜负结局。显而易见，这是依靠田螺占卜或其他任何一种占卜手段，所无法完成的获取敌人情况、预测战争胜败的过程。

作者于本篇"田螺占兵"之后，所列《推贼虚实法》、《推天地耳法》、《推贼兵数法》等十四种占卜方法，大体上都是需要使用"式盘"来占卜吉凶的。这大概是作者李筌把此十四种占法归于《察情胜败篇第九十五》而列入《太白阴经》卷十《杂式》总题中的原因所在。不过，恰如笔者于前篇《元女式篇第九十四》的解说中所言，企图依靠术数家主观编造的"式盘"来占测天地人事的吉凶福祸，特别是预测敌对双方军事斗争之胜败结局，其结论肯定是靠不住的。这是毋庸置疑的。

主客向背篇第九十六

【原文】

经曰：众兵大同，则先举者为主，后举者为客；陈兵①原野，则先举者为客，后举者为主。

又曰：天五音为客，地五音为主。五音：宫、商、角、徵、羽也。

又曰：辰为客，时下为主；辰行为客，位止为主；先动、先声为客，后动、后声为主；高旗为客，卑旗为主。两人相见，外来为客，内坐为主；两人相见，立为客，坐为主；两人等②，先举事为客，后举事为主。人有气者胜，无气者败。客利四季月日时③，欲得制日，干克支；主人利四孟月日时，欲得伐日④，支克干⑤。

推向背法

旌旗五色者，军之五德⑥也，辉映众心，宣威兵目。青旗举，一鼓则行，二鼓则趋⑦，三鼓则集，受制也。举黄旗，一击令则止，二击令则列，三击则听，受命也。阳时举赤旗，扬威仪，而始之甲、乙、丙、丁、戊也；阴时举黑旗，伏威仪，而终之己、庚、辛、壬、癸也。旛旗各随方色⑧而行，甲子、甲申、甲辰三旬，弧矢在前；甲寅、甲午、甲戌三旬，刀盾在前。春以长矛在前，夏以戈戟在前，秋以弓弩在前，冬以刀盾在前。

推二十八宿骑战法

以二十八人象二十八宿，为先锋军压敌：

角人⑨，赤旗，青衣，青马，东方七人；

羽人，青旗，黑衣，黑马，北方七人；

宫人，白旗，黄衣，黄马，中央七人；

徵人，黄旗，赤衣，赤马，南方七人；

商人，黑旗，白衣，白马，西方七人。

右以三十五人⑩早近敌阵，大呼，若闻桴鼓击柝之音⑪，我以商人为前将兵，象白虎⑫也；阵见火光，以羽人为前将兵，象元武⑬也；阵闻金石兵刃之声，以徵人为前将兵，象朱雀也；阵闻士人呼号者，以宫人为前将兵，象勾陈也；阵内寂无声者，以角人为前将兵，象青龙也。是为五行厌胜之法⑭。

推五行阵法

木直阵，以金方阵应之；金方阵，以火锐阵应之；火锐阵，以水曲阵应之；水曲阵，以土圆阵应之；土圆阵，以木直阵应之。

推当敌人法

背太岁，当万人；大将军，当五千人；太阴、月建、天魁、三元、五符，各当五千人；天乙、游都，五百人。岁德、月德、日德、壬方旬之内生气、岁星、豹尾、岁建，并可背不可向也。

【注释】

①陈兵：指排兵布阵。陈，同"阵"。

②两人等：等，等列；相等。

③四季月日时：四季月，指一年四季中每一季的第三个月，即季春三月，季夏六月，季秋九月，季冬十二月。下文的"四孟月"，则指四季中每季的第一个月，即孟春正月，孟夏四月，孟秋七月，孟冬十月。日时，以方术而言，是指日期与时辰。亦泛指日子，时间。

④伐日：指干支自下克上的日子。是为凶日。说见《灵宝经》："伐日者，支干下克上之日也。若甲申、乙酉之日是也。甲者，木也；申者，金也；乙亦木也，酉亦金也。金克木故也。"

⑤"主人利四孟月日时，欲得伐日，支克干"：此分句中的"支克干"末，原有"客利"二字。但从前一分句"客利四季月日时，欲得制日，干克支"的句式看，"客利"已经出现，后一分句若再出现，既显重复，又与句式不符。疑系衍文，故删。

⑥军之五德：古指军队将帅所应具备的智、信、仁、勇、严五种军政素质。说见《孙子兵法·计篇》："将者，智信仁勇严也。"曹操注云："将宜五德备也。"

⑦趄：同"趋"，谓疾行；奔跑。

⑧方色：五行家把东、南、西、北、中五个方位，依次与青、赤、白、黑、黄五色相配，一方为一色，简称"方色"。

⑨角人：及其下的羽人、宫人、徵人、商人，分别是以古代五音命名的人。

⑩三十五人：原文作"二十八人"，疑误。本文开头所云"以二十八人象二十八宿"，意思是说，选用二十八人象征天上"东、北、南、西"四方之二十八星宿，正体现文题《推二十八宿

骑战法》之义，故称"以二十八人象二十八宿"是完全正确的。但后文既言"角人、羽人、宫人、徵人、商人"分别是"东方七人、北方七人、中央七人、南方七人、西方七人"，那么，五个"七人"，便是三十五人了，再言"右以二十八人早近敌阵"，就不符下文所称依次以"商人、羽人、徵人、宫人、角人"各自"为前将兵"对敌之义了。故据此校正。

⑪ 闻桴鼓击柝之音：桴鼓（fú—），原义指鼓槌和鼓，但在本篇这里仅指鼓槌。柝（tuò），古代巡夜敲以报更的木梆。

⑫ 白虎：传说中的西方之神，亦为西方七宿之总称。但在本篇这里指战阵名。说见《礼记·曲礼上》："行前朱鸟而后玄武，左青龙右白虎。"孔颖达疏云："此明军行象天文而作阵法也。前南后北，左东右西。朱鸟、玄武、青龙、白虎，四方宿名也。"

⑬ 元武：本为"玄武"，清人因避康熙帝玄烨名讳而改"玄"为"元"。

⑭ 五行厌胜之法：厌胜，古代一种巫术，指以诅咒制胜，压服他人或物。五行（—xíng），这里指五行阵。据唐初军事家李靖《兵法》云：各路军旗按所在方位作五色：赤，为南方，属火；白，为西方，属金；皂（即"黑"），为北方，属水；碧（即"青"），为东方，属木；黄，为中央，属土。（说见唐杜佑《通典·兵志二》）后世便据此五方之色而称为"五行阵"。

【译文】

经典上说：敌对双方兵众大体相同时，那么，先举兵进攻者为"主方"，后举兵应战者为"客方"；敌对双方陈兵于原野时，那么，先举兵进攻者为"客方"，后举兵应战者为"主方"。

又有一种说法是：天五音为"客方"，地五音为"主方"。所谓"五音"，就是宫、商、角、徵、羽五个音级。

还有一种说法是：辰为"客方"，时下为"主方"。辰行为"客方"，位止为"主方"。先动先声者为"客方"，后动后声者为"主方"。高旗者为"客方"，低旗者为"主方"。两人相见，外来者为"客方"，内坐者为"主方"；两人相见，立地者为"客方"，坐席者为"主方"；两人相等，先举事者为"客方"，后举事者为"主方"。人有气势者则胜，人无气势者则败。"客方"利于在四季月的时辰中行事，要得到制人之日，就是天干克地支；"主方"利于在四孟月的时辰中行事，要得到支干下克上的"伐日"，就是地支克天干的日子。

推 向 背 法

旌旗上的五色，是军队将领五德的象征。它用以照耀兵众之心，宣威士卒眼目。

青旗举起，一通鼓敲罢，部队出行；二通鼓敲罢，部队疾行；三通鼓敲罢，部队则集结；青旗所举，是使部队接受制约的。黄旗举起，一击鼓令部队停止前进，二击鼓令部队排好队列，三击鼓令部队聆听命令；黄旗所举，是使部队接受命令的。阳时举红旗以显威仪，而始于甲、乙、丙、丁、戊，阴时举黑旗以隐伏威仪，而终于己、庚、辛、壬、癸。

旌旗各随方色而行；甲子、甲申、甲辰三旬，弓箭在前；甲寅、甲午、甲戌三旬，刀盾在前。春天以长矛在前，夏天以戈戟在前，秋天以弓弩在前，冬天以刀盾在前。

推二十八宿骑战法

以二十八人，象征二十八星宿，（并以"角、羽、宫、徵、商"五音而命名），作为先锋军以压制敌人：

"角人"，手持红旗，身穿青衣，乘坐青马，为东方七人；

"羽人"，手持青旗，身穿黑衣，乘坐黑马，为北方七人；

"宫人"，手持白旗，身穿黄衣，乘坐黄马，为中央七人；

"徵人"，手持黄旗，身穿红衣，乘坐红马，为南方七人；

"商人"，手持黑旗，身穿白衣，乘坐白马，为西方七人。

上述五组三十五人（指东、北、中、南、西方各七人）分别组成骑兵分队，最先接近敌阵，大声呼叫，如果听到鼓槌敲击木梆的响声，这时我方当以"商人"为前锋统兵，象征白虎骑兵战阵；如果临敌见到火光，当以"羽人"为前锋统兵，象征玄武骑兵战阵；如果临敌听到金石兵刃之声，当以"徵人"为前锋统兵，象征朱雀骑兵战阵；如果临敌听到士卒呼号之声，当以"宫人"为前锋统兵，象征勾陈骑兵战阵；如果敌阵寂静无声之时，当以"角人"为前锋统兵，象征青龙骑兵战阵。这就是通常所说的"五行厌胜之法"。

推五行阵法

对于木直阵，当以金方阵应付之；对于金方阵，当以火锐阵应付之；对于火锐阵，当以水曲阵应付之；对于水曲阵，当以土圆阵应付之；对于土圆阵，当以木直阵应付之。

推当敌人法

背靠太岁，当敌万人。大将军，当敌五千人。太阴、月建、天魁、三元、五符，各当敌五千人。天乙、游都，当敌五百人。岁德、月德、日德、壬方旬之内的生气、岁星、豹尾、岁建，都是可背负而不可面向者。

【解说】

《主客向背篇第九十六》是《太白阴经》卷十《杂式》总题中的第三篇。作者以"主客向背"为题，旨在着重介绍当主客双方（亦即"敌对双方"）即将交战时如何通过占卜"向背"以决定胜负的问题。

主客，是我国古代常用的军事术语，亦是我国古代军事哲学的一对重要范畴。一般指在本国实施防御作战的国家或曰军队，是为"主方"或"主军"；而指深入敌国实施进攻作战的国家或军队，则是"客方"或"客军"。作者本篇在此基础上则区别不同情况，进一步指出："众兵大同，则先举者为主（军），后举者为客（军）；陈兵原野，则先举者为客（军），后举者为主（军）。"并把它与阴阳五行、天干地支相联缀以占卜军事斗争的吉凶胜负，从而使"主客"这对具有客观属性的古代军事范畴，变成了带有浓厚的方术之神秘迷信色彩。

向背，亦是古代常用的军事术语。在本篇可作"趋向和背离"解。在古代军事作战应用上，则指趋向敌人而战称为"向"，背离敌人而去则称为"背"。作者本篇以下所介绍的《推向背法》、《推二十八宿骑战法》、《推五行阵法》、《推当敌人法》四种占卜法，都是通过操作人为制作的"式盘"来完成的。因此，企图运用此种充满迷信色彩的式盘所占得的结果，是否真能符合和利于实战中的"向"或"背"，就令人大可怀疑了。

推神煞门户篇第九十七

【原文】

凡战阵之法，须避神煞，兼明天门、地户。克敌制胜，实在于此也。

推大将军法

孟岁①以胜光午，仲岁以小吉未，季岁以传送申，加岁支，天罡辰下是也。

推豹尾法

天罡加太岁支，功曹寅、胜光午、河魁戌有临季者，其下即是豹尾，其冲是为黄旛②。

推太阴法

常以功曹寅加岁支，神后子下是也③。

推岁建破法

阳岁以大吉、阴岁以小吉加太岁支，魁下为建，罡下为破，阴阳杀用。

推岁星法

天罡加岁支，亥上所见本位辰是也。

推岁支干德法

从魁加岁辰，功曹是巳，支德。甲、丙、戊、庚、壬，德自处；乙、丁、己、辛、癸，在所合也。④

推岁杀法

天罡加岁支，太乙巳、从魁卯、大吉丑有临季者，其下即是岁杀；申、子、辰，劫煞在巳，灾杀在午，天杀在未。他仿此。

推孤虚大煞天狗法

登明加岁支，天魁下为孤，太冲、天罡下为虚，旬下日同大煞。春午、夏未、秋酉、冬子，一名“天地转，杀天狗”。孟岁巳，仲岁酉，季岁丑，天时天罡加月建也。⑤

推天道黄道法

天道寅、午、戌月，寅、戌南方行，午西北方行；亥、卯、未月，亥、未东方行，卯西南方行；申、子、辰月，申、辰北方行，子东南方行；巳、酉、丑月，巳、丑西方行⑥，酉东北方行。

推天耳天目法

春氐星乙下，夏柳星丁下，秋胃星辛下，冬女星癸下，是为天目也。春箕星寅，夏轸星巳，秋参星申，冬壁星亥，是为天耳也。

推游都虏都月合法

游都为都将，甲、己日大吉，乙、庚日神后，丙、辛日功曹，丁、壬日太乙，戊、癸日传送。虏都为天贼，甲、己日天罡，乙、庚日胜光，丙辛日登明，丁、壬日传送，戊、癸日功曹。月合，常以月合神上为月朔之始，顺数之尽末日也。

推 三 元 法

上元甲子日，起五宫；中元甲子日，起二宫；下元甲子日，起八宫。各以顺日求之，周而复始，时同日法，夏至后行反此。

推亭亭白奸法

常以月将加正时，神后下为亭亭。寅、午、戌上，见孟春五本位上是白奸。⑦

推生死神法

常以功曹加月建，神后下为生神，胜光下为死神。

推 六 害 法

辰、卯相害，寅、巳相害，丑、午相害，子、未相害，申、亥相害，酉、戌相害。

推天门地户法

子、丑日，天门在丙，地户在丁；寅、卯日，天门在庚，地户在丁；辰、巳日，天门在庚，地户在壬；午、未日，天门在壬，地户在辛；申、酉、戌、亥日，天门在甲，地户在癸。

【注释】

① 孟岁：农历指年初。其下文的“仲岁”指年中，“季岁”指年末。

② 黄旛（—fān）：指黄色长幅下垂的旗帜。亦泛指黄旗。

③ 是也：原作“是己”，于句义不通。根据前《推大将军法》和后《推岁星法》文末句式规律，疑此“是己”乃“是也”之误。因以校改。

④ "甲、丙、戊、庚、壬，……在所合也"：原文作"甲、戌、戊、壬，……任魁乡也"，钱熙祚校注指出："此文有误。当云'甲、丙、戊、庚、壬，……在所合也'。"钱说为确，故从改。

⑤天时天罡加月建也：钱熙祚校注指出："此文有脱误。"

⑥巳、丑西方行：此句原作"巳西方行"，根据文义和前文句式规律，"巳"后脱"丑"字，因以补入。

⑦见孟春五本位上是白奸：钱熙祚校注指出："'春五'二字有误。"

【译文】

大凡战阵之法，必须回避凶神恶煞，兼明天门地户。克敌制胜，实在于此。

推 大 将 军 法

孟岁以胜光为"午"，仲岁以小吉为"未"，季岁以传送为"申"，加岁支天罡为"辰"下，这就是"推大将军法"。

推 豹 尾 法

天罡加太岁支，功曹为"寅"，胜光为"午"，河魁为"戌"，有临季者，其下就是豹尾，其冲是为黄旗。

推 太 阴 法

通常以功曹为"寅"，加岁支神后为"子"下，是为"推太阴法"。

推 岁 建 破 法

阳岁以大吉，阴岁以小吉，加太岁支，那么，魁下为建，罡下为破，阴阳杀用。

推 岁 星 法

天罡加岁支，亥上所见本位辰星，是为"推岁星法"。

推 岁 支 干 德 法

从魁加岁辰，功曹是巳，为支德。甲、丙、戊、庚、壬，干德自处；乙、丁、己、辛、癸，在其处所相合。

推 岁 杀 法

天罡加岁支，太乙为"巳"、从魁为"卯"、大吉为"丑"，有临季者，其下就是岁杀。申、子、辰，劫杀在巳，灾杀在午，天杀在未。其他依此类推。

推孤虚大煞天狗法

登明加岁支，天魁下为孤，太冲、天罡下为虚，旬下日同大煞，春午、夏未、秋酉、冬子，一名"天地转，杀天狗"。孟岁巳、仲岁酉、季岁丑，天时是为天罡加月建。

推天道黄道法

天道在寅、午、戌月时，寅、戌月可向南方出行，午月可向西北方出行；天道在亥、卯、未月时，亥、未月可向东方出行，卯月可向西南方出行；天道在申、子、辰月时，申、辰月可向北方出行，子月可向东南方出行；天道在巳、酉、丑月时，巳、丑月可向西方出行，酉月可向东北方出行。

推天耳天目法

春季氐宿乙下，夏季柳宿丁下，秋季胃宿辛下，冬季女宿癸下，是为"天目"。春季箕宿寅，夏季轸宿巳，秋季参宿申，冬季壁宿亥，是为"天耳"。

推游都彷都月合法

游都是为都将，甲、己日为大吉，乙、庚日为神后，丙、辛日为功曹，丁、壬日为太乙，戊、癸日为传送。彷都是为天贼，甲、己日为天罡，乙、庚日为胜光，丙、辛日为登明，丁、壬日为传送，戊、癸日为功曹。月合，通常是以月合神上为月朔之始，顺次数之尽头，直至月末之日。

推 三 元 法

上元甲子日，起用五宫；中元甲子日，起用二宫；下元甲子日，起用八宫。各以顺日推演求取之，周而复始，循环不已。时辰之法与日法相同。夏至后则反此而行推演。

推亭亭白奸法

通常以月将加正时，神后下即为亭亭。寅、午、戌上见孟春五（钱熙祚校注指出："'春五'二字有误。"）本位上，是为白奸。

推 生 死 神 法

通常以功曹加月建，神后下是为生神，胜光下是为死神。

推 六 害 法

辰与卯相害，寅与巳相害，丑与午相害，子与未相害，申与亥相害，酉与戌相害。

推天门地户法

子、丑日，天门在丙，地户在丁；寅、卯日，天门在庚，地户在丁；辰、巳日，天门在庚，地户在壬；午、未日，天门在壬，地户在辛；申、酉、戌、亥日，天门在甲，地户在癸。

【解说】

《推神煞门户篇第九十七》是《太白阴经》卷十《杂式》总题中的第四篇。作者李筌以《推神煞门户篇》立目，主要介绍我国古代布列战阵时，如何避免神煞凶兆和明确天门地户所在方位、时辰的问题。

作者开篇伊始即强调指出："凡战阵之法，须避神煞，兼明天门、地户。克敌制胜，实在于此也。"可见，以《推神煞门户》立篇，这在作者看来是何等重要。所谓"神煞"，乃"凶神恶煞"之缩语。古代星命家以神煞观念来推断命运，认为人的福祸寿夭，皆与天星的位置、运行有关，因之依据人的生年时辰、配以天干地支等，来附会人间世事。而神煞则有吉凶之别，名目繁多，凶者多称为"凶神恶煞"。本篇所讲的"神煞"正取此义。所谓"门户"，即"天门地户"之缩称。我国古代传说天有门、地有户，天门在西北、地户在东南。故称地之西北为"天门"，地之东南为"地户"。据《河图括地象》记载："天不足西北，地不足东南。西北为天门，东南为地户；天门无上，地户无下。"原注明确指出："天不足西北，是天门；地不足东南，是地户。"据此可知，天门和地户，在本篇又是喻指地理方位。

本篇所列《推大将军法》、《推豹尾法》、《推太阴法》、《推岁建破法》、《推岁星法》、《推岁支干德法》、《推岁杀法》、《推孤虚大煞天狗法》、《推天道黄道法》、《推天耳天目法》、《推游都虏都月合法》、《推三元法》、《推亭亭白奸法》、《推生死神法》、《推六害法》、《推天门地户法》十六种推测法，从其文字内容看，皆是借助"式盘"来占卜吉凶的。毋庸多言，其占卜所得之结果，即使有的结论与人间世事或军事斗争的某些情况相似，这也只能是偶然的巧合。因为，企图依靠此种由人功主观预先设定的"式盘"来占卜人世间的吉凶福祸，预测军事斗争的成败结局，是不会符合客观存在的实际情况的。毋庸置疑，通过转动"式盘"所占卜的结论，以其缺乏客观的科学根据，是经不住战争实践检验的。

龟卜篇第九十八

【原文】

河出图，洛出书，圣人则之①，则灵龟负图自河而出也。是龟、龙、麟、凤四灵②，龟居其一，讬梦于元王③，何其贤也；不避豫且之网，何其愚也！生既不能全身避害，死亦安能灼骨而知吉凶？古人所以设此法者，谓兵为凶器，战为危事，圣人得之以兴，凡夫得之以废，不可轻举矣！愚人不自谓其愚，皆自谓其智，故立卜法，假于阴阳，亦惑愚人之心，非为智也。

太公④曰："蓍，朽草也；龟，枯骨也，安知圣人之智虑哉？"是知神也不能自智，圣亦不能自智。赞圣人之事者，其犹砥砺⑤乎！

凡龟有五色⑥，随其旺相而用之。一龟之内有六厨、左右翼，君王用上，尺有二寸；大夫用中；庶人用下。后左足为春，前左足为夏，前右足为秋，后右足为冬，四季用中厨。

经曰：何知我神⑦？骨白如银；何知我圣⑧？千里路正⑨。又曰：其骨须白，其色须鲜，其皮如蜡，其界如法⑩。

龟有五兆⑪，以定吉凶。一兆之中为五段，可以彰往察来⑫。内高为金，外高为火，五曲为木，正直为土，头垂为水；水无正形，因金为名，常以晴雾⑬为水。一兆之中，从头分为五乡：头为甲乙，次为丙丁，次为戊己，次为庚辛，次为壬癸。常以头微高为上兆，正横⑭为中兆。春夏以内为头，秋冬以外为头。

假令木兆，甲乙乡为本宫，丙丁乡为子孙，戊己乡为妻财，庚辛乡为官鬼⑮，壬癸乡为父母，但以此乡断吉凶。及支入兆，假令木兆，金支是官鬼，木支是兄弟，土支是妻财，火支是子孙，水支是父母。看支入乡，以断吉凶成败。

我往攻彼，则彼为主，兆欲头伏足落，及格横身内摧折⑯，暗雾昏惊，震动猖狂；文不食墨⑰，火天⑱穿者，破军杀将。彼来攻我，兆欲头仰足举，彼支援助；身内有力，食墨鲜明肥浓，安稳。兆吉言吉，兆凶言凶，万端吉凶，一看兆身，往往有验，无假日辰。

夫有动不如无动，有支不如无支；有支，则被支吉，格支凶。故^⑲兆连新，起动由人；新兆连故，起动无路。捉头足^⑳，所作不成；头足衔芒^㉑，所求无累^㉒。君子动头，天下同忧；小人动足，天下驰逐^㉓。兆身过度，日向衰微；兆不出臼，势将微灭。

凡占贼，被支有外救，格支有外敌。若吾击敌，兆旺相洪润、轩昂有力；重偃仰^㉔，吉；枯槁伏落，雾悴惊摧，分伏足落，兆细而暗，凶。凡卜，以支及动乡、贼数、日月、远近、里数、生数^㉕、三成数、八旺相，依数休废^㉖减半。

凡卜兆，为我为客，支旺克兆，客胜；支囚为兆所克，客败。支洪润，贼强；支枯槁，贼弱。

ㄟ^㉗，飞鸟出林兆，出军行师，吉；安营入师，凶。

厂，飞鸟入林兆，安营筑城，吉；行师，凶。

工，惊獐兆，有贼奄至^㉘，防闲^㉙城堡，吉。

爪，走鹿兆，有贼至，主奔走之事。

一，土兆，大横^㉚，安城堡社，吉。

八，栖凤兆，自守，吉。

击，需^㉛兆，安城垒，吉。

川，天兆，城垒袭人，吉。

【注释】

①"河出图，洛出书，圣人则之"三句：语出《周易·系辞上》。河，指黄河；洛，指洛水。据汉代孔安国、刘歆等人解说，上古伏羲时代有龙马自黄河而出，其背有旋毛如星点，称之为"龙图"。伏羲取法之，以画八卦生蓍法。而夏禹治水之时，有神龟出于洛水，其背上有裂纹如文字，故称"洛书"。大禹取法之而作《尚书·洪范》之"九畴"。（说见《尚书》之《顾命》和《洪范》之孔传及《汉书·五行志上》等）古人认为，出现"河图洛书"乃是帝王圣者受命之祥瑞。实际上，这是古代一种为帝王执掌皇权所制造的迷信传说。

②"龟、龙、麟、凤四灵"句：语本《礼记·礼运》："何谓四灵？麟、凤、龟、龙谓之四灵。"据唐孔颖达疏云："此四兽皆有神灵，异于他物，故谓之灵。"

③〔灵龟〕托梦于元王：典出《史记·龟策列传》。元王，这里指春秋时期宋国国君宋元公。

据载，宋元王二年（公元前 530 年）长江之神派遣神龟出使到黄河之神那里，行至泉阳（今名虽然不详，但据宋国所处地理位置来看，阳泉当在今河南境内）时，被渔人豫且（—jū）张网捕获而"置于笼中"。夜半，此神龟向宋元公托梦求救，宋元王惊醒后询问博士卫平，并派人去泉阳豫且处将神龟取来。宋元王本欲放走神龟，但卫平认为龟是天下之宝，"先得此龟者为天子"，"天与不受，天夺之宝"，在卫平劝说之下，宋元王乃留下此龟，并选定吉日良辰斋戒，将此龟放在祭坛上宰杀后，以荆木枝条灼烧龟壳用来占卜，龟纹皆呈现吉兆。自此，宋国"战胜攻取，莫如元王。元王之时，卫平相宋，宋国最强，龟之力也。"

④ 太公：这里指姜太公吕尚。

⑤ 砥砺（dǐ lì）：本为磨刀石，但在这里谓磨炼；激励。

⑥ 五色：这里指龟体所呈现的五种气色。古人灼龟占卜，在龟甲上呈现的气色，亦即所谓兆色。

⑦⑧ 我神、我圣：此皆以龟为第一人称而述其神灵和圣明的原因。

⑨ 千里路正：千里路，为龟腹甲中缝的俗称。据《玉灵秘本》载称："龟板之部位正中一线，自下而上直出者，名曰'千里路'。"正，端正；笔直。

⑩ 其界如法：界，这里指龟的外形边缘。法，指龟的边缘如同法轮一样圆通无碍。

⑪ 五兆：占卜术语。古人把龟甲灼裂后所出现的兆象分为五类，用以判断吉凶。龟有五兆之说，源于《尚书·周书·洪范》："择建立卜筮人，乃命卜筮。曰雨，曰霁，曰蒙，曰驿，曰克。"唐孔颖达疏云："卜兆有五：曰雨兆，如雨下也；曰霁兆，如雨止也；曰雾兆，气蒙暗也；曰圛（即'驿'）兆，气落驿不连属也；曰克兆，相交也。……此上五者，灼龟为兆，其璺（指裂纹）折形状有五种，是卜兆之常法也。"这里所说的"五兆"，只是早期的简单分类，据《史记·龟策列传》记载，骨卜兆象多达几十种。

⑫ 彰往察来：语出《周易·系辞下》。彰往，谓表明往事；察来，指观察来事。

⑬ 晴雾：指晴天中的云雾。

⑭ 正横：指龟的头部呈正中横向状。

⑮ 官鬼：《易》占术语。又名"官煞"或"官杀"。占卜者依纳甲之法，将干支分配于六爻，又将五行分配于八卦，以六爻干支与八卦五行的生克，定出"父母"、"子孙"、"官鬼"、"妻财"、"兄弟"之位作为爻象，即以生我者为"父母爻"，我生者为"子孙爻"，克我者为"官鬼爻"，我克者为"妻财爻"，比和者为"兄弟爻"。据此以卜吉凶福祸。

⑯ 格横身内摧折：格横，指龟背的横纹。摧折，指横纹于身内断止。

⑰ 文不食墨：文，指龟背的裂纹。食墨，龟卜术语。是指灼龟壳时所现龟兆与预先画好的墨迹完全相吻合。据《尚书·周书·洛诰》"惟洛食"句孔传云："卜必先墨画龟，然后灼之，兆

顺食墨。"文不食墨，则指龟兆与事先画好的墨迹不相符合，此为不顺不吉之兆。

⑱ 火天：指夏天。按五行说法，火主夏，故称夏天为"火天"。

⑲ 故：旧也。这里指旧的龟兆。

⑳ 捉足头：指龟兆呈现其足与头相扣之状。捉，把握，这里引申谓"相扣"。

㉑ 衔芒：义犹口含芒刺状。

㉒ 无累：谓没有牵累；无所挂碍。

㉓ 驰逐：驱驰追逐。

㉔ 重偃仰：重（chóng），重叠；重复。偃仰，指俯仰。

㉕ 生数：谓五行相生之数。据《尚书·周书·洪范》"五行：一曰水，二曰火，三曰木，四曰金，五曰土。"孔传云："皆其生数。"孔颖达疏云："《易·系辞》曰：'天一，地二；天三，地四；天五，地六；天七，地八；天九，地十。'此即是五行生成之数。天一生水，地二生火，天三生木，地四生金，天五生土，此其生数也。如此则阳无匹、阴无耦，故地六成水，天七成火，地八成木，天九成金，地十成土。于是阴阳各有匹偶而物得成焉。故谓之成数也。"

㉖ 休废：义犹"衰败"。本篇这里可作"多少"解。

㉗ 乀：及下文的"厂、工、爪、一、八、击、川"，皆指龟纹的形状。

㉘ 奄至：忽然来到。

㉙ 防闲：本篇这里指防御设施。防，堤岸，堤坝，用于止水。说见《周礼·地官司徒·稻人》："稻人掌稼下地，以潴畜水以防止水。"郑玄注云："防，猪旁堤也。"闲，指遮拦阻隔的栅栏，用以制兽。说见《周礼·夏官司马·虎贲氏》"舍则守王闲。"郑玄注："闲，梐枑。"贾公彦疏："闲与梐枑，皆禁卫之物。"孙诒让正义："盖梐枑所以遮拦行人，故亦谓之闲。"

㉚ 大横：龟卜卦兆名。即龟纹呈正横形状，占者以为吉兆，故称。据《史记·孝文本纪》："卜之龟，卦兆得大横，占曰：'大横庚庚，余为天王，夏启以光'。"后因以指帝王登基之兆。

㉛ 需：这里指《周易》六十四卦之一。据高亨《周易大传今注·需第五》释义称："《需》卦之需，即是须待，谓须待时机也，故曰'需，须也。'《需》之前卦（即上卦）为坎，后卦（即下卦）为乾。坎，险也；乾，健也。然则《需》之卦象是人有刚健之德，遇有险在前，而处于险后，不去冒险，以须待时机，如此则不陷于险，宜其不困穷也。"故李筌本篇这里认为："需兆，安城堡，吉。"正应此义。

【译文】

黄河里出现符图，洛水里出现神书，圣人遵循它，于是，灵龟便背负符图自黄河而出来了。在龟、龙、麒麟、凤凰四灵之中，龟位居第一，它托梦给宋元王，这是何等的贤明？但它不知躲避豫且的渔网，又是何等的愚钝？它生来既不能保全自身而躲避灾祸，死后又怎么能通过烧灼其骨而卜知吉凶呢？古人之所以设置此法，是因为兵刃是凶险之器，战争是危难之事，圣人得到它可以兴起大业，凡夫得到它则将废毁事业。因此，得到它却不可随意使用它。愚人往往并不意识到自己的愚钝，相反，都自以为明智。所以，设立此龟卜之法，假借阴阳之说，也能迷惑愚人之心，但这并非是聪明的做法。

姜太公说过："蓍，是朽草；龟，是枯骨，它怎么能够知晓圣人的智慧谋虑呢？"由此可见，神仙也不能自以为明智，圣人也不能自以为明智。盛赞圣人之事业的人，其目的如同磨刀石磨刀一样，不过是为了激励人们操刀用事罢了。

大凡龟有五种兆色，随其旺相而选用它。一龟之内有六厨、左右翼部位，君王选用其上部，长度一尺二寸；大夫用中部，平民则用下部。龟的后左足为春季，前左足为夏季，前右足为秋季，后右足为冬季，四季都选用其中厨部位。

经典上说：怎知我神灵？其骨色白如银；怎知我圣明？龟腹中缝端正。又说：龟的骨骼必须是白色的，其兆色必须是新鲜的，其皮像蜡一样而有光泽，其边缘如同法轮而圆润。

龟有五种征兆可以判定吉凶，而一兆之中又分为五段可以彰明往事和观察来事。内高为金，外高为火，五曲为木，正直为土，头垂为水，（是为五段）。水无方正的形状，因金而为名，通常是以晴天中的云雾为水。一兆之中，从头部开始可分为五乡：头为甲乙乡，依次为丙丁乡、戊己乡、庚辛乡、壬癸乡。一般以头微高为上兆，头正横为中兆。春夏以内为头，秋冬以外为头。

假如是木兆，那么，甲乙乡为本宫，丙丁乡为"子孙"，戊己乡为"妻财"，庚辛乡为"官鬼"，壬癸乡为"父母"，并且皆以此乡来判断吉凶。待地支入兆之后，假如是木兆，那么，金支便是"官鬼"，木支是"兄弟"，土支是"妻财"，火支是"子孙"，水支是"父母"。这样，看地支入乡情况，便可判断吉凶成败了。

我军往攻敌军，那么，敌军即为主方。龟兆如显现为头伏足落之状，并且有横纹在身内摧折时，这便是暗雾昏惊、震荡猖狂之象。龟兆如显现其裂纹与事先画好的图样墨迹不相符合时，这便是火热夏天贯穿，敌来攻我，将是破军杀将之象。龟兆如显现其头仰足举之状，这便是敌人有外援之象；龟兆如显现其身内有力，其裂纹与事先画好的图样墨迹相吻合，并且色泽鲜明浓重时，这便是平安稳妥之象。龟兆吉利就是吉利，龟兆凶险就是凶险，万种吉利凶险之象，一看龟身裂纹征兆，便往往得到应验，而无须借助日辰了。

有动不如无动，有支不如无支；有支时，则"被支"为吉，而"格支"为凶。旧兆连新，起动由人；新兆连旧，起动无路。龟兆如显现其头足被捉之状，这是所做无成之象；龟兆如显现其头衔芒之状，这是所求无累之象。君子动头，天下同忧；小人动足，天下驰逐。兆身过度，是日趋衰微之兆；兆不出曰，是势将衰灭之象。

大凡占卜敌情，龟兆为"被支"时，这是有外援之象；龟兆如为"格支"时，则是有外敌之象。如果我军攻击敌军，而龟兆呈现旺相洪润、轩昂有力、重叠俯仰时候，这是吉兆；若龟兆呈现枯槁伏落、雾悴惊摧、分伏足落、兆象细小而暗淡之时，此为凶兆。凡是占卜，以支入兆及动乡、贼数、日月、远近、里数、生数、三成数、八旺相，当依其数的多少而减半。

凡是卜兆以我为客方，如果显现支旺克兆时，这将是客方获胜；如果显现支囚为兆所克时，这将是客方失败；支如洪润则敌人强大，支如枯槁则敌人弱小。

龟纹呈"乀"状，是为飞鸟出林之兆。此时出师行军，吉利；安营回师，凶险。

龟纹呈"厂"状，是为飞鸟入林之兆。此时安营筑城，吉利；出师行军，凶险。

龟纹呈"工"状，是为惊獐之兆。将有敌人突然到来，防守城堡，是为吉利。

龟纹呈"爪"状，是为走鹿之兆。将有敌人来到，君主奔走。

龟纹呈"一"状，是为土兆大横，安城保社为吉利。

龟纹呈"八"状，是为栖凤之兆，自我守卫为吉利。

龟纹呈"盂"状，是为需卦之兆，安保城垒为吉利。

龟纹呈"川"状，是为天兆。此时坚守城垒，袭击敌人，为吉利。

【解说】

《龟卜篇第九十八》是《太白阴经》卷十《杂式》总题中的第五篇。作者李筌以"龟卜"立篇，旨在介绍古人如何利用龟甲占卜人间世事的吉凶福祸问题。

龟卜，是我国古代现存可考的最早的占卜术之一。据考古发掘证明，我国远在新石器时期即已广泛使用龟甲兽骨进行占卜。到了商周时代，则臻于极盛。（参见《中国方术大辞典·中国方术》）据《周礼·春官宗伯·序官》记载，商周时代，龟卜之术不但广为流行，而且还由国家设置大卜、卜师等专职官员统管龟卜活动事宜。根据文献记载，我国古代的龟卜之术，主要有两种方法：一是以火烧灼龟甲所得之裂纹兆象占卜吉凶。《春秋左传·僖公十五年》载称："韩简侍，曰：'龟，象也。'"
唐孔颖达疏云："卜之用龟，灼以出兆，是龟以金木水火土之象而告人。"这大体
上揭示了古人如何烧灼龟甲进行占卜的方法。二是以生龟（即"活龟"）所显现的
颜色情状或行动意向来占卜吉凶。北宋哲宗元祐年间（1086—1094 年）的太学博
士陈师道在其所撰《箕龟论·龟卜》中指出："可以其色以占于未萌。凡卜，当以
心指其龟，若卜其生事，龟之甲文乃变为桃花之色，其红可爱；若卜其死事，甲文
乃变为黯黵（àn dǎn）之色，其污可恶；若卜其善事，是龟也，蹒跚（pán shān）
跳跃而弗能止矣；若卜其恶事，则泊然不复变其色，伏息竟日而复兴。"作者李筌
本篇所介绍的古代龟卜之术，不但基本上反映了上述两种龟卜方法，而且又与阴阳
五行、天干地支相配以占卜吉凶福祸。这大概也是作者将《龟卜篇》列入《杂式》
卷的主要原因吧。

　　龟卜作为我国历史上最为古老的占卜术，自然有其产生与存在的历史条件，并
且反映了社会文化发展长河中的历史阶段的时代特征。这诚如"有的学者认为，龟
卜时代，用动物的甲骨占算吉凶，当是渔猎社会的特点；占筮时代，用蓍草的茎来
占筮吉凶，当是农业社会的标志。由此，龟卜与占筮，揭示了社会发展阶段的内容"（见
《中国方术概观·卜筮卷·概述》）。笔者以为，这是人们正确认识和评价龟卜之术，
首先应当把握之点。但是，我们在充分承认和肯定龟卜与占筮这一时代文化特色的
同时，也应当严肃指出，远古时代的人们企图以龟卜之术占测人间世事之吉凶福祸
的做法，恰恰反映出当时由于生产力低下和人的认识能力的极大局限，所造成的人
们思想认识上的愚昧迷信程度之深。对于这一点，唐代兵学家李筌倒有较为清醒的
认识。他在本篇开头引述所谓神龟"讬梦于宋元王"的典故之后，进一步指出说：
"[神龟]讬梦于元王，何其贤也；不避豫且之网，何其愚也！生既不能全身避害，
死亦安能灼骨而知吉凶？古人所以设此法，谓兵为凶器，战为危事，圣人得之以兴，
凡夫得之以废，不可轻举矣！愚人不自谓其愚，皆自谓其智，故立卜法，假于阴阳，
亦惑愚人之心，非为智也。"可见，李筌非但不相信龟卜之术可以预测人间世事之
吉凶福祸，而且深刻揭穿了古人设立卜法的真正目的，乃是"假于阴阳，亦惑愚人
之心"。应当说，李筌对龟卜之术实质的这一认识，是符合唯物主义观点的。

山冈营垒篇第九十九

【原文】

山有冈峦①，地有形势，断其形则气势灭。故秦筑长城，凿其山冈之气，而咸阳邱虚②；隋疏汴河③，断乎土地之脉，而江都荆棘④；成周卜迁伊、洛⑤，得瀍、涧⑥之利，而王年八百；吴、晋奄宅建业⑦，得江山之势，而延期数叶⑧。

夫建都邑，筑城垒，必择形势。虽成败在人，不在于城地，然地形山势足以为人之助也。故曰：赵之地，坦然平⑨；吴、楚之地，东南倾；秦、韩之地，龙虎形⑩；幽魏⑪之地，无邱陵。夫赵无陂险、山冈、沟涧，故曰"坦然平"；吴、楚之有江海波潮，故曰"东南倾"；秦、韩被山带河、冈峦重复，故曰"龙虎形"。秦得龙虎之形，而东吞赵、魏，南并荆楚⑫。

夫建都邑，列营垒，非地势不王，非山冈不固。营垒之法：欲北据连山，南凭高冈，左右襟带⑬，地水东流，乾上伏下⑭，过子艮、寅卯重冈⑮，入巽⑯。

又曰："戌连申酉坤未高⑰，前有迎山⑱抱且朝；或惊或跃或蟠龙⑲，藏车隐马若飞鸿⑳；支条散脉如蛇走，气车森耸似鸡笼；四维皆起四仲平，巽水迤逦出自庚；天门倚伏历壬癸，直出地户东南倾。南有汙池㉑为朱雀，北有堆阜㉒为元武㉓，东有丛林为青龙，西有大道为白虎。"四兽既具，八卦乃列，乃立表测影，以定子午之位㉔；兴土工㉕，先本戊上起版筑㉖，从中步至门。

夫草木不生，不可居；鸟兽不集，不可居；燋石沙砾㉗，不可居；河水逆流，不可居。朱雀无头㉘、元武折足㉙、白虎衔尸㉚、青龙悲哭㉛，强居之者，兵败将死。

山形冈陇㉜

山若蟠龙，玉案数重㉝，宛转邪曲㉞，首尾相从；

山若凤皇㉟，翅翼开张，群队千万，带陇扶冈，前有印绶㊱，后有回翔㊲；

山若飞龙，首尾远同，或惊或跃，乍横乍纵，台倾池润，舞鹤翔鸿；

山若卧狗，头拳^㊳尾就，腹内乳见，项^㊴连山首；

山若麒麟^㊵，乍立乍蹲，群从千万，朝者数人；

山若长蛇，或曲或邪，后冈前谷，隐马藏车。

凡此，皆营垒之形势也。

【注释】

① 冈峦：山脊峰峦。

② 咸阳邱虚：咸阳，秦朝国都，位于今陕西咸阳东北。邱虚，亦作"丘墟"，指废墟。

③ 汴河：隋代时称"汴水"。发源于今河南开封东南，流向东南，经今江苏徐州东北而入泗水后，自今江苏清江西南而流入淮河。

④ 江都荆棘：江都，今江苏扬州。隋末农民起义爆发后，隋炀帝杨广于大业十二年（公元616年）七月，自东都洛阳南下避居于江都，直至大业十四年（公元618年）三月被杀，杨广都是在江都度过的。荆棘，泛指山野丛生多刺的灌木，但在本篇这里，是指隋朝灭亡后江都的荒芜之状。

⑤ 成周卜迁伊、洛：成周，古地名。即西周的东都洛阳，其故址在今河南洛阳东郊。据《尚书·周书·洛诰》："召公既相宅，周公往营成周。"宋代赵与时《宾退录》卷五载称："洛阳者，周公营下都以迁殷顽民，是为成周。"可见，成周作为西周之东都洛阳，乃是周公所督建。故亦代指周公辅佐周成王（名诵）的西周兴盛时代。伊、洛，指伊水和洛水。西周的东都洛阳即在此二水交会之流域。

⑥ 瀍、涧：即瀍水和洛水的并称。东周以来的古都洛阳，瀍水直穿其城中，涧水则环其西，故多以瀍、涧二水并连而称其地。

⑦ 吴、晋奄宅建业：吴，指三国时期的东吴。晋，指东晋。吴与东晋皆定都于建业（即今南京）。奄宅，谓抚定；统治。

⑧ 数叶：谓数代。叶，世也；代也。

⑨ 坦然平：谓平直而广阔貌。

⑩ 龙虎形：谓龙盘虎踞之形。这里用以形容地势险峻之貌。

⑪ 幽魏：指战国时代的魏国。以其地处古幽州（今北京地区）地域，故称"幽魏"。

⑫ 荆楚：即战国时代的楚国。荆，为楚国之旧号，略当古荆州地区，位于今湖北、湖南一带。

⑬ 左右襟带：襟带，本指衣襟和腰带，这里谓山川屏障环绕如襟似带，用以比喻地理形势之险要。

⑭ 乾上伏下：乾，八卦之一，象征"天"，说见《周易·说卦》"乾为天。"天处位高，故

称"乾上"。伏下，指低下之处。此言水从高处流向低处。

⑮ 过子艮、寅卯重冈：子，为地支的第一位。艮，八卦之一，象征"山"，说见《周易·说卦》"艮为山"。寅卯，分别为地支的第三、第四位。重冈（chóng—），谓重重山冈。

⑯ 巽：八卦之一。这里指东南方位。说见《周易·说卦》"巽，东南也"。

⑰ 戌连申酉坤未高：申酉，分别为地支的第九、第十位；戌，是紧连酉后而为地支的第十一位。坤，八卦之一，象征"地"，说见《周易·说卦》"坤为地"。未高，谓不高。

⑱ 迎山：指正对着山。

⑲ 蟠龙（pán—）：本指盘伏曲卧的龙，这里用以喻指山势之貌如同盘伏曲卧的龙形。

⑳ 飞鸿：指飞翔着的鸿雁。这里喻指山势之貌如同飞翔的鸿雁之形。

㉑ 汙池（yū—）：水池。

㉒ 堆阜：指小丘。

㉓ 元武：本为"玄武"，清人因避康熙帝玄烨名讳，而改"玄"为"元"。

㉔ 子午之位：子午，指正南正北。古人以十二地支的"子"为正北，以"午"为正南。

㉕ 土工：指挖土、填土工程。

㉖ 版筑：指筑土墙。即以两板相夹，填土其中，以杵捣实成墙。

㉗ 燋石沙砾：句义指乱石沙砾之地。燋，通"焦"，本指烧焦了石头，引申谓"乱石"。沙砾，指沙子和碎石。

㉘ 朱雀无头：朱雀，亦作"朱鸟"，在六壬术中，被称为"六壬十二将"中的凶将之一；在堪舆术（俗称"风水术"）中则被称为"四势"（所谓"四势"，又名"四兽"，即指"青龙"、"白虎"、"朱雀"、"玄武"。堪舆家分别代指穴山本身及前、左、右三方的山峦或水流）之一，即指在穴山（指龙脉落穴之山，亦称"主龙"）或宅居前方（指南）正面相对的山峦或水流之势。此种地势若像"朱雀无头"之状，堪舆家即认为是一种不吉利的凶象。

㉙ 元武折足：元武，本为"玄武"，清人讳改。折足，指断脚。玄武，在六壬术中，被称为"六壬十二将"中的凶将之一；在堪舆术中，则被称为"四势"之一，指的是在穴山或宅居后方（指北）的地势。此种地势若像"玄武折足"之状，堪舆家则认为这是一种不吉利的凶象。

㉚ 白虎衔尸：衔尸，指口里叼着尸体。白虎，在六壬术里被称为"六壬十二将"中的凶将之一；在堪舆术中被称为"四势"之一，指的是在穴山或宅居之右侧（指西）的地势。若此种地势呈现低缓俯伏之状，且与对面（或左侧）的"青龙"共成拱抱之势者，堪舆家认为此为吉兆；若呈现"白虎衔尸"之状者，堪舆家则认为是凶兆。

㉛ 青龙悲哭：青龙，又称"苍龙"。在六壬术里被称为"六壬十二将"中的吉将之一；在堪

舆术中，则被称为“四势”之一，指的是在穴山或宅居左侧（指东）之地势。若此种地势能与右侧“白虎”山势对称而成拱抱状者，堪舆家认为此为吉兆；若呈现“青龙悲哭”状者，堪舆家则认为此为凶象。

㉜ 冈陇：山冈。

㉝玉案数重：玉案，指玉饰的有足之盘或几案。数重（shù chóng），为多层。此句在本篇这里比喻山势重叠貌。

㉞ 宛转邪曲：宛转，回旋；盘曲。邪曲，曲折不直。

㉟ 凤皇：即“凤凰”。古代传说中的百鸟之王，雄为“凤”，雌为“凰”。

㊱ 印绶：指印信和系印信的丝带。古人以印信上系有丝带而佩戴在身。本篇这里喻指山势之貌。

㊲ 回翔：谓盘旋飞翔；或谓徘徊往复。这里喻指山势之貌。

㊳ 头拳：指脑袋。用脑袋代替拳头撞击他人，故称“头拳”。

㊴ 项：颈项，脖子。

㊵ 麒麟：古代传说中的一种动物。其形状似鹿，头长角，全身有鳞甲，尾如牛尾。古人以为仁兽或瑞兽，故以其象征祥瑞之兆。

【译文】

山有冈脊峰峦，地有形状气势，截断其形，地的气势就会泯灭。因此，秦朝修筑长城，凿断其山冈之气势，而其都城咸阳就变成了一片废墟；隋朝疏通汴河，割断其土地之脉络，而其江都之城就变成了一片荒地。西周通过占卜而东迁至伊水和洛水交会之流域，因得瀍、涧二水之利，遂称王八百年；东吴和东晋皆定都于建业（今南京），因得江山之有利形势，遂使其统治延续了数代。

兴建都邑，修筑城堡，必须选择有利的地理形势。虽说成功与失败在于人，而不在于一城一地，然而，地形山势，足以成为人的辅助条件。所以说，战国时期的赵国之地，平直而广阔；吴国和楚国之地，向东南倾斜；秦国和韩国之地，呈现龙盘虎踞之形；魏国之地，平坦而无丘陵。赵国没有险坡、山冈、沟涧，因此称其地“平直而广阔”；吴国和楚国有江海波潮，因此称其地“向东南倾斜”；秦国和韩国被山带河、冈峦重叠，因此称其地为“龙盘虎踞之形”。而秦国因得龙盘虎踞之险要地势，从而得以实现东吞赵、魏，南并楚国的胜利。

修建都邑，筑列营垒，非得有利地势而不能称王，非得山冈险要而不能巩固。修筑营垒的原则是，要北据连山，南凭高冈，左右山川屏障环绕如襟似带，地面之水滚滚东流，呈现乾上伏下过子艮，寅卯重冈而入巽卦之象。

又有一种说法是："戌连申酉坤未高，前有迎山抱且朝；或惊或跃或蟠龙，藏车隐马若飞鸿；枝条散脉如蛇走，气车森耸似鸡笼；四维皆起四仲平，巽水迤逦出自庚；天门倚伏历壬癸，直出地户东南倾；南有汗池为朱雀，北有堆阜为玄武，东有丛林为青龙，西有大道为白虎。"朱雀、玄武、青龙、白虎四兽，都已具备了，便可排列八卦，立标杆测日影，以定子午南北之位，然后兴土木之功，首先从戌上起始筑土墙，从中步量筑墙直至门垣。

草木不生之处，不可居住；鸟兽不集之处，不可居住；乱石沙砾之处，不可居住；河水倒流之处，不可居住。凡此朱雀无头、玄武折足、白虎衔尸、青龙悲哭之地，倘有强行居住者，必有兵败将死之祸。

山形冈陇（歌）

山如蟠龙，玉案数重，蜿蜒曲折，首尾相从；

山如凤凰，翅翼开张，群队千万，带陇扶冈，前有印绶，后有回翔；

山如飞龙，首尾远同，时惊时跃，忽横忽纵，台倾池润，舞鹤翔鸿；

山如卧狗，头拳尾就，腹内乳见，颈连山首；

山如麒麟，忽立忽蹲，群从千万，朝者数人；

山如长蛇，时曲时斜，后冈前谷，隐马藏车。

凡此上述的各种山形地势，都是安营设垒的有利地形条件。

【解说】

《山冈营垒篇第九十九》是《太白阴经》卷十《杂式》总题中之第六篇，也是李筌《太白阴经》全书的收官篇。该篇之中心内容是，记述古人如何运用堪舆术占测兴都建城和筑列营垒所选之地形地貌及其地理环境条件的吉凶休咎问题。

所谓"堪舆术"，亦即"相地术"，俗称"风水术"，又名"青乌"、"青囊"等。它是古人用来观察宅舍、坟墓等地形、环境以测吉凶休咎的古代方术之一，其由来久远。据《周易·系辞下》记载："古者包牺氏之王天下也，仰则观象于天，俯则观法于地，观鸟兽之文与地之宜。"包牺氏，即是伏羲氏，相传是我国原始时代人类之始祖。《周易》所说的"观象于天"、"观法于地"，实乃中国古代堪舆术之雏形。其后，商、周两代的文献，都有迁都营邑相地相宅的文字记载。这说明，堪舆术与天文星占术一样，其始皆起源于人们对于大自然的观测判断。早期的堪舆术，是以观察地形态势为主，以占卜吉凶休咎为辅。但到了汉代，由于受当时盛行的阴阳五行学说的影响，人们便把兴工动土的"人事"与天体运行的"天事"相联系，于是产生了所谓"黄道"、"太岁"、"月建"等诸多宜忌信条。魏、晋以后，堪舆术除承袭前代的阴阳五行、天人感应等诸说外，更加注重审察山川形势和官室、墓穴的方位、向背及排列结构，其中尤为突出的倾向，是愈来愈加重视对墓葬之地的选择。东晋著名文学家郭璞在其所撰《葬书》中提出的"乘生气"之说，认为人死之后的骸骨可通过土中的"生气"与其在世的子孙产生感应，并且左右他们的命运。此说一出，即为后世的堪舆家们所尊奉，并进一步附会出许多极为繁复的理论体系，使堪舆术成为具有浓厚唯心与迷信色彩的一种方术。（以上参见《中国方术大辞典·中国的方术》）唐代李筌的《山冈营垒篇》，正是其对唐以前古人运用此种堪舆术观测兴都建邑和筑列营垒时选择地形及其环境条件所应遵循的原则、方法的记述。

作者李筌通篇强调选择好的地形、环境条件，对于国家兴都建城和筑垒设营的重要性。他说："夫建都邑，筑城垒，必择形势。虽成败在人，不在城地，然地形山势足以为人之助也。"又说："夫建都邑，列营垒，非地势不王，非山冈不固。"李筌此种认为选择好的地理形势是成就王业的不可或缺的辅助条件的观点，这在封建时代是有一定道理的。但是，我们也不能不看到，李筌在探讨历史上某些国家的兴衰成败与地理形势的影响作用时，却失之偏颇。例如，李筌认为，秦之兴起，与东并六国，是由于秦国在地理形势上据有"被山带河，冈峦重复"的"龙虎之形"的缘故；而秦国之灭亡，则是由于"筑长城，凿其山冈之气"的结果，而隋朝的灭亡亦是由于"疏汴河，断乎土地之脉"的结果。显而易见，李筌此种认识观点，是值得进一步商榷的。唐初著名政治家、史学家魏徵在其探讨隋朝兴亡原因时，他把隋朝与秦朝加以比对后指出："其隋之得失存亡，大较与秦相类。始皇（指秦始皇嬴政）并吞六国，高祖（指隋文帝杨坚，庙号'高祖'）统一九州；二世（指秦二世胡亥，秦始皇次子）虐用威刑，炀帝（指隋炀帝杨广）肆行猜毒，皆祸起群盗，而身殒于匹夫。原始要终，若合符契矣。"（见《隋书·列传第三十五》"史臣论"）魏徵这里所说的"群盗"，虽然是封建史家对秦末和隋末两大农民起义军的诬称，但其所论内容，则大体上揭示了秦与隋两个短命封建王朝灭亡的真实原因。我们知道，秦始皇嬴政自公元前230年至前221年先后灭亡韩、魏、楚、赵、燕、齐六国，完成了统一大业，建立了中国历史上第一个中央集权的封建国家，但到秦二世胡亥于公元前207年8月被奸臣赵高所杀，秦王朝仅历二帝而存世15个年头，堪称地道的"短命王朝"；隋王朝也是仅历文帝杨坚和炀帝杨广二帝而灭亡，其存世38

个年头虽长于秦王朝，但是，作为主政中原的封建统一帝国的隋王朝，其在隋代以前的中国封建社会历史长河中，亦属统治时间比较短暂的封建王朝。造成秦隋两个"相类"短命王朝的真正原因，并非如作者李筌所称是因为秦朝修筑长城，而"凿其山冈之气"、隋朝疏通汴河，而"断乎土地之脉"的缘故，而是由于秦隋二朝统治阶级腐败暴政导致阶级矛盾和社会矛盾极度恶化的必然结果。

东汉著名史学家班固在其所撰《汉书·食货志》中指明，秦始皇在统一天下之后，大搞"内兴功作，外攘夷狄，收泰半之赋，发闾左之戍。男子力耕不足粮饷，女子纺织不足衣服。竭天下之资财以奉其政，犹未足以赡其欲也。海内愁怨，遂用溃畔。"班固以上所论，深刻地揭示了秦王朝走向衰落灭亡的基本原因。据《史记·秦始皇本纪》记载从公元前221年到前212年的十余年间，秦始皇除了派兵进行北击匈奴、南平百越等大规模战争外，他还多次游巡求仙，兴办修筑阿房宫、营造骊山墓等大型土木工程，以满足其个人生前死后的穷奢极欲。正是秦始皇所行之无穷无尽的兵役、徭役及其残酷压榨，导致阶级矛盾和社会矛盾日益尖锐。秦始皇三十七年（前210年）七月，秦始皇在第五次出巡途中，病死于沙丘平台（今河北广宗西北大平台），其次子胡亥在丞相李斯和中车府令赵高等人设计阴谋迫使其长子扶苏自杀后，而登上皇位。秦二世胡亥更加昏庸暴虐，他不仅杀害了守边名将蒙恬和大批宗室大臣，变本加厉地"作阿房之宫，治直道、驰道，赋敛愈重，徭役无已"，整天过着"悉耳目之所好，穷心志之所乐"（见《史记·李斯列传》）的腐败糜烂生活。从而把秦始皇时期就已激化了的阶级矛盾和社会矛盾推向了白热化。秦二世元年（前209年）七月，生活在水深火热之中的广大民众，终于爆发了以陈胜、吴广为领袖、以"伐无道，诛暴秦"（见《史记·陈涉世家》）为目标的农民大起义。秦王朝正是在秦末农民大起义的沉重打击下走向灭亡的。秦朝从秦始皇称帝到灭亡仅历二帝、存世15年。

隋王朝的灭亡，恰如唐代魏徵所论"与秦相类"。北周静帝（宇文阐）大定元年（公元581年），相国、隋王杨坚取代北周而称帝（史称隋文帝），改国号为隋。隋朝建立之初，尚处于北有突厥觊觎、南有陈朝威胁的南北分裂状态。为了实现南北统一的大业，隋文帝杨坚从开皇元年（公元581年）起的数年内，实行发展生产以增强经济实力、改革政治制度以强化中央集权、狠抓军事建设以增强国防力量等一系列改革措施。在此基础上，杨坚采取"先北后南"的正确战略方针，首先派兵北出，于开皇四年（公元584年）二月降服突厥，消除了来自北方的军事威胁，而后集中兵力南下攻陈，于开皇九年（公元 589 年）正月灭亡陈朝，完成了南北统一大业。从而把中国封建社会推向一个新的历史发展时期。然而，杨坚次子、晋王杨广于仁寿四年（公元 604 年）阴谋弑父篡夺皇位之后，特别是在其统治后期，由于他内施横征暴敛、穷奢极侈，外行恃强好战、穷兵黩武，把一个在文帝时期呈现"国家殷富"（见《隋书·食货志》）的隋王朝，竟变成了田园荒芜、"死人如积"（同上）的悲惨社会，致使隋朝封建社会所固有的各种矛盾，特别是农民阶级与封建统治阶级的矛盾急剧激化，而终于爆发了全国性的农民大起义。以隋炀帝杨广为魁首的隋王朝封建统治，正是在以翟让、李密为首领的瓦岗农民军，以窦建德为首领的河北农民军和以杜伏威、辅公祏为首领的江淮农民军等三大农民主力军的长期交错的沉重打击下，而趋于土崩瓦解。大业十四年（公元 618 年）三月，隋炀帝杨广在江都（今江苏扬州）被杀。这标志着隋王朝在全国的统治已经结束。隋王朝从建立到灭亡仅历二帝、存世 38 年。

从以上所述史实不难看出，秦与隋两个封建王朝之所以存世如此短暂而灭亡，其根本原因，是由于两朝的封建统治阶级对内横征暴敛、对外穷兵黩武而导致阶级矛盾和社会矛盾严重激化，到处爆发农民起义，秦隋两个封建王朝的黑暗腐败统治，正是在全国范围内的农民大起义的不断打击下而走向最后灭亡的。显然这与李筌所谓秦筑长城而"凿其山冈之气"、隋疏汴河而"断乎土地之脉"的说法，并无直接的因果关系。我们应当承认，地理环境与地形条件作为自然界赋予人们的一种客观条件，对于一个国家的生存与发展是有某种影响作用的。但是，这种影响只是一种客观因素的辅助性作用，绝不会成为影响国家兴废存亡的决定性作用。古今中外的国家发展的历史证明，一个国家的兴废存亡，决定于执政者主观政治路线与各种政策措施（包括政治、经济、军事、文化、外交等各种政策）是否符合国情与正确可行。秦隋两个情况"相类"的短命封建王朝，都是由于当政的统治阶级所行腐败暴政而激化阶级矛盾和社会矛盾，最终在农民大起义和统治阶级内部分裂的双重打击下而归于灭亡的。至于说到"秦筑长城"和"隋疏汴河"这两者本身，笔者认为，这原本是对巩固国防和发展经济具有重要作用的，然而，却被统治阶级变成其推行横征暴敛、严刑苛法、违背劳苦大众意愿的腐败暴政行径。而这恰恰是造成秦隋两个封建王朝走向灭亡的主观决定性因素。当然，修筑长城和疏通汴河，固然由于实施土木工程而给相应地段的地形造成某种"破坏"——即李筌所说的"凿其山冈之气"和"断乎土地之脉"，但是，此种所谓的"破坏"是必不可免和十分有限的，绝不会造成全国范围内地理环境和地形条件的全面性"破坏"，因而也就构不成影响国家兴废存亡的客观因素了。此外，李筌本篇所谓的"朱雀无头，元武折足，白虎衔尸，青龙悲哭，强居之者，兵败将死"，等等，显然是带有唯心迷信色彩的说法，没有什么科学道理。这是阅读本篇时需要明确的问题。

后 记

　　《太白阴经解说》一书，是笔者多年学习和研究中国古代兵法的心得体会之一部通俗读物。从长期研究与写作的实践中，笔者深刻认识到，李筌的《太白阴经》是我国唐代流传后世为数不多的一部博采众长，融道家、儒家、兵家诸说为一体的兵学理论著作。作者李筌既依据唐以前之古代先哲们的兵学理论着力阐发我国古代诸多重大军事与战争问题的思想内涵，又联系唐代当时军事斗争实际注重揭示古代诸多军事典制的产生与发展情况，从而使其《太白阴经》一书既有较强的思想理论性，又有鲜明的实践操作性的特色。因此，通过深入研究，力求准确无误地将该书所蕴含的极为丰富而有价值的军事思想和有关的军事典制产生与发展的历史渊源关系总结概括出来，以飨广大读者，这是笔者撰写《太白阴经解说》一书的根本宗旨。

　　李筌《太白阴经》又是一部选材非常广泛、内容十分丰富的综合性古代军事类书型的兵学著作。据笔者查阅古籍粗略统计，该书从唐以前的 60 余部兵书和其他文献典籍中，摘取和存录了大量有价值的军事资料。这里需要特别指出的是，对《太白阴经》一书中所存录的有关星角杂占、奇门遁甲等古代"方术"资料，以往研究者多简单地斥之为"不科学的内容"。但笔者以为，此类内容固然具有浓重的迷信色彩，然而，作为人类文明发展史上所产生的这一文化现象，不仅在当时为兵家所认同，而且还纳入兵书范畴流传于后世。我们知道，继唐代李筌的《太白阴经》首次将此类内容列入兵书之后，又有宋代曾公亮《武经总要》和明代王明鹤《登坛必究》、茅元仪《武备志》等多种大型军事类书，都存录了此类资料。这一事实本身就足以说明有关星角杂占、奇门遁甲等古代"方术"，既有其产生的历史条件，也有其存在的价值性。我们从唐代兵学家李筌《太白阴经》的有关论述中，至少可以认识到我国古代之"方术"，作为兵家用以指导战争而对敌实施"诡谲"和"诳愚惑痴"（见《太白阴经·人谋下·选士篇第十六》）的一种重要手段，是有其实践的价值性的。研究者不应以其存在某种迷信色彩，就一律斥之为"不科学的内容"（见《中国军事百科全书》所载〈太白阴经〉词条），而随意予以删除。

在多年对《太白阴经》学习、研究与写作实践的体会中，笔者深感唐代兵学家李筌所撰《太白阴经》一书，在我国古代兵书宝库中，是一部不可多得的，既非常重要又艰涩难懂的兵书。以笔者现有知识和学术水平，要把全书问题特别是星角杂占、奇门遁甲等问题完全研究透彻，显然并非容易之事。郭沫若先生曾说过："天才就是勤奋的结果。"虽然笔者不敢海夸通过"勤奋"就能把自己变成"天才"，但却笃信"勤能补拙"的道理。正是在这一信念的支撑下，经过多年努力，终于在今年金秋十月完成了《太白阴经解说》书稿。

本书在写作过程中，笔者为了探究清楚《太白阴经》十卷所列 99 篇中的各类问题的思想精髓及其来龙去脉的历史渊源关系，不但查阅了唐代以前的大量文献典籍，而且学习了当代许多未曾谋面的专家学者发表的文章和著作，以期弄清《太白阴经》一书所蕴含的内容丰富多彩的思想观点和各种类型的问题，给读者交上一份较为满意的答卷。这里需要特别说明的是，凡在拙著研究文字中吸纳他人研究成果的地方，都在行文中以括注方式加以标明，以免掠美之嫌！

拙著《太白阴经解说》竣稿呈吴如嵩先生求教，吴先生不仅俯允笔者恭请，欣然命笔赐《序》，而且还与范中义先生，分别为书稿撰写了推荐意见书，给笔者以很大鼓励和鞭策，尤为本书之出版增色添彩良多；本书投送线装书局之后，立即得到书局领导首肯和编辑同志的悉心审阅。值此书稿即将付梓面世之际，笔者这里谨向他们一并致以诚挚谢意！由于笔者才疏学浅，水平有限，书中难免疏漏不当之处，敬请广大读者和专家学者批评指正！

作　者

2015 年 10 月于北京寓所